신호와 소음

THE SIGNAL AND THE NOISE

불확실성 시대, 미래를 포착하는 예측의 비밀 **신호와 소음**

네이트 실버 지음 ― 이경식 옮김

더퀘스트

옮긴이 | **이경식**
서울대 경영학과와 경희대 대학원 국문학과를 졸업하고 전문번역가로 활동하고 있다. 《두 번째 산》 《문 샷》 《댄 애리얼리 부의 감각》 《댄 애리얼리 최고의 선택》 《투자의 모험》 《에고라는 적》 《소셜애 니멀》 《스노볼》 등을 옮겼다.

불확실성 시대, 미래를 포착하는 예측의 비밀

신호와 소음

초판 발행 · 2014년 7월 11일
초판 14쇄 발행 · 2020년 9월 25일
개정판 발행 · 2021년 1월 5일
개정판 6쇄 발행 · 2024년 11월 25일

지은이 · 네이트 실버
옮긴이 · 이경식
발행인 · 이종원
발행처 · (주)도서출판 길벗
브랜드 · 더퀘스트
출판사 등록일 · 1990년 12월 24일
주소 · 서울시 마포구 월드컵로 10길 56(서교동)
대표전화 · 02)332-0931 | **팩스** · 02)323-0586
홈페이지 · www.gilbut.co.kr | **이메일** · gilbut@gilbut.co.kr
대량구매 및 납품 문의 · 02) 330-9708

책임편집 · 박윤조(joecool@gilbut.co.kr) | **편집** · 안아람, 이민주 | **제작** · 이준호, 손일순, 이진혁
마케팅 · 정경원, 김선영, 정지연, 이지원, 이지현 | **유통혁신팀** · 한준희 | **영업관리** · 김명자, 심선숙
독자지원 · 윤정아

표지 디자인 · 엔드디자인 | **교정교열 및 전산편집** · 이은경 | **CTP 출력 · 인쇄 · 제본** · 상지사피앤비

ISBN 979-11-6521-386-2 03320
(길벗 도서번호 040153)

정가 29,000원

독자의 1초까지 아껴주는 길벗출판사

(주)도서출판 길벗 | IT교육서, IT단행본, 경제경영서, 어학&실용서, 인문교양서, 자녀교육서 **www.gilbut.co.kr**
길벗스쿨 | 국어학습, 수학학습, 어린이교양, 주니어 어학학습, 학습단행본 **www.gilbutschool.co.kr**

페이스북 **www.facebook.com/thequestzigy**
네이버 포스트 **post.naver.com/thequestbook**

여기에 당신의 미래가 보인다

송길영
(바이브컴퍼니 부사장, 《여기에 당신의 욕망이 보인다》 저자)

'빅데이터' 시대라고 한다. '정보의 홍수'라는 말로도 표현이 안 될 만큼 데이터의 양이 폭증하고 있다. 공공영역부터 사기업에 이르기까지 데이터의 활용방법을 고민하고 있다. 다들 데이터에서 새로운 모멘텀을 얻기를 기대하지만 효과적인 활용방안에 대해서는 아직 난항을 겪고 있다.

네이트 실버의 《신호와 소음》은 산더미 같은 데이터 속에서 나에게 유용한 '신호'를 걸러내는 방법을 알려주는 책이다. 기후·지진 등의 자연현상, 포커·야구·체스와 같은 게임, 나아가 선거와 경제지표·주식 등 정치 및 경제 영역까지 우리 일상 속 다양한 분야에서 흥미로운 미래 예측 사례들을 소개하고 실패한 이유를 분석하며 적중 가능성을 높이려는 노력들도 알아본다.

예측이 실패하는 이유는 데이터의 부족이 아니다. 정보가 많다고 해서 예측이 쉬워지는 것은 아니다. 정보가 하나둘 많아지면 오히려 불필요한 소음의 양도 늘어난다는 점을 간과해선 안 된다. 《신호와 소음》은 넘치는 정보에서 쓸모 있는 정보 가려내기, '신호'에서 '소음'을 제거해 의미를 발견하는 것의 중요성을 역설한다.

문제는 우리가 갖고 있는 선입견과 데이터를 겸허하게 수용하지 않는 독단에서 비롯된다. 네이트 실버는 이런 문제를 해결하려면 예측을 끊임없이 '갱신'해야 한다고 강조한다.

데이터를 분석해 기업을 돕는 일을 업으로 삼고 있는 나는 현장에서 데이터를 활용하면서 겪는 어려움을 자주 목격한다. 기업들은 이 책에 나오는 문제들보다 더 까다롭고 복잡다단한 문제들을 풀어야 하는 경우가 많다. 기업활동은 시장의 흐름을 예측하는 데서 그치지 않기 때문이다.

우리가 도박사라면 스포츠 경기의 승패만 예측하면 된다. 하지만 스포츠 팀의 선수나 감독이라면 어떨까? '내가 무엇을 해야 하는지'까지 고민해야 한다. 예컨대 지금 상태라면 질 게 뻔한 경기를 이기게 만들거나 간신히 이길 경기에서 더 확실하게 승리를 굳히는 것이 목표가 될 것이다. 게임 밖의 관찰자가 아니라 게임에서 이겨야 하는 참여자이기 때문이다.

따라서 기업의 입장에서는 관찰자인 '나'를 넘어 실행하는 주체인 '나'로서 데이터를 바라봐야 한다. 이때 결과를 예측하는 일뿐만 아니라 결과가 나오는 과정을 이해하는 일이 중요하다. 이해를 해야 지금까지 일어난 일을 분석할 수 있고, 이를 바탕으로 내가 앞으로 해야 할 일을 알 수 있다. 그다음에야 미래를 바꾸는 일을 실행할 수 있다.

나는 데이터와 관련해서 여러 유형의 기업을 목격했다. 데이터를 활용한 경험이 짧은 회사가 있다고 해보자. 판매시점관리시스템POS을 새로 들여 '매출 데이터'를 확보했더라도 이를 제대로 분석하지 못하면 매출은 그저 직원들이 '열심히' 일했는지 평가하는 잣대로만 쓰인다. 매출이 떨어지면 영업부를 채찍질하고, 수치가 '주말 산행'으로도 회복되지 않으면 일주일 해병대 캠프를 기획한다.

또 다른 회사가 있다. 데이터를 생산하는 시스템이 잘 갖춰진 회사다. 그런데 데이터를 공유하는 빈도가 너무 잦다. 담당자들에게 관련 데이터가 주별, 일별, 시간 단위로 문자로 전송된다. 결과가 어떨까? 직원들은 퇴근 뒤에도 계속 울리는 문자 알림이 지겨워져 휴대전화를 아예 꺼버린다. 데이터는 가득하지만 의미 있게 쓰이지 못하고, 구성원들은 이내 데이터에 둔감해진다.

데이터를 잘 사용하는 회사는 어떨까? 이런 회사에서는 데이터를 활용해 결과를 확인하는 데 그치지 않는다. 매출이 오르면 소비자들이 무엇에 반응했는지 분석하고, 매출이 떨어지면 소비자들이 무엇에 관심이 떨어졌는지 분석한다. 목적에 부합한다면 정성적·정량적 방법을 가리지 않고 사용한다.

이처럼 데이터 분석이 제대로 체화된 회사는 지표 변화의 '이유'를 우선 알고 싶어한다. 매출이 떨어졌다는 '결과'를 확인하는 것도 필요하지만 그 '원인'을 파악해야 앞으로 '무엇'을 개선해야 할지 결정할 수 있기 때문이다. 데이터는 결과를 통보해주는 사신(使臣이면서 때로는 死神이 된다)이 아니라 원인을 알려주는 도구다.

지금까지 언급한 유형의 기업과 구성원들에게 《신호와 소음》은 어떤 도움을 줄 수 있을까? 가장 중요한 것은 '데이터를 통한 리즈닝 reasoning'이다. 설명할 수 없는 상관성을 지닌 변수들을 우연히 찾아내는 것으로는 앞으로 우리가 무엇을 해야 하는지를 알기 어렵다. 결과가 무엇에서 기인한 것인지 정확히 파악하는 일이 우선이다.

'우리의 마케팅 활동이 결과에 어떻게 영향을 끼친 걸까?' '경쟁사의 영향은 어느 정도일까?' '시장 환경에 근본적인 변화가 있거나, 소비자의 라이프 스타일이 변한 건 아닐까?' 이런 질문에 답할 수 있어야 한다.

가장 기본은 기업의 활동이 측정 가능하도록 전략적으로 준비하는 것이다. '결과 분석을 고려하지 않고' 여러 활동을 무분별하게 실행하면 시장의 온갖 신호와 소음이 뒤섞여서 결과가 좋든 나쁘든 그 원인을 스스로도 알 수 없는 상황에 처하기 일쑤이기 때문이다.

이러한 맥락에서 '우리가 하는 일에 대한 이해domain knowledge'의 중요성은 아무리 강조해도 지나치지 않다. 숫자를 다루는 기법만큼이나 분석 영역에 대한 정성적인 이해가 중요하다는 네이트 실버의 주장에 고개를 끄덕일 수밖에 없는 이유다.

자기가 하는 일이 어떤 것인지 이해가 부족한 상태에서 이루어진 분석은 설령 모델링이 된다고 하더라도 변수 간의 관계를 설명하기 어렵고, 그만큼 앞으로 무엇을 해야 하는지를 알려주지도 못한다. 결과적으로 조직에서 실천적 목표를 세우고 구성원들의 마음을 모아 계획을 실행하는 데 아무런 도움이 안 된다.

우리나라에서도 점차 데이터의 중요성에 대한 인식이 높아지고 있다. 기업에서는 데이터 활용을 고민하고 빅데이터 전담팀을 구성하는 등 변화의 움직임이 확연하다. 그러나 단순히 분석 기법에 정통한 통계학자들을 고용해 각종 데이터의 파이프라인을 설치하는 것에 그치면 실패할 가능성이 높다.

사업에 대한 이해가 데이터 분석에 녹아들고 이를 토대로 앞으로 무엇을 해야 하는지, 그 실행 부분 하나하나까지 섬세히 고려되어야 한다. 이는 그룹사 차원에서 전체 그룹을 위한 데이터팀을 구성할 때에도 주의해야 할 점이다.

사람들의 삶과 관심이 그 어느 때보다 빠르게 변하고 있다. 기업 환경이 지속적으로 변하고 있고, 성과에 영향을 주는 인자도 따라서 변화하고 있다. 꾸준히 관찰해야 환경을 따라갈 수 있다. 그런데 이는 비단 기업만이 아니라 미래를 준비하는 개인 모두에게 적용된다.

이런 빅데이터의 시대에 《신호와 소음》의 의미는 각별하다. 열린 자세로 신호들을 바라보고, 모든 행위는 증거에 따라 지속적으로 재평가해야 한다는 이 책의 메시지를 귀담아들어야 한다. 우리가 맞혀야 할 과녁은 움직이고 있을 뿐 아니라 모양 또한 시시각각 변화하고 있기 때문이다.

데이터를 통해 미래를 예측하고, 나아가 그것을 주체적으로 활용하는 첫걸음으로 《신호와 소음》을 읽어볼 것을 강력하게 권한다.

더 나은 확률적 사고를 위한 두 가지 제안

이미 경고가 있었다. 그러나 그 경고는 그다지 큰 효과가 없었다.

2015년에 빌 게이츠는 한 차례의 세계적인 유행병(이하 '팬데믹')이 전쟁보다 더 많은 수백만 명을 죽음으로 몰아넣을 것이라고 말했다.[1] 2016년에 도널드 트럼프가 대통령에 당선되자(트럼프의 대통령 당선에 대해서는 뒤에서 자세하게 설명할 것이다) 오바마 대통령의 대통령직 인계팀은 여러 가지 다양한 팬데믹 상황에 대한 대응 계획을 담은 '시나리오'를 당선자 측에 넘겨주었다. 거기에는 신종 코로나바이러스에 대한 대응 계획도 포함되어 있었다.[2] 2019년에 앤서니 파우치(미국 국립알레르기전염병연구소 소장-옮긴이)는 가장 불안한 문제가 무엇이냐는 기자의 질문에 '사스와 같은 호흡기 계통의 팬데믹'(그렇다, 딱 코로나19와 비슷하다)이라고 대답했다.[3]

그런데 분명한 점은 이런 예측들이 끔찍할 정도로 구체적이지 않았다는 사실이다. 특이한 코로나바이러스가 2019년에서 2020년으로 넘어가는 겨울에 중국 우한에서 나타날 것이라는 말은 그 누구도 하지 않았다. 천리안을 가진 사람은 아무도 없었던 것이다.

그러나 그 예측들은 기저위험도가 상당히 높다고 주장했다. 평균적으로 볼 때 미국에서는 대략 50년에 한 번씩 심각한 팬데믹이 나타났다. 아닌 게 아니라 코로나19 이전 기준으로 가장 최근에 발생한 팬데믹은 1918~1919년의 인플루엔자 팬데믹과 1957~1958년의 인플루엔자 팬데믹이었는데, 50년에 한 번 발생한다고 치면 1년에 발생할 확률은 2퍼센트라는 뜻이다. 이런 팬데믹이 1918~1919년의 팬데믹 때와 동일한 인구비율로 사망자를 발생시킨다면(그 비율은 0.7퍼센트였다) 미국에서 230만 명이 사망한다는 뜻이다.[4] 230만 명의 2퍼센트는 46,000명이다. 그러니까 한 해에 평균 46,000명이 팬데믹으로 사망한다는 계산인데, 이 수치는 9·11 테러 사망자 수의 열 배가 넘는다. 바로 이런 이유 때문에 게이츠나 파우치가 그토록 걱정했던 것이다.

코로나19가 구체적으로 언제 그렇게 심각한 위협으로 전환했는지 정확하게 말하기는 어렵다. 2월 중순까지만 하더라도 필립 테틀록이 이끌던(우리는 이 사람을 2장에서 만날 것이다) 프로젝트로 상당히 높은 수준의 예측 성공률을 보였던 '슈퍼예측 패널'도 코로나19가 고작 한 달 뒤에 그토록 무서운 팬데믹으로 발전할 가능성을 3퍼센트 정도로밖에 보지 않았다.[5] 게다가 코로나19의 위협을 낮게 평가한 전문가들은 테틀록 말고도 많았는데, 그중에는 파우치도 있었다.[6]

그러나 이탈리아를 비롯한 여러 나라에서 코로나19가 확산하면서 상황은 빠르게 악화되었다. 2월 25일, 미국 질병통제예방센터는 국민에게 "일상생활이 상당한 수준으로 불가능해질 것"에 대비해야 한다고 심각하게 경고했다.[7] 그리고 하버드대학교의 마크 립시치 교수를 비롯한 유행병 전문가들은 세계 인구의 40퍼센트에서 70퍼센트가 이 질병에 감염될 것이라 예측하고 나섰다.[8]

그러고 나서 약 4주 만에 캘리포니아에서 모든 사람이 집에 머물러야 한다는 명령이 발동되었다. 3월 19일이었다. 상투적인 표현이긴 하지만 그 무렵에는 그야말로 폭풍전야처럼 고요했다. 사람들은 폭풍우를 머금은 먹구름이 몰려오는 것을 지켜보고 있었다. 그리고 처음으로 무서운 천둥소리가 울리자 비로소 사람들은 앞으로 어떤 일이 필연적으로 일어나고 말 것인지 똑똑하게 깨달았다. 그러나 그 일이 얼마나 참혹하게 전개될지는 알지 못했다. 그저 넋을 놓고 무력감에 몸을 맡길 뿐이었다.

3월 초에 나는 보스턴에서 MIT 슬로안 스포츠 애널리틱스 콘퍼런스MIT Sloan Sports Analytics Conference에 참석했다. 그 자리에는 프로스포츠 구단 관계자들, 스타 선수들, 학자들, 벤처 투자자들과 함께 연방의원도 한 명 참석했고, 이 책에서 만나볼 사람도 여럿 함께 있었다. 어떤 식으로든 리스크와 불확실성을 평가하는 일을 업으로 삼는 사람들이 대부분이었는데, 이런 사람들이 코로나바이러스의 위협에 그토록 무지했다는 사실은 아이러니였다. 그렇지만 우리도 겁나지 않았던 것은 아니다. 모두가 이런 유형의 모임이 마지막이 될지도 모른다고 어렴풋이 생각하고 있었다. 그런데 우리는 실질적으로 어떤 행동을 취했을까? 아무런 행동도 취하지 않았다. (우리는 그런 콘퍼런스가 애초에 열리지 말았어야 한다는 생각조차 분명하게 하지 못했다. 아닌 게 아니라 우리 콘퍼런스보다 한 주 전에 보스턴에서 열린 생화학 관련 어떤 콘퍼런스는 나중에 대확산의 시발점이 되고 말았으니까 말이다.)[9]

내가 콘퍼런스를 마치고 뉴욕시티로 돌아왔을 때 빌 드 블라시오 시장은 시민들에게 될 수 있으면 지하철을 이용하지 말라고 말했다.[10] 뉴욕시티에 살지 않는 사람이라면 뉴욕시티에서 지하철이 얼마나 필수적인 교통수단인지 짐작도 하지 못할 것이다. 뉴욕 시민에게 지하철을 이용하지 말라는 것은 물고기더러 헤엄을 치지 말라는 것이나 마찬가지다. 그러나 사무실, 학교, 술집, 음식점은 여전히 문을 열어놓고 있었다. 매디슨스퀘어가든에서는 야구 경기와 하키 경기가 여전히 열리고 있었으며, 관광객들이 무리를 지어서 도시의 모든 명소를 어슬렁거리며 돌아다녔다.

이런 모든 상황을 감안할 때 코로나바이러스는 예측의 실패[이 주제에 대해서는 다음 웹페이지의 슬레이트 스타 코덱스Slate Star Codex의 스콧 알렉산더Scott Alexander를 참조하라. 나는 이 부분에 대한 영감을 여기에서 떠올렸다. https://slatestarcodex.com/2020/04/14/a-failure-but-not-of-prediction/. 이 블로그는 2020년 6월 22일에 (적어도 일시적으로) 삭제되었다]라기보다는 전문가의 지침 및 그에 따른 행동의 실패였다. 온갖 세부사항이 잘못되었고 불확실성이 높기도 했지만 무엇보다도 커다란 방향 자체가 올바르지 못했던 것이다.

이 책의 내용 대부분은 어째서 전문가들의 예측이 그토록 자주 빗나가는지, 아울러 어떻게 하면 좀 더 신뢰할 수 있는 예측이 가능할지를 다룬다. 그러나 2012년에 이 책의 초판이 출간된 뒤로도 전문가들이 상당히 높은 확률로 세상을 바꾸는 대사건이 일어날 것을 예측했지만, 이런 예측들이 대체로 무시되거나 잘못 받아들여지는 사례의 수는 점점 늘어나기만 했다.

다른 말로 하면 좋은 예측을 한다는 것과 사람들이 이 예측을 진지하게 받아들이도록 설득하는 것은 별개의 문제라는 말이다. 확률이 50퍼센트 미만이지만 0퍼센트에 비해 상당히 높은 경우라면 특히 더 그렇다. 가장 비근한 예로 2016년 트럼프의 대통령 당선 가능성을 들 수 있겠다. 그 확률은 28.6퍼센트였다.

나는 그 선거일에 대한 기억이 그다지 많지 않다. 나는 맨해튼 첼시에서 투표를 했다. 드디어 미국에서 최초의 여성 대통령이 나오겠구나 하는 마음으로 투표장에 나온 다른 사람들과 기분 좋은 미소를 나누었던 기억이 난다. 다들 그런 생각을 한다고 믿었다. 투표를 마치고 파이브서티에이트(저자가 만든 예측 전문 웹사이트 - 옮긴이) 사무실에 도착한 시각이 오후 다섯 시였던 것도 기억한다(그날은 무척 긴 하루가 될 것이었으니 오전에는 그냥 쉬고 싶었다). 그러고는 힐러리 클린턴이 출구조사에서 트럼프를 앞선다는 사실을 확인했다. 비록 우리의 예측 모델이 클린턴이 앞선다고 예측했지만(우리가 예측한 클린턴과 트럼프의 당선 확률은 각각 72.4퍼센트와 28.6퍼센트였다), 우리는 그동안 상당한 시간을 할애해 트럼프가 정말 열심히 따라붙었다는 사실을, 다시 말해서 28.6퍼센트라는 확률이 허구가 아님을 사람들에게 설득하려고 애썼다. 결국 그 모든 게 헛소동이었지만 말이다.

내 기억엔 오후 아홉 시 무렵부터 《뉴욕타임스》의 당선 가능성 예측이 트럼프 쪽으로 빠르게 기울기 시작했다. 경합 주들을 트럼프가 차례대로 석권했다. 플로리다! 위스콘신! 미시간!

경합 주들에서 클린턴의 득표수는 필요한 기준에서 아주 조금씩 모자랐다. 나는 지금도 뚜렷하게 기억한다. 그때 우리 사무실이 얼마나 깊은 정적에 싸여 있었던지, 그리고 클린턴이 어쩌면 질지도 모른다는 게 분명해지는 시점부터 새벽 2시 30분에 트럼프의 승리가 공식적으로 발표되는 시점까지 시간이 얼마나 느리게 흘렀던지를……[11]

솔직하게 말해서 나는 클린턴이 선거인단 투표에서 지더라도 일반 투표에서는 이길 것임을 알았을 때 내가 선견지명을 가지고 있다고 느꼈다(미국 대통령 선거에서는 유권자 투표가 이루어진 다음에 이 결과에 따라서 538명의 선거인단이 다시 투표를 하게 되어 있다 – 옮긴이). 그것은 우리가 줄곧 경고해왔던 바로 그 시나리오였다. 아니 우리 모델은 그 결과를 정확하게 예측하지 못했다. 그러나 우리 모델은 당락 자체를 '예측'하지 않는다. 확률로만 말할 뿐이다. 우리 모델은 중서부 지역에서 백인 노동자계급 유권자가 트럼프를 지지하는 쪽으로 결집할 것이기 때문에 결과적으로 트럼프가 선거인단 투표에서 이길 확률을 다른 예측기관들보다 훨씬 높게 예측했다.[12]

나는 선거가 끝난 뒤 어느 춥고 황량한 일요일에 자동차를 몰아서 뉴욕 하이드파크로 갔다. 무언가 참신한 통찰을 얻고 싶어서였다. 루스벨트 생가를 방문해서 어슬렁거리며 이런 생각을 했던 기억이 난다. 과거 대공황과 2차 세계대전으로 이어졌던 그 시절처럼 이제 미국이 길고도 험난한 10년 세월의 여정을 시작한 게 아닐까.

나는 여러 주 동안《뉴욕타임스》를 비롯해 여러 주류 매체가 내놓았던 선거 기사들을 다시 읽으면서 파이브서티에이트에 에세이 형식의 글을 연속으로 실었다(이 글들은 나중에 '2016년의 실제 이야기The Real Story of 2016'라는 제목으로 한데 묶였다).[13] 당시 여론조사 결과에서 사실상 양측이 막판까지 상당히 팽팽하게 맞섰음에도, 대다수 언론은 트럼프가 이길 수 있다는 신호(다시 말해 트럼프가 오하이오나 아이오와 같은 전통적인 경합 주들에서 앞서고 있다는 신호)를 일축해버렸다. 예를 들어서 "클린턴의 내각이 대기 중"이라고 보도한《타임스》의 기사를 보는 사람이라면 그 누구도 트럼프가 28.6퍼센트의 당선 가능성을 가지고 있다는 생각을 도저히 할 수 없다. 당신도 아마 트럼프의 당선 가능성을 0퍼센트로 점쳤을 것이다.[14] 그런데 이 매체들은 곧바로 '데이터' 탓을 하며 자기 실수를 인정하려 들지 않았다. 그 데이터가 그런 결과가 얼마든지 가능하다는 것, 그러니까 트럼프가 이길 수도 있다는 것을 보여주었는데도 말이다.[15]

그렇다고 선거 기간 동안에 모든 것이 제대로 굴러갔다는 얘기는 아니다. 2015년 6월에 도널드 트럼프가 트럼프타워에서 에스컬레이터를 타고 내려와서 대통령 선거에 나서겠다고 선언하던 바로 그 순간부터 모든 것은 엄청난 혼란의 구렁텅이로 빠져들었다. 그리고 그로부터 채 1년이 지나지 않아서 트럼프는 공화당 후보로 지명받았다. 사실나는 처음에 일이 그렇게 진행될 리가 없다고 생각했고, 그런 속내를 공식적으로 그리고 종종 불쾌한 마음을 담아서 표현했다.[16] 왜 그랬을까? 공화당의 기득권층에서 트럼프를 반대하므로 트럼프가 후보 경선 과정에서 낙마할 것이라는 게 일반적인 전망이었다. 보통 공화당의 기득권층이 선호하는 후보가 공화당이 내놓는 대통령 후보가 되기 때문이다. 2012년 선거에서 미트 롬니가 공화당 후보로 나온 것도 마찬가지 이유였다.

하지만 이 책이 알려주고자 하는 한 가지 원칙은 빠르고 간편한 어림짐작을 피하고 엄밀하고 정확하게 접근하라는 것이다. 정당 내부의 의사결정에서 기득권층의 의견이 우선한다는 이론은 경험칙을 가지고 있긴 하지만 표본 크기가 매우 크지 않았으며 반증의 사례도 상당히 많았다.[17, 18] 통상적으로는 기득권층이 이기는 게 분명히 맞긴 하다. 그러나 트럼프와 같은 비非기득권층 후보가 여론조사에서 여러 달 연속으로 계속 앞서나간다면 결과가 달라지지 않을까? 그리고 공화당 기득권층이 혼란 속에서 분열하고 있다는 신호가 여기저기에서 나타난다면 결과가 달라지지 않을까?

이런 변수들에 대한 가중치를 어떻게 설정해야 할지는 분명하지 않다. 바로 이런 점 때문에 확률통계적 모델을 구축하는 것이(또는 그렇게 하지 못할 때라면 불확실성을 인정한 상태에서 적극적이지 않고 소박하게 의견을 제시하는 것이) 유용할 수 있다. 그러나 나는 나 자신이 내리는 충고를 따르지 않았다. 우리에게는 예비선거 전체 과정을 시뮬레이션할 목적으로 통계 모델을 설계한 적이 한 번도 없었다. 만일 우리가 2020년에 하듯이 그때도 통계 모델을 설계했더라면 내 견해는 전혀 달랐을 것이다. 기본적으로 나는 투덜거리기만 하고 게을렀다. 애초에 제대로 깊이 생각하지 않고서 내렸던 결론(의견)을 그대로 고수했다. 거기에서 한걸음 뒤로 물러나서 새롭게 판단하겠다는 수고를 마다했다. 그 결과 나는 트럼프가 장애물을 하나씩 차례대로 넘으면서 최종 후보로 선정되는 모습을 고통스럽게 지켜봐야 했다. 좋은 예측은 굳건한 토대 위에서 이루어질 필요가 있으며, 그렇지 못할 때는 텔레비전에 얼굴을 비치는 자칭 전문가들의 평균 수준에도 미치지 못하게 됨을 새삼스럽게 확인하는 경험이었다.

선거인단 선거가 아니라 전 국민이 참가하는 일반 선거general election 는 완전히 달랐다. 우리는 통계 모델을 만들고 곧바로 가동했다. 여론 동향이 바뀜에 따라서 트럼프의 당선 가능성은 시시각각 바뀌며 12퍼센트에서 50퍼센트 사이를 오갔고, 최종적으로 선거일의 트럼프 당선 가능성은 28.6퍼센트였다. 따지고 보면 이 수치는 상당히 높은 수치다. 보스턴 레드삭스의 전설적인 강타자 데이비드 오르티스의 통산타율이 2할 8푼 6리였으니까 말이다.

우리 모델이 산출한 트럼프의 당선 확률은 통상적인 기대치나 예측치보다 일반적으로 훨씬 높았다. 베팅시장betting market들은 트럼프의 승리 가능성을 (어떤 시장을 바라보느냐에 따라서 다르긴 했지만) 10퍼

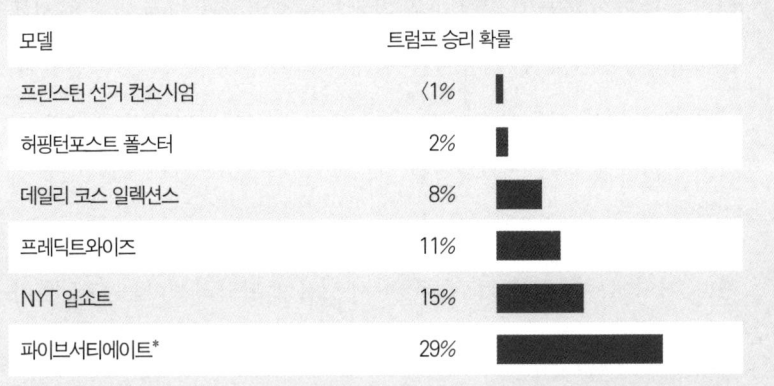

| 서문 -1 | **트럼프가 선거인단 투표에서 이길 확률, 기관별 최종 예측**

모델	트럼프 승리 확률	
프린스턴 선거 컨소시엄	〈1%	
허핑턴포스트 폴스터	2%	
데일리 코스 일렉션스	8%	
프레딕트와이즈	11%	
NYT 업쇼트	15%	
파이브서티에이트*	29%	

* 파이브서티에이트의 여론조사만을 토대로 한 수치다. 여기에다 여론조사 이외의 변수들까지 고려하면 이 수치는 28.3퍼센트가 된다.
(출처: NYT Upshot)

센트와 20퍼센트 사이에 뒀다. 그러니 만일 우리 모델의 조언을 따른 사람이라면 트럼프에 베팅을 해서 많은 돈을 벌었을 것이다. ABC 뉴스에 있는 나의 동료들 가운데 한 사람은 뉴욕과 워싱턴에 존재하던 관습적 지혜(곧 통념)를 반영해서 트럼프의 승리 가능성을 5퍼센트로 점쳤다.[19] 심지어 몇몇 다른 통계 모델은 그 확률을 1퍼센트에서 2퍼센트로밖에 보지 않았다.[20]

모든 사람이 다 지나간 일들을 이런 식으로는 기억하지 않을 것임을 나는 안다. 그러나 예비선거를 경험한 뒤에 우리는(우리는 전혀 엄정하지 않은 분석을 통해 확보한 결과를 놓고 트럼프가 패배할 것이라고 자신했다) 힐러리 클린턴이 결코 낙승하지 못할 것임을 사람들에게 알려주고 싶었다. 그러면서도 우리는 모델 구축 방식을 바꾸지 않았다(그 모델은 2008년이나 2012년의 모델과 기본적으로 동일했다). 그러나 우리가 그 선거에 대해 말하는 방식은 바뀌었다. 그래서 우리는 예를 들어 "도널드 트럼프가 승리에 이르는 길이 분명 있다" "트럼프가 일반 투표에서 지고도 백악관을 차지하는 방법" "트럼프는 오차범위 안의 근소한 차이로 클린턴에게 뒤처졌다" 같은 문구로 헤드라인을 썼다.[21] 대통령 선거 한 주 전에 나는 허핑턴포스트의 라이언 그림과 트위터상에서 대대적인 논쟁을 벌였다. 학술적인 논쟁과는 거리가 멀고 감정적이기까지 한 논쟁이었다. 발단은 그림이 쓴 글이었다. 그는 내가 여론조사를 트럼프 쪽으로 유리하게 왜곡시키고 있다고 했으며, 선거 결과를 놓고 민주당이 걱정할 근거가 전혀 없는데도 민주당 진영을 패닉으로 몰아넣는다고 했다.[22] (허핑턴포스트의 예측 모델은 트럼프의 당선 확률을 겨우 2퍼센트로밖에 보지 않았다.)

드럼프를 놓고 했던 우리 모델이 예측이 다른 예측 모델들의 예측보다 정확할 수 있었던 이유를 기술적인 측면에서 이러쿵저러쿵 따지면서 설명할 생각은 없다(여기에 대해서 좀 더 많은 내용을 알고 싶다면 다음 웹페이지를 참조하라. https://vethirtyeight.com/features/why-vethirtyeight-gave- trump-a-better-chance-than-almost-anyone-else/). 그러나 가장 중요한 요소는 제각기 다른 주에서 진행되는 투표 결과가 독립적이 아니라 서로 의존적이라는 사실을(특히 인구통계학적 구조가 비슷할 때는 더욱 그렇다) 우리의 예측 모델이 파악했다는 점이었다. 다시 말해 트럼프가 2012년 선거에서 모두 오바마의 손을 들어주었던 주인 미시간에서, 그다음에는 위스콘신에서, 또 이어서 펜실베이니아와 오하이오와 아이오와에서 차례로 모두 이겼다는 사실은 전혀 놀라운 일이 아니었다는 말이다. 선거인단이 가진 표를 얻기 위해서 트럼프가 해야 했던 일은 그저 특정한 한 집단에서 지지를 조금 더 받는 것이었다. 바로 그것이 우리 모델이 트럼프가 일반 투표에서보다 선거인단 투표에서 승리의 가능성을 한층 더 높게 예측했던 이유다.

그러나 이런 호소는 사람들에게 전혀 감흥을 주지 못했다. 트럼프가 예비선거에서 역전승을 했음에도(그리고 그로부터 몇 주 뒤에 브렉시트라는 변수가 돌발적으로 등장했음에도 여론조사에서 트럼프와 클린턴의 당선 가능성 확률이 비슷하게 나와서 미디어들이 충격을 받는 일이 있었는데도) 미디어에서는 트럼프의 당선 가능성을 진지하게 받아들이지 않았다.[23] 심지어 클린턴의 이메일과 관련된 제임스 코미 FBI 국장의 편지가 의회에 전달된 여파 속에서 여론 동향이 팽팽하던 때조차도 그랬다.[24]《뉴욕타임스》의 에이미 초직 기자가 나중에 우리 팟캐스트에 출연해서 말했듯이, 관습적 지혜(통념) 차원에서는 힐러리 클린턴이 도널드 트럼프에 질 수 있다는 믿음을 받아들일 준비가 전혀 되어 있지 않았던 것이다.[25] (초직의 책《힐러리 따라잡기Chasing Hillary》는 언론매체들에서 2016년의 대통령 선거를 다루는 접근방식에 대한 솔직한 성찰들로 가득 차 있으며, 많은 사람의 추천을 받고 있다.) 클린턴은 2007년부터 대통령이 되려고 기다리던 사람처럼 보였고, 트럼프는 "지난 10년을 텔레비전의 리얼리티 프로그램 스타로만 살아온 사람"처럼 보였던 것이다.

분명하게 밝히지만 내가 이 책에서 주장하려는 것은 누군가가 나서서 코로나19가 전 세계적인 팬데믹 재앙이 될 것임을 여러 달 전에 예측했어야 한다거나 트럼프의 승리가 확실하다고 예측했어야 한다는 게 아니다. 매우 중요한 결과가 빚어질 일들이 일어날 가능성이 상당히 높은데도 이런 리스크들이 거의 대부분 무시되고 만다는 것이 내가 주장하려는 점이다. 이렇게 되는 이유가 뭘까?

'사람들이 간단한 산수도 할 줄 모른다'거나 '사람들이 확률을 도무지 이해하지 못한다'고 말하기는 쉽다. 그러나 나는 문제가 그처럼 단순하다고는 생각하지 않는다. 적어도 선거를 놓고 보자면, 여론조사만으로도 대중은 클린턴의 승리에 대해서 특별히 만족해하지 않는다는 것이 충분히 드러났다. 예를 들어《로스앤젤레스타임스》의 최종 여론조사에서(이 여론조사는 유권자들에게 누가 대통령에 당선될 것 같은지 물었다) 평균적인 유권자들은 트럼프에게 43퍼센트라는 가능성을

안겨주었는데, 이 수치는 여러 예측 모델이나 매체에서 예측하던 수치보다 훨씬 높았다.[26]

나는 이것이 수학적 재능 차원의 문제만은 아니라고 생각한다. 나는 지금까지 살면서 포커 게임을 많이 했다. 비록 여성 선수가 너무 적긴 하지만 포커 게임에서는 나이, 인종, 개성, 출신 배경, 그리고 게임의 목적 등에서 매우 다양한 사람들을 만난다. 개중에는 딱 수학 괴짜 타입인 선수도 있지만, 이들 또한 각계각층 출신이다. 그러나 제법 오랜 세월 동안 포커 게임을 해온 사람들이라면 거의 모두가 상당히 예리한 확률적 직관을 가지고 있다. 이들은 자기 상내가 좋은 패를 가지고 있을 확률과 단순히 블러핑을 하고 있을 확률이 어느 정도인지 거칠게나마 안다. 그들은 상대방이 게임을 운영하는 패턴을 간파하고, 과거에 비슷한 상황에서 상대방이 어떤 선택을 했는지 기억한다. 그 사람들이 다 이기기만 하는 건 아니지만, 이들은 많은 경험 덕분에 (게임을 계속 형편없이 해서 돈을 잃으면 괴로우니까) 길거리에서 마주치는 여느 사람들보다는 포커 솜씨가 훨씬 좋다.

그렇다면 좀 더 나은 확률적 사고를 가로막는 것들로는 어떤 게 있을까? 내가 보기에 그것들을 기본적으로 두 가지 범주로 묶을 수 있을 것 같다.

필수지만 어려운 일, '느리게 생각하기'

어쩌면 당신은 포커 게임을 한 번도 해보지 않았을 수도 있다. 그러니

다른 예를 들어보자. 이 예는 한결 익숙할 것이다. 자동차를 운전해서 직장이나 학교에 가는 것이다. 당신은 이것으로 확률적 추론을 훈련할 수 있으리라고는 생각해보지 않았을 것이다. 그렇지만 운전을 하는 동안에 당신이 하게 되는 매우 정교한 계산들을 모두 생각해보라. 어떤 경로가 가장 빠를까? 도로의 다른 운전자들과 인도의 보행자들이 1초 뒤에 어떤 행동을 할까? 저 앞의 초록색 신호등이 곧 바뀔 것 같은데 속도를 높여서 통과해야 할까? 중요한 모임에 늦지 않게 참석해야 하는데 신호를 위반할 때의 보상과 신호위반 벌금 고지서를 받을 리스크를 어떻게 계산해야 할까?

이런 판단이 무의식적으로 내려지는 것처럼 보일지 모르지만, 사실은 상당한 노력의 결과다. 성능이 아주 강력한 컴퓨터를 어설프게나마 운전하도록 훈련시키는 데에도 수십 년이 걸렸다(이 일을 원점에서 다시 시작해서 배운다고 상상해보라. 지난여름에 나는 뉴욕시티 곳곳을 자전거를 타고 돌아다니기 시작했는데, 그 첫 달에 정신적으로 얼마나 무겁고 큰 부담감에 시달렸는지 또렷이 기억한다. 충분할 정도로 경험을 얻기까지는 맨해튼의 교통 상황에 정말 많은 주의를 기울여야 한다. 그러지 않았다가는 자기가 다칠 수도 있고 다른 사람을 다치게 만들 수도 있기 때문이다).

대니얼 카너먼이 2011년에 출간한《생각에 관한 생각Thinking, Fast and Slow》은 내가 이 책을 쓰는 데 영감을 받은 책이기도 한데, 카너먼의 책은 두 가지 유형의 인지cognition를 묘사한다. 그 두 가지란 '빠르게 생각하기' 또는 시스템1, 그리고 '느리게 생각하기' 또는 시스템2다. 시스템1은 빠르고 본능적이다. 당신이 자동차를 운전하고 있는데 인도에 있는 어떤 개 한 마리가 도로로 뛰어들려고 하는 게 보이면 시스템1이 (숙련된 운전자로서) 당신이 반응할 방식을 결정하고, 그래서 당신은 급제동을 할 수도 있고 하지 않을 수도 있다. 시스템2는 정교하고 의식적이다. 직장 상사에게 봉급을 올려달라는 내용의 이메일을 써야 할 것인지 말아야 할 것인지 결정할 때 사용되는 인지다.

방금 언급했듯이 어떤 어려운 과업과 관련된 경험을 충분히 하고 나면, 시스템2에 속하던 인지가 시스템1로 전환될 수 있다. 나는 수학의 도사로서 때로는 예전에 했던 포커 게임을 컴퓨터로 시뮬레이션하면서 분석하기도 하지만, 실제로 포커판에 앉아서 게임할 때는 본능적으로 행동하며 빠르게 선택하고 진행한다. 그러나 나의 '직감'이 꽤 잘 적중하거나 무언가 느낌이 좋지 않은 상황을 한결 쉽게 파악하는 이유는 포커라는 게임을 연구하고 훈련을 꾸준하게 해왔기 때문이다.

그런데 경험이라곤 거의 없다시피 한 복잡한 문제들에 시스템1, 직관적인 사고를 적용하려고 할 때 문제가 발생한다. 예를 들어서 코로나바이러스를 보자. 비록 당신이 예측하는 내용이 아무리 끔찍하다고 하더라도, 다시 말해 당신 스스로 시스템2 사고를 사용해서 자기 삶이 어떻게 바뀔지 실제로 예상해보면, 이탈리아 병원들에 환자가 넘쳐나고 중국에서 록다운(이동제한 및 봉쇄령)이 내려지는 걸 보고 얼마나 큰 일이 일어났는지 알아차릴 수 있음에도 불구하고, 그런 일들 중 어떤 것도 그렇게 유별나거나 폐부를 찌르는 것으로 다가오지 않았다. 왜냐하면 서구 사회에 사는 사람들 대부분은 코로나19와 같은 고약한 팬데믹을 자기 생애에서는 한 번도 경험해보지 않았기 때문이다. 게다가 확진자의 기하급수적인 증가는 이해하기조차 어렵다. 만일 코로나

바이러스 확진자가 사흘에 두 배씩 증가한다고 하면(팬데믹의 초기 단계에 몇몇 지역에서 실제로 그런 일이 일어났다), 처음 100명이었던 확진자가 100배로 늘어나 1만 명이 되기까지는 한 달밖에 걸리지 않는다. 그런데 우리의 뇌는 이런 숫자들에 익숙하지 않다. 그래서 시스템1에게 록다운 기간의 처음 이틀은 폭설로 인한 휴가처럼 한가하고 편안하게 느껴질 수 있다. 이에 비해서 동아시아의 여러 나라는 2002년과 2003년에 사스를 경험한 덕분에 전체적으로 보면 코로나19에 한층 더 효과적으로 대응했다.[27]

또는 대통령 선거를 생각해보자. 선거는 100년에 한 번씩 있는 팬데믹보다는 훨씬 자주 있다. 그러나 4년에 한 번씩 있는 이 행사는 여전히 상대적으로 드물게 느껴진다. 그래서 선거의 기억은 긴 시간 동안 머리에 남을 수 있다. 예를 들어 사람들이 2016년 선거를 돌아볼 때 2008년과 2012년 선거를 떠올렸을 수 있다. 그 두 선거에서 오바마는 유세 때 여러 차례 다급한 상황을 맞았지만(롬니는 2012년 선거의 첫 번째 토론회 직후 여론조사에서 오바마를 거의 따라잡았다) 결국 오바마의 낙승으로 끝났다. 게다가 최근에 있었던 여론조사들을 볼 때 약자가 막판에 뒤집기에 성공해서 백악관을 차지한 사례도 없었다.

만일 당신이 사람들에게 시스템2를 사용해서 트럼프의 승리 가능성을 꼼꼼하게 생각해보라고 한다면, 아마도 그 사람들은 트럼프의 승리 가능성을 후하게 점칠 것이다. 실제로《로스앤젤레스타임스》의 여론조사 결과가 그렇게 나왔다. 그러나 피설문자들이 본능적이고 감정적으로 대응했다면(그래서 역시 본능적이고 감정적으로 접근했던 기자들이 쓴 보도를 읽는다면), 우리가 예측했던 28.6퍼센트라는 확률이 그들에게는 터무니없이 받아들여졌을 것이다[솔직히 말해서 나는 사람들이 파이브서티에이트가 제시하는 통념을 뒤집는 예측들을 접한다고 해서 그 사람들이 이미 가지고 있던 생각이 바뀔 거라고는 생각하지 않는다. 왜냐하면 선거는 투표일까지 사람들이 감정적으로 점차 고조되는 과정이라서 투표일이 되면 사람들은 시스템1 상태에 이미 깊이 빠져 있기 때문이다. 만일 어떤 사람이 민주당원 유권자인데 시스템1이 이 사람에게 민주당 후보가 질지도 모르니까 걱정해야 한다고 말하면, 이때 28.6퍼센트라는 다른 후보의 당선 확률은 매우 높게 받아들여진다(만일 어떤 여객기가 비행 도중에 추락할 확률이 28.6퍼센트라고 할 때 이 여객기를 탈 사람이 도대체 얼마나 되겠는가?). 반대로 시스템1이 그 사람에게 별일 아니니까 마음을 편히 가지라고 말한다면, 클린턴의 당선 확률 71.4퍼센트는 상당히 안심이 되는 수치로 받아들여진다].

그렇기 때문에 생각의 속도를 늦추고 직감을 믿지 말아야 할 때가 있다. 그러나 이렇게 하기 어렵게 만드는 것들이 있다. 현재 일어나고 있는 것들을 지나치게 단순하게 설명하는 뉴스 보도 내용이 그런 것들 가운데 하나다. 나는 저널리스트들을 보면 참 안됐다는 생각이 든다(나도 저널리스트지만 이런 연민은 어쩔 수 없다). 저널리즘이 흔히 '역사의 초고草稿'라고 일컬어지는 데는 이유가 있다. 초고는 보통 엉망진창이기 때문이다. 초고에는 많은 것이 잘못되어 있는데, 이런 일이 일어나지 않도록 회피하기란 거의 불가능하다.

뉴스거리를 개발하는 데는 확률적이면서도 잠정적인 사고가 많이 필요하다. 그렇기에 저널리스트들이나 그 밖의 전문가들이 어떤 뉴스를 그 어떤 군더더기나 의심할 구석 없이 깔끔하게 제시할 때는 반드시 의심하고 걱정해야 한다. 반대로 '확실하지 않지만' '잘 모르겠지만' '확인을 해봐야 알겠지만' '새롭게 깨달은 사실인데' 같은 문구를 사용하는 사람들일수록 더 많이 신뢰하는 게 옳다.

'자기의 마음을 바꾸는 것'은 특히 중요하다. 어쩌면 예측에서 가장 어려운 부분은 새로운 정보가 제시될 때 거기에 맞춰서 예전에 가지고 있던 자기 생각을 빠르게 수정하는 일임을 깨닫는 것일 수도 있다. 이 책의 중반부 이후에는 기존 관념에 대해서 훨씬 더 자세하게 다룰 것이다. 누구든 자기가 애초에 가지고 있던 예측의 불길이 타오를 때 또는 그 예측이 바람개비처럼 빠르게 퍼덕거릴 때는 "이 정도면 괜찮군"이라고 말하며, 어떤 방향으로든 쉽게 실수할 수 있다. 현재의 미디어 생태계 안에서는 자기 마음을 빠르게 바꾸지 않는 것이 어쩌면 훨씬 더 큰 위험(리스크)일 수도 있다. 어떤 기자가 자기 견해를 가지고 있다면 이 사람은 그 견해의 지지자들과 동맹을 맺으면서 자기 견해를 한층 더 튼튼하게 만들려고 한다. 또는 독자가 자기가 가진 생각을 확인하고 싶어서 이 기자를 찾을 수도 있다. 이 경우에 이 기자는 자기 혼자서 가장 정확한 예측을 할 때보다 기존의 자기 견해를 바꾸기가 훨씬 어려워진다.

또한 이미 지나간 전쟁을 하려는 경향에 맞서야 한다. 어떤 일을 판단하고 처리할 때 근거로 삼을 만한 적절한 사례를 단 하나라도 가지고 있는 것이 그런 게 하나도 없을 때보다 훨씬 더 낫다는 것은 명백한 진리다(사스를 경험했던 나라들이 그렇지 않은 나라들보다 코로나19에 훨씬 잘 대처했음을 다시 한번 생각해보라). 그러나 이 경우에도 과잉보상으로 흐르기 쉽다. 그런 사례로 매우 유명한 동영상 클립이 하나 있다(나와 같은 선거꾼들에게 유명하다는 뜻이다). 이 동영상은 2017년 버지니아 주지사 선거일 전날 아침에 MSNBC에서 방송된 〈모닝 조Morning Joe〉라는 프로그램의 한 부분인데, 여기에는 한 무리의 시사평론가들이 출연했다. 이 선거는 2016년 트럼프의 극적인 대선 승리 이후로 세간의 관심을 가장 많이 받은 선거였다.[28] 비록 민주당 후보 랠프 노샴이 여러 차례의 여론조사에서 약 4퍼센트포인트 차이로 앞서고 있었지만(이 정도의 차이는 노샴의 당선 확률이 약 75퍼센트라는 뜻이다) 동영상 속의 시사평론가들은 한사코 노샴이 당선될 것이라고 예측하지 않으려고 했다. 심지어 몇몇 사람은 공화당 후보인 에드 길레스피가 이길 것이라고 주장했다.[29] 이 사람들의 사고는 '여러 여론조사에서 3퍼센트포인트 차이로 앞서가는 후보는 언제나 당선된다'(트럼프 이전)에서 '여러 여론조사에서 3퍼센트포인트 차이로 앞서가는 후보는 절대로 당선되지 않는다'(트럼프 이후)로 바뀌었다. '여러 여론조사에서 3퍼센트포인트 차이로 앞서가는 후보는 대개 당선된다'에서 멈추지 않고 거기에서 다시 서너 걸음 더 나아간 것이다. 나중에 밝혀지는 사실이지만 노샴은 여론조사로 드러났던 차이보다도 훨씬 더 큰 차이인 약 9퍼센트포인트 차이로 승리했다.

어떤 사건에 대한 모든 증거를 다 가지고 있을 때는 그렇지 않을 때에 비해서 그 사건을 제대로 이해하기가 훨씬 더 쉽다. 그러나 사람들은 대부분 이런 사실을 깨닫지 못한다. 잘못된 예측들도 다 나름대로 이유가 있으니 용서하자는 말은 결코 아니다. 이 책 전체의 목적은 사회가 더 나은 예측을 할 수 있는 방법을 설명하는 것이다. 그러나 불확실성 아래에서 해야 하는 더 나은 추정은 단순한 추측과는 전혀 다른 차원의 일이다. 어떤 의사결정권자가 현재 시점에서 동원할 수 있는 정보를 토대로 해서 믿는 것이 무엇인지 묻는 것, 이런 접근방식이 그 사람이 신탁의 사제라도 되는 것처럼 여기는 것보다는 더 나은 패러다임이다.

대세 편승을 경계하라

《신호와 소음》이 출간된 이후로 이 책이 다루는 주제와 관련해서 내가 마음을 바꾼 게 있다면, 바로 군중의 지혜를 점점 더 회의적으로 바라보게 되었다는 점이다.

　이 책은 그 주제에 관해서 아주 조금만 다루며, 모호하게 말한다. 11장에서 여러 금융시장의 효율성을 다루면서 설명하겠지만, 그 시장들은 완벽하게 효율적인 게 아니다. 그보다는 차라리 시장을 이기고 넘어선다는 것이 끔찍할 정도로 어렵다고 말해야 한다. 당신이 어떤 거래를 할 때마다(그 거래 대상은 주식일 수도 있고 야구선수일 수도 있다) 그 거래의 맞은편에는 당신만큼 똑똑하고 잘 훈련받은 사람이 있다(또는 비유의 폭을 대폭 확대해서, 당신이 '사상의 교환'을 하고 있다고 해보자). 당신은 거래 상대가 모르는 어떤 것을 당신만 알고 있다고 확신하는가? 당신이 모르는 것을 당신의 거래 상대도 모른다고 당신은 확신하는가? 당신이 챙기는 이득이 그토록 매력적이라면, 당신의 거래 상대는 왜 그 좋은 거래를 굳이 당신과 하려고 할까?

기계에는 확실히 모종의 균형이 존재한다. 한편으로 당신이 어떤 주제에 대해서 다른 사람들이 전반적으로 합의한 것보다 더 똑똑하게 알고 있다고 생각하는 것은 주제넘은 일일 수 있다. 논리적으로만 따지자면 그렇게 합의된 내용이야말로 수많은 똑똑한 사람들의 의견과 경험이 합쳐진 것이니까 말이다. 또 다른 한편으로 기존의 합의 내용에 아무도 문제를 제기하지 않는다면 사회는 결코 개선되지 못한다. 게다가 그 합의 내용이 우리를 특별히 좋은 쪽으로 인도한 것도 아니었으니……(내가 이 원고를 쓰고 있는 2020년 6월을 기준으로 할 때 12만 명이 넘는 미국인이 이미 팬데믹으로 사망했으니, 기존의 합의 내용이라는 것이 과연 우리를 얼마나 좋은 쪽으로 인도했을까 하는 의문을 충분히 품을 수 있다).

그 균형이 적어도 조금은 기울어졌다고 나는 생각한다. 이것이 바로 내가 말하고자 하는 점이다. 균형이 이렇게 기울어졌다는 것은 이제 우리는 기존의 합의 내용을 조금은 덜 신뢰해야 하고 기존의 통념에 조금 더 의문을 품어야 한다는 뜻이다. 그렇다고 해서 당신이 지금 당장 반대 의견을 제시하는 전문가가 되어야 한다는 말은 아니다. 사람은 대부분 여전히 자기 자신의 판단에 더 높은 가중치를 부여한다. 그러나 내가 생각하기에 이제 사람들은 내가 8년 전에 말했던 것보다 더 회의적인 태도로 세상을 바라봐야 한다.

제임스 서로위키는 2004년 저서 《대중의 지혜The Wisdom of Crowds》에 '집단의 총체적인 판단'은 개인의 판단보다 더 나은(또는 더 나쁜) 경향이 있다는 내용을 실었다. '집단의 총체적인 판단'에서 '집단'의 형태는 단체가 될 수도 있고 기업이나 산업 또는 시장이 될 수도 있다. 그러나 이런 주장의 핵심 논지는 집단에 속한 어떤 개인의 견해만 단순하게 반영하는 게 아니라 합의를 형성하는 어떤 종류의 메커니즘이 존재한다는 것이다.

나는 서로위키의 논지를 단순화하고 부분적으로 수정하긴 했지만, 집단의 총체적인 현명한 판단과 관련해서 그가 말하는 내용의 핵심을 크게 세 가지로 정리했다.

1. **다양성** 어떤 문제를 놓고 모든 사람이 똑같은 생각을 한다면 집단을 구성하는 의미가 없다. 어떤 방에 네이트 실버가 100명이 있다고 치자(생각만 해도 끔찍하다!). 이 경우에 이 100명이 내리는 결론은 한 사람의 네이트가 내리는 결론과 정확하게 일치할 것이다. 아마도 이 100명 모두는 그 결론에 대해서 한층 더 완고한 입장을 가지게 될 것이다. 그러므로 배경과 경험, 전문성이 전혀 다른 다양한 사람으로 집단이 구성되는 것이 바람직하다(서로위키는 또 다른 차원인 탈중심화decentralization, 곧 어떤 문제를 해결하는 데 개별적·지역적 지식이나 경험을 끌어오는 것을 이야기한다. 그러나 나는 이것을 다양성의 부분집합이라고 생각한다).

2. **독립성** 사람들은 나중에 앙갚음을 당할지도 모른다는 두려움 없이 다른 사람들과 반대 의견을 자유롭게 나눌 수 있어야 한다. 그렇지 않으면 한 집단 안에서 가장 힘이 센 몇몇 구성원이 다른 사람들을 강제로 굴복시켜서 잘못된 합의를 만들어낼 수 있다. 자기와 선호가 다른 사람들의 선호에 의존하게 되는 정보폭포information cascade 현상(지나치게 많은 정보 때문에 오히려 원하는 정보를 얻기가 어려

워질에 따라 개인들이 타인의 결정을 참고하여 의사를 결정하는 현상 – 옮긴이)을 피하고 싶은 마음은 누구나 같을 것이다.

3. **신뢰성** 집단의 구성원들이 자기들이 모두 공정하며 자기 집단 안에서는 부패가 없다고 확신할 때 그 집단은 효과적으로 작동한다. 그리고 대표기관임을 주장하는 유형의 집단이 있을 때(이를테면 정부가 그런 집단이다) 사람들은 자기를 대표하는 기관에 속한 대표자들이 자기들만의 이익이 아니라 집단 전체의 이익을 추구한다는 믿음을 가질 필요가 있다.

이런 범주들을 놓고 볼 때 나는 미국 사회가 다양성 측면에서는 강점이 있지만 독립성과 신뢰성 측면에서는 많이 부족하다고 생각한다.

미국은 인종이나 성별과 관련된 다양성 측면에서는 상당한 발전을 이루어왔다. 물론 아직도 가야 할 길이 멀긴 하지만 말이다(아닌 게 아니라 이 글을 쓰고 있는 바로 지금도 1960년대 이후로 가장 규모가 큰 인종차별 철폐 시위가 벌어지고 있다). 예를 들어 지난 20년 사이에 여성 의원의 수가 두 배로 늘어났다(하지만 아직도 여성 의원의 비율은 겨우 24퍼센트밖에 되지 않는다). 서로위키는 인종과 성별의 다양성보다는 생각이나 기술의 다양성에 대해 일반적인 이야기를 하고 있다. 그러나 그런 것들은 모두 서로 연결되어 있다. 백인들로만 가득 찬 방에서는 맹점들이 수도 없이 나타날 수밖에 없다.

그러나 미디어와 같은 기관들은 몇몇 다른 측면에서 볼 때 대표성을 예전보다 덜 가지게 된 게 아닌가 싶다. 2018년에 발표된 어떤 논문은 《뉴욕타임스》《월스트리트저널》의 전체 직원 가운데 절반가량이 29

개 엘리트 대학교 출신이거나 12개 엘리트 로스쿨이나 비즈니스스쿨 출신임을 확인했는데, 이 학교들은 미국에서 학위를 수여하는 3,700여 개 기관의 1퍼센트밖에 되지 않는다.[30, 31] 교육이 (인종과 함께) 미국에서 점점 더 핵심적인 정치적 분리선이 되어감에 따라(대학교에 가지 않은 백인 유권자가 2016년 트럼프 승리의 핵심 동력이었다) 언론이나 그 밖의 기관들이 모두 엘리트 대학교 출신들로 채워지면서 이들이 특정한 정치적 견해를 중심으로 하나로 묶이지 않을까 하는 우려가 생길 수밖에 없다.[32]

소셜미디어에 대해서 끊임없이 불평을 늘어놓는 사람들 가운데 한 명으로 꼽히고 싶은 생각은 없다. 그래도 적어도 두 문단에 걸쳐서는 소셜미디어에 대해서 불평을 늘어놓으려고 한다. 트위터와 페이스북은 일반적으로 집단의 합의 사항을 증폭하며, 반대 의견을 밀어내거나 빠르게 증가시킨다.[33]

어떤 사람이 다른 사람들에게 인기가 없는 의견을 냈다는 이유로 사회적 제재를 받는다면, 이런 상황은 독립성을 매우 어렵게 만든다(또 앞에서도 언급했듯이 이러면 생각을 바꾸는 것이 더 어려워지기도 한다). 게다가 이렇게 되면 반대 의견을 절대로 직접 들을 수 없게 된다. 자기와 의견이 같은 사람들의 말만 들을 수 있으며 그렇지 않은 사람들의 말은 애초에 걸러지기 때문이다.

언론 미디어 입장에서 보면, 2016년에 트럼프가 예비선거와 마지막 대통령 선거에서 승리를 거두었을 때에 비하면 덜 민망스러운 일이긴 하지만, 2020년에 조 바이든이 예비선거에서 승자가 되었을 때도 그런 현상이 반영되었다. 바이든은 (트럼프가 2016년 공화당 예비선거

에서 그랬던 것처럼) 연속되는 여론조사에서 처음부터 끝까지(적어도
아이오와 코커스에서 질 때까지는) 선두를 지켰음에도 그의 승리 가능
성은 꾸준하게 저평가되었다.[34] 그런데 10월 중순에 당시 여론조사상
으로 바이든이 엘리자베스 워런을 조금 앞서고 있었음에도 불구하고
베팅시장들은(베팅시장은 보통 대통령 선거에 대한 관습적 지혜를 잘
반영한다) 바이든이 민주당 후보로 지명받을 확률을 18퍼센트로밖에
보지 않았으며 워런의 확률은 50퍼센트 넘게 보았다.[35]

　왜 이런 일이 일어났을까? 아마도 워런 지지자들이 소셜미디어에서
지나치게 많이 목소리를 냈기 때문일 것이다(그리고 기자들도 소셜미
디어에 많은 관심을 기울였기 때문이다). 소셜미디어 활동을 활발하게
하는 민주당원들은 자유주의적이거나 대학교육을 받았거나 백인일
가능성이 매우 높았다. 이런 특성은 모두 워런 지지자들의 특성이다.
반면에 바이든 지지자들은 상대적으로 나이가 많고 온건하고 노동계
급이 많고 또 흑인이나 히스패닉일 가능성이 높았다.[36]

　마지막으로 신뢰의 측면을 보자. 미국의 여러 기관은 심각한 문제를
안고 있다. 갤럽 조사에 따르면 의회에서 교회, 미디어, 학교, 백악관에
이르기까지 미국의 주요 기관들을 신뢰한다고 응답한 사람들의 수가
가파르게 줄어들고 있다(2019년에 있었던 갤럽의 가장 최근 여론조사
에서 상대적으로 긍정적인 평판을 얻었던 기관들 가운데 하나인 경찰
에 대한 신뢰는 미니애폴리스 경찰관에 의한 조지 플로이드 살해와 그
에 따른 시위의 여파로 가파르게 떨어지고 있다).

　그런데 이런 기관들 가운데 어떤 기관이 대중의 믿음에서 멀어지는
것이 자기가 원인을 제공한 데 따른 당연한 결과인지, 아니면 오해 때

문에 희생양이 되고 말았는지 하는 것은 또 다른 질문이다. 그러나 어느 쪽이든 잠재적인 문제가 발생한다. 이런 집단들이 하는 말을 사람들이 신뢰하지 않는다는 사실만이 문제가 아니다. 이런 감정이나 태도가 상호적일 수 있으며 점점 강화될 수 있다. 거꾸로 이제는 기관들이 대중을 신뢰하지 않을 수 있다는 말이다.

미국의 공공의료 분야 전문가들은 코로나19 팬데믹이 막 시작될 때

| 서문-2 | 미국인이 '훌륭하다' '괜찮다'고 평가한 기관별 신뢰도 백분율[37]

기관	최대치	2019년
공립학교	62%(1975)	29%
대통령	71%(1991)	38%
종교단체	68%(1975)	36%
의회	42%(1973)	11%
은행	60%(1979)	30%
신문사	51%(1979)	23%
텔레비전 뉴스	46%(1993)	18%
대법원	56%(1985, 1988)	38%
군대	85%(1991)	73%
대기업	34%(1975)	23%
경찰	64%(2004)	53%
노동조합	39%(1977)	29%
사법부	34%(2004)	24%
의료계	44%(2003, 2004)	36%
소기업	70%(2017)	68%

마스크 착용의 중요성에 찬성하지 않는 쪽으로 권고했다. 사람들에게 마스크 착용을 권고했다가는 자칫 일선 의료 현장에서 개인 보호 장비가 동날지 모른다는 우려가 이런 태도에 부분적으로 작용했다.[38] 그 전문가들은 (어쩌면 옳았을 수도 있고 또 어쩌면 아니었을 수도 있지만) "마스크는 코로나19 감염을 예방하는 데 분명 도움이 된다. 그러나 각자 본인이 직접 만들어서 쓰거나 몇 주 동안 기다려라. 사재기에 나서서 아마존에 대량 구매를 하는 행동은 하지 마라"라는 말을 대중에게 편하게 할 수 있을 정도로 대중을 충분히 신뢰하지 않았던 것이다.

그리고 사회적 거리두기 권고도 때로는 안전성과 관련된 메시지와 사회적 거리를 지킴으로써 얻을 수 있는 보상과 관련된 메시지가 뒤섞임으로써(야외에서 진행되는 시위는 안전하다? 트럼프의 정치집회는 안전하다?) 일관성을 잃었다. 이 원고를 쓰고 있는 2020년 6월 기준으로 볼 때, 미국에서 의료 분야 전문가들에 대한 신뢰는 팬데믹이 진행되는 과정에서 상당한 수준으로 떨어졌다. 특히 공화당원들 사이에서는 더욱 그렇다.[39] 코로나바이러스 정치학 속에는 풀어야 할 엉킨 실타래가 많이 있으며, 이것들 대부분은 어쩌면 팬데믹이 모두 끝나고 난 다음에 처리할 문제로 남겨두는 게 최선일지 모른다. 그러나 어쨌거나 코로나바이러스가 전문가와 대중 사이에 신뢰를 떨어뜨려왔음은 분명하다.

따라서 서로위키의 기준에 따르면, 미국에 있는 여러 주요 기관의 집단적·총체적인 판단이 점점 나빠지고 있다고 생각할 만한 근거들이 있다. 현재 미국인은 집단적인 합의 내용이 가져다주는 편익을 점점 덜 누리게 되며, 집단사고의 나쁜 점에는 점점 더 많이 노출된다는 말이다. 하지만 불행하게도 그렇다고 해서 우리 개개인의 판단이 점점 좋아지는 것도 아니다. 우리는 지금 자기가 가지고 있는 편견들과 그 밖에 자기가 내리는 판단의 여러 한계를 염려해야 할 뿐만 아니라 동시에 집단사고도 경계해야 한다.

몇 년 전까지 지배적인 패러다임이었던 고루하고 융통성 없는 기계적 공정주의 저널리즘both sides' journalism에 대해서는 할 말이 많다. 이 저널리즘은 트럼프가 대통령 후보로 나설 것과 그가 대통령에 당선될 가능성을 제대로 심사숙고할 역량을 갖추고 있지 않았음이 입증되었다. 모든 것을 감안할 때 나는 저널리즘적인 방식과 이것을 대체해온 관점들이 절충적으로 혼합된 것이 균형 면에서 오히려 낫다고 생각한다. 그러나 지금 사람들이 접하는 뉴스들은 해당 독자가 가진 특정한 선호에 맞춤형으로 바뀔 가능성이 매우 높다. 이런 변화는 중매결혼을 기반으로 형성된 사회에서 틴더Tinder(미국의 데이팅 앱 – 옮긴이)를 통해 사람들이 서로 만나는 사회로 전환되는 것과 비슷한 패턴이다. 당신이 포착하는 신호들은 예전과 같은 신호가 아니다. 그 신호들은 어쩌면 당신이 알아차리는 것 이상으로 당신의 감수성에 알랑거릴지도 모른다.

그러므로 우리는 조심해야 한다. 복잡한 사건을 아주 단순하게 풀어놓은 이야기들이 자기의 정치색과 일치하거나 자기의 신념을 지지한다면, 이런 이야기가 자기 귀에 들릴 때는 특히 조심해야 한다. 민주당 지지자들은 굳이 말하지 않아도 〈폭스뉴스〉를 신뢰하지 않는다. 그러나 자기 주변의 모든 친구가 한결같이 똑같은 말만 할 때는 바짝 긴장해야 한다. 그 말이 반드시 잘못되었다는 말은 아니다. 무척 다행스럽게노 낭신이 뉴스 출처들을 세내로 잘 신택한 덕분에(그리고 당신 킨구들도 모두 좋은 사람이라서) 그럴 수도 있다[《뉴욕타임스》와《원 아메리카 뉴스 네트워크One America News Network》(극우 케이블 채널이다-옮긴이)가 대등하다고 주장하는 것이 아니다]. 그러나 만일 어떤 뉴스가 본능을 자극해서 시스템1이 즉각 작동한다면(소셜미디어를 통해서 뉴스가 공유될 때 특히 그렇다), 마음을 가라앉히고 시스템2로 그 뉴스를 꼼꼼하게 확인해야 한다. 그리고 이렇게 새롭게 알게 된 정보를 바탕으로 해서 기존에 가지고 있던 생각을 업데이트해야 한다.

　나는《신호와 소음》이라는 이 책의 내용을 자동차에 붙이는 스티커에 들어갈 정도로 압축한다면 무엇이 될까 하는 생각을 종종 했다. 그리고 '확률적으로 생각하라'가 가장 적절할 것 같다는 결론을 내렸다. 그런데 이번에는 거기에다 스티커 하나를 더 추가하면 좋겠다는 생각이 든다. 이 스티커의 내용은 이렇다.

　"속도를 늦추고 의심하라."

브루클린에서,

네이트 실버

|추천사| **여기에 당신의 미래가 보인다** _ 송길영 **5**

|개정 서문| **더 나은 확률적 사고를 위한 두 가지 제안 10**

필수지만 어려운 일, '느리게 생각하기' 22 ∣ 대세 편승을 경계하라 29

|들어가며| **신호와 소음 45**

정보 폭발의 빛과 그림자 46 ∣ 컴퓨터 시대의 '생산성 역설' 53 ∣ 빅데이터 시대의 약속
과 함정 55 ∣ 왜 미래는 늘 우리를 놀래는가 61 ∣ 예측을 위한 해법 64 ∣ 우리가 다룰
것들 67

I

예측에 대한 근본적인 의문들

1. 금융위기 | 경제 붕괴를 둘러싼 예측의 대실패 **72**

불행에 관한 최악의 예측 73 | "그들은 음악이 멈추길 바라지 않았던 거죠" 79 | 신용평가사들이 일을 제대로 망친 방법 84 | 1막: 주택 거품, 내 집을 둘러싼 환상 91 | 2막: 레버리지, 하우스푸어를 양산하다 96 | 인터미션: '공포'는 '탐욕'의 새 이름 101 | 3막: 파멸, 새로운 상황이 펼쳐지다 106 | 네 가지 예측 실패의 공통점 110 | 실패한 예측의 공식: 표본 외 예측의 문제 112 | 무엇을 배울 수 있을까 114

2. 정치 | 내가 선거 결과를 맞힌 비법 **117**

정치학자들은 TV에 나오는 전문가 패널들보다 나을까? 122 | 더 나은 예측을 위한 올바른 태도: 여우가 돼라 126 | 왜 고슴도치는 TV 패널로 더 환영받을까? 128 | 엉터리 예측이 횡행하는 이유 131 | 정치 예측에 뛰어들다 136 | 여우의 원칙 1: 확률적으로 생각하라 139 | 여우의 원칙 2: 날마다 새로운 예측을 하라 144 | 여우의 원칙 3: 합의를 구하라 147 | '마법의 탄환'식 예측을 믿지 마라 148 | 질적 정보에 가중치를 두는 방법 150 | 객관적이 되기는 쉽지 않다 157

3. 야구 | 야구 경기는 왜 모든 '예측'의 모델이 되는가 **159**

야구 예측 시스템을 구축하다 164 | 세상에서 가장 풍성한 데이터세트 167 | 노화곡선: 그 선수는 언제까지 뛸 수 있을까 170 | '계산기'와 '직감'의 싸움 178 | 페코타 대 스카우터: 스카우터 승 181 | 보이지 않는 요소 186 | 빨리 달리고 세게 던진다고 이기는 건 아니다 190 | 게임의 이름은 '정보' 199 | 페드로이아의 미래가 어두웠던 이유 203 | 그리고 그는 어떻게 역경을 이겨냈나 206 | 머니볼의 진정한 교훈과 야구의 미래 210

II

움직이는 과녁을 맞혀라!

4. 기상 │ 예측의 성공 스토리, 기상 예보의 진전 **216**

슈퍼컴퓨터는 정말 쓸모가 있을까 219 │ 기상 예보의 아주 간략한 역사 221 │ 매트릭스, 새로운 기상 예측법의 탄생 226 │ 토네이도와 농구 선수의 공통점 231 │ 사람의 눈은 아직 중요하다 237 │ 기상청의 성공과 민간업체의 도전 242 │ 더 나은 예측은 어떻게 만들어지는가? 246 │ 경쟁이 예측을 더 엉망으로 만들 때 250 │ 오차보정이 필요한 순간 255 │ 태풍의 눈과 카오스의 원뿔 261

5. 지진 │ 필사적으로, 신호를 찾아서 **268**

발밑이 흔들릴 때 우리가 하는 일 270 │ 마법의 두꺼비와 성배 찾기 274 │ 지진은 어떻게 움직이는가: 멱법칙 분포 280 │ 소음 속에서 우리를 유혹하는 신호 285 │ 실패한 예측의 행진 290 │ 진퇴양난 296 │ 과적합에 주목하라 298 │ 동일본 대지진은 과적합의 대표 사례 305 │ 우리는 지진에 관해 어디까지 알 수 있을까 310 │ 신호와 소음이 빚어내는 아름다움 311 │ 과학은 언제나 시험 중이다 312

6. 경제 예측 │ 불확실성, 변동성, 편향에 대처하는 법 **316**

불확실성에 관해 얘기해야 하는 이유 318 │ 경제학자들은 이성적인가? 320 │ "그 누구도 단서를 가지고 있지 않습니다" 326 │ 인과관계 없는 상관관계 328 │ 경제 예측은 움직이는 표적을 맞히는 문제 334 │ 소음투성이 경제 데이터 341 │ 나비효과 342 │ 편향이 합리적 선택일 때 347 │ 편향에 대처하는 두 가지 대안 351

7. 전염병 │ 모든 모델은 빗나가지만 몇몇 모델은 유용하다 **357**

'신종플루 대실패'의 후속편인가? 364 │ 외삽이 위험해질 때 368 │ 자기충족적 예측과 자기부정적 예측 375 │ '정교한' 단순함 380 │ 심플루SimFlu 388 │ 예측이 빗나갈 수밖에 없을 때 해야 할 일 394

III

예측의 질을 높여 미래를 포착하는 법

8. 베이즈 정리 | 조금씩 조금씩 덜 틀리는 법 400

이기는 도박꾼은 어떻게 베팅하는가 408 | 토머스 베이즈의 별난 유산 414 | 확률과 진보 416 | 베이즈 정리의 간단한 수학 418 | 거짓 양성 문제 427 | 빈도주의가 베이즈주의를 반박하다 430 | 맥락 없는 데이터는 무용지물이다 434 | 베이즈주의 도박사, 밥 437 | 진리로 수렴하는 베이즈주의 441

9. 체스 | 컴퓨터가 인간처럼 미래를 내다볼 수 있을까 445

체스를 두는 컴퓨터 448 | 체스, 예측, 그리고 휴리스틱 451 | 카스파로프와 딥블루 453 | 게임이 시작되다 454 | 체스 선수의 딜레마: 폭이냐 깊이냐 459 | 전략 대 전술 461 | 종말의 첫 조짐 465 | 기계가 인간을 이기다 470 | 체스 고수를 버벅거리게 만드는 법 477 | 버그일까, 비장의 무기일까? 479 | 컴퓨터가 잘하는 것 485 | 구글 검색 엔진: 대규모 시행착오가 가능할 때 486 | 기술의 사각지대를 넘어서 490

10. 포커 | 상대의 허풍을 간파하는 법 493

포커 드림의 시작 496 | 패 읽기의 기술 498 | 확률적으로 사고하라 503 | 슈뢰딩거의 포커 패 515 | 상대를 혼란스럽게 하는 법 517 | 예측의 파레토법칙 521 | 고수와 호구: 포커 거품의 경제학 527 | 거품이 꺼지다 532 | 운이냐 실력이냐 535 | 착각의 늪 539 | 우리가 평정심을 잃는 이유 541 | 결과보다 과정에 초점을 맞춰라 545

IV

보이지 않는 손이 세상을 움직인다

11. 주식 | 개인이 결코 시장을 이길 수 없다면 **550**

웰컴 투 베이즈랜드 552 | 베이즈주의의 '보이지 않는 손' 554 | 예측시장: 힐러리 주식을 사고팔다 556 | 집단 예측의 이점과 한계 559 | 효율적 시장 가설의 기원 563 | "과거의 수익률은 미래의 결과와 무관합니다" 564 | 차트를 믿지 마세요 566 | 효율적 시장 가설의 세 형태: 약형, 준강형, 강형 568 | 효율적 시장 가설의 통계검정 570 | 효율적 시장이 비이성적 과열을 만나다 575 | 대세 편승 583 | 왜 우리는 다른 사람을 따르는가? 592 | 자기과신과 승자의 저주 594 | 왜 거품은 쉽게 꺼지지 않을까 595 | 가격은 옳지 않다 597 | 소음 트레이더 599 | 착시와 패턴 602 | 인지적 지름길 606 | 질서와 무질서의 투쟁 608

12. 지구온난화 | 건강한 회의론의 풍토가 필요하다 **612**

인과관계를 찾아서 614 | 온실효과는 존재한다 617 | "로켓공학처럼 복잡한 얘기가 아니라고요" 620 | 세 가지 회의론 623 | 지구온난화 예측에 관한 예측가 비평 627 | 모든 기후학자들이 동의하는 것 630 | 컴퓨터 예측 모델을 의심하다 632 | 기후과학과 복잡성 634 | 모델은 얼마만큼 복잡해야 할까? 638 | 기후 예측의 불확실성 요소 세 가지 640 | 관측과 기록 646 | '뜨거운 여름'이 올 것입니다 647 | 불확실성은 예측의 본질이다 649 | '지구냉각화'가 알려주는 것 652 | 예측과 과학은 긴밀하게 연결된다 655 | 기온 기록에 관한 불편한 진실 659 | 불확실성 추정이 필수인 또 한 가지 이유 662 | "우리는 길거리 패싸움 중입니다" 665 | 과학과 정치 사이에서 668

13. 테러 | 진주만 공습과 9·11테러의 공통점 **672**

신호는 있었지만 무엇을 뜻하는지 몰랐다 675 | '낯선 것'과 '있을 법하지 않은 것' 680 | 9·11테러는 '알려진 미지'였을까? 683 | 엄청난 대규모 공격 689 | 테러의 수학: 멱법칙 분포 691 | 테러를 정의하고 측정하다 694 | 진도 9짜리 테러 699 | 테러에 관해 '크게 생각하기' 707 | 왜 쇼핑몰은 공격하지 않을까 710 | 테러 예방을 위한 이스라엘의 전략 712 | 테러리스트의 신호를 읽는 법 714

|나가며| **예측은 어떻게 가능한가** 719

확률적 사고: 베이즈주의에 익숙해지기 722 | 출발점을 인식하고 편견을 줄여나가라 726
| 시도하고, 실수하라 727 | 예측 가능성에 대한 인식 729

|옮긴이의 말| **세상을 바라보는 새로운 눈** 732

|주석| **736**

신호와 소음

이 책은 정보, 기술, 과학의 진보에 관한 책이다. 경쟁, 시장, 그리고 사상의 진화에 관한 책이기도 하다. 이 책은 우리를 컴퓨터보다 똑똑하게 만들어주는 방법과 인간이 저지르는 실수에 관한 책이다. 우리가 이 세상에 한 걸음씩 다가가는 방법과 그 과정에서 가끔은 뒷걸음질할 수밖에 없는 이유에 관한 책이기도 하다.

이 책은 이 모든 것이 교차하는 지점에 놓여 있는 '예측'을 다루는 책이다. 우리가 지금보다 조금 더 통찰력을 가질 수 있어서 실수를 조금이라도 덜할 수 있다면 얼마나 좋을까. 이 책은 이런 물음에 대한 고민이다.

정보 폭발의 빛과 그림자

정보기술 분야에서 최초의 혁명은 인쇄술과 함께 일어났다. 1440년에 요하네스 구텐베르크Johannes Gutenberg가 활판인쇄술을 발명하자 대중도 정보에 접근할 수 있는 시대가 열렸다. 이 발명품 때문에 전혀 의도하지 않고 또 아무도 예상하지 않은 일이 벌어졌다. 바로 1775년 산업혁명이다.[1] 그때까지 과학이나 경제에서 진보가 거의 이루어지지 않다가 비로소 그해를 기점으로 오늘날 우리에게 익숙한 성장과 변화가 급격하게 전개되었다. 1775년은 그동안 작은 변화가 축적되어 그야말로 질적으로 도약을 시작한 해였다. 산업혁명은 장차 계몽주의와 미국이라는 나라를 낳을 수많은 사건을 궤도에 올려놓았다.

하지만 인쇄술은 전혀 예상 밖의 것부터 낳았다. 바로 수백 년에 걸친 종교전쟁이다. 인간이 자신의 운명을 예측하고 자기에게 주어진 여러 갈림길 가운데 하나를 선택할 수 있다고 믿게 되면서 인류 역사상 가장 유혈이 낭자한 시대가 전개되었다.[2]

책은 구텐베르크 이전에도 존재했다. 하지만 그때는 책이 널리 쓰이지도, 널리 읽히지도 않았다. 책은 그저 귀족을 위한 사치품으로 필경사가 한 번에 한 권씩만 만들었다.[3] 당시에 책 다섯 쪽을 만드는 데 드는 비용이 (오늘날의 미국 달러로 치면 200달러쯤 되는) 약 1플로린이었으니까,[4] 지금 당신이 읽고 있는《신호와 소음》한 권에는 약 2만 달러가 드는 셈이다. 게다가 당시의 책은 사본의 사본을 베끼는 과정을 거쳐 만들어진 만큼, 필경에서 수없는 오류가 생겼을 게 분명하다. 이런 오류는 여러 세대를 거치며 증식과 돌연변이 과정을 통해 확대되었다.

그랬기에 지식을 축적하기란 말할 수 없을 만큼 어려웠다. 기록으로 축적된 전체 지식이 줄어들지 않게 하려면 엄청난 노력이 필요했다. 책은 생산 속도보다 더 빠르게 망가지고 부식할 수 있었기 때문이다. 기독교 성서의 여러 판본은 플라톤이나 아리스토텔레스가 만든 소수의 정본과 더불어 살아남았다. 하지만 막대한 지혜가 세월 속에 지워져버렸다.[5] 사실 그런 지혜를 굳이 종이에 기록해 남겨야 할 동기도 거의 없었다.

지식을 추구하는 활동은 전혀 쓸모없다고 할 정도는 아니더라도 본질상 무익한 일로 비쳤다. 사람들은 오늘날 모든 게 너무도 빠르게 바뀌어서 무상함impermanence을 느낀다고 하지만, 이 무상함은 우리 전 세대들에게는 훨씬 더 실제적인 관심거리였다. 《전도서Ecclesiastes》의 멋진 성경 구절처럼 "하늘 아래 새로운 것은 없었다". 많은 것이 새로 발견되지 않아서가 아니라 모든 것은 금방 잊힐 터이기 때문이었다.[6]

인쇄술이 이런 모습을 바꾸었다. 그것도 영원히 그리고 심대하게. 책 한 권을 만드는 비용은 거의 하룻밤 새에 300분의 1 수준으로 줄어들었다.[7] 오늘날 가치로 2만 달러나 되는 비용이 70달러로 떨어진 셈이다. 인쇄술은 유럽 전역으로 빠르게 확산되었다. 구텐베르크가 살던 독일에서 로마, 세비야, 파리, 바젤까지 퍼져나갔다. 1470년까지 상황이 그랬고, 그로부터 10년 이내에는 유럽의 거의 모든 주요 도시로 인쇄술이 전파되었다.[8] 제작되는 책도 기하급수적으로 증가해서 인쇄술이 발명되고 100년 동안에 약 30배로 늘어났다.[9] 인간 지식의 저장고는 빠르게 채워졌다.

그러나 정보의 질은 월드와이드웹World Wide Web 초창기처럼 편차가 심했다. 인쇄술은 고품질의 지도를 낳았지만,[10] 얼마 지나지 않아 베스트셀러 목록은 이단 책자와 유사과학 책자가 점령했다.[11] 오탈자도 엄청났다. 〈출애굽기〉 제20장 14절 'Thou shalt not commit adultery'에서 not을 빠뜨리는 바람에 '간음하지 마라'가 '간음하라'로 둔갑해 '부도덕성서Wicked Bible'라는 별칭이 붙은 1631년판의 흠정역欽定譯 성서가 대표적인 사례다.[12] 한편 수많은 새로운 생각이 대중에게 퍼지면서 엄청난 혼란이 빚어지기도 했다. 정보의 양은 그 정보를 이해하고 어떻게 해야 할지 깨닫는 속도보다, 또 유용한 정보와 그렇지 않은 정보를 가려내는 역량의 향상 속도보다 훨씬 빠르게 증가했다.[13] 역설적이게도 그렇게나 많은 정보를 공유하면서 오히려 국가 간 그리고 종교권 간의 고립 정도는 점점 더 심화됐다. '정보가 지나치게 많은 상황'에서 우리가 본능적으로 취할 수 있는 대응책은 정보의 선별이다. 원하는 정보를 취하고 나머지를 버리는 것, 다시 말해 우리와 동일한 선택을 하는 사람들을 동맹자로 삼고 나머지를 적으로 만드는 것이다.

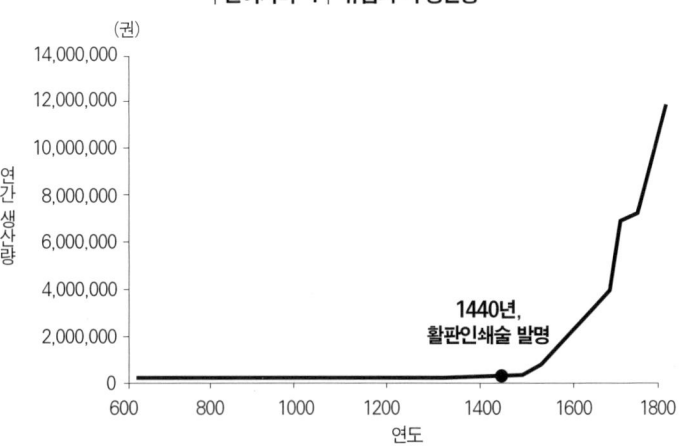

| 들어가며-1 | 유럽의 책 생산량

인쇄술을 가장 적극적으로 활용한 초기 고객은 인쇄술을 복음 전파에 이용하는 사람들이었다. 마르틴 루터Martin Luther의 〈95개조 논제Ninety-Five Theses〉(루터가 로마 가톨릭교회의 면죄부 판매에 반대해 1517년 10월 31일, 독일 비텐베르크 교회의 정문에 라틴어로 써서 붙인 95개조로 된 논제 − 옮긴이)는 그다지 과격하지 않았다. 이와 비슷한 정서는 그전에도 여러 차례 논의된 적이 있었다. 진정 혁명적이었던 것은, 역사학자 엘리자베스 아이젠슈타인Elizabeth Eisenstein이 기술하듯이, 이 논제가 "교회 정문에 붙어 있기만 한 게 아니었다"[14]는 사실이다. 〈95개조 논제〉는 구텐베르크가 발명한 인쇄술 덕분에 적어도 30만 부는 인쇄되었다.[15] 오늘날 기준으로도 엄청난 베스트셀러인 셈이다.

　루터의 종교개혁이 낳은 분란은 곧 유럽을 전쟁의 소용돌이로 몰아넣었다. 1524년부터 1648년까지 독일농민전쟁, 슈말칼덴전쟁, 80년전쟁(네덜란드독립전쟁), 30년전쟁, 프랑스종교전쟁(위그노전쟁), 아일랜드동맹전쟁, 스코틀랜드시민전쟁, 영국시민전쟁 등이 유럽을 휩쓸었는데, 이들 가운데 여러 전쟁이 시기가 겹쳤다. 1480년에 에스파냐 가톨릭 세력이 시작한 에스파냐종교재판(이단 심문)이나 1508~1516년의 신성동맹전쟁도 빼놓을 수 없다. 비록 이 둘은 프로테스탄티즘의 확산과 관련이 거의 없지만 말이다. 30년전쟁 하나만으로도 독일 인구의 3분의 1이 목숨을 잃었다.[16] 인류 역사상 유례가 없을 정도로 많은 사람이 17세기에 전쟁의 참화 속에서 죽어갔다. 이후로 이에 견줄 거대한 참화는 20세기 초가 되어서야 나타난다.[17]

　인쇄술은 이런 혼란의 한가운데서 과학과 문학의 발전을 낳기 시작했다. 갈릴레이는 자기의 (검열 과정을 거친) 사상을 공유했고 셰익스피어는 수많은 희곡과 연극을 생산했다.

셰익스피어의 연극은 흔히 운명에 초점을 맞춘다. 셰익스피어의 작품이 그토록 비극적인 이유는 바로 주인공들이 원하는 것과 운명 사이의 간극 때문이다. 자기 운명을 그대로 받아들이지 않고 스스로 통제하겠다는 생각은 그 무렵에도 중요한 목표였다. 하지만 그 목적을 이룰 역량까지는 확보하지 못했기 때문에 자기 운명을 시험한 사람들은 보통 원하지 않는 죽음을 맞곤 했다.[18]

이러한 주제들은 운명과 예언을 소재로 삼은 〈율리우스 카이사르 The Tragedy of Julius Caesar〉에서 가장 생생하게 탐구된다. 카이사르는 연극의 전반부 내내 대관식이 살육의 현장으로 바뀔 거라는 모든 종류의 명백한 경고 신호, 곧 그가 '예언'이라고 말하는 것을 받는다.[19] 바로 "3월 15일을 경계하라"는 예언이다. 그러나 카이사르는 이런 신호들을 무시하면서 설령 누가 죽는다 하더라도 자기가 아닌 다른 사람일 거라고 우긴다. 제시된 증거를 선택적으로만 읽은 것이다. 결국 카이사르는 암살되고 만다. 셰익스피어는 키케로의 목소리를 빌려 우리에게 경고한다.

"[그러나] 사람들은 자기 식대로 사물을 추론한다. 그 사물의 목적을 지워버린다."

키케로의 경고는 새롭게 발견된 풍부한 정보를 붙잡으려는 사람들이 귀담아야 할 좋은 충고다. 수많은 소음에서 올바른 신호를 가려내기란 어려운 일이다. 데이터가 우리에게 들려주는 이야기는 대개 우리가 듣고자 하는 이야기다. 우리는 보통 그 이야기가 행복한 결말로 이어지리라고 확신한다.

〈율리우스 카이사르〉는 비록 예언이라는 발상, 곧 숙명주의·점술·미신으로 이어지는 오래된 발상에 근거하긴 하지만 동시에 좀 더 현대적이며 근본적인 생각, 곧 우리가 데이터 속 신호들에서 편익을 취할 수 있도록 신호를 해석할 수도 있다는 가능성 또한 제시한다. 카시우스는 카이사르를 제거할 음모에 동참하도록 설득하면서 브루투스에게 이렇게 말한다.

"사람은 언젠가 자기 운명의 주인이 된다."

사람이 자기 운명의 주인이라는 생각이 점차 퍼지고 있었다. 오늘날 '예언하다predict'와 '예측하다forecast'는 말은 별 구분 없이 쓰인다. 하지만 셰익스피어 시대에 두 단어의 의미는 완전히 달랐다. 전자는 예언자나 점쟁이가 쓰는 말이었고, 후자는 카시우스의 발상과 비슷했다.

forecast는 독일어가 어원이고,[20] predict는 라틴어에서 유래한 말이다.[21] 예측forecasting은 신성로마제국의 세속이 아니라 새로이 등장한 프로테스탄트의 세속을 반영했다. 예측한다는 것은 전형적으로 불확실성이라는 조건에서 계획을 세우는 일을 의미했다. 예측은 신중함·지혜·부지런함을 전세로 하는데, 지금 우리가 사용하는 '통찰foresight'이라는 단어와 뜻이 비슷했다.[22]

이런 발상이 내포하는 신학적 의미는 매우 복잡하다.[23] 하지만 지상의 존재에게는 덜 복잡했다. 그 의미들은 프로테스탄트의 노동관(근면과 검약을 강조하는 – 옮긴이)과 강력하게 연관되어 있었는데, 막스 베버Max Weber는 이것이 자본주의와 산업혁명을 가져온다고 보았다.[24] 이렇게 예측이라는 발상은 진보라는 개념과 굳게 연결되어 있었다. 책에 담긴 모든 정보는 우리가 자기 삶을 계획하고 세상사를 유익하게 내다보는 데 도움을 주어야 마땅했다.

프로테스탄트는 축적된 지식을 활용해 사회를 바꾸는 방법을 학습했다. 산업혁명은 주로 프로테스탄트 국가와 자유언론이 확립된 국가에서 시작되었는데, 이들 국가에서는 종교적 사상과 과학적 사상이 검열의 공포가 없는 분위기 속에서 유통되었다.[25]

산업혁명이 얼마나 중요한 사건인지는 더 말할 필요가 없다. 인류역사를 통틀어서 산업혁명 이전까지 경제성장은 연간 0.1퍼센트 규모였다. 이만큼의 성장도 인구수가 느는 데 겨우 발맞추는 정도일 뿐, 1인당 생활수준은 조금도 향상되지 않았다.[26] 그런데 갑자기 유례가 없는 성장과 발전이 시작되었다. 경제성장은 인구증가보다 훨씬 빠른 속도로 일어났다. 이 성장 속도는 오늘날까지 이어지고 있다. 이따금 전세계적인 금융 붕괴가 있긴 했지만 말이다.[27]

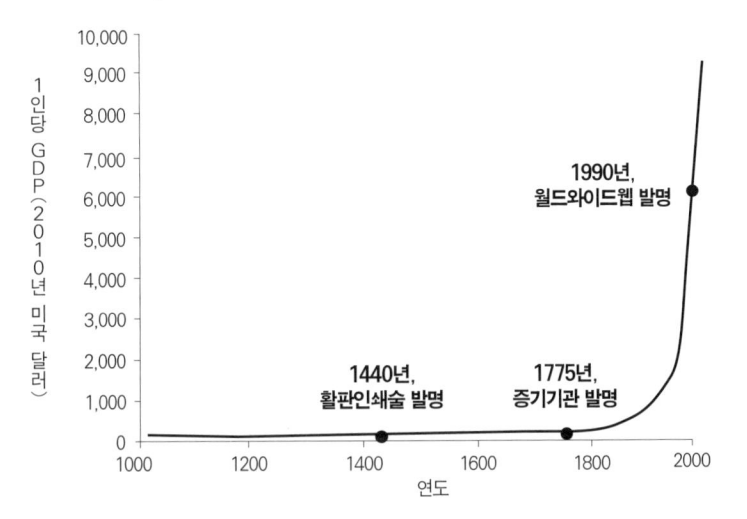

| 들어가며-2 | 전 세계 1인당 GDP(1000~2010년)

인쇄술이 촉발한 정보의 폭발적 증가는 우리에게 엄청난 이익을 가져다준 것으로 판명 났다. 그 이익이 실현되는 데 무려 330년이 걸리고 유럽 전역의 전장에서 수백만 명이 목숨을 잃었지만 말이다.

컴퓨터 시대의 '생산성 역설'

정보량이 정보를 처리하는 우리의 이해 능력을 추월할 때마다 우리는 위험에 맞닥뜨린다. 최근 40년 동안의 인류 역사는, 정보를 유용한 지식으로 변환할 수 있으려면 아직도 오랜 시간을 더 기다려야 하며 우리가 조심하지 않으면 인류는 얼마든지 퇴보할 수 있음을 보여준다.

'정보화 시대information age'라는 용어는 딱히 새롭지 않다. 이 용어는 이미 1970년대 말에 널리 퍼지기 시작했다. '컴퓨터 시대computer age'라는 말은 그보다 훨씬 전인 1970년 무렵부터 쓰이기 시작했다.[28] 컴퓨터가 실험실과 대학교 연구소에서 좀 더 일상적으로 사용된 것도 바로 이즈음이다. 물론 이때까지도 컴퓨터는 가전제품처럼 일상적인 물건은 아니었다. 그런데 정보기술의 성장이 인간사회에 구체적 편익을 생산하기까지는 인쇄술이 그랬듯 300년이라는 긴 시간이 걸리지 않았다. 15~20년이면 충분했다.

1970년대는 폴 크루그먼Paul Krugman이 내게 한 말처럼 "어마어마하게 많은 이론이 나와서 극단적으로 적은 데이터에 적용된" 중요한 시기였다. 사람들은 컴퓨터를 이용해서 세상을 시뮬레이션할 수 있는 모델을 만들기 시작했다. 그런데 시간이 어느 정도 흐르자 우리는 그 모델들이 얼마나 조잡하며 또 얼마나 불확실한 추정으로 가득 차 있는지 깨달았다. 컴퓨터가 구현하는 '정확성'이 예측정확도predictive accuracy를 대체할 수는 없다는 점도 알게 되었다. 이 시기에 경제상황부터 인플루엔자 확산에 이르는 여러 분야에서 대담한 예언들이 나왔지만 하나같이 실패했다. 예를 들어 1971년에는 10년 안에 지진을 예측할 수 있게 된다는 주장이 나왔지만[29] 천만의 말씀이었다. 그로부터 50년 가까이 지났지만 우리는 그때보다 조금도 더 나아지지 않았다. 오히려 1970년대와 1980년대의 컴퓨터 붐이 경제와 과학의 생산성에서 일시 후퇴를 낳았다. 경제학자들은 이 현상을 '생산성 역설productivity paradox'이라 부른다. 경제학자 로버트 솔로Robert Solow는 1987년에 이렇게 썼다.

"당신은 컴퓨터 시대가 왔다는 걸 생산성 통계를 제외한 모든 영역에서 볼 수 있다."[30]

미국에서는 1969~1982년에 경기후퇴가 네 차례 발생했다.[31] 1980년대 중후반은 미국 경제가 더 강력한 힘을 발휘한 시기였지만, 다른 국가들은 그렇지도 않았다.

과학 발전의 정도는 경제 발전과 달리 측정하기가 어렵다.[32] 측정할 수 있는 지표가 하나 있긴 하다. 바로 출원된 특허의 수, 특히 연구개발비 투자 대비 특허의 수다. 새로운 발명품을 만드는 비용이 낮아졌다는 것은 우리가 우리에게 주어진 정보를 현명하게 사용하고 있으며, 이 정보를 유용한 지식으로 바꾸어놓고 있다는 뜻이다. 반대로 그 비용이 높아졌다는 것은 소음 속에서 유용한 신호를 찾지 못하고 잘못된 신호들을 붙잡고 시간을 낭비하고 있다는 뜻이다.

1960년대에 미국은 미국인 발명가가 특허출원을 하나 내는 데 약

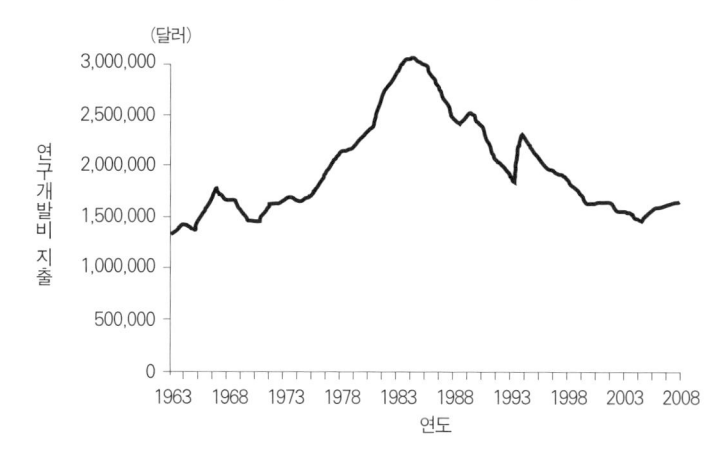

| 들어가며-3 | 특허출원에 들어간 연구개발비 추이

(달러)

연구개발비 지출

연도

150만 달러[33]를 지출했다.[34] 이 수치는 정보화 시대의 여명기에 오히려 높아져 1986년에는 약 300만 달러로 두 배 가까이나 되었다.[35]

신기술이 우리에게 무엇을 가져다줄지는 나중에 좀 더 구체적으로 살펴볼 테지만, 우리의 연구 생산력은 1990년대에 다시 나아지기 시작했다. 우리는 몇 차례 방황하며 헤매기도 했지만, 컴퓨터가 우리 일상의 삶을 개선하고 경제에 도움을 주게 되었다. 예측과 관련된 이야기들은 흔히 단기적 후퇴 대신 장기적 발전을 말한다. 그렇기에 장기적으로 예측이 가능해 보이는 많은 것들이, 한껏 공들인 계획을 적어도 단기적으로는 망쳐버리는 일이 자주 일어난다.

빅데이터 시대의 약속과 함정

현재 '빅데이터big data'라는 용어는 첨단 유행어다. IBM의 추정에 따르면 우리는 지금 날마다 2.5퀸틸리언quintillion(조의 1만 배. 100경 – 옮긴이) 바이트나 되는 데이터를 생산하고 있다. 그런데 이 중 90퍼센트는 최근 2년 동안 생산된 데이터라고 한다.[36]

정보의 기하급수적 증가는 1970년대에 컴퓨터가 그랬던 것처럼 때로 만병통치약으로 보이기도 한다. 2008년 《와이어드Wired》의 편집자 크리스 앤더슨Chris Anderson은 엄청난 양의 데이터가 이론에 대한 욕구뿐 아니라 과학적 방법론까지 지워버릴 것이라고 썼다.[37]

이 책 《신호와 소음》은 단호하게 과학과 기술을 지지하며, 나는 이 책이 매우 낙관적이라고 본다. 하지만 이 책은 그러한 관점들이 심각하게 착각하는 게 있다고 주장한다. 수치 자체는 스스로를 변호할 길이 없다. 수치를 대신해 우리가 말한다. 우리는 수치에 의미를 부여한다. 우리는 카이사르와 마찬가지로 어쩌면 객관적 실체와 동떨어진 방식으로 그 수치들을 해석하는지도 모른다.

데이터를 기반으로 한 예측은 성공할 수도 있고 실패할 수도 있다. 실패 가능성은 우리가 예측 과정에서 수행해야 할 우리 자신의 역할을 부정할 때 높아진다. 우리는 더 많은 데이터를 요구하기에 앞서 자기 자신에 대해 더 많은 것을 알 필요가 있다.

내 이력을 아는 독자에게는 나의 이런 태도가 뜻밖으로 보일 수도 있다. 데이터와 통계 관련 일을 하고 또 그걸 이용해서 미래를 성공적으로 예측한 덕분에 나는 지금 제법 유명 인사로 행세하고 있다. 2003년 당시 나는 내가 하던 컨설팅 업무가 너무 지루한 나머지 '페코타 PECOTA'라는 통계 예측 프로그램을 개발했다. 메이저리그 야구 선수들의 기록 통계를 예측하는 프로그램이었다.

페코타 프로그램은 혁신적 내용을 여럿 담고 있었다. 프로그램의 예측은 확률적probabilistic이었다. 말하자면 각 선수가 낼 수 있는 성적의 대략적인 범위를 설정하는 식이었다. 결과적으로 이 프로그램은 다른 경쟁 프로그램들을 압도했다. 나는 2008년에 웹사이트 파이브서티에이트FiveThirtyEight(여기서 '538'은 미국 대통령선거인단 수를 의미한다. 미국 하원 435명과 상원 100명을 합친 수에, 행정수도 워싱턴이 있는 컬럼비아 선거구의 3명을 합친 수다 - 옮긴이)를 만들었다. 2008년 미국 대통령 선거 결과를 예측하는 사이트였다. 사이트는 대통령 선거 당시 50개 주 가운데 49개 주에서 (대통령 후보 버락 오바마와 존 매케인 중 - 옮긴이) 누가 이길지 정확하게 예측했으며, 미국 상원의원의 전체 35개 선거구 당선자도 정확하게 예측했다.

선거 뒤에 수많은 출판사에서 나를 찾았다. 그들은 세계를 정복한 괴짜들의 이야기를 다룬 《머니볼Moneyball》(미국 프로야구 메이저리그 30개 구단 중 가장 가난한 오클랜드 애슬레틱스가 4년 연속 포스트시즌 진출이라는 기적을 일으킨 성공 신화를 담은 책 - 옮긴이)이나 《괴짜경제학Freakonomics》(기발한 물음과 명쾌한 해답을 통해 사회의 통념과 상식을 깨뜨리는 책 - 옮긴이) 같은 책들이 거둔 성공에 편승하고 싶어했다. 이 책은 그런 흐름을 따라, 야구에서 금융, 국가안보와 전염병에 이르는 다양한 분야의 데이터 중심 예측에 대한 탐사로서 구상되었다.

나는 지난 4년 동안 10개가 훨씬 넘는 분야에 종사하는 전문가를 족히 100명 넘게 만나 이야기를 나누고, 수백 건에 이르는 기사와 책을 읽고, 또 필요한 조사를 위해 라스베이거스에서 코펜하겐까지 바쁘게 돌아다녔는데, 이 과정에서 중요한 사실을 깨달았다. 빅데이터 시대에 예측은 그다지 잘 맞지 않는다는 사실이다. 그동안 난 몇 가지 점에서 행운아였다. 우선 많은 실수를 저질렀는데도(이 실수에 대해서는 뒤에서 설명할 것이다) 상당한 성공을 거두었다. 둘째로는 운 좋게도 분야를 잘 선택했다. 예컨대 야구가 그렇다.

야구는 예외적인 사례다. 또 야구에서는 예외적인 일이 굉장히 많이 일어난다. 이 책은 야구가 왜 그런지를 탐구한다. 《머니볼》이 나온 지 십수 년이 지난 지금, 왜 괴짜 통계학자와 스카우터가 호흡을 맞추고 있는지를 설명한다.

이 책은 다른 희망찬 사례들도 제시한다. 인간의 판단과 컴퓨터의 능력을 한데 녹여내는 작업이 필요한 분야 중 하나가 기상 예측이다. 기상예보관들은 좋은 평판을 듣지 못한다. 그러나 이들은 놀라운 발전을 이루어서 허리케인 상륙 예상 지점을 25년 전에 비해 세 배나 정확하게 예측할 수 있다. 나는 또 실제로 라스베이거스에서도 돈을 따는 포커 전문가와 스포츠 도박사들을 만났으며, 체스 세계 챔피언을 이긴 최초의 컴퓨터인 IBM의 딥블루Deep Blue를 설계한 컴퓨터 프로그래머들도 만났다.

하지만 예측에서 이러한 진보는 그 과정에 있었던 일련의 실패를 충분히 고려해서 평가해야 한다.

미국인을 예외적 존재로 규정할 수 있는 한 가지 기준이 있다면, 바로 자기 운명은 자기 스스로 통제할 수 있다는 카시우스의 발상을 신봉한다는 점이다. 미국은 산업혁명의 여명기에 사상의 자유로운 흐름이 종교뿐 아니라 과학과 상업에 대한 믿음을 확산하는 데도 도움을 준다고 바라본 종교적 반항자들이 세운 나라다. 미국이 갖는 강점과 약점(독창성과 부지런함, 거만함과 조급함)은 대부분 자기 길은 자기 스스로 선택한다는 흔들리지 않는 믿음에서 비롯했다.

미국인에게 새로운 천 년은 끔찍한 사건과 함께 시작되었다. 미국인은 2001년 9월 11일 공격이 다가온다는 사실을 전혀 알지 못했다. 문제는 정보 부족에 있지 않았다. 9·11 테러가 있기 60년 전에 진주만이 일본에 기습 공격을 당할 때처럼, 그런 일이 있으리라는 온갖 신호가 분명 있었다. 그런데 미국인은 그 신호들을 온전하게 하나로 꿰지 못했다. 테러리스트들이 어떻게 행동할지 밝히는 적절한 이론이 부족해서 미국인은 그 많은 신호에도 눈뜬장님이었고, 자신들이 공격받는다는 것은 미국인에게 '알려지지 않은 미지unknown unknown'였다.

2008년 글로벌 금융위기를 둘러싼 예측도 온통 엉터리였다. 우리는 예측 모델들을 순진하게 신봉하고, 그 모델들이 우리가 가정을 어떻게 선택하느냐에 따라 얼마나 허술해지는지를 깨닫지 못했기에 처참한 결과를 맞이했다. 이런 와중에서 나는, 우리가 몇 달 뒤에 일어날 경기후퇴를 예측할 수 없으며 또한 이는 시도 자체를 게을리했기 때문이 아님을 좀 더 일상적 이유를 근거로 해서 깨달았다. 인플레이션을 제어하는 부문에서 상당한 발전이 이루어졌지만, 우리의 경제정책 입안자들은 눈을 감은 채 계기비행(맹목비행)만 하고 있다.

여러 정치학자들이 2000년 대통령 선거에서 발표한 예측 모델들은 앨 고어Al Gore가 11퍼센트포인트라는 압도적 차이로 이길 것으로 예측했다.[38] 그러나 승리는 조지 부시George W. Bush 차지였다. 이런 결과는 이례적인 일이 아니다. 이 같은 종류의 실패는 정치 분야의 예측에서 상당히 흔하게 일어난다. 펜실베이니아대학교 필립 테틀록Philip E. Tetlock

교수는 상기 연구 프로젝트를 통해 정치학자들이 어떤 정치적 결과가 발생할 가능성이 전혀 없다고 주장할 때, 실제로는 그 결과가 나타날 가능성이 약 15퍼센트나 된다는 사실을 발견했다(물론 TV 시사 프로그램에 나와서 시끄럽게 떠드는 사람들보다는 이 정치학자들이 낫다).

최근까지도 1970년대와 마찬가지로 지진을 예측하려는 시도들이 재연되었다. 시도 대부분은 데이터에 기반하고 고도로 수학적인 여러 기법을 구사한다. 이 예측들은 과거에 한 번도 일어난 적이 없는 지진은 예상했지만, 결국 실제로 일어나는 지진에 사람들이 대비하도록 하는 데는 실패했다. 후쿠시마 원전의 원자로는 진도 8.6 규모의 지진에 견디도록 설계되었다. 이렇게 한 데는 이유가 여럿 있겠지만, 몇몇 기상학자가 그보다 규모가 큰 지진이 일어날 가능성은 없다고 결론 내린 점도 중요하게 작용했다. 그런데 2011년 3월 진도 9.1 규모의 지진이 일본 도호쿠 지방에서 일어나고 말았다.

예측이 줄곧 실패를 반복해왔으며 그때마다 사회에 커다란 비용을 발생시킨 분야가 있다. 바이오메디컬 분야의 연구를 보자. 2005년 아테네 태생의 의학자 존 이오애니디스John P. Ioannidis가 발표한 〈왜 논문으로 발표된 연구 결과는 대부분 틀릴까Why Most Published Research Findings Are False〉는 학계에 논란을 일으켰다.[39] 이 논문은 학자들의 상호 심사를 거쳐 학술지에 실린 긍정적인 연구 결과, 다시 말해 실험실 실험을 통해 의학적 가설에 대한 예측이 성공한 경우를 연구 대상으로 삼았는데, 이러한 발견 대부분은 현실 세계에서 적용할 경우 실패할 가능성이 높다고 결론지었다. 바이엘연구소Bayer Laboratories는 최근 이오애니디스가 세운 가설들이 맞다고 확인했다. 연구소는 의학잡지에 실린 발견들을 직접 실험했는데, 이들 발견 가운데 약 3분의 2에서 원 연구자들이 내린 결론과는 다른 결과를 얻었다.[40]

빅데이터는 발전을 낳는다. 하지만 여기에는 '궁극적으로 볼 때'라는 단서가 붙는다. 발전 시기가 얼마나 앞당겨질지, 그 중간에 퇴보할지 아닌지는 우리가 어떻게 하느냐에 달렸다.

왜 미래는 늘 우리를 놀래는가

생물학적으로 보면 우리는 조상들과 크게 다르지 않다. 그런데 석기시대의 강점이 정보화 시대에는 약점으로 바뀌어버렸다.

인간은 자연적 방어수단을 그리 많이 가지고 있지 않다. 그다지 빠르지도 강하지도 않다. 발톱이나 엄니, 갑옷도 없다. 독을 뿜지도 못한다. 위장을 할 수도 없다. 하늘을 날지도 못한다. 그 대신 우리는 지혜를 써서 살아남았다. 인간의 정신은 민첩하다. 반복되는 양상, 곧 패턴을 잘 포착하며 기회나 위협에 즉각적으로 반응한다. MIT 신경과학자로 인간의 뇌가 정보를 어떻게 처리하는지를 연구하는 토마소 포조Tomaso Poggio는 나에게 이런 말을 했다.

"인간은 패턴을 발견하려는 욕구가 다른 어떤 동물들보다 강합니다. 복잡하고 어려운 상황에 놓인 대상을 인식한다는 건 일반화한다는 뜻이지요. (…) 갓 태어난 아기는 얼굴의 기본 패턴을 인식할 수 있습니다. (…) 이는 아기가 개별적으로 그걸 혼자서 학습한 게 아니라 진화를 통해 학습했다는 뜻입니다."

포조는 계속해서, 이 진화적 본능 때문에 우리는 아무런 패턴도 없는 곳에서 패턴을 본다는 게 문제라고 말한다.

"사람들은 무작위의 소음 속에서 패턴을 발견하는 일을 늘 해오고 있습니다."

인간의 뇌는 정말 놀랍다. 무려 3테라바이트의 정보를 저장할 수 있으니 말이다.[41] 하지만 이 정보량은 지금 전 세계에서 하루에 생산되는 정보량의 약 100만 분의 1밖에 되지 않는다. 그런 만큼 우리는 정보를 굉장히 조심스럽게 선별해서 기억해야 한다.

앨빈 토플러Alvin Toffler는 1970년에 《미래쇼크Future Shock》를 쓰면서 '정보 과부하information overload'라고 직접 이름 붙인 현상이 초래할 결과를 예언했다. 토플러는 세계 자체가 점점 다양해지고 더욱 복잡해지는 순간에도 인간의 방어기제는 우리의 편향bias을 확증시켜주는 방향으로 세상을 단순화해서 바라볼 것이라고 생각했다.[42]

인간의 생물학적 본능은 정보가 홍수처럼 넘쳐나는 현대 세상에 언제나 멋들어지게 적응하지는 않는다. 여러 편견을 알아차리려고 적극적으로 나서지 않는 한, 새로 보태지는 정보가 우리에게 가져다주는 편익은 최소한에 머물거나 어쩌면 오히려 줄어들지도 모른다.

인쇄술이 탄생한 뒤에 나타난 정보 과부하는 과거보다 더 큰 분파주의를 낳았다. 서로 다른 종교적 신념들은 더 많은 정보, 더 많은 신념, 더 많은 '증거', 그리고 반대 의견에 대한 더 부족한 관용 속에서 검증의 시련을 거쳤다. 이와 동일한 현상이 오늘날에도 전개되는 듯하다. 정치적 당파성은 토플러가 《미래쇼크》를 썼던 바로 그 무렵부터 빠르게 확대되기 시작했으며, 인터넷이 출현한 뒤로는 속도가 한층 빨라진

듯하다.[43]

당파적 신념은 더 많은 정보가 우리를 진리에 더 가까이 데려다주리라는 믿음을 배신할 수 있다. 최근 《네이처Nature》에 실린 한 논문에 따르면 정치 신념이 강한 사람들이 지구온난화 정보를 더 많이 접할수록 같은 생각으로 뭉치는 경향성은 오히려 줄어들었다.[44]

한편 정보의 양이 하루에 2.5퀸틸리언(250경) 바이트씩 늘어난다고 하지만 유용한 정보의 양은 그렇게 빠른 속도로 늘어나지 않는다. 이는 거의 확실하다. 정보 대부분은 그저 소음일 뿐이다. 소음은 신호보다 점점 빠르게 늘어나고 있다. 검증할 가설은 너무 많고 챙겨야 할 데이터 또한 너무 많다. 하지만 객관적 진리의 양은 상대적으로 일정하다.

인쇄술은 사람들이 실수하는 패턴도 바꾸어놓았다. 베껴 쓰는 과정에서 생기는 오류는 줄어들었지만, 실수가 하나라도 나타나면 쉽게 재생산될 수 있는 것이다. 빠진 글자 때문에 간음을 독려하게 된 '부도덕 성서'의 사례처럼 말이다.

월드와이드웹 같은 복잡한 체계는 이 같은 속성이 있다. 복잡한 체계는 단순한 체계보다야 오류가 덜 생기겠지만, 생겼다 하면 엄청난 낭패를 초래한다. 자본주의와 인터넷은 정보를 확산하는 데 믿을 수 없으리만큼 효율성 있는 기제라서, 좋은 생각뿐 아니라 나쁜 생각 또한 빠르게 퍼뜨릴 잠재력이 있다. 나쁜 생각들은 불균형 효과를 낳을 수 있다. 신용평가기관 모델의 가정을 단 하나 느슨하게 설정하는 것만으로도 전 세계 금융시스템 전체를 무너뜨리는 데 막대한 역할을 했던 것은, 금융위기가 도래하기에 앞서 세계의 경제 체제가 워낙에 고도로 부채화되어 있었기 때문이다.

규제는 이런 문제들을 해결하는 한 가지 방법이다. 하지만 나는 이 방법이 사실 문제는 우리 자신에게 있으며 따라서 우리 내부를 들여다봐야 한다는 사실을 회피하려는 도구가 아닐까 하는 의심을 품고 있다. 이제 멈추어 서서, 우리가 예측을 둘러싼 심각한 문제에 직면해 있음을 인정할 필요가 있다. 우리는 예측하기를 무척이나 좋아한다. 하지만 실제 예측 솜씨는 그리 좋은 편이 아니다.

예측을 위한 해법

예측이 이 책의 중심 문제라면, 예측의 해법 역시 매한가지다.

예측은 인간의 삶에서 없어서는 안 되는 요소다. 우리는 출근 경로를 선택할 때마다, 이성과 두 번째 데이트를 할지 말지 결정할 때마다, 어려울 때를 대비해서 저축을 할 때마다 미래가 어떻게 펼쳐질지 예측한다. 다시 말해 자기가 내린 선택과 자기가 세운 계획이 더 유리한 결과를 가져다줄지 아닐지 예측을 한다.

일상의 문제들이 모두 치열한 생각을 요구하는 건 아니다. 각각의 판단과 결정에 우리는 약간의 시간만 할애할 뿐이다. 그럼에도 우리는 본인이 깨닫든 깨닫지 못하든 간에 날마다 수많은 예측을 하면서 살아간다.

이 책은 그래서 예측을 선택된 전문가 집단이 수행하는 특정한 일이 아니라 여러 사람이 함께 참여하는 공동작업으로 바라본다. 전문가들이 한 예측이 틀렸을 때 그들을 놀려먹는 건 재밌는 일이다. 그런데 남의 불행에 쾌감을 느낄 때는 조심해야 한다. 우리가 한 예측이 전문가가 한 예측 못지않다고 말하는 건 누워서 침 뱉기일 뿐이다.

예측은 과학에서 특히 중요한 노릇을 한다. 어떤 독자들은 내가 넌지시 힌트를 쳤으며 또 뒤에서 분명히 말하게 될 전제, 곧 우리는 결코 완벽하게 객관적인 예측을 할 수 없다는 것을 불편하게 받아들일지도 모른다. 그럼에도 예측이 '언제나' 주관적 관점으로 오염된다는 점은 분명한 사실이다.

분명히 밝히지만, 나는 그렇다고 해서 객관적 진리가 존재하지 않는다고 주장할 마음은 눈곱만큼도 없으며, 오히려 이러한 허무주의적 관점에 단호하게 반대한다. 이 책은, 객관적 진리에 대한 믿음과 이 진리를 찾기 위한 노력은 더 나은 예측을 위해 맨 먼저 갖추어야 할 조건임을 분명하게 견지한다. 예측을 하는 사람이 받아들여야 할 다음 전제는 예측가 본인이 자신의 예측을 불완전하게 만든다는 사실이다.

예측이 중요한 이유는 주관적 실체와 객관적 실체를 이어주기 때문이다. 과학철학자 칼 포퍼Karl Popper도 이를 알았다.[45] 포퍼는 거짓으로 판명될 수 없는 가설은 과학적 가설이 아니라고 보았다. 어떤 가설이든 예측이라는 수단을 매개로 실제 현실에서 검증할 수 있어야 한다는 뜻이다.

우리가 잠시 걸음을 멈추고 생각해봐야 할 게 있다. 우리가 검증한 몇몇 견해는 그다지 성공적이지 않고, 우리가 가진 많은 견해는 전혀 검증되지 않았거나 검증될 수 없는 것들이라는 점이다. 경제학 분야에서 보자면, 실업률 예측을 검증하는 일은 경기부양을 위한 예산 지출의 주장을 검증하기보다 훨씬 쉽다. 정치학에서는 선거 결과 예측 모델은 쉽게 검증할 수 있어도 정치제도 변화가 정책 결과에 어떤 변화를 가져올지 설명하는 이론을 검증하는 데는 수십 년이 걸린다.

나는 그런 이론들은 과학적이지 않다거나 가치가 별로 없다는 포퍼의 주장까지 나아갈 생각이 없다. 하지만 우리가 '검증할 수 있는' 소수의 이론이 아주 빈약한 결과를 낳았다는 사실은 우리가 '검증하지 않은' 견해 가운데 많은 게 매우 잘못된 것일 수도 있음을 뜻한다. 우리가 지금 우리 자신이 깨닫지도 못하는 많은 착각 속에서 살고 있음은 의심할 여지가 없다.

하지만 앞으로 향하는 길은 있다. 설익은 정책적 발상에 의존하는 해법을 말하려는 게 아니다. 특히 나는 정치제도 자체가 우리가 해결해야 할 문제의 커다란 한 부분이라고 바라보기 때문에 더욱 그렇다. 내가 제시하는 해법은 태도의 변화를 전제한다.

이 태도는 '베이즈 정리Bayes's theorem'라 불리는 이론으로 구체화한다(8장에서 자세히 소개하겠다). 베이즈 정리는 명목적으로만 보자면 수학의 정리定理다. 하지만 실제로는 단순한 수학적 정리 이상이다. 이는 우리가 가지고 있는 여러 생각에 대해, 그리고 그 생각들을 검증하는 방식에 대해 각기 다르게 생각해야 함을 의미한다. 확률과 불확실성을 좀 더 편안한 마음으로 받아들여야 하며, 우리가 문제 삼고자 하는 가정이나 믿음을 좀 더 조심스럽게 살펴보아야 함을 의미한다.

책은 크게 두 부분으로 나뉜다. 1부와 2부에서는 예측 문제를 진단하고, 3부와 4부에서는 베이즈주의적 해법을 적용하고 탐구한다(한국통계학회의 용어 정리에서는 'Bayesian~'을 '베이즈 ○○'로 통일하고 있지만, 철학적 태도로서 베이즈주의를 강조하기 위해서 '베이즈주의적(인)'이라고 번역한다 - 옮긴이).

각 장은 특정한 주제를 깊이 있게 다룬다. 이 책은 사례들의 세부 내용을 담고 있다. 굳이 그렇게 한 이유는 기본적으로 세부적인 데서 문제가 발생하기도 하거니와 어떤 주제든 깊이 파고들어야 제대로 된 통찰을 찾아낼 수 있다고 믿기 때문이다.

책에는 예측 실패 사례가 더 많긴 하지만, 앞으로 나아갈 길을 제시해준다는 점에서 예측 성공 사례 또한 마찬가지 비중으로 다루었다.

내가 선택한 주제들은 일반적으로 사람들이 관련 정보를 공유하는 분야에 해당하는 사례들이다. 개인의 사적 정보를 바탕으로 예측을 하는 사람들 이야기(이를테면, 어떤 회사가 자기 고객의 기록을 이용해 신제품 수요를 예측하기)는 상대적으로 적다. 나는 독자가 직접 자기 경우를 점검하고 확인할 수 있는 주제를 선호한다. 그런 만큼 독자에게 일방적으로 내 말을 강요하고 주입하는 사례는 많지 않다.

우리가 다룰 것들

이 책은 자연과학, 사회과학, 스포츠, 게임 등에서 뽑은 사례로 채워져 있다. 사례들은 직접적이고 구체적인데, 그래야 예측의 성공과 실패를 좀 더 쉽게 구분할 수 있기 때문이다.

1부에서는 최근의 금융위기를 둘러싼 예측의 실패, 야구 분야의 예측 성공, 접근방법론에 따라 예측의 성공과 실패가 갈리는 정치 분야를 다룬다. 독자는 예측이라는 문제에 내재하는 가장 근본적인 몇 가지 의문을 깊이 탐구하게 될 것이다. 예를 들면 이런 의문들이다. 어떻게 하면 내 안에 숨어 있는 편견에 휘둘리지 않고 데이터에 근거해 판단을 내릴 수 있을까? 시장 경쟁으로 예측의 질이 높아질 수 있다면 그때는 언제일까, 또 반대로 예측의 질이 낮아질 때는 언제일까? 과거를 지침으로 활용하려는 우리의 욕구와 미래는 다를 것이라는 우리의 인식을 어떻게 하면 하나로 엮을 수 있을까?

2부에서는 몇 가지 역동적 체계를 하나씩 들여다본다. 날씨 변화를 초래하는 대기의 움직임, 지진을 유발하는 지질구조판의 움직임, 미국 경제 동향을 결정하는 경제주체 사이의 복잡한 상호작용, 전염병의 확산을 각각의 장에서 살펴본다. 최고의 과학자들이 이 체계들을 연구하고 있긴 하지만, 체계 자체가 역동적인 까닭에 예측은 한층 어렵고 까다롭다. 그런 만큼 이들 분야에서 예측이 언제나 잘 맞을 수는 없다.

3부에서는 해결책에 주목한다. 우선 베이즈 정리를 적용해서 경제학자나 과학자보다도 더 예측을 잘하는 스포츠 도박사를 소개한다. 이어 체스와 포커 게임을 다룬다. 스포츠와 게임은 명확한 규칙을 따른다는 점에서 우리의 여러 예측 기술을 검증하는 실험실 역할을 톡톡히 해낸다. 우리는 이들 분야를 통해 무작위성과 불확실성을 좀 더 온전하게 이해하고, 정보를 지식으로 변환하는 방식도 통찰할 수 있을 것이다.

베이즈 정리는 좀 더 실존적인 유형의 문제에도 적용할 수 있다. 4부는 지구온난화, 테러, 금융시장의 거품 문제를 다룬다. 이런 것들은 물론 사회 전체에는 위협적인 과제이고 또 예측 전문가들에게는 풀기 어려운 과제다. 해결방법이 전혀 없지는 않다. 이 같은 과제에 기꺼이 맞설 각오가 서 있기만 하다면, 우리가 사는 나라와 우리의 경제권 그리고 우리의 지구는 지금보다 한층 안전한 곳이 될 수 있다.

　세상은 인쇄술의 등장 이후로 크게 발전했다. 이제 정보는 예전처럼 희귀한 자원이 아니다. 처리할 수 있는 정보량은 한정되어 있는데, 우리는 이보다 훨씬 많은 정보를 가지고 있다. 그런데 상대적으로 아주 적은 양의 정보만 유용하다. 우리는 정보를 선택적으로, 주관적으로, 그리고 해당 정보가 유발할 수 있는 왜곡을 그다지 크게 경계하지 않고 정보를 지각한다.

　신호는 진리다. 소음은 우리가 진리에 다가서지 못하게끔 우리의 정신을 산만하게 한다. 이 책은 이것들에 관한 이야기다.

I
예측에 대한
근본적인 질문들

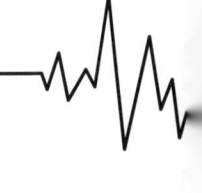

금융위기

경제 붕괴를 둘러싼
예측의 대실패

2008년 10월 23일. 주식시장은 자유낙하 중이었다. 최근 5주 동안 30 퍼센트 가까이 떨어졌다. 리먼브라더스Lehman Brothers처럼 한때 잘나가 던 기업들이 파산을 맞았다. 신용시장은 기능이 정지된 지 오래였다. 라스베이거스 주택들의 가격은 40퍼센트가 허공으로 사라져버렸다.[1] 실업률은 하늘 높은 줄 모르고 치솟았다. 쓰러져가는 금융사들에 수천 억 달러에 이르는 공적자금이 들어갔다. 정부 신뢰도는 여론조사 시작 이래 역대 최저 수준으로 곤두박질쳤다.[2] 대통령 선거가 채 두 주도 남 지 않은 시점이었다.

　의회는 보통 그맘때면 대통령 선거로 개점휴업 상태였지만 이번에 는 무척 부산했다. 국민은 의회가 통과시킨 구제금융 법안들에 분노했 고,[3] 그래서 의회는 책임질 일을 한 사람들이 처벌을 받을 것이라는 인상을 어떻게든 국민들에게 심어주려 안간힘을 썼다. 하원감독위원회는 주요 신용평가사인 스탠더드앤드푸어스S&P와 무디스Moody's, 피치 레이팅스Fitch Ratings의 수장들을 소환해서 증언을 들었다. 이 신용평가사들에는 주택저당담보부증권(모기지담보부증권, MBS)에 들어간 자금 수조 달러가 회수 불능 상태가 될 가능성을 평가하는 책임이 주어졌다. 그런데 아무리 좋게 봐도 모든 상황이 끝장난 듯했다(주택저당담보부증권이란 개인이 주거용 부동산을 담보로 금융권에서 자금을 차입할 때 발생하는 증서인 모기지를 모아, 여기서 발생하는 자금 흐름을 바탕으로 금융기관이 발행하는 증권이다 - 옮긴이).

불행에 관한 최악의 예측

2000년대 후반에 발생한 금융위기를 여러 방식으로 이해할 수 있다. 도덕적 실패로도, 규제와 감독의 실패로도, 또 제도의 실패로도 볼 수 있다. 그런데 무엇보다 분명한 것은 엄청난 규모의 경제적 실패라는 사실이다. 이른바 '대침체Great Recession'가 공식적으로 시작되고 4년이 지난 2011년 말 기준으로, 평균적 미국인은 그 불황이 닥치지 않았을 경우보다 약 2,500달러 더 가난해졌다.[4]

나는 이 금융위기를 판단의 실패, 곧 예측의 처참한 실패라고 보는 인식이 가장 정확하다고 생각한다. 예측 실패는 도처에 널려 있었으며, 위기 이전은 말할 것도 없고 위기 와중이나 위기 이후 거의 모든 단계에서, 그리고 모기지 브로커부터 백악관에 이르는 모든 주체에게서 나타났다.

아주 처참하게 실패한 예측들은 대개 공통점이 여럿 있다. 이 책은 세상을 실제로 존재하는 대로가 아니라 우리가 바라는 대로 바라보고 이야기하는 여러 신호에 초점을 맞춘다. 아울러 아무리 우리를 사납게 또 대규모로 위협하는 위험이라 할지라도 측정하기가 매우 까다롭고 어렵다면 그 위험들을 무시해버릴 것이다. 이 책은 우리가 깨닫는 것보다 훨씬 더 생경한 이 세상에 대한 추정치와 가정들을 제시한다. 우리는 불확실성을 끔찍하게 싫어한다. 하물며 이 불확실성이 우리가 풀려는 문제에서 결코 더는 축소할 수 없는 한 부분이라 하더라도 그렇다. 금융위기의 실체를 파악하고 싶다면 우리는 모든 잘못의 연유가 되는 최악의 예측 오류를 가려내는 일부터 시작해야 한다.

신용평가사들은 MBS 수천 종에 AAA 등급을 매겼었다. AAA는 세계에서 가장 튼튼한 재정을 확보한 정부나 최고로 잘나가는 기업, 그러니까 극히 소수의 경제주체에만 매기는 등급이다. 투자자들은 AAA 등급을 받은 MBS에서 지급불능(디폴트, 채무불이행) 사태가 일어나리라고는 생각하지 않았기에 안심하고 투자했다. 신용평가사들이 부여하는 등급은 부채에서 지급불능 가능성을 판정하는 기준인 만큼 그야말로 명백하게 '예측'인 셈이다.[5] 예를 들어 S&P가 부채담보부증권 CDO(회사채나 금융회사의 대출채권 등을 한데 묶어 유동화시킨 신용파생상품 - 옮긴이)에 AAA 등급을 매기면, 평가사는 투자자들에게 이 증권이 5년 안에 지급불능이 될 가능성은 0.12퍼센트, 850건 가운데 1건밖에 되지 않는다고 말하는 셈이다.[6] 이렇게 되자 이 CDO는 AAA 등급 회사채[7]만큼이나 안전한 것으로 둔갑했다. 심지어 S&P가 현재 시점에서

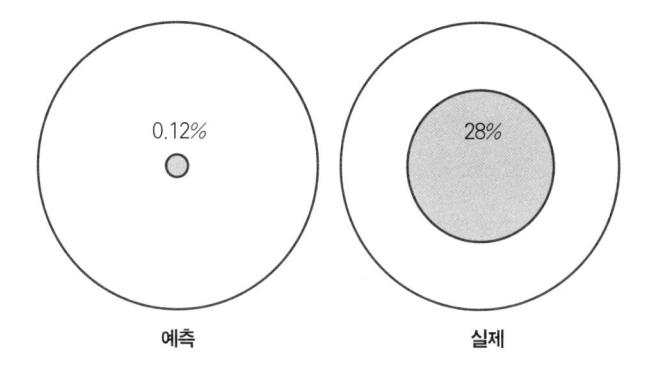

평가하는 미국 재무부 발행 채권(통상적으로 '미국 국채' – 옮긴이)보다 '더 안전하다'는 등급을 받은 셈이기도 했다.[8] 물론 신용평가사들은 상대평가를 하지 않지만 말이다.

　S&P의 내부 자료로는, AAA 등급 CDO 가운데 약 28퍼센트가 지급불능이 되었다[9](몇몇 독립적 평가주체들은 실제 지급불능률이 이보다 훨씬 높을 것으로 추정한다[10]). 이 말은, CDO의 실제 지급불능률은 S&P 예측보다 무려 200배 이상 더 높았다는 뜻이다.[11]

　이는 그야말로 완벽한 예측 실패다. 거의 완벽하게 안전하다고 평가를 받은 투자금 수조 달러가 사실은 거의 완벽하게 불안전했던 셈이다. 기상예보관이 섭씨 30도의 맑은 날이라고 예보했는데 실제로는 눈보라가 치는 것과 마찬가지다.

　당신이 이 정도로 터무니없이 빗나간 예측을 했다고 치자. 이때 당신이 이 실패를 설명할 방법으로는 무엇이 있을까? 우선 환경 탓을 할 수 있다. "운이 나빴다"라고 말하는 방법이다. 때로는 이것이 합리적 선택일 수 있나. 어쩌면 사실일지도 모른다. 기상청이 날씨가 맑을 확률이 90퍼센트라고 했는데, 예보와 다르게 비가 내렸고 그 바람에 누가 소풍을 망쳤다고 하자. 하지만 이 사람은 기상청을 비난할 수 없다. 수십 년간 축적된 기상 데이터를 보면, 기상청이 비 올 확률을 10퍼센트라고 예보한 사례에서 열 번에 한 번꼴로 예보와 다르게 비가 왔다 (기상청 예보의 경우에는 이게 맞지만, 지역 방송국 소속 예보관의 예측은 다르다. 후자는 좀 더 나은 평가등급을 받으려고 비 올 확률을 과장할 수 있다. 여기에 대해서는 4장에서 자세하게 다루겠다).

예측을 하는 사람이 예측에 성공한 사례가 없을 때 그리고 예측 실패의 규모가 상당히 클 때는 위의 설명도 신빙성이 떨어진다. 이런 경우 잘못은 세상 자체가 아니라 예측자가 세상을 바라보는 모델에 있을 가능성이 훨씬 높다.

신용평가사들은 CDO에 대한 과거 기록을 전혀 가지고 있지 않았다. CDO라는 파생상품은 아주 참신한 증권이었으며, S&P가 주장한 지급불능률(연체율)도 히스토리컬 데이터(과거의 실적 데이터)에서 도출된 게 아니라 잘못된 통계 모델을 기반으로 한 추정일 뿐이었다. 게다가 이 신용평가사들이 저지른 실패는 규모가 어마어마했다. AAA 등급 CDO의 실제 지급불능률은 이론적 추정치보다 무려 200배 넘게 높았다.

신용평가사들로서는 자기들 예측 모델에 결함이 있다는 사실을 인정하고 실패를 온전히 자기 몫으로 받아들여야 마땅했다. 하지만 그러지 않았다. 그들은 의회 청문회에서 책임을 지지 않으려고 어떻게든 발뺌 했고 운이 나빴다는 주장만 되풀이했다. 자기가 져야 할 책임을 주택 거품이라는 외부의 우발적 사태로 돌린 것이다. 실례로 S&P의 수장이던 데븐 샤르마Deven Sharma는 2008년 10월에 의회에서 이렇게 발언한다.

"주택시장과 모기지시장에서 발생한 극단적 하락세에 충격을 받은 건 S&P만이 아닙니다. 주택 소유자나 금융기관, 신용평가사, 감독 당국, 투자자들, 그 누구도 이런 일이 닥치리라곤 예견하지 못했습니다."[12]

'그 무서운 사태가 다가오는 걸 아무도 보지 못했다'라는 말이다. '자신이 결백하다고 말할 수 없을 때는 몰랐다고 말해라'라는 조언은 예측이 잘못된 걸로 드러났을 때 그 잘못에 책임이 있는 사람이 흔히 칠 수 있는 1차 저지선이다.[13] 그러나 샤르마의 진술은 거짓말이었다. 과거에도 의회 청문회에서 "나는 그 여자와 성관계를 가지지 않았습니다"라거나 "나는 단 한 차례도 스테로이드를 복용하지 않았습니다"와 같은 새빨간 거짓말이 있었는데, 샤르마의 발언 역시 그런 종류였다.

주택 거품 현상에 놀라운 점이 있다. 주택 거품이 다가오는 걸 본 사람이나 말로써 분명하게 드러낸 사람들이 적지 않았다는 점이다. 예일 대학교 경제학자 로버트 실러Robert Shiller는 2000년에 이미 《비이성적 과열Irrational Exuberance》에서 주택 거품이 시작됐다고 지적했다.[14] 미국 경제정책연구센터CERP의 신랄한 경제학자 딘 베이커Dean Baker도 2002년 8월에 주택 거품에 관해 글을 썼다.[15] 《이코노미스트The Economist》의 한 통신원도(이 사람은 특유의 차분한 논조로 특히 유명하다) 2005년 6월에 "역사상 가장 큰 거품"이라는 말을 했다.[16] 노벨상 수상 경제학자 폴 크루그먼 또한 2005년 8월에 주택 거품과 피할 수 없는 종말에

곤에 썼다.[17] 나중에 크루그먼은 나에게 이렇게 말했다.

"그건 시장에 이미 반영되어 있었지요. 주택가격 폭락은 블랙 스완이 아니었습니다. 방 안에 들어와 있는 거대한 코끼리였지요."('블랙 스완black swan'은 '전혀 예측할 수 없는 사건이나 상황의 발생' 또는 '도저히 일어날 것 같지 않은 일의 발생'을 뜻하는 말로, 월스트리트의 투자 전문가 나심 니콜라스 탈레브Nassim Nicholas Taleb가 《블랙 스완The Black Swan》을 통해 서브프라임 모기지 사태를 예언한 뒤부터 주로 사용되었다 - 옮긴이)

유명 학자들뿐만 아니라 평범한 사람들 또한 오래전부터 주택 거품을 우려했다. '주택 거품housing bubble'이라는 말을 구글에서 검색한 사례는 2004년 1월~2005년 여름 사이 무려 열 배 증가했다.[18] 이 용어에 대한 관심은 주택가격이 가장 높이 오른 (그리고 장차 가장 큰 폭의 하락을 목격하게 될) 주들(대표적으로 캘리포니아주)에서 최고로 나타났다.[19] 사실 주택 거품 논의는 놀랄 만큼 널리 퍼져 있었다. '주택 거품'이라는 두 단어로 된 표현의 사례는 2001년 뉴스에서는 단지 여덟 번 등장했지만[20] 2005년에는 3,447번이나 언급되었다. 주택 거품은 저명한 신문이나 정기간행물에서 하루에도 열 번씩 논의되었다.[21]

그런데도 금융시장에 존재하는 위험을 측정하는 게 본연의 업무인 신용평가사들은 주택 거품을 미처 보지 못했다고 말한다. 이게 말이 되는가? 아무래도 그들은 그렇게 말하는 게 자기들로서는 최선의 방책이라고 생각한 듯하다. 신용평가사들이 했던 예측과 관련된 문제는 매우 심각했다.

"그들은 음악이 멈추길 바라지 않았던 거죠"

내가 이 장을 준비하면서 대화를 나눈 경제 전문가나 투자자 중 어느 누구도 신용평가사들을 우호적으로 바라보지 않았다. 하지만 신용평가사들이 한 예측이 빗나간 배경을 두고는 의견이 갈렸다. 한쪽은 탐욕 때문이라 했고 다른 한쪽은 무지 때문이라 했다. 더 나은 진단은 없을까?

이 문제에 판단을 내릴 적임자로 줄스 크롤Jules Kroll만한 인물은 없을 것 같다. 본인이 직접 신용평가사 크롤본드레이팅스Kroll Bond Ratings를 운영하고 있기 때문이다. 내가 2011년 뉴욕에 있는 크롤의 사무실에서 그를 만난 것은 2009년에 설립된 이 회사가 막 첫 번째 평가를 마친 뒤였다(버지니아주 알링턴의 거대 쇼핑센터 건축주들에게 대출된 모기지론에 대한 평가였다).

크롤은 무엇보다 '감시surveillance' 부족을 신용평가사들의 최대 실수로 지적했다. 크롤이 그런 표현을 썼다는 건 무척 역설적이다. 그는 기업평가 분야로 뛰어들기 전에 이미 그의 첫 번째 회사 크롤사Kroll Inc.로 상당한 명성을(또 상당한 재산을) 누리고 있었는데, 크롤사는 기업사기를 감시하는 사립탐정 기관처럼 활동했다. 크롤사는, 예컨대 억만장자 헤지펀드 투자자를 납치해서 몸값을 뜯어내려다가 억만장자의 신용카드로 피자값을 결제하는 바람에 계획을 스스로 망쳐버리는 납치범들의 사례 같은, 신용사기 사건의 냄새를 맡는 방법을 알고 있었다.[22] 내가 만났을 때 크롤은 예순아홉 살이었지만 집요한 추적자 본능은 나이가 무색하리만큼 예리했다. 그 본능은 신용평가사들이 하는 일들을 살피면서 본격적으로 발동되었다.

"'감시'는 기업평가 분야에서 전문용어라 할 수 있습니다. 투자자들한테 당신이 관찰하는 내용을 지속적으로 알려준다는 뜻이지요. 당신이 입수하는 모기지의 상환과 연체 상황의 '테이프tape(개인 주택담보대출과 관련해 새로 입수한 데이터)'를 매달 투자자들한테 알려야 합니다. 그게 초기 단계의 경고니까요. 상황이 점점 좋아지고 있다거나 나빠지고 있다는 경고 말입니다. 세상은 그런 내용이 게시되고 알려지길 기대하잖아요."

다시 말해 신용평가사들은 주택시장에서 발생하는 문제를 마땅히 맨 먼저 발견했어야 옳다는 말이다. 이들은 누구보다도 양질의 정보를 가지고 있었다. 대출자 수천 명이 대출금을 기한 안에 제대로 상환하는지 하지 않는지 알 수 있는 따끈따끈한 데이터 말이다. 하지만 신용평가사들은, 2007년에 주택시장에서 문제가 명백하게 드러나고 주택차압률이 두 배로 훌쩍 오르고 나서야 비로소 대량의 MBS에 등급 하향 조정 조치를 내렸다.[23]

"그 사람들은 멍청이들이 아닙니다. 그들도 상황을 알고 있었죠. 하지만 그들은 음악이 멈추길 바라지 않았던 겁니다."

크롤본드레이팅스는 미국 증권거래위원회로부터 CDO 평가를 할수 있다고 허가받은 미국 국가공인통계평가기관 중 하나다. 하지만 무디스, S&P, 피치 3개 사가 이 부문 시장을 독점하다시피 하고 있었다. S&P와 무디스가 금융 붕괴 이전에 발행된 CDO 가운데 거의 97퍼센트에 등급을 매겼다.[24]

S&P와 무디스가 이처럼 시장을 독보적으로 지배하는 이유 중 하나

는 두 신용평가사가 오랜 기간 그 패거리의 일원이었기 때문이다. 이들은 합법적 과점기업이었다. 이 부문의 시장으로 진입하려면 정부 허가를 받아야 했다. 한편 S&P와 무디스의 승인은 보통 대형 연기금 pension fund들이 정관에 따라 권한을 위임한 상태에서 이루어지는데,[25] 이 대형 연기금 가운데 약 3분의 2는[26] S&P나 무디스 또는 둘 다를 지목해서 CDO를 매입하기 전에 그 상품에 대한 평가를 요구한다.[27]

S&P와 무디스는 월스트리트에서 일류가 아닌 이류로 평가받는 인력들을 채용했음에도, 자신들의 독점적 지위를 이용해 이례적인 수익을 올릴 수 있었다(2005년에 무디스 직원의 평균 연봉은 18만 5,000달러였는 데 비해 골드만삭스 직원의 평균 연봉은 52만 달러였다). 무디스[28]가 이른바 '구조화금융 평가structured-finance ratings'를 통해 기록한 수입은 1997~2007년에 800퍼센트 넘게 증가했는데, 이는 거품으로 시장이 후끈 달아오른 시기에 이 부문의 사업이 주 사업이었음을 말해준다.[29](기존의 금융상품과 위험관리 수단 등을 적절히 혼합해 금융상품을 새롭게 개발하는 것 또는 그런 상품을 구조화금융이라 한다 - 옮긴이). 무디스는 이런 상품들 덕분에 주택 거품 기간 5년 동안 S&P 500 기업 가운데 최고 수준의 이윤폭을 기록했다[30](무디스는 심지어 거품이 꺼진 뒤 신용평가사들을 둘러싸고 여러 문제가 불거져서 비난의 화살을 맞던 2010년에도 여전히 25퍼센트의 수익률을 올렸다).[31]

새로운 CDO가 발행되는 한 대규모 수익은 보장되었고, 게다가 투자자는 신용평가사가 내리는 등급 판정이 얼마나 정확한지 확인할 길이 없었던 만큼 신용평가사들로서는 굳이 등급 판정의 품질을 놓고 경쟁할 이유가 거의 없었다. 실제로 무디스의 CEO 레이먼드 맥대니얼

Raymond McDaniel은 등급 판정의 품질이야말로 회사가 수익을 올리는 데서 가장 하찮은 요소라고 이사회에서 노골적으로 털어놓기도 했다.[32]

신용평가사들이 설정한 방정식은 단순했다. 이들은 CDO를 발행하는 금융사로부터 돈을 지급받았다. 그것도 CDO를 평가할 때마다 받았으므로, 신용평가사들이 거두는 수익은 CDO가 많을수록 커졌다. 유형이 서로 다른 모기지를 다양하게 조합하거나 이 방법에 싫증이 나면 종류가 다른 CDO를 조합해 이른바 '파생상품'이라는 CDO를 발행할 수도 있었다. CDO는 이런 식으로 사실상 무한대로 발행될 수 있었다. 신용평가사들이 CDO를 평가할 기회를 마다한 적은 거의 없었다. 나중에 정부 조사가 이루어져 무디스의 두 고위직이 나눈 문자메시지가 공개되었는데, 그중 한 사람이 파생증권을 "목장에 있는 소들도 조합해낼 수 있으며" 무디스가 이 증권을 평가할 것이라고 말하는 내용이었다.[33] 몇몇 경우에 신용평가사들은 증권 발행자들이 평가등급을 조작하는 것을 방조하기까지 했다. S&P는 투명성에 동의하는 조치라고 핑계를 대면서[34] CDO 발행자들에게 평가 산정 소프트웨어 사본을 넘기기까지 했다. 이렇게 함으로써 CDO 발행자들이 해당 CDO의 신용등급이 깎이는 일을 피하면서도 불량 모기지들을 시장에 추가로 얼마나 더 뿌릴 수 있을지 좀 더 쉽고 정확하게 판단할 수 있게 됐다.[35]

주택 거품 가능성과 이 거품이 꺼질 가능성이 신용평가사들의 노다지 장사에 위협 요소로 대두했다. 인간에게는 자기 목숨을 위협하는 위험을 무시할 수 있는 비범한 능력이 있다. 마치 그렇게 하면 위험들이 저절로 사라져버리기라도 하는 듯 말이다. 이런 맥락에서 보자면,

데븐 샤르마의 주장을 받아들이는 일이 그다지 어렵지 않을 수도 있다. 어쩌면 다른 사람들은 주택 거품을 봤다 하더라도 신용평가사들은 정말로 그 거품을 보지 못했는지도 모른다.

사실 신용평가사들이 주택 거품 가능성을 진지하게 생각해본 것은 확실하다. 하지만 놀랍게도 그들은 그게 별문제가 되지는 않으리라는 결론을 내렸다. S&P 대변인 캐서린 마티스Catherine Mathis가 내게 전해준 메모에는 2005년에 S&P가 2년 동안 전국 주택가격이 20퍼센트 떨어질 것을 상정하는 시뮬레이션 작업 내용이 상세하게 기술되어 있다. 20퍼센트 하락이라는 상정은 2006~2008년에 실제로 주택가격이 약 30퍼센트 하락한 것과 비교하면 크게 다르지 않다. 이 메모는 S&P의 현재 모델들은 "하향으로 돌아설 위험을 적절하게 잘 포착했으며" 또 높은 등급으로 평가받은 증권들이 "신용평가 등급이 떨어지는 일 없이 주택가격 하락이라는 고난을 잘 견뎌낼 것"이라고 결론 내린다.[36]

이런 상황은 신용평가사들이 주택 거품을 완전히 놓쳤을 경우보다 몇 가지 점에서 훨씬 더 심각하다. 이 책에서 나는 우리가 전혀 의식조차 못하는 위험이라는 의미로 '알려지지 않은 미지unknown unknowns'의 위험을 다루려 한다. 어쩌면 유일하게 더 큰 위협은 우리가 어떤 것을 통제하고 있다고 생각하지만 사실은 전혀 그렇지 않은 위험일지도 모른다(이런 유형의 위험이 '알려지지 않은 미지' 범주에 속한다). 우리는 이 같은 경우에 자신을 속이게 되는데, 문제는 이뿐만이 아니다. 그릇된 자신감은 전염성이 강해서 널리 확산되기 때문이다. 신용평가사들의 그릇된 자신감은 금융권 전체를 물들였다. 더글러스 애덤스Douglas Adams는 《은하수를 여행하는 히치하이커를 위한 안내서The

Hitchhiker's Guide to the Galaxy》 시리즈에서 이렇게 말한다.

"잘못될 가능성이 있는 것과 절대로 잘못될 수 없는 것 사이의 중요한 차이는, 절대로 잘못될 수 없는 것이 잘못될 때에는 그런 상황을 이해하거나 문제를 바로잡는 일이 불가능하다는 점이다."[37]

그런데 신용평가사들이 운용하던 모델, 과학적 정밀성의 모든 지원을 받던 모델이 어째서 그렇게 현실을 형편없는 정도로밖에 파악하지 못한걸까?

신용평가사들이 일을 제대로 망친 방법

이 문제의 원인을 찾으려면 좀 더 깊이 파고들어야 한다. 그 해답을 구하려면 우선 CDO 같은 금융상품이 구조적으로 어떻게 형성되는지 더 상세하게 알아야 하고, 또 '불확실성uncertainty'과 '위험risk'이 어떻게 다른지도 더 깊이 알아야 한다.

CDO는 어떻게 형성될까? 위험률이 다른 모기지 채권을 여러 조각으로 쪼갠 다음(이 조각 하나하나를 '트란쉐tranche'라고 부른다) 이들 채권 조각을 조합해서 다양한 위험률－수익률 금융상품으로 구성한 것이 바로 CDO다(은행은 대출금 상환에서 현금 흐름이 발생하면 이 현금을 채권 소유자에게 정기적으로 지급하는 방식으로 그 증권의 지급을 보증한다. 전체적으로 볼 때 모기지 상환과 증권 판매 두 영역에서 동시에 돈을 벌 수 있다 – 옮긴이). 시카고대학교에서 금융위기 과정을 강의하는 내 친구 아닐 카샵Anil Kashyap은 알기 쉽게 단순화한 CDO 예시 하나를 만들어냈는데, 여기서 그 예시를 가지고 설명하겠다.

자, 이런 상정을 해보자. 당신은 모기지를 다섯 개 가지고 있다. 각각의 모기지가 지급불능이 될 확률을 당신은 5퍼센트로 본다. 여기서 당신은 이 모기지들의 상태를 바탕으로, 더 안전한 것에서 더 위험한 것까지 여러 조합의 투자방식을 만들어낼 수 있다.

가장 안전한 것은('알파 풀Alpha Pool'이라 부르겠다) 다섯 개 모기지가 모두 지급불능이 되지 않는 한 지급을 해주는 방식이다. 가장 위험한 것은('엡실론 풀Epsilon Pool'이라 부르겠다) 다섯 개 모기지 가운데 단 하나라도 지급불능이 되면 한 푼도 받지 못하는 방식이다. 이 사이에는 위험도에 따라 다양한 스펙트럼이 있을 수 있다.

그런데 투자자는 어째서 알파 풀보다 엡실론 풀에 투자하는 걸 선호할까? 답은 간단하다. 위험이 큰 만큼 매입가격이 낮기 때문이다. 그러나 당신이 연기금 운용자처럼 위험을 싫어하는 투자자라면, 또는 신용등급이 낮은 증권에 투자하지 못하게 하는 정관을 따라야 하는 투자자라면 무엇을 살까? 두말할 것 없이 알파 풀이다. 알파 풀이 AAA 등급 평가를 받는 금융상품이기 때문이다.

이 알파 풀은 다섯 개 모기지로 구성이 되고, 각각이 지급불능이 될 확률은 5퍼센트밖에 되지 않는다. 당신은 다섯 개 모두가 지급불능이 될 경우에만 투자금을 돌려받지 못한다. 그 확률은 얼마나 될까?

사실 이건 쉬운 문제가 아니다. 그리고 바로 여기에 문제가 있다. 당신이 어떤 가정을 세우고 어떻게 추정하느냐에 따라 답이 여럿 나올 수 있다. 당신이 잘못된 가정을 세운다면 당신의 모델은 엄청나게 잘못된 답을 제시할 것이다.

이를테면 각각의 모기지가 서로 아무런 영향도 주고받지 않고 독립적이라는 가정을 하나 세울 수 있다. 이 경우, 당신이 부담해야 하는 위험은 잘 분산되어 있다. 클리블랜드에 사는 목수가 지급불능이 되더라도 덴버에 사는 또 다른 담보대출자인 치과의사에게는 아무런 영향도 주지 않을 것이다. 이때 당신이 투자금을 날릴 위험은 매우 낮다. 주사위 두 개를 던지는데 다섯 번 연속으로 둘 다 1이 나올 확률만큼 낮다. 좀 더 구체적으로 말하면, 5퍼센트를 다섯 번 곱해서 나오는 320만 번에 한 번꼴의 확률이다. 위험이 이 정도로 분산되는 만큼 신용평가사들은 여기에 기초해서 평균 B+의 신용등급을 받은[38] 서브프라임모기지들을 한데 묶어서 만든 CDO가 지급불능이 될 확률은 거의 없다고 주장했다(미국의 주택담보대출에는 세 가지 신용등급이 있다. 신용도가 가장 높은 등급부터 '프라임' '알트 A' '서브프라임'순이다. 금융권에서는 주택가격이 지속적으로 오르리라 예상하고 예대마진을 챙길 목적으로 소득이 불안정한 사람들을 대상으로 서브프라임모기지 대출을 대규모로 실시했다 – 옮긴이). B+ 신용등급은 통상[39] 지급불능 확률이 20퍼센트[40]가 넘는다는 뜻이다.

이와 정반대 지점에 있는 또 하나의 극단을 생각해보자. 이번에는 모기지들이 독립적이지 않고 정확히 동일하게 움직인다고 가정하자. 모기지 다섯 개 모두가 한꺼번에 지급불능이 되거나 단 하나도 지급불능이 되지 않는 경우다. 그러니까 주사위를 다섯 번이 아니라 단 한 차례만 던져서 승부를 건다는 말이다. 운수 사납게도 모기지가 모두 지급불능이 될 확률은 5퍼센트인데, 이는 위의 안전한 투자 사례와 비교하면 무려 '16만 배'나 위험하다(〈도표 1-2〉).[41]

이 가운데 어느 것이 유효할지는 여러 경제적 조건에 따라 달라진다. 경제와 주택시장 상황이 건강하다면, 다섯 개 모기지가 서로 아무런 관련이 없다는 첫 번째 시나리오가 합리적 추정이 될 수 있다. 지급불능 상황이 이따금 나타날 수 있다. 두 개의 주사위를 굴렸을 때 불행하게도 둘 다 1이 나올 때가 있듯이 말이다. 어떤 사람이 갑자기 엄청난 의료비를 내야 할 일이 생기는데 다른 사람들이 실직을 당하는 일이 일어날 수도 있으니까. 하지만 A가 파산할 위험은 B가 파산할 위험과 그다지 큰 관련이 없다.

그런데 주택담보 대출자들의 운명을 하나로 엮어주는 공통 요소가

| 1-2 | 단순화한 CDO 구조

종류	규칙	투자금을 잃을 확률		위험 배수
		각각의 지급불능이 완벽하게 독립적일 때	각각의 지급불능이 완벽하게 연관될 때	
알파 풀	다섯 개 모기지가 모두 지급불능이 아닌 한 이긴다	0.00003%	5.0%	160,000×
베타 풀	다섯 개 모기지 가운데 네 개가 지급불능이 아닌 한 이긴다	0.003%	5.0%	1,648×
감마 풀	다섯 개 모기지 가운데 세 개가 지급불능이 아닌 한 이긴다	0.1%	5.0%	44×
델타 풀	다섯 개 모기지 가운데 두 개가 지급불능이 아닌 한 이긴다	2.1%	5.0%	2.3×
엡실론 풀	다섯 개 모기지 가운데 하나라도 지급불능이 아닌 한 이긴다	20.4%	5.0%	0.2×

있다고 해보자. 주택시장에 엄청나게 큰 거품이 생겨서, 별다른 이유가 없는데도 주택가격이 80퍼센트나 올랐다고 치자. 이 경우에 당신은 낭패를 당한다. 한 사람이 대출금을 갚지 못하면 다른 사람들도 같은 처지에 놓일 수 있다. 이때 당신이 투자금을 회수하지 못할 위험은 기하급수적으로 커진다.

이 두 번째 시나리오가 바로 2007년 미국에서 현실로 나타났다(주택 거품에 대해서는 이 장 뒷부분에서 간략하게 해부할 테니, 잠시만 기다리기 바란다). 그러나 신용평가사들은 주택담보 대출과 관련된 증권의 위험을 상정할 때 주로 각각의 위험이 서로 연관성이 없다는 첫 번째 시나리오에 근거했고, 이것이 문제였다. 이미 대학 교수들이 이와 관련된 문제들을 주택 거품이 꺼지기 오래전에 지적했고[42] 신용평가사들 내부에서도 고발자들이 나와서 문제를 제기했음에도,[43] 문제를 해결하려는 신용평가사들의 노력은 미미했다.

예컨대 무디스는 한동안 AAA 신용등급이 지급불능이 될 확률을 50퍼센트나 늘려서 설정하도록 운용 모델을 조정했다.[44] 이는 매우 신중한 태도로 비칠 수도 있다. 자기가 세운 가정이 빗나갈 경우에 대비해 완충 구간을 50퍼센트나 설정했으니 말이다.

자기가 한 예측에서 발생할 수 있는 잠재적 오류가 선형적이고 산술적이었다면 이런 조치는 훌륭했다고 할 수 있다. 하지만 현실은 달랐다. 레버리지, 그러니까 부채로 조달한 투자자금은 예측 오류를 몇 배나 증폭시킬 수 있으며, 고도로 기하학적이고 비선형적인 실수들이 일어날 가능성을 높일 수 있다(빚을 내서 투자할 경우 그렇지 않은 경우보다, 손실금액은 동일하더라도 투자손실률은 기하급수적으로 높아질 수 있다는

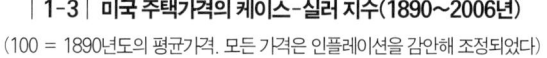

| 1-3 | 미국 주택가격의 케이스-실러 지수(1890~2006년)

(100 = 1890년도의 평균가격. 모든 가격은 인플레이션을 감안해 조정되었다)

말이다 - 옮긴이). 무디스가 지급불능 확률을 50퍼센트 조정한 것은 자외선 차단제를 바르고서는 이것이 원자로의 노심부가 녹아내리는 멜트다운을 막아준다고 주장하는 것처럼 문제의 규모로 볼 때 완전히 불충분한 일이었다. 무디스가 지급불능 위험의 추정치를 50퍼센트쯤 낮게 잡았을지 모른다는 정도가 아니다. 무디스가 그 위험을 너무도 쉽게, 500퍼센트 어쩌면 5,000퍼센트만큼 과소평가했을지도 모른다는 얘기다. 실제로 지급불능 가능성은 신용평가사들의 주장보다 200배 이상 높았는데, 이는 그들이 운용하던 모델이 2만 퍼센트나 빗나갔다는 뜻이다.

넓은 의미에서 보자면, 신용평가사들의 문제는 '위험'과 '불확실성'의 차이를 제대로 인식할 수 없었거나 그 차이에 관심이 없었다는 데 있다.

먼저 위험에 대해 살펴보자. 경제학자 프랭크 나이트Frank H. Knight가

1921년에 위험을 최초로 정의했는데, 그가 내린 정의를 따르면 위험에 가격을 설정할 수 있다.[45] 당신이 포커 게임을 한다고 치자. 상대가 이빨 빠진 스트레이트를 마지막 카드로 완성하지 않는 한 당신이 이기는 상황이다. 그런데 상대방이 스트레이트를 완성할 확률은 정확하게 11분의 1이다.[46] 이것이 위험이다. 포커 게임에서 승산 높은 패를 들고도 상대방에게 지면 유쾌할 리 없다. 그러나 적어도 당신은 당신 패의 승산을 알고 있으며 거기에 따라 베팅을 하는 방식으로 위험에 미리 대응할 수 있다. 결국에는 충분하지 못한 승산으로 스트레이트를 완성하려고 애를 쓰는 상대방에게서 당신은 큰돈을 딸 것이다.

반면에 불확실성은 측정하기 어려운 위험이다. 당신은 어떤 공간에 악령들이 도사리고 있음을 어렴풋이 인식할 수 있고, 그것 때문에 신경이 곤두서서 아무것도 하지 못할 수도 있다. 하지만 당신은 실제로 악령이 몇이나 있으며 그중 몇이 당신을 공격할지는 전혀 알지 못한다. 당신의 어림짐작은 100배 빗나갈 수도 있고 1,000배 빗나갈 수도 있다. 어느 정도일지 도무지 알 길이 없다. 이것이 불확실성이다. 위험은 자유시장 경제의 바퀴에 윤활유를 칠하지만, 불확실성은 바퀴를 갉아 멈춰 서게 한다.

신용평가사들은 연금술을 부려 불확실성을 위험처럼 보이거나 느껴지게끔 왜곡했다. 그들은 규모가 어마어마한 체계적 불확실성에 지배되는 기묘하기 짝이 없는 증권들을 내놓고는 이것이 얼마나 위험한지 계량화할 수 있다고 주장했다. 이뿐만이 아니었다. 신용평가사들은 가능한 모든 결론 가운데서 그 증권들에 투자해도 위험이 거의 없다는 놀라운 결론을 투자자들에게 제시했다.

너무 많은 투자자들이 이 자신만만한 결론을 정확한 것이라고 오해한 반면 잘못된 결론으로 판명 날 상황에 대비한 사람은 너무 적었다.

금융위기를 불러온 본질적 책임이 신용평가사들에 있긴 하지만 실수는 이들만이 저지른 게 아니었다. 예측 실패를 중심으로 금융위기 이야기를 3막에 걸쳐 펼쳐 보이겠다.

1막: 주택 거품, 내 집을 둘러싼 환상

역사적으로 보면 미국에서 주택에 대한 투자는 그다지 수지맞는 장사가 아니었다. 로버트 실러와 동료 칼 케이스Karl Case가 개발한 지수에 따르면 사실 장기 관점에서 미국 주택의 시장가격은 거의 오르지 않았다. 인플레이션을 감안해 조정한 수치에 따르면 1896년 주택에 투자한 1만 달러는 1996년에 1만 600달러가 된다. 100년 동안의 수익률이 주식시장의 통상 1년 수익률보다 낮다.[47]

주택이 수익성이 높은 투자처는 아니었지만 안전한 투자처임에는 분명했다. 2000년대 이전에 미국의 주택가격에서 가장 의미 있는 변동은 2차 세계대전 직후 몇 년에 걸쳐 일어났는데, 당시의 주택가격은 바닥을 친 1942년에 비해 약 60퍼센트 상승했다.

그런데 1950년대의 주택 붐과 2000년대의 주택 거품 사이에는 공통점이란 거의 찾아볼 수 없다. 이 둘을 비교해보면 2000년대가 왜 그렇게 혼란스러운 상태였는지 파악하는 단서를 발견할 수 있다.

2차 세계대전 직후 몇 년 동안 미국인의 생활양식에 거대한 변화가 일어났다. 미국인은 전쟁이라는 환경에서 벗어났고 돈을 두둑히 저축해두고 있었으며, 이제 막 번영의 시대로 접어들고 있었다.[48] 그래서 좀 더 넓은 주거공간에 대한 수요가 크게 일어났다. 1940~1960년에 주택보유율(자기 집을 가지고 있는 사람의 비율. 전국의 총 주택수를 총 가구수로 나눈 비율인 주택보급률과는 다르다 - 옮긴이)은 44퍼센트에서 62퍼센트로 크게 높아졌으며,[49] 이 주택보유율 증가는 대부분 빠르게 성장하는 도시 외곽에 집중되었다.[50] 게다가 주택 붐에 이어 베이비 붐이 나타났다. 미국 인구는 2차 세계대전 이후 10년마다 약 20퍼센트씩 증가했는데, 2000년대와 비교하면 약 두 배나 되는 수치다. 이 말은 곧 주택 수요자가 전후 10년 동안 약 80퍼센트 늘었으며, 이것이 주택가격 상승을 부추겼다는 뜻이다.

2000년대에는 주택보유율이 미미하게 증가했다. 1995년에 65퍼센트이던 수치가 2005년에 69퍼센트로 정점을 기록했을 뿐이다.[51] 주택을 소유하지 않은 미국인 가운데 주택을 살 여유가 있는 사람은 드물었다. 2000~2006년 상위 40퍼센트 가계의 가계소득은 명목상 15퍼센트 올랐지만,[52] 이만한 소득 증가로는 집을 사기는커녕 인플레이션을 따라잡기에도 버거웠다.

주택 붐은 이런 상황에서 인위적으로 조성되었다. 투기꾼들이 메뚜기처럼 이 집 저 집 옮겨 다니며 극성을 부렸고, 신용도가 현저하게 낮은 사람들도 어렵지 않게 대출을 받을 수 있었다.

2000년대에는 저축률(국민총가처분소득 중 소비되지 않고 남는 부분을 국민총가처분소득으로 나눈 백분율 수치 - 옮긴이)이 기록적으로 낮았다. 몇몇 해에는 1퍼센트를 가까스로 넘길 정도였다. 그러나 금융기관에서 돈을 빌리기는 과거 어느 때보다도 쉬웠다.[53] 가격은 수요-공급 법칙을 초월했다. 집이 한 채 팔릴 때마다 어떤 식으로든 수익을 올릴 수 있는 은행과 증권사, 신용평가사들이 파티가 끝나지 않고 계속 이어지도록 갖은 노력을 기울였기 때문이다.

미국은 과거 주택 거품을 단 한 차례도 경험하지 않았지만 다른 나라는 겪었는데, 결과는 한결같이 참혹했다. 네덜란드에서 노르웨이까지 여러 나라를 대상으로 수백 년에 걸쳐 주택 거품의 사례를 연구한 실러는 부동산 가격이 소비자가 감당할 수 없을 정도로 치솟을 때 필연적으로 집값 폭락이 뒤따른다는 사실을 발견했다.[54] 1990년대 초 일본을 덮친 악명 높은 부동산 거품은 2000년대 미국의 주택 거품과 비교하면 섬뜩할 만큼 무서운 선례다. 일본에서 상업용 부동산 가격은 1981~1991년, 10년 사이에 76퍼센트나 올랐다가 다음 5년 동안 31퍼센트 떨어졌다. 〈도표 1-4〉에서 보듯이 거품 기간과 그 이후에 기록한 미국 주택가격의 궤적과 거의 일치한다.[55]

실러는 거품을 일으킨 또 다른 핵심 증거를 발견했다. 주택 구입자들이, 그 주택에 투자한 자금이 언젠가는 수익을 창출하리라는 완벽하게 비현실적인 가정을 세웠다는 사실이다. 케이스와 실러는 2003년에 시행한 연구조사에서 주택 소유자가 자신의 주택 자산이 연 13퍼센트씩 늘어날 것으로 예상한다는 사실을 확인했다.[56] 그러나 실제로 1896년부터 100년 동안 주택의 매매가격은 인플레이션을 고려할 때 겨우 총 6퍼센트밖에 오르지 않았다. 연간 약 0.06퍼센트의 수익률이다.[57]

엉터리 환상을 품었던 주택 소유자들은 말하자면 주택시장을 과신한 셈이다. 주택 거품은 문화 분야까지 이미 깊이 침투해 있었다. 예를

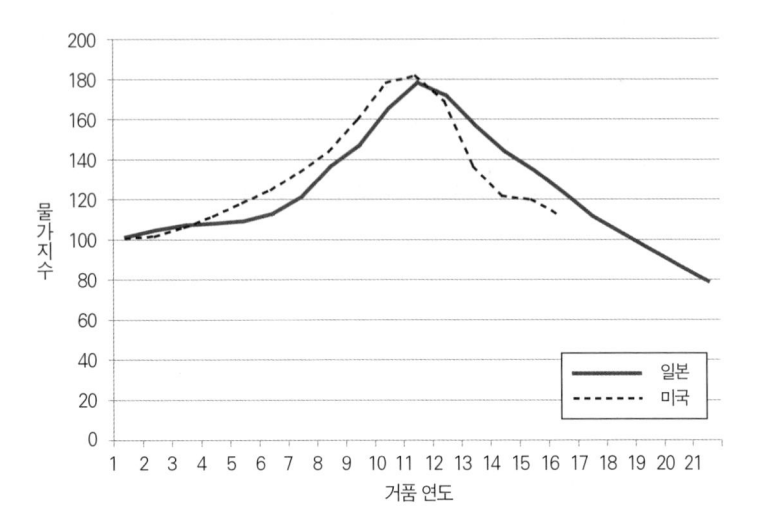

| 1-4 | 일본의 상업용 부동산 거품(1981~2001년)과
미국의 주택가격 거품(1996~2011년)

(100 = 거품이 시작된 시점의 인플레이션을 반영해 조정된 가격)

들면 2005년에 〈이 집을 팔아라Flip This House〉와 〈저 집을 팔아라Flip That House〉라는 TV 프로그램이 각기 다른 방송국에서 열흘 간격으로 방영하기 시작했다. 수익을 그다지 고려하지 않고 주택을 구입한 사람들까지도 남들이 하는 소비행태를 따라가야 하지 않을까 고민했을 게 분명하다.

"20년 전까지만 해도 새크라멘토로 가는 길엔 교통정체라는 게 없었다오."

실러가 자주 만나는 동료이자 2001년 노벨 경제학상 수상자 조지 애컬로프George Akerlof가 내게 한 말이다. 캘리포니아대학교 버클리캠퍼스에 있는 애컬로프의 연구실은 주택가격 폭락 사태가 최악의 수준으로 덮쳤던 재앙의 진원지에 있다.

"그런데 지금은 대부분 구역에서 교통정체가 일어나죠. 그래서 사람들은 이런 생각을 한 겁니다. 지금 내가 주택을 구입하지 않으면 5년 뒤에는 똑같은 돈을 주고서도 16킬로미터는 족히 더 떨어진 집밖에 살 수 없을 거라고요."

주택 소유자가 집 때문에 손해 볼 일은 없다고 믿었거나 주택 구입을 미룰 수 없었거나에 상관없이, 상황은 하루가 다르게 암울해져만 갔다. 2007년 말에는 문제의 여러 조짐이 이미 뚜렷하게 드러나 있었다. 주택가격이 2007년 한 해 동안 대규모 시장 20개 가운데 17개 시장에서 떨어졌다.[58] 그런데 더 불길한 징조는 주택 수요의 선행지표 leading indicator인 주택허가 건수가 정점을 찍은 때의 절반 수준으로 줄어든 사실이었다.[59] 한편 채권자들은 자기들이 서브프라임 대출시장에서 설정한 느슨한 대출조건이 가져올 결과를 마침내 깨닫고는 대출조건을 까다롭게 제한하며 대출을 줄이기 시작했다. 2007년 말 주택 압류 건수는 두 배 늘어났다.[60]

정책입안자들이 이런 상황에서 본능적으로 선택한 방법은 거품을 다시 부풀리는 것이었다. 최악의 피해를 입은 주 가운데 하나인 플로리다의 주지사 찰리 크리스트Charlie Crist는 주택을 사려는 사람들에게 1만 달러 신용대출을 제공하겠다고 했다.[61] 미국 의회가 2008년 2월 의결한 법안은 더 나아가, 주택 거래가 좀 더 활발하게 일어나길 희망하면서 패니메이Fannie Mae와 프레디맥Freddie Mac(이 두 금융사는 미국 주택 담보 대출 분야의 양대 산맥이었다 – 옮긴이)의 대출 한도를 엄청나게 높여주었다.[62] 주택가격은 이 같은 노력에도 끝없는 추락의 길을 걸어, 2008년 한 해 동안에 추가로 20퍼센트가 떨어졌다.

2막: 레버리지, 하우스푸어를 양산하다

주택 거품이 일어날 때 적지 않은 경제 전문가들이 이 상황이 무엇을 의미하는지 파악했지만, 좀 더 폭넓은 영역에서 주택가격 붕괴가 몰고 올 파장을 온전하게 파악한 사람은 드물었다. 2007년 12월 《월스트리트저널Wall Street Journal》이 의견을 구한 경제 예측 패널들은 2008년에 경기후퇴가 발생할 가능성을 고작 38퍼센트로 예측했다. 지금 뒤돌아보면 놀라운 일이 아닐 수 없다. 나중에 데이터로 증명되었지만, 미국 경제는 그때 이미 후퇴기에 접어든 상태였기 때문이다. '전문 예측가 서베이Survey of Professional Forecasters'(필라델피아연방준비은행이 실시했다 – 옮긴이)의 의뢰를 받은 패널들도 경제가 (실제 현실에서 진행된 것처럼 그렇게) 심하게 나빠질 가능성은 500분의 1밖에 되지 않는다고 예측했다.[63]

경제 전문가들이 현상을 제대로 진단하지 못한 데는 두 가지 요인이 작용했다. 하나는 주택가격 하락이 일반적인 미국인의 재정 상태에 끼칠 파장이다. 2007년 기준 미국 중산층[64]의 전체 자산 가운데 65퍼센트 이상이 주택에 묶여 있었다.[65] 그렇지 않았더라면 이들은 더 가난해졌을 것이다. 그 자산을 현금자동입출금기처럼 사용했을 것이기 때문이다.[66] 중간소득 가계의 경우 주택에 묶여 있지 않은 자산, 곧 저축·주식·연금·현금·소규모 사업체에 대한 지분 등의 총합은 2001~2007년에 14퍼센트 감소했다.[67, 68] 미국의 중산층은 주택 거품이 꺼지면서 자기 자산의 많은 부분이 허공으로 사라지고 난 뒤에야 자신이 몇 년 전보다 훨씬 더 가난해져 있음을 뼈저리게 깨달을 수 있었다.

소비자들이 자기 재정 상태를 좀 더 현실적으로 바라보게 되면서 소비지출이 줄어들었는데[경제학자들은 자산 가격이 상승하면 소비도 증가하고 자산 가격이 하락하면 소비도 줄어든다는 현상을 '자산효과 wealth effect(부의 효과)'라는 용어로 설명한다], 소비지출의 감소 폭은 측정 주체에 따라 연간 국내총생산GDP의 1.5퍼센트[69]에서 3.5퍼센트[70] 사이에서 다양하게 추정되었다. 이런 감소 규모는 평균성장률의 발목을 붙잡아 경기후퇴를 초래하고도 남았다. 하지만 이처럼 언제 어디에서나 볼 수 있는 경기후퇴는 문제가 아니었다. 글로벌 차원의 금융위기가 기다리고 있었다. 자산효과만으로는 주택 거품이 또 다른 거품을 촉발하는 과정을 충분하게 설명할 수 없다.

사실 주택시장은 전체 금융계에서 보면 상당히 작은 부분이다. 2007년에 미국에서 이루어진 주택 매매의 총액은 약 1.7조 달러였다. 연간 주식 거래 금액 40조 달러에 비하면 하찮은 규모다. 그런데 월스트리트에서는 전형적인 미국인 중산층 상황과는 비교도 할 수 없을 만큼 어마어마한 자금을 주택에 투자하고 있었다. 2007년 MBS 거래 총액은 약 80조 달러였다.[71] 사람들이 모기지 대출을 받은 돈의 1달러마다 월스트리트가 거의 50달러나 되는 돈을 걸었다는 뜻이다.[72]

이제 우리는 금융위기가 어떻게 일어나는지 안다. 주택 구매자가 내놓은 판돈이 50배로 부풀려지기 때문이다. 이 문제를 한 단어로 요약할 수 있다. 바로 '레버리지'다.

당신이 누구에게 빌린 돈 20달러를 워싱턴 레드스킨스와 댈러스 카우보이스가 맞붙는 미식축구 경기에서 레드스킨스가 이긴다는 데 거는 것이 바로 '남에게 빌린 돈으로 하는 투기leveraged bet'다(그런데 솔직

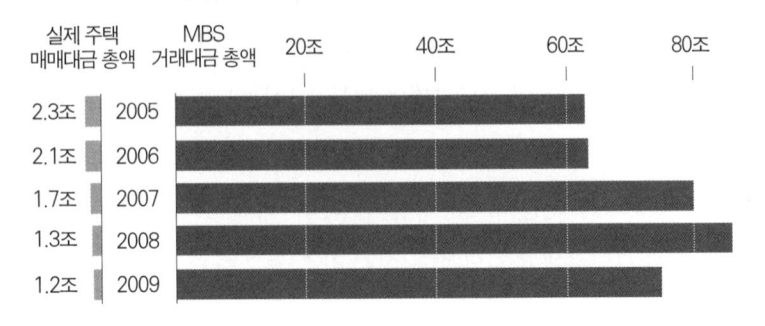

| 1-5 | 주택 매매대금과 MBS 거래대금 비교(미국) (단위: 달러)

실제 주택 매매대금 총액	MBS 거래대금 총액	20조	40조	60조	80조
2.3조	2005				
2.1조	2006				
1.7조	2007				
1.3조	2008				
1.2조	2009				

히 레드스킨스 경기를 본 사람이라면 얼마나 멍청한 내기인지 잘 알 것이다). 이처럼 돈을 빌려서 모기지를 구매하거나 MBS를 살 때, '레버리지를 동원했다'라고 한다(레버리지는 부채이긴 하지만 소비 목적이 아닌 투자 목적의 부채를 가리킨다 – 옮긴이).

2007년에 리먼브라더스의 레버리지 비율leverage ratio(기업의 자본에서 자기자본에 대한 타인자본, 즉 외부에서 끌어들인 자본의 비율 – 옮긴이)은 33이나 되었다.[73] 리먼브라더스가 33달러를 투자하면 자기자본은 1달러밖에 되지 않았다는 뜻이다. 또한 리먼브라더스는 자사의 투자자산 가치가 3~4퍼센트만 하락하더라도 자산을 모두 잠식당해 깡통 상태가 되고 파산을 맞는다는 뜻이기도 했다.[74]

그런데 이처럼 높은 레버리지 수준을 유지한 곳은 리먼브라더스뿐만이 아니었다. 미국 주요 은행의 레버리지 비율은 약 30이었는데, 이 수치는 금융위기가 닥쳐올 때까지 꾸준히 높아졌다.[75] 미국 은행들의 레버리지 비율에 대한 히스토리컬 데이터는 부실하기 짝이 없지만, 영국 중앙은행인 잉글랜드은행Bank of England이 자국의 은행을 대상으로 분석한 내용에 따르면 영국 금융권 전체 레버리지 수준은 2007년에

역사상 최정점을 찍었거나 그와 가까운 지점까지 올라갔다.[76]

하지만 리먼브라더스가 다른 은행들과 특히 달랐던 점은 MBS에 게걸스럽게 탐욕을 보였다는 사실이다. 리먼브라더스가 2007년에 MBS로 가지고 있던 850억 달러는 자기자본이 갖는 내재가치(회사의 수익력이나 배당 지급 능력 등으로 판단하는 주식의 가치. 시장 상황에 따라 결정되는 시장가격과는 다르다 - 옮긴이)의 약 네 배나 되는 금액이었다. 이는 MBS의 가치가 25퍼센트 하락하면 파산의 가능성이 높다는 뜻이다.[77]

일반적으로 투자자들은 이런 금융상품을 구매하기를 무척 꺼렸을 듯하다. 구매한다 하더라도 위험 대비책(헷징hedging)을 조심스럽게 마련해놓았음 직하다. 애컬로프는 나에게 이렇게 말했다.

"시장에서 누가 당신이 도무지 알아먹을 수 없는 걸 팔려고 한다면, 그 사람은 당신한테 레몬을 팔려고 한다는 걸 분명히 알아야 합니다."

조지 애컬로프는 레몬을 주제로 한 뛰어난 논문 〈레몬 시장The Market for Lemons〉[78](이 논문으로 노벨 경제학상을 받았다)에서 정보가 비대칭적으로 유통되는 시장에서는 상품의 질이 계속 떨어지고 사기꾼 판매자와 어수룩하거나 절박한 구매자들만 득실댈 것임을 입증했다.

자, 가정을 한번 해보자. 길을 가는데 낯선 사람이 다가와 당신에게 중고차를 살 마음이 없느냐고 묻는다. 이 사람은 가격을 넌지시 제시하면서도 무슨 일인지 시험운전을 하게 해주지는 않는다. 그렇다면 이 사람을 조금 미심쩍게 바라보아야 하는 게 아닌가? 이 경우 가장 큰 문제는 그 낯선 사람은 자기가 팔려는 중고차에 대해 주행거리가 얼마인지, 사고가 났었는지, 사고가 났다면 얼마나 큰 사고였는지 등을 당신보다 훨씬 많이 안다는 점이다. 지각이 있는 구매자라면 상품의 가격이 얼마든지 간에 이런 시장에서는 거래하지 않을 것이다. 이 경우가 바로 '위험'을 날조하는 '불확실성'의 사례다. 이 사람에게서 중고차를 산다면 값을 깎을 필요가 있다는 건 당신도 안다. 하지만 얼마를 깎아야 할지는 알 수가 없다. 그 사람이 판매가격을 흔쾌하게 낮추면 낮출수록 그 제안이 어딘지 진실성이 없다는 믿음만 커진다. 여기에서는 공정가격이 존재하지 않는다.

그런데 중고차를 팔려는 사람이 보증을 서줄 사람을 데리고 나왔다고 해보자. 보증인은 당신이 믿을 만하다고 생각하는 사람이다. 예컨대 당신과 친하거나 예전에 거래해본 적이 있는 사람이다. 이제 당신은 한 번 더 생각하게 된다. 이 보증인의 역할을 하는 주체가 바로 신용평가사다. 이들은 수많은 MBS에 AAA 등급을 매기고, 존재할 수도 없었을 시장이 잘 굴러가도록 결정적인 도움을 주었다. 시장은 그들에게 모기지 파티장의 데비 다우너Debbie Downer가 되어달라고 했지만, 그들은 자기들이 마치 로버트 다우니 주니어Robert Downey Jr.라도 되는 양 설쳐댔다(데비 다우너는 미국의 인기 코미디 프로그램에 등장하는 캐릭터로 부정적인 뉴스나 말로 분위기를 가라앉히는 비관주의자이고, 로버트 다우니 주니어는 마약 중독을 극복하고 탁월한 연기자로 거듭난 미국 배우다 - 옮긴이).

특히 리먼브라더스는 '지명운전자designated driver'(파티나 바 등에 함께 가지만 나중에 운전을 하기 위해 술을 마시지 않기로 한 사람 - 옮긴이)를 쓸 수 있었다. 리먼브라더스의 최고재무책임자CFO 크리스토퍼 오미러 Christopher O'Meara는 2007년 3월 한 콘퍼런스에서 투자자들에게 최근 시장에서 나타난 "몇 번의 딸꾹질hiccup"에 대해 자기는 걱정하지 않는다면서, 시장을 부정적으로 전망하며 증권을 현금화해 손을 털고 시장에서 빠져나가려는 사람들에게서 그 증권을 사는 "바닥종목 줍기bottom-fishing"를 하려 한다고 말했다.[79] 그는 모기지 시장의 신용 품질은 "매우 강하다very strong"라고 설명했다. 그러나 이런 결론은 그 증권들에 매겨진 AAA 등급만 볼 때, 또 담보물의 최하급 신용도는 철저히 외면할 때에만 내릴 수 있었다. 그러니까 리먼브라더스는 '레몬'을 사서 모으고 있었던 셈이다.

1년 뒤, 주택 거품이 본격적으로 꺼지기 시작하자 리먼브라더스는 투자 포지션을 필사적으로 바꾸려 했다. 그러나 투자자들이 신용부도스와프(신용디폴트스와프, CDS)에 대해 요구하는 프리미엄이 마구 뛰어오르면서, 이 부문의 투자 규모를 20퍼센트밖에 줄이지 못했다(Credit Default Swap, CDS는 지급불능과 같은 문제가 발생할 때 원금 상환을 보장받게 해주는데, 이 과정에서 지불되는 보험료 성격의 수수료를 CDS 프리미엄이라 한다 – 옮긴이).[80] 그 정도로는 규모가 너무 작은 데다가 시기도 너무 늦고 말았다. 결국 리먼브라더스는 2008년 9월 14일에 파산한다.

인터미션: '공포'는 '탐욕'의 새 이름

리먼브라더스가 파산한 뒤로 어떤 일들이 줄지어 일어났는지 세세하게 말하는 것만으로도 책 한 권이 될 수 있다(그리고 이런 내용은 앤드루 로스 소킨Andrew Ross Sorkin의 《대마불사Too Big To Fail》와 같은 탁월한 책들이 담고 있다). 그러니 여기서는 금융사는 죽은 뒤에두 아직 처리되지 않은 증권을 가지고 경제를 끈질기게 괴롭힌다는 사실만 기억하면 될 듯하다. 리먼브라더스가 자신들이 투자 관리를 하다가 발생시킨 투자 손실금에 대해 투자자들에게 지급할 능력이 더 이상 없는 상황이 빚어졌다면, 다른 다수 투자자들의 투자 포트폴리오에 갑자기 엄청난 구멍이 생긴다. 이 투자자들은 또 다른 개인이나 회사에 영향을 끼치고, 결국 파장은 금융권 전체로 확산된다. 새로 투자를 하거나 돈을 빌려주려는 사람 또는 기관은 이 상황을 멍하게 바라보기만 할 뿐 누가 얼마나 되는 돈을 누구에게 갚아야 하는지 도무지 감을 잡지 못한다. 한 금융사가 건전한 기업인지 좀비인지 전혀 분간하지 못하게 된다는 말이다. 그러니 모두 다 돈을 풀려 하지 않는다. 그 결과 건강한 기업들까지 숨이 막히고 만다.

정부는 바로 이 같은 이유에서 (성실하게 세금을 내는 국민을 희생시키고 자신에 대한 지지도가 떨어지는 걸 감수하면서) 때로 쓰러져가는 기업에 긴급구제금융을 제공한다. 그런데 연방준비제도는 구제금융을 베어스턴스Bear Stearns나 AIG와는 달리 리먼브라더스에게는 제공하지 않기로 했다. 이는 시장과 투자자의 기대를 저버린 결정이었고, 다우지수는 그 바람에 이튿날 아침 500포인트나 떨어졌다.

미국 정부가 리먼브라더스에게 구제금융을 제공하지 않은 이유는 아직도 모호하다. 리먼브라더스가 너무 무책임하고 재무상태 또한 너무 허약해서 구제금융이라는 엄청난 비용을 치르더라도 나아질 게 없다고 보고, 이미 할 만큼 한 곳에다 돈을 더 들이부을 수는 없다고 판단했다는 게 한 가지 설명이 될 수 있다.[81]

2009년 12월에 나는 백악관에서 경제학자이자 대통령 직속 경제정책 결정기구인 국가경제위원회 위원장 래리 서머스Larry Summers를 만났다.[82] 그는 내게 만약 정부가 구제금융을 제공해서 리먼브라더스를 살려냈더라면 더 나은 결과가 나오지 않았을까 하고 말했다. 하지만 과도한 레버리지 때문에 어느 정도의 고통은 불가피했다고도 덧붙였다. 서머스는 그 금융위기를 '자기부정의 예언'이라 했다.

"모든 사람이 상당한 규모로 레버리지 투자를 했습니다. 그런데 모두가 이랬을 때는 상당한 위험이 따르게 마련이지요. 그 사람들의 무사안일주의에 따른 손해는 결코 보상받을 수 없다는 사실이 입증된 겁니다."

서머스는 잠시 뜸을 들였다가 말을 이었다.

"리먼은 바싹 마른 숲에 던져진 담배꽁초, 그것도 불씨가 남은 꽁초였습니다. 리먼이 숲에 불을 내지 않았더라도 아마 다른 은행이 냈을 겁니다."

서머스는 미국 경제가 일련의 피드백 회로로 구성되어 있다고 본다. 피드백의 단순한 예시로는 우선 수요-공급 피드백을 들 수 있다. 당신이 레모네이드 가게를 운영한다고 치자.[83] 레모네이드 가격을 내릴수록 매출액은 늘어난다. 마침 날씨는 타는 듯이 덥고 주변에 레모네이드 매장은 당신 가게뿐이어서 당신이 떼돈을 번다면, 길 건너편에서 당신 가게로 레모네이드를 사러 오던 손님이 아예 거기에 레모네이드 가게를 열어서 당신보다 싼 가격에 팔 수 있다.

수요와 공급은 음성 피드백negative feedback의 사례다. 예컨대 가격이 올라가면 매출이 줄어든다. '부정적'이라는 뉘앙스를 주는 명칭에도 이 피드백은 시장경제에 유익하다.

반대 상황이 전개되어서 가격이 올라가는데도 매출이 늘어난다고 해보자. 레모네이드 가격을 25센트에서 2달러 50센트로 올렸는데 매출이 두 배로 뛴다.[84] 2달러 50센트에서 25달러로 가격을 올리자 매출이 다시 또 두 배로 뛴다. 그러다가 레모네이드 한 잔에 미국인의 연간 평균소득인 4만 6,000달러를 매기니, 미국인 전체 인구인 3억 명이 당신 가게에서 레모네이드 한 잔을 사 먹으려고 줄을 늘어선다.

이런 것을 양성 피드백positive feedback이라 할 수 있다. 그런데 이는 처음에는 훌륭해 보일지 몰라도, 곧 전국의 모든 사람이 레모네이드 때문에 파산하고 만다. 이렇게 되면 당신이 레모네이드를 팔아서 거둔 수익으로 비디오 게임기를 사고 싶어도 게임기 업체는 단 한 곳도 남아 있지 않을 것이다.

서머스의 견해에 따르면, 통상 음성 피드백이 미국 경제를 지배하면서 경제가 너무 과열되지도 않고 또 너무 식지도 않게 조절한다. 서머스는 가장 중요한 피드백이 '공포'와 '탐욕' 사이의 피드백이라고 생각한다. 어떤 투자자는 위험을 그다지 좋아하지 않지만 어떤 투자자는 위험을 무척이나 반긴다. 투자자들 사이의 이러한 선호 성향은 균형을 이룬다. 재무상태가 악화되어 회사의 주가가 떨어지면 공포에 질린 투자자들이 자기가 보유한 이 회사의 주식을 파는데, 이걸 사는 사람은 바로 이 주식이 바닥을 쳤다고 기대하는 탐욕스러운 투자자들이다.

그런데 탐욕과 공포는 변덕스럽다. 또 둘 사이의 균형은 언제든 흔들릴 수 있다. 탐욕이 과잉 상태가 되면 거품이 생기고, 공포가 과잉 상태가 되면 공황이 나타난다.

우리는 대개 판단을 내리기 전에 친구나 이웃에게서 유익한 조언을 구한다. 따라서 이들의 판단이 잘못된 정보에 오염되어 있다면 결과적으로 우리가 내리는 판단 또한 오염될 수 있다. 사람들은 자기 소유의 주택가격을 추정할 때 이웃의 주택가격과 비교한다.[85] 동네 건너편 신도시에 있는 침실 세 개짜리 집이 40만 달러에 팔린다면, 그 구역 주변에 식민지시대 때부터 있던 집이 35만 달러에 팔리는 것도 갑자기 너무 싸게 느껴진다. 이 같은 분위기에서 어떤 집의 매매가격이 올라가면 어떻게 될까? 불쑥 다른 집들이 예전보다 훨씬 매력적으로 보인다.

이번에는 집이 아닌 다른 자산을 구매하려 한다고 해보자. 바로 MBS다. 이 상품은 가치를 측정하기가 훨씬 더 어려울 수 있다. 그러나 더 많은 투자자들이 사려고 모여들수록, 그리고 더 많은 신용평가사들이 우량 상품이라고 보증하고 나설수록 그 상품이 안전하며 투자가치가 충분하다고 믿는 당신의 생각은 점점 더 확고한 신념으로 굳어진다. 당신은 이렇게 해서 양성 피드백에 사로잡히며, 이 과정에서 미래의 거품이 조금씩 커진다.

음성 피드백이 결국 주택시장을 지배했다. 거품이 잔뜩 낀 당시 가격으로 집을 살 여유가 있는 미국인은 한 명도 없었다. 이미 모기지로 집을 산 많은 미국인도 사실은 그 집을 소유할 여유가 없는 사람들이었고, 결국 그들의 집은 '깡통주택'이 되고 말았다. 경제에 엄청난 손실과 충격을 안기지 않고는 도저히 풀리지 않는 높은 레버리지의 투자에 수십억 달러가 잠기고 나서야 비로소 깡통주택이라는 뼈아픈 현실이 미국 경제에 나타났다. 서머스는 2009년에 내게 이렇게 말했다.

"우리는 예전에 지나치게 탐욕을 부리며 공포를 거의 느끼지 않은 반면에 지금은 공포에 지나치게 사로잡혀 탐욕을 너무 적게 부리고 있습니다."

3막: 파멸, 새로운 상황이 펼쳐지다

주택 거품이 꺼지기 시작하자 탐욕스러운 투자자들이 공포에 사로잡혔다. 불확실성이 도처에 웅크리고 있다는 사실을 깨달은 것이다. 복잡하게 엉킨 금융위기 실타래를 푸는 과정은(이 과정에서, 모든 사람이 누가 누구에게 얼마를 빚지고 있는지 알아내려고 노력한다) 장기간 지속되는 여러 부작용을 낳을 수 있다. 경제학자 케네스 로고프Kenneth Rogoff와 카르멘 라인하트Carmen Reinhart의 공저《이번엔 다르다This Time Is Different: Eight Centuries of Financial Folly》에 따르면 금융위기는 전형적으로 실업률을 높이고 이 높은 실업률은 4~6년 지속된다.[86] 좀 더 최근에 일어난 금융위기들에 초점을 맞춘 라인하트의 또 다른 논문에 따르면 금융위기를 겪은 15개국 가운데 10개국이 위기 이전 수준으로 실업률을 회복하지 못했다.[87] 통상적 경기후퇴와는 확연히 다른 현상이다. 통상적 경기후퇴에서는 경기가 회복될 때 전형적으로 평균보다 높은 성장률이 나타나며,[88] 경제가 평균 수준을 회복함에 따라 실업률 또한 빠르게 예전 수준을 회복한다.

　라인하트와 로고프가 제시한 역사적 교훈에 백악관이 조금 더 주의를 기울였는지 모르겠지만 백악관은 머지않아 자기가 한 예측이 터무니없이 빗나간 사실에 책임을 져야 하는 낭패를 맞는다.

2009년 1월, 버락 오바마가 취임선서를 준비하던 시점에 새로 구성된 경제팀은 소비자와 기업체 사이에 만연한 수요 부족의 문제를 해결할 대규모 경기부양 정책의 청사진을 준비하는 책임을 맡았다(NEC 위원장 래리 서머스와 대통령 경제자문위원회 위원장 크리스티나 로머Christina Romer가 팀을 이끌었다). 에즈라 클라인Ezra Klein이 《워싱턴포스트Washington Post》에 쓴 기사를 보면, 로머는 부양책에 1조 2,000억 달러가 필요하다고 생각했다.[89] 하지만 백악관 정치팀이 1조 달러가 넘는 어마어마한 예산으로는 의회를 설득할 수 없다며 반대하고 나서서 8,000억 달러로 줄어들었다. 로머와 동료들은 의회와 국가가 경기부양에 나설 수 있게끔 하기 위해 당면한 위기가 얼마나 깊은지 또 경기 부양책으로는 어떤 것들을 동원할 수 있을지 요약한 메모[90]를 준비했다. 메모에는 경기부양책을 펼칠 때와 그러지 않을 때의 실업률 예상 추이 그래프까지 동원되었다. 마지막으로 보고된 2008년 12월 기준 7.3퍼센트인 실업률은 경기부양책이 없을 경우 2010년 초에 약 9퍼센트까지 올라갈 것이며, 경기부양책이 동원될 경우 이 실업률은 8퍼센트 이상으로는 절대로 올라가지 않으며 2009년 7월부터는(이렇게나 빨리!) 하향곡선을 그릴 것으로 전망되었다.

민주당과 공화당은 의회에서 경기부양책을 놓고 대립했지만, 2009년 2월 표결에 부쳐 결국에는 의결했다. 하지만 실업률은 계속해서 올라갔다. 그해 7월에 9.5퍼센트를 기록하더니 10월에는 10.1퍼센트로 정점을 찍었다. 10.1퍼센트는 백악관이 경기부양책이 '없는' 상황을 상정하고 예측한 것보다 더 높은 수치였다. 보수 성향의 블로거들이 로머의 그래프를 한 달에 한 번씩 업데이트했음에도, 실제 실업률은 너무도 낙관적인 두 예측선보다 훨씬 높은 곳에서 궤적을 이어갔다(도표 1-6).

사람들은 지금 이 그래프를 보고 정반대 결론을 내린다. 애초부터 경기부양 규모가 작다고 한[91] 폴 크루그먼은 이 그래프야말로 백악관이 수요의 감소를 터무니없이 낮게 평가한 증거라고 주장한다. 크루그먼은 나에게 이렇게 말했다.

"특별한 경기부양책을 펼쳤는데도 실업률이 이처럼 그다지 많이 떨어지지 않았다는 사실은, 지금도 여전히 금융위기가 불러온 충격의 도가니 속에 놓여 있다는 뜻입니다."

물론 다른 경제학자들은 백악관의 경기부양책이 완전히 실패로 돌아간 증거라고 본다.[92]

백악관도 S&P처럼 "모든 사람이 다 똑같은 실수를 저질렀다"는 평계를 댈 수도 있다. 백악관의 예측은 당시 개인 자격으로 의견을 밝힌 여러 경제학자들이 한 예측과 대체로 일치했다.[93] 한편 초기의 경제통계는 금융위기 규모를 상당히 저평가했다.[94] 정부가 처음에 낸 예측, 곧 경기부양책을 시작할 때 로머와 서머스가 한 예측은 GDP가 2008년 가을에 3.8퍼센트 비율로 하락해왔다는 내용이었다.[95] 하지만 사실 금융위기는 그보다 두 배 이상으로 경제를 잠식했다. 실제 GDP 하락률은 9퍼센트에 육박했는데,[96] 이는 미국 경제가 처음 예측한 것보다 2,000억 달러나 더 가난했다는 뜻이다.

어쩌면 백악관이 저지른 좀 더 근본적인 실수는 그렇게 정확한 것처럼 보이는 예측을 한 데, 그리고 그 예측이 틀렸을지도 모른다는 만일의 사태에 모든 경제주체가 대비하도록 하지 못한 데 있을지도 모른

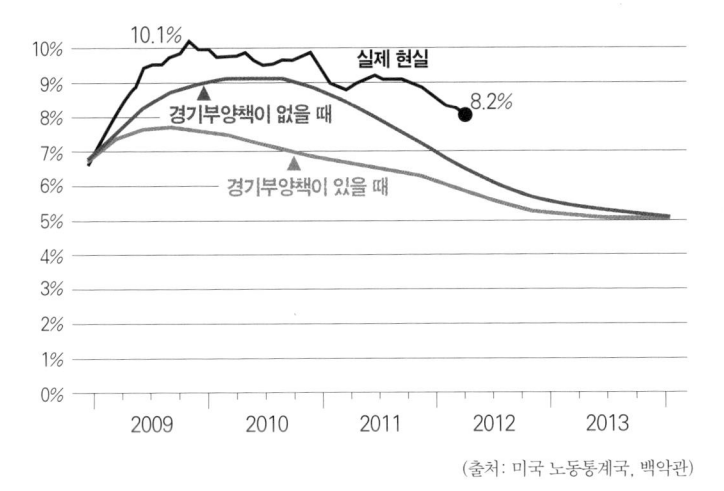

| 1-6 | 백악관의 경제 예측(2009년 1월)

(출처: 미국 노동통계국, 백악관)

다. 백악관 안 경제학자든 백악관 밖 경제학자든 간에 그 누구도 실업률 등 주요 경제지표의 추이를 정확하게 예측하지 못했다(거시경제학적 예측에 관해서는 6장에서 좀 더 자세하게 설명하겠다). 과거의 사례에 비추어볼 때 경기후퇴기에 이루어진 실업률 예측의 불확실성[97]은 ±2퍼센트 수준이었다.[98] 따라서 설령 백악관이 8퍼센트 실업률이 가장 그럴듯한 예상치라고 생각했다 하더라도, 실제 실업률은 얼마든지 두 자릿수가 될 수 있었다(아니면 6퍼센트까지 떨어질 수도 있었다).

경기부양에 집행된 예산 지출이 얼마나 효과적이었을까 하는 점에도 상당한 불확실성이 존재한다. 승수효과multiplier effect, 곧 경기부양에 투입된 돈이 성장에 얼마나 도움이 될까 하는 예측도 학자들마다 천차만별이다.[99] 누구는 경기부양에 투입된 예산 1달러가 4달러 규모의 GDP 성장으로 돌아온다고 주장했고, 누구는 60센트밖에 돌아오지 않는다고 주장했다. 경기부양 효과를 측정하는 데 필연적으로 따르는 불확실성이 존재하고, 또한 거시경제학적 예측에 필연적으로 따르는 불확실성이 존재한다. 그러니 예측이 빗나갈 가능성은 엄청나게 클 수밖에 없다.

네 가지 예측 실패의 공통점

금융위기와 함께 나타난 주요한 예측 실패로는 적어도 네 가지를 꼽을 수 있다.

- 주택 거품을 빈약한 지표라고 잘못 생각한 실패다. 주택 소유자와 투자자들은 주택가격 상승을 주택의 자산가치가 계속해서 오르리라는 뜻으로 생각했지만, 실제로 역사를 보면 주택 거품은 주택의 자산가치를 떨어뜨리는 경향을 보였다.
- 리먼브라더스 같은 은행들은 말할 것도 없고 신용평가사들이 MBS가 얼마나 위험한지 제대로 이해하지 못한 실수다. 신용평가사들이 의회에서 증언한 사실과는 다르게, 문제는 신용평가사들이 주택 거품을 보지 못한 사실이 아니었다. 문제는 그들의 예측 모델이 주택 가격 폭락이 현실화될 위험에 대해 잘못된 여러 가정을 세우고 있었으며 또한 잘못된 자신감을 가졌다는 데 있다.
- 주택 위기가 글로벌 금융위기를 촉발할 수 있다는 데 대한 인식 부족이라는 광범위한 실패다. 이 실패는 1달러로 50달러를 빌리는 투자를 할 정도로 높은 레버리지 수준에서 비롯했는데, 그래서 미국인

은 기꺼이 새 집에 투자하려 들었다.

- 마지막으로, 금융위기의 즉각적 후폭풍 속에서 금융위기가 초래할 여러 경제문제의 범위를 예측하지 못한 실수다. 경제학자와 정책입 안자들은 라인하트와 로고프가 발견한 사실, 곧 금융위기는 전형적 으로 매우 깊고 오랫동안 지속되는 경기후퇴를 낳는다는 사실에 주 의를 기울이지 않았다.

이들 네 가지 예측의 실패에는 공통점이 하나 있다. 사람들이 각각 의 경우에서 데이터를 평가할 때 핵심 맥락을 무시했다는 점이다.

- 주택 소유자가 주택가격에 보인 확신은 최근 미국의 주택가격이 상 당한 수준으로 하락한 적이 없다는 사실에서 비롯했을 수 있다. 그 러나 폭락 사태 이전과 같은 주택가격 급등 현상은 과거 미국에서 한 번도 없었다.
- 은행들이 무디스와 S&P의 MBS 신용등급 평가 능력에 보인 확신은 이 신용평가사들이 다른 유형의 금융자산을 대체적으로 정확하게 평 가했다는 사실에 근거했을 수 있다. 그러나 이들 신용평가사는 과거 에 CDO와 같은 기묘하고도 복잡한 증권을 평가해본 적이 한 번도 없었다.
- 경제학자들이 주택 위기에 금융권이 잘 버티리라고 본 확신은 주택 가격 등락이 일반적으로 과거 금융권에 그다지 큰 영향을 주지 않은 데서 비롯했을 수 있다. 그러나 과거 금융권에서는 그처럼 높은 레 버리지가 동원된 적이 한 번도 없었으며, 또한 과거에는 주택에 그

렇게 많은 투자자금을 사이드베팅side bets(구경꾼 또는 게임에 직접 참가하지 않은 자가 그 게임과 관련해서 내기판을 벌이고 돈을 거는 것 – 옮긴이)한 적이 한 번도 없었다.

- 경제가 금융위기에서 빠르게 회복할 것으로 생각한 정책입안자의 확신은 최근의 여러 경기후퇴를 경험한 데서 비롯했을 수 있는데, 이 경기후퇴는 대부분 'V자 곡선'을 그리며 빠른 속도로 회복되었다. 그러나 그 경기후퇴들은 금융위기와는 관련이 없었다. 금융위기는 전혀 다른 종류다.

이들 유형의 문제를 가리키는 전문용어가 있다. 이 예측가들이 고려했던 사건들은 '표본 외out-of-sample'다. 예측에서 주된 실패를 했을 때 그에 따른 문제는 대개 범죄현장 전체에 지문을 남긴다.

'표본 외'는 무슨 뜻일까? 간단한 사례를 들어 설명해보자.

실패한 예측의 공식: 표본 외 예측의 문제

당신은 운전 솜씨가 뛰어나다. 사람들은 대부분 자기가 운전을 잘한다고 생각한다.[100] 하지만 당신에게는 본인이 운전을 잘한다는 사실을 입증할 운행 기록이 있다. 30년 동안 2만 회 운전했지만 사소한 접촉사고만 두 번 냈을 뿐이다.

당신은 술도 많이 마시는 편이 아니다. 당신이 절대 하지 않는 것 가운데 하나가 바로 음주운전이다. 그런데 가까운 친구들이 모여서 크리스마스 파티를 열기로 했고, 장소는 당신의 사무실이다. 친한 친구가 회사를 그만둔다 하고, 당신은 기분이 몹시 우울하다. 보드카에 탄산수를 넣어 딱 한 잔만 한다는 게 열두 잔이나 마셨다. 당신은 엄청 취하고 만다. 고주망태다. 자, 이때 당신은 자동차를 몰고 집으로 돌아가는가, 택시를 부르는가?

확실히 이 문제는 너무 쉽다. 당신은 택시를 부르고, 이튿날 아침 회의를 취소한다.

그러나 당신은 재미 삼아서 본인이 직접 차를 몰아 집으로 돌아갈 수도 있다. 당신은 2만 회 운전한 표본 가운데서 딱 두 번 사소한 접촉사고를 냈을 뿐이다. 나머지 1만 9,998번은 아무 일 없이 안전하게 목적지에 도착했다. 확률로 보자면, 당신에게 무척이나 유리한 승률이다. 그러니 번거롭게 택시를 부를 것 없이 직접 차를 몰고 가는 게 낫지 않을까?

그런데 문제는 당신은 그 2만 회 운전 가운데 단 한 번도 고주망태가 되어 운전석에 앉은 적이 없다는 데 있다. 당신의 음주운전 표본의 수는 2만 개가 아니라 0개다. 따라서 당신은 과거의 경험을 가지고 당신이 사고를 낼 위험을 예측할 수가 없다. 이것이 바로 '표본 외' 문제의 사례다.

이러한 종류의 문제를 피하기가 그다지 어려워 보이지 않는데도 신용평가사들은 이와 똑같은 실수를 저질렀다. 무디스는 과거의 데이터를 바탕으로 모델을 만들어서 각각의 모기지 지급불능이 서로 연관될 범위를 예측했다. 구체적으로 말하면, 무디스는 1980년대까지 거슬러 올라가 미국의 주택 데이터를 참조했다.[101] 그런데 1980년대부터

2000년대 중반까지 미국에서 주택가격은 언제나 꾸준하게 제자리를 지키거나 상승했다. 이 같은 조건에서라면 어느 주택 소유자의 모기지가 다른 주택 소유자의 모기지와 거의 상관관계가 없다고 가정하는 것은 충분히 설득력을 얻는다. 그러나 과거의 데이터는 미국의 주택가격이 일제히 하락할 때 어떤 일이 일어날지에 대해 아무것도 얘기해주지 않는다. 주택가격 폭락은 표본 외 사건이었고, 신용평가사들이 운용하던 모델들은 이런 조건 아래에서 지급불능의 위험을 산정하는 데 아무 소용이 없었다.

무엇을 배울 수 있을까

무디스가 전적으로 무력하기만 한 건 아니었다. 무디스는 지평을 넓힘으로써 좀 더 실체에 가까운 예측을 할 수도 있었다. 미국은 과거에 단한 번도 그처럼 어마어마한 주택가격 폭락을 경험한 적이 없다. 그러나 다른 나라들은 경험했고 결과는 참혹했다. 무디스가 일본에서 부동산 거품 이후 지급불능 비율이 얼마나 되는지 살펴보았더라면 MBS의 불안정성에 대해 좀 더 현실적으로 생각하고, 따라서 MBS에 AAA 등급을 남발하지 않았을지도 모른다.

하지만 미래를 예측하는 주체는 흔히 표본 외 문제를 고려하는 데 거부감을 보인다. 우리가 표본으로 설정하는 사건을 시간적·공간적으로 훨씬 멀리 잡아보자. 그러면 우리가 익숙하게 접하던 상관관계가 무척 낯설게 느껴지는 경우가 있다. 이때 우리가 운용하는 예측 모델은 상대적으로 덜 강력한 듯 보인다. 또 파워포인트 프레젠테이션을 할 때(아니면 신문 또는 잡지에 글을 쓸 때나 블로그에 포스트를 올릴 때) 사람들에게 강한 인상을 심어주기에는 어딘가 부족해 보인다. 우리는 우리 자신이 생각하는 것보다 세상에 대해 아는 게 적다는 사실을 억지로라도 인정해야 할 듯싶다. 그러나 개인적 동기와 직업적 동기들이 모두 들고일어나서 우리가 그처럼 하지 못하게끔 가로막는다.

우리는 예측 모델이 세상을 단순화한 것이라는 사실을 잊어버리거나 의도적으로 무시한다. 우리가 실수를 한다면 바로 이 사실 때문임을 우리는 잘 알고 있다.

그런데 복잡한 체계 속에서 실수는 한 자릿수가 아니라 지수 단위로 측정된다. S&P와 무디스는 CDO 관련 지급불능의 위험을 200배나 낮게 평가했다. 경제 전문가들은 실제 현실에서 일어난 심각한 경기후퇴가 발생할 가능성을 500분의 1밖에 되지 않는다고 생각했다.

'들어가며'에서도 썼듯이 정보화 시대에 우리가 직면하고 또 우리 도처에 스며 있는 위험 가운데 하나는, 지식의 양이 아무리 넘쳐나더라도 우리가 실제로 아는 것과 우리가 안다고 생각하는 것 사이의 격차는 점점 벌어지고 있다는 것이다. 겉으로는 무척 정확하게 보이지만 실제로는 전혀 그렇지 않은 예측들도 마찬가지다. 무디스는 소수점 둘째 자리까지 계산했다. 하지만 그들의 예측은 완전히 빗나갔다. 이는 당신이 쏜 총알이 과녁 한가운데에 적중하지 않았는데도 언제나 대체로 비슷한 지점을 맞혔다는 사실을 들어, 다시 말해 정확하지는 않지만 정밀하다는 점만 가지고서 자기가 명사수라고 주장하는 셈이다(도표 1-7).

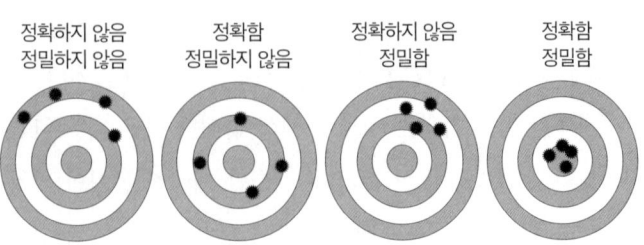

| 1-7 | 정확성 대 정밀성

정확하지 않음
정밀하지 않음

정확함
정밀하지 않음

정확하지 않음
정밀함

정확함
정밀함

　금융위기들은 (그리고 예측 실패 대부분은) 이처럼 잘못된 확신에서 비롯한다. 정밀한 예측이 정확한 예측으로 가장한다. 우리 가운데 어떤 사람은 속고 당하면서도 더블다운double down 베팅(블랙잭 게임에서 애초에 베팅한 금액만큼 추가로 베팅해서 카드를 한 장 더 받는 것 – 옮긴이)을 한다. 미국처럼 강력한 경제단위가 날카로운 쇳소리를 내면서 급정거하는 일은 바로 우리가 과거에 잘못 내린 판단의 문제점들을 충분히 극복했다고 착각할 때 일어난다.

02

정치

내가 선거 결과를 맞힌 비법

많은 사람들이 정치 예측을 전문가 다섯이 원탁에 둘러앉아 토론하는 TV 시사 프로그램 〈매클로플린 그룹The McLaughlin Group〉쯤으로 생각한다. 〈매클로플린 그룹〉은 1982년부터 매주 일요일 방송되고 있는데, 이 프로그램을 패러디한 〈SNLSaturday Night Live〉 역시 그만큼 오래도록 전파를 타고 있다. 1970년 미국 상원의원 선거에 도전했다가 낙선한 성미 고약한 80대 남자 존 매클로플린John McLaughlin이 진행하는 〈매클로플린 그룹〉은 30분 방송시간에 4~5개 주제를 놓고 정치 전문가적 견해를 마치 스포츠 경기인 양 다루는데, 매클로플린은 오스트레일리아의 정치에서 외계인의 지능지수에 이르는 광범한 주제를 놓고 패널들에게 답변을 요구한다(〈매클로플린 그룹〉은 존 매크로플린이 2016년 세상을 떠남에 따라 방송을 중단했다가 2018년에 재개하여 방영되고 있다 - 옮긴이).

〈매클로플린 그룹〉은 매회 '예측Predictions'이라는 마지막 꼭지를 방송하는데, 각 패널에게 몇 초 시간을 주고 그날 쟁점에 대해 예측을 하게 한다. 때로는 정치와 거의 관계가 없어 보이는 주제를 예측하게 하기도 한다. 매클로플린이 패널들에게 예측을 강요하기도 하는데, 이 '강요된 예측forced prediction'은 특정 쟁점에 각자의 의견을 묻는 쪽지시험 같은 것이다.

매클로플린이 하는 질문은 이를테면 유력 후보권 가운데 누가 차기 대법원장으로 지명될 것인가 하는 것들인데, 어떤 질문은 답변하기가 무척 어렵다. 하지만 다른 것들은 그야말로 말랑말랑하기 짝이 없다. 2008년 대통령 선거 직전 주말에는 존 매케인과 버락 오바마 가운데 누가 이길까 하는 게 예측의 주제였다.[1]

그 질문에는 그다지 많은 생각이 필요 없었다. 리먼브라더스의 붕괴가 대공황 이래 최대의 경제 부진을 몰고 온 2008년 9월 15일 이후로 오바마는 거의 모든 전국 여론조사에서 매케인을 앞섰다. 또 대통령 선거 때마다 민주당 지지와 공화당 지지가 엇갈리는 거의 모든 주(오하이오, 플로리다, 펜실베이니아, 뉴햄프셔 등)를 대상으로 한 거의 모든 여론조사에서도 오바마가 이겼다. 콜로라도와 버지니아처럼 전통적으로 민주당이 열세인 여러 주에서도 오바마가 매케인을 따돌렸다. 내가 파이브서티에이트에서 사용하려고 개발한 통계 모델들도 오바마가 이길 확률이 95퍼센트 이상이라고 시사했다. 도박시장에서는 이보다는 모호했는데, 그래도 여전히 7 대 1 정도로 오바마가 유리하다고 점쳤다.[2]

그러나 매클로플린의 첫 패널 팻 뷰캐넌Pat Buchanan은 그 질문을 이렇게 받아넘기며 빠져나갔다.

"부동층이 이번 주말에 마음을 결정할 겁니다."

뷰캐넌 말에 모든 패널이 왁자하게 웃었다. 또 다른 패널 시카고 트리뷴Chicago Tribune의 클래런스 페이지Clarence Page는 이번 선거는 "승패를 쉽게 가늠할 수 없을 만큼 박빙"이라 했고, 폭스뉴스Fox News의 모니카 크롤리Monica Crowley는 한층 대담하게도 매케인이 "0.5퍼센트포인트" 차이로 이긴다고 대답했다. 누가 봐도 명백한 오바마의 승리를 점친 사람은 뉴스위크Newsweek의 엘리너 클리프트Eleanor Clift뿐이었다.

그리고 그다음 주 화요일 치러진 대통령 선거인단 투표에서 오바마가 존 매케인을 365 대 173으로 이겼다. 결과는 여론조사와 통계 모델이 예측한 내용과 거의 일치했다. 압도적 표차가 아닌 건 분명했지만, 그렇다고 박빙의 승리도 아니었다. 오바마는 매케인을 거의 1,000만 표 차로 이겼다. 그런데 반대로 예측한 사람도 뭔가 해명할 말은 있게 마련이다.

하지만 대통령 선거 다음주 〈매클로플린 그룹〉에 같은 네 패널이 다시 모였을 때 해명 따위는 없었다.[3] 패널들은 오바마 승리의 통계적 세부사항, 오바마가 람 이매뉴얼Rahm Emanuel을 최측근으로 기용한 사실, 오바마와 러시아 대통령 드미트리 메드베데프Dmitry Medvedev 사이의 친밀도 등을 놓고 토론을 벌였다. 빗나간 예측에 대해서는 일언반구도 없었다. 그들의 예측은 모든 명백한 증거들과 반대되는 내용이었고, 게다가 전국으로 방송까지 되었는데 말이다. 패널들은 아닌 게 아니라 마치 오바마의 승리가 진작부터 필연적이었던 것처럼 말했다. 크롤리는 "변화를 위한 선거의 해"였으며 매케인은 선거운동이 형편없었다고 했다. 자기가 고작 한 주 전만 하더라도 매케인의 승리를 점쳤다는 사실을 까맣게 잊어버린 사람 같았다.

단 한 차례의 예측 결과만으로 예측가를 판단해서는 안 된다. 하지만 이 경우는 예외라 할 수 있다. 선거 직전의 주말까지도 매케인이 여전히 이길 수밖에 없는 이유를 설명하는 유일한 가설은, 오바마에 대한 인종적 반감이 심하며 이것이 여론조사에서는 드러나지 않았다는 것이었다.[4] 하지만 어떤 패널도 이 가설을 입 밖으로 내지 않았다. 그들은 여론조사 따위는 있지도 않고, 경제가 무너지지도 않았으며, 매케인이 물먹고 있다기보다는 조지 부시 대통령이 여전히 인기를 구가하는, 또 다른 별나라에 사는 사람들 같았다.

나는 이런 행태가 이례적인 건지 알아보기로 마음먹었다. 〈매클로플린 그룹〉 출연 패널, 다시 말해 정치에 대해 논평하고 그 대가로 생활비를 벌어가는 이들이 과연 실제적 예측 기술을 가지고 있긴 할까?

나는 이 프로그램의 맨 마지막 부분에서 매클로플린과 여러 패널이 했던 1,000개 가까운 예측을 놓고 평가했다. 이 가운데 4분의 1은 너무 모호해서 분석할 수 없거나 너무 먼 미래의 사건들이었다. 그래서 나머지 4분의 3만을 대상으로 '완전히 빗나감'부터 '완전히 적중함'까지 5점 만점의 기준을 마련하고 점수를 매겼다.

그런데 채점 결과를 놓고 보니 패널들이 동전을 던져 예측한 게 아닐까 싶을 정도였다. 그들이 한 예측 가운데 338개가 거의 또는 완전히 빗나갔으며, 마찬가지로 338개가 거의 또는 완전히 적중한 것으로 나타났기 때문이다.[5]

적어도 2008년의 대통령 선거 결과는 올바르게 예측한 엘리너 클리프를 포함해 개중 더 낫다고 여길 만한 패널이 아무도 없었다. 패널마다 올바른 예측을 한 개수를 반영한 백분율 점수를 계산했다. 클리프 그리고 패널로 자주 나왔던 셋(뷰캐넌, 토니 블랭클리Tony Blankley, 매클로플린)은 49~52퍼센트로 거의 같은 점수를 받았다. 이 점수는 그들의 예측이 적중한 경우와 적중하지 않은 경우가 반반이라는 뜻이다.7 정치적 통찰력 차원에서 보자면, 이들은 무반주 남성 사중창단 멤버와 별반 다를 게 없었다.

물론 〈매클로플린 그룹〉은 정치 소재를 오락물처럼 다루는 프로그램이라는 사실을 인정해야 한다. 〈매클로플린 그룹〉은 자유주의자 진영과 보수주의자 진영이 끊임없이 언쟁을 벌이는 CNN의 〈크로스파이어Crossfire〉와 같은 아귀다툼 유형에서 새롭게 변형된 프로그램이다. 반향실echo chamber 효과(생각이 비슷한 사람끼리 뭉쳐 있을 때 사고방식이 더욱 증폭되고 극단화되는 효과 – 옮긴이)가 판을 치는 지금 시대는, 자

| 2-1 | 〈매클로플린 그룹〉의 예측 요약

완전히 적중함	285	39%
거의 적중함	53	7%
부분적으로 맞고 부분적으로 틀림	57	8%
거의 빗나감	70	10%
완전히 빗나감	268	37%
평가를 한 예측 수	**733**	**100%**
평가 대상에서 제외한 예측 수6	249	

유주의자와 보수주의자가 '푸드 네트워크'나 '골프 채널' 같은 케이블 방송을 경계로 하는 비무장지대를 사이에 두고 분리된 채 자기들만의 채널에 갇혀 있다는 점을 제외하고는, 과거 고함을 지르며 아귀다툼을 벌이던 시대와 크게 다르지 않다. 방송 프로그램을 이렇게 배치하면 시청률이 좀 더 오른다(케이블 방송업체들은 대부분 폭스뉴스나 MSNBC를 자기들의 방송 라인업 가운데 최소 두 개 채널에 따로 포진시킨다). 이렇게 한다고 해서 반드시 더 믿을 만한 분석이 보장되는 건 아니지만 말이다.

그렇다면 의견의 양이 아니라 학식의 정확성과 철저함으로 대가를 지급받는 사람들은 어떨까? 정치학자들, 또는 예컨대 워싱턴에 있는 이런저런 연구소에 몸담은 분석가들은 좀 더 정확한 예측을 할까?

정치학자들은 TV에 나오는 전문가 패널들보다 나을까?

소련과 동구권의 몰락은 놀랍도록 빠르게 진행되었다. 그 모든 과정 역시 거대한 변화에도 놀랍도록 질서정연하게 진행되었다(1989년 동구권 혁명에서 오로지 루마니아 혁명만이 엄청난 피로 물들었다).

1987년 6월 12일 로널드 레이건Ronald Reagan은 독일 브란덴부르크 문에 서서 미하일 고르바초프Mikhail Gorbachev에게 베를린 장벽을 무너뜨려주기를 간절하게 요청했다. 그의 연설은 존 F. 케네디가 달에 사람을 보내겠다고 약속하던 연설만큼이나 대담했다. 그런데 레이건은 선견지명이 있었다. 그로부터 채 2년도 지나지 않아 베를린 장벽이 무너진 것이다.

1988년 11월 16일 영토가 미국 메인주만 한 에스토니아공화국의 의회가 거인 소련으로부터 독립한다고 선언했다. 고르바초프는 이후 채 3년도 지나지 않아서 모스크바의 강경파가 시도한 쿠데타를 막아 냈으며 소련의 깃발이 크렘린에서 마지막으로 내려졌다. 에스토니아 와 여러 소비에트 공화국들도 곧 독립했다.

이와 같은 일이 있고 나서 소련 제국의 몰락을 예측할 수도 있었지 만, 주류 정치학자 대부분이 그런 사건이 다가오는 걸 알아채지 못했 다. 그걸 알아차린 몇몇 예외적인 사람들은 그저 조롱의 대상이 되었 을 뿐이다.[8] 20세기 후반의 가장 중요한 사건이라 할 만한 소련의 몰락 을 예측하지 못한 정치학자들은 도대체 뭘 하는 사람들이었을까?

캘리포니아대학교 버클리캠퍼스에서 심리학과 정치학을 가르치는 필립 테틀록 Philip Tetlock[9]이 바로 이 질문을 던지고 있었다. 테틀록은 소 련이 서서히 몰락하던 바로 그 시점에 유례가 없는 야심 찬 실험을 시 도했다. 그는 1987년부터 학계와 정부에 몸담은 수많은 전문가들이 국내 정치, 경제, 국제관계 등 다양한 주제에 관해 예측한 내용을 수집 하기 시작했다.[10]

테틀록은 정치 전문가들이 소련의 몰락을 예측하기 어려웠던 이유 는 소련 체제의 붕괴뿐 아니라 그 이유까지 온전하게 이해하려면 여 러 차원의 논거들을 하나의 틀로 직조해내야 하기 때문임을 발견했다. 이들 전문가의 생각이 본질 면에서 잘못되지는 않았지만, 문제는 이러 한 생각들이 정치적 관점이 다른 사람들에게서 동시에 나타난 점이었 다.[11] 또한 하나의 이념적 진영에 깊이 빠진 학자들은 '예상'과 '직조'

라는 두 과제를 동시에 포괄하지 못하는 경향을 보였다.

고르바초프는 소련 붕괴라는 거대한 드라마를 이끈 주인공이었다. 개혁을 향한 그의 열망은 줄곧 진실했다. 고르바초프가 정치계에 입문하지 않고 회계사나 시인이 되었더라면 소련은 적어도 몇 년은 더 존속했을지도 모른다. 자유주의자들은 고르바초프에게 동조했고, 보수주의자들은 그를 못 미더워했다. 또 어떤 사람들은 그의 개방정책 '글라스노스트glasnost'를 진정성 없는 제스처라며 깎아내렸다.

그런데 보수주의자들은 본능적으로 공산주의에 더 비판적이었다. 이들은 소련의 경제가 추락하고 있으며 시민들의 삶이 점점 곤궁해지고 있다는 사실을 누구보다 빠르게 알아차렸다. 1990년 말 미국 중앙정보국CIA은 소련의 GDP를 상당히 잘못 산정하는 보고서를 내놓았다.[12] 소련의 GDP가 미국 GDP의 절반쯤 된다고 어림잡은 것이다[13](이 규모는 1인당 GDP로 따지면 오늘날의 한국이나 포르투갈 같은 안정적인 민주주의 국가에 견줄 만하다). 그런데 더 최근에 밝혀진 증거를 보면, 당시 소련의 경제는 아프가니스탄과 벌인 오랜 전쟁과 온갖 사회문제에 대한 중앙정부의 태만으로 허약해질 대로 허약해져서 CIA가 생각한 것보다 약 1조 달러나 더 가난했다. 또 두 자릿수로 훌쩍 뛰어오른 인플레이션 속에서 해마다 무려 5퍼센트씩 쪼그라들고 있었다.

이 두 요인을 함께 놓고 보면 소련의 몰락을 쉽게 점칠 수 있다. 고르바초프는 소련의 언론과 시장을 개방하고 국민에게 민주주의적 권리를 좀 더 많이 제공해 체제 변화의 촉매작용을 해줄 기제를 마련했다. 피폐해진 경제 상황에서 소련 국민은 고르바초프의 제안을 기꺼이 받아들였다. 소련이라는 거대한 체제를 지탱하던 구심력은 이제 너무나 약해져버렸다. 예컨대 에스토니아인이 러시아인을 꼴 보기 싫어했을 뿐만 아니라, 러시아인도 모스크바가 위성국가들에 제공하는 보조금을 비롯한 온갖 편익에 비해 이들 위성국이 소련 경제에 기여하는 바가 적다며 에스토니아인을 눈엣가시처럼 여겼다.[14] 동유럽에서 기존 체제가 도미노처럼 무너지기 시작하자(1989년 말이 되면 체코슬로바키아, 폴란드, 루마니아, 불가리아, 헝가리, 동독이 혁명의 소용돌이에 휩싸인다) 고르바초프가 아니라 그 누구라도 이 거대한 흐름을 저지할 수 없었다. 수많은 소련 전문가들은 문제를 부분적으로밖에 알지 못했다. 모든 퍼즐 조각을 하나하나 맞춰서 소련이 갑작스럽게 붕괴할 것을 예측한 사람은 거의 없었다.

소련의 사례로 고무된 테틀록은 여러 다른 영역의 전문가 의견을 수집하기 시작했다. 걸프전쟁, 일본의 부동산 거품, 퀘벡이 캐나다에서 분리될 가능성 등 1980년대와 1990년대의 거의 모든 중요 사건을 대상으로 전문가 의견을 모았다. 소련의 붕괴를 예측하지 못한 것은 예외적인 결과일까, 아니면 '전문가'라는 사람들이 정치 분석을 할 때 정말로 밥값을 하지 못하는 걸까? 15년도 넘게 걸린 테틀록의 연구는 마침내 2005년에 《전문가의 정치적 판단Expert Political Judgment》으로 결실을 보았다.

테틀록이 내린 결론은 학계를 엿 먹이는 것이었다. 그가 살펴본 전문가들은 직업이 뭐든 간에, 경험을 얼마나 오래 쌓았든 간에, 전공 분야가 뭐든 간에 하나같이 동전을 던져 판단을 내릴 때보다 낫지 못했다. 이들이 예측한 결과는 지극히 초보적인 통계방법론을 동원해 정치적 사건들을 예측한 것보다 못했다. 이들은 지나치게 자신만만했지만 확률을 계산하는 데는 참혹하리만치 엉터리였다. 이 전문가들이 절대로 일어나지 않을 것이라고 주장한 사건 가운데 약 15퍼센트가 실제 현실에서 일어났다. 또 반드시 일어날 것이라고 예측한 사건의 약 25퍼센트는 일어나지 않았다.[15] 경제, 정치, 국제관계 등 그들의 예측은 국내외를 가리지 않고 터무니없이 빗나갔다.

더 나은 예측을 위한 올바른 태도: 여우가 돼라

전문가 예측은 전체적으로 형편없었다. 그런데 같은 전문가라 해도 예측을 잘하는 축과 못하는 축이 있었고, 이 두 집단은 각각 공통점이 있었다. 언론에 자주 등장하고 인용되는 사람들이 예측을 잘 못하는 쪽이었다. 테틀록이 연구한 결과, 언론과 인터뷰를 많이 한 전문가일수록 예측이 빗나가는 경향을 보였다.

한편으로 또 다른 전문가 집단은 비교적 예측 결과가 잘 맞았다. 심리학자의 소양까지 갖춘 테틀록은 이 전문가들이 세상을 바라보는 인지양식cognitive style에 관심을 가졌다. 그리고 성격검사의 질문 목록에서 몇 가지를 뽑아서 이들을 검사했다.

테틀록은 전문가가 제시한 답변을 바탕으로 이들을 이른바 '고슴도치'와 '여우'라는 양극단 사이의 스펙트럼 위에 분류해놓았다. 고슴도치와 여우는 이사야 벌린Isaiah Berlin이 러시아 소설가 레프 톨스토이Rev tolstoy의 소설(《전쟁과 평화》 - 옮긴이)에 대해 쓴 에세이《고슴도치와 여우〈The Hedgehog and the Fox〉에서 따온 표현이다(벌린은 이 제목을 그리스 시인 아르킬로코스가 쓴 '여우는 사소한 것을 많이 알지만 고슴도치는 중요한 것 한 가지를 안다'라는 구절에서 따왔다).

톨스토이나 아름다운 문장을 특별하게 좋아하는 사람이 아니라면 벌린의 에세이를 읽을 이렇다 할 이유는 없다. 벌린의 에세이가 담고 있는 기본 발상은, 작가와 사상가를 크게 고슴도치와 여우라는 두 범주로 나눌 수 있다는 것이다.

- 고슴도치는 거창한 생각, 곧 세상에 대한 지배적 원칙, 물리학 법칙이자 사회의 모든 상호작용을 실질적으로 뒷받침하는 것처럼 작동하는 거대한 원칙을 믿으며, 긴장하고 성급하며 경쟁적인 'A형 행동양식type A' 유형에 속한다. 카를 마르크스Karl Marx와 계급투쟁, 지그문트 프로이트Sigmund Freud와 무의식, 말콤 글래드웰Malcolm Gladwell과 '티핑 포인트tipping point' (예컨대 낙타의 무릎을 꿇리는 마지막 지푸라기 하나)를 생각하면 된다.
- 여우는 이에 비해 수없이 사소한 생각들을 믿으며 또 문제를 해결하려면 다양한 접근이 필요하다고 여기는, 관심이 사방팔방으로 뻗치는 산만하기 짝이 없는 유형이다. 여우는 뉘앙스의 차이, 불확실성, 복잡성, 배치되는 의견 등에 좀 더 관대한 경향이 있다.

그래서 고슴도치가 언제나 큰 녀석 하나를 노리는 사냥꾼이라면, 여우는 무언가를 부지런히 줍고 다니는 채집자다.

테틀록은 여우가 고슴도치보다 예측을 상당히 잘한다는 사실을 발견했다. 여우는 예컨대 소련 붕괴라는 과녁 한가운데에 좀 더 가까이 다가갔다. 그리고 소련을 고도로 이념적인 용어가 아니라(이를테면 기본적으로 '사악한 제국'이라거나, 상대적으로 성공했으며 따라서 칭찬할 수 있는 마르크스 경제체제의 사례라거나 하는 식이 아닌) 현실 그대로 보았다. 소련을 점차 기능을 잃어가고 있으며 금방이라도 해체될 위험한 상태에 있는 나라로 바라본 것이다. 고슴도치가 한 예측이 동전 던지기 같은 무작위 선택보다 거의 나을 게 없었던 데 비해, 여우가 한 예측은 구체적 예측 기술을 시연한 결과였다.

왜 고슴도치는 TV 패널로 더 환영받을까?

어느 겨울날 오후 듀런트 호텔에서 테틀록을 만났다. 버클리캠퍼스 가까운 곳에 자리한 위풍당당하고 햇볕이 잘 드는 호텔이었다. 아닌 게 아니라 테틀록 본인도 여우의 풍모를 보였다. 말투가 부드럽고 꼼꼼했으며, 내가 질문을 하면 대답하기 전에 20~30초 동안 아무 말 없이 생각하곤 했다(질문에 너무 성의 없이 답한다는 인상을 주고 싶지 않아서인 듯했다). 테틀록이 물었다.

"사회 참여 지식인의 동기가 뭘까요? 세상에 이름이 나기를 꺼려하는 교수들이 많습니다. 그런데 사회에 참여해서 세상에 이름 내기를 갈망하는 이들도 있지요. 대담하게 사람들 앞에 나서서, 어떤 극적인 변화에 감히 반대 의견을 표명할 수 없을 만큼 확실한 확률을 부여하

| 2-2 | 여우의 태도와 고슴도치의 태도

여우는 어떻게 생각하는가?	고슴도치는 어떻게 생각하는가?
여러 분야에 걸쳐서 생각한다: 정치적 스펙트럼의 기원과 상관없이 다양한 원리에서 비롯한 발상들을 통합한다.	**구체적으로 생각한다**: 커다란 한두 문제에 집중한다. '외부인'의 의견을 회의적으로 바라보는 경향이 있다.
적용할 수 있는 것을 생각한다: 새로운 접근법을 찾아내거나 동시에 여러 개 접근법을 추구한다. 최초의 접근법이 효과가 없어도 상관하지 않는다.	**대범하게 생각한다**: '올인' 접근법을 고수하며, 새로운 데이터를 동원해 자신이 맨 처음 설정한 모델을 다듬는다.
자기비판적으로 생각한다: 때로는 자기가 한 예측에서 잘못된 점이 있다는 것을 인정하고 그에 따른 비난을 (비록 행복한 마음으로는 아니라 할지라도) 주저 없이 받아들인다.	**고집스럽게 생각한다**: 실수는 운이 나빴거나 환경과 조건이 특이했기 때문이라고 생각한다. 좋은 모델도 틀릴 때가 있다고 생각한다.
복잡성을 관대하게 받아들여서 생각한다: 우주는 복잡한 것이라고 바라본다. 그뿐 아니라 수많은 본질적 문제가 해결될 수 없다거나 근본적으로 예측 불가능하다고까지 생각한다.	**질서정연한 것을 생각한다**: 일단 어떤 신호가 소음 속에서 포착되면, 세상은 상대적으로 단순한 중심적 원리에 따라 돌아간다는 사실이 드러나길 기대한다.
조심스럽게 생각한다: 자기가 하는 예측을 확률적 용어로 표현하며 자기 의견에 단서를 여럿 단다.	**자신만만하게 생각한다**: 자기가 하는 예측이 잘못될 것에 대비하는 일이 거의 없으며 자기가 한 예측을 바꾸려 하지 않는다.
경험적으로 생각한다: 이론보다는 관찰에 더 많이 의존한다.	**이론적으로 생각한다**: 일상의 여러 문제에 대한 해결책들은 거대한 이론이나 투쟁이 구체화한 것으로 생각한다.
여우는 더 나은 예측자다	고슴도치는 더 못한 예측자다

려는 축 말입니다. 세상은 이런 부류에 관심을 더 많이 보이죠."

　같은 예측이라도 크고 대담한 예측을 하는 고슴도치에게 텔레비전 출연 기회가 더 많이 돌아간다. 빌 클린턴 대통령의 자문위원이었고 지금은 폭스뉴스의 해설가인 딕 모리스Dick Morris는 고슴도치의 고

전적 사례다. 기회가 주어질 때 극적인 예측을 하는 게 그가 구사하는 전략인 듯싶다. 2005년에 그는 조지 부시가 허리케인 카트리나에 잘 대응해 대중의 인기를 회복할 거라고 공언했다.[16] 2008년 대통령 선거 전날 밤에는 오바마가 테네시와 아칸소에서 이길 거라고도 예측했다.[17] 2010년에는 공화당이 하원 선거에서 거뜬히 100석을 차지하고,[18] 2011년에는 도널드 트럼프Donald Trump가 공화당 대통령 후보로 나설 것이며 승리할 가능성이 "더럽게 높다damn good"라고 예측했다.[19]

이 모든 예측은 완벽하게 빗나갔다. 문제의 그 허리케인은 부시의 몰락을 알리는 신호탄이었지 결코 반등의 출발점이 아니었다. 오바마는 테네시와 아칸소에서 많은 표 차이로 졌다. 사실 4년 전에 존 케리John Kerry가 얻은 표보다 오바마가 표를 적게 얻은 딱 두 개 주가 바로 테네시와 아칸소였다. 공화당은 2010년 11월 밤까지만 해도 한껏 기대에 부풀어 있었지만 결국 하원 의석을 100석이 아닌 63석밖에 얻지 못했다. 트럼프는 모리스가 예측한 지 불과 2주 뒤에 대선 불출마를 공식적으로 선언했다.

하지만 모리스는 발 빠르게 움직이며 자기 자신을 마케팅하는 데 성공했다. 그는 지금도 여전히 폭스뉴스의 고정 해설자로 활동하며 수십만 권이 팔린 베스트셀러의 저자로 행세한다.

여우는 때로 방송, 사업, 정치처럼 즉각적이고 단호한 순발력이 필요한 영역에서는 잘 적응하지 못한다. 여우는 세상의 많은 것들은 예측하기 어려우며 또한 이런 불확실성을 충분히 고려해야 한다고 믿기 때문에 자신감과 확신이 부족하다는 오해를 받기도 한다. 해리 트루먼Harry Truman이 자기가 구성한 행정부에 있는 여우들은 딱 부러지는 방안을 제시하지 못한다고 화를 내면서 '한손잡이 경제 전문가one-handed economist'가 필요하다며 목소리를 높인 일화는 유명하다.

하지만 여우는 훨씬 나은 예측을 한다. 데이터가 소음에 얼마나 물들어 있는지 빠르게 간파하며 가짜 신호를 좇는 일도 적다. 여우는 자기가 알지 못하는 것에 대해 고슴도치보다 훨씬 더 많이 안다.

건강문제를 예측해줄 의사를 찾거나 퇴직금에 최고의 수익을 내줄 투자 전문가가 필요하다면, 당신이 찾아야 할 사람은 바로 여우다. 여우는 당신이 얻고자 하는 것과 자기가 달성할 수 있는 것에 대해 한결 겸손하게 얘기할 수도 있다. 하지만 여우는 자기가 한 약속을 확실하게 지킨다. 적어도 고슴도치보다는 더.

엉터리 예측이 횡행하는 이유

여우 같은 태도는 정치 예측을 할 때 특히 중요하다. 정치 분야 예측에는 고슴도치들을 사정없이 빨아들이는 몇몇 함정이 있다. 하지만 여우들은 이 함정을 용의주도하게 피해간다.

이런 함정 하나가 당파적 이념이다. 모리스는 빌 클린턴의 자문위원이었는데도 자신을 공화당 지지자라고 밝히며 공화당 후보들을 위한 기금을 모금한다. 모리스의 보수적 관점은 그가 몸담은 폭스뉴스와도 딱 들어맞는다. 그러나 자유주의자들은 고슴도치로 기우는 경향에서 결코 자유로울 수 없다. 〈매클로플린 그룹〉 패널 예측의 정확성을 연구한 나의 논문에서, 성향이 가장 자유주의적인 엘리너 클리프트는, 다

른 패널들에 비해 공화당에 상대적으로 유리하게 해석될 수 있는 결과
는 단 한 번도 예측하지 않았다. 이런 성향 덕분에 그가 오바마 승리라
는 2008년 선거 결과를 정확하게 예측할 수 있었는지도 모른다. 하지
만 장기적 차원으로 확장해보면 클리프트가 보수 성향의 다른 패널들
보다 정확하게 예측했다고 말할 수 있는 근거는 없었다.

테틀록이 연구 대상으로 삼은 학계의 전문가들 역시 같은 함정에 빠
질 수 있다. 사실 박사 학위를 갖고 있는 고슴도치에게 어쭙잖은 약간
의 지식은 위험할 수 있다. 테틀록이 발견한 더 놀라운 사실 하나는, 경
험을 동원할 때 여우는 예측의 정확도가 더 높아지는 데 비해 고슴도
치에게서는 정반대 현상이 일어난다는 점이다. 고슴도치는 학위를 더
많이 딸수록 예측 정확도가 더 떨어진다는 말이다. 테틀록은 이런 사
실을 근거로, 고슴도치의 경우 더 많은 사실을 마음대로 활용할수록
그 사실들을 자기 편견을 강화하는 쪽으로 조작할 가능성이 더 높아
진다고 믿는다. 이는 인터넷이 연결된 어두운 방에 건강염려증 환자를
혼자 둘 때 일어나는 상황과 비슷하다. 그 환자가 방에 오래 있을수록,
그는 자기 마음대로 해석할 수 있는 정보가 많아질 것이고, 그럴수록
더 터무니없는 자가진단을 내리게 될 것이다. 오래지 않아 그는 가벼
운 감기까지도 가래톳페스트bubonic plague(열, 구토, 두통 등 독감 같은 증상
이 나타나는 림프절 페스트 – 옮긴이)라고 믿는다.

그러나 테틀록은, 좌파와 우파의 고슴도치들은 특히나 변변찮은 예
측을 한 데 비해, 여우들은 자기를 좌파라고 규정했든 우파라고 규정
했든 간에 자신을 중도파라고 한 고슴도치들보다 더 나은 예측을 했다
는 사실을 발견했다.[20] 여우는 세상이 어떠해야 하는지에 관해 확고한

신념을 가지고 있을지도 모른다. 하지만 대개는 세계가 어떤 방식으로 존재하며 가까운 미래에 어떻게 될 것인가에 대한 분석으로부터 그 신념을 분리할 수 있다.

이와는 대조적으로 고슴도치는 그들의 근본적 관심을 분석과 구별하는 데 더 크게 어려움을 겪는다. 테틀록의 표현을 빌리자면, 허황한 공론가는 "온갖 사실과 관념적 가치들이 한데 뒤엉킨 것에서 모호한 융합을 창조한다". 고슴도치들은 자기 편견을 증거에 갖다 붙임으로써 실제로 존재하는 것이 아니라 자기가 보고자 하는 것을 본다.

독자 여러분도 테틀록의 테스트 방식을 응용해 자기가 고슴도치가 아닐지 진단해볼 수 있다. 정보를 더 많이 획득할수록 여러분이 하는 예측은 나아지는가? 이론적으로만 보자면 정보가 많을수록 예측은 개선된다. 또 도움이 될 것 같지 않은 정보는 언제나 무시할 수 있다. 그러나 고슴도치들은 정보의 가시덤불에 갇혀버리기 십상이다.

《내셔널저널National Journal》이 수행하는 '정치 관계자 여론조사'를 사례로 살펴보자. 정치인, 정치 컨설턴트, 여론조사 전문가, 학자 등을 망라한 약 180명을 대상으로 하는 여론조사다. 이들은 민주당 지지자와 공화당 지지자로 나뉘는데, 두 그룹 모두 같은 질문을 받는다. 그런데 각 그룹은 개인의 정치 성향과 상관없이 고슴도치 쪽으로 몸이 기운다. 정치 일선에서 뛰는 사람들은 전투 현장에서 얻은 상처를 자랑스레 여기며, 자신을 반대 진영과 투쟁하는 투사로 생각한다.

2010년 중간선거가 있기 며칠 전《내셔널저널》은 패널들에게 민주당이 계속해서 상하원 모두에서 다수 의석을 유지할지 물었다.[21] 그러자 거의 일치하는 대답이 나왔다. 민주당이 상원을 여전히 장악하겠지만 공화당이 하원을 차지하리라는 대답이었다(패널들은 두 가지 질문에서 모두 맞았다). 민주당의 내부 관계자와 공화당의 내부 관계자들 역시 공화당이 하원에서 추가로 얻을 의석수를 대체로 동일하게 전망했다. 민주당이 47석이고 공화당이 53석이었는데, 전체 하원 의석이 435석임을 고려하면 이 차이는 그야말로 사소하다(중간선거는 미국에서 대통령 임기 중간에 실시되며 상원의원 3분의 1, 하원의원 전부, 주지사 일부를 다시 선출한다 – 옮긴이).

《내셔널저널》은 상원, 하원, 주지사 선거 중 11개를 골라 결과가 어떻게 나올지도 물었다. 이번에는 의견 차이가 훨씬 컸다. 패널들은 네비다주, 일리노이주, 펜실베이니아주 상원의원, 플로리다주 주지사 선거, 아이오와주 하원의원 선거를 두고 의견이 갈렸다. 공화당 지지 패널들은 민주당 후보가 11개 경선에서 단 한 곳만 이길 것이라고 보았지만, 민주당 지지 패널들은 민주당 후보가 여섯 곳에서 이긴다고 내다봤다(실제 결과는 충분히 예상할 수 있던 대로 중간치였다. 민주당 후보는 《내셔널저널》이 질문한 11개 경선 가운데 세 곳에서 이겼다.[22])

이 결과에서 알 수 있듯 당파적 이념은 분명히 예측 결과에 영향을 끼친다. 민주당 지지자와 공화당 지지자들 모두 자기가 지지하는 쪽을 응원했다. 그런데 이것만으로는 유형이 다른 질문들에 패널들의 답이 왜 갈리는지를 설명할 수 없다. 공화당 후보들이 얼마나 잘할 것인지 '일반적 차원에서' 질문할 때는 패널들의 답변에서 차이가 거의 없었다. 하지만 특정 상황을 적시한 질문에는 답변이 상당히 달랐다. 후자에서는 당파성의 차이가 수면 위로 떠올라서 차이를 만들어냈다.[23]

고슴도치에게 너무 많은 정보가 주어질 경우, 이 정보는 오히려 독이 될 수 있다. 공화당이 민주당보다 의석을 얼마나 더 차지할 것인가는 추상적 질문이다. 전체 435개 경선을 면밀하게 검토하지 않는 한, 패널로서는 판단을 내리는 데 도움이 될 상세한 정보를 추가로 얻을 여지가 거의 없다. 이에 비해 네바다 상원의원 선거처럼 특정 선거에 대해 질문받을 때, 패널들은 모든 종류의 정보를 쥐게 된다. 여론조사 결과뿐 아니라 뉴스 기사, 지인을 통해 들은 소문, 텔레비전에서 해당 후보들을 봤을 때 생각했던 것 등등 말이다. 패널들은 게다가 해당 후보나 선거 관계자들과 개인적으로 아는 사이일 수도 있다.

많은 정보를 가진 고슴도치들은 온갖 이야기를 만들어낸다. 주인공과 악당이 등장하고 승자와 패자가 갈리며 절정과 결말이 있는, 실제 현실보다 훨씬 더 깔끔한 이야기들이다. 또 이 이야기들은 대개 자기의 지지 후보가 이기는 해피엔드다. 여론조사에서 10퍼센트포인트나 뒤지는 후보도 이 이야기 속에서는 승자가 될 수 있다. '내'가 그 후보와 그 선거가 치러지는 주의 유권자들을 잘 알기 때문이다. 어쩌면 그 후보의 공보 비서관에게 여론조사 결과가 박빙이라는 이야기를 들었거나, 그 후보의 마지막 방송광고를 보았기 때문일지도 모른다.

이런 이야기를 만들어낼 때 우리는 현실 속 증거에 대해 비판적으로 생각하는 능력을 잃어버릴 수 있다. 선거는 전형적으로 매력적인 이야기 구조를 제공한다. 2008년에 버락 오바마나 세라 페일린Sarah Palin, 존 매케인, 힐러리 클린턴Hillary Clinton이 제시한 정책에 대해 당신이 무슨 생각을 했든 간에, 그들은 나름대로 설득력 있는 이야기들을 가지고 있었다. 이러한 내용, 예컨대 2008년 선거를 다룬《게임 체인지 Game Change》같은 책들은 소설처럼 불티나게 팔려나갔다. 2012년 선거에 나선 후보들은 그전보다는 덜했지만 여전히 비극(허먼 케인Herman Cain)에서 희극(릭 페리Rick Perry)에 이르는 뻔하고 극적인 내용들을 충분히 연출하고도 남았다(공화당 대선후보 경선에 나섰던 전前 갓파더스피자 최고경영자 허먼 케인은 성희롱 스캔들로 중도 하차했고, 텍사스 주지사 릭 페리는 선거 연령과 대통령 선거일 등을 잘못 말하는 실수를 저지른 뒤에 사퇴했다 - 옮긴이).

그런데 당신은 이 이야기 속에서 길을 잃어버릴 수 있다. 정치는 특히 예측이 쉽게 빗나가는 분야인데, 정치 예측에서는 인적 요소들이 작용하기 때문이다. 선거는 사람이 가지고 있는 극적 감수성들을 일깨운다. 그렇다고 해서 정치 예측을 잘하려면 정치적 사건에 철저하게 냉담함을 유지해야 한다는 뜻은 아니다. 그러나 여우의 냉정한 태도는 분명 장점이 된다.

정치 예측에 뛰어들다

2008년 2월 나는 루이 암스트롱 뉴올리언스국제공항에서 연착된 비행기를 기다리는 동안 파이브서티에이트라는 웹사이트를 처음 떠올렸다. 무슨 이유였는지 모르겠지만(어쩌면 케이준에서 마신 마티니 몇 잔이 내 머리를 흔들어 그 생각이 나게 했는지도 모른다), 그때까지 여전히 민주당 내에서 열띤 후보 경쟁을 펼치고 있던 힐러리 클린턴과 버락 오바마가 존 매케인과 맞서서 얼마나 승산이 있을지 예측하는 웹사이트를 누군가 만들면 좋겠다는 생각이 갑자기 들었다.

사실 선거에 대한 관심은 그 이전부터 있었다. 정치 과정에 대한 애정이라기보다는 그때 내가 사로잡혀 있던 좌절감 때문이었다. 나는 2006년에 의회가 인터넷 포커 게임을 금지하려는 시도를 예의 주시하고 있었다. 당시 인터넷 포커가 나의 주 수입원이었기 때문이다. 정치 분야의 예측은 스포츠 분야와 비교하더라도 아직 많이 부족하다는 걸 알고 있었다. 스포츠에서는 이른바 '머니볼 혁명Moneyball revolution'이 일어나 예측 분석이 상당히 나아진 상태였다.

나는 예비경선 기간에 시간을 들여 정치 관련 TV 프로그램들을 보았다. 주로 MSNBC, CNN, 폭스뉴스였다. 그런데 이들 프로그램이 어쩐지 맥 빠지고 지루했다. 선거일이 여러 달 남았는데도 여론조사에 내재하는 근원적 불확실성을 무시한 채 힐러리 지명이 불가피하다는 해설이 모든 프로그램을 뒤덮다시피 했다. 힐러리가 여성이라는 점과 오바마가 흑인이라는 점에 지나치게 초점이 맞춰지는 듯했다.[24] 기자회견에서 얼마나 재치 있고 통렬하게 말하는지 또는 어떤 상원의원을 지지자로 영입하는지에 따라서 경선 후보자들의 희비가 갈릴 것이라는 집착, 사실 유권자 중 99퍼센트는 신경도 쓰지 않는 일들에 이처럼 이상스레 집착하는 상황이 선거 분위기를 지배했다.

정치 뉴스, 특히 선거에 실제로 영향을 끼치는 중요 뉴스는 불규칙한 속도로 진행된다. 하지만 기사는 날마다 생산된다. 이 기사들은 대부분 '필러filler'(방송이나 신문, 잡지에서 여백을 채우려고 작성하는 짧은 기사 – 옮긴이)이며, 기사에 가치가 없다는 사실을 모호하게 감출 목적으로 설계되고 이야기 형태로 구성된다(이런 사례의 고전적 형태가 '어떤 이야기를 응원하는 일'이다. 이를 통해 신문이나 방송의 매출이 올라가는 극적인 결과를 기대하는 것이다). 정치 기사는 종종 신호를 놓칠 뿐만 아니라 자주 소음을 부풀린다. 공화당이 앞선다는 여론조사가 많을 경우, 똑같은 얘기를 하는 여론조사는 새로 나와봐야 관심을 끌지 못한다. 그런데 민주당이 앞서는 여론조사가 단 한 곳이라도 나오면, 이를 소개하는 기사는 1면을 크게 장식한다. 설령 엉뚱한 소리를 하고 결과를 정확하게 예측하지 못하는 여론조사라 해도 말이다.

다른 말로 하면 경쟁이 치열하다 보니 관련 장벽은 낮았고, 따라서 이 분야에 새로 진입하려는 사람으로서는 그 낮은 문턱이 매력적이었다. 정치 유세에서 무엇이 실질적으로 예측력을 발휘하는지 따위에 관해 기본 조사를 해서 발표하는 것만으로도 그 사람은 천재로 비칠 수 있었다. 환경이 이러했던지라 나는 데일리코스Daily Kos(진보 성향의 미국 정치 블로그 - 옮긴이)에 글을 올리기 시작했다. 여론조사와 기금 모금 관련 쟁점들을 데이터에 근거해 자세하게 분석하는 글들이었다. 나는 어떤 여론조사 기관들이 과거 가장 정확하게 예측했는지 조사했고, 또 어떤 주에서는(이를테면 아이오와) 어느 정도 폭으로 앞서야만 결과를 확신할 수 있었는지 추적했다. 데일리코스 같은 사이트들에서 이루어지는 해설들은 당파성을 강하게 반영함에도 내가 쓴 글을 지지하는 이들이 많이 생겼다. 2008년 3월 나는 내 글들을 내가 만든 총선 결과 예측 웹사이트인 파이브서티에이트로까지 확장했다.

파이브서티에이트의 예측 모델은 아주 단순한 논리로 시작했다. 기본적으로 각종 여론조사 결과의 평균을 취하되, 여론조사가 과거에 보인 정확성을 토대로 가중치를 부여하는 방식이었다. 하지만 그 뒤로 점점 더 복잡하고 정교해졌다. 파이브서티에이트 예측 모델은 중요한 원칙 세 가지를 견지했다. 원칙들은 하나같이 매우 '여우'스러웠다.

여우의 원칙 1: 확률적으로 생각하라

정치 또는 다른 분야에서 내가 발표한 예측은 거의 모두 확률 형태로 표시되었다. 나는 달랑 수치 하나만 내놓고서 무엇이 일어날지 정확하게 안다고 주장하지 않고, 결과가 일어날 가능성을 범위로 제시했다. 실례로 공화당이 하원에서 몇 석을 추가할 수 있을지 2010년 11월 2일에 예측한 사례는 〈도표 2-3〉과 같다.

가능성이 가장 높은 결과의 범위는(실제로 가능한 모든 경우의 절반을 아우를 만큼 범위가 넓긴 하지만) 공화당이 45~65석을 추가로 확보하는 것이었다(실제 결과는 공화당이 63석을 추가하는 것으로 나

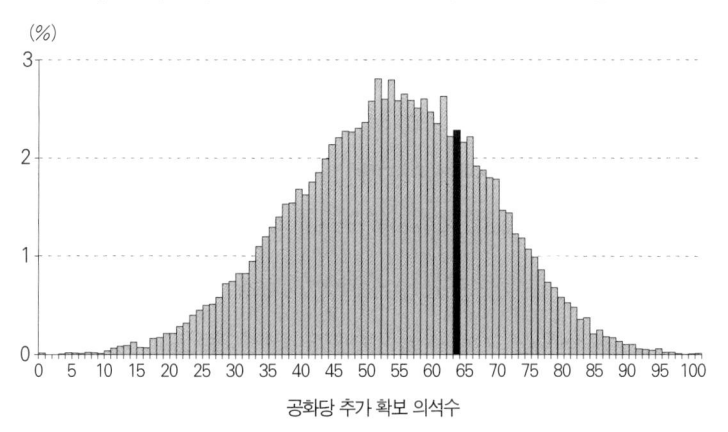

| 2-3 | 파이브서티에이트의 하원 선거 예측(2010년 11월 2일)

공화당 추가 확보 의석수

타났다). 그러나 공화당이 (딕 모리스가 예측한 대로 100석까지는 아니더라도) 70석이나 80석을 추가할 가능성도 있었다. 반대로 민주당이 하원의 과반 의석을 유지할 가능성 또한 있었다.

이처럼 예측 결과가 광범위하게 분포하는 것은 실제 현실에 내재하는 불확실성을 가장 정직하게 표현했기 때문이다. 파이브서티에이트 예측 모델은 하원 전체 의석 435개 하나하나를 개별적으로 예측한 데이터를 토대로 만들어졌다. 초박빙으로 (또는 적어도 그렇게 보이게) 전개되는 경선이 예외적으로 많았다. 아닌 게 아니라 나중에 밝혀진 사실이지만 무려 77석이 10퍼센트 미만의 한 자릿수 득표 차이로 당락이 결정되었다.[25] 만일 민주당 후보들이 경쟁이 치열했던 선거구들에서 득표율을 단 2퍼센트포인트만 더 끌어올렸어도 민주당은 하원에서 다수당으로 남았을 것이다. 거꾸로 공화당 후보들이 그랬더라면 공화당은 그야말로 압도적으로 하원을 지배했을 것이다. 이처럼 정치 분야에서는 아주 작은 변화가 엄청나게 다른 결과를 낳을 수 있다. 그러니 어느 당이 몇 석을 더 추가로 확보할 것인지 정확한 수치로 콕 찍어서 예측한다는 건 어리석기 짝이 없는 짓이다.

확률적이어야 한다는 원칙은 개별 경선의 선거 결과를 예측하는 데도 여전히 유효하다. 이런 생각을 해보자. 여론조사에서 5퍼센트포인트 앞서는 후보가 선거에서 이길 가능성이 얼마나 될까? 바로 이러한 질문을 파이브서티에이트의 예측 모델이 풀려고 한다.

그 질문에 대한 답은 후보가 참가한 경선의 유형에 상당히 좌우된다. 여론조사 결과는 투표자가 적을수록 더 큰 폭으로 춤을 춘다. 다시 말해 하원 선거의 여론조사는 상원 선거 여론조사보다 덜 정확하고,

상원 선거 여론조사는 대통령 선거 여론조사보다 덜 정확하다. 예비선거 여론조사는 총선 여론조사보다 현저하게 부정확하다. 2008년 민주당 후보 예비선거에서 여론조사는 평균적으로 약 8퍼센트포인트 빗나갔는데, 오차범위를 넘어서는 수준이었다. 2012년 공화당 예비선거 중여러 여론조사에서 나타난 문제점들은 훨씬 더 심각했다.[26] 아니나 다를까 아이오와, 사우스캐롤라이나, 플로리다, 미시간, 워싱턴, 콜로라도, 오하이오, 앨라배마, 미시시피 등 주요 주들에서 선거 1주 전만 하더라도 앞서던 후보들이 실제 선거에서는 고배를 마셨다.

여론조사는 선거일이 가까워질수록 정확해진다. 〈도표 2-4〉는 파이브서티에이트의 상원 선거 예측 모델을 단순화한 버전이 예측한 결과다. 이 예측 모델은 1998~2008년 데이터를 사용해 후보의 승리 가능성을 추론했는데, 여론조사에서 해당 후보가 상대 후보보다 평균적으로 얼마나 앞서는지를 계산하고 그 격차를 추론의 근거로 삼았다. 예컨대 선거일 하루 전에 상대 후보를 5퍼센트포인트 차이로 앞서는 후보는 역사적으로 볼 때 승리 확률이 95퍼센트였다. 95퍼센트라면 언론이 아무리 '박빙'이니 어쩌니 해도 승리가 거의 확실하다는 뜻이다. 이에 비해 선거일 한 해 전에 5퍼센트포인트 앞서는 후보가 이길 확률은 59퍼센트인데, 이 정도의 확률이라면 동전을 던져서 결정하는 것보다 아주 조금 나은 수준이다.

파이브서티에이트 예측 모델들은 이런 방식으로 예상 확률값을 제공한다. 선거 결과를 예측하기란 사실상 매우 쉽다. 이를테면 어떤 후보가 모든 또는 대부분의 여론조사에서 상대 후보를 이기는 상황으로 나타나는 경우에는 그 후보가 당선된다고 예측하면 되니 얼마나 쉬운

선거일까지 남은 기간	지지율 격차			
	1퍼센트 포인트	5퍼센트 포인트	10퍼센트 포인트	20퍼센트 포인트
1일	64%	95%	99.7%	99.999%
1주	60%	89%	98%	99.97%
1개월	57%	81%	95%	99.7%
3개월	55%	72%	87%	98%
6개월	53%	66%	79%	93%
1년	52%	59%	67%	81%

가(이 같은 가정은 몇 가지 예외가 있을 수 있지만 그래도 틀리지는 않을 것이다). 그런데 한층 까다로운 문제는 그 후보가 정확하게 어느 만큼 승리에 가까운지 결정하는 일이다. 인간의 뇌는 반복 패턴을 포착하도록 길들어 있어서 언제나 특정한 신호를 찾고 있는데, 우리는 문제의 데이터가 얼마나 많은 소음과 뒤섞여 있는지 판단해야 한다.

　나는 이처럼 생각하는 데 익숙해져 있다. 지금까지 내가 살아온 배경에서 스포츠와 포커라는 두 요소가 크게 작용했기 때문이다. 여러분도 스포츠와 포커에서 적어도 한 번쯤은 희한한 경험을 하게 될 것이다. 포커 게임을 많이 하다 보면 그 어렵다는 로열플러시를 잡을 때가 있다. 좀 더 많이 하다 보면 내가 풀하우스를 잡았을 때 상대방이 로열플러시인 경우도 경험한다. 스포츠, 특히 야구에서도 확률적으로 가능성이 희박한 일이 종종 일어난다. 2011년에 보스턴 레드삭스는 9회 말투아웃에 주자가 없는 수비 상황에서 결국 한 점 차 리드를 지키지 못하고 역전당하는 바람에 99.7퍼센트로 거의 확정적이던 플레이오프 진출에 실패했다.[27] (비록 나는 보스턴 레드삭스나 시카고 불스의 경기에는 확률의 정규분포 법칙이 적용되지 않는다고 말하는 사람에게 이의를 제기할 생각이 없지만 말이다).

그러나 정치인이나 정치 해설가들은 불분명한 상황을 참지 못한다. 2010년 총선을 몇 주 앞둔 무렵, 민주당 의원이 전화를 걸어왔다. 이 의원이 출마한 지역구는 태평양 연안의 이른바 민주당 강세 지역이었다. 그러나 공화당 후보들이 그해에 워낙 선전하는 터라 자기가 혹시 지는 건 아닌지 노심초사하고 있었다. 그는 우리 파이브서티에이트가 제공하는 선거 예측에서 불확실성이 정확하게 얼마나 되는지 알고 싶어했다. 우리 직원이 가장 최근에 출력한 그의 당선 가능성을 제시했다. 100퍼센트였다. 그런데 이 100퍼센트가 99퍼센트를 의미했을까? 아니면 99.99퍼센트? 99.9999퍼센트? 맨 뒤라면 그가 선거에서 질 가능성은 10만 번에 한 번이다. 이 경우 이 후보는 자기 선거자금을 힘겨운 싸움을 펼치는 동료 민주당 후보들에게 기꺼이 넘겨줄 작정이었다. 그러나 100번에 한 번 지는 확률에서는 그럴 생각이 없었다.

한편 정치적으로 한쪽에 편향된 사람은 예측에 존재하는 불확실성의 역할을 잘못 해석할 수도 있다. 이들은 불확실성을 예측이 잘못될 경우에 들이댈 핑계일 뿐이라고 생각한다. 터무니없는 생각이다. 예를 들어 당신이 현직 의원인 한 후보가 선거에서 이길 확률이 90퍼센트라고 예측한다고 치자. 이는 그 후보가 낙선할 확률이 10퍼센트라고 예측한다는 말이기도 하다.[28] 이들 확률 각각이 장기적으로 보아 대체로

옳은 것으로 판명될 때, 이 같은 예측을 정확한 예측이라 말할 수 있다

테틀록의 고슴도치들은 특히 이러한 확률 개념을 제대로 이해하지 못했다. 어떤 사건이 일어날 확률이 90퍼센트라는 말은 매우 특정적이고 객관적인 의미를 담고 있다. 하지만 인간의 뇌는 이를 좀 더 주관적으로 받아들인다. 두 심리학자 대니얼 카너먼Daniel Kahneman과 에이머스 트버스키Amos Tversky가 개척한 전망이론prospect theory(사람은 이득보다 손해에 더 민감하며, 따라서 이득을 얻기보다는 손해를 피하려는 욕구가 훨씬 강력하다는 내용 – 옮긴이)에 따르면, 주관적 추정이 언제나 실제 현실과 일치하는 건 아니다. 사람들은 비행기가 활주로에 안전하게 착륙할 확률 90퍼센트를 99퍼센트 또는 99.9999퍼센트와 잘 구분하지 못한다. 실제로는 티켓 예약 결정을 좌우할 만큼 차이가 엄청난 데도 말이다.

예측은 훈련을 통해 얼마든지 나아질 수 있다. 테틀록의 고슴도치들이 다른 사람들과 구분되는 특징은, 이들은 너무도 완고해서 자기가 저지른 실수에서 교훈을 얻지 못한다는 데 있다. 자신이 하는 여러 예측에 내재하는 실제 현실 불확실성을 인정하려면, 세상이 어떻게 움직일지 설명하는 자기 이론이 완전하지 못하다는 점을 인정해야 한다. 하지만 이 일은 고슴도치라는 허황한 공론가들로서는 가장 하고 싶지 않은 일이다.

여우의 원칙 2: 날마다 새로운 예측을 하라

잘못된 발상이 또 하나 있다. 정확한 예측은 바뀌지 않아야 한다는 발

상이다. 물론 예측이 날마다 이쪽저쪽으로 정신없이 왔다 갔다 한다면 좋지 않은 징조임이 분명하다. 예측 모델이 잘못 설계되었거나 당신이 예측하려는 현상의 미래가 매우 불투명하다는 뜻이다. 나는 2012년에 공화당 대통령 후보 예비선거에서 순전히 여러 여론조사를 기반으로 모든 주에서 사전 예측 발표를 했는데, 여론조사 결과처럼 확률이 계속해서 큰 폭으로 널을 뛰었다.

선거가 막바지에 접어들어서 결과를 좀 더 정확히 예측할 수 있게 되면, 예측은 보통 좀 더 안정적이 될 것이다. 2008년 선거 이후 내가 민주당 사람들에게서 가장 자주 들은 말은 마음을 차분히 가라앉히는 데 파이브서티에이트가 도움이 된다는 것이다(그다지 놀라운 사실도 아니지만, 민주당 사람들은 이런 말을 2010년 중간선거에서는 하지 않았다. 당시에 우리 예측 모델들은 민주당의 참패를 꾸준하게 예측했기 때문이다). 대통령 선거진 막바지에는 각 주에서 여론조사가 하루에 30~40개나 쏟아졌다. 물론 어떤 조사들은 오차범위를 벗어나기도 했다. 경쟁이 실제보다 한층 더 박빙이라고 믿고 싶어하는 후보, 유세본부 관계자, 텔레비전 해설가들은 그처럼 동떨어진 예측에 초점을 맞추는 경향이 있다. 하지만 파이브서티에이트의 모델은 그런 예측들은 통상 별 의미가 없음을 확인했다.

예측가로서 올바른 태도는 오늘은 오늘 할 수 있는 최선의 예측을 하겠다는 마음가짐이다. 한 주 전이나 한 달 전, 1년 전에 자기가 했던 말은 머릿속에서 지워버려야 한다. 새로운 예측을 한다는 건 예전의 예측을 무조건 폐기한다는 뜻이 아니다(이상적으로는 당신이 한 예측 기록을 보관해서 전체 예측 과정에서 당신이 얼마나 잘해왔는지 사람들이 평가할 수 있도록 해야 한다). 그런데 어제 당신이 잘못된 예측을 했다고 생각할 이유가 분명히 존재한다면, 어제의 예측에 매달릴 이유가 없다. 경제학자 존 메이너드 케인스John Maynard Keynes도 유명한 말을 남겼다.

"사실이 달라지면, 나는 내 마음을 바꿉니다. 선생은 어떻습니까?"

여러분은 뭐라고 대답하겠는가?

어떤 사람은 궤도 수정을 자주 해야 하는 유형의 분석을 좋아하지 않는다. 이런 접근은 무능함을 드러내는 것이나 다름없다고까지 여긴다. 마음을 바꾸기 위한 속임수처럼 보일 수도 있다. 예컨대 손가락 하나를 허공에 내밀고 바람이 어느 방향으로 부는지 알아보는 것과도 같을 수 있다.[29] 궤도를 점차 수정해가는 분석 유형을 비판하는 사람들은 정치는 본질적으로 충분히 알 수 있는 대상이고 예측이 가능한 기본법을 따르는 만큼 물리학이나 생물학 등과 비슷하다는 발상을 근거로 삼는다(나를 자주 비판하는 사람들 가운데 한 명은 프린스턴대학교에서 신경과학을 가르치는 교수다).[30] 이런 조건에서 새로운 정보는 그다지 중요하지 않다. 선거는 언제나 지구를 향해 다가오는 혜성과 마찬가지로 예측 가능한 궤도를 돌기 때문이다.

그러나 선거 결과 예측은 물리학이나 생물학이 아니라 포커와 비슷하다. 상대방의 행동을 관찰해서 새로운 단서를 찾아낼 수 있긴 하지만 상대방의 카드를 볼 수는 없는 상황이다. 그처럼 한정된 정보를 최대한으로 활용하려면 더 새롭고 나은 정보가 나타날 때마다 자기가 한 예측을 업데이트해야 한다. 하지만 우리는 보통 자기가 한 예측을 쉽게 바꾸지 못한다. 예측을 바꾸면 당혹스러움에 부닥치기 때문이다. 용기가 부족한 탓이다.

여우의 원칙 3: 합의를 구하라

모든 고슴도치는 자기가 대담하게도 고정관념을 깨뜨리는 예측, 다시 말해 어떤 주제에 대체로 일치하는 의견과 근본적으로 다른 예측을 할 것이라는 환상에 사로잡혀 있다. 그래서 고슴도치의 동료들은 그들을 외면한다. 고슴도치들이 데리고 다니는 사냥개들조차도 제 주인을 우습게 쳐다본다. 하지만 바로 그때, 고슴도치들이 한 예측이 정확하고 심오하며 의심할 여지 없이 옳다는 사실이 드러난다. 이틀 뒤에는 이들의 사진이 《월스트리트저널》의 1면을 장식한다. 그리고 이들은 NBC 토크쇼 〈제이 레노의 투나잇쇼The Tonight Show with Jay Leno〉에 출연해 대담하고 용감한 개척자로 추앙받는다.

이따금 이 같은 일이 일어나기는 한다. 전문가들의 공통된 의견이 잘못될 수 있다. 소련이 붕괴할 것을 예측한 사람이 있었다면, 모든 찬사와 영광을 그 사람에게 돌려야 한다. 그는 찬사와 영광을 누릴 자격이 충분하다. 하지만 이처럼 환상적인 일이 일어날 가능성은 거의 없다. 나를 포함한 여우들은 결코 순응주의자가 아니지만, 그래도 우리는 우리의 예측이 경쟁자들이 내놓는 예측들과 근본적으로 다를 때마다 걱정으로 잠을 이루지 못한다.

여러 사람이 함께 참여하는 집단적 예측이 개인이 혼자 하는 예측보다 더 정확하다는 사실을 입증하는 증거는 대단히 많다. 집단 예측이 개인 예측보다 보통 10~25퍼센트 정확하다. 그렇다고 집단 예측이 언제나 좋다는 뜻은 아니다(이 내용은 뒤에서 자세하게 다룰 것이다). 그러나 하나의 문제에 여러 개의 관점을 적용해서 이득을 얻을 수 있다는 사실만큼은 분명하다. 테틀록은 이렇게 말했다.

"여우들은 흔히 전체 고슴도치 집단을 어떻게 처리할지 머릿속으로 생각하지요."

이 말은 여우는 합의와 일치의 과정을 밟아나갈 능력이 있다는 뜻이다. 여우는 전체 전문가 집단에 일일이 질문하는 대신 자기 자신에게 끊임없이 질문을 던진다. 이러한 모습은 흔히 (어떤 증거가 마치 성배聖杯라도 되는 양 그 증거 하나하나에 모든 초점을 맞추는 대신에) 세상을 바라보는 눈이 다양한 사람들이 모인 집단이 으레 그러하듯, 제각기 다른 유형의 정보들을 긁어모으는 것으로 나타난다(예를 들어 파이브서티에이트의 예측들은 전형적으로, 여론조사 데이터를 분석 대상 주의 경제 상황과 인구통계학 상황 등에 관한 정보와 결합해 결과를 만들어낸다). 테틀록의 지침에 귀 기울이지 않은 예측가들은 흔히 그에 대한 대가를 치렀음을 명심해야 한다.

'마법의 탄환'식 예측을 믿지 마라

2000년 선거를 앞두고 경제학자 더글러스 힙스Douglas Hibbs는 단 두 개 변수만을 토대로 대통령 선거 결과를 놀라우리만큼 정확하게 예측하는 모델을 개발했다고 발표했다. 그 두 개 변수는 경제성장 관련 변수와 군사용 위성 수 관련 변수였다.[31] 힙스는 '고슴도치스러운' 몇 가지 대단한 주장을 제기했다. (역사적으로 당선 가능성을 점치는 매우 신빙성 높은 지표인) 지지율 분석은 자기가 하는 예측에 전혀 도움이 되지 않는다고 했다. 실업률이나 인플레이션율도 중요하지 않기는 마찬가지라고 했다. 또한 후보자 각각의 인물 됨됨이와 특성도 자기가 하는 예측에서는 전혀 필요 없는 정보라고 했다. 어떤 정당이든 드와이트 아이젠하워Dwight D. Eisenhower 같은 중도파 전쟁 영웅보다는 조지 맥거번George McGovern (민주당 소속으로 1972년 미국 대통령 선거에 출마했으나 현직 공화당 대통령 리처드 닉슨에게 패한 인물. 선거 유세 기간에 베트남 전쟁의 즉각적인 종결과 사회·경제의 폭넓은 개혁 프로그램을 주장했다 – 옮긴이) 같은 이념적 성향이 강한 상원의원을 후보로 지명할 가능성이 높다는 말이었다. 힙스는 그래서 핵심은 1인당 가처분소득(실소득)이라는 상대적으로 모호한 경제변수라고 주장했다.

그렇다면 힙스의 예측 모델은 어땠을까? 이 모델은 앨 고어가 9퍼센트포인트로 압도적으로 승리한다고 예측했다. 그러나 조지 부시가 플로리다에서 재검표를 거친 뒤에 박빙의 차이로 대통령에 당선되었다. 고어는 일반 유권자 투표에서 이기긴 했다. 하지만 힙스의 모델은 선거 결과가 박빙 근처에도 못 갈 것이며, 박빙이 될 확률은 80분의 1밖에 되지 않는다고 예측했다.[32]

힙스의 모델과 비슷하게 접근했던 모델은 여럿이었고, 이 모델들은 대통령 선거처럼 복잡한 사건을 변수 두 개짜리 공식으로 압축했다고 주장했다(신기하게도 그 모델들 가운데 서로 같은 변수를 사용한 사례는 단 한 건도 없었다). 그런데 어떤 모델들은 힙스의 모델보다도 훨씬 형편없었다. 2000년에 한 모델은 고어가 19퍼센트포인트 차이로 이기다고 예측했으며, 고어가 질 확률은 10억분의 1로 추정했다.[33]

이러한 모델은 1988년 선거 이후로 유행했는데, 당시 대통령 선거에서 제반 여건은 조지 부시에게 유리해 보였다. 경제가 호황이었고 부시의 전임인 레이건의 인기가 높았기 때문이다. 그런데 여론조사는 경선 막판까지도 마이클 듀카키스Michael Dukakis가 유리하다고 예측했다.[34] 하지만 결국 부시가 낙승했다.

이와 같은 모델이 좀 더 널리 확산되긴 했지만 이들 모델이 세운 예측 기록은 줄곧 형편없었다. 평균적으로 보면 1992년 이후 다섯 차례 치러진 대통령 선거에서 전형적인 '주요 경제지표를 근거로 하는 fundamentals-based', 다시 말해 여론조사 결과를 무시하고 유권자들이 어떻게 행동할지만을 정확하게 추적해서 포착한다고 주장했던 모델들은 주요 후보 간 득표율 격차를 최대 7퍼센트포인트까지 잘못 맞히는 빗나간 예측을 했다.[35] 여우를 닮은 접근을 하는 예측 모델들은 경제지표를 여론조사 데이터와 여러 다른 정보들과 결합해 좀 더 신뢰성이 높은 결과를 제공해왔다.

질적 정보에 가중치를 두는 방법

이런 마법의 예측 모델은 비록 경제 통계자료에 의존하는 계량적 접근을 했는데도 실패하고 말았다. 사실 내가 이 책에서 언급하는 최악의 예측 가운데 제법 많은 사례들이 계량적 접근을 했다. 예를 들어 금융위기를 부른 최악의 실수를 한 신용평가사들도 종류가 제각기 다른 모기지들의 지급불능 가능성을 측정할 때 '데이터에 근거하는 정밀한' 추정을 했다. 이 모델들은 종류가 다른 모기지들이 각기 지급불능이 될 위험 사이에는 연관성이 거의 없다는 자기충족적 가정, 그러나 주택 거품과 신용 거품의 한가운데서는 전혀 가능하지 않은 터무니없는 가정에 의존했기 때문에 엄청나게 빗나간 예측을 하고 말았다. 정보를 이용할 때 그 정보가 양적 차원인지 질적 차원인지는 중요하지 않다. 분명히 밝혀두지만 나는 예측 작업을 할 때 양적인 접근을 좀 더 강력하게 선호한다. 그러나 고슴도치들은 어떤 유형의 정보를 취하든 간에 그 정보를 통해 자기 편견을 강화한다. 반면 여우들은 유형이 제각각인 정보들을 가중치에 따라 취해서는 때로 양적 요인을 질적 요인과 결합해 고려함으로써 또 다른 이득을 얻는다.

'쿡 폴리티컬 리포트Cook Political Report'를 운영하는 팀원들만큼 오랫동안 예측에 성공하는 정치 분석가들도 드물다. 둥글둥글한 얼굴에 따뜻한 인상의 루이지애나 출신 찰리 쿡Charlie Cook이 1984년에 만든 이 정치 소식지는 정치계 바깥으로는 상대적으로 덜 알려져 있다. 하지만 정치광들은 오래전부터 쿡이 제공하는 예측에 의존해왔으며, 또 이 소식지가 제공하는 예측에 실망한 적이 거의 없다.

쿡과 그의 팀은 단 한 가지의 구체적 과제를 추구한다. 미국 선거, 그중에서도 하원 선거 결과를 주로 예측하는 것이다. 이들은 미국 하원 435개 경선 모두, 그리고 한 해 걸러 한 번씩 치러지는 35개쯤 되는 상원 경선에 관해 예측을 한다.

상원이나 주지사 경선 결과를 예측하는 일은 상대적으로 쉽다. 후보자들이 일반적으로 유권자들에게 잘 알려져 있으며, 주요 선거구에는 전국적 관심이 쏠리는 만큼 명성이 높은 여론조사 기관들이 수시로 여론조사 결과를 발표하기 때문이다. 이런 상황에서 내가 파이브서티에이트에서 쓰는 모델처럼 여러 여론조사를 통합해 정확한 예측 모델을 개발하고 개선하는 일은 매우 까다롭고 어려울 수밖에 없다

그런데 하원 경선에는 차원이 전혀 다른 문제가 있다. 후보자 정보가 상대적으로 덜 공개되어 있다는 점이다. 시의회 의원이나 소규모 자영업자들이 전국을 무대로 하는 정치판에 뛰어드는 곳이 바로 하원 선거다. 게다가 선거 며칠 전까지도 유권자에게 전혀 알려지지 않는 후보자들도 있다. 또한 하원 선거구는 그야말로 시골 구석구석까지 퍼져 있으며, 인구통계학적 구성도 선거구마다 천차만별이다. 이 같은 이유로 하원 선거구 여론조사 결과는 제멋대로 널을 뛰는 경향이 있다.[36] 게다가 여론조사가 제대로 이루어지지 않는 곳도 많다.

그렇다고 해서 쿡과 같은 분석가들이 확보할 수 있는 정보가 전혀 없다는 말은 아니다. 사실상 정보는 널려 있다. 여론조사 말고도 인구통계학적 데이터가 있고 역대 선거에서 유권자들의 투표 경향을 보여주는 데이터도 있다. 전국별 정치적 성향을 알 수 있는 데이터도 있다. 현직 대통령 지지율 데이터다. 아울러 기금 모집과 관련한 데이터도 있는데, 이 데이터는 미국 연방선거관리위원회에 보고하게 되어 있기 때문이다.

여러 다른 유형의 정보는 더 질적인 것들인데, 그럼에도 여전히 잠재적으로는 유용한 데이터다. 후보는 지역구민을 훌륭하게 대변하는 사람인가? 공약이 지역구의 특수성을 잘 반영하는가? 선거 광고는 어디

에 초점을 맞추고 있는가? 선거 유세가 기본적으로 중소기업을 운영하는 것과 다름없다면, 과연 후보는 자기 사람들을 잘 관리하고 있는가?

이 중 어느 것도 그것 하나로는 예측의 지표가 될 수 없다. 지표 하나로는 신뢰성이 부족하다. 제각기 다른 가중치를 지표에 부여한 다음 모두를 아우를 수 있는 방법론을 확보해야 한다. 이 문제를 해결하려면 산만하게 보일 수도 있는 여우의 접근법을 동원해야 한다. 바로 이것을 쿡 폴리티컬 리포트가 썩 훌륭하게 해낸다. 솔직히 그들은 정말 최고로 잘해낸다.

쿡 폴리티컬 리포트는 각각의 경선을 '공화당 승리 확실'부터 '민주당 승리 확실'까지 모두 일곱 개 척도로 분류한다. 1998년과 2010년 사이에 쿡이 '공화당 승리 확실'로 분류한 경선은 모두 1,207개였는데, 실제로 공화당은 1,205개에서 승리했다. 99퍼센트가 넘는 적중률이다. 마찬가지로 '민주당 승리 확실'로 분류된 1,229개 경선 가운데서 민주당은 1,226개에서 승리했다.

쿡이 '공화당 승리 확실' 또는 '민주당 승리 확실'로 분류한 경선 가운데 많은 수는 두 당이 언제나 압승을 거두는 선거구에서 치러졌다. 이러한 선거구의 예측은 전혀 어려울 게 없었다. 그러나 쿡 폴리티컬 리포트는 예측이 상당히 까다로운 경선에서도 비슷한 성공률을 기록했다. 이를테면 '공화당으로 기움'으로 분류된 선거는 95퍼센트가 적중했으며, '민주당으로 기움'으로 분류된 경우도 92퍼센트 적중률을 보였다.[37] 게다가 쿡 폴리티컬 리포트는 여론조사 지표와 다르게 예측한 곳에서도 성적이 상당히 좋았다.[38]

그해 11월로 예정된 선거를 약 5주 정도 앞둔 2010년 9월 어느 날,

워싱턴으로 쿡 폴리티컬 리포트 팀을 만나러 갔다 그리고 하원 선거 예측 작업을 지휘하는 곱슬머리에 서른 남짓 되어 보이는 데이비드 와서먼David Wasserman과 오후 한나절을 보냈다.

그 팀의 작업 과정에서 가장 특이하게 보인 점은 후보 인터뷰였다. 선거철이 되면 쿡 폴리티컬 리포트가 입주한 워터게이트빌딩 5층은 선거 입후보자들로 붐볐다. 후보들은 이 사무실에 몇 번이고 찾아와서 한 시간가량에 걸쳐 팀원들과 선거자금 모금에서 전략에 이르기까지 온갖 이야기를 나누었다. 내가 방문한 날 와서먼도 인터뷰가 세 건이 있었다. 그는 댄 커팬키Dan Kapanke라는 공화당 후보를 만나는 자리에 나도 함께할 수 있게 해주었다. 커팬키는 위스콘신 제3하원선거구의 민주당 현직 의원 론 카인드Ron Kind를 꺾으려는 열망으로 충만해 있었다. 그런데 이 선거구는 위스콘신 남서부 지역에 있는 수많은 소규모 커뮤니티들을 아우르고 있었다. 쿡 폴리티컬 리포트는 그 경선을 '민주당이 될 듯함'으로 분류해두고 있었다. 커팬키가 이길 확률을 그다지 높게 책정하지 않았다는 뜻이었다. 하지만 쿡 폴리티컬 리포트는 커팬키의 승리 가능성을 좀 더 높게 평가하는 '민주당으로 기움'으로 수정할까 말까 고민 중이었다.

커팬키는 농산물 유통업 출신의 주 상원의원이었는데, 고등학교 체육교사 같은 우락부락한 인상이었다. 그는 또 위스콘신 억양을 얼마나 강하게 구사하던지, 자기가 구단주인 마이너리그 야구팀 '라크로스 로거스La Crosse Loggers'를 언급할 때 나는 벌목꾼 '로거logger'를 말하는지 맥주 '라거lager'를 말하는지 확실히 알아들을 수 없을 정도였다(둘 다 위스콘신의 야구 클럽 이름으로는 나쁘지 않을 성싶다). 커팬키는 무척 소탈해 보였는데, 이런 소탈함이 부족할 수도 있는 그의 매력을 보완해주었다. 그는 또 전통적으로 민주당의 텃밭인 지역에서 민주당 후보를 꺾고 당선된 인물이기도 했다.[39]

와서먼은 포커 선수처럼 냉정하게 인터뷰에 임했다. 표정 하나 찾아볼 수 없는 얼굴이었다. 상대방에게 압박감을 주어 커팬키가 본인 정보를 조금이라도 더 털어놓고 싶은 마음이 들게끔 했다. 와서먼은 나에게 이렇게 말했다.

"내가 구사하는 기본 기법은 인터뷰 초반에 상대방과 편안하면서도 우호적인 공감대를 만들어내는 겁니다. 주로 자잘한 자기 지역구 얘기를 하도록 유도하죠. 그런 다음에 본격적으로 신랄한 질문을 던집니다. '당 지도부와 의견이 다른 쟁점이 있을 텐데, 어떤 것들입니까?' 같은 거요. 구체적인 내용이나 방안보다는 그 사람의 스타일이나 접근법이 어떤지 감을 잡자는 거죠."

커팬키와의 인터뷰도 이런 식으로 진행되었다. 와서먼은 커팬키 선거구 정치 지형을 샅샅이 알고 있었다. 마치 그 지역 주민 같았다. 커팬키도 자기 선거구 이야기를 나눌 수 있어서였는지 무척 즐거워 보였다. 자기가 오클레어 지역에서 졌는데 그것을 만회하려면 라크로스 지역에서 몇 표를 얻어야 한다는 따위의 얘기를 스스럼없이 꺼내놓았다. 그런데 로거스 야구장에 전광판을 새로 설치하는 과정에서 로비스트들에게 기부금을 받았다는 상대 후보 측 주장과 관련해서 와서먼이 몇 가지를 질문하자, 커팬키는 약간 더듬거렸다.[40]

그건 하찮은 문제였다. 커팬키가 바람을 피웠다거나 납세자들을 속였다든가 하는 문제가 아니었다. 그러나 쿡의 평가가 '민주당이 될 듯함'과 '민주당으로 기움'이라는 경계선에 놓여 있을 때는 그처럼 작은 요인들도 상당한 차이를 만들어낼 수 있다. 그래서 와서먼은 커팬키가 출마한 선거구를 '민주당이 될 듯함'으로 계속 유지했다.[41] 그리고 그해 11월 선거에서 커팬키의 선거구와 비슷한 중서부 지역 대부분 선거구에서 공화당 후보들이 승리했음에도 커팬키는 결국 9,500표 차이로 패했다.

사실 이런 일은 매우 흔하게 일어난다. 와서먼은 보통 후보자와 인터뷰를 한 뒤에도 기존의 평가를 바꾸지 않는다. 후보에게 아무리 어렵게 새로운 정보를 캐낸다 해도, 이 정보가 와서먼이 기존에 설정한 경선 분류를 수정할 만큼 중요한 경우는 흔치 않다.

와서먼의 접근법은 정확하게 맞아떨어지는데, 그는 자기 앞에 앉아 있는 후보에게 휘둘리는 일 없이 정보를 평가하는 능력이 있기 때문이다. 이보다 역량이 떨어지는 수많은 분석가들은 무방비 상태로 매료되거나, 속아 넘어가거나, 진이 빠지거나, 그것도 아니면 선거 캠페인이 만들어낸 이야기 속에서 대책 없이 헤매게 마련이다. 어쩌면 후보의 인터뷰 기량에 대한 자신만의 의견에 도취된 채 경선에 중요하게 작용할 다른 모든 정보를 귓등으로 흘려버릴 수도 있다.

그러나 와서먼은 모든 것을 폭넓은 정치적 맥락에서 고려했다. 예컨대 아무리 훌륭한 민주당 후보이고 인터뷰에서 발군의 실력을 발휘한 후보라 해도 공화당 후보가 20퍼센트나 앞서는 상황에서는 당선 가능성이 희박하다는 사실을 잘 알고 있다.

그렇다면 굳이 후보들을 상대로 그런 인터뷰를 할 이유가 있을까? 있다. 와서먼은 후보들에게서 이른바 '붉은 깃발'의 위험 신호는 없는

지 탐색한다. 민주당 소속 하원의원 에릭 마사Eric Massa가 자신에게 몇 살이냐고 끈질기게 물을 때, 와서먼은 붉은 깃발을 발견했다(나중에 마사가 남자 직원을 성추행했다는 주장이 제기되었고, 그는 이 일 직후에 갑작스럽게 의원직에서 사임했다). 심리학자 폴 밀Paul Meehl은 이러한 것들을 '부러진 다리broken legs'[42]라고 불렀는데, 이 말은 너무나 강렬한 요소가 있어서 그 요소를 고려하지 않을 수 없는 상황을 가리키는 표현이다.

와서먼은 해마다 이런 위험 신호를 몇 개씩 잡음으로써 남들보다 경선 결과를 몇 건 더 맞힐 수 있었다. 그는 인터뷰를 통해 얻은 정보를 과대평가하지 않기에 정확한 평가를 할 수 있다. 정보가 양적이든 질적이든, 그건 정보를 어떻게 사용하느냐 하는 것만큼 중요하지 않다.

객관적이 되기는 쉽지 않다

이 책에서 나는 '객관적' '주관적'이라는 용어를 최대한 조심스럽게 사용한다. '객관적'은 때로 '계량적'과 동의어로 받아들여지는데, 사실은 그렇지 않다. 이 말은 개인적 편향과 편견 너머에 있는 진리를 바라본다는 뜻이다.[43]

순수한 객관성은 바람직하긴 하지만 이 세상에서 그러한 객관성을 획득할 수는 없다. 우리는 예측을 할 때 여러 방법론 가운데서 하나를 선택한다. 이들 방법론 가운데 몇몇은 여론조사 같은 순전히 계량적 변수만 고려한다. 반면 와서먼이 채택하는 접근법들은 계량적 변수를 다른 요소들과 함께 고려한다. 하지만 모든 방법론에는 예측가가 내려야 하는 추정과 결정이 개입하게 마련이다.

그런데 인간의 판단이 있는 곳이라면 어디든 편향이 있게 마련이다. 좀 더 객관적인 방법은 우리가 설정한 여러 가정이 우리가 하는 예측에 끼칠 수 있는 영향을 인식하고 자신에게 끊임없이 문제를 제기하는 것이다. 정치의 경우, 소음투성이 데이터에서 깔끔하게 이야기를 뽑아내려는 인간의 경향과 각자의 이념적 성향 사이에서 그렇게 하기란 여간 어려운 일이 아니다.

그러한 만큼 텔레비전에 자주 얼굴을 내비치는 전문가들에게서 몇 가지 습관을 빌려 활용할 필요가 있다. 우선 자기가 하는 예측 속에 들어 있는 불확실성을 표현하는 (그리고 계량화하는) 방법을 배울 필요가 있다. 또 사실관계와 조건, 환경이 바뀔 때마다 자기가 한 예측을 업데이트할 필요가 있다. 기존의 관점이 아닌 다른 관점으로 세상을 바라볼 때 지혜를 얻을 수 있음을 깨달아야 한다. 좀 더 적극적으로 이렇게 나설 때 당신은 좀 더 다양한 정보를 쓸데없이 낭비하는 일 없이 올바르게 평가할 수 있다.

한마디로 여우처럼 생각하는 법을 배워야 한다. 여우와 같은 예측가는 세상이 돌아가는 과정을 예측할 때 인간의 판단이 미칠 수 없는 한계가 있음을 인식하고 인정한다. 그 한계를 알 때 좀 더 정확하게 예측할 수 있다.

03

야구

야구 경기는 왜 모든 '예측'의
모델이 되는가

레드삭스의 분위기는 그야말로 엉망이었다. 뉴욕 원정에서 막 돌아온 뒤였는데, 레드삭스는 주말 3연전을 그 '빌어먹을' 양키스에 모두 내주고 말았다. 그 바람에 2009년 아메리칸리그 동부 지구 우승은 물 건너간 상황이었다. 정규 시즌으로는 일곱 경기밖에 남지 않았고, 플레이오프에 진출할 길은 아메리칸리그의 와일드카드밖에 없다는 게 거의 확실했다(레드삭스 대몰락의 서사는 이로부터 2년 뒤인 2011년에 펼쳐진다. 그 이야기를 미리 해두자면, 레드삭스는 정규 시즌 잔여 21경기 가운데 16경기를 졌으며, 또한 마지막 경기에서는 코앞에 둔 승리를 날리며 플레이오프 진출권을 놓치고 만다). 그러나 와일드카드 방식은 레드삭스가 원하는 게 아니었다. 그렇게는 포스트시즌에 가고 싶지 않았다. 통계 분석 결과로 보면 팀의 정규 시즌 성적과 플레이오프

성적은 거의 상관이 없었다.[1] 그러나 레드삭스는 이번 시즌에는 그렇지 않다는 걸 감지하고 있었다.

그때 나는 레드삭스의 홈구장인 펜웨이파크에 있었다. 레드삭스의 스타 2루수 더스틴 페드로이아Dustin Pedroia와 얘기를 나누기 위해서였다. 페드로이아는 2006년 이후 내가 가장 눈여겨보는 선수 중 한 명이었다. 내가 베이스볼 프로스펙터스Baseball Prospectus(좀 더 객관적인 통계를 통해 야구를 분석하자는 취지로 만들어진 미국 웹사이트 – 옮긴이)에 제공하기 위해 개발한 메이저리그 승부 예측 시스템 페코타PECOTA가 페드로이아를 2006년 메이저리그 최고의 선수가 될 것으로 예측했기 때문이다. 페코타의 예측은 페드로이아의 작은 키와 이상한 스윙 자세를 트집 잡고 그가 별 볼 일 없는 선수로 끝날 거라 결론지으며 "신체적인 재능이 없다"고 일축한 여러 스카우터의 입장과는 뚜렷하게 대조되었다. 페코타는 페드로이아를 2006년 유망선수 랭킹 4위로 평가했지만,[3] 전통적으로 스카우터들의 견해를 더 중요하게 받아들이는 《베이스볼 아메리카Baseball America》는 그에게 겨우 77위 순위를 매겼다. 예를 들어 페드로이아가 신인 시즌을 보낼 때, 지금은 ESPN에 있는 키스 로Keith Law[4]가 쓴 기사는 페드로이아에 대한 전형적인 시각을 담고 있다.

더스틴 페드로이아는 메이저리그 투수를 상대할 만한 힘과 배트 속도가 없다. 파워도 부족하다. 페드로이아가 2할 6푼대의 타율을 유지할 수 있다면 쓰임새가 있겠지만, 3루수나 유격수로 뛸 수 있다 해도 그는 백업 선수로밖에 기용되지 않을 것이다.[5]

로의 기사가 실린 2007년 5월 12일에 페드로이아는 타율 2할 4푼 7리에 막 홈런 하나를 기록하고 있었다.[6] 솔직히 나도 자신감을 잃어가고 있었다. 나는 그가 타석에 들어선 모습을 대부분 지켜보았는데 페드로이아는 상대 투수들에게 압도당하고 있었다(그래서 당시에 나는 그를 내 마음속 다른 리그에 트레이드해버렸다).

그런데 페드로이아는 자기를 의심스럽게 바라보는 사람들의 생각이 잘못됐다는 것을 증명이라도 하려는 듯 방망이에 불을 붙였다. 그 뒤로 15경기에서 무려 4할 7푼 2리를 기록했다. 4월에 1할 5푼 8리로 떨어졌던 시즌 타율은 3할 3푼 6리로 뛰어올랐다.

페드로이아는 로의 기사가 나오고 두 달 뒤인 7월에 아메리칸리그 올스타 팀에 뽑혔다. 10월에는 레드삭스가 1918년 이후 두 번째로 월드시리즈에서 감격에 찬 우승을 거머쥐는 데 힘을 보탰다. 그해 11월에는 아메리칸리그 신인상을 받았다. 다음 시즌에서는 스물네 살 나이에 아메리칸리그 MVP의 영광을 안았다. 페드로이아는 백업 내야수가 아니라 슈퍼스타가 되었다. 스카우터들은 그를 너무 심하게 저평가했던 것이다.

내가 펜웨이파크를 찾은 이유는 무엇이 페드로이아를 그렇게 만들었는지 알고 싶었기 때문이다. 나는 페드로이아에게 던질 질문들을 미리 준비해두었다. 구단도 내게 기자증을 발급해주고 경기장에서 그와 접촉할 수 있도록 허락해주었다. 페드로이아와 이야기를 나누는 게 쉽지 않으리란 것은 알고 있었다. 선수들은 메이저리그 경기장을 거의 성스러운 장소로 여기는 터라, 그곳은 선수를 상대로 인터뷰를 이끌어내기에는 최적의 장소가 아니다. 게다가 레드삭스는 주말 3연전을 모두 내주고 난 뒤여서 팀 분위기는 침울하고 잔뜩 긴장되어 있었다.

페드로이아는 내야 수비 훈련을 하고 있었다. 덩치가 거대한 3루수 케빈 유킬리스Kevin Youkilis가 타구를 잡아 페드로이아에게 던지면, 페드로이아가 1루수로 새로 기용된 케이시 코치먼Casey Kotchman에게 다시 송구하는 병살 훈련이었다. 그런데 페드로이아 주변에서 뭔가 이상한 일이 일어나고 있었다. 적어도 그런 느낌을 분명히 알아챌 수 있었다. 페드로이아의 동작은 정확했지만, 유킬리스는 실수를 거듭했고 코치 먼도 집중하지 못하는 듯했다. 특히 페드로이아의 태도가 이상했다. 다른 내야수들이 실수하거나 집중하지 않을 때마다 그의 얼굴과 동작에는 짜증이 역력하게 묻어났다.

레드삭스는 15분쯤 진행된 내야 수비 훈련이 끝내고 내야를 그날 저녁에 맞붙을 원정 팀인 토론토 블루제이스에 내줬다. 나는 1루 쪽 더그아웃에서 2야드(1.8미터)쯤 떨어진 곳에 서 있었는데, 페드로이아가 내 앞을 지나쳐 걸어갔다. 스카우터들이 그의 신체가 왜소하다고 지적한 건 맞는 말이었다. 그의 키는 공식적으로는 5피트 9인치(177센티미터)지만, 나보다 2인치는 족히 작아 보이는 것으로 보아 공식 기록보다는 작은 듯했다. 게다가 스포츠 선수 같지 않은 외모라는 지적도 맞았다. 스물다섯 살인데 머리가 벗겨지고 있었다. 페드로이아의 머리에 난 털은 턱에 난 털과 양이 비슷했으며, 홈팀이 입는 흰색 유니폼 때문에 올챙이배가 더욱 도드라졌다. 페드로이아를 길거리에서 만난다면 누구든 그를 비디오 대여점 아르바이트 청년쯤으로 짐작할 성싶었다.

페드로이아는 더그아웃에 앉았다. 다른 선수들과 어울리지 않고 온전히 홀로였다. 말을 붙이기에 가장 좋은 기회라 생각하고 용기를 내어 다가갔다.

"헤이 더스틴, 시간 좀 되나요?"

페드로이아는 짧은 시간 나를 수상쩍다는 듯이 응시하더니, 한껏 거만한 태도로 음절 하나하나를 강조하며 또박또박 말했다.

"아뇨, 빅리그 경기를 준비하고 있잖아요."

나는 구겨진 자존심을 추스르려고 운동장에서 몇 분 어슬렁거리다가 기자석으로 가서 경기를 지켜보았다.

이튿날, 구단이 발급한 기자증 효력이 만료되었고 나는 뉴욕으로 돌아왔다. 그 뒤에 좀 더 유용한 정보를 얻기 위해 친구인 데이비드 로릴라David Laurila를 페드로이아에게 보냈다. 로릴라는 베이스볼 프로스펙터스에서 나와 함께 일했던 동료이자 베테랑 인터뷰 기자였다. 그러나 페드로이아는 로릴라에게 더할 나위 없이 밋밋한 발언을 남겼을 뿐, 그다지 말이 많지 않았다.

"당신이 뭘 압니까? 나는 숫자니 통계니 하는 따위는 거들떠보지도 않습니다. 내가 신경 쓰는 건 승리의 '더블유'와 패배의 '엘'뿐입니다. 이것 말고 나한테 중요한 건 아무것도 없습니다."

페드로이아는 주류로부터 소외되면서 스스로를 온갖 곤경에 빠뜨리고 나서 이런 종류의 상투적 표현을 배웠다. 자기 고향 마을 캘리포니아 우드랜드를 '쓰레기장dump'[7]이라고 표현하는 것이 그런 유였다. 《보스턴Boston》에 이렇게 말하기도 했다.

"내 말 그대로 실어도 됩니다. 난 눈곱만큼도 신경 안 써요."

실제로 그는 눈곱만큼도 신경 쓰지 않는다. 이 같은 태도가 없었다면 페드로이아는 자기를 변변찮은 선수로 묘사한 스카우트 보고서만을 온통 머릿속에 담고 살다가 끝끝내 빅리거는 되지 못했을지도 모른다.

야구 예측 시스템을 구축하다

나는 야구와 야구 통계의 광팬이다. 줄곧 그렇게 살았다. 기억하는 한은 그렇다. 내가 응원하는 팀인 디트로이트 타이거스는 내가 여섯 살 때인 1984년에 월드시리즈 우승을 차지했다. 성가신 꼬마 수학 천재였던 나는 경기에 관련된 모든 수치에 매혹되었다. 일곱 살 때 생애 첫 야구카드(보통 앞면에 선수의 사진이 있고 뒷면에 이 선수와 관련된 정보가 적혀 있다-옮긴이)를 샀고, 열 살 때《일라이어스 야구 분석Elias Baseball Analyst》을 읽었으며, 열두 살 때에는 나만의 통계 방법론을 개발했다(이 방법론은 전혀 타당성이 없는 듯 보이긴 했지만, 무명의 레드삭스 내야수 팀 내링Tim Naehring을 최고의 활약을 한 선수 중 한 명으로 꼽기도 했다).

야구에 대한 내 관심은 2002년에 절정을 맞았다. 당시 마이클 루이스Michael Lewis는 오클랜드 애슬레틱스와 통계에 정통한 이 팀의 단장 빌리 빈Billy Beane의 성공을 연대기적으로 기록해 장차 베스트셀러가 될《머니볼》을 쓰느라 바빴다.《빌 제임스의 야구 이야기The Bill James Baseball Abstract》를 출간해 이미 25년 전에 세이버메트릭스 시대를 연 빌 제임스Bill James가 레드삭스의 컨설턴트로 고용되기 얼마 전이었다. 그때 불현듯 나는 야구 통계에 가지는 건전하지 못한 집착이 단순한 취미 이상이 될지도 모른다는 생각을 했다. 때마침 난 새로운 직업을 찾고 있었다(제임스는 체계적인 야구 연구를 설명하기 위해 '세이버메트릭스sabermetrics'라는 신조어를 만들었다. 이 단어는 미국야구연구협회Society for American Baseball Research, SABR의 머리글자를 바탕으로 만들어졌는데, 이 협회는 《빌 제임스의 야구 이야기》가 유명해지는 데 결정적으로 한몫했다 - 옮긴이).

그때 나는 대학교 졸업 2년 차로 시카고에 살면서 회계 기업 KPMG에서 이전가격 컨설턴트transfer pricing consultant로 일하고 있었다. 일은 별반 나쁘지 않았다. 동료나 상사 모두 나에게 우호적이고 업무에 충실한 사람들이었다. 급료는 정당했고 나는 안정된 생활을 한다고 느꼈다.

하지만 세금을 최대한 절약하려면 말레이시아 공장에서 생산되는 휴대폰의 가격을 얼마로 책정하는 게 좋을지 회사에 보고하거나, 석탄 회사와 맺을 계약 내용을 살피려고 오전 6시 출발 세인트루이스행 비행기를 타기 위해 허겁지겁하는 일은 자극적인 업무를 상상했던 나의 기대와는 많이 달랐다. 그 업무에서는 위험이라곤 찾아볼 수 없었다. 일은 지나치게 조심스러웠다. 혈기왕성한 스물네 살 청년에게는 너무도 판에 박은 듯 반복되는 업무였다. 나는 그때 내 인생에서 최고로 지루한 나날을 보내고 있었다. 그런데 좋은 점이 한 가지 있었다. 내 마음대로 쓸 수 있는 여유 시간이 많다는 것이었다. 그래서 일이 없는 빈 시간에 나는 나중에 페코타의 토대가 될 온갖 야구 통계를 모으기 시작했다.

나는 대학교 때 《베이스볼 프로스펙터스Baseball Prospectus》라는 연간지를 처음 읽기 시작했다. 원기 왕성한 빨강머리의 신랄한 독설가 게리 허커베이Gary Huckabay가 1996년에 이 연간물 출판사를 세웠는데, 그는 초기 인터넷 뉴스 그룹으로 스포츠 통계 분석에서 선봉 역할을 하는 인터넷 사이트 rec.sport.baseball의 집필진을 스카우트했다. 허커베이는 이 분야에서 새로운 시장의 기회를 포착했다. 당시는 빌 제임스가 1988년에 《빌 제임스의 야구 이야기》 발간을 중단한 뒤였으며, 이를 대체하겠다며 나타난 출판물들은 대부분 썩 좋은 편이 아니었거나 야구계에 파업의 광풍이 몰아친 1994~1995년에 사업을 포기하고 물러난 상황이었다. 1996년에 발간된 《베이스볼 프로스펙터스》 창간호는 레이저프린터로 한 번에 한 권씩 제작되었는데, 제작 과정의 실수로 세인트루이스 카디널스를 다룬 장이 누락되었으며, 겨우 75부밖에 팔리지 않았다. 하지만 이 책은 곧 마니아층을 확보했고 판매 부수도 해마다 폭발적으로 늘어났다.

《베이스볼 프로스펙터스》는 통계학에 미친 괴짜들에게는 몽정과도 같았다. 책은 메이저리그 선수뿐 아니라 마이너리그 선수까지도 다루었는데, 이들의 성적은 메이저리그 차원으로 '번역'되어 실렸다. 글들은 때로 극소수만이 이해할 법했지만 예리했고, 또 〈심슨Simpsons〉을 언급한 부분이나 1980년대 포르노 영화에 던지는 우스갯소리, 비협조적인 구단주들을 겨냥한 풍자와 빈정거림으로 가득 차 있었다.

그런데 무엇보다 중요한 점은 책이 각각의 선수가 다음 시즌에 얼마나 활약을 보일지 예측하는 내용을 담았다는 사실이다. 이 예측은 허커베이가 개발한 예측 시스템 '블라디미르Vladimir'의 결과물이었다.

좋은 야구 예측 시스템은 다음 세 가지 기본 사항을 갖추어야 한다.

1. 각 선수의 통계자료가 갖는 맥락의 의미를 설명하기.

2. 실력과 운을 분리하기.

3. 각 선수가 나이를 먹어감에 따라서 성적이 어떻게 진화하는지 이해 하기, 곧 이른바 '노화곡선aging curve'을 이해하기.

첫 번째 과제는 상대적으로 쉽다. 야구 경기는 미국의 다른 주요 스포츠 경기와는 다르게 규격이 통일되지 않은 운동장에서 진행된다. 뉴잉글랜드의 촘촘한 도로망으로 둘러싸인 아늑한 상자형의 펜웨이파크는, 주차장이 해자垓字 형태로 경기장을 둘러싸고 있으며 동굴처럼 움푹 들어간 다저스 스타디움보다 타자가 타율을 올리기가 한결 쉽다. 보스턴 레드삭스와 LA 다저스 선수들이 이 두 구장을 오가면서 각기 어떤 성적을 올렸는지 관찰해 선수가 직면하는 난이도를 설명해주는 '경기장 요인'을 분석할 수 있다(예를 들어 1970년대 레드삭스에 있으면서 MVP로 선정되기도 한 프레드 린Fred Lynn은 펜웨이파크 경기에서는 3할 4푼 7리를 기록했지만 다른 경기장에서는 2할 6푼 4리라는 저조한 타율을 기록했다). 마찬가지 방식으로, 내셔널리그에서 아메리칸리그로 소속을 옮긴 선수들에게 일어난 결과를 통해 어떤 리그가 더 강한지 알 수 있으며 또 선수의 경쟁력을 설명할 수 있다.

세상에서 가장 풍성한 데이터세트

실력과 운을 분리해야 한다는 두 번째 과제를 수행하려면 더 많은 작업을 해야 한다. 야구는 단기전에서는 운이 지배하는 경향이 나타나도록 설계되어 있다. 아무리 최고의 팀이라 해도 세 번 가운데 한 번은 지고, 아무리 최고의 타자라 해도 다섯 번 가운데 세 번은 출루하지 못한다. 때로는 행운과 불운이 선수의 진짜 실력을 가려버리기도 한다. 시즌 타율이 실제로는 2할 7푼 5리인 선수가 순전히 운 때문에 3할을 칠 가능성이 약 10퍼센트 되며, 또 2할 5푼을 보일 가능성이 약 10퍼센트 된다.[8]

잘 설계된 예측 시스템은 상대적으로 운에 더 취약한 통계를 걸러내는 일을 할 수 있다. 한 예로, 타율 통계는 홈런 통계보다 더 불규칙적이다. 이런 특성은 투수에게서 더욱 두드러지는데, 투수 통계는 일관성이 없기로 악명이 높다. 투수의 승패 기록을 예측할 때는 기준을 지난 시즌의 승패 수보다 삼진과 볼넷 수로 삼는 게 더 유용하다. 삼진이나 볼넷 수는 어느 투수든 해마다 큰 변동성을 보이지 않기 때문이다.

예측을 공식화하는 목적은 근본 원인을 제거하는 데 있다. 타자를 삼진으로 돌려세워 출루하지 못하게끔 막고, 타자가 출루하지 못하도록 해서 점수를 내지 못하게끔 막고, 점수를 내지 못하도록 해서 상대 팀이 이기지 못하게끔 막는다. 하지만 이렇게 계속 진행하다 보면 좀 더 많은 소음이 시스템 안으로 유입된다. 투수의 승패 기록은 자기 팀이 얼마나 많은 점수를 뽑느냐에 영향을 받긴 하지만, 사실 자기 팀이 내는 점수는 투수가 어떻게 할 수 없는 영역이다. 투수가 제아무리 잘 던진다 해도 그것만으로는 상대 팀으로부터 점수를 따낼 수 없다. 시애틀 매리너스의 스타 투수 펠릭스 에르난데스Felix Hernandez는 2009년 성적이 19승 5패였다. 하지만 2010년에는 지난 시즌과 거의 다르지 않게 잘 던졌는데도 13승 12패를 기록했다. 매리너스의 타자들이 2010

년에는 그야말로 죽을 쑤었기 때문이다.

이와 같은 사례들은 데이터를 분류하는 데서 전혀 이상한 게 아니라는 걸 쉽게 파악할 수 있다. 야구는 어쩌면 세계에서 가장 풍성한 데이터를 쏟아내는 분야인지도 모른다. 지난 140년 동안 메이저리그 경기장에서 펼쳐진 거의 모든 내용이 꼼꼼하고 정확하게 기록되어 있다. 또한 수백 명이나 되는 메이저리거들이 해마다 경기를 펼친다. 한편 야구는 팀 경기이지만 매우 질서정연한 방식으로 진행된다. 예컨대 투수는 로테이션 순서에 따라 등판하고 타자는 타순에 따라 타석에 들어서는데, 투수나 타자 모두 개인 통계에 대해서는 대체로 본인이 책임을 진다(이런 점은 미식축구와 대비가 된다. 미식축구에서는 공격라인이 강력하면 아무리 변변찮은 런닝백이라도 올스타 팀에 선발될 수 있다. 농구에서는 포인트가드와 파워포워드가 시너지 효과를 낸다). 야구에서는 복잡성과 비선형성nonlinearity에 영향을 받는 문제들이 상대적으로 적고, 우연적인 것들을 쉽게 걸러낼 수 있다.

야구 예측가들은 그 덕분에 편하게 살 수 있다. 일반적으로 어떤 가설이든 간에 경험적으로 검증할 수 있으므로 그 가설을 채택할 수도 있고 폐기할 수도 있다. 그것도 매우 높은 수준의 통계적 만족도 속에서 말이다. 그러나 경제나 정치 분야의 데이터는 야구 데이터에 비하면 훨씬 적다. 야구는 한 해에만도 수많은 경기가 치러지면서 수많은 데이터가 쏟아지지만, 대통령 선거는 4년에 겨우 한 차례밖에 열리지 않는다. 그러니 경제나 정치 분야의 예측은 곧잘 엉뚱한 곳을 가리키곤 한다.

노화곡선: 그 선수는 언제까지 뛸 수 있을까

그런데 이 모든 것은 각 선수의 기량 수준이 해마다 동일하다는 가정을 전제한다. 소음 속에 묻힌 신호를 분리할 수만 있다면 우리는 우리에게 필요한 모든 걸 알 수 있을 것이다. 하지만 사실 야구 선수의 실력은 고정된 게 아니라 끊임없이 변한다. 바로 여기에 예측가의 도전 과제가 있다.

빌 제임스는 야구 선수 수천 명의 통계를 살펴본 결과 일반적인 선수[9]는 기량이 20대 말까지 꾸준하게 상승하다가 바로 그 시점부터 줄어들기 시작하는데, 특히 30대 중반이 되면 하락 현상이 두드러진다는 사실을 발견했다.[10] 제임스는 이를 통해 자신의 가장 중요한 발명품 하나를 만들게 된다. 바로 '노화곡선aging curve'이다.

올림픽에서 체조 선수의 기량은 10대가 정점이다. 시인은 20대, 체스 선수의 기량은 30대라고 한다.[11] 또 응용경제학자의 기량은 40대가 정점이고,[12] 《포천》 선정 500대 CEO의 평균 나이는 쉰다섯 살이다.[13] 제임스는 야구 선수의 기량은 스물일곱 살 때 최고조로 올라간다는 사실을 발견했다. 1985~2009년 MVP 수상자 50명 가운데서 60퍼센트가 스물다섯에서 스물아홉 살 사이였으며, 20퍼센트가 정확하게 스물일곱 살이었다. 경기를 잘하는 데 필요한 신체적 속성과 정신적 속성이 가장 균형 있게 결합하는 시기가 바로 스물일곱 살 때로 보인다.

제임스의 책을 읽은 구단이라면 하나같이 노화곡선이라는 발상을 무척 소중하게 여겼을 것이다. 야구 선수의 계약서를 보면, 선수는 상당 기간 경기를 뛴 뒤에야 비로소 자유계약선수free agent, FA가 될 수 있

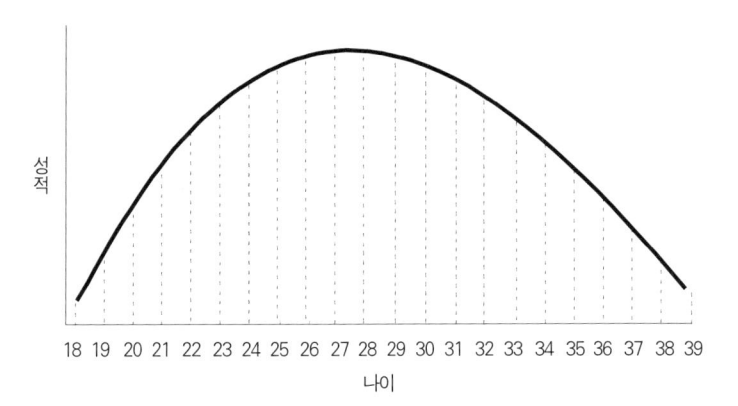

| 3-1 | 타자의 노화곡선

성적

18 19 20 21 22 23 24 25 26 27 28 29 30 31 32 33 34 35 36 37 38 39
나이

다. 적어도 여섯 시즌을 온전하게 활동해야 한다(그 이전까지 선수는 구단의 독점적 통제를 받아야 한다. 다시 말해 자기 몸값을 온전하게 시장가격에 맞춰 주장할 수 없다). 전형적인 신인 선수가 처음 메이저 리그에 발을 들여놓는 나이는 약 스물셋 또는 스물넷이니까 보통 서른 살 전까지는 FA선수가 되지 못하고, 절정기가 지나고 나서야 비로소 FA선수가 될 수 있다는 말이다. 구단은 FA선수가 30대에도 20대와 다름없는 기량을 발휘할 거라는 가정 아래 이들에게 막대한 연봉을 지급한다. 하지만 실제로 30대 선수들은 대개 쇠퇴의 길을 걷는다. 메이저 리그 계약은 보증이 되는 터라서, 구단들은 계약을 무르자고 할 수도 없다.

제임스의 노화곡선은 아주 매끄럽다. 확실히 '평균치' 선수는 스물 일곱 살에 절정기를 맞는다. 그러나 돈을 주고 야구카드를 사본 사람이라면 누구나 알 수 있듯이, 노화는 선수마다 다른 속도로 진행된다. 1980년대에 애틀랜타 브레이브스 3루수로 활약한 밥 호너Bob Horner는 스무 살 때 신인상을 받았고, 스물네 살 때 올스타 팀에 선발되었다. 당시로서는 누구나 그가 명예의 전당에 입성하는 일은 당연하다고 생각했다. 하지만 호너는 서른 살에 부상으로 발목이 잡힌 데다 구단과의 불화로 일본 야쿠르트 스왈로스로 이적한 뒤 설화에 휩싸였다가 결국 영원히 프로야구를 떠났다. 한편 시애틀 매리너스의 에드거 마르티네스Edgar Martinez는 스물일곱 살 까지는 메이저리그에서 꾸준한 성적을 내지 못했다. 대기만성형이었던 그는 30대 말에 절정기를 맞았으며, 마흔 살 때 메이저리그 타점 1위에 올랐다.

호너와 마르티네스가 예외일 수도 있지만 어떤 선수든 노화곡선이 보여주는 것처럼 매끄러운 성장 패턴을 따르는 일은 드물다. 마루와 골이 불규칙적으로 반복되며 전반적으로 삐죽삐죽한 곡선을 보이며, 실제로는 〈도표 3-2〉처럼 나타난다.

노화곡선에는 소음이 지독할 정도로 많다. 노화곡선은 '평균적으로 볼 때만' 매끄러운 곡선 모양을 띤다. 하지만 이 평균도 자녀가 '1.7명인 가정'이라는 표현처럼 통계적 축약일 뿐이다. 허커베이는 어쩌면 제임스의 곡선이 아우르지 못하는 이 소음 속에 어떤 신호가 있을지도 모른다고 추론했다. 유격수처럼 육체적으로 힘든 포지션의 선수들은 우익수들에 비하면 기량이 떨어지는 시기를 더 일찍 맞을지도 모른다. 또 여러 장점이 있어서 다양한 포지션을 두루 소화하는 선수들은 한두 가지의 강력한 장점만 있는 선수들보다 더 오랫동안 메이저리그에서 살아남을 수도 있다.

허커베이의 시스템은 뚜렷하게 구분되는 26개 노화곡선이 있으며 각각의 유형이 각기 다른 선수에게 적용된다는 가설을 세웠다.[14] 그의

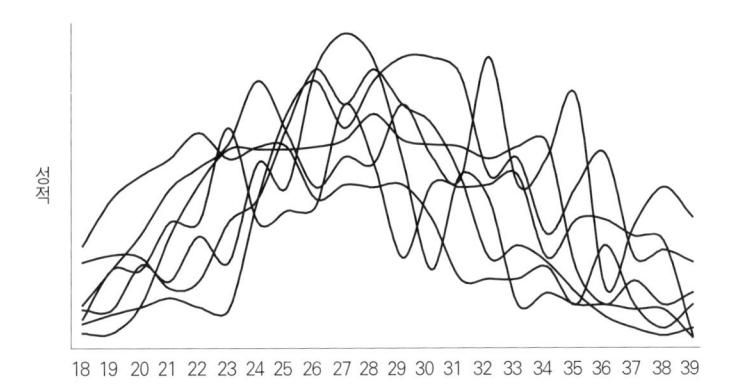

| 3-2 | 여러 타자의 소음이 많은 노화곡선들

(세로축) 성적
(가로축) 18 19 20 21 22 23 24 25 26 27 28 29 30 31 32 33 34 35 36 37 38 39
나이

이 가설이 옳다면, 어떤 선수에게는 어느 곡선이 맞는지와 선수가 나이를 먹음에 따라 발전·쇠퇴하는 기량의 추이를 노화곡선을 통해 파악할 수 있게 된다. 이 선수가 마르티네스와 같은 유형이라면 그가 맞이할 최고의 전성기는 좀 더 나중에 찾아올 것이다.

허커베이의 '블라디미르'가 어느 정도 예측에 성공하긴 했지만, 그래도 제임스가 개발한 예측, 그러니까 동일한 노화곡선을 모든 선수에 적용하는 '느리고 꾸준한' 예측보다 훨씬 정확하다고 할 수는 없었다.[15] 문제는, 스물여섯이라는 나이는 허커베이가 설정한 여러 범주에서 임의적인 수이며, 어떤 선수가 어느 범주에 속하는지 파악하려면 매우 정교한 과학적 기법이 필요하다는 점이다.

그러나 선수가 최고 수준의 기량을 보이려면 근육 기억, 신체의 힘, 눈과 손의 조응, 배트 속도, 구질 파악, 팀이 부진에 빠져 있을 때도 집중할 수 있는 의지 등과 같은 육체적·정신적 기량을 다양하게 갖추고 있어야 한다. 선수마다 노화곡선이 다르다는 블라디미르 시스템이 발상은 인간 수행human performance(주어진 과제나 시스템에 대한 인간의 반응을 가리키는 심리학 용어 - 옮긴이)에 내재한 복잡성에 더 잘 들어맞는 듯하다. 나는 페코타 예측 모델을 개발하면서 어떤 요소들은 허커베이에게서 빌려오고 또 어떤 것들은 빌 제임스에게서 빌려오려고 노력했다.

제임스는 1986년에 《빌 제임스의 야구 이야기》에서 '유사도 점수similarity score' 개념을 소개했다. 두 선수의 성적이 얼마나 유사한지 나타내는 지표인데, 현역 선수를 과거의 선수, 특히 성적이 유사한 선수와 비교해 이 현역 선수의 장래를 예측할 수 있다는 개념이다. 개념 자체는 비교적 단순하다. 두 선수 사이의 유사도 점수를 처음 1,000점으로 설정하고 두 선수 간 차이에 따라 점수를 하나씩 빼서 최종 유사도 점수를 결정한다.[16] 유사도 점수가 높은 선수들은 950, 더 높게는 975점이 나올 수도 있다.

유사도 점수는 야구 역사에 실용적 지식이 있는 사람이면 누구나 매우 만족하는 도구다. 야구 선수 통계를 역사적 맥락 속에서 파악하게 해주기 때문이다. 예컨대 스물다섯 살 더스틴 페드로이아의 통계는 1970년대 미네소타 트윈스를 이끈 파나마 출신의 로드 커루Rod Carew나 디트로이트 타이거스 소속으로 대공황 시기의 스타 선수 찰리 게링거Charlie Gehringer의 통계와 비슷하다.

제임스는 유사도 점수로 미래를 내다보기보다는 과거를 돌아보았다. 다시 말해 어떤 선수의 통계수치들이 명예의 전당 선수들의 통계수치와 얼마나 유사한지 분석했다. 당신은 당신이 좋아하는 선수가 쿠퍼즈타운에서 영원히 기억될 거라고 주장한다고 치자. 그런데 명예의 전당에 이름을 올린 열 명 가운데 아홉 명에게 있는 공통점을 당신이 응원하는 바로 그 선수가 가지고 있다는 사실을 밝힐 수만 있다면, 당신의 주장은 설득력이 충분하다(쿠퍼즈타운은 뉴욕시 지명으로 미국 야구 명예의 전당이 있는 마을이다. 이곳에서 애브너 더블데이Abner Doubleday가 1839년에 처음으로 야구를 고안했으며, 1842년에는 최초의 야구 경기가 열리기도 했다 – 옮긴이).

그런데 이 유사도 점수가 미래를 예측하는 데도 정말 유용할까? 만일 특정한 나이 때의 페트로이아와 성적이 가장 비슷한 선수 100명을 파악할 수 있다면, 그 100명이 거둔 성적을 통해 페드로이아가 앞으로 어떻게 발전할지 예측할 수 있지 않을까?

나는 바로 이런 발상을 바탕으로 예측 모델 개발에 착수했다. 2002년 KPMG에 다니던 그 긴 나날에 걸쳐, 나는 천천히 한 걸음씩 페코타 개발 작업을 해나갔다. 작업은 다양한 색깔이 동원된 거대한 엑셀 스프레드시트 형태였는데, 운이 좋게도 엑셀은 KPMG에서 일할 때 주로 사용하던 도구였다. 그래서 어떤 상사든 간에 내가 이 작업을 하는 걸 볼 때마다 '저 친구, 회사 일에 정말 열심이군!'이라고만 생각했을 것이다.[17]

결국, 나는 근무 시간에서 한두 시간씩을 훔치고 또 집에 돌아와서는 그보다 더 많은 시간을 들인 끝에 1만 건의 선수 – 시즌 데이터베이스, 즉 2차 세계대전 발발 이후의[18] 모든 메이저리그 시즌 기록을 망라할 뿐 아니라 두 선수를 비교할 수 있는 알고리즘까지 탑재한 데이터베이스를 개발했다. 제임스의 것보다 더 정교하고, 예외적일 만큼 풍부한 야구 관련 데이터의 이점을 제대로 활용하기 위한 알고리즘이었다.

이 알고리즘은 두 선수를 비교할 때 예전과는 전혀 다른 방법론인 '최근접 이웃 분석nearest neighbor analysis'을 사용했다. 또한 전통적으로 선수를 스카우트하는 영역에서 더 많이 활용된 키와 몸무게 등 좀 더 폭넓은 요인들까지 고려했다.

페코타는 허커베이의 시스템처럼 유형이 다른 선수들의 노화 패턴이 차이를 보일 가능성까지 확률로 제공했다. 그러나 모든 선수의 노화 패턴을 26개 곡선 가운데 하나로 무조건 우겨넣지는 않았다. 그 대신 야구 통계에서 필적할 만한 두 선수의 조합을 찾아내는 방식으로 비교가 저절로 이루어지게 설정했다. 예컨대 더스틴 페드로이아와 비교할 수 있는 선수들 가운데 유의미하게 많은 선수가 메이저리그에서 맹활약했다면, 페드로이아 또한 메이저리거로 성공할 가능성이 그만큼 높다는 뜻이다.

하지만 한 선수와 비교 선수들 간에 동일한 특성이 없는 경우가 자주 나타난다. 주어진 연령대에서 비슷한 통계를 보여주는 선수들이라도 그 연령대 이후로는 전혀 다른 노화곡선이 얼마든지 나타날 수 있다는 말이다. 앞에서 나는 제임스의 유사도 점수를 기준으로 보면 페드로이아는 오랜 기간 탁월한 실력을 뽐냈으며 마침내 명예의 전당에 오른 찰리 게링거와 로드 커루와 비슷하다고 했다. 하지만 그 연령대의 페드로이아 통계는 호세 비드로Jose Vidro와도 비슷한데, 비드로는 몬트리올 엑스포스에서 2루수로 활동했지만 그다지 두각을 나타내지 못했다.

이런 차이는 특히 마이너리거에게서 두드러진다. 2009년에 페코타는 당시 애틀랜타 브레이브스의 열아홉 살 유망주 제이슨 헤이워드

Jason Heyward와 통계수치가 가장 비슷한 선수들을 찾았는데, 명예의 전당에 입성한 선수부터 불의의 사고로 사망한 선수까지 다양했다. 치퍼 존스Chipper Jones는 애틀랜타 브레이브스의 역대 최고 선수 중 한 명인데, 브레이브스에서만 17시즌을 보내며 통산 타율 3할 4리에 450개가 넘는 홈런을 기록했다. 한때 유망주였던 더넬 스텐슨Dernell Stenson은 2003년에 애리조나에서 경기를 마친 뒤에 결박당한 채로 총에 맞고 자신의 SUV 차량에 치인 채 발견되었다. 이른바 '묻지 마 폭력'의 희생자였다.

헤이워드와 가깝게 비교될 만한 선수들은 모두 큰 덩치에 튼튼하고 재능을 여럿 갖춘 선수들인 터라 높은 순위로 구단의 지명을 받았으며 마이너리그에서도 인상적 기량을 선보였다. 그러나 이들이 걸어간 운명의 길은 천차만별이었다. 페코타가 이룬 혁신은, 통계 내용이 비슷한 선수들 각자가 맞이할 다양한 스펙트럼의 결과 범위들을 제시함으로써 이 같은 차이가 일어날 수 있음을 인정하는 데 있었다. 페코타가 제시하는 범위는 기본적으로 최선의 사례, 최악의 사례, 가장 닮은꼴 사례였다. 이처럼 페코타는 선수를 하나의 특정한 성장곡선에 묶지 않고, 한 선수의 성적을 예측하려고 할 때 천차만별의 결과가 나올 수 있고 또 얼마든지 나온다는 사실을 인정했다.

헤이워드는 부침이 교차했다. 2009년에 마이너리그 올해의 선수로 선정되었고, 2010년에는 브레이브스 유니폼을 입고 메이저리그에 데뷔해 처음 30경기에서 홈런 여덟 개를 치며 올스타 팀에 뽑히는 놀라운 활약을 보였다. 그 누구도 예상하지 못한 결과였다. 하지만 메이저리그 2년 차이던 2011년 시즌은 그에게 모진 기간이었다. 타율은 2할 2푼 7리밖에 되지 않았다. 좋은 통계 예측 시스템이라면 헤이워드가 그다음부터는 잘해낼 것이라고 낙관적으로 예측했을 것이다. 헤이워드 관련 통계수치들은 운에 가장 많이 좌우되는 타율만 빼고는 기본적으로 달라진 게 없었기 때문이다.

그런데 과연 통계는 어떤 선수에 대해 당신이 알고자 하는 모든 것을 말해줄 수 있을까? 이 질문은 10년 전에 야구계에서 가장 뜨거운 주제였다.

'계산기'와 '직감'의 싸움

《머니볼》은 대충 통속적으로만 읽으면 두 집단 사이에 벌어지는 갈등 이야기라고 볼 수 있다. '통계학자'와 '스카우터' 사이의 갈등은 두 집단이 선수의 성적을 평가하는 기준이 다르다는 사실에서 비롯한다. 물론 통계학자들은 통계학을, 스카우터들은 이른바 '도구'를 기준으로 삼는다.

2003년 마이클 루이스의 《머니볼》이 발표되었을 때 독자들은 그 두 집단 사이의 유사성을 올바르게 파악했을 것이다(그런데 이 책은 그 자체로 두 집단 사이에 적대성이 고착되는 것도 어느 정도 거들었을 듯하다). 그해 나는 뉴올리언스의 매리어트호텔에서 열린 프로야구 윈터미팅Winter Meetings(구단 관계자와 에이전트가 만나 선수 트레이드와 FA 선수 계약 문제를 논의하는 자리. 해마다 12월에 열린다 – 옮긴이)에 참석했는데, 재미있게도 고등학교 시절로 돌아간 듯한 분위기였다. 한쪽에는 '조크jock'(잘생기고 운동을 잘하는 사람 – 옮긴이) 부류가 모여 있었다. 호텔 바에서 남자들이 오아시스에 모인 물소처럼 앉아서 위스키를 홀짝이며 옛날 전쟁 이야기를 나누고 있었다. 그러다가도 이들은 자기 방에 틀어박혀 트레이드 협상을 벌였다. 야구에 인생을 바친 사람들의 모습이었다. 대부분 40대에서 50대였고, 야구 선수 출신도 많았다. 조크는 나름대로 열심히 노력했고, 그 결과 야구계에서 높은 지위까지 올라갔다. 그 자리에는 또 다른 부류인 '너드nerd'(공부에 몰두하고 사회성이 없는 사람을 가리킨다 – 옮긴이)도 있었다. 스무 살에서 서른 살 남짓한 이들은 노트북과 컬러로 출력된 평가서류로 무장했는데, '조크'에게 일자리를 물색하며 로비 여기저기를 분주하게 뛰어다니고 있었다. 그런데 두 부류 사이에 이렇다 할 소통은 없었다. 각 진영이 상대를 거만하고 폐쇄적이라 여긴 탓이다.

갈등의 진짜 원천은 '조크'가 선수 스카우트 예산이 실질적으로나 체감적으로 줄어들고 있었기 때문에 '너드'를 자기네 입지를 위협하는 존재로 인식한다는 데 있지 않았을까 싶다. 애너하임 에인절스의 스카우팅 감독 에디 베인Eddie Bane은 《머니볼》에 초점을 맞춘 콘퍼런스의 열띤 원탁회의에서 격주간지 《베이스볼 아메리카Baseball America》 기자에게 이렇게 말했다.

"지금 당장은 서로가 적대관계입니다. 오랫동안 일해온 내 동료들이 일자리를 잃고 있으니까요. 우리는 이런 일이 매우 부당하다고 생각합니다. 물론 인원 감축은 돈이나 뭐 그런 것 때문이겠죠. 하지만 우리는 이 변화가 컴퓨터를 가지고 노는 부류가 초래한 현상과 관련이 있다고 생각합니다. 그래서 몹시 화가 납니다."[19]

얼마나 많은 구단이 스카우트 예산을 실질적으로 삭감하는지 분명하게 확인된 건 없다. 하지만 토론토 블루제이스 구단이 스카우트에 산을 줄인 건 확실하다. 그리고 블루제이스는 그 대가를 톡톡히 치렀다. 2002년부터 2005년 시즌까지 신인 드래프트 경쟁에서 성적이 신통찮았다. 예산 삭감은 당시 구단주 J. P. 리치아디J. P. Ricciardi가 내린 판단이 아니라 모회사인 로저스 커뮤니케이션Rogers Communications에서 내려온 강제 지시사항이었다. 힘이 없어 맥을 쓰지 못하는 캐나다 달러를 가지고 분투하던 캐나다 통신회사인 이 모회사로서는 달리 선택의 방안이 없었을지 모른다.

《머니볼》이 출간된 지 20년 가까이 되어간다. 그동안 갈등의 사소한 불길들은 저절로 진압되곤 했다. 보스턴 레드삭스가 2004년에 통계학과 스카우트 어느 한쪽에 치우치지 않고 이 둘을 동일한 비중으로 융합하는 전략을 통해 86년 만에 월드시리즈를 제패한 사실이 두 집단 사이에 조성된 화해 무드의 핵심 요인이었던 듯싶다. 2003년이었다면 '스카우팅'이라는 이름으로 분류되었을 부서들이(예컨대 세인트루이스 카디널스의 사례) 그동안 더 분석적인 접근법을 채택해왔으며, 지금은 이들 부서가 야구계에서 가장 중요한 혁신의 추진체가 되어 있다. 오클랜드 애슬레틱스의 사례처럼 '통계학 괴짜stathead'는 스카우트 예산을 축소하는 게 아니라 오히려 늘린다.[20]

2007년부터 2009년까지 이어진 경제 불황도 분석적 방법이 더 많이 활용되는 데 한몫한 듯 보인다. 비록 야구계가 불황을 잘 견뎌내긴 했지만, 모든 사람이 갑자기 '머니볼' 팀이 되어서 많지 않은 한정된 예산을 100퍼센트 활용해야만 했다.[21] 통계학 괴짜들의 값싼 노동력은 널려 있었다. 경제 불황이 없었더라면 연봉 40만 달러를 받고 금융업으로 들어갔을 하버드대학교와 예일대학교 경제학과나 컴퓨터학과 졸업생들이 기꺼이 탬파와 클리블랜드로 가서 4만 달러밖에 되지 않는 연봉을 받으며 밤낮으로 일했다. 구단 측에서 보자면, 얼마 안 가 기량이 보통 선수 수준으로 떨어질 게 뻔한 4,000만 달러짜리 FA선수보다는 연봉 4만 달러짜리 '너드'가 훨씬 좋은 투자 대상이었다.

그렇다고 해서 지금까지 통계학 괴짜들이 일방적으로 승리해온 건 아니다. 통계학 괴짜들이 자신의 가치를 입증했다면, 스카우터들 또한 마찬가지였다.

페코타 대 스카우터: 스카우터 승

페코타PECOTA는 원래 '투수의 경험적 비교 및 최적화 테스트 알고리즘Pitcher Empirical Comparison and Optimization Test Algorithm'의 머리글자를 딴 명칭이다. 어딘지 모르게 어색한 이 머리글자는 사실, 1980년대 캔자스시티 로열스에서 변변찮은 외야수였지만 내가 좋아한 디트로이트 타이거스 팀에게는 언제나 골칫덩이였던 빌 페코타Bill Pecota의 이름을 딴 명칭이기도 한다(빌 페코타는 메이저리그 통산 타율이 2할 4푼 9리였지만 타이거스와의 경기에서만큼은 3할 4리의 타율을 기록했다).

페코타 프로그램은 원래 타자보다는 투수의 성적을 예측할 목적으로 개발되었다. 투수의 성적을 예측하기란 악몽처럼 어렵다. 그래서 프로야구 웹사이트 '베이스볼 프로스펙터스'도 WFG라는 시스템으로 (이 머리글자가 무엇을 뜻하는지는 독자들도 추측할 수 있을 것이다)

2년 동안 투수의 성적을 예측하는 실험을 했지만 곧 포기하고 투수 성적을 예측하는 난을 비워두고 말았을 정도다. 그래서 나는 기회다 싶어서 허커베이에게 페코타를 팔겠다고 제안했다. 놀랍게도 허커베이와 베이스볼 프로스펙터스 직원들은 쉽게 설득되었다. 이들이 페코타를 사겠다고 한 것이다. 판매 대금은 베이스볼 프로스펙터스의 주식으로 주겠다고 했다. 대신 타자의 성적을 예측하는 프로그램도 개발해 달라는 조건을 달았다.[22] 나는 제안을 받아들였고, 마침내 페코타 예측의 첫 내용이 이듬해 겨울《2003 베이스볼 프로스펙터스Baseball Prospectus 2003》에 발표되었다.

2003 시즌이 끝나자 페코타가 다른 민간 예측 시스템들보다 조금 더 나은 예측을 했음이 드러났다.[23] 그리고 페코타는 2003년부터 2008년까지 우리 또는 다른 사람들이 테스트할 때마다 매번 다른 시스템보다 낫거나 적어도 못하지는 않았다.[24] 라스베이거스의 도박사들보다는 늘 나았다.[25] 그런데 페코타의 명성을 한껏 드높여준 예기치 않은 성공담이 몇 가지 있다. 예를 들면 2007년에 페코타는 시카고 화이트삭스가 72승밖에 거두지 못하고 시즌을 마칠 것으로 예측했다. 화이트삭스는 2년 전인 2005년 월드시리즈 우승 팀이었다. 그러니 시카고의 언론들과 화이트삭스 구단에서 엄청나게 항의한 건 말할 것도 없었다.[26] 그러나 시즌이 끝났을 때 페코타의 예측이 정확했다는 게 확인되었다. 화이트삭스가 거둔 성적은 72승 90패였다.

2009년이 되면서 다른 시스템들이 페코타를 따라잡고 있었으며 때로는 페코타보다 높은 적중률을 보이기도 했다. 내가 제임스와 허커베이에게서 좋은 점을 빌려왔듯이 다른 연구자들도 페코타의 혁신적 요소를 따다가 여기에 자기만의 비법을 덧붙인 것이다. 이런 시스템 가운데 몇몇은 정말 뛰어나다. 메이저리거들의 다음 시즌 성적을 정확하게 예측하는 순서를 정한다면, 상위권에 놓이는 시스템들은 1~2퍼센트 차이로 순위가 갈릴 정도다.[27]

하지만 나는 페코타의 또 다른 목적에 오랫동안 관심이 쏠려 있었다. 바로 마이너리거들의 성적을 예측하는 일이었다. 이를테면 페드로이아 같은 선수가 장차 메이저리그에서 어떤 성적을 낼지 예측하는 일이 나의 오랜 숙원이었다. 당연하게도 이 작업은 메이저리거들을 대상으로 하는 예측보다 훨씬 어려웠다. 그런데 최근까지 이런 작업을 해온 시스템이 거의 없는 터라 유일하고도 실질적인 경쟁 상대는 예측 시스템이 아니라 스카우터였다.

2006년에 나는 《베이스볼 아메리카》가 스카우팅 기준으로 발표한 유망주 목록과 대비해 페코타 선정 유망주 100명을 처음으로 발표했다. 페코타는 각 선수가 메이저리그에서 뛴다는 가정 아래 다음 여섯 시즌 동안의 팀 기여도를 기준 삼아 순위를 결정했다.[28]

2011 시즌은 이 예측을 발표한 뒤 여섯 번째 시즌이었다. 마침내 타임캡슐을 열고 페코타가 얼마나 정확하게 예측했는지 확인해볼 시점이 다가온 것이다. 그 명단에 이름을 올린 선수들이 어린 나이이긴 하지만, 그래도 지금은 그들이 스타인지, 후보 선수인지, 아니면 사라지고 없는지는 충분히 알 수 있다.

페코타는 페드로이아를 4위에 올려놓았었다. 페코타가 거둔 성공은 페드로이아뿐만이 아니었다. 페코타는 《베이스볼 아메리카》는 언급도 하지 않았던 이언 킨슬러Ian Kinsler를 유망주 가운데서도 특히 유망하다고 꼽았었다. 그런데 킨슬러는 벌써 두 차례나 올스타 팀에 뽑혔으며, 데 사스 레인저스의 공격진에서 없어서는 안 될 선수다. 페코타는 또《베이스볼 아메리카》가 좋아하지 않았던 맷 켐프Matt Kemp도 유망주로 꼽았었는데, 그는 2011년에 트리플크라운Triple Crown(야구에서 타율, 홈런, 타점 3개 부문에서 1위를 차지하는 것. 타자로서는 최고의 영예다-옮긴이)을 거의 달성할 뻔했으며 지금 다저스의 슈퍼스타다.

혹시 조엘 구즈만Joel Guzman이라는 이름을 들어본 적이 있는가? 도널드 머피는Donald Murphy? 유스메이로 페티트Yusmeiro Petit는? 메이저리그 열혈 팬이 아니라면 들어보지 못했을 것이다. 페코타는 이 선수들도 유망주로 꼽았었다.

《베이스볼 아메리카》역시 빗나간 예측을 제법 많이 했다. 스카우터들은 브랜든 우드Brandon Wood, 래스팅스 밀리지Lastings Milledge, 마크 로저스Mark Rogers 등에 대해 지나치게 낙관했다. 하지만 이 선수들은 그저 조금 잘했을 뿐 탁월하지는 못했다. 스카우터들은 또 레드삭스의 투수 존 레스터Jon Lester, 콜로라도 로키스의 유격수 트로이 툴로위츠키Troy Tulowitzki, 볼티모어 오리올스의 외야수 닉 마카키스Nick Markakis가 스타가 될 거라고 보았는데, 이들은 하나같이 마이너리그에서 평범한 성적을 냈다. 페코타는 이들을 유망주 목록에 올리지 않았었다.

여러 예측 시스템을 통계적으로 비교할 데이터는 충분하다. 구체적으로 말하면, 목록에 오른 선수들의 승수를 WARPwins above replacement player(승리 기여지수)[29]라는 통계 형태로 파악할 수 있다. 이는 각 선수가 타격, 송구, 수비 등 모든 방면에서 경기에 한몫한 가치를 종합적으로 평가하는 지수다.

| 3-3 | 2011년에 확인한 승수

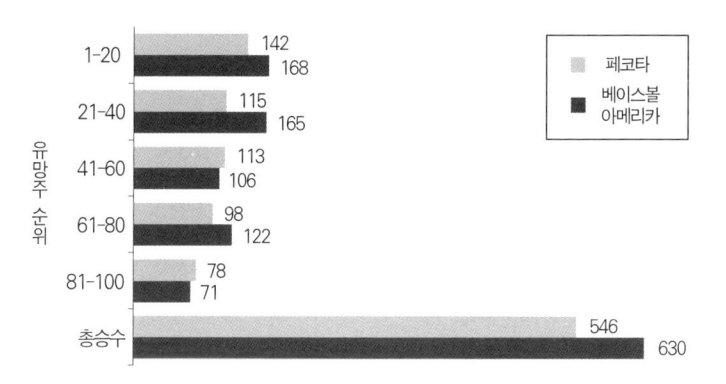

2006년에 페코타와 《베이스볼 아메리카》가 선정한 유망주 100인

페코타가 선정한 선수들은 2011년 시즌 메이저리그에서 546승을 거두었다(도표 3-3).《베이스볼 아메리카》가 선정한 선수들은 630승으로 더 많은 승수를 올렸다. 비록 스카우터들이 내리는 판단에는 때로 오류가 있긴 하지만, 이들의 예측은 통계에만 의존하는 예측보다 평균 15퍼센트 더 정확하다. 15퍼센트라고 하면 큰 차이로 느껴지지 않지만, 실세로 그 차이는 크다. 각 구단은 1승을 더 올리기 위해 FA시장에서 400만 달러 지출도 아까워하지 않는다.[30] 스카우터들이 통계 전문가들보다 추가로 확보한 승수는 그 기간 총 3억 3,600만 달러의 가치가 있었다(이 금액을 각 팀별로 환산하면 한 시즌에 약 190만 달러다).《베이스볼 아메리카》가 선정한 선수들이 페코타 선수들보다 84승을 더 올렸으므로 여기에 1승에 해당하는 400만 달러를 곱하면 3억 3,600만 달러가 나온다 - 옮긴이)

보이지 않는 요소

페코타가 스카우터들을 눌렀다면 좋았겠지만, 나는 사실 그런 일이 일어나리라고는 기대하지 않았다. 나는 2006년에 유망주 100인 목록을 발표한 직후에 이렇게 썼다.

> 스카우터들의 예측과 통계를 기반으로 한 예측 시스템의 결과를 지켜보는 것은 무척 재미있는 일이다. 하지만 나는 페코타가 예측하는 순위가 (…)《베이스볼 아메리카》가 매긴 순위만큼 정확하리라고는 기대하지 않는다.
> 순위 예측 시스템의 연료는 정보다. 그리고 스카우트 정보와 통계 정보를 동시에 바라볼 수 있을 때 더 강력한 연료를 장착하게 된다. 순수하게 통계만을 기반으로 한 예측 목록이 이처럼 혼합적 방법에 기반을 둔 예측 목록을 이길 수 있는 유일한 경우란, 혼합적 방법의 처리 과정에서 유입되는 편견이 편익을 압도할 정도로 클 때뿐이다.[31]

스카우터들은 혼합형 접근법을 구사한다. 이들은 통계적 접근을 하는 사람들보다 더 많은 정보를 얻는다. 스카우터들과 페코타 모두 선수의 타율이나 평균자책점을 볼 수 있다. 페코타처럼 편견이 배제된 시스템은 소음을 제거하는 데 더 나을 수 있다. 그런데 스카우터들은 페코타로서는 생각조차 할 수 없는 수많은 정보에 접근할 수 있다. 이를테면 이들은 전체 탈삼진 수에서 이 투수가 얼마나 빠른 공을 던지는지 추론하지 않고 스피드건을 이용해 직접 구속을 잰다. 또 스톱워치를 들고서 선수가 베이스러닝을 얼마나 빠르게 하는지 잴 수도 있다.

이런 유형의 정보가 있을 때 우리가 예측하려는 것의 근본 원인에 좀 더 가까이 다가설 수 있다. 마이너리그에서는 빠른 공을 던지지 못하는 투수라도 정확한 제구력이나 다양한 구질로 삼진을 많이 잡아낼 수 있다. 이 투수가 상대하는 타자 대부분은 뛰어난 선수가 아닌 만큼 이런 점도 고려해야 한다. 시속 98마일(158킬로미터)짜리 강속구를 경기장 밖으로 날려버릴 타자들이 즐비한 메이저리그에서 구속이 느린 투수들은 승산이 없다. 이 같은 점을 페코타는 놓칠 수 있지만 훌륭한 스카우터라면 절대로 지나치지 않는다. 또한 거꾸로, 스카우터는 메이저리그에서 뛸 만하지만 아직 그 재능을 발휘하지 못하는 선수들도 찾아낼 수 있다.

인간이 판단을 내릴 때마다 편견이 개입될 수 있음은 분명한 사실이다. 2장에서 살펴봤듯이 더 많은 정보가 오히려 빗나간 예측을 유도할 수 있다. 예측가가 그 많은 정보를 통해 진리를 파악하려 노력하기보다는 자기가 원하는 방향으로 예측하는 데 동원하는 일이 빚어지는 것도 바로 그런 경우다.

어쩌면 《머니볼》 이전 시대에는 이러한 편견들이 스카우터들을 압도했을 수도 있다. 당시에는 스카우터들이 선수를 평가할 때 재능보다는 그 선수가 과연 자기 구단 유니폼을 잘 소화해낼까 하는 미학적 측면을 더 많이 살폈던 듯싶다. 최근 《베이스볼 아메리카》가 발표하는 유망주 목록은 상당히 정확한 예측도를 보여주지만, 1990년대 초기의 유망주 목록[32]에는 엉터리 예측이 수두룩했다. 토드 반 포펠Todd Van Poppel, 루벤 리베라Ruben Rivera, 브라이언 테일러Brien Taylor 등을 대단한 유망주라고 치켜세웠지만, 이들은 별다른 활약을 보이지 못했다.

그런데 통계학 전문가들 역시 편견에 사로잡힐 수 있다. 특히 치명적 편견으로 꼽을 수 있는 것은 쉽게 계량화할 수 없는 요소가 있어도 문제가 되지 않는다고 생각하는 점이다. 한 가지 예를 들어보자. 야구에서 수비는 타격이나 피칭에 비해 측정하기가 훨씬 더 어렵다. 1990년대 중반 빌리 빈의 오클랜드 애슬레틱스는 수비를 중요하게 여기지 않았다. 그래서 내야수들은 발이 느리고 덩치가 큰 선수들이 맡았다. 맷 스테어즈Matt Stairs가 대표적인데, 그는 지명타자 출신이었다. 수비를 심층적으로 분석해보니 애슬레틱스의 수비 결점이 한 시즌당 8~10승을 까먹는 것으로 드러났다.[33] 수비력이 부족한 선수는 아무리 타격 통계가 좋더라도 팀 선발 명단에서 제외하는 게 효과적이다. 빈은 이런 사실을 메모했고, 이후 그의 팀은 예전보다 좋은 수비력을 보여주고 있다.

이와 같은 맹점들은 마이너리그 선수들의 성적을 예상할 때 특히 더 큰 비용을 발생시킬 수 있다. 실력이 이미 검증된 메이저리거일 경우에는 이 선수가 과연 앞으로도 지금처럼 좋은 성적을 낼 수 있을까 하는 게 예측의 핵심이다. 특히 명석한 통계 예측 시스템이라면 상승 기조와 하강 기조를 몇 퍼센트포인트 오차범위 내에서 파악할 수 있다.[34] 그런데 당신이 어떤 선수가 다음 시즌에도 지난 두 시즌만큼 성적을 낼 것이라고 단순하게만 가정하더라도, 이 예측은 크게 빗나가지 않을 것이다. 이 선수의 미래 기량은 현재 기량에서 크게 달라지지 않을 가능성이 높다.

그러나 야구는 다른 프로 종목들과는 다르다. 특히 마이너리그라는 오래된 제도가 뿌리를 내리고 있기 때문이다. 미국프로풋볼리그NFL에는 공식적인 마이너리그가 없고 또 미국프로농구NBA에도 마이너리그 팀이 몇 개밖에 없지만, 야구에는 마이너리그 팀이 240개 있다. 메이저리그 팀 전체와 비교하면 무려 여덟 배나 많다. 게다가 농구나 풋볼 선수들은 대학교 또는 더 빠르면 고등학교를 졸업한 뒤 곧바로 프로 무대에 진출해서 핵심 선수로 뛸 수 있지만, 야구에서는 이처럼 벼락 스타가 되는 일이 드물다. 최고 유망주로 꼽히는 재목이라 해도 메이저리그로 올라가기 전에 마이너리그 팀에서 한동안 시간을 보내야 한다. 메이저리그에는 르브론 제임스LeBron James 같은 선수가 없다(르브론 제임스는 고등학교를 졸업하자마자 NBA 드래프트 1순위로 입단해 곧바로 두각을 나타내며 2004년 신인상, 2006년 올스타전 최우수선수상, 2009년 정규리그 MVP 등을 차지했다 - 옮긴이).

마이너리거들의 성적을 예측하는 작업은 무척이나 어렵다. 현재 보여주지 못하는 실력을 장차 발휘할 것이라고 기대해야 하기 때문이다. 그것도 메이저리그에서, 발군의 실력을 말이다.

한 세대에 한 명 나올까 말까 한 야구 천재인 브라이스 하퍼Bryce Harper(1992년생으로 2010년 전체 드래프트 1순위로 워싱턴 내셔널스에 입단했다. 2012년 내셔널리그 신인왕에 등극했다 - 옮긴이) 같은 선수를 제외하고는, 제아무리 시골 고등학교에서 날고 기었다 하더라도 메이저리그 투수를 만나면 꼼짝 못한다. 더 커져야 하고, 더 강해져야 하고, 더 명석해져야 하고, 더 기본기가 쌓여야 메이저리그에서 뛸 수 있다. 이 모든 것이 갖추어지려면 강도 높은 훈련과 더불어 행운이 따라야 한다. 자, 당신이 평균치 고등학교의 한 학급 학생들을 며칠 관찰한 다음 장차 누가 의사가 되고 변호사가 되고 기업가가 될지, 또 누가 간신히 입에 풀칠만 하면서 살지 예측해야 한다고 치자. 아마도 당신은 학생들의 학교 성적과 SAT 점수를 볼 테고, 누가 친구를 많이 사귀는지도 볼 것이다. 하지만 그래도 당신은 많은 부분을 짐작에 의존할 수밖에 없다.

그럼에도 아마추어 스카우터들은 (그리고 스카우터들을 흉내 내도록 설계된 통계 예측 시스템은) 예측을 정확하게 해야 한다는 기대와 압박을 동시에 받는다. 몇몇 야구 선수는 대학 졸업 뒤에 신인 드래프트에 참가하지만 많은 선수가 고등학교를 졸업하고 곧바로 프로 무대에 뛰어든다. 스카우트 과정은 이미 선수들이 10대 중반일 때부터 시작되기도 한다. 이 선수들은 다른 청소년들과 마찬가지로 온갖 호르몬으로 넘쳐나며 사춘기의 고뇌에 휩싸인다. 그럼에도 이들의 육체는 점점 성숙해지며, 이 과정에서 술과 이성의 유혹을 이겨내야 한다. 자, 당신 사업의 미래를 이 열아홉 살짜리 청소년에게 맡겨야 한다면, 당신은 어떻게 하겠는가?

빨리 달리고 세게 던진다고 이기는 건 아니다

빌리 빈은, 마이클 루이스가 《머니볼》에서 묘사했듯이, 재능이 엄청난 선수였지만 그 재능을 현실에서 꽃피우는 데는 실패했다. 빈은 1980년에 1차 신인 드래프트에서 선발되었다. 메이저리그에서는 148게임밖에 뛰지 못했으며 통산 타율은 2할 1푼 9리다. 하지만 그는 지금 LA

다저스에서 스카우터로 활동하는 존 샌더스John Sanders 같은 유망주들과 비교해도 손색이 없는 경력이 있었다.

존 샌더스도 한때 메이저리그에서 활약했다. 정확하게는 영화 〈꿈의 구장Field of Dreams〉의 문라이트 그레이엄Moonlight Graham처럼 딱 한 번 메이저리그 경기에서 뛰었다. 1965년 4월 13일, 캔자스시티 애슬레틱스의 감독은 디트로이트 타이거스와 벌인 경기에서 7회에 열아홉 살 샌더스를 대주자로 기용했다. 하지만 샌더스는 진루하지 못했다. 두 타자가 연속해 아웃됐기 때문이다. 그리고 8회가 시작되기도 전에 교체되었다.[35] 그 뒤로 샌더스는 두 번 다시 메이저리그 경기에서 뛰어보지 못한다.

샌더스는 재능이 부족한 선수가 아니었다. 네브래스카의 그랜드아일랜드고등학교 시절에는 만능선수로 집중 조명을 받은 스타였다. 1963년에는 주 최고의 쿼터백, 1964년에는 주 최고의 야구 선수로 선정되었고, 주 육상대회 원반던지기 경기에서 금메달을 따기도 했다.[36] 그가 가장 잘할 수 있었던 종목이 야구가 아니었을 수도 있다. 그러나 샌더스는 야구를 엄청나게 잘했고, 1964년 여름 고등학교 졸업 뒤에 애슬레틱스와 프로 계약을 맺었다.

하지만 샌더스는 이른바 '보너스 베이비Bonus Baby' 규칙으로 성장이 좌절되고 만다. 1965년에 메이저리그 드래프트 제도가 도입되는데, 그전까지 아마추어 선수는 모두 FA선수들이었고, 각 구단은 자기가 원하면 얼마든지 돈을 선수에게 줄 수 있었다. 이 경우 부자 구단이 유능한 선수를 독식할 수 있었다. 그래서 이런 현상을 막기 위한 규정이 도입되었다. 입단 계약금으로 엄청난 돈을 받은 선수는 처음 두 시즌을 메이저리그 선발 명단에 이름을 올리게끔 했다. 그 선수기 당깅 메이져리그 경기에서 뛸 수준이 되지 않는다 해도 말이다.[37] 구단에 주는 벌칙 규정인 셈이었다.

그런데 이 규정이 샌더스처럼 유망주들에게는 치명적인 독이었다. '보너스 베이비' 대부분은 그 시기가 실전 경험을 쌓는 훈련이 어느 때보다도 중요했음에도 그저 벤치에 멍하니 앉아서 대부분의 시간을 보냈다. 팬이나 팀 동료들은 솜털이 보송보송한 열아홉 살짜리한테 왜 그렇게 많은 돈을 주고 배트보이나 시키는지 도무지 알 수 없었다. 그러니 이 보너스 베이비에게 호의적일 리 없었다. 샌디 쿠팩스Sandy Koufax나 하먼 킬브루Harmon Killebrew처럼 명예의 전당에 오른 선수들도 있었지만, 그 시기의 많은 유망주들은 '보너스 베이비'의 아픈 경험을 결코 극복하지 못했다.

샌더스에게는 이처럼 독특한 경험이 있다. 네브래스카에서 최고로 유망한 아마추어 선수였다가《야구백과Baseball Encyclopedia》 각주에나 간신히 이름을 올리는 신세로 전락해버린 경험 덕분에 샌더스는 어린 선수들의 정신에 대해 독특한 통찰력을 얻었다. 어느 날 아침 통화를 했는데, 샌더스는 노스캐롤라이나에서 조지아로 자동차를 타고 이동 중이었다. 브레이브스 소속 마이너리그 팀의 경기를 보러 가는 길이라고 했다.

나는 2003년 뉴올리언스에서 열린 윈터미팅에서 샌더스를 '조크'로 분류했다. 그는 짧은 선수 생활이 끝난 뒤에 자기 인생을 야구에 몽땅 바쳤다. 그런데 그는 야구계에서 벌어지는 싸움을 '조크' 대 '너드'의 싸움이라고는 단 한 번도 생각하지 않았고, 지금도 마찬가지다. 샌더스는 이렇게 말했다.

"나는 선수들을 평가하는 게 무척 좋습니다. 하물며 계산기로 모든 걸 해결해야 했던 먼 옛날에도 나는 통계적 증거를 찾고 또 만들기를 좋아했지요."

그러면서 자기가 들었던 일화 하나를 소개했다.

"스카우터 한 사람이 이러더군요. '자 친구들, 솔직하게 까놓고 얘기 해보자고. 우리가 야구장에 가서 맨 먼저 하는 게 뭔가? 프레스룸에 가서 통계자료부터 받아 챙기잖아! 통계를 챙긴다고, 통계를! 근데 이게 뭐가 잘못된 거야? 이게 자네들이나 내가 하는 일이잖아'라고요."

사실 통계는 야구가 처음 시작될 때부터 야구의 일부였다. 1859년에 최초로 박스 스코어box score가 신문에 실렸는데,[38] 프로 리그가 처음 생긴 1871년보다 12년이나 앞선다. 박스 스코어는 주루, 타격, 자살刺殺, putout(상대 선수를 아웃시키는 마지막 수비. 아웃 실행 – 옮긴이), 보살補殺, assist(야수가 송구해서 주자를 아웃시키는 일을 돕는 수비. 아웃 도움 – 옮긴이), 실책 등 5개 범주의 선수 통계를 담고 있었다.《머니볼》 시기에 있던 많은 논란은 통계를 이용해야 하는가가 아니라 어떤 통계를 채택해야 하는가가 그 중심이었다. 예를 들어, 출루율은 빌 제임스 같은 분석가들이 벌써 오래전부터 지적한 대로 타율보다 득점과 상관성이 더 높다. 사실 출루율은 야구계에서 오랜 세월 저평가되었다가 새롭게 인정받게 된 항목이기도 하다.[39]

이런 유형의 논쟁은 보통 통계 전문가들 사이에서 벌어졌다. 출루율이 타율보다 더 유용한 정보이고, 투수의 평균자책점(방어율)이 승패 기록보다 더 공정한 지표라는 것 등은 지구가 태양 주변을 공전한다는 것만큼이나 명백한 사실이다. 그러나 통계학 괴짜 집단은 이런 논쟁에서 이기는 쪽에 선 나머지 모호함이 한층 더 큰 다른 항목들에 관해서는 안일하게 대처했거나 무시해버렸을지도 모른다.

주된 사항에서 멀어질수록, 곧 선수의 기록을 측정하려 하지 않고 예측하려 애쓸수록 통계는 점점 더 쓸모없어진다. 같은 마이너리그라도 더블A나 트리플A 같은 상층 리그의 통계는 메이저리그의 통계와 거의 같은 수준으로 유용하다(미국 프로야구의 마이너리그는 루키·싱글 A ·더블 A·트리플 A라는 4등급으로 나뉘며, 각 등급끼리 따로 리그를 벌인다 - 옮긴이). 하지만 그 아래 리그들의 통계는 신뢰성이 그만큼 더 떨어지고, 대학교나 고등학교 때의 기록은 예측력이 거의 없다고 할 수 있다.

스카우터들이 통계에 대한 대안으로 전통적으로 이용하는 것이 이른바 '다섯 가지 도구Five Tools', 곧 타격 파워·타격 정확도·주루 스피드·송구 능력·수비 범위다. 이를 둘러싸고 비판이 많았는데, 충분히 일리가 있다. 타석에서 볼넷을 얻어내거나 삼진을 당하지 않는 선구안이 빠져 있기 때문이다. 또 이 다섯 가지 도구를 들이미는 경우에는 종종 이들 항목의 비중이 모두 같은 것처럼 비칠 수도 있다. 하지만 사실은 예컨대, 유격수와 포수를 제외한 모든 포지션에서 타격 파워가 송구보다 훨씬 중요하다.

이 다섯 가지 도구만으로는 많은 것을 알아낼 수 없다고 생각할 수밖에 없는 이유가 또 있다. 어떤 선수가 루키에서 트리플A까지 마이너리그의 계단을 차근차근 밟아 올라갈 때, 이 도구는 선수의 통계에 점점 더 많이 반영된다. 다시 말하면 그 선수는 어느 수준 이상으로는 더 높이 올라갈 수 없게 된다. 사실 몇몇 범주는 본질 면에서 통계적이다.

이를테면 타격 정확도는 타율로 나타나고, 타격 파워는 장타나 홈런으로 드러난다. 스카우터가 한 선수에 대해 타격 파워에서 80점 만점에 70점을 얻었다고 말했다고 치자. 그런데 이 선수가 더블A 그룹의 마이너리그 구단인 앨투나 커브 팀에서 한 해에 10홈런 달성하는 것에도 애를 먹는다면, 당신은 스카우터가 제시하는 이 정보를 얼마나 신뢰할 수 있을까?

스카우트 업계의 베테랑 존 샌더스는 이 '다섯 가지 도구'를 그다지 신뢰하지 않는다. 샌더스가 나한테 이렇게 말했다.

"누가 보더라도 평가의 도구는 명확하죠. 빨리 달리는가, 세게 던지는가. 이게 전부입니다. 스카우터들은 경기장에 가서 이런 것들을 즉각 파악할 수 있죠. 난 선수의 그런 기량이 효과적으로 사용되어 경기를 승리로 이끌어낼 수 있는가가 문제의 핵심이라고 생각합니다. 우리는 방망이 돌아가는 속도도 금방 파악할 수 있습니다. 하지만 방망이 속도가 아무리 빠르다 해도 본인이 그걸 신뢰하지 않는다면, 그 선수가 공만 보면 무조건 휘둘러댄다면, 속도는 아무짝에도 쓸모가 없습니다."

샌더스의 초점은 도구가 아니라 경기에서 즉각 활용될 수 있는 유용한 기량에 맞춰져 있다. 어떤 선수가 한 단계 업그레이드될 수 있을지는 선수가 가지고 있는 '정신적 도구상자mental toolbox'에 달렸다(이 표현은 샌더스가 했다). 정신적 도구상자는 보통 신체적 도구상자보다 개발이 더디다. 샌더스의 아내는 장애아동 교사인데, 그녀는 사람은 대부분 약 스물네 살 이전까지는 정신적 사춘기 상태에 머무른다는 연구 결과를 샌더스에게 보여주었다.[40] 그래서 샌더스는 스물네 살이 되지 않은 선수들에게서 정신적 도구들이 아직 발달하는 중이라는 징후가 보이면 그들을 덜 몰아붙인다. 그 연령대를 넘어선 선수들에게는 기록과 성적에 초점을 맞춘다. 흥미롭게도 스물넷은 선수가 대개는 더블A에 소속되어 있을 나이이며, 이 선수의 성적은 통계를 통해 점점 더 정확하게 예측할 수 있게 된다.

샌더스는 선수의 정신적 도구상자가 이러저러한 내용을 담고 있어야 한다고 명시적으로 확정해놓고 있지는 않다. 하지만 나는 대화 과정에서 어떤 선수가 메이저리그에서 성공할 것으로 예측하는 데 도움이 된다고 그가 믿는 지적·심리적 능력 다섯 가지를 확인했다.

- **준비성과 노동 윤리** 프로야구는 한 주에 경기가 예닐곱 번이나 치러진다는 점에서 다른 프로 종목과 다르다. 야구 선수는 축구 선수나 농구 선수처럼 경기 당일을 위해 모든 컨디션을 최대한 끌어올릴 수가 없다. 날마다 프로답게 프로 수준의 기량을 펼쳐야 한다. 이렇게 하려면 일정한 양의 훈련을 반드시 해야 한다. 샌더스는 경기장에 일찍 나가는 걸 좋아한다. 경기 때보다 경기 전에 선수들의 특성을 더 잘 파악할 수 있기 때문이다. 이를테면 9월의 어느 날 페드로이아를 펜웨이파크에서 봤을 때, 경기 직전 내야 연습을 하는 그는 확실히 동료들보다 집중하는 모습을 보였다. 페드로이아는 일상적으로 하는 훈련에서 동료들이 보이는 산만함을 참을 수 없어했다. 그리고 처음 보는 기자의 인터뷰 요청에는 일절 응하지 않았다.
- **집중과 초점** 이 항목은 준비성과도 관계가 있지만 선수가 경기 중에 취하는 태도와 관련이 더 깊다. 야구는 반사행동이 중요한 경기다.

타자는 투수가 공을 던지는 순간 약 0.3초 만에 스윙할지 말지 결정한다.[41] 내야수는 공이 타자의 방망이에 맞는 순간 땅볼 타구에 반응해야 한다. 샌더스는 이렇게 말했다. "에너지로 충만해 있지 않은 선수가 있다면 어떻게 해야겠습니까? 나는 내야수인 유격수가 투수의 투구 하나하나에 특출하게 집중하길 바랍니다."

• **경쟁심과 자신감** 직업 운동선수는 경쟁심을 타고난 듯 보일지도 모르지만, 특히 야구 선수는 선수 생활 초기에 자기 자신을 믿지 못하는 마음이나 그 밖의 심리적 장애 요인을 극복해야 한다. 한때는 고등학교 시절의 황제로 군림했을지라도, 마이너리그 일정을 소화하기 위해 털털거리는 버스를 타고 캐너폴리스와 그린즈버러를 오가야 한다. 슬럼프에 빠질 때마다 인터넷을 통해 온갖 조롱과 비난을 받아야 한다. 샌더스는 재능 있는 선수가 자기 능력에 못 미치는 성적을 내는 걸 볼 때마다 이런 생각을 해본다고 한다. "실패의 메커니즘이 작동하기 시작하는 수준까지만 성공하겠다는 건가? 실패에 대한 두려움이 있는가? 실패의 두려움을 극복할 정도로 더 높은 성공을 거두고야 말겠다는 바람과 각오가 과연 있는가?"

• **스트레스 관리와 겸손** 야구에서는 아무리 뛰어난 타자라 해도 성공할 때보다 실패할 때가 많다. 또 모든 선수는 시즌 중 슬럼프에 빠진다. 이 슬럼프를 극복하는 능력을 갖추려면 잘 잊는 능력과 유머감각이 필요하다. 샌더스가 즐겨 구사하는 스카우트 기법 하나는 선수가 잘못된 플레이나 운이 나쁜 플레이를 했을 때 그 선수가 어떻게 반응하는지 살피는 것이다. "난 타자가 크게 헛스윙을 하고 몸의 중심을 잃은 채 비틀거리거나 넘어질 때 그 선수가 어떻게 반응하는지 살핌

니다. 팬들이 보기에는 우스꽝스럽기 짝이 없겠지만, 난 이때 얼굴에 미소를 띠는 선수를 좋아합니다. 다음 타석에선 '탕' 하고 120미터짜리 홈런이 터지죠." 이런 기술은 선수가 메이저리거가 되어 언론과 팬으로부터 꼼꼼한 심사를 받아야 할 때가 되면 더욱 중요해진다.

- **적응력과 학습능력** 경기 중에 새로운 정보를 얼마나 성공적으로 처리하는가? 코치진의 조언에 귀 기울이는가? 인생의 상황에 변화가 일어났을 때 어떻게 대응하는가? 방출이나 포지션 변동 통보를 받을 때 어떻게 반응하는가? 아마추어 선수가 던지는 공과 메이저리거가 던지는 공은 타고난 재능이 아무리 뛰어난 유망주에게도 하늘과 땅의 차이다. 장차 위대한 선수가 될 사람은 그런 만큼 정신적으로 엄격하고 철저할 수밖에 없다. "성공한 야구 선수들은 건물 복도를 걸어가다가 옆으로 꺾이는 길이 나타나더라도 직각이 아니라 둥글게 원을 그리며 돕니다. 날카롭게 꺾는 법이 없지요. 이게 바로 제대로 제어되는 강인함입니다."

물론 이들 요소는 야구만이 아니라 인간 활동의 여러 분야에서 중요하다. 이 가운데 몇몇은 게다가 예측 전문가에게도 적용된다. 특히 샌더스가 '적응력'이라고 부르는 요소가 그렇다. 새로운 정보가 나타났을 때 당신은 어떻게 반응할 것인가? 환경이나 조건이 바뀔 때 지나치게 화를 내거나 과도하게 반응하는 태도, 또는 새롭게 제시된 증거가 명백하게 아니라고 말하는데도 지나치게 초연해서 전혀 마음을 바꾸지 않는 태도는 필연적으로 좋지 않은 예측을 낳는다.

야구만큼 경쟁이 치열한 분야는 많지 않다. 프로야구 선수는 수천 명이나 된다. 아마추어 선수까지 따지면 수십만 명이다. 이 중 겨우 750명만이 메이저리그에서 뛸 수 있다. 또 이 중 겨우 수십 명만이 올스타 팀으로 선발된다. 샌더스가 하는 일은 소수의 그 예외적인 선수가 될 재목을 가려내는 작업이다. 그는 운동장에서 뛰는 선수들만큼이나 열심히 일해야 한다. 나와 만날 당시 샌더스는 60대 후반이었는데도 여전히 거의 날마다 선수들을 만나러 장거리 여행을 하고 경기장을 찾았다.

하지만 이렇게 해서 가장 가치 있는 정보, 다른 사람들이 가지고 있지 않은 정보가 존 샌더스와 LA 다저스 구단에 들어간다.

게임의 이름은 '정보'

《머니볼》의 주인공 빌리 빈은 훌륭한 스카우트의 비밀은 정보를 되도록 많이 모으는 것이라고 했다.

"훌륭한 스카우트란 뭘까요? 다른 사람이 찾지 못하는 정보를 찾는 겁니다. 선수의 아이들, 선수의 가족을 아는 겁니다. 개인적 차원에서 알아내야 할 게 있거든요."

빈은 무엇이든 알아야 했다. 애슬레틱스가 거둔 성공의 많은 부분은 이 구단이 통계에 보이는 전향적 태도 덕분이다. 애슬레틱스에서는 아마추어 선수를 스카우트하는 일이 시즌 성적만큼이나 중요했다. 2000년대 초 이 팀을 빛낸 스타 선수 대부분은 팀이 영입한 뒤 성장시킨 선수들이다. 미겔 테하다Miguel Tejada, 제이슨 지암비Jason Giambi, 배리 지토

Barry Zito, 팀 허드슨Tim Hudson, 에릭 차베스Eric Chavez 등이 그린 사례나.

빈은 애슬레틱스의 스카우트 예산이 과거 어느 때보다도 높게 책정되어 있다고 했다. 그러면서 예산이 이처럼 늘어난 것은 구단이 통계분석에 매료됐기 때문이라고 했다. 앞서 보았듯, 미국 프로야구 선수들은 메이저그리에서 여섯 시즌을 온전히 뛰어야만 FA선수가 된다. 보통 서른 살쯤 되어야 한다. 빌 제임스의 노화곡선 분석에 따르면, 구단들은 FA선수들에게 지나치게 많은 돈을 지출하는 셈이다. 어쨌거나 이들의 전성기는 이미 지나간 상태니까. 구단이 일방적으로 손해보는 듯 보이지만, 여기에도 동전의 뒷면이 있다. 어떤 선수든 서른 살 이전에 팀에 엄청난 가치를 제공할 수 있으며, 게다가 야구의 경제학은 구조적으로 어린 선수들이 헐값에 팔리게 되어 있다.[42]

프로야구 구단을 일반 기업처럼 손익 차원의 관점으로 바라본다면, 구단의 거의 모든 부가가치는 선수 스카우트와 육성 과정에서 창출된다. 구단의 예측 시스템이 엄청나게 훌륭하다면 연봉 1,000만 달러를 주고 실제 연봉 가치는 1,200만 달러인 선수를 영입할 수 있다. 그런데 '스카우트'가 정말 멋지게 되었다면, 이런 선수를 연봉 40만 달러에 맞아들일 수도 있다. 이것이 오클랜드가 하듯이 한정된 자원으로 경쟁력을 확보하는 길이다.

그래서 오클랜드 애슬레틱스는 스카우터의 역할을 절대 과소평가하지 않는다. 오히려 그 반대다. 빈은 애슬레틱스는 어떤 선수를 영입할지 판단할 때 그 선수의 정신적 측면을 고려하는 걸 절대 회피하지 않는다고 힘주어 말했다.

애슬레틱스는 왕성한 분석을 여전히 철저하게 신봉한다. 그러나 엄격함과 규율은 정보를 수집하고 처리하는 과정에 적용되어야 할 원칙이지, 특정 유형의 정보를 일절 금지하자는 게 아니다.

"객관적 분석과 주관적 분석의 비율은 구단마다 다릅니다. 오클랜드는 직감에 따른 판단보다는 객관적으로 판단하는 편이죠. 만일 직감에 의존해 판단했는데 그 판단이 적중했다면, 그건 어쩌다가 우연히 맞은 거라고 생각합니다. 우린 무작위 결정을 하고서 그 결정이 운 좋게 맞아떨어지길 기대하지 않습니다. 블랙잭 게임을 하는데 딜러가 4를 보여주고 우리가 6을 가지고 있는데, 16에서 우리가 히트를 하면 말이 안 되는 거잖아요."(블랙잭에서는 받은 카드들의 액면 숫자의 합이 21이거나 여기에 가까운 사람이 이긴다 - 옮긴이)

정확한 예측을 하는 열쇠는 순전히 계량적이기만 한 정보에 의존하는 게 아니라 모든 유형의 정보를 적절한 맥락에서 파악하는 좋은 의사결정 과정을 구축하는 것이다. 바로 이것이 빌리 빈 철학의 핵심이다. 그의 철학을 요약하면 이렇다. '될 수 있는 한 정보를 많이 모아라. 그런 다음 최대한 엄격하고 까다롭게 정보를 분석해라.'

여러분이 유능한 예측가인지 아닌지 아주 간단하게 알아보려면, 정보가 더 많아질 때 여러분이 하는 예측의 질이 나아지는지 확인하면 된다. 정보가 많아졌는데도 예측을 망쳐버린다면, 여러분에게는 2장에서 살펴본 테틀록의 고슴도치들처럼 나쁜 습관과 태도가 있는 게 분명하다. 유망주 A가 타율 3할에 홈런 20개를 쳤는데 경기가 없는 날에는 노숙자 무료급식소에서 자원봉사를 하고, 유망주 B 역시 타율 3할에 홈런 20개를 쳤는데 경기가 없는 날에는 나이트클럽에서 밤새워 놀고 마약을 한다고 치자. 이 경우 A와 B의 차이를 계량화할 방법은 없다.

그런데 여러분은 두 유망주 사이의 차이점을 반드시 고려하고자 할 것이다. 때로 양적 차원이 아니라 질적 차원으로 제시되는 이런 정보를 무시해서는 안 된다는 말이다.

하지만 사실 많은 경우에 질적 정보를 양적 정보로 변환할 수 있다(이를테면 미국 하원 선거 결과를 예측하는 데 사용하는 모델에서 나는 여론조사와 같은 양적 정보를 〈쿡 폴리티컬 리포트〉의 전문가들이 내는 질적 평가와 결합한다. 쿡이 어느 선거구의 패턴이 박빙이라고 한다면, 나는 이를 '0'으로 암호화한다. 쿡이 '민주당으로 기움'으로 예측한다면 '+1'로 암호화하고, 또 다른 예측들을 암호화한다. 이들 정보를 모두 결합하면 각각의 정보 유형 하나만 취했을 때보다 더 나은 예측을 할 수 있다). 스카우터들은 실제로 매우 엄격하게 수치화된 점수로 선수들을 평가하는데, 이 점수는 각각의 범주에서 20점부터 80점까지다. 이런 주관적 정보를 타율과 같은 객관적 정보와 나란히 예측 시스템에 입력해서[43] 어디서 추가 가치가 발생하는지 살피지 않을 이유는 전혀 없다. 실제로 세인트루이스 카디널스 등 몇몇 구단은 이 같은 수준의 예측을 시도하고 있다.

사실 야구계에서는 통계와 스카우트 사이의 경계선, 양적 정보와 질적 정보 사이의 경계선이 이미 흐릿해졌다. 지금 현재 모든 메이저리그 경기장에 설치된 3차원 카메라 시스템 피치 f/xPitch f/x를 예로 들어보자. 피치 f/x는 투수가 던진 공이 얼마나 빠른지뿐만 아니라(사실 이건 오래전부터 스피드건으로도 할 수 있었다) 그 공이 홈플레이트로 날아오는 동안 상하좌우 얼마나 큰 폭으로 움직이는지도 측정할 수 있다. 우리는 지금은 밀워키 브루어스의 젊은 투수로 2009년 아메리칸리그 사이영상을 받은 잭 그레인키Zack Greinke가 최고의 슬라이더를 구사한다든가,[44] 마리아노 리베라Mariano Rivera가 던지는 컷패스트 볼이 정말 소문대로 훌륭하다[45]는 말을 통계적으로 할 수 있다. 이런 것들은 전통적으로 스카우트의 영역에서 고려하던 사항이었다. 하지만 지금은 예측 모델의 데이터로 입력되는 또 하나의 변수다.

야구 경기장 안에서 일어나는 모든 것을 완벽하게 3차원으로 기록하는 날도 머지않았다. 우리는 지금 이 정도 시점에 와 있다. 또 머지않아, 외야수 저코비 엘스버리Jacoby Ellsbury가 머리 위로 날아가는 뜬공을 잡으려고 뛰어오르는 동작이 얼마나 정확한지도 측정할 수 있을 것이다. 스즈키 이치로鈴木─朗의 주루 플레이가 얼마나 빠른지도 정확하게 알 수 있고, 야디어 몰리나Yadier Molina가 도루하는 선수를 잡으려고 공을 얼마나 빠르게 2루로 뿌리는지도 정확하게 알 수 있을 것이다.

이 새로운 기술은《머니볼》이 그랬던 것보다 스카우트의 영역을 더 많이 죽이지는 않겠지만 그 비중만큼은 확실히 바꾸어놓을 것이다. 다시 말해 이 새로운 기술은 계량화하기 한층 더 어려운 것들을 향해, 그리고 선수의 정신적 도구처럼 좀 더 전문적 정보 영역을 향해 나아갈 것이다. 존 샌더스와 같은 명석한 스카우터들은 이미 이 새로운 경향을 앞서서 실천하고 있다.

페드로이아의 미래가 어두웠던 이유

그렇다면 어째서 스카우터들은 더스틴 페드로이아의 미래를 잘못 예측한 걸까?

모든 스카우터들이 페드로이아와 관련한 기초적 사실들에 동의했다. 그가 타격 파워가 강하고 타격의 정확도도 높으며, 타석에서 영리하게 공을 고르는 데다가 정신적 도구상자도 다른 선수들에 비해 '훨씬 낫다'는 데 하나같이 동의했다. 또 방망이를 길게 쥐고 크게 휘두르는 타법을 구사하며, 수비력은 안정감 있지만 특별히 뛰어나지는 않고, 발은 평균보다 빠르지 않으며, 단신이고 건장하지 않다는 데도 모두 동의했다.

이는 젊은 선수에게는 특이한 특성이었다. 많은 스카우터들이 페드로이아의 특성을 어떻게 파악해야 할지 몰랐다. 샌더스는 내게 이렇게 말했다.

"스카우터들은 선수를 선발할 때 자기가 보고자 하는 것에 대한 기준과 느낌이 있습니다. 모범적 기준 말입니다. 이런 점에서 보면 더스틴은 몇몇 측면에서 부족했죠. 키가 작고 덩치가 왜소한 것부터요."

네모꼴의 물건을 둥근 구멍에 집어넣지 못할 때, 우리는 보통 그 네모꼴 물건을 탓한다. 사실은 어떤 걸 제대로 해내지 못하는 이유가 우리 생각이 경직된 데 있는데도 우리의 일차적 본능은 정보를 어떤 범주들 속으로 집어넣는다. 이들 범주의 수도 상대적으로 볼 때 많지 않다. 많으면 관리하기 힘들어서 일부러 적게 설정해두고 있다(인종 구분이 수백 가지가 넘는데도 인구통계국이 단 여섯 개 범주만 설정하고 있다든가, 대중음악계에서 다양한 분야의 뮤지션이 수천 명이나 되는데도 장르 분류는 고작 몇 개밖에 되지 않는 것만 봐도 알 수 있다).

그렇더라도 대부분 시간에는 별다른 문제 없이 잘 굴러간다. 하지만 어떤 것을 범주화하기 어려울 때 우리는 흔히 이를 간과하거나 잘못 판단하게 된다. 이것이 바로 빌리 빈이 '육감 판단gut-feel'이라 부르며 피하려는 것 가운데 하나다. 첫인상에 지나치게 의존하다 보면 자칫 소중한 가치들을 놓쳐버리고 만다는 뜻이다. 그는 이런 일이 오클랜드 애슬레틱스에서만은 일어나게 할 수 없다고 말했다.

페코타 같은 시스템은 페드로이아와 특성이 비슷한 선수들이 낸 성적을 토대로 페드로이아의 성적을 예측한 만큼, 그의 기량을 적절한 맥락에 위치시켜 적절한 평가를 할 수 있었다.

페코타는 페드로이아를 더 긍정적으로 평가할 수 있는 유리한 선례들을 발견했다. 예컨대 단신이라는 특성도 페드로이아의 다른 기량들을 전제로 하면 유리한 요건이 될 수 있었다. 야구에서 스트라이크존의 세로 폭은 타자의 어깨에서 무릎까지다. 타자의 덩치가 작을수록 스트라이크존은 좁아지며, 그만큼 투수는 불리해지고 타자는 유리해진다. 이 같은 상황에서 페드로이아처럼 선구안이 좋은 선수에게는 오히려 단신이라는 특성이 특히 더 유리하게 작용한다.

키가 작고 무게중심이 낮다는 것은 2루수로서는 훌륭한 자산이다. 2루수 포지션은 빠르게 날아오는 타구에 재빠르게 반응하는 능력과 기민함을 무엇보다 중요하게 요구하기 때문이다. 사실 야구 역사에서 최고의 2루수 중 많은 선수가 단신이었다. 명예의 전당에 오른 2루수 17명 가운데[46] 냅 라주아Nap Lajoie와 라인 샌드버그Ryne Sandberg 딱 두 명만 키가 6피트(180센티미터)를 넘었다. 역사상 가장 위대한 2루수로 꼽히는 조 모건Joe Morgan은 5피트 7인치(171센티미터)밖에 되지 않았다.

그렇다고 해서 페코타가 결정적으로 옳았다고 할 수는 없다. 페코타는 페드로이아가 성공할 것으로 확신하지는 않았으며 그에게 승산이 있다고만 보았을 뿐이다. 스카우터들은 페드로이아가 불리할 공산이 크다고 보았다. 중요한 것은 보스턴 레드삭스가 더스틴 페드로이아를 믿었다는 사실이다. 레드삭스로서는 무척 다행스럽게도 페드로이아 본인 또한 자기 자신을 믿고 있었다.

그리고 그는 어떻게 역경을 이겨냈나

내가 빌 제임스를 처음 만난 건 2009년 10월《뉴요커New Yorker》페스티벌에 패널로 참가했을 때였다. 뒤풀이 행사로 화려한 파티가 열렸는데, 그는 잘 차려입은 패셔니스트 속에서 유독 볼썽사나운 모습을 하고 있어서 단연 눈에 띄었다. 지나치게 화려한 색깔의 스웨터, 적어도 두 치수는 커 보이는 데다 흠집이 잔뜩 나 있는 신발 차림이었다. 그 파티에 참석한 모든 사람이 배우 수전 서랜든의 뒤를 졸졸 따라다니는 동안 우리 둘은 바에 나란히 앉아 이야기를 나누었다.[47]

레드삭스에서 제임스는 여러 가지 일에서 책임을 맡고 있었다. 하지만 제임스는 그 내용은 보안사항이라며 입을 닫았다(그로서는 지나치게 상세한 내용까지 이야기할 수가 없었다). 사반세기라는 긴 세월 동안 야구계 바깥에서 야구에 관한 글을 써온 그도 이제는 노년으로 접어들었다(빌 제임스는 1949년생이다 - 옮긴이). 그런데 야구계 외부에만 있다가 이제 내부자가 되자 야구가 그에게 조금은 다르게 보였다. 야구의 정신적 여러 측면을 좀 더 빠르게 인식하게 됐기 때문이다.

"1980년대에 야구 관련 이런저런 글을 많이 썼지만, 잘못된 것도 정말 많습니다. 그때와 지금이 가장 크게 다른 점은 나한테 아이들이 있다는 겁니다. 진부한 얘기인 줄은 압니다만, 아이가 생기면 모든 사람이 누군가의 자식이라는 사실을 절실하게 이해하게 됩니다. 이건 내부자냐 외부자냐 하는 문제지요. 사람들은 자라면서 텔레비전이나 비디오 게임에, 또는 야구 카드 캐릭터로 등장하는 선수들을 봅니다. 그런데 사람들은 이 친구들이 인간이고 그들 나름으로 최선을 다한다는 사실에 대해서는 별로 생각하지 않습니다."

제임스가 내게 한 말이 빈과 샌더스가 한 말과 매우 비슷했고, 게다가 이들은 야구에 대해 전혀 다른 각도에서 접근했는데도 그렇다는 사실에 나는 깜짝 놀랐다. 실제로 이 세 사람이 한 말을 나란히 적어놓고 보면, (제임스가 한 말이 훨씬 재미있다는 사실 하나만 빼고서) 어느 게 누가 한 말인지 구분하기가 결코 쉽지 않다. 제임스는 레드삭스의 스카우터들이 구단에 기여한 가치를 깨닫게 되었고, 그것은 자기에게 주어진 과제와 유사하다고 믿는다. 야구에서 성공은 매우 특정한 방식으로(곧 승리와 패배로) 측정된다. 그런 만큼 모든 예측을 하기가 쉽다. 하지만 더 많은 정보가 당신이 하는 예측을 오히려 더 나쁘게 만든다면 당신은 일자리를 잃을 것이다. 〈매클로플린 그룹〉을 평생직장으로 삼을 수는 없다는 말이다. 계속해서 제임스가 해준 말이다.

"어떤 특정한 점에서 보자면 내가 야구를 바라보는 방식과 스카우터들이 야구를 바라보는 방식은 비슷합니다. 오른쪽과 왼쪽 극단까지 간 두 사람이 하는 이야기가 동일한 것과 같은 이치일지도 모릅니다. 스카우터들이 보고자 하는 건 내가 보고자 하는 것과 정말 똑같습니다."

제임스는 2004년에 레드삭스의 드래프트 과정에 참가해서 두울을 주었다. 이때 레드삭스는 페드로이아를 드래프트 2라운드 65순위로 받아들였다. 사실 제임스는 페드로이아를 우호적으로 평가하는 보고서를 쓰긴 했지만 정작 드래프트는 다른 선수로 하는 게 좋겠다고 했었다. 그럼에도 제임스는 구단의 선택을 흡족하게 받아들였고, 또 페드로이아가 자기가 내린 판단을 무색하게 하는 활약을 펼치는 모습을 즐거운 마음으로 지켜보았다.

그런데 페드로이아가 처음부터 탄탄대로를 걸은 건 아니었다. 페드로이아의 열성팬조차도 그를 의심의 눈으로 바라보던 몇몇 순간이 있었다. 페드로이아는 2006년 가을에 처음 메이저리그에 입성해 31경기에 나가 타율 1할 9푼 8리라는 초라한 성적을 올렸다. 장타도 여섯 개뿐이었다. 하지만 아무도 걱정하지 않았다. 레드삭스는 이례적으로 시즌 마지막 몇 주를 앞두고 플레이오프 진출 경쟁에서 밀려났다. 뉴잉글랜드 지역의 관심은 이미 보스턴 셀틱스와 뉴잉글랜드 패트리어츠에 쏠리고 있었다. 이듬해에 페드로이아는 선발 2루수 보직을 받긴 했지만 출발이 좋지 않았다. 시즌 첫 달의 타율이 1할 7푼 2리였다.

의사결정을 갑작스럽게 내리는 것으로 악명이 자자한 시카고 컵스 같은 구단이라면 곧바로 페드로이아를 마이너리그로 내려보냈을 것이다. 많은 구단이 의사결정 하나하나에 찬반의 호응이 격렬히 갈린다. 그러나 레드삭스는 좀 더 체계적인 접근방법을 마련해두고 있다. 레드삭스는 시즌의 바로 그 시점에서 페드로이아를 바라볼 때, 실제로 페드로이아의 긍정적인 면을 많이 보았다고 제임스는 말했다. 페드로이아는 공을 잘 때려내고 있었으며, 다만 그게 안타로 연결되지 않을 뿐이었다. 구단은 그의 타율이 점차 올라가리라고 판단했다.

"우리는 누구나 데이터에 대한 믿음을 잃어버리는 순간이 있습니다. 당신도 잘 알 겁니다. 더스틴이 지난 시즌에 1할 8푼쯤 되는 타율을 기록한 사실을 돌이켜보면, 그리고 그가 헛스윙을 얼마나 하는지 보면, 아마도 8퍼센트나 9퍼센트 될 텐데, 그런 생각이 들 수밖에 없겠지요. 더스틴이 분투를 하던 스프링캠프 때도 마찬가지였습니다. 논리적으로는 언제나 명백했으니까요. 큰 스윙을 고집하는 한 타율이 1할 8푼보다 높아질 길은 없었습니다."

레드삭스가 페드로이아의 영입 결정을 가볍게 한 건 아니었다. 구단은 페드로이아가 거기까지 올라오면서 성공을 거두었던 타격 자세를 유지하도록 둔 채 계속 관찰했다. 만일 구단이 페드로이아를 벤치로 불러들이더라도 그를 영입할 때처럼 심사숙고를 거친 결정일 것이었다. 구단은 데이터를 더 큰 맥락에서 살펴보지 않고서는 그 데이터에 따라 결정이 좌우되지 않도록 했다.

제임스는 구단이 단 한 가지 걱정했던 사항은 페드로이아가 스스로를 의심하지 않을까 하는 거였다고 얘기해주었다. 다른 선수였다면 그럴 수도 있었지만 페드로이아는 달랐다. 페드로이아는 어떤 조롱이나 비난도 한 귀로 듣고 한 귀로 흘려버렸다.

"다행스럽게도 페드로이아는 정말 대단한 자신감의 소유잡니다. 다른 사람에게 주눅 들고 또 다른 사람이 하는 말에 쉽게 흔들리는 성격이었다면, 그는 아마 스스로를 망치고 말았을 겁니다. 이 친구는 다른 사람 말을 듣지 않았습니다. 고집스럽게 한 우물을 파며 크고 강한 스윙을 계속한 거죠. 그러다 보니 마침내 새로운 일이 일어나기 시작한 겁니다."

페드로이아는 샌더스의 표현을 빌리자면 "메이저리그용 기억력"을 가졌다. 앞서 말했듯이 '잘 잊는다'는 얘기다. 페드로이아는 슬럼프가 와도 개의치 않는다. 자기가 현재 잘하고 있으며, 언젠가는 슬럼프에서 멋지게 벗어날 것임을 뼛속까지 확신하기 때문이다. 사실 그는 연습하거나 경기할 때 자기 정신을 산만하게 하는 것은 조금도 용인하지 않는다. 그 바람에 결코 편하고 너그러운 선수는 되지 못한다. 하지만 그런 모습이야말로 페드로이아가 보스턴 레드삭스의 2루수로 활약하기 위해 반드시 필요한 것이며, 그렇게 활약하는 것만이 페드로이아가 유일하게 관심을 두는 대상이다. 제임스는 이렇게 말했다.

"사람의 강점과 약점은 늘 매우 긴밀하게 연결되어 있죠. 페드로이아는 다른 선수들한테는 약점이 될 걸 강점으로 바꾸었습니다."

머니볼의 진정한 교훈과 야구의 미래

"마이클 루이스가 말했듯, 논쟁은 끝났습니다."

《머니볼》을 놓고 이야기를 나눌 때 빌리 빈이 한 말이다. 한동안 《머니볼》은 야구계 종사자들을 위협하는 무시무시한 존재였다. 《머니볼》이 야구계에 몸담은 사람들의 직업과 인생을 한순간에 송두리째 날려버릴 것만 같은 분위기를 조성했다. 하지만 그런 일은 일어나지 않았다. 컴퓨터가 스카우터들을 대체하지는 않은 것이다. 사실 각양각색의 선수들 앞에 어떤 미래가 펼쳐질지 알고자 하는 수요는(페코타 같은 통계 시스템의 결과 보고서건 스카우트 보고서 형식이건 간에) 지금도 여전히 공급을 상당히 초과하고 있다. 구단이 어떤 선수를 드래프트할 것인가 말 것인가, 어떤 선수를 방출 또는 영입할 것인가 말 것인가, FA 선수에게 연봉을 얼마나 지급해야 하는가 따위의 결정을 내릴 때마다, 수백만 달러와 그해 월드시리즈의 결과가 왔다 갔다 한다. 구단들은 이 같은 의사결정을 할 때 점점 더 많은 도구에 점점 더 많이 의지한다. 정보혁명은 이미 야구계에서도 일어났으며 제값을 톡톡히 해내고 있다. 정보혁명이 다른 많은 분야에서는 쇠퇴기에 접어들고 있는데도 야구계에서는 여전히 더 유망한 것은 빠르게 성장하는 기술과 잘 정비된 인센티브 제도, 거친 경쟁 그리고 풍부한 데이터가 한데 결합해 있는 곳이 바로 야구계이기 때문이다.

하지만 그렇다고 해서 빈의 삶이 반드시 더 수월해지는 것은 아니다. 빈은 그 이유가 다른 구단들이 애슬레틱스가 개발한 최상의 기법들을 줄곧 베껴왔기 때문이라고 했다. 일례로 출루율의 중요성을 제대로 이해하지 못하거나 타자의 수비 기량을 무시하는 구단은 이제 거의 없다. 그런데 여전히 바뀌지 않는 것이 한 가지 있다. 바로 다른 구단들이 지금도 여전히 애슬레틱스보다 부자라는 사실이다.

경쟁이 어떤 곳보다 치열한 프로스포츠 세계에서 예측을 가장 잘할 수 있으려면, 무엇보다 스스로 혁신가가 되어야 한다. '시장의 비효율성에서 이득을 취할 것'을 목표로 삼기란 쉽다. 하지만 이것만으로는 그 비효율성을 찾은 다음에 그게 새로운 세상의 새벽을 알리는 신호인지 아니면 잘못된 단서인지 판단하기 위한 계획이 저절로 서지는 않는다. 아무도 생각하지 못한 발상을 하기란 어렵다. 좋은 발상을 하기란 더더욱 어렵다. 좋은 발상을 했더라도 곧장 다른 사람들이 달려들어 그걸 베끼기 때문이다.

이 책이 임시변통의 즉각적 해결책, 다시 말해 현재의 사업방식이나 상황을 아주 조금만 바꿔서 경쟁자들을 따돌릴 수 있는 해결책을 제시하는 일을 될 수 있으면 피하려는 까닭도 바로 여기에 있다. 훌륭한 혁신가는 일반적으로 매우 크게 생각하고 동시에 매우 작게 생각한다. 새로운 발상은 때로 문제의 가장 미세하고 구체적인 데서, 보통 사람들은 귀찮아서 피하려 드는 데서 생겨난다. 또 '왜 세상은 지금 이 모양으로 되어 있을까?' '현재의 지배적 패러다임을 대체할 대안은 없을까?' 같은 가장 추상적이고 철학적인 생각을 할 때 새로운 발상이 나타나기도 한다. 사람들이 대부분 안주하려 드는 편안하고 따뜻한 곳에서 새로운 발상이 나오는 일은 지극히 드물다.

적절한 공간에서 새로운 발상과 정보를 좀 더 자주 찾을 수 있도록 여러 도구와 습관을 개발하는 게 관건이다. 그 발상과 정보를 일단 포착하고 나면 이를 '승리 또는 패배'로 이끌어줄 기량을 연마하는 일이 핵심이라는 말이다.

이는 무척이나 어려운 일이다. 하지만 야구는 앞으로도 계속 혁신가들이 자기를 증명할 수 있는 비옥한 땅으로 남아 있을 것이다. 페코타가 출현한 뒤로 지금까지 진정으로 획기적인 예측 시스템은 나오지 않았다. 그러나 장차 누군가가 등장해서 피치 f/x 데이터를 멋진 방식으로 활용하고, 선수의 성적을 양적·질적으로 융합해서 평가하는 방법을 발견할 것이다. 이 모든 일이 미래에 일어날 것이다. 그것도 먼 미래가 아니라 가까운 미래에. 어쩌면 이 책이 한창 인쇄되는 시점에 일어날 수도 있다. 빌리 빈은 나에게 이렇게 말했다.

"장차 야구계에 들어올 사람들, 이 사람들의 창의성과 지성은 지금과는 비교도 되지 않을 만큼 대단할 겁니다. 10년 뒤에는 내가 이 일을 하겠다고 나서도 면접장에 발조차 들여놓기 어렵지 않을까 싶습니다."

《머니볼》은 죽었다.《머니볼》이여 영원하라!

Ⅱ

움직이는 과녁을
맞혀라!

04

기상

예측의 성공 스토리,
기상 예보의 진전

 2005년 8월 23일 화요일, 공군 정찰기가 바하마제도 상공에서 저기압의 징후를 포착했다.[1] 정찰기는 '작은 소용돌이가 여럿 있다'고 보고했다. 저기압 소용돌이들은 시계 반대 방향으로 돌며 동쪽에서 서쪽으로, 그러니까 대서양에서 미국 쪽으로 움직이고 있었다. 이 저기압은 구름이나 위성 데이터로 포착하기가 어려웠다. 그러나 화물선들은 심상치 않은 바람을 서서히 느끼기 시작했다. 미국 국립허리케인센터는 이 저기압을 열대성 저기압으로 규정할 증거가 충분하다고 생각해 '열대성 저기압 12호'라고 이름 붙였다. 이 저기압은 '방심할 수 없을 정도로 매우 교활한' 폭풍이라 쉽게 소멸할 수도 있지만 더 심각한 것으로 발달할 수도 있었다. 대서양 분지에서 발생하는 열대성 저기압의 약 절반은 허리케인이 된다.[2]

그런데 이 저기압이 급속하게 강해졌다. 수요일 정오 무렵 국립허리케인센터의 컴퓨터 예측 모델 하나는 이미 태풍 두 개가 동시에 미국 본토에 상륙할 것으로 예보하고 있었다. 상륙 지점은 각각 플로리다 남부와 "뉴올리언스가 될 것"[3]이라고 했다. 마침내 이 태풍은 허리케인이 될 정도로 세력을 갖추었고, '카트리나'라는 이름이 붙었다.[4]

카트리나의 첫 상륙 지점은 마이애미에서 북쪽으로 얼마 떨어지지 않은 곳이었다. 카트리나는 몇 시간 지나지 않아 카테고리 1등급 Category 1 허리케인이 되어 플로리다 에버글레이즈를 빠르게 통과했다('카테고리'는 허리케인의 등급 단위이고, 1등급부터 5등급까지 있다. 1등급은 풍속이 시속 119~153킬로미터, 5등급은 시속 250킬로미터 이상이다 – 옮긴이). 그런데 카트리나는 첫 상륙 지점에서는 그다지 오랜 시간 머물지 않아 많은 인명 피해를 내지 않았다. 하지만 그만큼 위력이 감소하지 않는 효과도 동시에 발생했다. 카트리나는 멕시코만 따뜻한 수온의 영향으로 점점 더 강력해지고 있었다. 카트리나 예보는 토요일 아침 이른 시각에 급박하게 바뀌었다. 모든 컴퓨터 모델들이 이제는 하나같이 이 태풍이 뉴올리언스를 향한다고 알렸다.[5]

"카트리나가 지나간 뒤로 다섯 번 의회 청문회에 나갔습니다."

내가 카트리나의 위협 정도를 제대로 인식한 때가 언제인지 묻자 카트리나 습격 당시 국립허리케인센터 소장이었던 맥스 메이필드Max Mayfield가 맨 먼저 한 말이다.

"청문회에서 한 의원이 뉴올리언스가 위험하다고 처음 생각한 게 언제였느냐고 묻더군요. 그래서 대답했습니다. '60년 전입니다'라고요."

거대한 허리케인이 뉴올리언스를 직접 강타하는 일은 오랜 세월 동안 기상예보관이라면 누구나 생각해온 최악의 악몽이었다. 뉴올리언스는 허리케인 앞에 죽음과 파괴의 도시가 될 최적의 환경을 갖추고 있었다. 우선 지형을 들 수 있다. 뉴올리언스는 멕시코만과 접하는 게 아니라 멕시코만 속으로 가라앉고 있다고 하는 게 정확한 표현이다. 많은 인구가 낡은 제방 시스템과 바다에 거의 쓸려가다시피 한 천연 방벽에 의존해 해수면보다 낮은 곳에서 살고 있었다.[6] 또 다른 문제는 이 도시 특유의 문화였다. 뉴올리언스 사람들은 여러모로 훌륭하게 잘 해나가고 있다. 그런데 이들이 자부심을 내세우며 거부하는 게 두 가지 있다. 빠르게 움직이는 일과 당국의 방침을 신뢰하는 일이다. 만일 이 도시 사람들이 빠르게 움직이고 당국을 신뢰한다면, 뉴올리언스는 지금의 뉴올리언스가 아닐 것이다. 카트리나 대비에도 한층 나았을 것이다. 왜냐하면 그 두 가지야말로 허리케인이라는 위협이 발생했을 때 가장 필요한 요소이기 때문이다.

국립허리케인센터는 카트리나를 예보했다. 뉴올리언스의 제방이 무너지기 거의 닷새 전에 뉴올리언스가 피해를 당할지도 모른다고 예상했다. 그리고 최악의 시나리오가 일어날 수도 있다는 결론을 48시간 이전에 내렸다. 20~30년 전이었다면 이처럼 발전된 예보가 불가능했을 게 거의 확실하다. 또 대피한 사람도 훨씬 적었을 것이다. 국립허리케인센터의 예측과 기상 예측 분야에서 지난 수십 년 동안 꾸준하게 이루어진 진전이 수많은 생명을 구했음은 의심할 나위가 없다.

하지만 모든 시민이 카트리나 예보를 들은 건 아니었다. 당시 뉴올리언스 인구의 약 5분의 1인 8만 명가량[7]이 도시에서 빠져나오지 못했고, 이 가운데 1,600명이 목숨을 잃었다. 생존자들을 대상으로 한 조사에서 설문자의 3분의 2는 카트리나가 그처럼 무서운 결과를 낳으리라고는 생각지도 못했다고 답했다.[8] 또 많은 시민이 뒤죽박죽으로 엉망인 대피령 때문에 혼란스러웠다고 했다. 당시 뉴올리언스 시장 레이 내긴Ray Nagin은 맥스 메이필드와 여러 공무원이 절박하게 호소를 했는데도 꼬박 24시간을 기다린 뒤에야 강제 대피령을 내렸다. 그런데 노약자나 카트리나 소식을 듣지 못한 사람들은 대피하지 못했다.

기상예보는 이 책에서 다루는 여러 성공 스토리 가운데 하나로, 인간과 기계가 힘을 합쳐 복잡한 자연계를 이해하고 때로는 미리 예상하는 사례다. 그러나 인간은 자연현상의 과정과 경로를 예측할 수는 있지만 바꾸어놓을 수는 없다. 또 아무리 기상 예측이 정확하다 해도 듣고 따라주는 사람이 없다면 전혀 소용이 없다. 카트리나 이야기는 인간의 천재성과 실수가 하나로 버무려진 이야기다.

슈퍼컴퓨터는 정말 쓸모가 있을까

콜로라도주 북동부 볼더에 미국 국립대기과학연구소가 있다. 이 연구소의 컴퓨터 실험실들은 자기만의 독특한 기상 상태를 스스로 만들어낸다. 실험실 안은 무척 덥다. IBM의 블루파이어Bluefire 슈퍼컴퓨터는 1초에 77조 번씩 연산하는데, 이 과정에서 엄청난 양의 복사열을 방출하기 때문이다. 또 실험실에는 바람이 많이 분다. 미국의 기상예보를 담당하는 기능이 마비되지 않으려면 그 뜨거운 열을 식혀야 하기 때문이다. 그래서 고압의 팬이 상시로 컴퓨터에 산소를 분사힌다. 실험실은 또 무척 시끄럽다. 팬이 돌아가는 소리가 워낙 커서 여기서 일하는 사람들은 반드시 청력 보호구를 착용해야 한다.

블루파이어는 11개 캐비닛으로 구성되어 있다. 각각은 높이 8피트(2.4미터)에 폭 2피트(60센티미터)쯤인데, 표면에는 연초록색 줄이 한가닥 비스듬히 그어져 있다. 이 컴퓨터를 뒤에서 바라보면 온갖 케이블이 어지럽게 연결되어 있고 파란색 불빛이 깜박거리는데, 아무것도 모르는 사람이 슈퍼컴퓨터가 어떻게 생겼을지 상상할 때 떠올리는 바로 그 모습이다. 앞에서 볼 때의 크기와 형태는 이동식 화장실과 비슷한데, 은색 손잡이가 달린 문만 붙어 있으면 영락없다. 국립대기과학연구소 기술개발 책임자로 슈퍼컴퓨터 실험실을 감독하는 리처드 로프트Richard Loft 박사에게 말했다.

"딱 이동식 화장실이네요."

기상 분야 종사자들은 농담 소재로 자주 등장한다. TV 코미디 〈커브 유어 엔수지애즘Curb Your Enthusiasm〉에 나오는 래리 데이비드Larry David 는 기상예보관들이 골프장 부킹을 쉽게 할 셈으로 전혀 그럴 것 같지 않은 상황에도 비가 올 것으로 예보한다고 잘라 말한다.[9] 선거 때 등장하는 정치 광고에서도 상대방 후보가 말을 쉽게 바꾸는 걸 비꼬려고 기상예보라는 비유를 활용한다.[10] 사람들은 또 기상예보 종사자 대부분이 대체로 실력이 형편없다고 생각한다.

아닌 게 아니라 나 역시도 거대한 위용을 뽐내는 슈퍼컴퓨터들을 보고 있자니 이 모든 게 다 쓸모없는 낭비가 아닐까 하는 생각이 들기도 했다.

'이게 다 기상 예측을 위한 거란 말이지? 그런데도 내일 비가 올지 맑을지 정확하게 말해주지 못한다는 거야?'

로프트 박사는 유쾌하지 않은 눈치였다. 컴퓨터의 성능은 나아졌지만 그렇다고 지진이나 경제 상황의 예측을 개선하는 데로 이어지지는 않았다. 하지만 기상학 분야에서는 그동안 상당한, 그것도 놀랍다고 할 만한 진전이 이루어져왔다는 점을 명심해야 한다. 로프트 박사의 슈퍼컴퓨터들이 가진 힘은 그 진전을 가능케 했던 커다란 요인이다.

기상 예보의 아주 간략한 역사

"통상적인 비행 계획에서 조금 벗어나볼까요?"

로프트 박사가 자기 사무실로 돌아가서 나한테 던진 유머였다. 어쨌거나 그는 유머감각이 있는 사람이었다. TV 시트콤 〈오피스The Office〉의 등장인물 드와이트 슈르트처럼 자의식이 무척 강하면서도 엉뚱하고 기발했다(로프트는 슈르트 역을 연기한 레인 윌슨과 실제로도 제법 닮았다). 인류는 지상에 처음 존재할 때부터 자기가 처한 환경이 장차 어떻게 변할지 예측하려 노력했다고 로프트가 설명했다.

"뉴멕시코의 차코 캐니언이나 영국의 스톤헨지를 보면, 당시 사람들은 1년 중 해가 가장 긴 날과 가장 짧은 날이 언제인지 알고 있었습니다. 달이 정해진 궤도를 따라 움직인다는 것도요. 그런데 고대인이 도무지 예측할 수 없는 것들이 있었죠. 어떤 사나운 짐승이 숨어서 자기를 노리는지, 그리고 갑작스러운 폭풍우나 홍수가 언제 닥칠지 하는 것들요."

오늘날 우리는 허리케인이 어느 곳을 덮칠지 며칠 앞서 예측하는 걸 당연하게 여긴다. 그런데 기상학은 사실 아주 최근에야 학문으로, 적어도 제 구실을 하는 학문으로 자리를 잡았다. 기상학 분야에서는 수백 년간 진전이 이루어지지 않았다. 뛰어난 천문학자였던 바빌로니아인은 기상에 관한 예언을 했는데, 이 내용은 석판에 담겨서 6,000년 넘게 보존되고 있다.[11] 하지만 이들은 모든 공로를 궁극적으로 자기들이 섬기던 비의 신 닝기르수Ningirsu(니누르타)에게로 돌렸다. 아리스토텔레스는 기상학 논문을 썼으며,[12] 몇 가지 확고한 통찰이 있었다. 하지만 대체로 그 작업은 아리스토텔레스가 했던 여러 어정쩡한 시도 가운데 하나였다. 기상예보 분야에서 실질적 진전이 이루어진 것은 고작해야 지난 50년 동안이었고, 구체적으로 말하면 컴퓨터의 성능이 향상되면서부터다.

사람들은 기상예보를 형이상학적 행위라고 여기지 않는다. 그러나 기상을 예측한다는 발상은 운명예정설과 자유의지를 주제로 하는 아주 오래된 논쟁들을 환기한다. 로프트가 물었다.

"이 모든 것이 이미 정해져 있는가, 아니면 우리 인간들이 결정해나가는 것인가? 이건 지금까지 인류에게 기본적인 문제였습니다. 그리고 그 문제를 푸는 데는 두 가지 사고 방향이 존재합니다. 그중 하나는 아우구스티누스와 캘빈주의를 통해서 나타났습니다."

로프트의 설명이 이어졌다. 이들은 운명예정설을 믿은 집단이었다. 이들 철학에서 보자면, 인간은 자기들이 따라야 할 길을 예측하는 능력을 가질 수 있다. 하지만 그 길을 바꿀 수는 없다. 모든 것은 신의 계획에 따라 진행된다.

"그런데 여기에 반기를 든 사람들이 나타납니다. 로마 가톨릭의 제수이트Jesuit(예수회원)와 토마스 아퀴나스 같은 사람들인데, 인간은 자유의지를 가지고 있다고 했습니다. 세상은 예측이 가능한 대상인가 불가능한 대상인가 하는 문제가 바로 여기에서 비롯합니다."

예측 가능성을 둘러싼 논쟁은 계몽주의 시대와 산업혁명 시대에 전혀 다른 용어들로 진행되기 시작했다. 아이작 뉴턴Isaac Newton의 물리학은 우주가 상대적으로 단순한 여러 물리법칙에 따라 고도로 질서정연하게 구축되어 있으므로 예측이 가능하다고 주장하는 것처럼 보였다. 과학적·기술적·경제적 진보라는 발상이(이런 발상은 이전 시대에는 결코 받아들여질 수 없었다) 인간이 어쩌면 자기 운명을 제어하는 방법을 배울 수 있을지도 모른다는 생각과 함께 서서히 대두했다. 운명예정설은 새로운 생각, 곧 '과학적 결정론scientific determinism'으로 대체되었다.

이 같은 생각은 여러 형태로 나타났지만 18세기와 19세기 초 프랑스 수학자이자 천문학자 피에르시몽 라플라스Pierre-Simon Laplace가 가장 깊게 파고들었다. 1814년에 라플라스는 다음과 같은 가설을 세웠는데, 거기에 등장하는 상상의 존재를 후대 사람들은 '라플라스의 악마Laplace's Demon'라 부른다.

우리는 현재의 우주 상태를 과거의 결과이자 미래의 원인으로 여길 수 있다. 그런데 특정한 순간에 자연을 움직이는 모든 힘과 자연을 구성하는 모든 요소의 위치를 알고 있는 지적 존재가 있다면, 그리고 이 지적 존재의 지성이 모든 자료를 분석할 수 있을 만큼 거대하다면, 이 존재는 우주에서 가장 큰 물체부터 가장 작은 물질인 원자에 이르기까지 모든 것의 운동을 단 하나의 공식으로 정리할 수 있을 것이다. 왜냐하면 이러한 지적인 존재에게 불확실한 것은 아무것도 없고, 이 지적 존재는 미래를 과거처럼 자기 눈으로 바라볼 것이기 때문이다.[13]

현재의 상황을 알려주는 지식이 완벽하게 주어진다면('자연을 구성하는 모든 요소의 위치'를 안다면), 그리고 우주를 지배하는 법칙을 완벽하게 알고 있다면('자연을 움직이는 모든 힘'을 파악한다면), 우리는 당연히 '완벽한' 예측을 할 수 있다('미래를 과거처럼 자기 눈으로 바라볼' 수 있다). 우주에 존재하는 모든 입자의 움직임은 당구대 위를 구르는 당구공처럼 당연히 예측이 가능하다. 그러나 인간은 그런 일을 감당할 수 없으리라고 라플라스는 한발 뒤로 물러났다. 하지만 우리가 똑똑하기만 하다면(그리고 충분히 성능 좋은 컴퓨터를 가지고 있기만 하다면) 우리는 기상을 비롯한 모든 것을 예측할 수 있을 것이다. 또 마침내 우리는 자연은 그 자체로 완벽하다는 사실을 깨달을 것이다.

라플라스의 악마는 200년 동안 세상에 존재하면서 숱한 논쟁의 대상이 되었다. 확률론자들은 결정론자들과 의견 차이가 심했는데, 그들은 우주를 결정하는 여러 조건은 어느 정도의 불확실성 속에서만 알 수 있다고 믿었다(8장에서 살펴보겠지만 라플라스를 이 스펙트럼에 따라 규정하기란 쉽지 않다. 그는 절충주의적 사상가였으며, 확률이론의 발전에 획기적으로 이바지했고, 인간은 자연에서 보이는 완벽함에 걸맞게 살 수 없다는 신념으로 학문에 임한 학자였기 때문이다). 확률주의는 처음에는 인식론 차원의 패러다임이었다. 우주를 파악하는 인간의 능력에는 한계가 있음을 인정했기 때문이다. 그러나 최근 들어 양자역학의 발견과 함께 과학자와 철학자들은 우주 자체가 확률론적 방식으로 움직이는 게 아닌지 질문을 제기해왔다. 라플라스가 정체를 확인하고자 했던 입자는 자세하게 들여다보면 마치 파도처럼 움직인다. 이 입자들은 고정된 위치를 차지하는 것 같지 않다. 그러니 당연히 이런 질문이 제기된다. '어떤 물질이 처음 어디에 놓여 있는지도 모르는데 그게 어디로 움직일지 어떻게 알 수 있단 말인가?' 도저히 알 수 없다. 바로 이것이 이론물리학자 베르너 하이젠베르크Werner Heisenberg의 그 유명한 '불확정성 원리uncertainty principle'의 토대다.[14] 물리학자들은 불확정성 원리를 다르게 파악하지만, 그래도 그 원리는 라플라스의 가설이 성립할 수 없다는 주장을 담고 있다. 우주 자체가 무작위적이라면 우리는 완벽한 예측을 할 수 없다는 말이다.

다행스럽게도 우리가 지금 이 책에서 기상 문제를 연구하는 데는 굳이 양자역학이 필요하지 않다. 기상 문제는 원자 차원이 아니라 분자 차원에서 일어나며, 분자는 양자물리학이 다루는 대상보다 훨씬 크다. 게다가 이제 인간은 기상 현상을 지배하는 화학과 뉴턴 물리학에 대해 꽤 많이 이해하고 있다.

그렇다면 여기에서 '라플라스의 악마'의 개정판을 한번 만들어보자. 만일 우리가 지구 대기에 있는 모든 분자의 위치를 안다면(사실 이러한 설정은 우주 내 모든 원자 입자의 위치를 안다는 설정보다는 한결 가벼운 요구다), 우리는 완벽한 기상 예측을 할 수 있을까? 아니면 기상과 날씨 자체에도 어느 정도 무작위성이 내재되어 있을까?

매트릭스, 새로운 기상 예측법의 탄생

기상과 관련해 순수하게 통계적인 예측들은 오래전부터 가능했다. 오늘 비가 내린다고 할 때 내일 비가 올 확률은 얼마일까? 기상학자는 자기가 확보한 과거의 모든 강우 기록을 살펴보고 우리에게 답을 해줄 수 있다. 아니면 이 기상학자는, 런던에서 3월에 비 내릴 확률은 35퍼센트라는 식으로 장기 평균을 참조할 수도 있다.[15]

그런데 문제는 이런 예측이 그다지 유용하지 않다는 데 있다. 이 정도 예측은 허리케인의 예상 경로는커녕 외출할 때 우신을 들고 나가야 할지 말아야 할지 판단할 수 있을 만큼도 정확하지 않기 때문이다. 그래서 기상학자들은 다른 것을 추구해왔다. 이들은 통계 모델 대신 살아서 숨 쉬는 것, 그러니까 날씨를 관장하는 물리적 과정의 시뮬레이션을 원했다.

그러나 날씨를 계산하는 인간의 능력은 이론적 이해 수준에서 한참 뒤떨어졌다. 우리는 어떤 방정식들을 풀어야 하는지 알고 올바른 해답이 무엇인지도 대충은 안다. 하지만 지구의 대기 내 모든 분자를 계산할 수 있을 만큼 빠르지는 못하다. 우리는 대안으로 어림값을 제시할 수밖에 없다.

그러기 위한 가장 직관적인 방법은 대기를 유한한 픽셀들로 축소·재조합해 주어진 문제를 단순화하는 것이다. 기상학자들은 이 픽셀들을 매트릭스matrix, 격자lattice, 그리드grid 등으로 다양하게 부른다. 리처드 로프트 박사 주장에 따르면 1916년에 영국의 물리학자 루이스 프라이 리처드슨Lewis Fry Richardson이 최초로 믿을 만한 시도를 했다. 왕성하게 연구 활동을 하던 리처드슨은 특정 시점, 1910년 5월 20일 오후 1시 독일 북부의 기상 상태를 알아보려 했다. 그런데 엄밀히 말하면 이 작업은 '예측'이 아니었다. 6년 전 과거의 어느 시점에 있었던 일을 추정하는 작업이었기 때문이다. 하지만 리처드슨은 독일 정부가 수집해 온 기온, 기압, 풍속 등 많은 데이터를 가지고 있었다. 그에게는 시간도 넉넉했다. 리처드슨은 프랑스 북부 지역의 야전병원에 근무하고 있어서 적의 포격이 한 차례 있고 나서 다음 포격이 시작될 때까지는 할 일이 거의 없었다. 그래서 그는 가로세로를 위도와 경도 각 3도 단위, 곧 가로세로 약 210마일(338킬로미터) 간격으로 독일을 조각조각 나누었다. 이렇게 한 다음 각 조각의 날씨를 좌우하는 여러 화학 방정식을 풀

| 4-1 | 리처드슨의 매트릭스, 현대적 기상 예측의 탄생

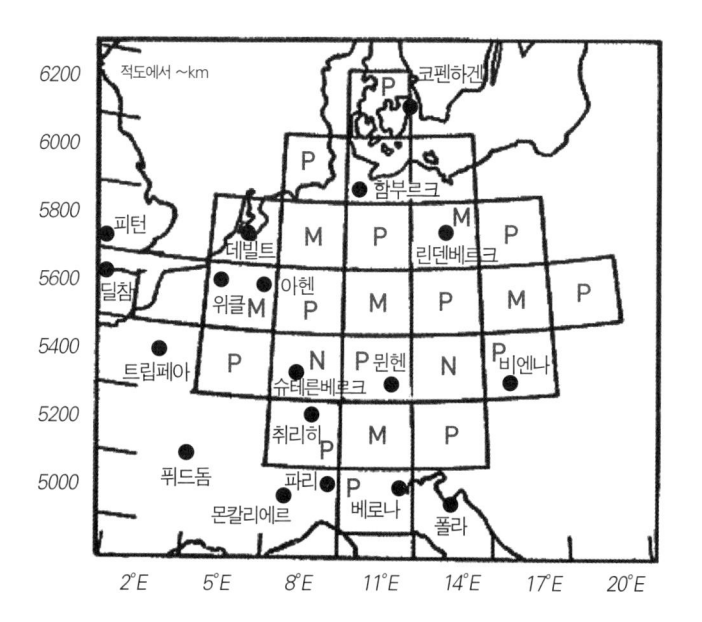

려고 시도했으며, 각 조각의 구역이 인근 구역에 어떻게 영향을 끼치는지 연구했다.

리처드슨의 실험은 불행하게도 참혹한 실패로 끝나고 말았다.[16] 문제의 바로 그날에 기압이 갑작스레 상승했을 것이라고 '예측'했지만 실제로 그런 일은 없었다. 그럼에도 리처드슨은 자신의 연구 결과를 발표했다. 확실히 조잡한 통계적 어림값에 의존하기보다는 기상체계가 어떻게 돌아가는지 우리가 이론적으로는 확실히 안다는 점을 최대한 활용하여 문제를 해결하려던 그 방법은 기상을 올바르게 예측하는 방법처럼 '보였다'.

그런데 리처드슨의 방법론에는 끔찍할 정도로 많은 작업이 필요하다는 게 문제였다. 그가 설정한 패러다임에는 컴퓨터가 좀 더 적합했다. 9장에서도 보겠지만, 컴퓨터라고 모든 작업에서 우리가 원하는 작업을 수행하는 데 적합한 건 아니다. 컴퓨터는 예측 분야에서 만병통치약이 될 수 없다는 말이다. 하지만 컴퓨터는 연산 작업을 탁월하게 수행한다. 특히 동일한 연산 작업을 수없이 반복할 수 있으며 빠르고 정확하게 해치운다. 상대적으로 단순한 규칙을 따르지만 연산하기가 까다로운 체스 같은 작업에는 컴퓨터가 제격이다. 잠재적으로만 보자면 기상 예측도 마찬가지였다.

컴퓨터를 동원한 최초의 기상 예측은 1950년 헝가리 태생의 수학자 존 폰 노이만John von Neumann이 했다. 당시 그는 연산을 초당 5,000번 할 수 있는 기계를 사용했다.[17] 이는 리처드슨이 프랑스의 평원에서 연필로 종이에 계산하던 것보다 훨씬 빨랐다. 하지만 결과는 좋지 않았다. 무작위로 선택하는 것보다 나을 게 없었다.

마침내 1960년대 중반에 이르자 컴퓨터가 기상 예측 분야에서 탁월한 솜씨를 발휘하기 시작했다. 그리고 IBM의 블루파이어가 연산 속도 덕분에 예리한 통찰력을 발휘했다(블루파이어는 최초의 컴퓨터 예측보다 150억 배나 빨랐으며, 리처드슨보다는 추정컨대 1,000조 배나 빨랐다). 현재의 기상 예측은 15~20년 전보다 훨씬 더 정확해졌다. 그러나 최근 수십 년 동안 컴퓨터의 성능은 엄청나게 향상되는 데 비해 기상 예측의 정확성은 꾸준하긴 하지만 느리게 개선되고 있다.

여기에는 본질적으로 두 가지 이유가 있다. 첫째, 세계는 일차원 또는 이차원이 아니라는 사실이다. 기상 예측의 정확성을 개선할, 다시 말해 각 분자의 행동을 푸는 데 더 가까이 다가갈 가장 믿음직한 방법은 단위 구역의 대기를 나타내는 그리드의 크기를 줄이는 것이다. 리처드슨이 설정한 그리드는 가로세로 폭이 약 338킬로미터였는데, 이는 서로 매우 다른 기상 상태를 보이는 보스턴과 뉴욕을 한 그리드 안에 포함할 만큼 범위가 크다. 이 직사각형의 그리드 폭을 반으로 줄인다고 생각해보자. 예측의 정확성은 개선되지만 풀어야 할 방정식의 수는 그만큼 더 늘어난다. 늘어나는 방정식의 수는 두 배가 아니라 네 배다. 면적은 가로 곱하기 세로라서 2×2=4가 되는 것이다. 이 말은 해법을 찾아내는 데 필요한 컴퓨터 역량이 네 배로 늘어난다는 뜻이다.

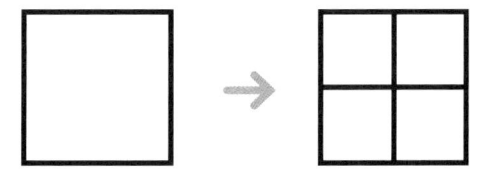

그런데 여기서 고려할 차원이 하나 더 는다. 곧 이차원이 아니라 삼차원으로 생각해야 한다. 대기권의 더 높은 곳이나 더 낮은 곳, 바다, 지표면 가까이에서 각기 다른 양상이 펼쳐진다. 삼차원 우주에서 우리가 설정하는 그리드의 가로세로 폭이 두 배 늘어날 때 컴퓨터의 역량은 여덟 배가 필요하다.

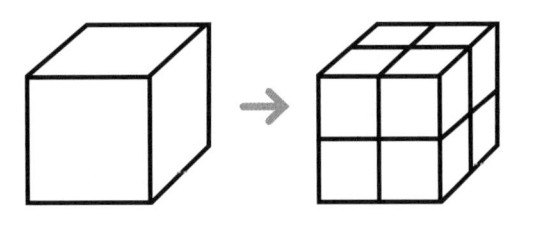

이뿐 아니라 사차원도 존재한다. 시간이라는 변수를 고려해야 하기 때문이다. 기상 모델이 정적이면 아무 효용이 없다. 기상이 어떤 순간에서 다른 순간까지 어떻게 변화하는지 파악하는 게 중요하기 때문이다. 폭풍우는 한 시간에 약 40마일(64킬로미터) 속도로 이동한다. 그래서 가로세로 높이 세 변이 각각 40인 그리드를 생각한다면, 당신은 그 폭풍우의 움직임을 한 시간 단위로 관찰할 수 있다. 그런데 세 변을 절반으로 줄여 각각 20으로 설정한다면, 그 폭풍우는 30분에 한 그리드씩 이동한다. 이는 30분 단위로 태풍의 이동을 관찰할 수 있다는 뜻이다. 이 경우 애초보다 16배 큰 컴퓨터 역량이 필요하다.

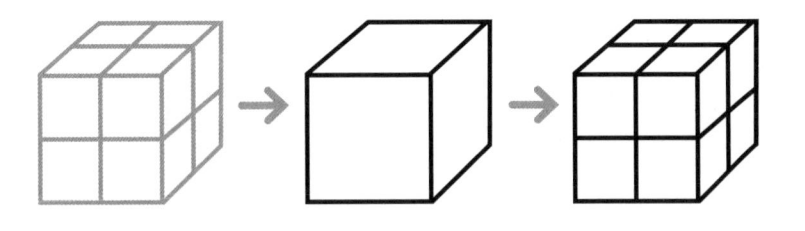

문제가 이것뿐이라면 그래도 엄두조차 못 낼 정도는 아니었을 것이다. 기상 예측의 정확도를 두 배 높이는 데 16배나 많은 컴퓨터 역량이 필요하지만, 컴퓨터의 처리 성능은 지금까지 2년에 두 배씩 늘어났다.[18] 이 말은 8년을 기다려야만 기상 예측의 정확도를 두 배로 높일 수 있다는 뜻이다. 이 속도는 우연하게도 미국 국립대기과학연구소가 슈퍼컴퓨터의 성능을 업그레이드해온 속도와 일치한다.

자, 당신은 기상 변화를 지배하는 유체역학의 여러 법칙을 풀었다. 그런데 이들 법칙은 비교적 뉴턴 물리학에 부합한다. 물리학자들에게는 무척이나 흥미로운 주제인 불확정성 원리가 크게 문제되지 않는다는 말이다. 또 당신은 블루파이어 같은 최첨단 컴퓨터 장비를 갖추고 있다. 그래서 리처드 로프트와 같은 전문가를 고용해 컴퓨터 소프트웨어를 개발하고 시뮬레이션을 하게 한다. 도대체 뭐가 잘못될 수 있단 말인가?

토네이도와 농구 선수의 공통점

얼마든지 잘못될 수 있는 이유를 카오스 이론이 설명해준다. '브라질에서 나비 한 마리가 날갯짓을 한 번 했는데 그 바람에 미국 텍사스에 토네이도가 발생했다'는 얘기를 들어본 적이 있을 것이다. 이 표현은 MIT의 기상학자 에드워드 로렌츠Edward Lorenz가 1972년에 발표한 논문[19]의 제목에서 나왔다. 카오스 이론은 다음 두 특성이 각각 유지되는 체계에 적용된다.

1. 체계가 동적이다, 어떤 한 시점에서 발생한 이 체계의 행동이 미래에 이 체계가 하게 될 행동에 영향을 끼친다.
2. 체계가 비선형적이다. 덧셈이 아니라 기하급수적으로 증폭되는 관계를 따른다.

동적 체계는 기상예보관에게 많은 문제점을 안겨준다. 6장에서 설명하겠지만, 이를테면 미국 경제가 연쇄반응 사건들 속에서 진화한다는 사실이 바로 경제를 예측하기가 매우 어려운 이유 가운데 하나인데, 비선형적 체계도 마찬가지다. 금융위기를 촉발한 주택저당담보부증권(모기지담보부증권, MBS)은 거시적으로 여러 조건에서 발생하는 아주 작은 변화들이 그 증권의 지급불능 가능성을 기하급수적으로 높이도록 설계되었다.

이런 특성을 함께 고려하자면 당신은 엄청난 혼란에 빠질 수 있다. 로렌츠는 이 문제들이 얼마나 심오한지 처음에는 전혀 알지 못했다. 알렉산더 플레밍Alexander Fleming이 페니실린을,[20] 미국 NBA 뉴욕 닉스가 제러미 린Jeremy Lin을 발견한 것처럼 로렌츠는 정말 우연하게 그 엄청난 발견을 했다(1988년 LA에서 태어난 제러미 린은 무명의 포인트가드였다. 그러다 2012년 2월 당시 소속 팀 뉴욕 닉스의 주전 선수들이 부상당한 틈을 타 출장 기회를 얻었는데, 팀의 5연승을 이끌며 NBA에서 신데렐라로 떠올랐다 - 옮긴이).

에드워드 로렌츠와 그의 팀은 초기 컴퓨터 모델 로열 맥비Royal McBee LGP-30으로 기상 예측 프로그램을 개발하고 있었다.[21] 작업에는 전혀 진전이 없었다. 그런데 어느 날 갑자기 이 컴퓨터가 전혀 예상치 않은 결과를 내놓았다. 지난번 실험 때와 동일한 데이터를 입력하고 동일한 코드로 프로그램을 돌렸는데 어떻게 결과가 서로 다르게 나오는지 전혀 알 길이 없었다. 하나는 캔자스 상공이 구름 한 점 없이 맑게 갠다고 예측했고, 또 하나는 천둥번개가 친다고 예측한 것이다.

그래서 연구진은 여러 주에 걸쳐 하드웨어를 점검하고 프로그램의 버그를 잡아내는 데 매달렸다. 마침내 입력 데이터가 완전히 동일하지는 않았다는 사실을 알아냈다. 연구자가 처음에는 소수점 넷째 자리까지 입력한 데이터를 두 번째에는 반올림해서 소수점 셋째 자리까지만 입력한 것이다. 이를테면 처음에는 29.5168로 한 것을 두 번째에는 29.517로 한 것이다. 그런데 이처럼 작은 차이가 나중에 정말로 그렇게 엄청난 차이를 만들어낼 수 있을까?

로렌츠는 그럴 수 있다는 사실을 깨달았다. 카오스 이론의 가장 기본적 교의敎義는 처음 설정하는 조건의 아주 작은 차이가(브라질에서 나비 한 마리가 하는 날갯짓이) 전혀 예상하지 못한 엄청난 결과를(미국 텍사스에서 토네이도가 발생하는 결과를) 만들어낸다는 것이다. 이는 그 체계의 행동이 '무작위random'라는 뜻이 아니다. 비록 '카오스'라는 표현이 그런 뉘앙스를 풍기긴 하지만 전혀 그렇지 않다. 또한 카오스 이론은 잘못될 수 있는 건 무엇이든 잘못된다는 '머피의 법칙 Murphy's Law'과도 다르다. 카오스 이론은 특정한 유형의 체계들은 '매우 복잡해서' 예측하기가 무척 어려움을 의미한다.

문제는 우리가 가진 데이터가 정확하지 않을 때(또는 금융위기의 주범인 MBS처럼 우리가 세운 가설에 정확하지 않은 부분이 있을 때) 시작된다. 5와 5의 합을 구한다고 생각해보자. 그런데 두 번째 숫자를

6으로 잘못 입력해 5에 5가 아니라 5에 6을 더하고 말았다. 정답은 10 인데 우리는 11을 정답으로 낸다. 우리는 틀렸다. 하지만 정답과의 차이는 그다지 크지 않다. 덧셈은 선형연산linear operation이어서 입력의 작은 차이는 결과에서도 작은 차이로 나타난다. 그러나 지수연산exponential operation은 입력 데이터에 오류가 있을 때 결과에서 차이가 엄청나다. 예를 들어서 5^5으로 계산해야 할 것을 5^6으로 계산할 경우에 3,125가 15,625로 나온다. 무려 500퍼센트나 빗나가는 엄청난 차이다.

이 과정이 동적이면 부정확성은 한층 더 악화된다. 잘못된 결과가 다음 단계의 입력 데이터로 사용되기 때문이다. 5에 5제곱을 한 결과 값을 다시 5제곱 한다고 치자. 이때 앞서와 똑같은 실수를 해서 두 번째 5를 6으로 잘못 입력할 경우, 우리에게 주어지는 결과는 3,000배가 넘게 빗나가고 만다.[22] 겉보기에는 사소해도 이 실수는 점점 더 커지고 또 커진다.

날씨야말로 전형적인 동적 체계다. 대기의 여러 기체와 유동체들의 움직임을 지배하는 방정식은 대부분 미분방정식이다.[23] 카오스 이론은 기상 예측에 가장 많이 응용되는데, 결국 기상 예측은 우리가 입력하는 데이터의 부정확성에 고도로 취약해질 수밖에 없다.

때로는 이런 부정확성이 인간의 실수 때문에 빚어지기도 한다. 더 근본적인 문제는, 우리 인간은 정확도의 특정한 한계 안에서만 여러 변수를 관찰한다는 데 있다. 어느 온도계도 완벽하지 않다. 그런 만큼 소수점 셋째 자리나 넷째 자리에서 오차가 발생하더라도 예측 결과는 엄청나게 달라질 수 있다.

〈도표 4-2〉는 유럽의 기상 모델 하나를 50회 돌려서 뽑아낸 프랑스

와 독일의 1999년 크리스마스이브 기상 예측도다. 모든 시뮬레이션은 동일한 소프트웨어를 사용했으며, 동일한 기상 가설을 설정했다. 아닌 게 아니라 그 모델들은 완벽하게 결정론적이라 할 수 있다. 최초의 조건을 알기만 하면 날씨를 완벽하게 예측할 수 있다고 가정하기 때문이다. 그러나 입력에서 작은 차이는 결과에서 큰 차이를 낳을 수 있다. 이 시도는 이런 오차(실수)를 설명하기 위함이었다. 한 시뮬레이션에서 하노버의 기압을 아주 조금 높게 설정할 수 있고, 또 다른 시뮬레이션에서는 슈투트가르트의 풍속을 1퍼센트 정도 다르게 설정할 수 있다. 이와 같은 작은 차이가 다른 지역은 평온한데 파리에서만 거대한 태풍이 일어난다고 예측하게 할 수도 있다.

바로 이러한 과정을 통해 오늘날의 기상 예측이 만들어진다. 관찰 데이터에 본질적으로 포함된 불확실성을 표현하려고 의도적으로 설정한 그 작은 차이들이 결정론적 예측을 확률적인 것으로 바꾸어놓는다. 예를 들어 당신이 거주하는 지역의 예보관이 내일 비 올 확률이 40퍼센트라고 예보한다면, 이를 해석하는 한 가지 방식은 시뮬레이션을 여러 차례 했을 때 이 가운데 40퍼센트에서 비가 오며, 나머지 60퍼센트에서는 (조금씩 다른 초기 계수들을 입력해서 계산한 결과) 비가 오지 않는다는 식으로 해석하는 것이다.

그런데 여전히 문제는 이처럼 단순하지만은 않다. 기상 전문가들이 기상 예측에 사용하는 프로그램들은 매우 훌륭하긴 해도 완벽하지는 않다. 당신이 실제로 접하는 예측들은 컴퓨터가 도출한 결과와 인간이 내린 판단이 결합해서 나왔다. 인간의 판단은 컴퓨터의 예측 결과를 좀 더 정확하게 만들 수도 있고 그 반대일 수도 있다.

|4-2| 초기 입력값을 미세하게 달리 설정했을 때 나타나는 여러 기상 예측도

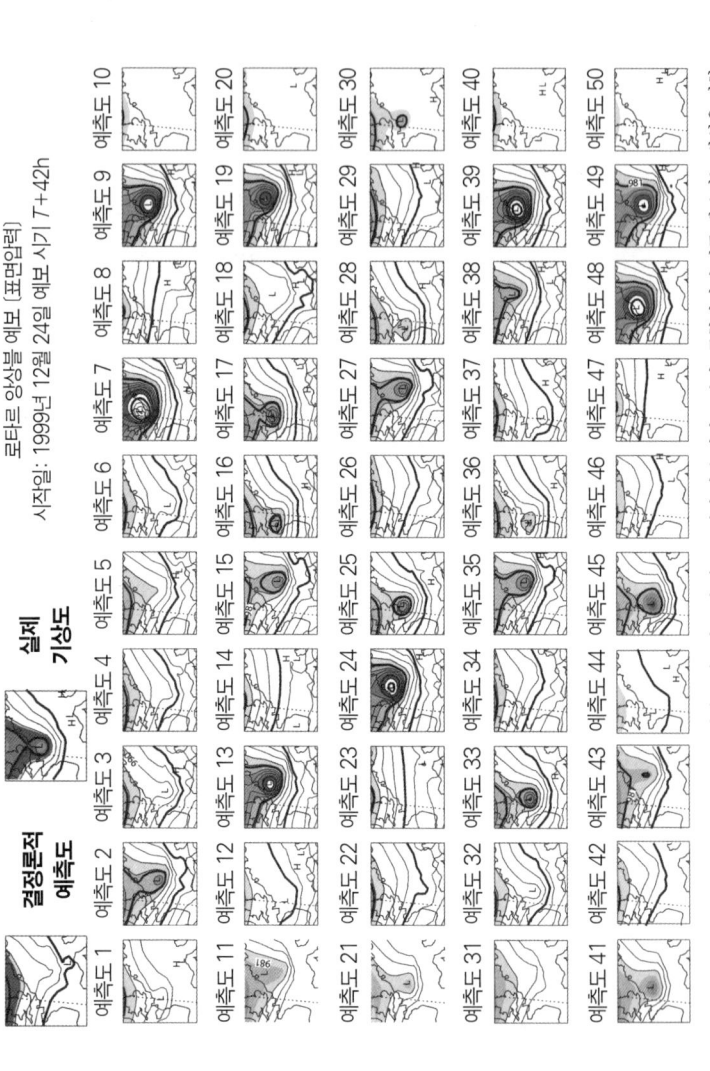

로타르 앙상블 예보 (표면압력)
시작일: 1999년 12월 24일 예보 시기 7+42h

결정론적 예측도

실제 기상도

* 앙상블 예보 ensemble forecast 단 다수의 초기치를 사용한 수치 예보 결과를 분석·종합하여 수치를 예보하는 방식을 말한다. ─ 옮긴이

사람의 눈은 아직 중요하다

메릴랜드의 캠프스프링스에 있는 세계기상빌딩은 투박하게 생겼다. 워싱턴에서 약 20분 거리에 있는 이 연갈색 건물은 1970년대에 지어졌는데, 미국 국립기상청을 산하에 둔 정부기관 국립해양대기국의 본부 건물이다.[24]

미국 국립기상청은 율리시스 그랜트Ulysses S. Grant 대통령이 1870년에 처음 전쟁부 산하 기관으로 설치했다. 그랜트 대통령이 군대의 엄격한 규율과 문화만이 예측의 정확성을 담보할 수 있다고 믿었기 때문이기도 하고,[25] 이때는 모든 게 희망이 없어 조금이라도 유리한 게 있으면 무엇이든 하려고 한 전쟁 기간이라, 기상 예측은 당시로서 시도함 직한 사업이었다.

1888년 1월에 이른바 '하굣길 눈폭풍Schoolhouse Blizzard' 사건이 일어났는데, 이 뒤로 일반인도 기상 예측에 더 많이 관심을 가지게 된다. 그해 1월 12일 그레이트플레인스(북아메리카 대륙 중앙에 남북으로 길게 뻗어 있는 고원 모양의 대평원 - 옮긴이)의 아침은 상대적으로 따뜻했다. 하지만 몇 시간 만에 기온이 갑자기 영하 30도로 떨어지고 눈폭풍이 몰아쳤다.[26] 수백 명이나 되는 어린이들이 이런 줄도 모르고 하굣길에 나섰다가 저체온증으로 사망했다. 초기의 기상 예측은 워낙 조잡해서 사람들은 기상 이변이 발생할 경우 적어도 주의라도 줄 수 있으면 좋겠다고 생각했다. 그래서 미국 국립기상청은 농림부로 소속이 바뀌었고, 군사적 목적보다 대민 업무에 비중을 두게 되었다[미국 국립기상청의 소속은 그 뒤에 다시 바뀌었다. 1940년에 미국 의회는 민간항공관리국CAA과 (막 싹 틔우기 시작한 유인우주비행 산업을 지원할 목적으로) 국립기상청을 통상부 소속로 옮기기로 결의했고, 이 직제는 지금까지 계속되고 있다].

미국 국립기상청은 초기의 문화를 지금까지도 그대로 이어가고 있다. 이 기관의 예보관들은 그저 그런 연봉을 받으면서도 밤낮없이 일한다.[27] 그뿐만 아니라 이들은 시민에게 봉사하는 게 자기들에게 주어진 임무라는 생각으로 철저하게 무장되어 있다. 내가 캠프스프링스에서 만난 기상 전문가들은 모두 애국자였으며, 매우 적은 예산을 배정받고도 전국의 농장, 소규모 자영업, 항공 산업, 에너지 부문, 군사, 공공 서비스, 골프장, 소풍, 그리고 어린이들의 등하교 등등의 분야에서 기상 예측이 얼마나 중요한 역할을 하는지 방문자에게 틈만 나면 환기했다(미국 국립기상청은 한 해에 9억 달러밖에 예산을 쓰지 않는데,[28] 이는 미국 전체 시민 1인당 3달러 수준이다. 그러나 기상은 미국 경제의 약 20퍼센트에 직접적 영향을 끼친다).[29]

내가 만난 기상 전문가 짐 호크Jim Hoke는 국립기상청 수문기상예측센터 소장이었다. 그는 이 분야에서만 35년 동안 일해온 베테랑으로, 국립기상청의 컴퓨터 활용 업무(예보관들이 사용할 컴퓨터 모델 개발 작업을 지원하는 업무)와 실제 예측 업무(실제로 기상을 예측하고 일반에게 알리는 업무)를 번갈아가면서 해온 인물이었다. 그는 이런 경력에 걸맞게 기상학이라는 세계에서 인간과 기계가 어떻게 만나야 할지에 대한 자기 견해가 분명했다.

인간이 77테라플롭스의 처리 속도를 갖춘 컴퓨터보다 더 잘할 수 있다는 말은 도대체 무슨 뜻일까(테라플롭스teraFLOPS는 컴퓨터가 1초에 1

조 회의 부동소수점floating point 연산을 처리하는 속도 단위다 – 옮긴이)? 호크는 나를 예측 작업이 진행되는 층으로 안내했다. 그곳에는 여러 개의 워크스테이션이 있었다. 각 워크스테이션은 한두 명의 기상 전문가가 담당하고 있었으며, 거기에 딸린 여러 개의 평면 모니터에는 미국 구석구석의 생각할 수 있는 모든 유형의 기상 데이터를 담은, 갖가지 색깔을 동원한 지도들이 펼쳐져 있었다. 예보관들은 조용하면서도 기민하게 움직였다. 그랜트 대통령이 원했던 군대의 치열함과 정확성이 엿보이는 듯했다.[30]

어떤 예보관들은 라이트펜light pen(가느다란 막대 모양의 수동식 광학 입력 장치. 컴퓨터 스크린 등에 대고 정보를 입력하는 데 사용한다 – 옮긴이)으로 지도를 그리고 있었다. 컴퓨터 모델이 쏟아내는 온도 기울기들을 정밀하게 조정하는 작업이었다. 예보관들은 서쪽으로 미시시피 삼각주를 덮는 곳까지 15마일, 북쪽으로 이리호까지 30마일 하는 식으로 자기들이 나타내려는 플라톤적 이상에 한 걸음씩 다가서고 있었다.

예보관들은 컴퓨터 모델들이 완벽하지 않음을 알고 있다. 그 결함들은 카오스 이론 때문에 나타나는 필연적인 결과다. 모델에 숨어 있는 버그는 아무리 사소하더라도 예측 결과를 엄청나게 왜곡할 수 있다. 어쩌면 컴퓨터는 퓨젓사운드만에 저기압이 형성되어 있을 때면 밤 동안 시애틀에 비가 올 것으로 예측하는 데 기준이 지나치게 보수적인지도 모른다. 어쩌면 컴퓨터는 바람이 특정한 방향으로만 분다면 메인주 아카디아국립공원에 낀 안개가 동이 트기 전까지 말끔하게 걷힐 것임을 모를 수도 있고, 바람이 다른 방향으로 분다면 안개가 오전 한나절 동안 계속 끼어 있을 것임을 모를 수도 있다. 바로 이와 같은 구분을 예보관들이 직접 오랜 시간에 걸쳐서 하나씩 해낸다. 마치 당구 솜씨가 좋은 사람이 자기 동네 술집 당구대 어디에 흠집이 있는지 잘 알고 거기에 맞춰 공의 궤적을 예상하듯이 말이다.

이들 예보관에게는 독특한 자산이 있는데, 바로 육안이다. 기상 예측을 하는 사람에게 육안은 소중한 도구다. 두 가지 변수의 상호작용을 보여주는 도표를 눈으로 검사하는 작업은 데이터에 들어 있는 특이 값을 통계적 테스트보다도 빠르고 정확하게 찾아내는 경우가 많다. 또 이 작업은 컴퓨터의 처리 속도가 인간 두뇌의 처리 속도보다 느린 영역이기도 하다. 스팸메일 방지나 비밀번호 보호를 위해 자주 사용되는 캡차CAPTCHA(컴퓨터 사용자가 인간인지 컴퓨터 프로그램인지 구별하는 컴퓨터 테스트. 인간만 통과할 수 있다 – 옮긴이)처럼 일련의 문자를 일그러뜨려보라. 아무리 똑똑한 컴퓨터라도 혼란스러워한다. 또한 컴퓨터는 지나치게 문자 그대로 판단하기 때문에 일단 조금이라도 조작이 되면 원래의 패턴을 인식하지 못한다. 이에 비해 인간은 순전히 진화적 필요성에 따라 발달한 매우 강력한 시각피질을 가지고 있다. 이 시각피질은 패턴이나 조직화의 규칙과 같은 추상적 특성을 포착하기 위해 데이터에 담겨 있는 어떤 왜곡이든 분석해낸다. 그 특성이야말로 다양한 유형의 기상체계에서 매우 중요하게 작용한다.

실제로 기상 예측용 컴퓨터가 그다지 도움이 되지 않을 때 기상예

| 4-3 | 캡차의 사례

보는 거의 전적으로 육안 처리 과정을 통해 이루어졌다. 기상 예측실은 수많은 평면 스크린이 아니라 수많은 라이트테이블light table(아래에서 조명을 비추도록 된 테이블 – 옮긴이)과 조명판 지도로 가득 차 있었고, 예보관들은 분필이나 연필 따위로 표시해가면서 한 번에 15마일(약 24킬로미터) 범위에 해당하는 구역의 기상을 예보했다. 마지막 라이트테이블이 치워진 지는 이미 오래지만, 지금까지도 당시의 기법과 기백은 살아 있다.

호크는 최고의 예보관은 시각적이고 추상적으로 생각할 필요가 있으며, 동시에 컴퓨터가 제공하는 엄청난 양의 정보를 철저하게 살필 수 있어야 한다고 설명했다. 게다가 최고의 예보관은 자기들이 분석하려는 체계의 동적이고 비선형적인 성질을 이해해야 한다. 기상 예측 작업은 결코 쉬운 일이 아니다. 좌뇌와 우뇌를 동시에 왕성하게 써야 할 수 있는 작업이다. 호크의 동료 가운데 많은 사람은 엔지니어나 소프트웨어 개발자로 나갔어도 성공했을 것이다. 그랬다면 돈도 훨씬 많이 벌었을 테지만 이들은 기상 전문가의 길을 선택했다.

미국 국립기상청은 두 가지를 철저하게 기록한다. 컴퓨터가 독자적으로 얼마나 예측을 잘하는지, 그리고 인간이 기여하는 부분이 어느 정도의 가치가 있는지. 이 기관의 통계를 따르면, 인간은 컴퓨터가 독자적으로 수행한 예측 작업의 정확도를 약 25퍼센트 개선한다.[31] 기온 예측은 약 10퍼센트 개선한다.[32] 호크 얘기로는 이런 비율은 이미 오래전부터 거의 일정하게 유지되고 있다. 컴퓨터의 성능이 향상되면서 예측의 정확도가 점차 높아지고 있긴 하지만 인간은 그 예측을 다시 또 계속해서 개선하고 있다는 말이다. 이는 예보관의 시각적 인식이 기상 예측에 얼마나 중요하고 얼마나 많이 기여하는지 설명해준다.

기상청의 성공과 민간업체의 도전

기상예보관에 대한 농담은 짐 호크가 처음 기상학에 발을 들여놓은 1970년대 중반만 하더라도 어느 정도 일리가 있었다. 예컨대 미국 국립기상청이 사흘 앞서 최고기온을 예보할 때 평균 화씨 약 6도의 오차를 냈다. 이 정도면 장기 평균 최고기온 도표만 참조해서 말하는 것보다 그다지 정확하지도 않다. 그러나 인간과 기계 사이의 동반자 관계가 상당히 두터워져 오늘날의 오차는 화씨 약 3.5도다. 정확성이 두 배 가까이 늘어났다는 뜻이다.

기상예보관은 거친 날씨를 예측하는 데서도 꾸준하게 나아지고 있다. 당신이 번개를 맞아 사망할 확률은 얼마나 될까? 사실 이 확률은

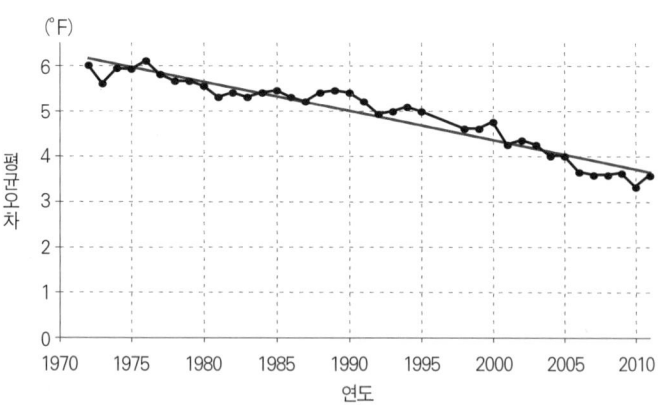

| 4-4 | 최고기온 예측의 평균오차 추이(미국 국립기상청 예보)

상수constant number가 아니라 상황과 조건에 따라 얼마든지 달라진다. 즉, 당신이 예보를 듣지 못하면 천둥번개가 요란하게 치는 날 야외에 나가 있을 수 있고, 제때 피신처를 찾지 못할 수 있기 때문이다. 1940년에 미국인이 한 해 동안 번개에 맞아 사망할 확률은 약 40만분의 1이었다.[33] 오늘날에는 그 확률이 1,100만분의 1밖에 되지 않는다. 30배 정도로 줄어든 셈이다. 확률이 이렇게 낮아진 것은 오늘날에는 예전보다 실내에서 일하는 경우가 많아지는 등 생활방식이 바뀌었고, 통신기술과 의료기술이 발달했기 때문이다. 그리고 한 가지 더, 기상 예측이 좀 더 정확해진 덕분이다.

기상 예측의 가장 인상적인 발전 사례는 허리케인 예측에서 찾아볼 수 있을 것 같다. 25년 전만 하더라도 미국 국립허리케인센터가 허리케인이 어느 지점에 상륙할지 사흘 앞서 예측할 때 이 예측이 빗나가는 범위는 평균 350마일(약 560킬로미터)이었다.[34] 이는 그다지 유용한 정보가 아니었다. 한 예로 뉴올리언스를 중심으로 반경 350마일의 원을 그리면, 이 원 안에는 텍사스주 휴스턴에서부터 플로리다주 텔러해시까지 포함된다(도표 4-5). 이처럼 넓은 지역을 대상으로 대피령을 내릴 수는 없는 노릇 아닌가(참고로 경부고속도로의 총연장이 428킬로미터다 – 옮긴이).

오늘날에는 평균오차 범위가 약 100마일(약 160킬로미터)밖에 되지 않는다. 이 정도면 뉴올리언스를 중심으로 할 때 루이지애나 남부 지역과 미시시피 북쪽 지역만 포함된다. 허리케인이 때로는 그 원의 바깥까지 덮칠 수도 있지만 지금 우리는 상대적으로 예측 구역을 좁히고 있다. 72시간 앞서서 사람들을 대피시키기에 충분할 만큼 좁은 구역이

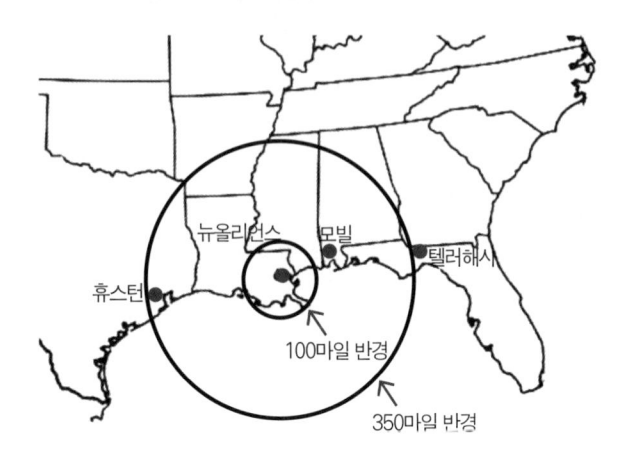

| 4-5 | 허리케인의 이동경로 예측의 개선 효과

다. 1985년에는 허리케인 상륙 24시간 전에야 비로소 이 정도 크기의 구역을 예측할 수 있었다. 이 말은 지금은 1985년에 비하면 허리케인 대비 시간을 추가로 48시간 확보하게 되었다는 뜻이다. 뒤에서도 살펴보겠지만 뉴올리언스와 같은 도시 하나를 대피시키는 데는 한 시간이라는 시간이 결정적일 정도로 중요하다(불행하게도 기상예보관들이 허리케인의 상륙 지점을 파악하는 데는 예전보다 한층 나아졌지만, 이 허리케인이 상륙할 때의 위력을 예측하는 데는 거의 나아진 게 없다. 허리케인의 강도를 결정하는 요인들은 이동경로를 결정하는 요인에 비해 훨씬 더 작은 규모에서 나타나기 때문이다. 다시 말해 위력을 더 정확하게 예측하려면 그리드를 한층 더 세밀하게 쪼갤 필요가 있는데, 블루파이어마저도 아직은 그 정도의 업무는 해내지 못한다).

미국 국립기상청은 아직 '라플라스의 악마'를 처단하지 못했다. 그러나 앞으로는 지금보다 훨씬 더 나은 예보를 할 거라 생각해도 좋다.

기상 예측의 과학은 기상이 제기하는 온갖 복잡성이라는 어려움을 헤치고 나아가는 성공 스토리다. 이 책을 읽으면서 알게 되겠지만, 예측에서 이 같은 경우들은 규칙보다는 예외에 속한다(그러니 농담의 대상은 기상예보관에서 경제 전문가들로 바꾸는 게 옳을 성싶다).

그럼에도 미국 국립기상청은 종종 폄하될뿐더러 민간업체로부터 강력한 도전을 받고 있다.[35] 경쟁이 불가피하다 하더라도 문제는 이 경쟁이 불공정하게 전개된다는 데 있다. 다른 국가들과는 달리 미국 국립기상청은 규정상 자기가 보유한 예측 모델 데이터를 원하는 사람이 있으면 누구에게나 무료로 제공해야 한다(하지만 훌륭한 기상 예측 기관을 갖춘 국가 대부분은 정부가 발표하는 예측에 대해 사용료를 받거나 허가를 요구한다). 그러니 애큐웨더AccuWeather나 웨더채널The Weather Channel, TWC와 같은 민간기업들은 무임승차해서 자기네만의 제품을 개발해 상업적으로 판매할 수 있다. 소비자 가운데 압도적 다수가 이런 민간기업에서 필요한 예측 정보를 얻는다. 웨더채널의 웹사이트 Weather.com의 트래픽 양은 미국 국립기상청 웹사이트 Weather.gov 트래픽 양의 열 배나 된다.[36]

나는 시장에서 진행되는 자유경쟁 또는 공공 부문과 민간 부문의 경쟁을 대체로 지지하는 사람이다. 경쟁이야말로 야구가 그처럼 빠르게 성장한 가장 큰 요인이다. 유망주의 성장 잠재력을 두고 통계 전문가와 스카우터들 사이에 치열한 경쟁이 벌어졌고, 이 경쟁에서 비롯된 통찰력들이 하나로 결합해 오늘날의 미국 프로야구를 만들었다.

야구에서는 경쟁의 척도가 분명하다. 어떤 선수가 몇 경기에서 승리를 따냈는가(아니면 진 경기와 이긴 경기의 비율이 어떤가)다. 그런데 기상 예측에서는 이런 이야기가 조금 복잡해진다. 민간 부문의 예보관과 공공 부문의 예보관이 지향하는 방향이 서로 다르기 때문이다.

더 나은 예측은 어떻게 만들어지는가?

"순수한 연구자라면 웨더채널을 시청하는 모습을 보이고 싶지 않을 겁니다. 하지만 연구자들 가운데 많은 수가 남의 눈에 띄지 않는 데서는 웨더채널을 시청합니다."

웨더채널의 부사장이자 수석 과학자인 붙임성 있는 남자 브루스 로즈Bruce Rose 박사가 나에게 귀띔한 말이다. 로즈는 웨더채널의 예측이 정부의 예측보다 낫다는 건 아니지만, 분명히 차별성이 있다고 주장했다. 또 전형적인 소비자의 욕구에 한발 더 밀착해 있다고 했다.

"보통 기상 예측 모델들은 현실적인 기상 요소들을 얼마나 잘 예측하는지로 평가되지 않습니다. 뉴욕에서라면 눈이 10인치 오는지 아니면 비가 1인치 내리는지가 정말 중요하죠.[37] 보통 사람들에게는 그 둘의 차이가 엄청나지만, 과학자들은 그런 데 관심이 없습니다."

아닌 게 아니라 로즈는 고도로 실용적인 문제들, 게다가 고객들이 자기 예측을 어떻게 해석하는지 같은 문제들에 시간을 엄청나게 쓴다. 이를테면 기상 데이터를 일상적 언어로 옮기는 알고리즘을 개발하는 일 따위다. '매우 춥다'는 어느 정도로 추운 것일까? '돌풍이 불 가능성'은 무엇을 뜻할까? '부분적으로 구름이 낀다'와 '대체로 구름이 낀다'를 가르는 기준은 무엇일까? 웨더채널로서는 이런 표현의 의미를 밝히고 또 여기에 필요한 공식 규칙을 만들 필요가 있다. 왜냐하면 웨더채널은 수없이 많은 예측을 쏟아내는 만큼 기상 관련 전문용어들을 특정한 소비자의 특정한 요구에 맞춰야 하기 때문이다.

예측을 소비자에게 맞춰야 한다는 필요성 때문에 때로 우스꽝스러운 일이 벌어지기도 한다. 웨더채널은 오랫동안 레이더 지도에 나타나는 비를 녹색 그림자로 표시해왔다(가끔은 강력한 폭풍임을 나타내려고 노란색과 빨간색을 함께 쓰기도 했다). 그런데 2001년의 어느 때 마케팅 부서 한 직원이 비를 초록색이 아니라 파란색으로 표시하는 게 좋겠다고 했다. 비 또는 물 하면 보통 파란색을 떠올린다는 게 판단의 근거였다. 그런데 분노한(때때로 공포에 질린) 소비자들의 항의 전화가 빗발쳤다. 일부는 파란색으로 표시한 비가 아직 알려지지 않은 성분을 포함한 비라고 오해하기도 했다. 플라스마 폭풍이라고 생각한 사람들도 있었고, 방사능 비라고 생각한 사람들도 있었다.

"정말 원자로가 폭발하기라도 한 듯이 난리가 났습니다. 어떤 사람들은 편지나 전화로 이러더군요. '당신네는 벌써 여러 해 동안 우리한테 비는 초록색이라고 얘기하지 않았소? 그런데 파란색이라니, 이게 무슨 개떡 같은 소리냐고요!'"

웨더채널도 기상학 자체는 매우 진지하게 받아들인다. 또 적어도 이론적으로는 자기들이 정부기관보다 더 나은 예측을 할 수도 있다고 생각한다. 그럴 만한 이유가 있다. 어쨌거나 웨더채널은 미국 국립기상청이 제공하는 원자료를 고스란히 받은 다음에 이를 나름대로 가공해서 부가가치를 만들어내기 때문이다.

그런데 문제는 무엇이 '더 나은' 예측인가 하는 인식의 차이에 있다.

지금까지 나는 더 나은 예측을 더 정확한 예측이라고 정의해왔다. 하지만 이와 관련해서 다른 의견이 존재하고, 그 의견은 기상 예측 분야에서 타당하기도 하다.

1993년에 오리건주립대학교 기상학자 앨런 머피Allan Murphy가 장차 상당한 영향력을 행사하게 될 논문[38]을 발표했는데, 이 논문은 기상 예측 분야에서 상식으로 통하는, 예측의 질과 관련 있는 세 가지 정의를 정리했다. 머피는 특정한 어떤 정의가 다른 정의들보다 낫다는 말은 하지 않았다. 더 공개적이고 솔직한 논의가 이어지면 좋겠다는 바람에서 객관적 관점으로 정의를 정리했을 뿐이다. 그런데 머피의 이 세 가지 정의는 예측이나 예보가 이루어지는 분야라면 거의 모든 곳에서 동일하게 적용될 수 있다.

머피는 정확한 예측을 판별하는 가장 명백한 기준이 '품질quality'이라고 했다. 그러나 이 용어는 '정확성accuracy'이라는 표현이 더 적절하지 않을까 싶다. 과연 실제 기상 상황이 예측한 대로 전개되었는가 하는 문제이기 때문이다.

머피는 두 번째 기준을 '일관성consistency'이라고 이름 붙였다. 나는 이것을 '정직성honesty'이라고 생각한다. 예측이 아무리 정확한 것으로 판정된다 하더라도 예측 당시에 예보관이 과연 최선을 다했는가 하는 문제다.

마지막으로 그는 예측의 '경제적 가치economic value'를 들었다. 예측이 대중과 정책입안자들이 더 나은 판단을 하는 데 도움을 주었는가 하는 문제다.

정확성과 정직성을 가른 머피의 구분은 미묘하면서도 중요하다. 내가 예측을 했는데 이 예측이 잘못된 것으로 판정 났다고 치자. 이때 나는 당시에 내 정보를 바탕으로 할 때 그 예측이 내가 할 수 있는 최상의 예측이었는지 스스로에게 묻는다. 어떤 때는 그렇다고 대답할 수 있다. 나의 사고 과정에는 흠이 없었고, 나는 최선을 다해 조사했으며, 훌륭한 예측 모델을 만들었으며, 불확실성이 얼마나 되는지도 꼼꼼하게 따졌기 때문이다. 하지만 어떤 때는 최상의 예측이 아니었다고 대답할 수도 있다. 예측 도출 과정에 마음에 들지 않는 구석이 있을 때는 그렇다. 어떤 핵심 증거를 성급하게도 무시했을 수 있고, 해당 문제의 예측 가능성을 지나치게 높이 평가했을 수 있고, 잘못된 편향이나 잘못된 동기가 있었을 수 있다.

나는 자기가 한 예측이 빗나갈 때마다 자책해야 한다는 말을 하려는 게 아니다. 오히려 반대다. 결과가 어떻든 간에 그 결과를 편안한 마음으로 받아들이는 게 바로 자기가 정확한 예측을 했다는 신호다(예측가가 결과의 모든 요소를 직접 통제할 수는 없기 때문이다). 물론 자기가 판단을 하고 결정을 내릴 때 어떤 목적이 있었는지 스스로에게 물어볼 수는 있다. 그런 여지는 언제나 얼마든지 있다.

장기적 관점에서 보면 정확성과 정직성이라는 머피의 두 목적은 예측가가 올바른 동기를 가지고 있을 때 한 점으로 수렴된다. 하지만 그렇지 않을 때도 있다. 예를 들어 〈매클로플린 그룹〉이 낸 정치 논평들은 아마도 패널들이 정확한 예측을 했느냐보다는 텔레비전에서 얼마나 더 똑똑하게 비칠까를 더 많이 생각한 결과로 보인다. 물론 그럴 만한 합리적 이유가 충분히 있다. 그러나 그 논평들이 특정 당파에 영합하기 위해 또는 나중에 한 번 더 패널로 초대받기 위해 의도적으로 잘못된 예측을 한 결과라면 문제는 달라진다. 머피가 제시한 예측의 정직성 기준에 부합하지 못한다는 말이다.

예측의 경제적 가치 기준은 문제를 더욱 복잡하게 만들 수 있다. 로즈는 한 도시를 대상으로 하는 기상예보는 기온이 영상과 영하를 가르는 지점에 있을 때 특히 주의해야 하며, 비·얼음·눈이 출근 환경이나 시민의 안전에 끼치는 영향이 각기 다를 때는 특별히 구분해서 예보해야 한다고 주장한다. 하지만 이는 단순히 웨더채널이 자기네가 보유한 자원을 어디에 집중하고 무엇을 강조할 것인가 하는 문제를 넘어선다. 이런 접근이 필연적으로 예측의 정확성과 정직성을 해치지는 않는다. 신문을 예로 들어보자. 모든 신문은 자기네 기사가 정확하고 정직하다고 사람들이 믿게 하려고 애쓴다. 그럼에도 어떤 기사를 1면에 올릴지는 판단해야 한다. 웨더채널도 비슷한 판단을 해야 하며, 이때 어떤 예측이 가져다줄 경제적 충격이 판단을 내리는 데 합리적 근거로 기능한다.

그런데 그 목적들이 서로 모순될 때가 있다. 그래서 이들 목적이 충돌한 끝에 상업적 동기가 정확성을 앞설 때가 있다.

경쟁이 예측을 더 엉망으로 만들 때

어떤 기상 예측이든 강점을 드러내려면 반드시 통과해야 하는 기본 테스트가 두 가지 있다.

1. 기상 예측은 기상 전문가들이 '지속성persistence'이라 부르는 것보다 나아야 한다. 지속성이란 기상은 오늘이 그랬듯이 내일도 (그리고 모레도) 동일할 거라고 생각하는 가정이다.

2. 기상 예측은 '기후학climatology'보다 나아야 한다. 특정 날짜에 특정 지역에 대한 기상 예측은 이 지역의 장기적 과거의 평균보다 나아야 한다는 뜻이다.

이 두 테스트는 리처드슨, 로렌츠, 블루파이어 등이 등장하기 훨씬 이전에 살았던 인류의 조상들도 구사할 수 있었던 도구다. 사실 이 두 테스트를 통과하지 못하는 기상 예측이라면 굳이 고가의 컴퓨터 장비를 들일 필요가 없다.

우리는 지금 과거의 기상 결과에 대한 데이터를 엄청나게 많이 가지고 있다. 적어도 2차 세계대전 때까지 거슬러 올라갈 수 있다. 예컨대 기상정보 웹사이트인 웨더언더그라운드www.wunderground.com에 접속해서 1978년 1월 13일 오전 일곱 시에 미시간의 주도州都 랜싱의 날씨가 어땠는지도 알 수 있다(네가 태어난 날이다). 기온은 섭씨 영하 8도, 눈발이 가볍게 흩날렸고, 북동풍이 불었다.[39] 하지만 상대적으로 극히 소수만이 과거의 기상 '예측' 정보를 찾는다. 그날 아침 랜싱에서는 눈 예보가 있었을까? 당신은 이 질문에 대한 답을 인터넷에서 찾을 수 있으리라고 기대할지 모르겠지만, 절대로 찾지 못한다.

2002년이었다. 오하이오주립대학교 컴퓨터학과를 졸업한 에릭 플로에르Eric Floehr는 장거리 통신업체 MCI에 취직하려다가 마음을 바꾸었다. 처음 그가 미국 국립기상청, 웨더채널, 애큐웨더에서 발표한 기상 예측 데이터를 수집할 때만 해도 목적은 정부기관 예측과 민간기업 예측 가운데 어느 쪽이 더 정확한지 알아내는 데 있었다. 따라서 작업은 처음에는 순전히 교양 차원이었지만(초대형 과학 수행과제 같은), 곧 수익성 있는 사업으로 진화해나갔다. 포캐스트워치닷컴ForecastWatch. com은 이렇게 해서 시작되었다. 플로에르는 그 데이터를 가공해 에너지 관련 기업에서(이런 기업들은 기온의 미세한 변화에 따라 수만 달러를 추가로 잃을 수도 있고 벌 수도 있다) 대학교수에 이르는 다양한 고객을 상대로 맞춤형 보고서를 제공한다.

그런데 플로에르는 여러 곳의 기상 예측가 중에 절대 강자는 없다는 사실을 발견했다. 그의 데이터를 보면 강수량 예측 부문에서 애큐웨더가 근소한 차이긴 하지만 가장 정확하게 예보했고, 기온 예측 부문에선 웨더채널이 상대적으로 나았으며, 미국 국립기상청은 전 부문에서 고르게 좋은 성적을 냈다. 모든 기관이 다 괜찮은 셈이었다.

하지만 이 기관들의 예측 정확도는 예측 대상 시점이 멀어질수록 떨어졌다(도표 4-6). 이를테면 8일 뒤를 내다본 예측은 전혀 맞지 않았다. 지속성보다 나아야 한다는 기준은 통과했지만 장기평균보다 나아야 한다는 기준에서는 미달이었다. 9일 또는 그보다 먼 미래에 대한 전문가들의 예측은 실제로는 장기평균에 조금 못 미쳤다.

로프트는 내게, 7일이 넘으면서부터는 카오스 이론이 완전히 상황을 장악하며 대기의 기억은 이를테면 컴퓨터의 동적 기억장치DRAM처럼 스스로 지워진다고 말했다. 비유가 조금 부정확할 수도 있지만, 대기 상태란 마치 다양한 기상 요소가 각각 개별 자동차가 되어 트랙을 도는 나스카NASCAR 자동차경주와 흡사하다고 보면 이해하는 데 도움

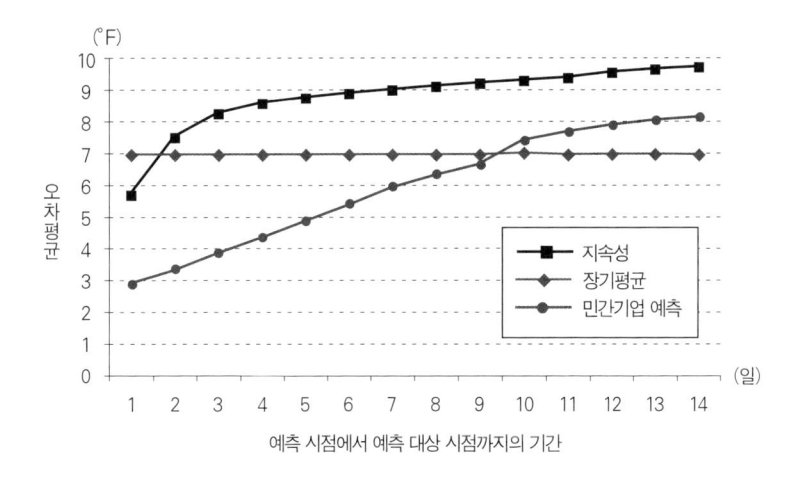

이 될 것 같다. 이 자동차들이 처음 20~30바퀴를 돌 때까지는 각 자동차가 어떤 순위로 통과할지는 자동차의 처음 출발 순서만 알면 어느 정도 정확하게 예측할 수 있다. 물론 당신의 예측이 완벽하지는 않을 것이다. 자동차끼리 충돌할 수도 있고, 자동차가 급유나 타이어 교체를 위해 중간에 피트스톱에 멈춰 서기도 하고, 엔진 이상으로 도중에 경기를 포기하는 자동차도 있을 텐데 당신이 이런 것들까지는 고려하지 않았기 때문이다. 그래도 무작위로 순위를 정하는 것보다는 훨씬 정확하다. 그런데 상황은 빠르게 달리는 자동차가 느리게 달리는 자동차를 따라잡으면서 완전히 달라진다. 두 번째로 출발한 자동차가 열여섯 번째로 출발한 자동차와 나란히 달리고(곧 추월이 일어난다), 맨 먼저 출발한 자동차는 스물여덟 번째로 출발한 자동차를 이미 한 번 추월했고 이제는 두 번째로 추월하려고 한다. 이렇게 되면 우리가 경기 시작 때 알던 정보는 아무짝에도 소용이 없어진다. 마찬가지로 대기가 온전하게 순환할 수 있을 만큼 충분히 시간이 흘렀을 때의 기상 패턴은 처음 출발 시점의 조건과 완전히 달라져 있고, 따라서 기상 예측 모델은 그야말로 요령부득 상태에 빠지고 만다.

플로에르가 발견한 사실은 바로 이 지점에서 골치 아픈 문제 두 가지를 제기한다. 하나는 7일이나 8일 뒤를 내다보는 예측을 할 때 컴퓨터 모델이 발휘하는 기술 수준은 제로나 마찬가지일 거라는 사실이다. 그런데 실제 현실에서는 제로가 아니라 오히려 마이너스다. 평범한 일반인이 장기평균치 기상 데이터를 놓고 짐작하는 것보다 컴퓨터 모델이 더 빗나가는 예측을 한다는 말이다. 어떻게 이런 일이? 그 이유는 기상체계에서 자연적으로 발생하는 피드백에 매우 민감하게 반응하는 컴퓨터 프로그램들이 스스로 피드백을 만들기 시작하기 때문이다. 소음 속에 더는 신호가 존재하지 않을뿐더러 소음 자체도 점점 증폭된다는 말이다.

그런데 더 큰 문제가 있다. 장기 예측이 이처럼 아무 소용이 없다면 어째서 웨더채널이나 애큐웨더가 줄기차게 장기 예측을 쏟아내는 걸까(웨더채널은 10일 뒤를, 애큐웨더는 무려 15일 뒤를 예측한다)? 로즈 박사는 그렇게 한다고 해서 실질적으로 해를 끼치지 않을뿐더러 오히려 도움을 주기 때문이라고 말한다. 순수하게 장기평균을 근거로 한 예측도 고객에게는 어느 정도 관심거리가 될 수 있다는 얘기다.

정확성이라는 실체가 민간기업이 하는 상업적 기상 예측에서 반드시 가장 중요한 원칙은 아니다. 기상 예측 소비자가 바라볼 때 가치가 부가되는 것은 정확성 자체보다는 정확성에 대한 '인식'이다.

예를 들어보자. 수익을 추구하는 기상 예측 업체들이 비 올 확률을 정확히 50퍼센트로 예측하는 일은 거의 없다. 고객에게 그건 하나 마나 한 얘기이기 때문이다.[41] 그래서 그들은 차라리 동전을 던져서는 60 퍼센트 위 또는 40퍼센트 아래로 결정한다. 이 같은 예측이 덜 정확하고 덜 정직하다 해도 말이다.[42]

플로에르는 수치를 조작하는 더 심각한 사례도 폭로했다. 이런 폭로가 없었다면 업계의 비밀로 영원히 묻혔을 파렴치한 행태다. 기상 예측 민간기업들은 대부분 편향을 가지고 있다. 의도적으로 설정된 편향이다. 특히 그들은 실제보다 눈이나 비가 더 많이 내릴 거라 예측하는 경향을 보인다.[43] 기상 전문가들은 이를 '축축한 편향wet bias'이라 부른다. 이 편향은 정부기관이 발표한 원자료에서 더 멀리 벗어날수록, 그리고 소비자에게 더 밀착하는 예측을 할수록 점점 심해진다. 예측은 이처럼 정확성을 축소함으로써 '가치 창출'을 늘린다.

오차보정이 필요한 순간

어떤 예측에 대한 가장 중요한 테스트 가운데 하나는 이른바 '오차보정calibration'이다. 사실 나는 이것이 가장 중요하다고 주장한다.[44] 당신이 비 내릴 확률이 40퍼센트라고 예측한 경우가 여러 번 있다 하자. 그런데 실제로 비가 내렸던 것은 몇 번이나 될까? 장기적 관점으로 봤을 때 실제로 40퍼센트 확률로 비가 내렸다면, 당신이 한 예측은 오차보정이 잘되어 있다고 말할 수 있다. 비 내린 확률이 20퍼센트 또는 60퍼센트라면, 당신 예측은 오차보정이 되어 있지 않은 것이다.

많은 분야에서 오차보정은 쉽지 않은 작업이다 우선 확률적으로 생각해야 한다. 그런데 '기상 전문가'까지 포함해서 사람들 대부분은 이런 식의 발상에 서툴다. 확률적 발상은 실제로 자기과신을 응징해준다(자기과신은 기상 예측가 대부분에게서 엄청나게 많이 보이는 특징이다). 또한 확률적으로 생각하려면 충분히 평가할 데이터가 많이 필요하다. 특히 예측가들이 수백 건의 예측을 해온 경우에 더욱 그렇다(서툴게 오차보정이 된 예측은 때로 좀 더 쉽게 포착된다. 당신이 어떤 일이 일어날 확률이 100퍼센트라고 했는데 실제로는 그 일이 일어나지 않았다면, 또는 그 확률이 0퍼센트라고 했는데 실제로는 그 일이 일어났다면, 우리에게 관련 데이터가 더 없더라도 우리는 당신이 한 예측이 틀렸다는 결론을 내린다).

기상 예측 전문가들이 그렇게 하고 있다. 이들은 날마다 수백 군데 도시를 대상으로 기온을 예측하고 눈이나 비가 올 확률을 예측한다. 이들은 1년에 수만 건이나 되는 예측을 한다.

예측이 이처럼 자주 수행되는 상황은 예측을 평가하고자 할 때뿐만이 아니라 예측가 본인에게도 많은 도움이 된다. 내가 잘못하고 있는 건 아닌지 수시로 피드백을 받을 수 있고, 그 피드백에 따라 적절하게 예측을 수정할 수 있기 때문이다. 그런데 어떤 컴퓨터 모델들은 상당히 '축축한' 예측, 그러니까 적정한 한도 이상으로 비 올 확률을 높게 예측하는 경향이 있다.[45] 하지만 일단 이 편향을 경계하기로 마음먹으면 얼마든지 이를 바로잡을 수 있다. 이 같은 방식으로 당신은 자신이 하는 예측이 지나친 자신감, 곧 자기과신에 젖어 있지는 않은지 알 수 있다.

미국 국립기상청의 예측은 놀랄 만큼 보정이 잘되어 있다(도표
4-7).[46] 이들이 비 올 확률이 20퍼센트라고 말하면 실제로 20퍼센트의
확률로 비가 온다. 이들은 피드백을 최대한 활용해왔으며, 이들의 예측
은 정직하고 정확하다.

그런데 웨더채널의 예보관들은 특정 조건에서는 수치를 살짝 부풀
리거나 줄인다. 역사상 이들이 비 올 확률이 20퍼센트라고 말할 때 실
제로는 비가 5퍼센트로밖에 오지 않았다.[47] 이는 의도적인 것으로, 웨
더채널은 이 오차를 기꺼이 받아들인다. 웨더채널은 자신들의 경제적
동기에 따라서 수치를 조작한다.

사람들은 비가 온다고 했는데 오지 않는 경우보다 비가 오지 않는다
고 했는데 오는 경우를 더 예민하게 받아들인다. 후자는 야외 활동을
망쳤다며 예보관들에게 온갖 저주를 퍼붓지만, 전자는 뜻밖의 횡재로

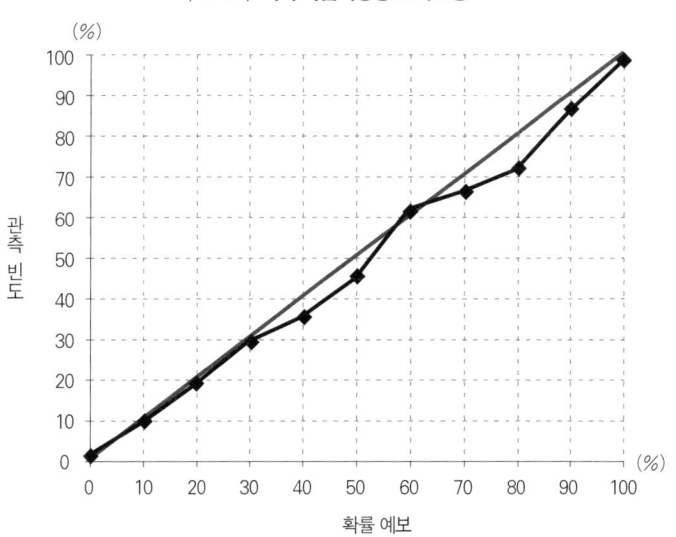

| 4-7 | 미국 국립기상청 오차보정

생각하며 가볍게 넘어간다. 하지만 이건 (웨더채널의 로즈 박사두 인정했듯이) 올바른 과학이 아니다.

"만일 우리가 편향지수 제로 수준으로 기상 예측을 객관적으로 한다면, 아마도 우린 온갖 낭패를 각오해야 할 겁니다."

그럼에도 웨더채널은 상대적으로 견실한 편이고(그래서인지 많은 소비자들이 웨더채널을 정부기관으로 오해한다) 대부분 정직하게 예보한다. 이들의 '축축한 편향'은 비 올 확률을 아주 조금 과장하는 데 그칠 뿐이다. 실제로 비 올 확률이 5~10퍼센트인데 20퍼센트라 하는 정도로, 예상치 못한 비가 올 경우를 대비하는 것뿐이다. 그래서 이들의 예측은 오차보정이 잘되어 있다(도표 4-8). 웨더채널이 비 올 확률이 70퍼센트라고 예측을 하면, 이 예측은 액면 그대로 받아들여진다.

그런데 지역 방송국이 기상예보를 할 때는 상황이 걷잡을 수 없이

| 4-8 | 웨더채널 오차보정

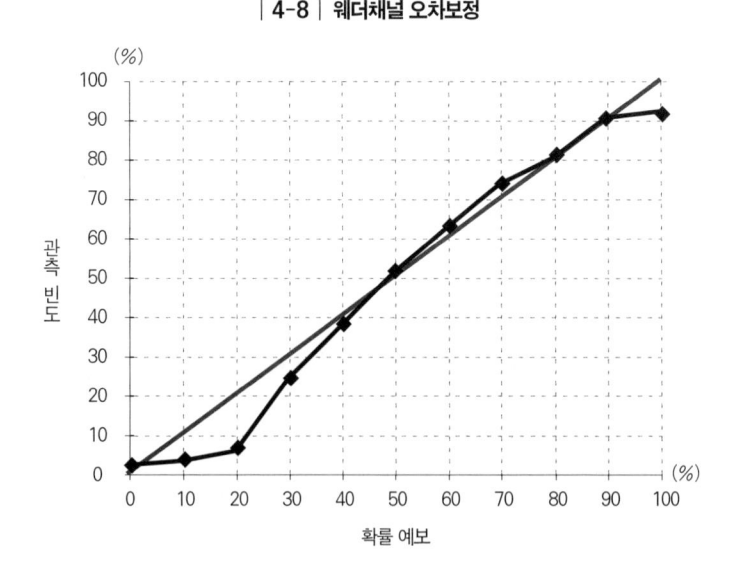

꼬이는 예가 많다. 이 경우 정확성과 정직성은 상당 수준의 편향이 개입함으로써 상당하게 훼손된다.

캔자스시티는 기상 예측에 관한 한 굉장히 큰 시장이다. 여름에는 타는 듯이 덥고, 겨울에는 사납게 추우며, 토네이도와 가뭄이 빈번하게 일어난다. 게다가 도시는 주요 방송국들이 모두 들어서 있을 정도로 크다. 그런데 J. D. 이글스턴J. D. Eggleston이라는 사람이 초등학교 5학년짜리 딸이 학교에서 수행하는 공동조사 작업을 도와주려고 텔레비전의 기상예보를 추적하다가 이 분석 작업이 너무도 흥미로운 나머지 일곱 달 동안이나 더 연구 분석을 한 다음, 그 결과를《괴짜경제학 Freakonomics》블로그에 올렸다.[48]

텔레비전 방송국이 하는 기상예보는 정확성을 그다지 중요하게 여기지 않았다. 텔레비전에 나오는 예측들은 미국 국립기상청 예측보다 훨씬 많이 빗나갔다. 텔레비전 방송국은 미국 국립기상청이 제공하는 데이터를 인터넷으로 거저 받아서 방송할 수도 있었을 텐데 말이다. 이글스턴의 연구조사에서 캔자스시티 방송국의 예보관이 비 올 확률을 100퍼센트라고 예보한 경우 가운데 실제로 비가 온 것은 70퍼센트에 조금 못 미쳤다(도표 4-9).

기상예보관들은 여기에 대해 단 한 차례도 사과하지 않았다. 예보관 한 명은 이글스턴에게 다음과 같이 말했다.

"기상 전문가를 고용할 때 정확성을 평가하는 일은 없습니다. 프레젠테이션이 정확성보다 더 우월한 기준이지요. 정확성은 시청자에게 별로 큰 관심거리가 아닙니다."

이런 태도는 모든 일을 그저 재미로 하는 것이라고 말하는 듯하다.

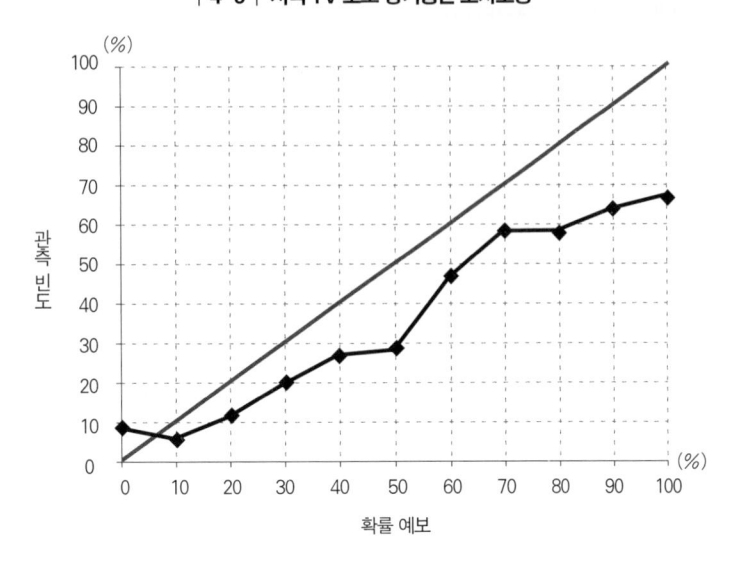

확률 예보

텔레비전 방송을 좀 더 잘하려고 하는 일인데, 설령 편향이 조금 있다 해도 그게 무슨 대수냐는 것이다. 시청자는 텔레비전 방송의 예보를 그다지 중요하게 여기지 않는데 굳이 정확성에 신경 쓸 필요가 뭐 있느냐는 항변이다.

이 같은 논리는 순환논리의 함정에 빠져 있다. 텔레비전의 예보관은 시청자가 자기들을 믿지 않으니 자기들도 굳이 정확성에 목맬 이유가 없다고 말한다. 하지만 말은 똑바로 해야 한다. 텔레비전의 기상예보관들이 하는 예보가 정확하지 않으니까 시청자들이 그들을 믿지 않는 것이다.

허리케인 카트리나가 닥쳤을 때처럼 긴박한 일이 벌어질 때는 문제가 심각해진다. 수많은 미국인들은 기상 정보, 특히 허리케인 정보를 국립허리케인센터를 통해 직접 얻기보다는 지역 차원의 매체를 통해 얻는다.[49] 그래서 많은 사람이 여전히 채널 7에 나오는 멍청이가 정확한 정보를 제공해줄 거라 믿고 의지한다. 기상예보관과 대중 사이에 불신 관계가 조성되어 있다면 대중은 기상 정보가 가장 필요한 때 그 정보를 얻지 못한다.

태풍의 눈과 카오스의 원뿔

맥스 메이필드는, 본인이 의회 청문회에서 증언했듯이, 카트리나 같은 거대한 허리케인이 뉴올리언스를 습격하는 사태에 대비하는 일을 육십 평생 대부분에 걸쳐 해왔다.[50] 메이필드는 토네이도가 발생하는 미국 중서부 지역을 일컫는 '토네이도 앨리Tornado Alley'에서도 심장부에 속하는 오클라호마에서 성장했다. 혹독한 기상 환경에서 자란 셈이다. 그리고 공군에서 처음 기상 관측과 예측 업무를 시작했다. 그가 국립 허리케인센터가 얼마나 허술하게 일반 대중과 소통하는지 알게 된 건 무척 오랜 시간이 지난 뒤였다. 메이필드는 오클라호마 특유의 느린 말로 그때를 회상했다.

"1989년에 허리케인 휴고Hugo가 지나간 뒤에 플로리다 출신의 행동과학자와 얘기를 나눴습니다. 그는 사람들이 허리케인 경고에 반응하지 않는다고 하더군요. 나는 따귀를 한 대 얻어맞은 기분이었습니다. 하지만 그 사람 말이 백번 옳다는 걸 깨달았습니다. 사람들은 '허리케인 경보'라는 문구에는 반응하지 않습니다. 정부 관리 말에는 반응하지요. 사람들은 텔레비전에 나오는 앵커나 예보관의 말을 듣고는 대피

소로 달려가지 않습니다."

국립허리케인센터는 메이필드의 지도하에 허리케인 예보를 일반 대중에게 어떤 방식으로 할지를 고민했다. 이 기관의 웹사이트는 다른 정부 기관들의 웹사이트와는 확연하게 다르다. 후자는 옛날 고리짝 시절 그대로 업데이트도 되지 않은 채 방치되어 있지만, 국립허리케인센터는 웹사이트 디자인과 내용 관리에 엄청나게 신경 쓴다. 그리고 형형색색의 도형이 등장하는 매력적인 도표 보고서를 제공하는데, 풍속에서 폭풍 해일에 이르는 모든 것을 직관적이고도 정확하게 알 수 있는 정보를 담고 있다.

국립허리케인센터는 또한 자신들이 내는 예측에 불확실성을 어떻게 표현할지도 세심하게 신경 쓴다. 메이필드는 이렇게 말했다.

"불확실성은 기상 예측의 근본 요소입니다. 이 불확실성에 대한 묘사나 언급이 없으면 그 어떤 예측도 완전할 수 없습니다."

일례로 국립허리케인센터의 예측 보고서는 허리케인의 예상 경로 하나만 달랑 내놓지 않고 이른바 '불확실성의 원뿔cone of uncertainty'을 상세하게 설명한다. 어떤 사람들은 이를 '카오스의 원뿔cone of chaos'이라 부르기도 한다고 메이필드가 얘기해주었다. 이는 태풍의 눈이 상륙할 가능성이 높은 지역의 범위를 나타내는 말이다.[51] 메이필드는 그런데 이것조차도 충분하지 않다고 걱정한다. 허리케인의 중심에서 멀리 떨어져 있거나 허리케인의 풍속이 정점을 지나 수그러진 지역이라 해도, 폭풍 그 자체보다 때로는 더 치명적인 돌발홍수flash flood와 같은 상황이 발생해서 엄청난 피해를 줄 수 있기 때문이라고 했다. 2011년 뉴욕을 습격한 허리케인 이레네Irene를 두고 온갖 미디어가 난리를 쳤는데, 정작 뉴욕에서 이 허리케인으로 사망한 사람은 한 명도 없었다. 하지만 텔레비전 중계 카메라가 꺼진 다음에 내륙 지역인 버몬트에서 돌발홍수로 세 명이 사망했다.[52]

국립허리케인센터는 도시 전체를 대상으로 대피령을 내리는 정책 지침은 맡고 있지 않다. 대신 이 기능을 미국 국립기상청의 122개 지방 기상청에 위임해서 이들이 주지사나 시장, 보안관이나 경찰관 등과 의사소통하도록 했다. 지방 기상청이 해당 지역의 문화를 더 잘 이해하고 있으므로 사람들을 설득하는 일이나 대피시키는 일을 더 원활하게 수행할 것이라는 게 공식 이유다. 그런데 메이필드와 대화를 나누면서 알게 된 비공식 이유가 있었다. 국립허리케인센터는 자기 임무를 명확하게 설정하고자 한다는 사실이다. 자신들만이 유일하게 허리케인 예측을 발표하는 만큼 이 임무에 집중하겠다는 것이다. 될 수 있으면 정확하고 정직한 예측을 해야 하는데, 다른 업무로 관심이 분산되면 그렇게 못할 수도 있기 때문이라는 말이다.

그러나 이 '초연한' 접근법이 뉴올리언스에서는 제대로 작동하지 않았고, 메이필드가 직접 전화를 걸어야 했다.

대피 결정은 쉬운 일이 아니다. 대피 자체가 치명적일 수도 있기 때문이다. 일례로 2005년 허리케인 리타Rita 때 병원에 있던 환자를 호송하던 버스가 휴스턴을 떠나던 도중 화염에 휩싸여 노인 23명이 사망했다.[53] 메이필드는 대피와 관련해 이렇게 말했다.

"지역의 담당 책임자들한테 대피는 정말 어려운 일입니다. 이들은 이 확률적 정보를 보고 결정을 내려야 합니다. 떠나느냐 떠나지 않느냐. 이것 아니면 저것 중에 하나를 결정해야 합니다. 이들은 확률적 판단을 해야 하고, 그걸 결정론적인 어떤 것으로 바꿔야 합니다."

하지만 뉴올리언스의 경우에 대피의 필요성은 너무도 명백했지만 메시지는 전달되지 않았다.

"허리케인센터에 매슈 그린Matthew Green이라는 청년이 있습니다. 아주 특출한 청년입니다. 기후학 학위도 있지요. 대피 작업 담당자들과 경고 상황을 조정하는 일을 하는데, 이 청년의 어머니가 뉴올리언스에 살았습니다. 그런데 무슨 까닭에서인지 이 어머니가 도시를 떠나지 않았습니다. 허리케인에 대해 아주 잘 알고 또 긴급한 대처가 무얼 뜻하는지도 잘 아는 청년이었지만 자기 어머니를 설득해서 대피하도록 하지는 못했던 겁니다."

그래서 국립허리케인센터는 멕시코만 일대의 지역 담당자들에게 일일이 전화를 걸기 시작했다. 카트리나가 최악의 허리케인이 될 것이라는 예측이 이미 나왔으며 최악의 순간까지는 아직 이틀이 남아 있던 8월 27일, 메이필드는 미시시피 주지사 헤일리 바버Haley Barbour와 통화를 했고, 주지사는 가장 취약한 지역들을 대상으로 강제 대피령을 내렸다.[54] 루이지애나 주지사 캐슬린 블랭코Kathleen Blanco는 비상사태를 선포한 상태였다. 블랭코는 메이필드에게 뉴올리언스 시장 레이 내긴한테 전화를 걸어 대피령 발동을 독촉하라고 했다. 내긴은 그때까지도 미적거리고 있었다.

내긴은 메이필드가 전화를 했을 때 받지 못했다가 뒤에 메이필드에게 전화를 했다. 메이필드는 당시를 이렇게 회상했다.

"내가 무슨 말을 했는지 정확하게 기억이 나지 않습니다만, 그 2~3일 동안 수없이 많은 대화를 했습니다. 지금도 분명하게 기억하는 건,

'당신은 어려운 결정을 내려야 한다, 인명 피해가 상당할 걸 각오해야 한다'라는 말을 했다는 겁니다."

메이필드는 내긴에게 강제 대피령을 내릴 것, 그것도 최대한 빠르게 내릴 것을 요구했다.

하지만 내긴은 우물쭈물 시간을 낭비하면서 강제 대피령이 아닌 자발적 대피령을 내렸다. '빅 이지Big Easy'라는 별명까지 있는 꾸물거림의 대명사 뉴올리언스에서는 오로지 강제 대피령만이 사람들에게 위협이 얼마나 심각한지 알려줄 수 있었다.[55] 뉴올리언스를 덮친 가장 근래의 재앙인 1965년 허리케인 벳시Betsy 때 시민이 모두 살아남은 건 아니었다. 하지만 살아남은 사람은 살아남았다. 이들 가운데 대피하지 않고 남아 있던 노인이 공무원들에게 이렇게 말했다.

"허리케인 벳시 때도 살아남았는데 이번이라고 살아남지 못하겠습니까? 아시다시피 우린 벳시를 이겨낸 사람들이란 말이오."[56]

뉴올리언스 시민이 전형적으로 보이는 반응이 바로 이러했다. 카트리나 등 여러 허리케인을 통한 교훈은 허리케인을 한 번 이겨낸 사람들은 다음 허리케인이 덮칠 때 대피하지 않으려는 경향을 보인다는 사실이다.[57]

내긴이 대피령 발동을 꾸물거린 이유는 여전히 논란의 대상이다. 내긴은 대피령을 내렸을 경우 파산한 호텔 소유주들이 시를 상대로 소송을 걸지 모른다고 걱정했을지도 모른다.[58] 어쨌든 그는 일요일 오전 열한 시가 되어서야 강제 대피령을 내렸다.[59] 그 시점까지도 시 당국으로부터 어떤 지시도 전달받지 못한 주민들은 혼란 상태에 빠져 있었다. 한 연구 결과를 보면, 도시를 떠나지 않은 주민 가운데 약 3분의 1은 대피령이 떨어졌다는 소식을 듣지 못했고, 3분의 1은 대피령을 듣기는 했지만 구체적 지시를 받지는 못했다.[60] 재난 피해자 조사가 늘 믿을 만한 자료는 아니다. 엄청난 정서적 긴장 속에서 자기가 했던 행동을 분명하게 기억하고 어떤 근거로 그런 행동을 했는지를 설명하기란 쉽지 않기 때문이다.[61] 그리고 뉴올리언스 전체 인구 가운데 아주 소수는 대피령이 분명히 초기에 그리고 여러 차례 반복되었음에도 자기는 그런 명령을 들은 적이 없다고 말한다. 하지만 허리케인 카트리나의 경우 주민이 겪은 혼란의 책임은 분명 내긴에게 있다(내긴은 카트리나 사태 전후를 포함해, 시장으로 재직하는 동안 사업가들에게 뇌물을 받은 혐의로 기소되어 2014년 2월 유죄 평결을 받았다 - 옮긴이).

물론 많은 책임은 카트리나에 있다. 또 내긴 외에 미국 연방재난관리청에도 책임이 있다. 박수를 받아야 할 곳도 있다. 대부분의 사람들이 대피를 한 이유 가운데 하나로 국립허리케인센터가 정확한 예측을 했다는 점을 꼽을 수 있다. 믿을 만한 허리케인 예측이 가능하기 이전인 1965년에 뉴올리언스를 덮쳤던 허리케인 벳시가 카트리나처럼 도시의 제방을 무너뜨렸다면, 카트리나 때와는 비교도 할 수 없이 많은 인명 피해가 났을 것이다(허리케인 벳시 때는 74명이 사망했다 - 옮긴이).

카트리나에서 배울 수 있는 작은 교훈 하나는 기상예보관에게는 정확성이 최상의 정책이라는 점이다. 정치적 관계나 개인적 명성, 경제적 동기 따위를 진실보다 앞세우는 예측은 죄악이다. 때로는 선한 의도에서 이러한 예측이 나오기도 하지만 그 예측은 언제나 나쁜 결과를 빚어낸다. 국립허리케인센터는 예측을 위태롭게 하는 이러한 것들이 객관성을 훼손하는 일이 없게끔 하려고 최상의 노력을 기울인다. 이 책에 등장하는 예측상의 모든 실패와 비교할 때, 국립허리케인센터의 예측이 지난 25년 동안 350퍼센트 더 정확해졌다는 사실은 결코 우연이 아닐 것이다. 메이필드는 이렇게 말했다.

"기상을 예측하는 사람의 역할은 가능한 한 최상의 예측을 하는 겁니다."

아주 단순 명료한 말이다. 그런데도 다양한 분야에서 예측을 하는 수많은 사람들이 매일 엉터리 예측을 하고 있다.

05

지진

필사적으로,
신호를 찾아서

2009년 4월 어느 쌀쌀한 일요일 저녁, 이탈리아 중부 도시 라퀼라. 잠자리에 들려던 시민들은 두 차례 진동을 느꼈다. 두 번 모두 멀리서 우르릉거리며 지나가는 화물열차의 울림보다 크게 감지될 정도는 아니었다. 현지 시각으로 밤 열한 시 직전에 일어난 첫 진동은 진도 3.9로, 신경이 예민한 사람이라면 깜짝 놀라고 놓아둔 물건이 흔들릴 정도지만 그 이상은 아니었다. 두 번째는 그보다 약한 진도 3.5 규모로 깊이 잠든 사람은 알지 못할 정도였다(뉴스에서 흔히 말하는 지진 규모의 단위는 캘리포니아공과대학의 지진학자 찰스 리히터Charles Richter의 이름을 딴 리히터다. 그런데 더 정확한 단위가 있다. 모멘트규모moment magnitude scale, MW다. 이 단위는 1970년대에 캘리포니아공과대학이 개발한 것으로 현재 지진학자들 사이에서는 리히터보다 더 많이 사용된다. 모멘트등급 규모는 역시 캘리포니아공과대학에서 개발한 리히터 규모와 비교하기 위해 고안되었다. 두 단위 모두 상용로그이고, 규모 8.0은 어떤 규모 단위에서도 매우 심각한 지진이다. 그러나 이 두 지진 규모는 동일한 방식으로 계산되지 않는다. 이 책에서 언급하는 지진 규모는 모멘트등급이다).

라퀼라는 지진에 관한 한 신경이 예민한 도시였다. 아펜니노산맥 기슭에 자리잡고 있으며 스키리조트와 중세 성곽으로 유명한 이 도시에서는 이례적이리만치 지진이 잦았다. 일요일의 그 두 차례 지진은 지난 일주일 동안 일어난 지진 가운데 진도 3 이상인 것만 따져도 일곱 번째와 여덟 번째였다. 이 도시에서 소규모 지진은 전혀 특별한 게 아니다. 그런데 발생 빈도가 심상치 않았다. 두세 달에 한 번꼴로 일어나던 소규모 지진이 거의 100배나 높은 빈도로 발생하고 있었다.

한편 라퀼라와 산 하나를 두고 떨어져 있는 술모나는 지진의 공포에서 막 벗어난 참이었다. 이탈리아 국립핵물리학연구소의 기술자 잠파올로 줄리아니Giampaolo Giuliani는 술모나에서 이례적으로 높은 라돈 수치를 측정했다고 주장했다. 그는 이것이 지진의 전조라고 판단했으며, 이런저런 과정을 거친 뒤 마침내 시장에게 3월 29일 오후에 술모나에 지진이 일어날 거라고 말했다. 술모나 시장은 줄리아니의 예측을 받아들여 방송 차량들을 동원해 온 도시를 누비며 시민들에게 지진이 임박했다고 경고하도록 지시했다.[1]

하지만 문제의 그날에 지진은 없었다. 줄리아니는 예측이 빗나간 뒤에 '거짓 선동'을 했다고 지방 당국에 신고되었다. 그가 한 행동은 사람들이 가득 들어찬 극장에서 거짓말로 불이 났다고 고함을 지른 거나 마찬가지라고 했다. 당국은 그에게 인터넷에 올린 지진 예측 내용을 삭제할 것을 지시했다. 추가로 사람들이 공황 상태에 빠지는 걸 막겠다는 조치였다.

라퀼라 당국은 시민들에게 지진 떼earthquake swarm[지진학자들은 연달아 일어나는 소규모 지진을 '지진 떼(군발지진)'라는 용어로 표현한다]는 전혀 걱정하지 않아도 된다고 했다. 이탈리아 시민보호부 차관 베르나르도 드베르나르디니스Bernardo De Bernardinis는 단층이 다행스럽게도 에너지를 방출하고 있어서 대규모 지진의 위협은 줄어들고 있다고 설명했다.[2] 그러면서 시민들은 느긋하게 앉아 와인을 즐겨도 좋다며,[3] 지역 명산품 와인인 몬테풀치아노를 추천하기까지 했다.

그런데 대규모 지진이 라퀼라를 때렸다. 지진은 진도 6.3 규모로 현지 시각 일요일 오전 3시 32분에 발생했다. 집들은 기초부터 흔들렸다. 지붕이 무너져내리고, 가구들은 위험하게 쓰러지고 쏟아졌다. 이 지진으로 300명 이상 사망하고, 6만 5천 명에 이르는 이재민이 생겼으며, 160억 달러가 넘는 재산 피해가 났다.[4]

발밑이 흔들릴 때 우리가 하는 일

라퀼라는 지진에 더 잘 대비했어야 했다. 이 도시는 특히나 격렬한 유형에 속하는 단층인 섭입대攝入帶, subduction zone 가까이 있는데, 바로 이 지점에서 지구를 덮고 있는 여덟 개 주요 지질구조판 가운데 하나인 아프리카판이 느린 속도로 유라시아판 밑으로 밀려들어가기 때문이다(판구조론에서는 판의 이동으로 판과 판이 충돌하는 일이 나타나는데, 이 때 해양판과 대륙판이 충돌할 경우 상대적으로 무거운 해양판이 가벼운 대륙 판 밑으로 밀려들어가는 작용이 일어나는 곳을 섭입대라 한다. 한편 지구의 표면은 판$_{plate}$이라 불리는 크고 작은 조각으로 나뉘며, 현재 지구의 겉모습은 수십억 년 동안 판들이 느리게 이동하고 서로 부딪쳐 합쳐지고 쪼개져서 만들 어진 결과물이다 - 옮긴이). 라퀼라에서 발생한 대규모 지진으로 처음 기 록에 등장하는 것은 1315년이다. 그 뒤로도 1349년, 1452년, 1461년, 1501년, 1646년, 1703년, 1706년, 그리고 가장 심각했던 1786년에 대 규모 지진이 일어났다. 1786년 지진에서는 5천 명이 넘게 사망했다.[5] 하지만 지진 때마다 교황의 직접 지시로[6] 도시는 매번 새롭게 지어졌 으며 곧이어 강제 이주된 주민들로 채워지곤 했다.

라퀼라 시민은 그때 이후로 200년 넘게 목숨을 걸고 운명에 도전했 다. 1958년에 지진 하나가 이 도시를 때렸다. 진도 5.0으로[7] 비교적 소 규모여서 나이가 많은 사람들만이 그 지진을 기억하고 있다. 그런데 2009년의 지진은 한층 강력했다. 지진의 진도 규모는 상용로그로 표 시된다. 진도가 1씩 올라갈 때마다 에너지 방출량은 32배씩 커진다. 그 러니까 진도 6.3의 2009년 지진은 1958년의 지진보다 약 75배나 강력 한 규모였다. 이는 또 지진이 일어난 날 초저녁에 대지진의 전조였던 두 차례의 진동보다는 3천 배 강력했다.

2009년의 라퀼라 지진은 이탈리아 기준으로는 대단한 것이었지만, 전 세계를 놓고 보자면 딸꾹질 정도밖에 되지 않는다. 2011년에 일본 을 강타한 지진은 진도 9.0 또는 9.1로 라퀼라 지진의 거의 1만 1천 배 였다. 믿을 만한 역사 기록에 등장하는 가장 강력한 규모는 1960년 칠

레를 강타한 지진인데, 진도가 무려 9.5였다. 라퀼라 지진에 비하면 6만 배나 강력한 규모다.

그런데 어째서 부유하고 산업화가 잘된 이탈리아라는 나라에서도 꽤나 잘사는 도시로 꼽히는 라퀼라가 그처럼 엄청난 피해를 지속적으로 입어야만 했을까? 한 가지 이유는 이 도시의 지질학적 위치 때문이다. 라퀼라가 자리한 곳은 고대에는 호수 바닥이었는데, 이런 지질은 지구 진동을 증폭하는 경향이 있다. 멕시코시티 역시 고대 때 호수 바닥이던 곳에 자리잡고 있는데,[8] 1985년 이 도시에서는 200마일(320킬로미터) 넘게 떨어진 곳에서 발생한 지진으로 1만 명이 사망했다.

그러나 라퀼라가 지진에 큰 피해를 지속적으로 입는 가장 큰 이유는, 사람들이 땅속으로 겨우 15킬로미터밖에 떨어져 있지 않은 지진 위협을 아무렇지도 않게 받아들인다는 데 있다. 라퀼라에는 건축 법규, 긴급 구호 체계, 지역 단위 대비 훈련 등을 통틀어 적절한 지진 대비책[9]이라는 게 없었다. 수백 년 된 건물들은 말할 것도 없고 최근이라 할 2000년에 세워진 병원 부속건물을 포함해 많은 현대 건축물도 강력한 지진을 견딜 수 있게 설계되어 있지 않았다. 약간의 경고만 있었더라도 셀 수 없을 만큼의 인명을 구할 수 있었다는 말이다.

잠파올로 줄리아니가 그런 경고를 했었나? 줄리아니는 이탈리아의 타블로이드 신문들에서 석학이나 순교자가 되어 있었다. 말투가 유순하고 머리 손질을 단정하게 하지 않으며 지역 연고 축구팀 상징색의 옷을 자주 입는 그는 시시한 공무원과 통찰력 없이 멍청한 학자를 대신하는 역할을 했다. 그는 친구나 가족에게 라퀼라에서 지진이 일어날 수 있다고 경고했지만 경찰이 그런 이야기를 사람들에게 하지 말라고 지시했다고 주장했다. 줄리아니는 당국에 사과를 요구했다. 자기가 아니라 라퀼라의 주민들에게 사과하라고 말이다.

줄리아니가 그 지진을 실제로 예측하지 못했다는 사실에 신경 쓰지 말기 바란다. 그의 예측은 매우 구체적이었다. 라퀼라가 아니라 술모나가 위험하다고 했으며, 4월이 아니라 3월에 지진이 올 것이라고 했다. 사실 그는 라퀼라에 지진이 발생하기 전, 지역 신문과 인터뷰를 하면서 위험은 이미 지나갔다고 말했다. 이 신문에서 태음 주기lunar cycle(연중 같은 날에 초승달과 보름달이 뜨게 되는 주기로 19년이다 – 옮긴이)에 대해 장황하게 설명하기 직전에 이런 얘기를 꺼냈다.

"개념을 단순화하자면, 지구와 달이 금성과 가장 가까이 또 나란히 서는 지점에 막 접근했습니다. (…) 이제 나는 동료 시민들한테 안심하라고 말할 수 있을 것 같습니다. 지진 떼는 3월 말부터 잦아들 것이니까요."10

금성과 가장 가까워진다? 라돈 가스? 이런 것들 가운데 과연 무엇이 지진과 관계가 있을까? 줄리아니의 예측이 술모나에서 실패로 돌아간 것은 또 어떻게 설명할 수 있을까? 그건 문제가 아니었다. 우리는 재앙이 발생할 때 그 소음 속에서 신호를 찾는다. 주변에서 목격하는 혼돈을 설명하고 세상을 다시 정연한 질서 아래 묶을 수 있는 것을 찾는다. 줄리아니의 산만하고 종잡을 수 없는 설명은 그나마 그 신호에 가장 가까운 것이었다.

지진보다 더 우리의 질서의식에 강한 충격을 주는 재앙은 없다. 허리케인은 하늘에서 내려오고 종종 신의 자비로운 배려, 곧 섭리와 연관되기도하는 반면(일본어 '가미카제神風'는 '신의 바람'이라는 뜻인

데, 1274년과 1281년에 발생한 태풍이 몽골의 침입을 막아준 데서 유래한 말이다), 지진은 땅속 깊은 곳에서 기인하며 흔히 신의 분노나[11] 무관심[12] 또는 부존재不存在와 연관된다(1755년 리스본에서 발생한 지진은 세속 철학이 발전하는 중요한 계기로 작용했다).[13] 또 허리케인은 홍수나 토네이도나 화산 폭발과 함께 대개는 사전에 예측할 수 있지만, 지진은 인류가 수백 년 동안이나 예측하려고 했지만 이런 노력을 늘 무산시켜왔다.

마법의 두꺼비와 성배 찾기

미국 캘리포니아주 패서디나는 오래전부터 지진 연구에 관한 세계적 중심지다. 패서디나는 찰스 리히터가 1935년에 그 유명한 지진 규모 단위인 리히터를 개발한 캘리포니아공과대학이 있는 곳이다. 미국지질조사소도 여기에 현장사무소를 운영하는데, 최고의 지진 전문가들이 상주하며 연구를 한다. 2009년 9월에 여기를 찾아가 수전 휴Susan Hough 박사를 만났다. 휴는 미국지질조사소 소속 최고 지질학자 가운데 한 명이며, 지진 예측 관련서를 여럿 쓴 저자이기도 하다. 그녀는 줄리아니가 텔레비전 인터뷰하는 모습을 수상쩍게 지켜보았으며, 줄리아니와 그에게 쏟아지는 관심을 통렬하게 비판하는 글[14]을《뉴욕타임스》에 게재하기도 했다.

휴는 이 글에서 줄리아니가 거둔 성공은 한갓 우연일 뿐이라고 주장했다.

"사람들이 줄리아니의 예측에 귀 기울이는 것은 그 예측이 올바르다고 증명된 듯 보이기 때문이다. 하지만 대중이 귀 기울이지 않는 빗나간 예측도 수없이 많다는 사실을 알아야 한다."

한 해에만도 지진이 수백 건 발생하는 상황에서 수백 명이 지진 예측을 한다면, 그중 누군가가 한 예측은 필연적으로 맞을 수밖에 없다. 자격을 갖춘 지질학자들이 라돈 가스와 태음 주기에 대한 줄리아니의 이론을 놓고 여러 차례 검토해봤는데,[15] 그 이론으로 지진을 예측할 수는 없음을 밝혔다. 줄리아니는 세익스피어라는 글자를 타이핑하는 원숭이나 월드컵 경기에서 승리 팀을 알아맞히는 문어처럼 그저 운이 좋았을 뿐이다.

미국지질조사소 내 휴의 사무실은 학생보다 유칼립투스가 더 많은 캘리포니아공과대학 교정의 구석 조용한 곳 가까이 있었다. 내가 만났을 때 그녀는 터키에서 지진 단층 체계에 관한 연구를 마치고 막 돌아온 터라 조금 지쳐 보였다. 인상은 부드러웠고, 머리카락은 곱슬곱슬했으며, 눈빛은 짙었다. 그리고 어딘지 모르게 의심이 많아 보였다.

"본업으로 뭐 하세요?"

인사를 나누고 얼마 지나 그녀가 던진 질문이었다.

휴는 주머니에 쏙 들어갈 크기의 지구본을 책상에 올려놓았다. 공항 선물가게에서 살 수 있는 듯한 지구본이었다. 그녀는 집게손가락으로 지구본 표면에 한국 동해에서 시작해 동남동 방향으로 선을 하나 그었다.

"바로 이 지대에 집중되어 있습니다. 중국 남부 지역에서 그리스까지요."

휴는 세계에서 가장 파괴력 높은 지진 이야기를 하고 있었다.

"정말 복잡하기 짝이 없는 지진대죠. 그리고 여기엔 지진에 취약한 건물들이 많습니다. 테헤란 지하에서 거대한 지진이 일어난다면, 최소 100만 명이 사망할걸요."

현대 역사에서 수많은 인명을 앗아간 대형 지진 대부분은 휴의 손가락이 지나간 지대에서 발생했다(도표 5-1). 그 지대는 중동에 있는 문명의 발상지를 관통할 뿐 아니라 중국과 인도를 포함해 지구에서 가장 인구밀도가 높은 지역 일부를 관통한다. 가난하고 인구가 밀집한 곳이 많은 이들 지역에서 300년에 한 번꼴로 발생하는 재앙에 대비한다는 건 사치나 다름없다. 하지만 여기에서 지진이 일어난다면 사망자는 수십만 명까지 늘어날 수도 있다(2010년 아이티에서 발생한 지진은 지리학적으로 보면 특정한 패턴에서 벗어난 예외적 사례다. 그러나 빈약하고 느슨한 건축 법규가 어마어마한 인명과 재산 피해를 준다는 점에

| 5-1 | 1900년 이후에 발생한 대규모 지진

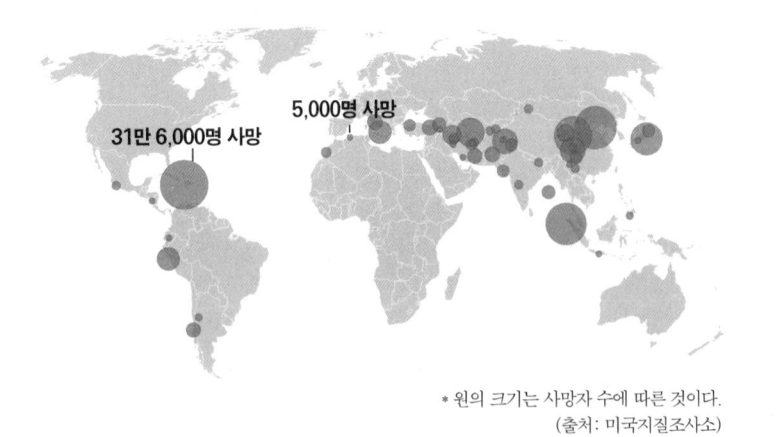

*원의 크기는 사망자 수에 따른 것이다.
(출처: 미국지질조사소)

서는 결코 예외가 아니다).

허리케인으로 죽는 사람보다 지진으로 죽는 사람이 더 많다.[16] 겉으로 보기에는 지진이 드물게 일어나는 현상 같지만 말이다.[17] 지진 사망자가 이렇게나 많은 건 지진 예측이 성공하는 예가 거의 없기 때문이 아닐까 싶다. 허리케인 예측 수준은 25년 전에 비해 상륙 지점을 적어도 세 배 이상 정확하게 예측할 수 있을 정도로 발전했다. 그러나 지진 예측은 19세기 이래 거의 진전이 없다. 굳이 19세기를 기준점으로 삼은 이유는 일본이 19세기에 메기의 행동을 관찰해서 지진을 예측할 수 있다고 처음으로 주장했기 때문이다[18](소, 돼지, 뱀장어, 쥐, 잉꼬, 갈매기, 거북이, 금붕어, 뱀 등도 지진 전에 이상행동을 하는 것으로 보고되고 있다).

사람들은 줄리아니와 같은 괴짜들이 하는 말을 여전히 진지하게 받아들이긴 하지만 이탈리아의 타블로이드 신문들처럼 호들갑스럽지는 않다.[19] 검증되지 않는 지진 예측 수백 건이 매년 캘리포니아지진예측평가위원회에 접수된다. 하지만 위원회는 그 대부분이 "반려동물이 보이는 이상행동에 관한 의견, 직관, 우리 이모가 겪는 무지외반증의 통증 추이, 또는 그 밖에 과학자들이 전혀 이해할 수 없는 신비한 기호나 징조"라고 밝힌다.[20] 한편 학술지 논문들 중에도 고대 일본 설화와 구분하기 어려운 게 많다.

제법 유명한 학술지인《동물학회지Journal of Zoology》에 실린 2010년의 논문[21] 하나는 라퀼라에서 50마일(80킬로미터)쯤 떨어진 연못에서 문제의 그 대지진이 일어나기 5일 전부터 두꺼비가 산란을 멈췄다는 관찰 내용을 담고 있다.[22] 놀랍게도 이 논문은 그게 바로 두꺼비가 지진을 예측했다는 증거라고 주장한다.

바로 이런 부류의 연구들이 휴를 지치게 한다.

"옛날로 돌아가볼까요? 1970년대로요. 사람들이 지진과 관련된 어떤 발견을 들고서 나타납니다. 이 사람들은 드디어 지진을 예측할 방법을 찾았다고 좋아합니다. 한 10년쯤 지나죠? 그 방법론이 엉터리였다는 게 드러납니다. 10년 뒤에 또 새로운 방법론이 등장하고, 다시 10년이 지나면 엉터리로 밝혀집니다. 이러는 동안에 세월은 다 갑니다. 있지도 않은 성배를 좇는 일이 허망할 뿐이란 건 이제 진지한 과학자들이라면 누구나 다 압니다."

금성이 가까이 접근했다는 줄리아니의 주장이나 두꺼비의 예측능력 따위가 허망한 엉터리라고 일축하기는 쉽지만, 그렇다면 과연 지진을 예측할 방법은 어디에도 없는 걸까? 그렇다면 본진本震이 라퀼라를 강타하기 전에 나타났던 작은 규모의 지진 떼는? 그건 그저 우연의 일치였을까? 지진학계는 보수적인 걸로 유명하다. 예를 들어 지구를 덮고 있는 판끼리 충돌할 때 나타나는 현상이 지진이라는 판구조론板構造論, plate tectonics이 지금은 널리 통용되지만, 이 이론은 1912년에 처음 등장하고 나서 1960년대가 되어서야 정식으로 인정을 받았다.[23] 혹시 휴에게서 느껴지는 회의론이 이미 냉소주의로 굳어져버린 건 아닐까?

미국지질조사소의 공식 입장은 한층 더 단호하다. 지진을 예측할 수 없다는 것이다. 이 기관의 웹사이트는 공식적으로 이렇게 천명한다.

"미국지질조사소든 캘리포니아공과대학이든 또 어떤 과학자든 간에 대규모 지진을 예측한 적은 단 한 번도 없다. 이들은 앞으로 얼마나 더 시간이 흘러야 지진을 예측할 수 있을지 전혀 알지 못하고, 또 그럴 가능성도 없다고 생각한다."[24]

지진을 예측할 수 없다? 이 책은 예측에 관한 책이지 예측을 하는 책이 아니다. 하지만 나는 내 목을 걸고서 분명히 예측하겠다. '내년에는 미국 뉴저지보다 일본에서 지진이 더 많이 발생할 것이다. 또 앞으로 100년 안에 대규모 지진이 캘리포니아 어딘가를 강타할 것이다.'[25]

어떻게 보면, 미국지질조사소와 나는 모두 말장난을 하는 셈이다. 예측prediction이나 예상forecast이라는 단어는 여러 분야에서 다른 의미로 사용된다. 몇몇 경우에는 동일한 의미로 사용되기도 하지만, 몇몇 분야에서는 철저하게 구분된다. 그런데 지질학만큼 이 두 단어의 차이점에 민감한 분야는 없어 보인다. 지질학자와 대화를 나눌 때는 다음 사항을 명심해야 한다.

1. 예측은 지진이 언제 그리고 어디에서 일어날 것인지 구체적이고 명시적으로 말하는 것이다. '대규모 지진이 6월 28일에 일본 교토를 강타할 것이다'가 예측이다.

2. 예상은 확률적 진술이며 대개는 장기적 차원의 발상이다. '지진이 30년 안에 캘리포니아 남부 지역에서 일어날 확률은 60퍼센트다'가 예상이다.

지진을 예측할 수는 없어도 예상할 수는 있다는 게 미국지질조사소의 공식 입장이다.

지진은 어떻게 움직이는가: 멱법칙 분포

미국지질조사소 웹사이트를 둘러보면 이 연구소가 지진을 '예상'하는데 유용한 갖가지 도구를 만들고 있다는 걸 알 수 있다. 이 가운데 특히 깔끔한 도구는 사용자가 미국의 어느 지점이든 경도와 위도를 입력해서 검색하면 그 지점에서 지진이 일어날 장기적 확률을 제시해주는 프로그램이다.[26] 〈도표 5-2〉는 미국 주요 도시들에서 지진이 일어날 확률로, 미국지질조사소가 제시한 데이터다.

캘리포니아가 지진이 활발하게 일어나는 곳임을 우리는 잘 안다. 미국지질조사소는 진도 6.8 이상의 지진이 샌프란시스코에서 발생할 빈도를 35년에 한 번꼴로 추정한다. 또 알래스카에도 지진이 자주 일어난다는 사실을 많은 사람이 알고 있다. 기록상으로는 역대 두 번째로 강력한 진도 9.4의 지진이 1964년에 알래스카주 앵커리지를 강타했다. 앵커리지는 미국에서 지진 발생 가능성이 가장 높은 도시로 추정된다.

그런데 혹시 사우스캐롤라이나의 찰스턴에 대해서는 알고 있는가? 이곳도 지진이 활발하게 일어나는 곳이다. 1886년에는 진도 7.3의 지진이 일어났다. 미국지질조사소는 이곳에서 또 하나의 거대한 지진이 일어날 가능성을 600년에 한 번꼴로 추정한다. 그리고 시애틀 시민은 지진에 미리 대비하는 게 좋을 것이다. 미국지질조사소가 추정하기에 시애틀이 캘리포니아의 여러 지역보다 지진 발생 가능성이 오히려 더 높다. 덴버 시민이라면 안심해도 된다. 덴버는 그 어느 대륙판의 경계선에서도 멀리 떨어져 있기 때문이다.

| 5-2 | 미국 주요 도시의 반경 50마일(약 80킬로미터) 안에서
진도 6.75 이상의 지진이 발생할 빈도(～년에 한 번)

앵커리지	30년
샌프란시스코	35년
로스앤젤레스	40년
시애틀	150년
새크라멘토	180년
샌디에이고	190년
솔트레이크시티	200년
포틀랜드(오리건주)	500년
찰스턴(사우스캐롤라이나주)	600년
라스베이거스	1,200년
멤피스	2,500년
피닉스	7,500년
뉴욕	12,000년
보스턴	15,000년
필라델피아	17,000년
세인트루이스	23,000년
애틀랜타	30,000년
덴버	40,000년
워싱턴 D. C.	55,000년
시카고	75,000년
휴스턴	100,000년
댈러스	130,000년
마이애미	140,000년

지진은 예측할 수 없다는 게 방침인 기관으로서는 매우 구체적이고 사용자 편의적인 엄청난 정보를 제공하는 셈이다. 그러나 미국지질조사소의 예상은 널리 인정받는 지진학 도구인 '구텐베르크-리히터 법칙Gutenberg–Richter law'을 이용한다. 캘리포니아공과대학의 두 교수 찰스 리히터와 베노 구텐베르크Beno Gutenberg가 1944년에 창안한 이 이론은 경험적 지진 통계를 바탕으로, 지진의 진도와 발생 빈도 사이에는 비교적 단순한 관계가 성립한다고 주장한다.

지진의 빈도-규모 관계를 비교해보면 빈도는 규모가 커질수록 기하급수적으로 떨어진다는 사실을 알 수 있다. 재앙을 초래하는 대형 지진은 매우 드물게 발생하지만 진도 2.0~2.9 지진은 전 세계에 한 해에만 130만 개나 발생한다.[27] 그런데 이들 작은 지진은 사람들 대부분에게는 물론이거니와 종종 지진계로도 감지되지 않은 채 지나간다.[28] 하지만 오늘날의 기준으로는 진도 4.5 이상의 지진은 아무리 먼 곳에서 발생하더라도 거의 모두 기록된다. 〈도표 5-3A〉는 1964년[29] 1월부터 2012년 3월까지 실제 지진 발생 기록을 근거로 이 지진들의 발생 빈도가 기하급수적으로 줄어드는 사실을 나타낸 데이터다.[30]

진도별 지진 연간 빈도를 나타내는 이 그래프를 조금 다르게 그리면 놀랄 만한 규칙성이 나타난다. 〈도표 5-3B〉는 지진 발생 연간 빈도를 나타내는 Y축을 상용로그 단위로 바꾼 데이터다(진도 규모도 상용로그 단위로 표시되니까 이중로그 단위인 셈이다). 그런데 이 그래프에서는 거의 직선에 가까운 형태가 나타난다. 멱법칙 분포power-law distribution(거듭제곱법칙 분포)의 특징적 패턴인데, 지진의 빈도와 규모 사이의 이런 관계를 리히터와 구텐베르크가 발견해냈다.

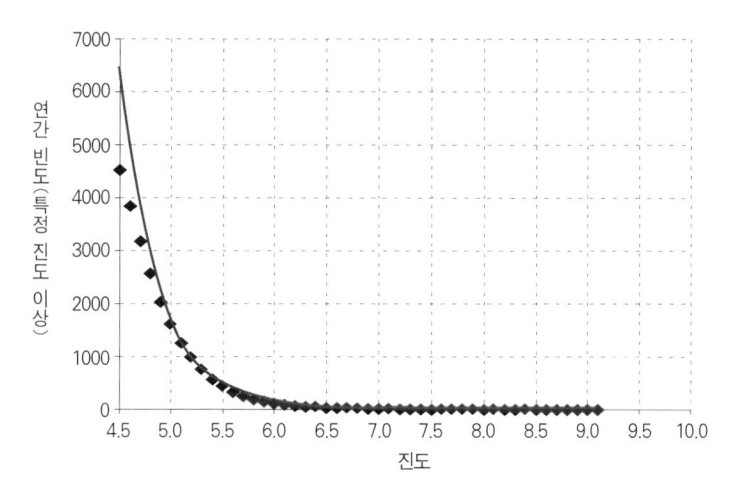

| 5-3A | 전 세계의 지진 발생 빈도(1964년 1월~2012년 3월)

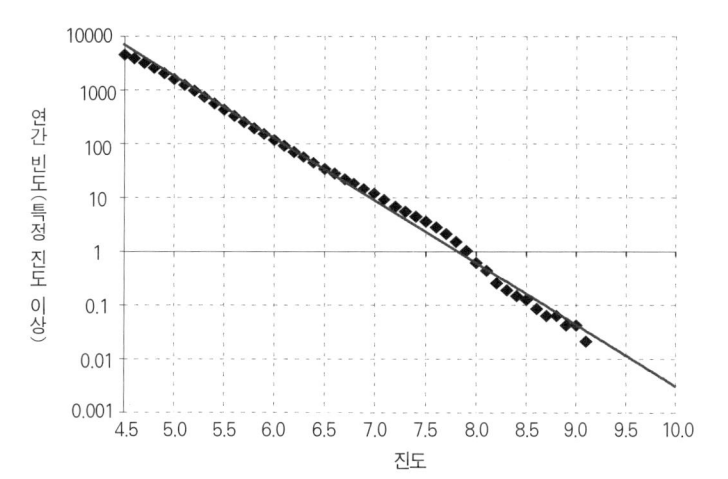

| 5-3B | 전 세계의 지진 발생 빈도(1964년 1월~2012년 3월, 상용로그 단위)

멱법칙 분포를 따른다는 건 매우 유용한 특성이다. 소규모 현상의 발생 수에서 대규모 현상의 발생 수를 예측할 수 있기 때문이다. 지진의 경우 진도가 1씩 커질 때마다 발생 건수는 10분의 1로 줄어든다. 이를테면 진도 6의 지진은 진도 7의 지진보다 10배나 많이 발생하고 또 진도 8의 지진보다는 100배나 많이 발생한다.

게다가 구텐베르크-리히터 법칙은 통상 전 세계 모든 지역을 아우른다. 이란의 테헤란에서 지진을 예상해본다고 하자. 다행스럽게도 테헤란에서 대규모 지진은 이 지역의 지진 활동을 측정한 이후로 단 한 번도 없었다. 중간 규모의 지진은 잦았다. 1960~2009년에 진도 5.0~5.9 규모의 지진은 테헤란을 둘러싼 지역[31]에서 약 열다섯 번 발생했다. 3년에 한 번꼴이다. 구텐베르크와 리히터가 발견한 함수로 말하면 진도 6.0~6.9 규모의 지진이 테헤란에서는 30년에 한 번씩 발생한다는 뜻이다.

또 이는 진도 7.0 이상 규모의 지진은 테헤란에서 300년에 한 번씩 일어난다는 말이기도 하다. 바로 이 같은 지진이 수전 휴 박사가 두려워하는 지진이다. 2010년 아이티에서 발생한 진도 7.0의 지진으로 31만 6천 명이 사망했는데,[32] 지진이 저개발국 또는 개발도상국에서 일어날 경우에 대참사가 빚어질 수 있음을 보여주는 생생한 사례다. 이란은 가난, 건축 법규 미비, 정치 부패[33] 등 많은 점에서 아이티와 비슷하지만 인구밀도가 훨씬 높다. 미국지질조사소는 이란의 중소 규모 지진에서 발생한 사망자 수를 토대로 대규모 지진 때의 사망자 수를 추정했는데, 테헤란 인구의 15~30퍼센트일 거라는 결론을 내렸다.[34] 테헤란 수도권에 약 1,300만 명이 살고 있으니까 사망자가 200만~400

만 명에 이른다는 뜻이다.

구텐베르크-리히터 법칙이 우리에게 전혀 알려주지 않는 정보는 지진 발생 시기다(그뿐만 아니라, 문제의 지진이 일어날 지역이 테헤란이라거나 아이티 섬이라고도 구체적으로 알려주지 않는다). 이란이나 아이티 같은 국가들은 300년에 한 번꼴로 일어나는 재앙에 대한 대비책을 마련할 여유가 없다. 구텐베르크-리히터 법칙을 사용하는 지진 예상은 한 지역에 존재하는 지진 위험 요소에 대해 일반적으로 유용한 지침만을 제공할 뿐이다. 통계 기록만으로 측정되는 '3월에 런던에 비 내릴 확률은 35퍼센트다' 식의 기상 예측과 마찬가지로 지진 예측 역시 '우산을 들고 나가야 하나?'에 대한 답처럼 실행 가능한 정보를 제공하지 않는다. 인간의 수명은 1년 단위로 측정되지만, 지질학의 시계는 수백 년 또는 천 년 단위로 움직이기 때문이다.

소음 속에서 우리를 유혹하는 신호

수전 휴 박사가 지진학의 '성배'라고 일컬을 만큼 지진학자들이 깊은 관심을 보이는 것은 '시간대별time-dependent' 예상이다. 이 경우에 지진의 발생 가능성은 모든 시간대에 일정한 게 아니라고 추정된다.

시간대별 지진 예상, 다시 말해 확률적으로 구체적 예측을 하는 게 불가능하다고 여기는 회의적인 지진 전문가들조차도 지진의 분포에 몇 가지 특징적 패턴이 있다는 사실은 인정한다. 이 중 가장 분명한 패턴이 여진이다. 대규모 지진에는 거의 언제나 수십 개 또는 수천 개

여진이 뒤따른다(2011년 일본에서 일어난 지진에는 여진이 적어도 1,200개가량 있었다). 이들 여진은 예측이 가능한 패턴을 따른다.[35] 여진은 본진 며칠 뒤보다 직후에, 또 몇 주보다는 며칠 뒤에 더 많이 나타나는 경향을 보인다.

하지만 이런 사실이 실제 지진 현장에서 사람의 목숨을 구할 때 특별히 유용하지는 않다. 여진은 최초의 지진보다는 언제나 약하기 때문이다. 일반적으로 어떤 단층이 강력한 지진을 발생시킬 때 이 본진 뒤에 여진이 몇 차례 나타나며, 이것으로 그 한 차례의 지진 활동은 휴지기에 들어간다. 그런데 항상 이런 건 아니다. 일례가 있다. 1811년 12월 16일 미주리와 테네시의 경계선에 있는 뉴마드리드 단층New Madrid Fault을 강타하는 지진이 발생했다. 지진학자들이 진도 8.2 규모라고 판정한 어마어마한 지진이었다. 그런데 이 지진 여섯 시간 뒤에 규모가 거의 동일한 지진이 다시 한 차례 일어났다. 그럼에도 이 단층의 활성화는 가라앉지 않았다. 1812년 1월 23일에 진도 8.1 규모의 지진이 또다시 발생했다. 이게 다가 아니었다. 2월 7일에는 한층 더 강력한 진도 8.3 규모의 지진이 일어났다. 그렇다면 여기에서는 어느 게 본진에 앞서는 전진일까? 어느 게 여진일까? 그 어떤 해석도 쓸모가 없어진다.

물론 문제는 우리가 과연 지진을 발생 전에 예측할 수 있을까 하는 데 있다. 우리는 전진과 여진을 구분해서 미리 알 수 있을까? 지진의 시공간 분포 데이터를 볼 때 우리는 소음 속에 신호가 있을지도 모른다는 가능성에 사로잡힌다.

〈도표 5-4A〉[36]는 2006년부터 진도 6.3의 지진이 발생한 2009년까지 라퀼라 인근에서 발생한 지진의 분포도다.[37] 본진을 가리키는 커다

란 검은색 원을 제외한 도표의 모든 데이터는 본진 이전에 나타난 지진과 당시에 사람들이 어떤 예측을 하게끔 해준 지진이 덩어리로 뭉쳐 있음을 보여준다. 라퀼라의 사례를 보면 뚜렷하게 분간할 수 있는 패턴이 존재하는 것 같다. 대략 진도 4가 넘는 지진 다수가 2009년 초의 본진 이전에 나타났다. 다시 말해 그 지역에서 본진 이전에 나타난 지진 활동은 본진 이후의 지진 활동보다 훨씬 활발했음을 알 수 있다.

좀 더 논란의 여지가 있는 사례는 2011년 일본 대지진이다. 도호쿠 지방의 데이터를 보면(도표 5-4B), 우선 이탈리아보다 지진 활동이 훨씬 더 활발함을 알 수 있다. 그런데 과연 여기에서 지진 발생 시점과 관련 있는 특징적 패턴이 존재할까? 몇 가지가 있는 것 같다. 이를테면 진도 5.5~7.0의 지진이 2008년 중반에 집중되어 있음을 알 수 있다 (이 지진들은 도표에서 점들이 뭉친 덩어리로 표시된다). 하지만 이들 지진은 대규모 지진을 촉발하지 않았다. 그러나 2011년 3월 9일에는 진도 7.5의 대규모 전진이 발생한 걸 볼 수 있다. 전진이 있고 나서 약 50시간 뒤에 진도 9.1의 강력한 지진[38]이 일어났다.

그러나 대규모 지진 사례 중 약 절반에서만 뚜렷한 전진이 발생한다.[39] 아이티에서는 이 같은 전진이 나타나지 않았다(도표 5-4C). 카리브해 연안 지역 대부분에서는 지진 관측 장비의 성능이 그다지 좋지 않은 탓에 진도 2나 3 규모의 지진 관련 기록이 없다(하지만 미국을 비롯한 여러 선진국에 설치된 지진계로 진도 4 이상의 지진은 모두 포착할 수 있다). 이 지역에서 진도 4의 지진이 마지막으로 발생한 시기는 2005년으로, 2010년 진도 7.0의 지진이 있기 5년 전이다. 그런데 이때는 전진의 경고가 전혀 없었다.

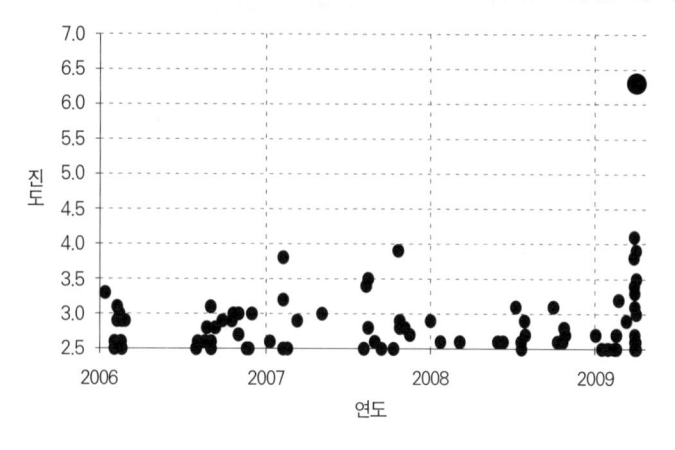

| 5-4A | 라퀼라(이탈리아) 인근에서 발생한 지진(2006년 1월 1일~2009년 4월 6일)

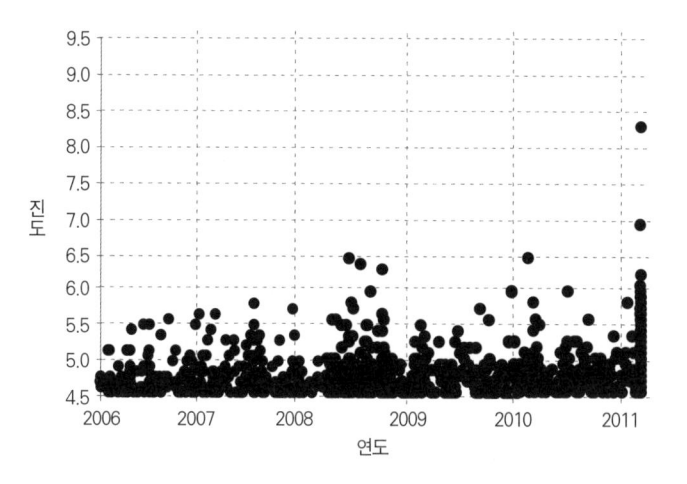

| 5-4B | 도호쿠(일본) 인근에서 발생한 지진(2006년 1월 1일~2011년 3월 11일)

문제를 한층 심각하게 하는 건 바로 잘못된 경보, 그러니까 지진 활동이 분명히 증가했음에도 대규모 강진이 나타나지 않는 경우다. 지진 전문가들에게 가장 잘 알려진 사례가 2008년 초 미국 네바다주 리노 인근에서 발생한 일련의 소규모 지진들이다. 리노의 지진 떼는 2009

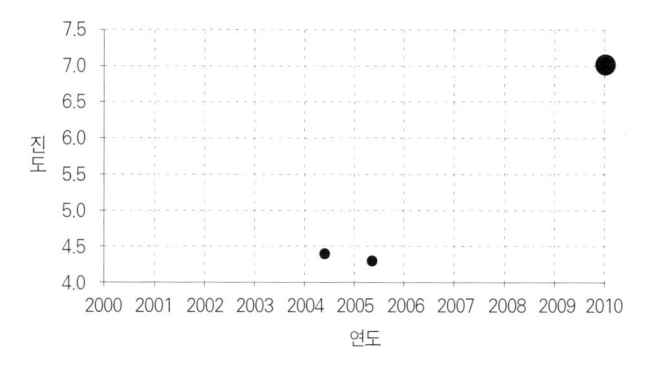

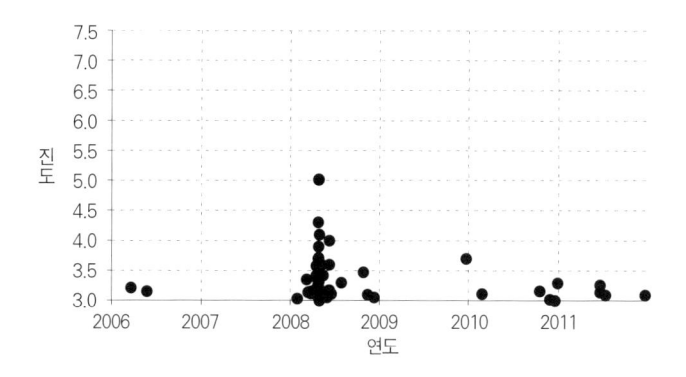

년 라퀼라의 사례와 매우 비슷하다. 그런데 리노에서는 아무런 일도 일어나지 않았다. 가장 큰 지진이라고 해야 진도 5.0 규모였을 뿐 대규모 지진은 없었다(도표 5-4D).

이는 지진학자들이 접할 수 있는 짜증 나는 데이터의 맛보기일 뿐이다. 이런 데이터는 완전히 무작위적인 것도 아니고 또 그렇다고 완전히 예측이 가능한 것도 아닌, 이도저도 아닌 상태로 존재한다. 어쩌면 이 같은 사실은 우리가 적어도 불완전하게나마 예측할 수 있으며, 따라서 매우 구체적인 예측은 아니더라도 지진 예측에서 발전을 이룰 수 있음을 의미하는지도 모른다. 그러나 지진을 예측하고자 했던 시도를 기록한 역사 자료를 보면, 이러한 시도는 거의 완전한 실패로 끝나고 말았다.

실패한 예측의 행진

수전 휴 박사의 2009년 저서 《예측할 수 없는 것을 예측하다: 지진 예측의 소란스러운 과학Predicting the Unpredictable: The Tumultuous Science of Earthquake Prediction》은 지진을 예측하려는 인간 노력의 역사를 담고 있다. 이 책은 필립 테틀록의 연구가 정치 전문가들이 실제로는 별 볼일 없다는 사실을 증명한 것만큼이나 지진 예측이 불가능한 일임을 증명한다. 휴는 그동안 지진 예측에서 발전은 전혀 없었으며 수많은 잘못된 경보만 있었을 뿐이라고 말한다.

페루의 리마

최악의 빗나간 지진 예측을 한 주인공 중 하나가 브라이언 브래디Brian Brady라는 지구물리학자다(MIT에서 박사학위를 받았으며 콜로라도광업대학에서 강의했다). 브래디는 진도 9.2 규모의 지진이 (이 정도면 역사상 최대 지진이라고 할 수 있다) 1981년에 페루의 리마에서 발생할 것으로 예측했다.[40] 그의 예측은 처음엔 지진학계 많은 사람에게서 지지를 받았다. 이 예측의 초기 버전을 미국지질조사소의 한 과학자가 브래디와 함께 제안했을 정도다. 하지만 브래디의 이론은 점점 교묘해졌다. 나중에 브래디는 자기가 광산 연구를 하면서 관찰했던 암석 파열부터 아인슈타인의 상대성 이론까지 동원해서 자기 예측이 옳음을 입증하려 들었다. 그를 지지했던 사람들조차도 도무지 그 이론을 알아듣지 못하겠다고 말하기 시작했다.[41] 아무래도 그가 미친 것 같다는 말을 완곡하게 표현한 것이었다. 그러나 브래디는 진도 9.2의 지진이 페루에서 잇달아 일어나고 결국 1981년 8월에 역사상 최대 규모인 진도 9.9의 지진이 정점을 기록할 걸로 예측했다.[42]

이 예측은 페루 언론에 알려졌고 페루 사람들은 공황 상태에 빠졌다. 전혀 헛소리할 것 같지 않은 진지한 미국 과학자가 당신네 나라의 수도가 지진으로 폐허가 될 거라고 예측했으니 그럴 만도 했다. 사람들의 공포는 페루적십자사가 사체를 담을 비닐가방을 10만 개씩이나 주문하면서 극으로 치달았다. 관광객이 줄어들고 온갖 자산의 가치가 폭락했다.[43] 급기야 미국 정부는 공황에 빠진 페루를 진정시키려고 과학자와 외교관들을 페루로 급파했다. 하지만 페루 대지진은 발생하지 않았다. 소규모 지진 하나조차 없었다.

미국 캘리포니아의 파크필드

잘못된 경보는 주민에게 심리적·경제적으로 엄청난 비용을 발생시킬 수 있음을 리마 지진 예측이 분명히 경고했음에도 지진 전문가들은 성배를 찾는 추적을 멈추지 않았다. 브래디가 외로운 늑대였다면, 미국지질조사소나 그 외 지진학계 사람들이 적극적으로 지지해서 외롭지 않았던 지진 예측 사례도 제법 있었다. 하지만 이런 예측들 또한 모두 빗나갔다.

세계에서 가장 많이 연구된 지진대 중 하나가 미국 캘리포니아의 파크필드에 있다. 이 지진대는 샌앤드레이어스 단층San Andreas Fault을 따라서 나 있는데, 베이커즈필드 및 프레즈노시와 인앤아웃버거(햄버거 프랜차이드 브랜드 – 옮긴이)가 있는 다음번 나들목 사이에 있다. 여기에서는 1857년, 1881년, 1901년, 1922년, 1934년, 1966년 등 평균 약 22년의 간격을 두고 지진이 있었다. 미국지질조사소의 지원을 받은 한 논문은 이 주기적 경향을 추적한 끝에 또 다른 지진이 1983~1993년경에 발생할 것이며, 그 시점은 1988년일 가능성이 가장 높다고 95퍼센트의 신뢰도 수준에서 추측했다.[44] 그러나 파크필드에 다음 차례 지진이 일어난 것은 예측 연도에서 한참 빗나간 2004년이었다.

파크필드 지진 예측은 빗나갔을 뿐만 아니라 지진에 대해 널리 퍼진 대중의 오해를 굳히기도 했다. 바로 지진은 규칙적 간격을 두고 일어나며, 한동안 지진이 발생하지 않은 지역이 다음 예정지가 될 가능성이 높다는 오해다. 지진은 단층선을 따라 압력이 쌓이고 쌓이다가 마침내 폭발하는 현상이다. 이는 간헐천이 끓는 물을 뿜어내면서 압력을 분출하고 다시 그 과정을 처음부터 반복하는 것과 같은 이치다.

하지만 단층 체계는 복잡하다. 캘리포니아와 같은 지역들에서는 여러 개 단층이 존재하는데, 각각의 단층에는 지류가 있다. 지진은 단층의 한 부분에 압력을 가하고, 이 단층은 그 압력을 다시 인근의 단층들에게 전한다. 때로 이 압력은 동일한 단층의 멀리 떨어져 있는 곳으로 전달되기도 한다.[45] 게다가 예측을 어렵게 만드는 또 한 가지 요인이 있는데, 지진이 발생하기 전까지는 단층에 가해진 압력을 직접 관측하기 어렵다는 점이다.

이는 만일 샌프란시스코에서 35년에 한 번씩 대규모 지진이 일어난다는 예상이 가능하다고 할 때, 지진이 1900년과 1935년 그리고 1970년이라는 식으로 동일한 시간 간격을 두고 일어날 거라는 말이 아니라는 뜻이다. 오히려 해마다 지진이 일어날 가능성이 35분의 1이라고 받아들이는 편이 더 안전하다. 또 이런 비율은 그동안 얼마나 오랫동안 지진이 일어나지 않았는가 하는 문제와는 전혀 상관없이 오랜 기간에 걸쳐 변하지 않고 일정하게 유지된다.

미국 캘리포니아의 모하비 사막

지진 예측은 페루 리마와 파크필드의 실패 사례로 한동안 숨을 죽이고 잠잠했다. 그런데 2000년대에 들어서면서 상황이 완전히 바뀌었다. 더 새롭고 통계학적으로 더 세련되어 보이는 온갖 지진 예측 방법론이 쏟아지기 시작했다.

이들 가운데 하나를 80대 후반까지도 캘리포니아대학교 로스앤젤레스캠퍼스UCLA에서 강의를 하던 러시아 태생의 수리 지구물리학자 블라디미르 케일리스보로크Vladimir Keilis-Borok가 제시했다(케일리스보로크는 1921년생으로 2013년 10월 19일 사망했다 – 옮긴이). 그는 당시에 이미 지진 형성 과정 이론을 한층 발전시킨 학자였다. 1986년 아이슬란드 레이캬비크 정상회담에서 고르바초프가 레이건에게 앞으로 5년 안에 미국에서 대규모 지진이 일어날 것임을 예측하는 문건 하나를 건네주었는데, 케일리스보로크는 바로 이 일로 첫 악명을 얻었다. 그리고

1989년 샌프란시스코를 강타한 로마프리에타 지진이 바로 그가 예측한 지진이었다는 해석이 뒤따랐다.[46]

2004년에 케일리스보로크와 동료들은 지진 예측 분야에 획기적 돌파구를 열었다고 주장했다.[47] 어떤 특정 지역의 소규모 지진들에서 나타나는 패턴을 확인함으로써 대규모 지진을 예측할 수 있다는 주장이었다. 케일리스보로크가 이 특정한 패턴들을 파악하는 데 적용한 방법은 교묘하면서 불분명했는데,[48] 우선 과거 지진들을 여덟 개 방정식으로 표현하고, 각각의 방정식은 시공간상에서 생각할 수 있는 모든 간격을 고려해서 다른 방정식과 연동해 탐구했다. 케일리스보로크 팀은 자기들이 고안한 방법론이 2003년 미국 캘리포니아의 샌시미언 지진과 일본 홋카이도 지진을 정확하게 예측했다고 주장했다.

그러나 이 두 지진에 대한 예측이 사전에 미리 공개되었는지는 여전히 불확실하다.[49] 정보은행 업체인 렉시스넥시스Lexis-Nexis의 2003년 신문기사 자료 검색으로는 사실을 확인할 수 없다.[50] 어떤 예측 방법론이 성공을 거두었다고 평가하기 전에 우선 '현재의 정보를 가지고 과거의 판단을 추론하는 것'은 예측 행위가 아님을 확인해야 한다. 이 같은 식으로 '과거를 예측'하는 것은 그 자체가 모순이며, 따라서 예측이 성공했다고 말할 수 없다.[51]

2004년 1월, 케일리스보로크는 또 하나의 예측으로 세상을 떠들썩하게 했다. 앞으로 아홉 달 안에 캘리포니아 남부 모하비 사막에서 최소 진도 6.4 규모의 지진이 일어난다고 예측한 것이다.[52] 이 예측은 폭넓은 관심을 끌기 시작했다. 케일리스보로크는《디스커버Discover》와《로스앤젤레스타임스Los Angeles Times》에 소개되었으며, 다른 수십 개 주요 매체들도 그의 예측을 다루었다. 캘리포니아 주지사 아널드 슈워제네거Arnold Schwarzenegger의 사무실에서 누군가 전화를 걸었고, 관계자와 전문가로 구성된 비상회의가 소집되었다. 보수적이기로 유명한 미국 지질조사소조차도 케일리스보로크의 예측에 기꺼이 무게를 실어주었는데, 이 기관의 웹사이트에는 다음과 같은 글이 실렸다. "케일리스보로크 팀의 작업은 지진 예측 조사에 정당하면서도 적절하게 접근하고 있다."[53]

하지만 그해 모하비 사막에서는 대규모 지진이 발생하지 않았다. 10년이 지나서까지도 그런 지진은 일어나지 않았다. 케일리스보로크 팀은 미국 캘리포니아, 이탈리아, 일본의 지진을 줄기차게 예측했지만, 성공한 사례는 거의 없다. 2010년에 발표된 한 논문에 따르면 그 팀이 그때까지 공식적으로 발표한 지진 예측 가운데서 성공한 것은 세 건이고 실패한 것은 스물세 건이다.[54]

인도네시아 수마트라

또 하나의 실수 유형이 있다. 동일한 규모의 지진이 동일한 지역에서 반복해서 나타나기 어렵다거나 불가능하다는 예측이다. 하지만 실제로 이런 일이 일어났다. 케일리스보로크의 제자이며 지금은 캘리포니아대학교 풀러턴캠퍼스의 지질학과 학과장으로 있는 데이비드 보먼 David Bowman은 2004년 수마트라 대지진 이후 지진 예측에 힘을 쏟았다 (수마트라 지진은 진도 9.2의 엄청난 규모로 쓰나미까지 일으켜서 23만 명이나 되는 인명을 앗아갔다). 보먼이 동원한 기법은 케일리스보로크의 기법과 마찬가지로 고도로 수학적이었으며, 기본적으로는 중간 규모의 지진들을 활용해 대규모 지진을 예측하는 방식이었다.[55] 하지만 보먼의 기법은 스승의 기법보다 한결 정연하고 야심 찬데, 그는 동일한 단층에 있는 각기 다른 지점들에서 압력의 양을 계량화하는 이른바 '가속화 모멘트 방출accelerated moment release' 이론을 제안했다. 그의 접근법은 스승의 접근법과 다르게 어떤 단층의 특정 부분을 따라서 일어나는 지진의 가능성을 예측할 수 있었다. 다시 말해 보먼은 어느 지점에서 지진이 일어날 것인가뿐만 아니라 어디에서 지진이 일어나지 않을 것인가까지 예측했다.

보먼과 동료들은 처음 몇 차례에는 성공을 거두었다. 2005년 3월 수마트라에서 일어난 진도 8.6이라는 대규모 지진의 진앙은 보먼이 지진 발생 가능성이 가장 높다고 지목한 바로 그 지점이었다. 한편 2006년에 발표된 보먼의 논문은 그 단층의 다른 부분, 곧 인도네시아 수마트라 남서쪽 벵쿨루주가 닿아 있는 인도양에서는 지진이 일어날 가능성이 특히 낮다고 주장했다.[56] 하지만 1년 뒤인 2007년 9월에 정확하게 바로 그 지점에서 일련의 지진이 일어났고 가장 큰 규모는 진도 8.5였다. 다행스럽게도 육지에서 멀리 떨어진 곳에서 지진이 일어나 인명 피해는 크지 않았지만, 보먼의 이론은 폐기되었다.

진퇴양난

보먼은 2007년에 자기가 설정한 모델이 참담하게 실패하자 예측가들이 좀처럼 하지 않는 일을 했다. 실패를 불운 탓으로 돌리지 않고(그의 모델은 뱅쿨루 인근에서 지진이 발생할 가능성이 '조금은' 있다고 설정했다), 대신 자기 모델을 꼼꼼하게 다시 점검했다. 그런 다음 자기 방법론이 근본적으로 지진 예측을 할 수 없다고 판단했고, 깨끗하게 지진 예측을 단념했다. 2010년에 보면은 나에게 이렇게 말했다.

"나는 실패한 예측가입니다. 대담하고도 어리석은 짓을 했죠. 검증이 가능한 예측을 했습니다. 우리 같은 과학자로서는 당연히 하게 되는 일이죠. 하지만 실패라는 게 밝혀지면 정말 가슴이 많이 아픕니다."

보면의 발상은 지진의 근본 원인들, 곧 단층선을 따라서 압력이 축적되는 과정을 확인한 다음 이를 바탕으로 지진을 예측하겠다는 것이었다. 사실 그는 전체 체계 속에서 압력이 어떻게 바뀌고 전개되는지 알고자 했다. 그의 접근법은 카오스 이론에서 영향을 받았다.

카오스 이론은 길들일 수 있는 악마다. 기상을 예측하는 사람들은 적어도 부분적으로는 카오스 이론을 길들였다. 기상 예측가들은 지진 전문가들이 지구의 지각에 관해 아는 것보다 훨씬 많이 대기에 관해 알고 있다. 기상이 어떻게 작용하는지 적어도 분자 수준까지는 알고 있다. 그러나 지진 전문가들은 그 정도 수준까지는 나아가지 못한 상태다. 보면은 이렇게 말했다.

"기상체계라면 쉽습니다. 대기에서 무슨 일이 일어나는지 알고 싶으면 그냥 고개를 들어 하늘을 보기만 하면 되니까요. 하지만 우리는 땅속을 봐야 합니다. 지진 현상은 대부분 지구 표면의 15킬로미터 아래에서 일어납니다. 현실적으로 거기까지 땅을 팔 수도 없는 노릇입니다. SF영화가 아니거든요. 이것이 본질적인 문제입니다. 땅속에서 진행되는 압력을 직접 측정할 방법이 없다는 거요."

이러한 이론적 이해는 논외로 치더라도 지진학자들은 지진을 예측하려면 순전히 통계적인 방법론에 의존해야 한다. 보먼이 한 대로 지진을 예측하는 모델에 '압력'이라는 통계적 변수를 설정할 수 있다. 하지만 압력을 직접 측정할 길이 없으므로 그 변수는 여전히 과거에 일어난 지진의 수학적 함수 형태로 표현될 수밖에 없다. 보먼은 이처럼 순전히 통계적인 접근법은 제대로 기능하기 어렵다고 생각한다.

"데이터세트 자체에 이미 믿을 수 없을 정도로 소음이 많이 끼어들거든요. 가설들을 검증하면서 의미 있는 통계 작업을 할 수 없을 정도로 말입니다."

지진 예측이나 경제학·정치학의 일부 분야들처럼 데이터에 소음이 많이 끼어 있거나 이론이 제대로 정립되지 않은 체계에서는 다음과 같이 2단계 과정이 벌어진다. 첫째, 사람들은 소음을 신호로 잘못 인식하는 실수를 저지르기 시작한다. 둘째, 이 소음이 잡지·블로그·신문을 거짓 경보로 오염시키고, 진정한 과학의 가치를 훼손하며, 우리가 이해하려는 체계가 어떤 식으로 작동하는지 온전하게 이해하지 못하게끔 가로막는다.

과적합에 주목하라

통계학에서는 소음을 신호로 잘못 인식하는 행위를 가리켜 '과적합 overfitting'이라고 부른다.

상상을 해보자. 당신은 범죄조직의 똘마니이고 내가 두목이다. 학생들의 급식비를 털려고 한다. 나는 당신에게 중학교 건물에 채워져 있는 번호식 자물쇠의 조합을 푸는 방법을 알아오라고 한다. 나는 어디에 있는 번호식 자물쇠도 열 수 있는 가장 높은 확률의 접근법을 원한다. 나는 당신에게 연습하라고 자물쇠를 세 개 준다. 빨간색, 검은색, 파란색이다.

당신은 이 자물쇠로 며칠 동안 연습한 뒤 나에게 와서 해법을 찾았다고 한다. 그러고는 자물쇠가 빨간색이면 27-12-31이고, 검은색이면 44-14-19, 파란색이면 10-3-32라고 말한다.

나는 당신에게 "임무 완수 실패"라고 말할 것이다. 당신이 그 특정한 세 자물쇠를 여는 방법을 알아낸 것은 맞다. 하지만 당신은 번호를 전혀 모르는 자물쇠라도 열 수 있다는 희망을 줄 이른바 '번호식 자물쇠 따기 이론'에는 한 걸음도 다가서지 못했다. 나는 이런 자물쇠를 열 수 있는 도구나 힌트가 없을지, 이런 자물쇠 자체의 결함을 이용할 수는 없을지 꽤나 생각했다. 또 자물쇠의 번호 조합을 알아낼 트릭 같은 게 없을지도 생각했다. 이를테면 특정한 번호가 다른 번호보다 많이 사용될지도 모른다는 생각 말이다. 그런데 당신은 나에게 '일반적인' 문제를 푸는 방법으로 '지나치게 특수한' 해법을 제시했다. 이것이 바로 과적합이고, 과적합은 더 나쁜 예측을 유도한다.

과적합이라는 용어는 통계 모델들이 과거의 관찰 또는 관측 사실에 '적합하다fit'는 식으로 사용되는 데서 비롯했다. 이 적합성은 지나치게 느슨할 수도 있고(모델이 과소적합underfitting하다), 그러면 당신은 신호를 충분히 포착할 수 없게 된다. 또 지나치게 빡빡할 수도 있는데(모델이 과적합하다), 이 경우에는 당신이 내재된 구조를 발견하지 않고 엉뚱하게도 데이터 속 소음에 적합하도록 모델을 맞춘다. 그런데 실제로 발생하는 오류는 후자가 전자보다 훨씬 많다.

이 오류가 어떻게 작동하는지 알아보기 위해 실제 현실에서는 절대로 일어나지 않을 조건을 설정해보자. 실제 데이터가 어떤 것으로 보이든 간에 우리가 그 데이터를 정확하게 알 수 있다고 설정하는 것이다. 〈도표 5-5〉에서 나는 부드러운 포물선 하나를 그렸고, 이 포물선의 정점은 한가운데에 있으며 양 끝으로 갈수록 아래로 내려간다. 당신이 좋아하는 어떤 데이터를 나타내는 곡선이라고 치자. 예컨대 3장에서 살펴본 노화곡선, 그러니까 야구 선수가 나이를 먹음에 따라 기량이 어떻게 변화하는지 나타내는 곡선이라고 치자. 이 선수는 프로 무대 초기에는 아직 무르익지 않았지만 나이가 들수록 기량이 좋아져 어느 시점에서 최고점에 이르고, 그다음부터 점점 기량이 떨어진다.

그런데 우리는 이 데이터에 내재하는 관계를 직접 볼 수는 없다. 이 데이터는 개별 측정점들을 통해 자신을 드러낼 뿐이고, 우리는 그것들에서 패턴을 추론해야 한다. 게다가 이 측정점들은 고유한 환경의 영향을 받는다. 따라서 이 데이터에는 신호와 동시에 소음도 존재한다.

| 5-5 | 데이터의 실제 분포

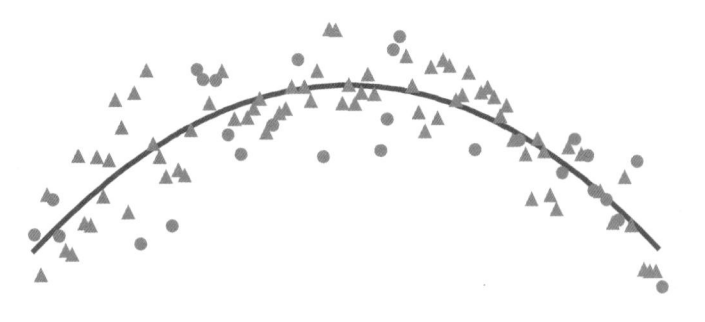

〈도표 5-5〉에서 나는 100개 측정점을 원과 삼각형으로 표시했다. 소음 속에서 문제의 신호를 포착하기에 충분해 보인다. 비록 이 데이터에는 약간의 무작위성이 있지만, 그 측정점들이 우리가 그린 포물선을 따른다는 사실은 꽤나 명백해 보인다.

하지만 현실에서 대개 그렇듯이 우리에게 있는 데이터의 양이 좀 더 제한적이라면 어떻게 될까? 낭패를 당할 가능성이 더 높아진다. 〈도표 5-6A〉는 100개 측정점 가운데 27개만 추린 것이다. 자, 당신은 이 점들을 어떻게 연결하겠는가?

그런데 당신은 실제 패턴이 어떤 것인지 알기 때문에 이 측정점들을 특정한 곡선 형태로 연결하고자 할 것이다. 실제로 이런 곡선을 발생시키는 단순한 수학적 표현으로써 이 데이터를 모델링하면 측정점들의 진정한 관계가 잘 재현된다(도표 5-6B).

그러나 데이터의 이상적 관계를 알지 못할 때 우리는 탐욕에 사로잡히기도 한다. 〈도표 5-6C〉는 이런 탐욕의 결과로 나타날 수 있는 과적합 사례를 보여준다. 〈도표 5-6C〉에서 우리는 모든 측정점을 연결하는 복잡한 함수를 만들었다.[57] 그러다 보니 아래위로 마구 오르내리는, 현실에서 있음 직하지 않은 곡선이 나타났다. 이렇게 될 때 우리는 측정점들에 내재된 진정한 관계에서 한참 멀어지고 말며, 결국 우리의 예측은 한층 엉뚱한 곳을 향하고 만다.

언뜻 보면 쉽게 피할 수 있는 실수처럼 여겨진다. 하지만 그건 전지전능한 신의 능력으로 데이터 구조를 훤하게 다 꿰뚫고 있을 때라야 가능한 일이다. 실제 현실에서는 그렇지 않다. 우리는 우리가 접할 수 있는 증거에서 그 구조를 추론해내야 한다. 이 과정에서 데이터가 한

| 5-6A | 제한된 관찰 사실

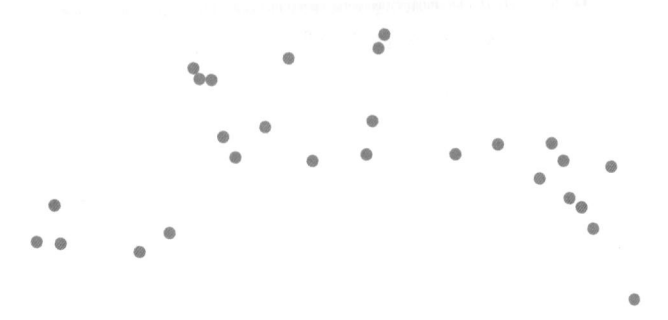

| 5-6B | 적정적합 모델

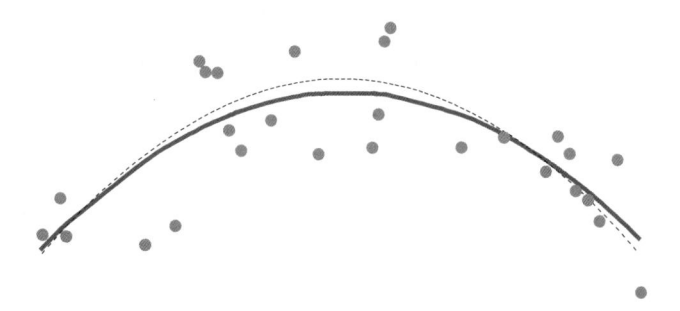

| 5-6C | 과적합 모델

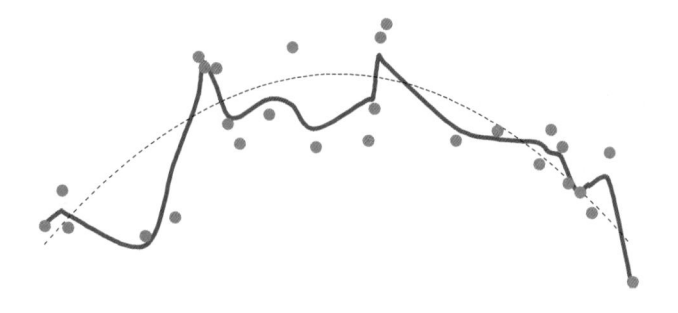

정되어 있고 소음이 많을 때, 그리고 데이터 안에 내재하는 근본 관계에 대해 이해가 부족할 때 사람들은 대개 과적합의 오류를 범한다. 이러한 사정은 지진 예측에서도 마찬가지다.

우리가 어떤 관계의 진리를 알지 못하거나 그것에 신경을 쓰지 않을 경우 과적합 오류에 빠지는 데는 많은 이유가 있다. 그 가운데 하나가 과적합 모델이 예측가가 사용하는 통계 테스트 대부분에서 더 나은 점수를 기록한다는 점이다. 예측가들은 흔히 해당 모델이 데이터의 변동성을 얼마나 잘 설명하는지 검증하는 테스트를 하는데, 이 테스트를 따르면 〈도표 5-6C〉와 같은 과적합 모델은 데이터의 분산을 85퍼센트 설명해주어 56퍼센트에 그치는 〈도표 5-6B〉의 적정적합 모델보다 더 '낫다'는 평가를 받는다. 하지만 과적합 모델은 소음까지 계산에 넣어 추가 점수를 받았을 뿐이다(시험으로 치자면 부정행위나 다름없다). 그러니 과적합 모델은 실제 현실을 설명하는 데서 적정적합 모델보다 훨씬 덜 정확할 수밖에 없다.[58]

이렇게 설명하면 누구도 반박할 수 없을 만큼 명백한데도 많은 예측가가 이런 문제를 깡그리 무시한다. 연구자들은 자기가 동원할 수 있는 다양하고 폭넓은 범위의 통계적 방법론 때문에 구름을 보고 동물의 형태를 찾아내는 어린아이 못지않게 환상에 빠지고, 당연히 그만큼 비과학적이 된다[당신이 일련의 동전 던지기 수행 결과를 컴퓨터에 입력하고(앞면과 뒷면을 각각 0과 1로 하고 이 둘을 무작위로 입력한다고 치자), 그 입력 데이터의 패턴을 나타내는 모델의 적합도를 높이려고 여러 통계적 매개변수를 시험한다면, 결국 컴퓨터는 60퍼센트나 70퍼센트 또는 (당신이 변수를 충분히 많이 포함하기만 한다면) 100퍼센트까지도 정확하게 알아맞힐 수 있다고 생각할 것이다. 물론 이 모든 것은 허구일 뿐이다. 장기적으로 보면 결국 앞면이 나올 확률과 뒷면이 나올 확률은 각각 정확하게 50퍼센트, 그 이하도 이상도 아닌 50퍼센트로 수렴할 것이기 때문이다].

"매개변수가 넷 있다면 나는 코끼리도 만들어낼 수 있다. 매개변수가 하나 더 있다면 난 이 코끼리가 몸을 흔들게도 할 수 있다."[59]

수학자 존 폰 노이만이 한 말이다.

과적합은 '엎친데 덮치는' 격이다. 과적합 모델은 연구논문에서는 '더 나은 것'으로 보이지만 실제 현실에서는 '더 나쁜' 성적을 거둔다. 그리고 후자의 특성 때문에 실제 현실에서 예측하는 데 동원될 경우 호된 대가를 치른다. 이 모델은 또한 전자 때문에 겉보기에는 더 인상적이다. 매우 정확하고 뉴스 가치가 있는 예측을 할 수 있으며 과거에 사용된 여러 기법보다 훨씬 나은 듯 보인다(물론 이는 참담한 실패와 그에 따른 호된 대가를 치를 때까지뿐이다). 그렇기에 이런 모델은 학술지에도 좀 더 쉽게 발표되고 고객들에게 환영을 받는다. 반면 좀 더 정직한 모델은 시장에서 내쫓긴다. 그러나 과적합 모델은 신호가 아닌 소음에 적합하도록 만들어졌기 때문에 결국 정확성, 다시 말해 과학성을 훼손할 수밖에 없다.

독자 여러분도 충분히 짐작했겠지만, 케일리스보로크의 지진 모델 같은 게 사실 심각하게 과적합된 사례다. 이 모델은 믿을 수 없을 만큼 복잡한 방정식들을 동원해 소음에 물든 데이터에까지 적합하게 만들어졌다. 그리고 결국은 대가를 치러야 했다. 예측을 스물여섯 개 했지만 세 개밖에 적중하지 못했다. 데이비드 보먼은 자기도 비슷한 문제를 안고 있다는 사실을 인식하고, 결국 자신의 모델을 폐기하고 만다.

더 분명하게 하자면 이러한 것들은 대체로 정직한 실수들이다. 어떤 책의 제목을 빌려 말하자면 이런 실수들은 무작위성에 쉽게 농락당하는 인간의 경향성을 반영한다. 심지어 우리는 과적합 모델의 특이한 점들에 점점 더 집착할 수도 있다. 그래서 자기도 모르는 새에 이런 특이점들을 합리화하는 그럴듯한 이론들을 만들어낼 수도 있다. 이렇게 해서 나타난 이론들은 우리 자신은 말할 것도 없고 우리의 친구와 동료들까지 종종 바보로 만들어버린다. 이 문제에 관해 많은 글을 쓴 마이클 베비야크Michael Babyak는 이 딜레마를 다음과 같이 표현했다.

"회의론은 우리의 호기심이 상황을 오판하지 않게끔 만든다."[60]

동일본 대지진은 과적합의 대표 사례

소음을 신호로 잘못 인식하는 경향은 때때로 실제 현실에서 엄청난 결과를 빚어내기도 한다. 일본은 지진 활동이 극단적일 정도로 활발한데도 유례없는 파괴를 빚은 2011년 대지진에 대비하지 않았다. 후쿠시마의 핵 원자로는 진도 9.1이 아니라 8.6 규모의 지진에 견디도록 설계되었다.[61] 고고학적 증거로 보면 2011년 대지진이 일으킨 높이 130피트(39미터)의 쓰나미보다 더 강력한 쓰나미가 과거에 분명 여러 차례 있었다.[62] 일본은 이런 사례들을 망각하거나 무시한 게 분명하다.

진도 9.1의 지진은 전 세계에서도 극히 드물다. 누구도 이런 지진이 언제 일어날지 구체적인 날짜는커녕 10년 단위로도 예측하지 못했을 것이다. 하지만 일본에서는 몇몇 과학자와 중앙의 정책입안자들이 그 발생 가능성을 완전히 배제해버렸다. 이것이 바로 과적합의 사례가 아닐까 싶다.

〈도표 5-7A〉는 2011년 동일본 대지진의 진앙과 가까운 곳에서 일어난 지진들의 역사적 빈도를 표시한 것이다.[63] 이 데이터는 모든 지진을 아우르지만 3월 11일 진도 9.1의 지진은 포함하지 않는다. 도표에서는 모든 관계가, 구텐베르크-리히터 방법론이 예측하듯이 직선으로 표시된다는 사실을 알 수 있다. 그런데 진도 7.5 지점에서 그래프가 살짝 비틀린 게 보인다. 1964년 이후로 도호쿠에 진도 8.0 규모의 지진은 한 차례도 없어서 그래프가 아래로 굽은 것처럼 보이는 것이다.

그렇다면 우리는 이 점들을 어떻게 연결할 수 있을까? 구텐베르크-리히터 법칙을 엄격하게 따른다면, 그래프에 나타난 비틀림을 무시하고 〈도표 5-7B〉처럼 일직선을 긋는 게 마땅하다. 아니면 지진 전문가들이 '특징적 적합characteristic fit'이라 부르는 〈도표 5-7C〉와 같은 선을 그을 수 있다. 이 선은 그 지역에서 발생한 역사적 지진 빈도를 묘사한다. 이 경우에는 데이터에 나타난 비틀림을 유의미하게 받아들인다는 뜻이다. 다시 말하면 진도 7.6보다 규모가 큰 지진들이 그 지역에서 일어날 가능성이 희박했던 이유가 충분하다고 생각한다는 뜻이다.

어떤 가설을 선택했는데 이 선택이, 전혀 악의가 없어 보이긴 했지만 결국은 엄청난 재앙을 초래한 또 다른 사례가 있다. 진도 9의 지진이 도후쿠에 일어날 확률에 대한 선택이다. '특징적 적합'은 그런 지진은 거의 불가능에 가깝다고 주장한다. 1만 3천 년에 한 번꼴로 일어나는 일이라고 보기 때문이다. 한편 구텐베르크-리히터 방법론은 진도 9

| 5-7A | 일본 도호쿠의 지진 빈도(1964년 1월 1일~2011년 3월 10일)

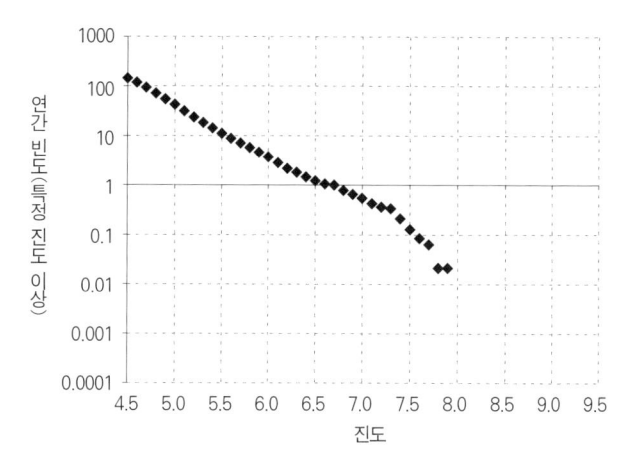

| 5-7B | 일본 도호쿠의 지진 빈도(구텐베르크-리히터 적합)

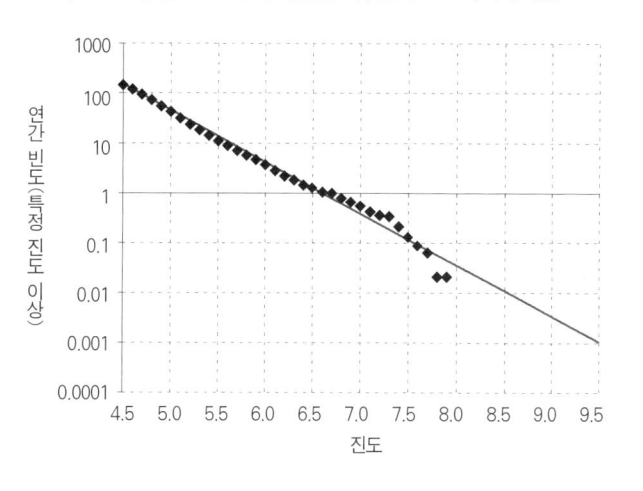

| 5-7C | 일본 도호쿠의 지진 빈도(특징적 적합)

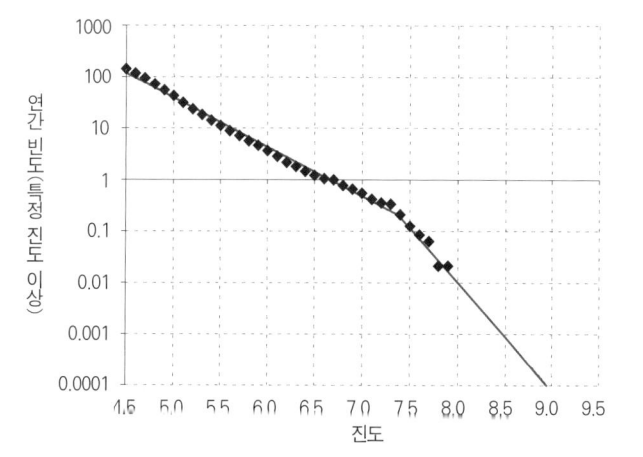

의 지진이 300년 만에 한 번씩 나타난다고 추정한다. 이 정도 빈도라면 자주도 아니지만 거의 불가능하다고도 할 수 없다. 일본처럼 부자 국가라면 얼마든지 대비할 수 있고 또 대비했어야 하는, 충분히 손에 잡히는 위험이라는 말이다.[64]

'특징적 적합'은 도호쿠의 최근 역사 기록과 별 마찰 없이 일치한다. 그러나 지금까지 살펴봤듯이, 이 같은 유형의 일치가 언제나 좋은 건 아니다. 실제 관계와의 일치에서는 덜 유용한 과적합 모델일 수 있기 때문이다.

이 경우 과적합 모델은 해당 지역에 대지진이 발생할 가능성을 터무니없이 낮게 책정할 수 있다. 특징적 적합의 문제점은 믿기 어려울 정도로 희미한 신호에 의존한다는 데 있다. 앞서 언급했듯이, 도호쿠 지방에서 최근 45년 동안 진도 8 이상의 지진은 단 한 차례도 없었다. 물론 이런 지진은 극히 드물게 일어난다. 구텐베르크-리히터 법칙을 따르더라도 도호쿠에서 30년에 한 번꼴로밖에 일어나지 않는다. 30년에 한 번 발생하는 사건이 45년 동안에 한 번도 일어나지 않을 확률[65]은 3할 타자가 어떤 경기에서 5타수 무안타를 기록할 확률[66]보다 결코 낮은 게 아니다. 한편 도호쿠에서 진도가 7 중반대에서 후반대에 이르는 지진은 꽤 있었다. 이 규모의 지진이 세계의 다른 지역에서도 일어났다면, 그보다 큰 지진이 발생할 가능성은 얼마든지 있다는 뜻이다. 도호쿠가 예외적인 지역이라고 생각할 근거는 어디에도 없었다.

그런데 일본을 비롯해 세계 여러 곳의 지진 전문가들은 이와 관련해 핑곗거리를 마련해두고 있었다. 일례로 이 전문가들은 그 지역 해저의 특성 때문에(해저가 오래되었으며 상대적으로 차갑고 밀도가 높기 때문에) 대규모 지진이 일어나지 않을 거라고 주장했다.[67] 또 어떤 전문가들은 2004년 이전에 진도 9의 지진이 그 유형의 해저 지역에서는 일어난 적이 없다는 사실을 이유로 들기도 했다.

사실 이런 주장은 펜실베이니아 출신의 어떤 사람이 최근 3주 동안 파워볼 복권에 맞은 적이 없다는 이유로 펜실베이니아 출신이 파워볼 복권에 당첨될 가능성은 전혀 없다고 결론 내리는 것과 다르지 않다. 진도 9의 지진은 로또 당첨만큼이나 드물게 일어난다. 실제로 역사 기록만 놓고 보면 2004년 이전까지 딱 세 번 있었다. 그러나 이 데이터는 그 정도 규모의 지진이 일어날 수 있는 정확한 환경에 대한 고도로 구체적인 결론을 뒷받침하기에 턱없이 모자란다. 사실 이 같은 이론이 실패로 돌아간 예는 일본의 사례가 처음이 아니다. 비슷한 사례가 수마트라에도 있었는데,[68] 수마트라에서 진도 7의 지진이 여러 차례 일어났을 때에 더 큰 규모의 지진이 일어나리라고는 아무도 예측하지 못했다.[69] 그런데 2004년 12월에 진도 9.2[70]의 대지진이 일어났다.

구텐베르크-리히터 법칙이라 하더라도 수마트라나 일본에서 일어난 대지진이 언제 일어날지 정확하게 예측하지 못했을 테지만, 그래도 발생 가능성만큼은 활짝 열어두었을 것이다.[71] 지금까지 구텐베르크-리히터 법칙은 지진을 예측하려는 수많은 정교한 시도가 실패로 돌아갈 때에도 굽히지 않고 잘 버텨주었다.

우리는 지진에 관해 어디까지 알 수 있을까

지진 전문가들은 최근에 일어난 대규모 지진들로 말미암아 지진 규모의 상한선을 다시 생각하게 되었다. 수마트라 지진과 도호쿠 지진을 포함해 1964년 이후 발생한 모든 지진을 설명해주는 〈도표 5-3B〉를 보면 직선에 가까운 선이 모든 측정점을 지나간다. 10년 전이었다면 (〈도표 5-7A〉처럼) 비틀림 지점이 더 많이 나타났을 것이다. 이는 대규모 지진이 구텐베르크-리히터 법칙이 예측한 것보다 실제로는 조금 적게 나타났다는 사실을 뜻한다. 그러나 최근 들어서는 그 빈도 차가 줄어드는 추세다.

진도 9의 지진은 워낙 드물어서 실제 빈도를 알기까지는 수백 년이 걸릴 것이다. 또한 진도 9.5가 넘는 지진의 경우에는 시간이 그보다 훨씬 더 걸릴 것이다. 수전 휴 박사는 단층의 지질학적 특성 때문에 지진 규모는 특정 수준 이상으로 커질 수 없을 거라고 내게 말했다.

하지만 만약 남아메리카 대륙 남쪽 끝에 있는 티에라델푸에고 섬에서 알래스카의 알류산열도에 이르는 지구 최대의 단층대가 한꺼번에 움직인다면, 진도 10 규모의 지진이 가능하지 않겠느냐고도 했다. 하지만 실제로 그런 일이 일어날 수 있을지 어떨지 확실하게 알기는 어렵다.

설령 우리가 믿을 만한 지진 기록을 1천 년치 가지고 있다 하더라도, 우리는 미래를 그다지 멀리까지 내다보지 못할 것이다. 지진을 예측하는 데는 본질상 한계가 있기 때문이다.

지진은 기본적으로 '복잡한' 현상이다. 지금은 고인이 된 덴마크 출신의 물리학자 페르 바크Per Bak와 여러 학자가 개발한 복잡성 이론 theory of complexity은 카오스 이론과 동일한 부류로 묶이는 경우가 종종 있긴 하지만, 두 이론은 엄연히 다르다. 복잡성 이론은 아주 단순한 것들도 서로 상호작용을 할 경우 이상하고 신비한 방식으로 움직일 수 있다고 주장한다.

바크가 즐겨 쓴 비유는 백사장 모랫더미다(모래알보다 더 단순한 게 또 있을까?). 위로 올라갈수록 뾰족한 모랫더미가 있는데 당신이 거기에다가 모래알 하나를 떨어뜨린다고 치자. 어떤 일이 일어날까? 다음 세 가지 가운데 하나일 것이다. 당신이 떨어뜨린 모래알 하나는 모랫더미의 형태와 크기에 따라 떨어진 지점에 그대로 머물거나, 아래쪽으로 굴러 내려가거나, 아니면 그 모랫더미가 너무 가파른 나머지 전체의 균형을 흔들어 결국 모랫더미를 무너뜨린다. 복잡한 체계들은 이처럼 겉보기에는 오랜 기간 정지되어 있는 듯하다가도 어느 한순간 갑작스럽게 무너져버리는 특성이 있는 것 같다. 그런데 이런 과정은 결코 무작위로 아무렇게나 진행되지 않는다. 그 과정은 너무 복잡한 나머지(모래알 하나가 모든 걸 좌우할 정도로 복잡하다!) 특정 수준을 넘어서서 예측할 길이 없다.

신호와 소음이 빚어내는 아름다움

그런데 복잡한 과정들은 충분히 거리를 두고 바라보면 질서와 아름다움을 낳는다. 나는 이 책에서 신호와 소음이라는 표현을 매우 느슨하게 사용하지만, 사실 두 단어는 전자공학에서 나온 용어다. 공학자들이 인식하는 소음에는 여러 유형이 있다. 모든 소음이 무작위적이긴 하지만, 이들 소음은 각기 다른 '내재 확률분포underlying probability distribution'를 따른다. 당신이 균일한 주파수 분포에 걸쳐 무작위로 발생하는 백색소음white noise을 듣는다고 치자. 신경에 무척 거슬릴 것이다. 그러나 복잡한 체계와 연관된 소음인 '브라운 소음Brownian noise(적색소음)'을 듣는다고 치자. 한결 부드럽게 들린다. 계곡 물소리처럼 들리기도 한다.[72]

지구 표면 아래의 단층선을 만드는 구조력tectonic force(지구 표면에 대규모 변형을 일으키는 힘의 원동력 – 옮긴이)은 장엄한 산맥과 비옥한 계곡, 멋진 해안선이라는 숨 막히는 광경을 빚어내기도 한다. 그러니 지진이 아무리 위험하고 무섭다 하더라도 사람들은 그런 풍경 속에서 살기를 포기하지 않을 것이다.

과학은 언제나 시험 중이다

2011년 엄청난 인명 피해를 낳은 지진 때문에 라퀼라에서는 과학자와 공무원 일곱 명이 재판을 받았다.[73] 지진 때 뒤에 '큰 놈'이 온다는 위험을 제때 사람들에게 알리지 않았다는 혐의였다.

이 재판은 분명코 우스꽝스럽다. 과연 과학자들은 더 현명하게 행동할 수 있었을까? 아마도 그럴 수 있었을 듯하다. 지진 때 뒤에 대규모 지진이 나타날 위험이 한층 커진다는 건 명백한 사실이다. 그렇지 않은 경우보다 지진 발생 가능성은 잠정적으로 100배에서 500배까지 커진다.[74] 그럼에도 그 위험은 아주 낮다(지진 떼가 있더라도 대규모 지진이 반드시 뒤따르는 건 아니다). 그렇지만 이상 징후가 나타나고 있는데 거실에 느긋하게 앉아 와인잔만 기울이는 건 분명 문제가 있다.

어떤 예측이든 간에 예측가가 해야 할 첫째 의무는 예측의 진실성에 언제나 충성을 다하는 일이다. 이것이 이 책이 취하는 태도다. 넓은 의미의 정치는 그 의무를 다하는 데 방해가 될 수 있다. 지진학계는 여전히 깊은 상처를 안고 있다. 일례로 리마와 파크필드에서 잘못된 예측을 했으며, 줄리아니 같은 사람들을 상대로 경쟁해야 했기 때문이다. 이런 상황이 지진 전문가들의 동기를 복잡하게 만들며, 이 사람들을 산만하게 만들어 자기에게 주어진 과제를 집중해서 수행하지 못하도록 한다. 나쁜 예측과 무책임한 예측이 정확한 예측을 몰아낸다.

어쩌면 지진 예측이라는 '성배'가 지진 전문가의 손에 들어오는 일은 결코 없으리라는 수전 휴 박사의 말이 맞을지도 모른다. 개별 지진 전문가들이 책임감을 갖고 행동한다 하더라도 지진 예측 가능성을 모색하는 수천 개 가설을 평가하는 일은 여전히 과제로 남는다. 지금까지의 결과를 보면, 이들 가설 대부분은 실패로 돌아갔으며 지진을 예측하는 어떤 마법 같은 방법은 존재하지 않는 듯싶다.

그러나 과학이 거둔 실적은 전체적으로 볼 때 놀랄 만한 수준이다. 이는 분명 선명한 신호다. 똑같은 방법론을 설정도 거의 바꾸지 않고 거듭해서 시도한다면 이전과 다른 결과가 나올 가능성은 없을 것이라 봐도 무리가 아닐 것이다. 하지만 과학은 때로 '전혀 예측하지 못한' 돌파구를 만들어내기도 한다.

이 같은 상황에서나마 지진 전문가들이 상당한 진전을 이룬 분야가 있다. 단기 지진 예측 분야다. 이 부분은 라퀼라 지진에서 빛을 발할 수도 있었다. 대규모 지진 뒤에는 기본적으로 항상 여진이 발생한다는 지식은 구텐베르크-리히터 법칙 다음으로 가장 널리 받아들여지는 발견이다. 내가 얘기를 나눠본 캘리포니아대학교 데이비스캠퍼스 존 런들John Rundle 교수나 서던캘리포니아대학교 톰 조던Tom Jordan 교수 같은 몇몇 지진 전문가는 단기 예측에 더 집중하고 있으며, 자기들이 대중과 명확하고도 완벽하게 소통해야 한다는 생각을 점점 더 강하게 느끼고 있다.

조던의 연구는 여진들은 때로 단층선을 따라서 예측이 가능한 지질학적 방향으로 이동한다고 주장한다. 이 여진들이 인구 밀집 지역으로 향한다면 본진보다 훨씬 약한 규모라 해도 엄청난 인명과 재산 피해를 낳을 수 있다. 2011년 뉴질랜드 크라이스트처치에서 185명의 목숨을 앗아간 지진은 2010년 9월에 뉴질랜드로부터 멀리 떨어진 곳에서 일어난 진도 7.0 규모의 본진에 뒤따른 여진이었다.[75] 여진이 발생할 때는 상당히 많은 신호가 발생한다. 그러니 이 신호에 초점을 맞추는 건 당연한 일이다.

마지막으로 기술은 퇴보하는 일 없이 언제나 발전한다. 최근에 미국 항공우주국과 런들이 GPS 같은 원거리 감지 시스템을 이용해 단층의 압력을 측정하는 시도를 했다.[76] 아직 그 수준은 조잡하지만 지진 전문가들이 다룰 수 있는 데이터의 양은 엄청나게 늘 것이다. 지진의 근본 원인을 이해하는 데에도 그만큼 가까이 다가갈 수 있다는 말이다.

이런 방법론들은 궁극적으로 어느 정도 진전을 이루어낼 것이다. 지진 예측 분야에서는 천 년 동안 거의 아무런 성과나 성공이 없었지만 과학의 새로운 지류인 복잡성 이론을 좀 더 온전하게 이해함에 따라 상황은 달라질 수 있다.

물론 우리는 끊임없이 실패할 것이다. 그러나 신호는 다시 지평선 위에서 반짝거릴 것이고 우리는 다시 그 신호를 좇을 것이다, 설령 그게 신기루라 할지라도.

06

─ 경제 예측 ─

불확실성, 변동성, 편향에
대처하는 법

    정치 관련 여론조사는 반드시 오차범위를 표시하게 되어 있다. 우리는 오차범위를 보고 이 여론조사에 어느 정도의 불확실성이 내포되어 있는지 알 수 있다. 하지만 경제 예측은 대부분 수치만 언급된다. 다음 달에 15만 개 일자리가 창출될 것이다, 내년 GDP 성장률은 3퍼센트가 될 것이다, 유가는 배럴당 120달러로 인상될 것이다, 하는 식이다.

    우리는 이들 수치에서 예측이 놀랍도록 정확하다는 인상을 받는다. 그리고 그 예측이 실제 현실에서 조금 빗나갔다는 소식은 신문 1면에 대문짝만 하게 실린다. 경제 분야의 예측일 때는 특히 그렇다.

예상치 못한 실업률 증가: 9.2%로 껑충, 시장에 충격

_《덴버포스트Denver Post》, 2001년 7월 9일[1]

그런데 이 헤드라인에 딸린 기사를 읽는다면, '예상치 못한' 결과라는 게 경제 전문가들이 실업률을 9.1퍼센트를 예상했는데[2] 9.2퍼센트로 고작 0.1퍼센트포인트 늘어난 정도임을 알게 된다. 0.1퍼센트포인트라는 작은 오차가 신문 1면에 언급될 만큼 큰 것이라면, 이런 예측들은 정말 신뢰할 수 있겠다는 생각이 저절로 든다.

하지만 경제 예측은 기껏해야 부작용이 따르는 과잉책일 뿐이다. 고작 몇 달 뒤에 경기가 좋아질지 나빠질지 기본 방향조차 올바로 전망하지 못하는 게 바로 경제 예측이다. 사실 경제 예측은 심지어 예측 시점이 이미 경기후퇴기에 들어선 때인데도 그러한 사실조차 '예측'하지 못하는 경우가 허다하다. 최근 세 차례의 경기후퇴가 막 시작되었던 1990년, 2001년, 2007년 당시에 경제 전문가 다수는 우리가 이미 경기후퇴기에 들어섰는지도 몰랐다.[3]

미국 경제와 같이 거대하고 복잡한 대상을 예측하는 일은 매우 힘들다. 예측이 실제로 얼마나 잘 맞느냐와 얼마나 잘 맞는다고 인식되느냐 사이에는 실로 엄청난 간극이 있다.

몇몇 경제 예측가는 이런 사실을 알고 싶어하지 않는다. 이들은 다른 대부분의 예측가와 마찬가지로 불확실성을 적으로 여긴다. 이들에게 불확실성은 명성을 위협하는 적일 뿐이다. 이들은 불확실성을 정확하게 평가하지 않는다. 그래서 자기가 하는 예측에서 불확실성의 양을 줄이긴 하지만 실제 현실에서 예측의 질을 개선하는 데는 전혀 도움이 되지 않는 여러 가정을 설정한다. 또 이들은 불확실성에 대해 공개적으로 이야기하길 꺼린다. 그 바람에 사람들은 갑작스럽게 홍수가 발생하는 돌발 상황 등에 대비하지 못한다.

불확실성에 관해 얘기해야 하는 이유

1997년 4월 노스레드강이 범람해서 미국 노스다코타 동부의 소도시 그랜드포크스를 덮쳤다. 강물이 제방을 넘어 도시 안으로 2마일(약 3.2 킬로미터) 넘게 밀고 들어왔다(재난에 컨설팅 전문가로 초빙받은 정치학자 로저 피엘크 주니어Roger Pielke Jr.에게서 들은 내용이다).[4] 인명 피해는 없었지만 주민 5만 명 대부분이 대피해야 했고, 청소비용만 수십억 달러가 들었으며[5] 전체 주택의 75퍼센트가 파괴되거나 피해를 입었다.[6]

그랜드포크스 범람은 허리케인이나 지진과 달리 충분히 막을 수 있는 재난이었다. 모래주머니로 제방을 보강할 수도 있었다.[7] 또 범람한 물길을 사람들이 적게 사는 지역으로, 그러니까 학교·교회·주택 쪽이 아니라 농장 쪽으로 돌릴 수도 있었다.

그랜드포크스 주민들은 이미 여러 달 전부터 제방이 범람할지도 모른다는 사실을 알고 있었다. 전해 겨울에 눈이 그레이트플레인스에 특히 많이 왔다. 게다가 미국 국립기상청은 눈이 녹아서 흐르는 물이 대량으로 발생하리라 예상하고 강의 수위를 사상 최고치에 근접한 49피트(약 14미터 90센티미터)로 예측했다.

그런데 작은 문제가 하나 있었다. 그랜드포크스의 제방은 51피트(약 15미터 50센티미터)로 축조되어 있었다는 점이다. 미국 국립기상청의 예측이 조금이라도 빗나가면 재앙과 같은 상황이 펼쳐질 게 불 보듯 뻔했다.

그런데 실제 현실에서 강의 수위는 54피트(약 16미터 50센티미터)까지 올라갔다. 미국 국립기상청의 예측이 5피트(약 1미터 50센티미터) 넘게 빗나간 것이다. 하지만 이 예측은 홍수가 발생하기 두 달 앞서 예측한 수치로는 꽤 정확한 편이었다. 이런 예측은 과거에도 이와 비슷한 수준으로 적중했다. 미국 국립기상청이 내놓은 예측의 오차범위는 ±9피트(약 2미터 70센티미터)였다(미국 국립기상청이 과거에 예측한 정확도를 기반으로 나온 오차범위다). 이를 놓고 보자면 그랜드포커스 제방이 범람할 가능성은 약 35퍼센트였다.[8]

문제는 미국 국립기상청이 예보를 하면서 오로지 홍수 예측 수위인 49피트만 강조했을 뿐 불확실성에 대해서는 분명하게 얘기하길 꺼렸다는 데 있었다. 나중에 기상예보관들은 예보에 불확실성 개념을 함께 넣을 경우 예보의 신뢰성이 의심받을까 싶어 그랬다고 연구자들에게 털어놓았다.

당연히 미국 국립기상청은 그랜드포크스 주민들이 홍수에 더 잘 대비하도록 할 수 있었다. 제방을 보강하거나 물길을 다른 데로 돌려 피해를 줄일 수 있었다. 그러나 많은 주민들은 불확실성 항목이 빠져 있는 예측만 믿고서 아무 걱정할 게 없다고 확신했다(홍수 보험에 든 주민은 극소수였다[10]). 아무런 단서 없이 49피트로 발표된 예측 수위를 주민들은 홍수 때 강물의 최고 수위가 정확하게 49피트일 거라는 예측으로 받아들였고, 51피트 높이의 제방이 있으니 안전할 거라 생각했다. 심지어 어떤 주민들은 49피트를 홍수 때 발생할 수 있는 '최대' 수위로 해석하기까지 했다.[11]

여기에서 흔히 회자되는 농담 하나. 어떤 통계학자가 '평균' 수심이 3피트(90센티미터)인 강을 걸어서 건너다가 익사했다나. 기상청이 예

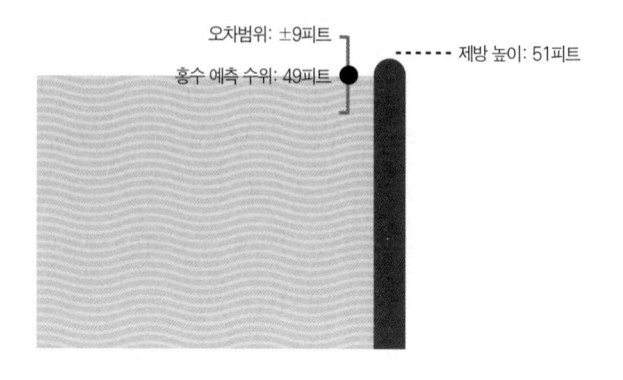

| 6-1 | 홍수 예측과 오차범위[9]

오차범위: ±9피트

제방 높이: 51피트

홍수 예측 수위: 49피트

측한 49피트는 평균적으로 봐서 그런 수위라는 뜻이다. 하지만 수위가 이 평균치보다 조금만 더 높아져도 도시는 물에 잠길 판이었다.

미국 국립기상청은 예측에서 불확실성 부분이 얼마나 중요한지 새삼스럽게 깨닫고, 그 뒤로 기상 예측을 할 때는 (4장에서 보았듯이) 이를 대중에 정확하고도 솔직하게 얘기했다. 다른 분야의 예측가들에게서는 이런 태도를 찾아보기가 매우 어렵다. 특히 경제 예측 분야가 그렇다.

경제학자들은 이성적인가?

이제 2007년 11월에 무슨 일이 일어났는지 살펴보자. 이른바 '대침체 Great Recession'가 공식적으로 선언되기 한 달 전이다. 이미 주택시장에서는 문제가 발생할 것이라는 징표들이 나타나고 있었다. 주택 압류 건수가 75퍼센트나 상승했고,[12] 주택담보 대출업체인 컨트리와이드

Countrywide는 파산 직전이었다.[13] 신용시장에도 불길한 징조가 만연했다.[14]

필라델피아연방준비은행이 분기마다 내는 '전문 예측가 서베이'에 참여한 경제 전문가들은 그럼에도 경기후퇴 발생 가능성이 상대적으로 낮다고 예상했다. 오히려 이들은 2008년의 경제는 평균 성장률 2.4퍼센트에 조금 밑돌게 성장한다고 내다보았다. 그리고 2008년에 실제로 전개된 것과 같은 심각한 경기후퇴 가능성은 거의 없다고 생각했다.

'전문 예측가 서베이'는 특이하게도 경제 전문가들에게 미국 경제의 전망을 구체적 수치로 표시해달라고 요구한다. 내가 이 책에서 줄곧 강조하는 내용이지만, 결과에 대한 확률적인 고려는 과학적 예측에서 필수 요소다. 내가 당신에게 주사위 두 개를 던져서 나오는 수의 합을 예측해보라고 주문한다면, 올바른 답은 단일한 수를 제시하는 게 아니라 가능한 모든 수를 열거하고 그 수 각각의 확률을 말하는 것이다. 〈도표 6-2〉처럼 말이다. 비록 당신은 다른 어떤 수보다 7이 많이 나오겠지만, 각각의 수가 장기적으로 보면 당신이 할당한 확률에 따라 나타난다고 할 때, 7이 나올 확률은 본질적으로 2나 12가 나올 경우에 비해 당신의 예측과 더 일치하거나 덜 일치하지 않는다.

'전문 예측가 서베이'의 경제 전문가들은 GDP와 여러 변수를 예측할 때도 비슷한 주문을 받았다. 이를테면 GDP가 2~3퍼센트 또는 3~4퍼센트 사이에 놓일 확률이 얼마나 되는지 예측해야 했다. 〈도표 6-3〉은 2007년 11월에 이들이 GDP를 어떻게 예측했는지 보여준다.

앞서도 언급했듯이, 이 설문조사에 참여한 경제 전문가들은 2008년의 미국 GDP가 장기적 추세보다 조금 밑도는 약 2.4퍼센트 성장할 것

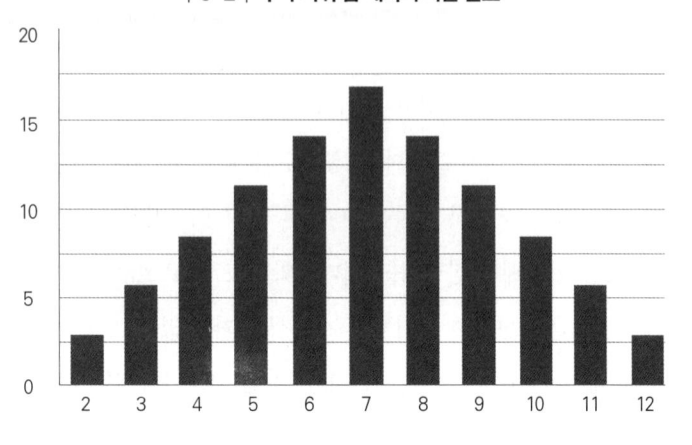

| 6-2 | 두 주사위 합 예측의 확률 분포

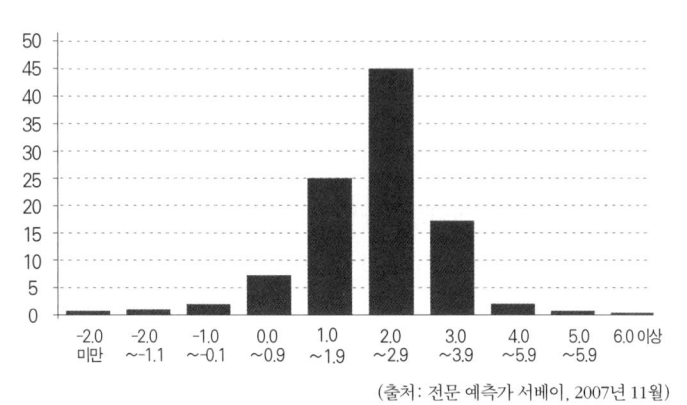

| 6-3 | 미국 실질 GDP 성장률(2008년) 예측의 확률 분포

(출처: 전문 예측가 서베이, 2007년 11월)

으로 생각했다. 예측은 빗나갔다. 실제로 미국의 GDP는 금융위기가 시장을 강타한 뒤에 3.3퍼센트 감소했다. 설상가상으로 경제 전문가들은 자신들의 터무니없는 예측에 대해 극도로 자신만만했다. 이들은 2008년 미국 경제가 마이너스 성장을 할 확률을 겨우 3퍼센트로밖에 보지 않았다.[15] 실제 현실에서 일어난 최소 2퍼센트 마이너스 성장 가

능성은 500번에 한 번꼴로밖에 보지 않았다.[16]

실제로 오랜 세월 동안 경제 전문가들은 경제 방향을 예측하는 자신의 능력을 지나치게 과신해왔다. 〈도표 6-4〉는 1993~2010년 18년 동안 '전문 예측가 서베이'에 실린 GDP 성장률 예측을 표시한 데이터다.[17] 굵은 선은 경제 전문가들이 밝힌 예측의 90퍼센트 예측구간 prediction interval을 나타낸다.

예측구간은 예측이 제시하는 가장 가능성 높은 결과 구간을 가리키며 여론조사의 오차범위와 비슷하다. 90퍼센트 예측구간이라고 하면 가능한 실제 현실의 결과에서 이 분포의 양쪽 끝 각 5퍼센트를 제외한 90퍼센트를 말한다. 만약 '전문 예측가 서베이' 경제 전문가 예측이 그들이 말한 대로 정확하다면, 우리는 GDP 성장의 실제값이 열 번 가운

| 6-4 | GDP 성장률 예측: 90퍼센트 예측구간과 실제 결과

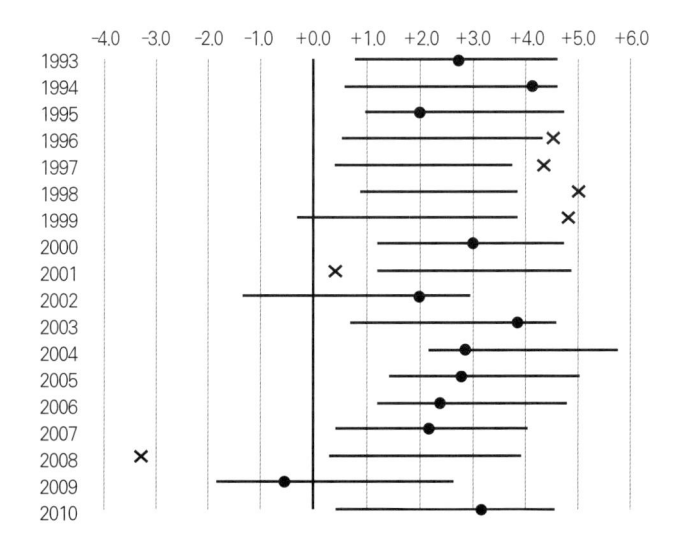

데 아홉 번은 그 예측구간 안에 놓일 것으로 기대할 수 있다. 그러니까 내가 설정한 전체 18년 가운데 2년만 빗나가야 그들의 예측이 맞는다고 볼 수 있다.

하지만 현실에서 GDP 성장률의 실제값은 '전문 예측가 서베이' 경제 전문가들의 예측구간에서 열여덟 건 가운데 여섯 번이나 빗나갔다. 3분의 1이 빗나간 셈이다. '전문 예측가 서베이'가 처음 시작된 1968년으로 거슬러 올라가서 경제 전문가 예측이 얼마나 정확했는지 확인한 또 다른 연구가 있는데, 이 연구는 그들의 예측이 한층 더 빗나갔음을 밝혀냈다.[18] 절반 가까이 예측구간을 벗어나 있었다. 어쩌다 보니 그렇게 되었을 가능성은 거의 없다.[19] 기본적으로 그들이 자기가 하는 예측의 신빙성을 과장했다는 말이다.

실제로 한 무리의 경제 전문가가 각자 예측한 GDP 성장률을 제시할 때 진정한 90퍼센트 예측구간, 다시 말해 경제 전문가 본인들이 주장하는 예측의 정확도가 아니라 이 예측들이 실제 현실에서 발휘한 예측의 정확도를 근거로 하는 90퍼센트 예측구간[20]은 GDP의 약 6.4퍼센트포인트 구간에 걸친다. 오차범위가 ±3.2퍼센트포인트라는 말이다(정치 관련 여론조사가 일반적으로 사용하는 95퍼센트 예측구간은 이보다 훨씬 더 커서 9.1퍼센트포인트 구간에 걸친다. 오차범위가 ±4.6퍼센트포인트인 셈이다).

당신이 내년에 GDP가 2.5퍼센트 성장할 것이라는 뉴스를 듣는다고 치자. 그런데 이 말은 오차범위를 감안하면 GDP가 5.7퍼센트나 성장하거나 0.7퍼센트 하락할 수도 있다는 뜻이다. 0.7퍼센트 하락이면 상당히 심각한 불황이다. 경제 전문가라는 사람들이 하는 예측은 기껏해야 이 정도다. 게다가 나아지고 있다는 증거도 별로 없다. '경제 전문가들은 여섯 차례 경기후퇴 가운데 아홉 번을 정확하게 예측했다'는 오래된 농담이 있는데, 이 농담은 진리를 담고 있다. 실제로 1990년대에 전 세계에서 경기후퇴가 60차례 있었는데, 경제 전문가들이 한 해 앞서서 경기후퇴를 예측한 경우는 딱 두 차례다.[21]

그런데 이런 결과는 경제 전문가들에게만 해당되는게 아니다. 예측의 세계에서 일반적으로 나타나는 일이다. 전문가라는 사람들은 자기가 하는 예측에 내재하는 불확실성을 솔직하게 털어놓는 데 서툴거나 아예 관심이 없다. 이처럼 지나친 자신감 또는 자기과신에 물든 예측은 경제뿐 아니라 의학, 정치, 금융, 심리학 등 다른 분야의 예측에서도 나타난다. 이 같은 현상은 우리가 자신의 판단에 따라 예측할 때나(필립 테틀록이 연구했던 정치 전문가들이 그랬다) 통계 모델을 이용해 예측할 때(5장에서 묘사했던 빗나간 지진 예측 대부분에서 그랬다) 일어나는 것 같다.

하지만 경제 전문가들은 다른 분야 전문가들에 비하면 변명의 여지가 별로 없을 듯하다. 우선 그들이 한 예측들은 자기과신에 물들었을 뿐만 아니라 현실 감각도 형편없어서 실제 GDP 성장률을 엄청나게 큰 규모로, 다시 말해 경제적으로 엄청난 파장을 불러일으킬 정도로 잘못 예측했기 때문이다. GDP 같은 변수들을 예측하려는 노력은 오래전부터 진행됐다. 언제부터냐 하면 1946년의 '리빙스턴 서베이 Livingston Survey'까지 거슬러 올라간다. 이 노력의 결과는 잘 정리되고 기록되어 있어서 언제든 자유롭게 참조할 수 있다. 그런데 경제 전문가들은 자기들 예측이 얼마나 정확했는지 피드백하고 보정해서 예측의 질을 개선할 수 있었는데도 그렇게 하지 않았다. 경제 분야에서는 다른 어떤 분야보다 예측에 대한 피드백이 많이 일어나는데도 경제 전문가들은 이 피드백을 이용해 자기들의 편향, 특히 자기과신 편향을 수정하지 않았다.

경제학이야말로 인간행동의 합리성을 연구하는 학문이 아닌가? 다른 분야의 전문가가(인류학자라고 치자) 예측을 할 때 이 사람이 편향을 가질 수 있음은 충분히 예상할 수 있다. 그런데 경제 전문가가 예측할 때는 그런 예상을 하지 않는다.

실질적으로 이 점은 문제일 수 있다. 경제 전문가들은 합리성에 대해 많은 걸 알고 있다. 그들 역시 우리의 동기가 어떻게 작동하는지 많이 알고 있다는 뜻이다. 경제 전문가들이 편향된 예측을 한다는 것은, 어쩌면 그들이 훌륭한 예측을 할 동기를 그다지 가지고 있지 않다는 뜻일지도 모른다. 이게 사실이라면 무서운 일이다.

"그 누구도 단서를 가지고 있지 않습니다"

내가 정말 찾고 싶은 경제 전문가는 자신이 하는 일이 얼마나 어려운지, 또 자기 예측이 얼마나 쉽게 빗나갈 수 있는지 솔직하게 말할 줄 아는 사람이다. 다행히 나는 그런 사람을 만났다. 골드만삭스Goldman Sachs의 수석 경제 전문가 얀 하치우스Jan Hatzius다.

하치우스는 적어도 다른 경쟁자들에 비해서는 신뢰를 훨씬 더 많이 받는다고 할 수 있다. 하치우스는 경제 전문가 대부분이 경기후퇴 가능성을 일축하던 2007년 11월 〈레버리지 손실, 왜 모기지 디폴트가 문제인가Leveraged Losses: Why Mortgage Defaults Matter〉를 발표했다. 이 보고서는 주택 소유자 수백만 명이 자기 주택을 담보로 해서 빌린 돈을 갚지 못하고, 그 바람에 신용금융시장에 도미노 파산 효과가 일어나 결국 수조 달러에 이르는 손실이 발생하고 심각한 경기후퇴를 초래할 수도 있다고 경고했다. 그의 경고는 현실이 되었다. 이때 하치우스는 경기가 빠르게 회복될 가능성은 거의 없다는 의견을 내놓았다. 경기부양책이 의회를 통과하고 백악관이 2009년 말까지 실업률을 7.8퍼센트로 줄이겠다고 선언하고 나서 한 달 뒤인 2009년 2월, 하치우스는 그해 실업률이 9.5퍼센트로 높아진다고 전망했다(이 전망은 실제 실업률 9.9퍼센트에 꽤 근접했다).[22]

우울증인가 싶을 만큼 심성이 부드러운 하치우스는 골드만삭스 입사 8년 만에 수석 경제 전문가에 승진했는데,[23] 거대 은행들을 미심쩍은 눈으로 흘겨보는 사람들에게도 존경받는 인물이다. 폴 크루그먼도 하치우스를 높이 평가하면서 나에게 이렇게 말했다.

"아주 좋은 사람이죠. 로이드 블랭크페인Lloyd Blankfein(골드만삭스의 CEO - 옮긴이)이 아무리 악의로 넘쳐난다 해도 얀과 그 주변 사람들은 악의에 물들지 않기를 바랍니다."

하치우스는 자기 능력에 대해서 놀라울 정도로 겸손해했다. 뉴욕 웨스트스트리트 골드만삭스의 번쩍거리는 사무실에서 만났을 때 그는 이렇게 말했다.

"그 누구도 단서를 가지고 있지 않습니다. 경제 순환주기를 예측하는 일은 어마어마하게 어렵습니다. 경제처럼 복잡한 유기체를 이해하는 일이 왜 안 어렵겠습니까."

경제 예측가들은 하치우스가 그렇듯 세 가지 근본적 문제에 부닥친다. 첫째, 경제 통계만으로 인과관계를 결정하기란 매우 어렵다. 둘째, 경제는 항상 움직이기 때문에 지금의 경제 주기에서 유효한 경제 행위가 미래의 경제 주기에서는 전혀 효과가 없을 수 있다. 셋째, 경제 전문가들의 예측이 형편없었던 것 만큼이나 이들이 다루어야 하는 데이터 역시 썩 훌륭하지는 않다.

인과관계 없는 상관관계

미국 정부는 해마다 약 4만 5천 건에 이르는 경제지표 관련 데이터를 생산한다.[24] 민간 데이터 공급 업체들이 추적하는 통계수치는 무려 400만 건에 달한다.[25] 일부 경제 전문가들은 바로 이 모든 데이터를 믹서에 집어넣고 돌려 만든 멀건 죽을 최고급 요리라고 주장하고픈 유혹에 무릎을 꿇고 만다. 2차 세계대전 이후 경기후퇴는 열한 차례밖에 없었다.[26] 그런데 당신이 이 열한 차례의 '아웃풋'을 설명하려고 400만 개 '인풋' 가운데서 어떤 것을 선별적으로 취한다면, 당신이 밝혀내는 인과관계 중 많은 것은 겉으로는 아무리 그럴듯하더라도 가짜일 수밖에 없다(이것이 바로, 5장에서 살펴본 것처럼, 지진 예측을 엉망으로 만들고 소음을 신호로 착각하게 하는 과적합의 또 다른 고전적 사례다).

그 많은 데이터에서 의미 있는 것을 찾기란 쉽지 않은 일이고, 때문에 우리는 말도 안 되는 인과관계를 상상하곤 한다. 미국에서 슈퍼볼 우승팀이 경제성장의 '선행지표'로 유명세를 떨치던 때가 있었다. 1967년 1회부터 1997년 31회 슈퍼볼대회까지, 원년 내셔널풋볼리그NFL[27] 팀이 우승할 경우 그해의 남은 기간 주식시장은 평균 14퍼센트 수익률을 올렸다.[28] 반면 아메리칸풋볼리그AFL 팀이 승리할 때는 10퍼센트 가까이 추락했다(원래의 NFL과 AFL은 1970년에 새로운 NFL로 통합됐다 - 옮긴이).

이 지표는 1997년까지 31년 가운데 28년이나 주식시장의 방향을 정확하게 '예측'했다. 그런데 이렇게 될 가능성을 표준적인 통계적 유의성 검증을 통해 확인하면 470만 번 중 한 번밖에 되지 않는다.[29]

물론 그건 '우연의 일치'였다. 마침내 슈퍼볼 지표의 예측성은 어긋나기 시작했다. 1998년에 AFL 소속 덴버 브롱코스가 슈퍼볼 우승컵을 차지했다. 좋지 않은 징조였다. 그런데 주식시장은 닷컴 붐 속에서 28퍼센트 성장했다. 2008년에 NFL 소속 뉴욕 자이언츠가 AFL 소속 뉴잉글랜드 패트리어츠에 역전승을 거두며 슈퍼볼 우승컵을 거머쥐었다. 하지만 이 승리는 주택 거품이 꺼지는 것을 막지 못했고, 그 결과 주식시장은 무려 35퍼센트나 내려앉았다. 1998년 이후로 AFL 소속 팀이 슈퍼볼에서 이길 때 주식시장은 평균 약 10퍼센트 성장했는데, 이는 과거 지표 내용과 정반대 방향이었다.

한때 470만분의 1이라는 드문 가능성을 적중시키던 지표가 어떻게 이처럼 나빠질 수 있을까? 사실 당첨 확률이 1억 9,500만분의 1밖에 되지 않는 파워볼 복권이라고 해도[30] 매주 누군가는 이 복권에 당첨된다. 복권을 산 수백만 명 가운데 한몫 잡는 사람이 있게 마련이다. 마찬가지로 수백만개의 통계적 지표 가운데 몇몇은 우연하게도 주식가격이나 GDP 성장률 또는 실업률과 상관관계를 보인다. 슈퍼볼 승자가 아니었다면 우간다의 닭고기 생산량이 그 지표가 되었을지도 모른다. 이러한 관계는 그저 우연의 일치일 뿐이다.

물론 경제 전문가들이 슈퍼볼 지표를 진지하게 받아들이진 않겠지만, 그들은 외관상 경제적 의미를 담고 있는 듯 보이는 다른 유형의 변수들을 경기가 좋아질지 나빠질지 점칠 수 있는 결정적 '선행지표'라고 얼마든지 믿을 수 있다. 한 민간 예측업체는 이런 변수를 400개나 확보하고 있다고 자랑한다.[31] 400개나 되는 변수는 하치우스가 경제 현황의 대부분을 담을 수 있다고 말하는 20~30개, 많으면 40개 주요 변수와 비교하면 엄청나게 많은 것이다[경제 현황의 실체를 드러내는 변수들은 10개 남짓한 주요 범주를 아우른다. 성장률(GDP 성장률과 각 부문별 성장률), 일자리 수, 인플레이션, 금리, 임금과 소득, 소비자 신뢰지수, 공업 생산량, 판매 및 소비 지출, 자산가격(주식가격과 주택가격), 생필품 가격, 금융정책과 정부의 예산 지출 등이다]. 어떤 예측 가들은 반도체 공장의 수주-출하 비율 따위의 조금은 모호한 지표들이 보이는 예측력을 높이 평가한다.[32] 선택할 수 있는 경제 관련 변수가 워낙 많은 까닭에 사람들은 과거에는 유용했을지 몰라도 지금은 소음 덩어리이기만 한 것을 너무 쉽게 선택한다.

신호를 정확하게 포착하는 지표를 찾기란 정말 어렵다. 경제 순환주기에서는 선행지표였던 변수들도 다음 주기에서는 아무것도 아닌 경우가 흔하다. 2003년 《아이엔시Inc.》에 실린 이른바 7대 '선행지표'는 모두 1990년과 2001년의 경기후퇴를 훌륭하게 예측했는데,[33] 이 선행지표 가운데 주택가격과 임시직 고용 두 개만이 2007년 경기후퇴를 상당한 수준으로 반영하는 지표로 기능했다. 대출과 같은 요소들은 경기후퇴가 시작되고 1년이 지날 때까지도 감소세로 돌아서지 않았다.

민간 연구기관인 콘퍼런스보드The Conference Board가 10대 경제지표를 잘 다듬고 섞어서 발표하는 경기선행지수Leading Economic Index조차도 문제가 있었다. 경기선행지수는 통상 경기후퇴를 두세 달 앞두고 하락하는 모습을 보여왔지만, 그만큼 거짓 경보도 많이 울렸다. 특히 1984년에 3개월 연속으로 지수가 가파르게 급락하면서 경기후퇴가 본격적으로 시작됨을 알렸지만[34] 실제로는 무려 6퍼센트라는 높은 성장률을 계속 이어간 일은 빗나간 예측의 유명 사례다. 몇몇 연구논문은 심지어 경기선행지수가 실시간의 실제 상황[35]에서 예측력이 전혀 없다는 주장까지 하고 있다. 하치우스는 이렇게 말했다.

"정말 예측력이 있는 지수는 지극히 드뭅니다. 무엇이 우연적이고 무엇이 실제로 상관성이 있는지 알아내는 일은 무척 어렵습니다."

여러분도 '상관관계는 인과관계를 의미하는 게 아니다'라는 말을 들어봤을 것이다. 두 개 변수가 서로 통계적 상관관계가 있다는 이유만으로 둘 사이에 인과관계가 있다고 볼 수는 없다. 예컨대 아이스크림 매출과 숲에서 발생하는 화재는 상관관계가 있다. 둘 다 여름에 더 많이 발생하기 때문이다. 하지만 이 둘 사이에 인과관계는 없다. 누가 하겐다즈 아이스크림 한 통을 사면서 몬태나의 관목에다 불을 붙이지는 않기 때문이다.

생각이야 쉽지만, 실제 현실에서 이런 발상을 적용하기는 간단치 않다. 특히 경제에서 인과관계를 이해할 때는 더욱 그렇다. 하치우스는 실업률이 일반적으로 동작이 굼뜬 지표라고 했다. 실제로도 가끔 그렇다. 기업은 경기후퇴기에 접어들고 나면 경기 회복을 확신하기 전까지는 직원을 새로 채용하려 들지 않는다. 그래서 실업자들이 모두 일자리를 찾기까지는 시간이 무척 오래 걸린다. 실업률은 소비자수요(소비)에 관한 한 선행지표가 될 수 있다. 실업자는 상품 구매력이 부족하기 때문이다. 경제는 경기후퇴기에 악순환에 빠질 수 있다. 소비가 늘기 전에는 기업이 신규 인력을 채용하려 들지 않고, 소비자는 상품을 소비할 여력이 없게 되어서 소비가 줄어들게 되는 것이다.

소비자신뢰지수consumer confidence는 다루기가 까다롭기로 악명 높은 변수다. 소비자는 때로 경제의 경고 신호를 가장 빠르게 포착하지만, 경기회복을 가장 뒤늦게 알아보는 집단이기도 하다. 소비자는 경기후퇴가 실질적으로 끝나고 한참 지난 다음인데도 자기들이 아직 경기후퇴기에 놓여 있다고 인지하기도 한다. 그래서 경제 전문가들은 소비자신뢰지수가 선행지표인지 후행지표lagging indicator인지를 놓고 논쟁을 벌인다.[36] 해답은 경제가 순환 주기의 어느 지점에 있느냐에 따라 달라질 수 있다. 게다가 소비자신뢰지수는 소비자 행동에 영향을 끼쳐서, 경제에 대한 기대와 경제 실체 사이에는 모든 종류의 피드백 회로가 있을 수 있다(소비자신뢰지수는 미국의 민간 경제조사 그룹 콘퍼런스보드가 매월 마지막 화요일에 현재의 지역경제 상황과 고용 상태, 6개월 후의 지역경제, 고용 및 가계 수입 전망 등을 발표하는 지수다. 한국에는 이와 비슷한 지표로 통계청이 6개월 후의 경기, 생활형편, 소비지출 등에 대한 소비자들의 기대심리를 나타내는 지표인 소비자기대지수가 있다 - 옮긴이).

경제 불확정성의 원리

한층 문제 있는 피드백 회로들이 경제 예측과 경제 정책 사이에 놓여 있다. 예를 들어 경제가 후퇴기에 접어든다는 예측이 있을 때 정부와 연방준비제도는 위험을 개선하거나 적어도 피해를 최소화하기 위한 조치들을 취할 것이다. 문제는 하치우스와 같은 예측가들이 경제뿐만 아니라 정치 관련 예측까지도 해야 한다는 데 있다. 그런데 의회에 상정된 안건의 의결 비율이 10퍼센트밖에 되지 않는 미국과 같은 나라는 이런 일을 하기에 상당히 어려운 환경일 수 있다.

하지만 문제는 더 깊다. 1976년에 노벨상 수상 경제학자 로버트 루카스Robert Lucas가 지적했듯이,[37] 어떤 경제 모델의 토대가 되는 과거 데이터는 부분적으로는 당시 정책 결정에서 비롯한 것이다. 따라서 이 모델은 현재의 정책입안자들이 어떻게 나올지 충분히 알지 못할 수 있다. 아울러 이 모델을 운용하려면 예컨대 과거 닉슨 정부 때 금융통화정책이 어땠는지도 알 필요가 있다. 영국 런던정치경제대학LSE 교수 찰스 굿하트Charles Goodhart가 주장한 '굿하트의 법칙Goodhart's law'[38]이 있는데, '정책입안자가 특정 변수를 목표로 삼으면 그 순간 이 변수는 경제지표로서 가치를 잃기 시작한다'는 내용이다. 이를테면 정부가 인위적으로 주택가격을 부풀리는 조치를 취하면 어쨌든 주택가격이 상승하기야 하겠지만, 이 항목은 경제지표로서 가치를 잃게 된다.

이런 상황을 극단적으로 상정하면 관찰자의 관찰이 대상에 영향을 끼친다는 '관찰자효과observer effect'와 비슷해진다(이 개념은 하이젠베르크의 불확정성 원리와 종종 혼동되지만, 둘은 서로 다른 개념이다). 예컨대 우리가 어떤 것을 관찰하면 이 대상은 바뀌기 시작한다. 통계 모델에는 대부분 독립변수와 종속변수가 존재하고, 이들 변수는 서로 엄격하게 분리된 상태로 유지될 수 있다[38]는 발상을 기초로 한다. 하지만 실제 경제 현실에서는 이 변수들이 모두 한 덩어리로 엉겨붙어 있다.

경제 예측은 움직이는 표적을 맞히는 문제

설령 그 모든 문제를 해결한다고 해도 경제 전문가들에게는 여전히 문제가 남는다. 고정되지 않고 움직이는 표적을 맞혀야 하는 문제다. 미국을 비롯해 세계 각국의 경제는 항상 진화한다. 그리고 서로 다른 경제변수 사이의 관계는 시간이 흐름에 따라 계속해서 바뀔 수 있다.

말하자면 역사적으로 GDP 성장률과 일자리 성장률 사이에는 매우 강력하고도 타당한 상관관계가 존재해왔다. 경제학자들은 이를 '오쿤의 법칙Okun's law'이라 부른다. 일자리 성장률은 1947년부터 1999년에 이르는 '장기호황Long Boom' 속에서 통상 GDP 성장률의 절반 수준이었다.[40] 한 해에 GDP가 4퍼센트 성장하면 일자리는 약 2퍼센트 늘어났다.

이 관계는 지금도 존재한다. 경제성장이 구직자들에게는 확실히 유리하다. 그런데 이 두 변수 사이의 관계는 예전과 달라진 듯 보인다. 가장 최근 두 차례 경기후퇴의 경우, 각각이 끝난 뒤에 새로 창출된 일자리 수는 장기호황기에 비하면 상당한 수준으로 줄어들었다. 일례로 2009년 경기부양책이 의결된 이듬해에 GDP는 빠르게 성장했고, 오쿤의 법칙에 따라 약 200만 개나 되는 일자리가 창출되었다.[41] 대신 그 기간 동안 350만 개 일자리가 사라졌다.

경제 전문가들은 흔히 이 같은 변화가 무엇을 의미하는지를 놓고 논쟁을 벌인다. 컬럼비아대학교의 제프리 삭스Jeffrey Sachs를 비롯한 여러 경제학자가 제기한 가장 비관적인 해석으로는, 이런 패턴은 다른 국가들과 벌여야 하는 점점 치열해지는 경쟁, 제조업 부문과 서비스업 부문의 불균형, 인구의 노령화, 중산층의 감소, 늘어나는 국가부채 등 미국 경제의 구조적이고 심각한 여러 문제를 반영한다는 것이다. 이 시나리오에 따르면 우리는 이미 새롭고도 건강하지 못한 일상적 국면에 들어서 있다. 그리고 그 문제들은 근본적인 변화가 있지 않는 한 점점 더 악화된다. 삭스는 이렇게 말했다.

"우리는 전 세계에서 일어나는 변화가 미국에 끼치는 영향을 과소평가한 겁니다. 미국의 일자리가 중국을 비롯한 신흥시장들로 넘어가는 구조적 상황은 미국 경제를 난폭하게 뒤흔들고 있습니다."

그런데 더 큰 의문은 2000년대의 변동성이 경제의 장기적 조건을 더 잘 대변하는 게 아닐까 하는 점이다. 1947년 이후 장기호황의 나날이 특이한 경우였을지도 모른다. 장기호황기 동안에 경기후퇴가 나타난 기간은 전체 기간의 15퍼센트에 지나지 않았다. 그러나 1900~1945년을 놓고 보면 경기후퇴가 나타난 기간은 앞 사례의 두 배를 더 웃돌아 전체 기간의 36퍼센트였다.[42]

경제 전문가 대부분은 경기 주기를 안정시키는 방법에 상당한 발전이 이루어졌다고 믿지만, 사실은 그게 아니라 우리가 운이 좋아서 더 심각한 문제들을 피할 수 있었는지도 모른다. 이런 관점은 특히 경기후퇴 기간의 비중이 3퍼센트밖에 되지 않은 1983~2006년 기간에(장

기호황기의 부분집합이기도 한 이 기간은 대안정기Great Moderation라고
도 불린다) 유효하다. 그러나 성장의 많은 부분은 정부 지출과 가계부
채가 대규모로 늘어난 데 힘입었다. 물론 여러 자산의 가격에 붙은 거
품도 한몫 거들었다. 선진국의 경제는 이제 대안정기의 속도로 성장할
수 없다. 일례로 1980년대에 연평균 5퍼센트 성장을 한 일본은 그 이
후 연평균 겨우 1퍼센트 수준의 성장을 이어가고 있다.[43]

경제 전문가나 정책입안자들이 2007년 경기후퇴의 심각성에 그토
록 놀란 이유가 이것일지도 모른다. 그들은 대침체와 같은 사건들을
도저히 설명할 수 없었다(어쩌면 이런 상황은 2차 세계대전 이전의 경
제 데이터가 매우 불완전했다는 데서 일부 비롯했을 수도 있다). 심지
어 그들은 때로 역사적으로 보면 특이한 시기인 대안정기에 맞춰서 자
기네 예측을 조정하기도 했다.

데이터를 버리지 마라

미국의 통화·금리 정책을 결정하는 연방공개시장위원회는 법률에 따
라 한 해에 적어도 두 번은 의회에서 거시경제적 예측을 하도록 되어
있다. 2007년 말 위원회는 어떤 점에서는 경제가 좋아지지 않을 것임
을 어느 정도 예측했다. 이 기관은 GDP 성장률을 민간 부문에서 내놓
은 여러 예측보다 조금은 비관적으로 예측했으며, 이런 예측을 바탕으
로 해서 그해 말까지 금리를 네 번이나 하향 조정했다.

그런데 2007년 10월 말 연방공개시장위원회 회의의 회의록을 보면
경기후퇴라는 단어는 경제를 논의하는 자리에서 단 한 차례도 등장하
지 않았다.[44] 위원회는 이 용어를 사용하는 데 지극히 조심스러워하기

때문이다. 하지만 '하방 리스크downside risk' 등의 표현을 통해 경기후퇴의 가능성을 암시하긴 했다. 그렇다고 연방공개시장위원회가 경기후퇴 쪽에 무게중심을 둔 것은 아니었다. 이들의 예측은 여전히 성장 쪽을 가리켰다. 그랬기에 회의록에는 미국 경제가 실제 현실에서 일어난 것과 같은 심각한 경기후퇴의 길에 진입하고 있다는 암시는 거의 없었다.

그 이유 가운데 하나로, 연방공개시장위원회가 자기 예측의 정확성을 담보하기 위해 대안정기 시기의 데이터를 봤다는 점을 들 수 있다. 특히 그들은 1986~2006년 있었던 경제 예측들이 얼마나 들어맞았는지 살피는 논문 하나에 크게 의존했다.[45] 그 시기만 살펴볼 때의 문제는 당시에는 경제적 변동성이 거의 없었다는 데 있다. 1990~1991년과 2001년, 단 두 차례만 완만한 경기침체가 있었다. 논문의 저자들은 다음과 같이 경고했다.

"현재의 불안정성을 1980년대 중반 이후의 데이터를 통해 측정할 때, 우리는 대안정기 이래의 평온한 조건들이 앞으로도 변함없이 지속되리라고 암묵적으로 가정하고 있다."

이는 사실상 엄청나게 거대한 가정이었다. 연방공개시장위원회가 2007년에 심각한 경기 침체가 일어날 가능성이 낮다고 결론 내린 것은 부분적으로 그들이 심각한 경기후퇴가 있었던 몇 년을 무시하기로 했기 때문일지도 모른다.

미래를 예측하려면 절대 데이터를 무시해서는 안 된다. 특히 경기후퇴나 대통령 선거처럼 드물게 나타나기 때문에 판단의 근거로 삼을 데이터가 그다지 많지 않은 사건을 다룰 때는 더더욱 그렇다. 데이터를 무시하는 일은 보통 예측하는 사람이 자기과신에 빠져 있다는 증거, 또는 그가 운용하는 예측 모델이 과적합 모델이라는 증거이기도 하다. 이때 예측가의 관심은 정확성보다는 자기과시 쪽으로 무게중심이 쏠린다.

이런 경우에서, 경제 전문가들이 경제 순환주기 예측을 썩 많이 개선했던 것 같지는 않다. 〈도표 6-5A〉는 '전문 예측가 서베이'가 제시한 GDP 성장률 예측과 실제 성장률을 비교한 데이터다. 기간은 1968~1985년인데, 연방공개시장위원회가 참고할 수도 있었지만 무시한 바로 그 기간이다. 도표를 보면 이 기간에 경제적 변동성이 상당히 컸음을 알 수 있다. 1970년대 중반과 1980년대 초반에는 인플레이션에 따른 경기후퇴들이 있었다. 하지만 예측 성장률과 실제 성장률 사이에 매우 강력한 상관관계가 존재한다는 점에서 완전히 실망스러운 예측 결과는 아니었다.

〈도표 6-5B〉는 1986~2006년 기간을 대상으로 위와 동일한 방식에 따라 작성한 데이터다. 예측 성장률과 실제 성장률의 측정점 대부분은 연간 성장률 약 2~5퍼센트 구간에 밀집해서 한데 엉겨 있다. 이 시기에는 변동성이 거의 없었기 때문에, 1968~1985년 기간에 비해 예측에서의 평균오차는 작다(이 기간 여러 예측의 평균제곱근오차Root-Mean Squared Error, RMSE, 곧 관측에서 나타나는 오차를 제곱해서 평균한 값의 제곱근은 GDP의 1.1퍼센트포인트였으며, 1968~1985년 기간의 이 값은 2.3퍼센트포인트였다). 그러나 예측들이 1990~1991년이나 2001년의 완만한 경기후퇴와 같은 약간의 변동성을 포착할 정도로까지 썩 훌륭하지는 않았다. 사실 예측 내용과 실제 결과 사이에는 상

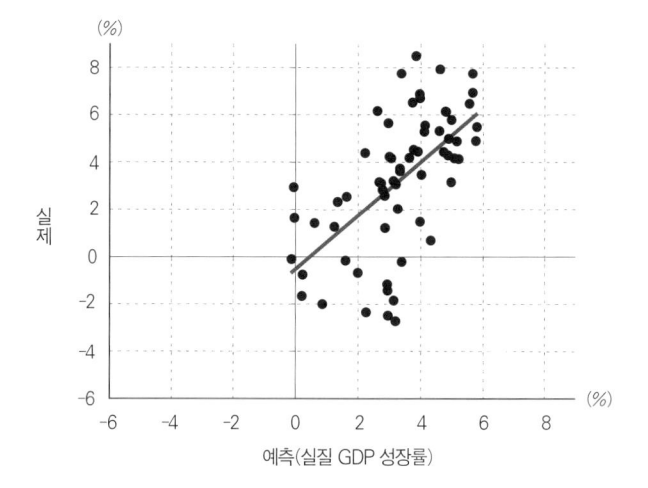

| 6-5A | GDP 성장률 예측과 실제 결과의 비교(미국, 1968~1985년)

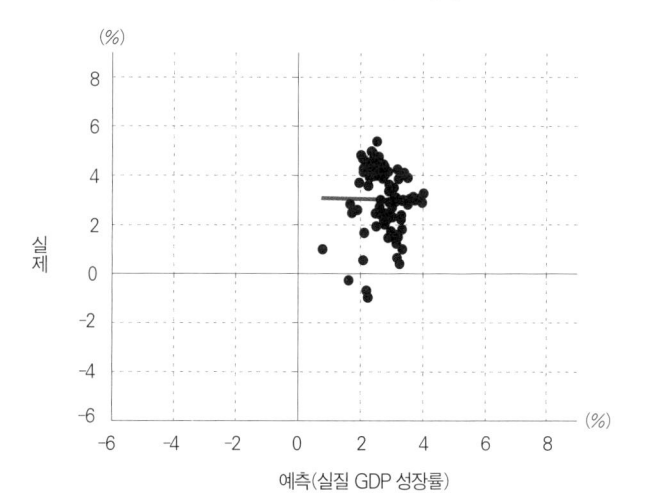

| 6-5B | GDP 성장률 예측과 실제 결과의 비교(미국, 1986~2006년)

관관계가 거의 없었다. 따라서 경제 전문가들이 경제 과정을 예측하는 솜씨가 더 나아졌다고 볼 근거는 거의 없었다. 경제계의 기상이 평온했기 때문에 그들이 하는 일이 일시적으로나마 한결 쉬워졌을 뿐이었다. 호놀룰루의 기상예보관이 버펄로의 기상예보관보다 일을 하기가 한결 쉬운 것처럼, 경제 전문가들에게 그 시기의 경제 예측은 무척이나 쉬운 일이었다.

데이터를 무시하고 버리는 행위에 대해 종종 들리는 또 하나의 이론적 근거 또는 평계가 있다. 해결하려는 문제의 패러다임이 이미 상당한 정도로 바뀌었다는 것이다. 때로 이런 주장이 어느 정도는 타당하다. 예컨대 미국 경제는 끊임없이 진화하며 주기적으로 구조적 변화를 겪는다. 최근 들어 미국 경제가 제조업 지배 구조에서 서비스업 지배 구조로 바뀐 것도 한 가지 예다. 그러나 경제는 야구 경기가 아니다. 야구 경기는 언제나 동일한 규칙에 따라 진행되지만 경제는 그렇지 않다.

이런 이론적 근거에 내포된 문제는 다음 차례의 패러다임 변화 또는 구조적 변화가 언제 일어날지, 그리고 그 변화가 경제를 더 안정적으로 만들지 변동적으로 만들지, 경제를 더 튼튼하게 할지 허약하게 할지 도무지 알 수 없다는 데 있다. 중요한 것은 아무것도 바뀌지 않을 거라는 발상을 기반으로 한 경제 모델이라면 아무 쓸모가 없다는 점이다. 물론 그런 전환점들을 기대하고 포착하기란 쉬운 일이 아니다.

소음투성이 경제 데이터

경제 분야 예측가가 맞닥뜨려야 할 세 번째 과제는 그들이 접하는 원자료가 그다지 좋은 상태가 아니라는 문제다. 앞서 나는 경제 전문가들은 예측을 할 때 예측구간 설정을 거의 하지 않는다고 했다. 아마도 그렇게 할 경우 자기들의 전문성에 대한 대중의 신뢰도가 훼손될지 모른다는 두려움 때문일 것이다. 하치우스는 이렇게 말한다.

"왜 사람들이 예측구간을 제시하지 않을까요? 당혹스럽기 때문입니다. 나는 그게 이유라고 생각합니다. 사람들은 예측의 오차를 당혹스러워하는 겁니다."

그러나 불확실성은 경제 예측뿐만 아니라 경제 관련 변수 그 자체에도 적용된다. 경제 데이터는 대부분 계속해서 수정된다. 통계가 나오고 나서 몇 달 뒤에 수정될 수도 있고, 심지어 몇 년 뒤에 수정될 수도 있으며, 수정의 규모가 어마어마하게 클 수도 있다.[46] 유명한 사례를 하나 들자면, 미국 2008년 4분기 GDP 성장률에 대한 정부의 예측이다. 정부는 당초 '기껏해야' 3.8퍼센트 하락하리라고 예측했지만, 지금은 9퍼센트 가까이 떨어졌다고 다들 믿고 있다. 정부가 그처럼 큰 규모로 경제에 구멍이 뚫릴 줄 진작 알았더라면, 백악관의 경제 전문가들은 2009년 1월에 더 큰 규모의 경기부양책을 추진했거나 문제가 얼마나 심각한지 깨닫고 단기 처방보다는 장기 해법을 모색했을 것이다.

이 같은 대형 실수는 적지 않게 있었다. 일상적이라 할 수 있을 정도다. 1965~2009년에 미국 정부가 내놓은 분기별 GDP 성장률 초기 추정치에 대한 수정 규모는 평균 1.7퍼센트포인트였다.[47] 이 수치가 평균값임을 염두에 두기 바란다. 이 말은 각 분기별 GDP 추정치의 변동 가능 폭은 훨씬 높다는 뜻이다. 그리고 분기별 GDP 성장률 초기 추정 치에 대한 오차범위는 ±4.4퍼센트포인트다.[48] 정부가 처음에 경제가 평균 이상으로 나아진다고 예측했더라도 마이너스 성장이 될 수도 있 다는 뜻이다(물론 그 반대도 가능해서 지옥에서 천당으로 향할 수도 있다). 일례로 정부는 1977년 4분기에 경제가 4.2퍼센트 성장했다고 발표했지만, 이 수치는 나중에 −0.1퍼센트로 수정되었다.[49]

그러니 우리는 경제 분야 예측가들에게 얼마간 연민을 가져야 마땅 하다.[50] 경제가 어디로 향할지 알기란 정말 어렵다. 어디서부터 예측 작업을 시작해야 할지 모른다면 그 예측 작업은 훨씬 아주 훨씬 더 어 렵다는 사실을 기억해야 한다.

나비효과

경제 전문가들이 해결해야 하는 과제는 기상예보관이 해결해야 하는 과제에 비유할 수 있다. 이 둘은 근본적인 두 가지 문제를 동일하게 안 고 있다.

첫째, 경제는 대기처럼 역동적인 체계다. 모든 게 나머지 모든 것에 영향을 끼치고, 체계는 끊임없이 운동한다. 기상학에서 이 문제는 비유 가 아니라 말 그대로 카오스다. 기상은 카오스 이론의 지배를 받는다. 이론적으로는 브라질에 있는 나비 한 마리의 날갯짓이 미국 텍사스에 토네이도를 발생시킬 수 있다. 거의 같은 방식으로 생각하자면, 일본에서 일어난 지진해일이나 미국 롱비치에서 진행되는 항만노동자 파업은 텍사스에 사는 사람이 일자리를 찾거나 잃는 것에 영향을 끼친다.

둘째, 기상예보관들은 불확실한 초기 조건에 크게 영향을 받는다. '비 올 확률이 70퍼센트다'와 같은 확률적 표현이 동원되는 이유는, 기상에 본질적 무작위성이 존재한다거나 기상 전문가들이 기상을 지배하는 물리적 여러 과정을 충분하게 이해하지 못하기 때문이 아니다. 기상 전문가들은 자기가 설정한 초기 조건의 측정값이 정확하지 않다는 사실을 알뿐더러 기상의 여러 패턴은 (기본적으로 카오스 이론의 지배를 받는 만큼) 초기 설정값에 극단적으로 민감하다는 사실도 잘 알기 때문이다. 경제 분야에서도 초기 데이터의 품질이 좋지 않은 예가 허다하다.

기상 예측은 이 책에서 다루는 여러 성공담 가운데 하나다. 허리케인의 경로부터 낮 최고 기온에 이르는 모든 기상 예측은 10년 또는 20년 전보다 훨씬 좋아졌다. 컴퓨터 성능이 개선되었고, 데이터 수집 방법이 나아졌으며, 언제나 그랬듯이 사람들이 열심히 연구하고 노력했고, 그리고 이 세 가지가 멋지게 결합했기에 가능해진 일이다.

하지만 경제 예측 분야에 대해서는 같은 말을 할 수 없다. 경제 예측이 점점 좋아지고 있다는 환상이 있었을지도 모르지만, 설령 그렇더라도 그 환상은 최근의 경제위기를 앞두고 나왔던 여러 예측이 참담한 실패를 맞으면서 산산이 부서졌을 것이다.[51]

'불확실한 초기 조건을 갖춘 역동적 체계' 같은 문제가 주어지더라도 기상 전문가들은 이 문제를 해결할 수 있는 자연과학 지식을 충분히 갖추고 있다. 토네이도의 원리를 설명하는 물리학이나 화학은 그다지 복잡하지 않다. 물론 토네이도를 예측하기가 쉽다는 말은 아니다. 그러나 기상 전문가들은 토네이도가 어떻게 생성되고 소멸하는지 근본적으로 이해하고 있다.

경제학은 토네이도의 과학에 비하면 훨씬 연성과학이다. 경제 전문가들도 경제를 지배하는 기본 체계에 관해 상당히 많이 알고 있긴 하다. 하지만 경제 분야에서 인과관계는 모두 불투명하다. 특히 거품이 형성되거나 공황이 덮칠 때는 인간행동에 따른 피드백 회로가 경제에 영향을 끼치기 때문에 더욱 그렇다.

인과관계를 밝혀내는 일이 아무리 어렵다 해도 그냥 포기하는 것보다는 시도를 해보는 편이 낫다. 하치우스가 2007년 11월 15일에 쓴 글을 살펴보자.

> 모기지 대출 손실 가능성은 사람들이 일반적으로 생각하는 것보다 훨씬 더 큰 거시경제학적 위험을 제기한다. (…) 그 거시경제학적 결과는 극적인 규모로 전개될 수도 있다. 만일 레버리지 투자를 한 투자자들이 총 2천억 달러의 신용 손실을 입는다면, 이들은 2조 달러 규모의 손실 충격을 자기에게 돈을 빌려준 사람에게 안길 것이다. 어마어마한 충격이다. (…) 이런 충격이 얼마나 심각한 경기침체를 초래할지 또는 얼마나 오랜 기간 저성장을 초래할지 상상하기란 어렵지 않다.

하치우스는 계속해서 이렇게 썼다.

> 소비자들은 주택 거품 때문에 도저히 감당할 수 없는 주택을 구입하려고

신용 대출을 해야 했고, 이 신용 대출의 규모는 지나치게 커졌다. 이들 가운데 많은 사람들이 대출금을 갚지 못하고 연체하기 시작하고, 급기야는 지급불능 상태에 빠진다. 이에 따른 손실 규모는 엄청날 것이다. 또한 높은 레버리지 구조가 문제를 한층 심각하게 만들어 신용시장과 금융업 전반을 마비시킬 것이다. 이 충격으로 심각한 경기후퇴가 일어날 수 있다.

하치우스가 경고한 그대로 금융위기가 전개되었다. 하치우스는 정확하게 예측했을 뿐만 아니라 그런 결과를 초래한 원인까지도 정확하게 진단했다. 하치우스는 이 인과관계의 사슬을 '이야기story'라고 말했다. 경제에 관한 이야기다. 데이터에 기반한 이야기이긴 하지만, 실제 현실에 깊이 뿌리 내린 이야기이기도 하다.

그런데 이와 다르게 한 경제 전문가가 경제를 내재적 구조를 배제하고 일련의 변수와 방정식들만으로 바라본다고 치자. 그러면 이 사람은 소음을 신호로 착각하고, 전혀 엉뚱한 소리를 하면서도 자기가 훌륭하게 예측하고 있다는 환상에 사로잡힌 채 자신을 (그리고 남의 말을 쉽게 믿는 투자자들을) 속이게 될 것이다.

그럼 여기에서 하치우스의 여러 경쟁자 가운데 하나인 예측 전문업체 에크리Economic Cycle Research Institute, ECRI에서는 어떤 일이 일어났는지 살펴보자.

2011년 9월에 에크리는 '더블딥double dip'(경기침체 후 잠시 회복기를 보이다가 다시 침체에 빠지는 이중침체 현상 – 옮긴이)이 미국 경제의 발목을 잡을 게 거의 확실하다고 예측했다. 그러면서 정부에 충고했다.

"정부가 이를 피하기 위해 할 수 있는 일이라곤 아무것도 없다. 정부가 지금 경제 상태를 나쁘게 보고 있다 해도 아직 사태를 제대로 파악하지 못한 것이다."[52]

락쉬먼 아추탄Lakshman Achuthan 에크리 이사는 미디어와 가진 여러 차례 인터뷰에서, 아직도 경기침체가 시작되지 않았다면 이제 당장 시작될 거라고 주장했다.[53] 에크리는 그 근거를 이렇게 설명했다.

에크리가 경기후퇴를 점치는 것은 한두 가지 선행지수만을 보고 판단하는 게 아니다. 특화된 수십 가지 선행지수를 보고 판단한다. 미국 장기선행지수와 주간선행지수, 기타 여러 단기선행지수도 포함된다. 사실 현재·미래를 내다보는 가장 믿을 만한 지표들은 경기침체가 정점을 찍었을 때와 동일하게 움직이고 있다.[54]

이 설명에 전문용어는 많지만 실질적인 경제적 실체에 대한 언급은 부족하다. 이들의 설명은 데이터에 대한 이야기일 뿐이다. 마치 데이터 자체가 경기후퇴를 유발한 것처럼 설명하고 있을 뿐 경제에 대한 이야기가 아니다. 에크리는 자기들의 접근법이 무척이나 자랑스러운 듯하다. 이들은 2004년에 고객들에게 다음과 같이 충고했다.

"안전 운전을 하는 데 자동차의 엔진이 어떻게 작동하는지 정확하게 알 필요가 없는 것과 마찬가지로, 경제지표를 정확하게 읽기 위해 경제의 복잡하고 미묘한 것들까지 다 알 필요는 없다."[55]

이른바 '빅데이터'의 시대에는 이러한 진술이 점점 더 흔하게 나타난다.[56] 정보가 이렇게나 많은데 누가 이론을 필요로 할까? 하지만 이는 미래를 예측하는 데서는 근본적으로 잘못된 태도다. 특히 데이터가 엄청난 소음으로 물들어 있는 경제 분야에서는 더더욱 그렇다. 통계적 추론은 이론으로 뒷받침될 때, 또는 적어도 근본 원인에 대한 좀 더 깊은 생각으로 뒷받침될 때 훨씬 더 강력해진다. 2011년 9월을 기준으로 보자면, 적어도 경제에 관한 한 비관적 염세주의가 들어설 이유는 확실히 있었다.[57] 일례로 유럽에서 전개되던 부채위기도 그중 하나였다. 그러나 에크리는 이런 이유들을 살펴보지 않고 상관관계를 인과관계로 착각하는 온갖 변수들의 무작위 잡탕에만 기댔을 뿐이다.[58]

아닌 게 아니라 에크리의 예측은 경제적 전환점을 표시하는 듯 보였다. 하지만 실제로 경제는 반대 방향인 긍정적 방향으로 움직였다. 에크리가 경기침체를 강력하게 예측한 5개월 동안 S&P 500 지수는 21퍼센트 올랐고,[59] GDP 성장률은 2011년 하반기에 경기후퇴로 들어가기는커녕 3.0퍼센트라는 상당히 튼튼한 흐름을 이어갔다. 그러자 에크리는 이 같은 상황을 예상하지 못했다며 예측을 수정하면서도, 여전히 자기들의 예측은 기본적으로 틀리지 않았으며 경제는 2012년에 나타날 경기후퇴를 향해 움직이고 있다고 했다.[60]

편향이 합리적 선택일 때

당신이 경제 예측의 도움을 받고 싶다면, 유명한 경제 전문가의 예측 하나가 아니라 여러 사람의 평균적 예측이나 총합적 예측aggregate forecast에 눈을 돌려야 한다. 내가 '전문 예측가 서베이'를 분석해서 확인한 사실인데, 총합적 예측이 특정 개인의 예측보다 GDP 성장률 예측에서는 20퍼센트,[61] 실업률 예측에서는 10퍼센트, 인플레이션 예측에서는 30퍼센트 더 정확했다. 집단의 예측이 개인의 예측보다 더 낫다는 사실은 연구가 진행된 거의 모든 분야에서 이미 증명된 진실이다.

총합적 예측이 개인적 예측보다 낫다는 점이 중요한 경험적 패턴이긴 하지만, 때로 이것은 예측이 개선될 수 있을 때 그걸 회피하는 수단으로 사용되기도 한다. 총합적 예측은 여러 개인적 예측들로 만들어진다. 이 각각의 예측이 개선된다면 총합적 예측도 개선될 것이다. 그리고 지금까지 경제 분야의 총합적 예측이 현실적 의미에서 형편없었다 하더라도 앞으로 나아질 여지는 충분히 있다.

경제 전문가들은 대부분 예측을 할 때 통계 모델이 산출한 결과를 취하기보다는 자신의 판단에 상당히 의존한다. 데이터가 얼마나 많이 소음에 물들어 있는지를 생각하면, 이 방식이 유용할 수도 있다. 보스턴연방준비은행 부행장을 지낸 스티븐 맥니스Stephen K. McNess는 통계적 예측의 여러 방법론을 참조해 예측과 관련된 판단을 조정할 경우 예측의 정확성이 약 15퍼센트 개선된다는 사실을 발견했다.[62] 어떤 통계 모델이 경제 예측의 문제를 '해결'할 수 있다는 발상은 컴퓨터가 널리 쓰이기 시작한 1970년대와 1980년대에 꽤 인기를 끌었다. 그러나 다른 분야에서와 마찬가지로, 또 지진 예측이 그 시기에 그랬던 것처럼 기술은 향상되었지만 경제에 대한 이론적 이해의 부족을 메우지는 못했다. 소음을 신호로 잘못 받아들일 수 있는 온갖 방법만 더 빨리 경제 전문가들에게 가르쳐주었을 뿐이다. 유망해 보이던 모델들도 잇달아 빗나간 예측을 한 뒤에는 폐기되는 길을 걸어야 했다.[63]

그러나 예측하는 사람의 판단에 영향을 끼치는 것들은 편향이 개입할 여지도 열어준다. 누구든 자신의 경제적 동기나 정치적 신념과 맞아떨어지는 예측을 하게 된다. 또한 명백하게 드러난 사실로 볼 때 자신이 한 예측을 수정하거나 철회해야 함에도 자존심 때문에 그렇게 하지 않기도 한다. 하치우스는 나에게 이렇게 말했다.

"내가 생각하기에 사람들은 그에 맞붙어서 싸울 필요가 있습니다. 자기가 보고자 하는 방식으로 정보를 바라보고자 하는 자세 말입니다."

어떤 경제 전문가들이 이 같은 싸움을 더 잘한다고 할 수 있을까? 최근에 가장 정확하게 경제 예측을 한 사람은 다음 차례에도 가장 정확한 예측을 내놓을 수 있을까? 흥미로운 대답이 준비되어 있다.

예측력이 있는 기술을 가려낼 목적으로 고안된 통계적 검증들을 '전문 예측가 서베이'에 적용하자 대체로 부정적인 결과가 나왔다.[64] '전문 예측가 서베이'에 참여한 경제 전문가 가운데 어떤 사람이 다른 사람보다 예측의 정확성을 일관성 있게 유지한다는 증거가 그다지 많지 않다는 뜻이다. 그런데 또 다른 기관인 '블루칩 경제 서베이Blue Chip Economic Survey'에 참여한 패널들을 상대로 한 연구에서는 다른 결과가 나왔다.[65] 경제 분야 예측에서는 운이 상당히 많이 작용해서, 경제 전망을 일관되게 비관적이거나 낙관적으로 바라보는 경제 전문가들은 이따금 올바른 예측을 할 수밖에 없다. 그런데 '블루칩 경제 서베이'를 분석한 논문들은 몇몇 전문가들이 다른 전문가들보다 장기적으로도 조금 나은 예측을 한다는 사실을 확인했다.

두 설문조사의 차이는 무엇일까? '전문 예측가 서베이'의 설문조사는 익명으로 진행된다. 경제 전문가에게는 각각 무작위로 고유 인식번호가 주어지고, 이 전문가는 그 뒤로 계속 이 인식번호로 설문조사에 참여하며, 전문가의 이름이나 직업 등은 철저하게 비밀에 부쳐진다. 이에 비해 '블루칩 경제 서베이' 참여자는 자기 이름을 걸고 예측을 하며, 또 그 예측에 따라 갈채와 손가락질을 받는다.

그런데 예측을 하면서 자기 이름을 걸 경우에는 예측가의 동기가 바뀔 수 있다. 대중에 이름이 거의 알려져 있지 않은 회사나 그 구성원은 대담한 예측을 할 수 있다. 예측이 적중하면 엄청난 관심을 끌 수 있기 때문이다. 이에 비해 골드만삭스 같은 회사나 그 구성원이라면 전체적 공감의 틀 안에 머무를 심산으로 더 보수적 예측을 하게 된다.

실제로 이 같은 경향은 '블루칩 경제 서베이'에서 확인되었다.[66] 한 논문이 이런 현상에 '합리적 편향rational bias'이라는 이름을 붙였다.[67] 명성이 적은 사람일수록 예측을 할 때 큰 위험을 부담해도 잃을 게 별로 없다. 자기 예측이 터무니없음을 본인도 잘 알고 있다 해도 이른바 '대박'을 추구하는 건 합리적 행동이다. 반대로 이미 상당한 명성을 누리는 사람이라면, 제아무리 데이터가 요구하는 것이라고 하더라도 지나치게 선을 넘는 예측은 하려고 하지 않을 것이다.

예측가가 명성과 관련해서 욕심이나 부담감을 느끼면 가장 정직하고 정확한 예측을 해야 하는 본연의 의무를 쉽게 저버린다. 이렇게 해서 균형감각이 무너진 예측들이 나온다. 그간의 데이터를 분석한 결과, 그 차이가 사소하긴 하지만, 익명의 패널이 참여한 '전문 예측가 서베이'가 명성을 추구하는 패널이 참여한 '블루칩 경제 서베이'보다 GDP 성장률과 실업률 예측 부문에서 성적이 조금 나았다.[68]

편향에 대처하는 두 가지 대안

좋지 않은 예측을 내는 게 합리적 행동일 수 있을까? 그런 예측을 지원하고 부추기는 소비자들이 있을 때는 그렇다. 당파적 신념에 빠진 사람들의 편에 선 채 있을 것 같지 않은 사실을 예측하고 주장하는 TV 시사 프로그램의 정치 떠버리들이 있듯이, 시장에서도 경제사상을 따라 특정한 견해를 고수하는 비관주의자와 낙관주의자, 역투자자(통념의 반대 방향으로 투자를 하는 사람 – 옮긴이)가 있다(경제 예측은 때로 정치적 목적을 띠기도 한다. 백악관이 낸 경제 예측들은, 민주당 정부든 공화당 정부든 간에, 역사적으로 볼 때 가장 부정확한 예측으로 평가된다).[69]

하지만 경제 예측은 정치 예측보다 '판돈'이 훨씬 크다. 로버트 루카스가 지적한 대로, 경제 예측과 경제정책을 가르는 선은 매우 흐릿하다. 형편없는 예측이 실제로 현실경제를 악화시킬 수 있다는 말이다. 소비자와 기업이 가지고 있음 직한 경제 분야의 기대와 실제 경제성장 사이를 가르는 선도 마찬가지다.

경제 예측을 할 때 추가적인 기술 향상의 덕을 볼 여지도 어느 정도 있을지 모른다. 이를테면 구글 검색의 트래픽 패턴도 실업률 같은 경제지표의 선행지수로 기능할 수 있기 때문이다. 미국 캘리포니아 마운틴뷰의 구글 본사에서 만난 구글 수석 경제 전문가 할 배리언Hal Varian은 이렇게 말했다.

"실업보험 청구 건수도 아주 훌륭한 실업률 예측 지표가 됩니다. 또 실업률은 훌륭한 경제활동 예측 지표가 되지요. 당신이 다니는 회사에

곧 정리해고가 있을 거라는 소문이 돌고, 사람들이 '실업 상담소는 어디 있나요?'나 '실업급여 신청을 어떻게 하나요?' 등을 검색하기 시작한다면, 우린 실업보험 청구 건수에 대해 좀 더 일찍 예측할 수 있습니다. 이는 어느 정도 신뢰할 수 있는 선행지표가 됩니다."

그런데 경제와 다른 분야들에서 진행된 예측의 역사를 보면 기술 개선은 인간의 편견에 의해 상쇄될 경우 별반 큰 도움이 되지 않으며, 경제 전문가의 예측이 이런 요소를 극복했다고 볼 만한 징표 또한 거의 없다. 말하자면, 경제 전문가들은 대침체의 경험에 그다지 많이 단련된 것 같지는 않다. 〈도표 6-6〉에서 '전문 예측가 서베이'가 2011년 11월에 작성한 미국 GDP 성장률 예측을 보면, 2007년에 우리가 본 것과 동일한 지나친 자신감 또는 자기과신의 경향이 또다시 드러난다. 예측가들이 자신들이 그때껏 보여온 예측의 정확성으로 정당화할 수 있는 수준을 넘어서서 경제 시나리오의 긍정적인 면과 부정적인 면을 모두

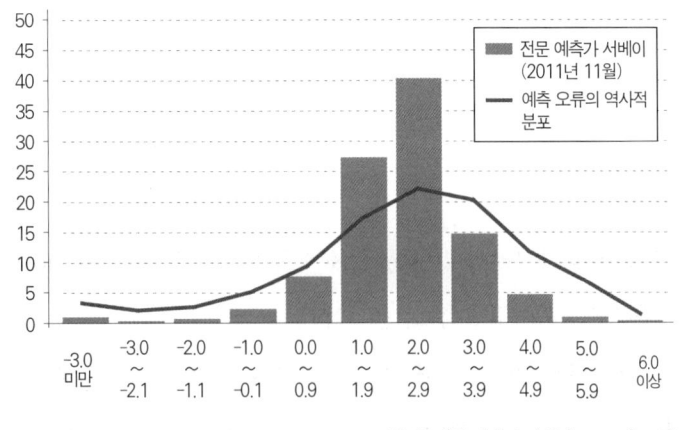

| 6-6 | 예측의 확률분포와 예측 실수의 역사적 비교(미국의 실질 GDP 성장률, 2012년)

(출처: 전문 예측가 서베이, 2011년 11월)

무시해버렸다는 말이다.[70]

이런 편향을 줄이고자 한다면(사실 우리는 이 편향을 결코 완전하게 없애지는 못한다), 근본적 차원에서 두 가지 대안이 있다. 공급 측면의 접근법과 수요 측면의 접근법이다. 전자는 정확한 경제 예측을 위한 시장을 창출하는 방법이고, 후자는 정확하지 못하고 자기과신에 가득 찬 예측을 줄이는 방법이다.

조지메이슨대학교 경제학 교수 로빈 핸슨Robin Hanson은 공급 측면의 대안을 지지한다. 버지니아 북부에 있는 모로코인들이 자주 가는 식당에서 그를 만났다. 50대 초반인 그는 많이 벗겨진 대머리만 빼면 또래보다 훨씬 젊어 보인다. 핸슨은 상당한 괴짜로, 자기가 죽으면 자기 머리를 저온 냉동장치에 보관할 계획을 세워놓은 사람이다.[71] 그는 또한 정책 쟁점들에 대한 결정을 정치인이 아니라 여러 예측시장prediction market에서 내리도록 하는 이른바 '퓨타키futarchy'(미래future와 정부archy의 합성어. 2008년《뉴욕타임스》에서 올해의 유행어로 선정되었다 – 옮긴이)라는 정부 형태를 고안했다.[72] 그만큼 전통적 지혜에 도전하는 것을 두려워 않는 사람이다. 핸슨은 '편향 극복하기Overcoming Bias'라는 블로그를 운영하는데, 여기에서 그는 블로그 방문자들에게 문화적 금기, 이데올로기적 신념, 잘못 설정된 동기들이 최적의 결정을 내리지 못하게 가로막는 건 아닌지 곰곰이 생각해보라고 권한다. 음식이 나올 때쯤 핸슨은 이렇게 말했다.

"나는 가장 흥미로운 질문이 '사람들은 어째서 예측이라는 것에 그토록 노력을 기울이지 않을까?'라고 생각합니다. 더군다나 본인 스스로도 가장 중요하다는 것에 대한 예측인데 말입니다. MBA에서는 이런 관리자를 위대한 의사결정자라고 가르칩니다. 과학적 의사결정자 죠. 스프레드시트를 가지고 있고, 통계적 검증 장치들을 확보하고 있으며, 다양한 옵션에 가중치를 설정합니다. 하지만 실제 경영은 대부분 다양한 연립적 의견을 조정·관리하고 프로젝트가 취소되지 않도록 지원하는 것으로만 이루어집니다. 연합 팀을 만들어서 프로젝트를 추진하는데, 마지막 순간에 예측이 엉터리로 드러난다 해도 그 프로젝트를 막판에 엎어버릴 수는 없잖아요, 안 그렇습니까? 심지어 강단에서조차 예측들을 수집하는 데 그다지 관심을 기울이지 않습니다. 많은 예측이 각기 어떤 점수를 받는지 분명하게 밝히는 데 관심이 없다는 말입니다."

핸슨은 나중에 이런 말도 했다.

"그게 무슨 상관이야, 하는 식이죠. 더 근본적인 문제는 우리 사회에는 전문가들이 필요하지만 정확한 예측에 대한 수요는 그리 많지 않다는 사실입니다."

핸슨은 이 수요 부족 문제를 해결할 대안으로 '예측시장'을 주장한다. 예컨대 '이스라엘이 이란과 결국 전쟁을 벌일까?' '기후변화로 지구의 기온이 얼마나 올라갈까?'와 같이 특정한 경제적 또는 정치적 결과를 놓고 사람들이 돈을 걸고, 가장 올바르게 예측한 사람이 보상을 받는 체계다. 핸슨의 주장은 아주 단순하다. 예측은 '누구에게 잘 보이는 것'이 아니라 '정확한 예측에 따른 금전적 보상'을 동기로 이루어질 때 그 질이 높아진다는 것이다.

예측시장에 대해서는 11장에서 다시 살펴볼 것이다. 하지만 이 시장은 만병통치약이 아니다. 특히 예측가들이 자기 예측은 절대로 틀릴 수 없다고 가정하는 실수를 저지르는 한 더더욱 그렇다. 그러나 핸슨이 말하듯이 적어도 모든 사람의 동기를 질서정연하게 정리함으로써 어느 정도는 예측을 개선할 수 있을 것이다.

우선 GDP나 실업률과 같은 거시경제학적 변수에 관한 예측시장을 상상할 수 있다. 인플레이션, 금리, 생필품 가격 등에 대해서는 이미 직간접적으로 투자할 수 있는 다양한 방법이 마련되어 있다. 하지만 GDP 예측을 놓고 거대한 판돈을 거는 큰 시장은 없다.

예측시장에 대해 싫지만 억지로 들을 수밖에 없는 청중이 있다. 최근 들어서는 보통주common stock가 거시경제학적 위험과 좀 더 큰 상관관계를 띠게 되었다.[73] 그런 만큼 예측시장은 위험 대비책의 수단을 보통주에 제공할 수 있다. 예측시장은 또한 정책입안자들에게 실시간 정보를 제공할 것이며, 특히 GDP 예측에 대해 끊임없는 업데이트를 보장할 것이다. 그리고 예측시장에 옵션을 부여함으로써(이를테면, GDP가 5퍼센트 상승하거나 2퍼센트 하락하는 데 돈을 걸게 함으로써) 경제 분야 예측의 본질적 어려움인 불확실성에 대한 예측 가운데서 지나친 자기과신에 물든 예측을 응징하고 더 신뢰할 수 있는 예측을 유도할 수 있다.

'수요' 측면의 대안은 좀 더 느리고 점진적인 해결책이다. 예측 소비자로서 좀 더 나은 소비자가 되어야 한다는 접근법이다. 경제 예측 맥락에서 보면 온갖 선행지수로 잡탕을 만들어놓은 '블랙박스black box' 모델의 허풍선이들에게서는 스포트라이트를 거둬들이고 얀 하치우스처럼 경제의 실체를 이야기하는 사람들에게 스포트라이트를 비추자는 말이다. 이는 또한 경제지표와 경제 예측에 낀 소음에 관심을 더 많이 기울이자는 뜻이기도 한다. 이럴 경우 GDP 성장률을 예측할 때도 정치 여론조사 때처럼 오차범위를 함께 표시해야 한다.

좀 더 폭넓게 말하자면 어떤 사람이 예측을 할 때 자신감의 양은 예측의 정확도를 추정할 수 있는 좋은 지표가 아니라는 사실을 깨달아야 한다. 진실은 오히려 그 반대다. 지나친 자신감은 예측의 실패와 더 상관성이 있다. 경제 분야에서든 어디에서든 예측가들이 우리가 사는 세상에 잠복해 있는 온갖 위험을 온전하게 그리고 명시적으로 드러내지 못할 정도로 위축감을 느낄 때, 위험은 음험한 모습을 드러낸다.

07

전염병

모든 모델은 빗나가지만
몇몇 모델은 유용하다

독감Flu은 해마다 1월이면 어김없이 미국 포트딕스Fort Dix 기지를 공격했다. 연례행사가 되다시피 할 정도였다. 장병들은 대부분 매년 크리스마스를 보내러 고향으로 돌아가곤 했다. 그리고 휴가가 끝나면 잘 먹고 잘 쉰 몸으로 부대로 돌아왔다. 하지만 갈 때와 똑같은 몸이 아니었다. 전국으로 흩어졌던 군인 가운데는 독감이 번진 고향 마을에서 바이러스를 옮아오는 장병이 꼭 있게 마련이었다. 독감에 걸린 채 귀대한 장병은 독감을 다른 소대원들에게 십중팔구 퍼뜨리게 된다. 독감이 전파되기에 이만큼 순조로운 시나리오도 없을 것이다.

하지만 대개 우려할 만한 수준은 아니었다. 해마다 1월과 2월에 미국인 수천만 명이 독감에 걸리지만 그로 인해 죽는 사람은 별로 없다. 휴가를 보내고 (1976년) 1월에 포트딕스로 귀대한 열아홉 살 데이비드 루이스David Lewis 이등병처럼 건강한 청년이 독감으로 죽는 사례는 더더구나 드물었다. 그래서 루이스는 따로 치료를 받지 않고 막사에서 계속 생활하라는 명령을 받았고, 또 동료 이등병들과 함께 50마일(약 80킬로미터) 행군에 나섰다. 루이스 이병은 열이 조금 났지만 열외로 빠지고 싶지 않았다. 그해는 미국이 독립한 지 200주년이 되는 해였다. 게다가 워터게이트사건과 베트남전쟁 때문에 국내외 정세가 불안한 터라 군대에 그 어느 시기보다도 질서와 규율이 필요한 때이기도 했다.[1]

하지만 루이스 이병은 부대로 돌아오지 못했다. 그는 행군을 시작해 13마일(약 21킬로미터) 조금 더 된 지점에서 쓰러졌고, 곧 사망했다. 부검 결과 사인은 폐렴이었다. 폐렴이 독감의 흔한 합병증이긴 해도 루이스 이병처럼 건장한 청년을 죽음으로 몰고 간 경우는 매우 이례적이었다.

포트딕스의 군 의료진은 이미 그해의 유행성 독감에 대해 긴장하고 있었다. 그해 겨울 독감에 걸린 병사 수백 명 가운데 일부는 빅토리아 A형 독감 변종, 그러니까 그해 전 세계에 유행하던 흔하고 덜 독한 바이러스에 양성 반응을 보였지만, 루이스 이병처럼 정체를 알 수 없으면서 훨씬 더 심각한 독감에 걸린 장병도 있었다. 이들의 혈액 표본은 추가 검사를 위해 곧바로 애틀랜타의 미국 질병통제예방센터로 보내졌다.

질병통제예방센터는 2주 뒤 그 수수께끼 바이러스의 정체를 밝혀냈다. 아예 새로운 독감은 아니었지만 상당히 골치 아픈 독감이었다. 과거 유행병들을 기원으로 하는, 일명 '신종플루(돼지인플루엔자)swine flu'인 H1N1(신종 인플루엔자 A)이었다. 현대 세계사에서 H1N1은 최악의 유행병이었다. 1918~1920년의 스페인독감은 세계 인구의 3분의 1을 전염시키고 5천만 명의 목숨을 앗아갔는데,[3] 그중 미국인은 67만 5천 명이었다. 루이스 이병을 죽음으로 몰고 간 병이 H1N1이라는 사실은 과학적으로뿐만 아니라 미신적으로도 미국의 유행병 관계자들을 바짝 긴장시켰다. 1918년에 처음 이 독감 환자를 확인한 곳도 군 기지인 캔자스의 포트라일리였다(당시 장병들은 1차 세계대전 참전을 앞두고 무척 분주했다).[4] 게다가 그때는 어설픈 과학적 근거를 바탕으로 해서 대규모 독감 유행은 약 10년 단위로 나타난다는 믿음이 퍼져 있었다.[5] 독감은 1938년, 1947년, 1957년, 1968년에 위세를 떨쳤었다.[6] 그리고 이제 1976년이었다. 다음 차례의 독감이 등장할 때라는 뜻이었다.

무시무시한 예측들이 뒤를 이었다. 독감의 발병이 임박했다는 건 이미 우려 수준이 아니었다. 질병통제예방센터가 H1N1을 확인했다고 발표할 무렵에 독감 시즌은 이미 진행 중이었다. 과학자들은 그 독감이 이듬해에 훨씬 더 심각해지지 않을까 두려워했다. 저명한 의사는 《뉴욕타임스》에서 독감의 유행 가능성을 경고했다.[7] 상대적으로 만만한 빅토리아 A형이 유행하는 편이 낫지만 더 악성인 H1N1이 유행할 가능성이 훨씬 높았다. 이 독감이 1918년판과 비슷한 패턴으로 위세를 떨친다면 결과는 누구도 장담할 수 없을 만큼 치명적일 것이었다. 제럴드 포드Gerald Ford 정부의 보건장관 데이비드 매슈스F. David Mathews 는 미국인 100만 명이 H1N1으로 사망할 것으로 예상했다. 1918년의 수치를 훌쩍 뛰어넘는 수준이었다.[8]

포드 대통령은 진퇴양난이었다. 패션 산업과 비슷하게 백신 산업이 그해에 어떤 독감이 유행할지 알려면 적어도 여섯 달이 필요했다. 독감은 해마다 조금씩 다른 변종으로 나타나기 때문이다. H1N1 백신을 갑작스레 그것도 전 국민이 접종할 수 있을 만큼 생산하려면 당장 개발·생산에 들어가야 했다. 한편 당시 포드는 우둔하고 우유부단하다는 이미지를 떨쳐내려고 몸부림치고 있었다. NBC의 새 인기 프로그램 〈새터데이 나이트 라이브Saturday Night Live〉에서는 체비 체이스Chevy Chase가 주말마다 갈팡질팡하고 허둥대는 모습을 흉내 내 포드를 비꼬기까지 했다. 이런 상황을 돌파하기 위해 포드는 용단을 내려 대략 2억 명분의 백신 생산을 의회에 요청하고 대규모 접종 프로그램을 지시했다. 이 같은 대규모 접종은 1950년대에 조너스 소크Jonas Salk가 소아마비 백신을 개발했을 때가 처음이었고, 그 뒤로는 한 번도 없었다.

언론은 이 대규모 접종 프로그램을 도박으로 묘사했다.[9] 하지만 포드는 돈이냐 사람 목숨이냐의 한판 도박으로 생각했으며, 자기의 선택이 옳다고 믿었다. 상원과 하원은 1억 8천만 달러[10]가 드는 포드의 제안을 압도적인 찬성으로 받아들였다.

그러나 여름이 되자 정부의 계획에 심각한 의문이 제기되었다. 여름철은 미국에서는 독감이 수그러드는 시기지만,[11] 남반구는 독감이 통상 절정에 다다르는 겨울이었다. 그리고 오클랜드에서 아르헨티나에 이르는 지역 그 어디서도 H1N1의 징후는 보이지 않았다. 치명적이지 않은 빅토리아 A형만이 다시 독감 세계의 최강자로 군림하고 있었다. 게다가 H1N1 발병 사례는 포트딕스에서 확인한 약 200건이 세계에서 유일했고 사망자도 루이스 이병뿐이었다. 포드의 대규모 접종 프로그램을 놓고 사방에서 비판이 쏟아졌다. 질병통제예방센터 부소장,[12] 세계보건기구WHO,[13] 영국의 권위 있는 의학잡지 《랜싯The Lancet》,[14] 《뉴욕타임스》 등이 모두 나섰다. 특히 《뉴욕타임스》는 H1N1의 위협을 '거짓 경보false alarm'로 묘사했다.[15] 그 어떤 서양 국가도 이처럼 강력한 대규모 접종 조치를 취한 적이 없었다.

포드 정부는 H1N1의 위협을 과장되게 예상했음을 인정하기는커녕 경고 수준을 더욱 높였다. 전국의 텔레비전 화면에 대규모 접종 프로그램 홍보 방송이 정기적으로 전파를 타도록 일련의 준비를 했다.[16] 홍보 방송 중 하나는 독감 백신 접종을 거부하는 사람들의 무식함을 다음과 같이 조롱했다. 머리가 막 벗겨지기 시작하는 평범한 사람이 '당신은 쉰다섯 살 남자들을 수없이 봤겠지만, 나는 그 누구보다 건강해! 난 주말마다 골프를 즐긴단 말이야!'라고 말하지만, 다음 장면에서 그는 병상에서 죽어 있다. 여성 해설자가 H1N1 바이러스 감염 경로를 마치 성병의 전염 과정이라도 되듯 나직하고도 은밀하며 자극적인 목소리로 추적하며 시청자의 공포심을 자극하기도 했다.

"베티의 어머니가 그것을 택시 운전사한테 옮겼고, (…) 그 사람은 매력적인 스튜어디스한테 옮겼습니다. (…) 그리고 그녀는 친구 도티한테 옮겼고, 심장병을 앓던 도티는 결국 사망했습니다."

이 우스꽝스럽고 통속적인 광고는 '두려워해라, 정말 두려워해라'라는 심각한 메시지를 전달하려는 방편이었다. 하지만 애초의 의도와 달리 사람들은 독감이라는 질병뿐만 아니라 백신 자체를 두려워하게 되었다. 정부가 직접 나서서 전 국민의 팔에 주삿바늘을 찌른다는 발상은 사람들에게 우려의 수준을 넘어서는 감정을 심어주었다. 의회와 백악관은 그해 8월에 제약회사들의 압력에 굴복해 불량 백신 때문에 사고가 생길 경우 제약회사의 책임을 면제해주기로 합의했다. 사람들은 이런 사실을 백신이 믿을 만하지 않다는 뜻으로 받아들였다. 백신이 적절한 검증 절차도 거치지 않고 마구잡이로 생산된다는 느낌을 받은 것이다. 그해 여름 여론조사를 보면 전체 미국인 가운데 백신 접종을 받겠다는 사람은 절반밖에 되지 않았다. 정부가 생각하는 80퍼센트 목표에는 턱없는 수준이었다.[17]

백신 접종이 시작되는 10월이 되자 소동은 급격하게 커졌다. 10월 11일, 노인 세 명이 백신 접종을 받은 직후에 사망했다는 보도가 피츠버그에서 나왔다. 오클라호마시티에서도 노인 두 명이 사망하고, 포트로더데일에서도 노인 한 명이 사망했다는 보도가 있었다.[18] 그런데 이 사망이 백신과 관련 있다는 직접적 증거는 없었다. 사실 나이 많은 노인이 사망하는 사건은 날마다 일어나는 일이다.[19] 하지만 정부가 실시하는 백신 접종 프로그램을 둘러싼 우려와 통계에 대한 언론의 미덥지 않은 이해[20] 사이에서 독감 예방접종을 받은 사람들의 죽음 하나하나가 경계 대상이 되었다. 미국에서 가장 신뢰를 받는 기자이던 월터 크롱카이트Walter Cronkite마저도 대중의 불안한 마음을 달랠 수 없었다. 그는 백신 접종을 선정적으로 다루는 언론을 훈계할 셈으로 자신의 전매특허인 객관적 접근과 논평을 포기하기까지 했지만 역부족이었다. 피츠버그를 비롯해 많은 도시들에서 병원들이 문을 닫았다.[21]

늦가을이 되자 또 다른 문제가 나타났다. 한층 더 심각했다. 환자 약 500명이 백신 접종을 받고 나서 길랭바레증후군GuillainBarré syndrome(급성 염증성 탈수초성 다발성 신경병증)이라는 희귀한 신경계통 질병의 증상을 보인 것이다. 이 병은 마비를 유발할 수 있는 자가면역질환이다. 이번에는 통계 증거도 훨씬 설득력이 있었다. 길랭바레증후군의 통상적 발병률은 100만 명 가운데 한 명이지만,[22] 백신 접종을 받은 개체군에서는 약 5천만 명 가운데 500명으로 통상 수치보다 열 배쯤 높았다. 과학자들은 백신이 길랭바레증후군의 발병 원인이라는 데 회의적이었지만, 촉박한 백신 생산 일정에 따른 실수가 원인일 수 있으며,[23] 의약계는 백신 프로그램을 멈춰야 한다는 게 중론이었다.[24] 정부는 결국 12월 16일에 백신 프로그램을 중단했다.

포트딕스에서 H1N1은 퇴치되었고 미국에서도 이 독감이 더는 확인되지 않았다.[25] 한편 1976년 겨울에서 1977년 겨울 기간 빅토리아 A형 사망자 수는 평균보다 조금 밑돌았다.[26] 그 모든 게 헛소동인 셈이었다.

'신종플루 대실패swine flu fiasco'는(곧 이런 별명이 붙었다) 포드 대통령에게는 모든 점에서 엄청난 재앙이었다. 포드는 그해 11월 대통령 선거에서 민주당의 지미 카터Jimmy Carter 후보에게 패한다.[27] 제약회사들은 백신 접종 과정에서 생기는 사고에 대한 법률적 책임을 면제받은 터라 260억 달러가 넘는 배상금은 고스란히 정부가 떠안게 되었다.[28] 거의 모든 지역 신문마다 가난한 식당 종업원이나 교사가 국민의 의무를 다하려고 백신을 접종했다가 안타깝게도 길랭바레증후군에 걸린 사연이 실렸다. 그로부터 2년 만에 독감 백신을 맞겠다는 미국인은 100만 명으로 줄어들었는데,[29] 만일 1978년이나 1979년에 심각한 독감이 발생했다면 미국은 엄청난 위기를 맞았을 것이다.[30]

포드의 H1N1 대응은 여러모로 무책임했다. 그는 의학계 전문가들의 조언을 무시하고 1918년 유형의 세계적 유행병이 발생할 가능성이 있다고 대국민 호소에 나섰다. 하지만 당시 전문가들은 그런 최악의 사건이 일어날 가능성은 아무리 높아봐야 35퍼센트를 넘지 않을 것이며, 2퍼센트 정도로 낮아질 수도 있다고 판단했다.[31]

그런데 나타날 때도 그랬지만 H1N1이 갑자기 사라져버린 이유도 여전히 분명하지 않다. 이 독감이 33년쯤 뒤에 다시 나타났을 때 여기에 대한 예측은 예전과 마찬가지로 엄청나게 빗나갔다. 과학자들은 2009년 H1N1가 다시 등장했을 때 처음에는 이 독감을 놓치기까지 했다. 또한 그 독감이 사람들에게 끼칠 위협을 엄청나게 과대평가했다.

'신종플루 대실패'의 후속편인가?

독감 바이러스(인플루엔자 바이러스)는 조류鳥類에 기대어 불멸의 삶을 이어간다. 조류 가운데서도 특히 앨버트로스, 갈매기, 오리, 백조, 거위 등 장거리 여행을 하는 철새들과 함께 이 대륙에서 저 대륙으로 옮겨 다닌다. 그런데 정작 이 새들은 독감으로 쓰러지는 예가 거의 없다. 그리고 이 철새들은 독감 바이러스를 다른 동물종, 특히 사람과 자주 접촉하면서 살아가는 돼지나 닭 같은 가금류에 옮겨준다.[32] 닭은 독감에 걸릴 수 있지만 대개는 금방 이겨내고 살아남아서 바이러스를 가까운 이웃인 사람에게 옮긴다. 돼지는 이런 일을 닭보다 훨씬 잘한다. 돼지는 인간과 닭 양쪽에서 모두 바이러스를 잘 받아들이고 전파할 뿐만 아니라 그 자체로 바이러스를 가지고 있어서, 다양한 바이러스가 한데

섞여 돌연변이를 일으킬 수 있는 매개체로 기능하기 때문이다.[33]

신종플루의 완벽한 인큐베이터는 다음 세 조건을 충족하는 지역이라 할 수 있다.

1. 인간과 돼지가 근접해서 사는 지역. 곧 돼지고기 소비가 많은 지역
2. 철새와 돼지가 섞일 수 있게 바다를 접한 지역
3. 저개발국가. 곧 가난 때문에 공중위생 수준이 낮아서 동물 바이러스가 인간에게 쉽게 전달되는 지역

이 세 조건이 거의 딱 들어맞는 지역은 바로 중국, 인도네시아, 타이, 베트남 같은 동남아시아 국가들이다(세계 돼지의 절반이 중국에 있다).[34] 이들 국가는 흔히 연례적으로 나타나는 평범한 독감과 세계적 유행병이 될 수도 있는 변종 독감의 진원지다(그런데 인도는 이들 국가와 대조적이다. 인도에서도 많은 사람이 밀집해서 살긴 하지만 돼지고기를 먹지 않는 채식주의자와 무슬림이 많다. 다시 말해 인도는 두 번째와 세 번째 조건은 충족하지만 첫 번째를 충족하지 않으므로 독감의 진원지가 되는 일이 별로 없다). 그래서 의학계의 관심이 이 지역에 집중된다. 최근에는 또 다른 변종 독감 때문에 더욱더 그렇다. 바로 H5N1이다. 흔히 '조류독감bird flu, avian flu'이라 불리는 것으로 최근 몇 년 동안 동아시아에서 당장에라도 터질 듯한 위협을 주고 있는데, 정말 이 독감이 폭발적으로 늘어난다면 엄청난 재앙이 될 것이다.

그런데 위에서 말한 세 가지 조건에 부합하는 환경은 아시아에만 있는 게 아니다. 일례로, 멕시코 중동부 베라크루스주 역시 독감이 뿌리

내리기에는 안성맞춤이다. 베라크루스는 멕시코만에 접해 있으며, 멕시코는 개발도상국인 데다 멕시코인은 전통적으로 돼지고기 음식을 무척이나 좋아한다.[35] 2009년 H1N1이 발생하기 시작한 지역도 바로 과학자들에게 독감의 추적 대상지가 된 적이 거의 없던 바로 이 베라크루스다.[36, 37]

2009년 4월 말이 되면서 베라크루스를 비롯한 멕시코의 다른 지역들의 신종플루와 관련한 통계수치들이 관계자들을 당혹스럽게 했다. 멕시코에서만 H1N1 발병 건수가 약 1,900건에 사망자는 약 150명이나 되었다. 이 두 건수에 대한 비율은 치명률 fatality rate로 알려져 있는데, 이 치명률은 멕시코에서 특히 높아서 독감에 걸린 사람 가운데 약 8퍼센트가 사망했다. 스페인독감 대유행 때보다도 높은 수준이었다.[38] 게다가 사망자중 다수가 상대적으로 젊고 건강한 성인이었는데, 이는 심각한 대유행의 또 다른 특징이었다. 또한 이 바이러스는 자기복제에 매우 능한 듯했다. 신종플루는 멕시코와 미국은 말할 것도 없고 캐나다, 에스파냐, 페루, 영국, 이스라엘, 뉴질랜드, 독일, 네덜란드, 스위스, 아일랜드 등에서도 발견되었다.[39]

그토록 무서워해온 슈퍼바이러스가 H5N1이 아니라 H1N1일지도 모른다는 공포가 갑작스럽게 세상을 뒤덮었다. 멕시코시티는 사실상 봉쇄되었다. 유럽의 여러 국가는 자국민에게 멕시코나 미국으로 여행하지 말라고 경고했으며, 독감이라면 늘 신경과민으로 펄쩍 뛰는 홍콩과 싱가포르에서는 주가가 수직으로 낙하했다.[40]

초기의 걱정은 곧 수그러들었다. 신종플루가 미국에서 급속도로 확산된 뒤였다. 4월 26일에 20건이던 발병 건수는 15일쯤 뒤에는 2,618

건으로 늘어났다.[41] 하지만 발병은 대부분 의외로 대수롭지 않은 수준이었다. 미국에서 사망자는 겨우 셋뿐이었다. 통상적인 계절 독감의 치명률 수준이었다. 신종플루가 엄청난 파괴력을 가진 듯 비쳐졌지만 그로부터 겨우 1주 뒤에 질병통제예방센터는 폐쇄했던 학교를 다시 열어도 된다고 권고했다.

하지만 신종플루는 이미 전 세계로 퍼져 있었다. 2009년 6월에 WHO는 신종플루에 경계 등급의 최고 수준인 6단계 '세계적 대유행 pandemic'을 선언했다. 과학자들은 신종플루가 1918년 스페인독감과 동일한 과정을 밟지 않을까 노심초사했다. 그때도 처음에는 대수롭지 않은 듯 보였지만 나중에 훨씬 치명적인 두 번째, 세 번째 파도가 들이닥쳤기 때문이다(〈도표 7-1〉). 8월이 되면서 비관주의가 다시 고개를 들었다. 미국 당국은 미국 인구의 절반이 신종플루에 걸리고 9만 명이 사망할지도 모른다는 '충분히 가능한 시나리오'를 내놓았다.[42]

하지만 결과적으로 이런 예측들 역시 빗나갔다. 2009년에 미국 정

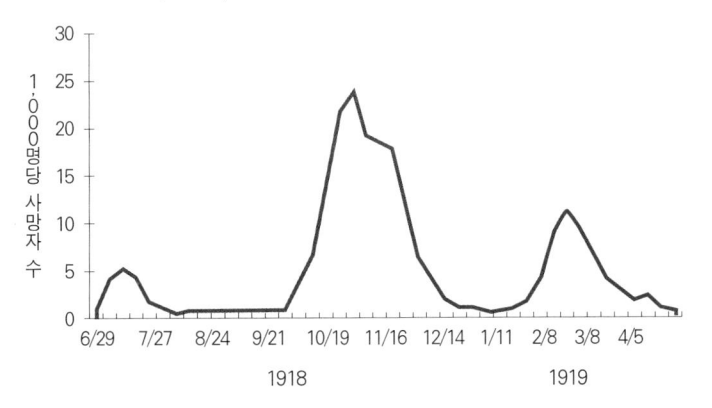

| 7-1 | H1N1 발병과 사망률(1918~1919년)

부는 미국인 약 5,500만 명이 H1N1에 감염되었다고 알렸다. 이 규모는 미국 인구의 절반이 아니라 약 6분의 1이었다. 실제 사망자 수도 9만 명이 아니라 1만 1천 명이었다.[43] H1N1은 이례적일 정도로 심각한 바이러스 변종이 아니라 치명률이 0.02퍼센트 정도인 가벼운 변종이었다. 아닌 게 아니라 2009~2010년 발생한 사망자 수는 평균적 계절 독감에 따른 사망자 수보다 조금 적었다.[44] 신종플루 H1N1은 1976년의 독감 사태에 비견할 만한 게 아니었다. 하지만 처음부터 끝까지 거의 모든 예측이 빗나간 점은 거의 다르지 않았다.

독감 관련 예측이 다음에는 더 정확해지리라고 보장할 근거는 어디에도 없다. 사실 독감과 여러 전염병은 예측이 본질적으로 어려울 수밖에 없는 특성이 여러 가지 있다.

외삽이 위험해질 때

외삽外揷, extrapolation(데이터에 나와 있지 않은 부분을 그 부분에 가까운 것을 이용해 추정하는 방법론 – 옮긴이)은 예측의 매우 기본적인 방법론이다. 그런데 과용되기 일쑤다. 외삽은 기본적으로 현재의 추세가 앞으로도 무한하게 계속 이어지리라는 가정을 전제로 한다. 빗나간 예측으로 유명한 것 다수가 이런 가정을 너무 방만하게 적용한 데서 빚어졌다.

일례로 19세기에서 20세기로 바뀔 무렵 많은 도시계획가들은 마차가 증가하면서 그만큼 늘어나게 될 말똥을 걱정했다. 1894년에 어떤 사람은《타임스The Times》런던판에 기고한 글에서 1940년대가 되면 런던의 모든 거리에는 말똥이 9피트(약 2미터 70센티미터) 높이로 쌓일 것이라고까지 예측했다.[45] 하지만 다행스럽게도 10년쯤 뒤에 헨리 포드Henry Ford가 '모델 T'를 생산하기 시작했고, 덕분에 사람들은 말똥의 위기를 피해갈 수 있었다.

외삽은 인구 증가와 관련한 여러 예측이 실패할 수밖에 없었던 이유이기도 하다. 영국의 경제학자 윌리엄 페티 경Sir William Petty은 인구증가율을 예측하려고 노력했던 인물이다.[46] 그가 활동하던 1682년에는 인구 통계를 쉽게 손에 넣을 수가 없었다. 그래서 페티 경은 여러 혁신적 방법을 동원한 끝에 인구 증가 속도가 상당히 느리다는 사실을 추론해 냈다. 추론은 정확했다. 하지만 그는 모든 상황과 조건이 계속해서 유지될 것이라고 가정했다. 페티 경은 2012년이 되어도 세계의 인구는 7억 명이 조금 넘는 수준일 것으로 예측했다.[47] 하지만 그로부터 한 세기 뒤에 산업혁명이 시작되었고, 인구는 예전보다 훨씬 빠른 속도로 증가했다. 2011년의 세계 인구는 70억 명을 넘어섰다.[48] 페티 경이 예측한 것보다 열 배나 많은 수준이다.

스탠퍼드대학교 생물학자 폴 에를리히Paul R. Ehrlich과 그의 아내 앤 에를리히Anne Ehrlich은 1968년 《인구 폭탄The Population Bomb》에서 페티 경과는 정반대 실수를 저질렀다. 1970년대에는 수억 명이 기아로 사망할 거라 잘못 예측한 것이다.[49] 이 예측이 빗나간 이유는 수도 없이 많다. 그 가운데는 자신들의 대의에 사람들의 관심을 극적인 방식으로 이끌어내려고 운명적이고 비관적인 시나리오를 강조한 에를리히 부부의 왜곡도 포함된다. 하지만 가장 큰 문제는 이들이 1960년대의 독특한 문화인 자유연애와 그에 따른 기록적인 출산율이 미래에도 무한하게 이어지고, 결국 더 많은 사람이 한정된 식량을 놓고 경쟁해야 하는 상황이 오리라고 가정한 데 있었다(에를리히 부부가 책을 출간할 당시의 인구증가율인 연 2.1퍼센트가 유지됐다면 2012년의 세계 인구는 70억 명이 아니라 90억 명이 되었을 것이다). 폴 에를리히는 짧은 인터뷰에서 나에게 이렇게 말했다.

"《인구 폭탄》을 쓸 당시에는 섹스와 자식에 대한 사람들의 관심이 워낙 강렬해서 이런 추세가 바뀌기 어려울 거라 생각했습니다. 우리는 여성을 정당하게 대우하고 그들에게 일자리를 제공할 경우 출산율이 내려간다는 사실을 나중에야 깨달은 겁니다."

이처럼 '극단적으로 단순화시킨 가정simplistic assumptions'을 하지 않은 학자들은 당시에 이미 사실을 알고 있었다. 1960년대와 1970년대에 유엔은 30~40년 뒤에 인구가 어느 정도 규모일지 꽤 정확하게 예측했다.[50]

외삽은 연구 대상의 수가 기하급수적으로 늘어나는(인구 증가와 전염병 확산 등) 분야에서 가장 큰 문제들을 야기한다. 미국에서는 1980년대 초 에이즈AIDS 총 발생 건수가 기하급수적으로 늘어났다.[51] 1980년에 99건이었다가 1981년에 434건, 1984년에는 1만 1,148건으로 늘어났다. 당시 몇몇 학자처럼[52] 수치를 도표로 표시하고 미래의 패턴을 외삽 방법론으로 추정할 수 있다. 이렇게 추정할 경우 1995년에는 이 수치가 약 27만 건으로 늘어난다. 하지만 이는 결코 훌륭한 예측이 아니다. 실제로 1995년의 에이즈 총 발생건수는 56만 건으로 예측치의 두 배가 넘는다.

통계적 관점에서 볼 때 더 큰 문제는 기하급수적 증가가 진행되는 분야에 외삽 방법론을 동원할 때에는 정확한 예측이 사실상 불가능하다는 데 있다. 이런 방법론을 오차범위를 고려해 적절하게 수행할 경우 1995년 기준 에이즈 총 발생건수는 최소 3만 5천 건에서 최대 180만 건으로 나오기 때문이다.[53] 예측 범위가 너무 넓어서 유용한 예측이 되지 못한다는 말이다.

2009년의 독감 예측은 왜 실패했을까?

독감의 대유행이 처음 발견되었을 때 역학자_{epidemiologist}들이 사용하는 여러 통계적 방법이 앞서 제시한 사례들만큼 단순하지는 않더라도, 이 방법들은 여전히 의심의 여지가 잠재적으로 무척 높은 데이터를 바탕으로 외삽을 통해 추정해야 한다는 과제를 안고 있다.

질병의 확산을 예측하는 데 가장 유용한 수치 하나는 이른바 '기초 감염 재생산 수_{basic reproduction number}'다. 이는 보통 R_0로 표시되는데, 감염된 사람이 비감염자 몇 명에게 감염시킬 수 있을지를 나타낸다. R_0 4라고 하면, 백신이나 다른 예방 조치가 전혀 없을 때 감염자는 그 질병에서 회복하거나 그 질병으로 사망하기 전까지 그 질병을 네 명에게 옮길 수 있다는 뜻이다.

이론적으로만 보자면, R_0가 1보다 큰 질병이라면 백신이나 다른 예방 조치가 없을 때 이 질병은 전체 개체군으로 확산된다. 이 수치는 때로 1보다 훨씬 클 수 있다. 스페인독감은 3, 천연두는 6, 홍역은 무려 15였다. 인류 문명의 역사에서 가장 치명적인 질병 가운데 하나로 꼽히는 말라리아는 백 단위로 넘어가는데, 지금도 세계의 몇몇 지역에서는 말라리아가 전체 사망률의 약 10퍼센트를 차지한다.[54]

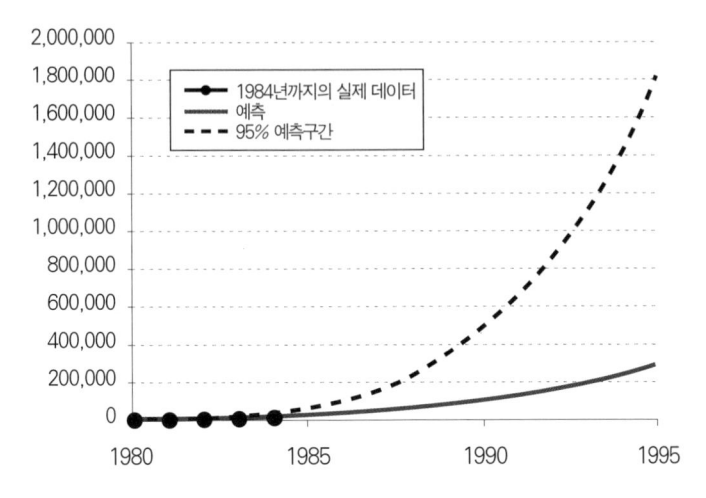

| 7-2 | 미국의 에이즈 발생 총 건수
1984년까지의 실제 데이터와 1995년에 대한 외삽 예측

- 1984년까지의 실제 데이터
- 예측
- 95% 예측구간

문제는 어떤 질병에 대한 믿을 만한 R_0 추정치가 나오는 시점이 그 전염병이 한 차례 어떤 지역을 휩쓸고 지나간 뒤, 관련 통계자료를 정밀하게 분석할 수 있는 시간이 흐른 뒤라는 데 있다. 그렇기에 역학자들은 얼마 되지 않는 초기 데이터를 놓고 외삽 추정을 할 수밖에 없다. 질병에 대한 또 하나의 핵심적 질병 통계 측정치인 치사율도 R_0와 비슷하게 초기 진행 상태에서는 정확하게 측정할 수 없다. 그야말로 이럴 수도 없고 저럴 수도 없는 진퇴양난이다. 그런 정보가 없이는 질병을 매우 정확하게 예측할 수가 없는데, 일반적으로 그 질병의 광풍이 한바탕 쓸고 지나가기 전에는 이런 수치에 대해 신뢰할 만한 예측을 할 수 없기 때문이다.

다만 전염병이 처음 발발했을 때에는 데이터가 잘못 보고되는 경우가 많다. 일례로 앞서 제시한 미국에서 초창기에 에이즈 진단을 받은

| 7-3 | 질병별 R_0 값의 중간값 추정[55]

말라리아	150
홍역	15
천연두	6
후천면역결핍증(에이즈)	3.5
사스(SARS)	3.5
H1N1(1918년)	3
에볼라(1995년)	1.8
H1N1(2009년)	1.5
계절 독감	1.3

환자 수 데이터는 에이즈가 처음 미국에서 발견되고 몇 년이 지나서야 구할 수 있었다. 이렇게 업데이트된 통계수치도 예측에는 그다지 도움이 안 되었다. 하지만 과학자들이 당시 실제로 구할 수 있는 데이터에만 의존해서 예측을 했다면[56] 그 결과는 더 엉망이었을 것이다. 바로 이런 이유로 사람들이 에이즈를 초기에 제대로 이해하지 못하고, 그 결과 에이즈는 환자나 심지어 그 환자를 치료하는 의사들로부터도 심하게 오명을 입었다.[57] 에이즈와 증상이 비슷한 수많은 낯선 병들이 제대로 진단받지 못하거나 오진되었다. 또 에이즈가 유발할 수 있는 증상들이 에이즈의 주요 사망 원인으로 오해되기도 했다. 여러 해가 지나고 나서야 비로소 의사들은 옛날 사례들을 다시 꺼내서 검토했고, 초기의 에이즈 발병률에 상당히 근접한 수준으로 추정할 수 있었다.

2009년 신종플루에 대한 예측이 잘못된 원인 중 하나도 부정확한 데이터에 있었다. H1N1의 치명률은 2009년 멕시코에서 극단적으로 높았지만 미국에서는 극히 낮았다. 이 차이의 상당 부분은 두 나라 의료진의 효과적 대처에서 비롯하기도 했지만, 많은 부분이 통계적 환상에서 빚어졌다.

치명률은 해당 질병으로 사망한 사람의 수를 그 질병에 걸린 사람의 수로 나눈 매우 단순한 비율이다. 그러나 이 두 요소에 모두 불확실성이 끼여 있다. 멕시코에서는 다른 유형의 독감이나 완전히 별개인 질병으로 죽은 사람까지도 H1N1 사망자로 분류하는 경향이 있었다. 그런데 나중에 검증한 결과 그중 4분의 1만이 H1N1의 증상을 뚜렷하게 보인 것으로 확인되었다. 게다가 H1N1 발생건수에 대한 엄청난 규모의 축소 보고가 분명히 있었다. 멕시코 같은 개발도상국에서는 미국처럼 정교한 질병 보고체계가 갖추어져 있지 않을뿐더러 질병의 징후가 있더라도 곧바로 병원을 찾는 문화가 정착되어 있지 않다.[58] 이 독감이 빠르게 확산되어 미국에까지 번졌다는 사실은, 멕시코 당국에 보고되지 않은 수천 또는 수만 건의 경미한 사례들이 있었을 것임을 암시한다.

사실 H1N1은 의료계가 주의를 보이기 여러 달 전부터 멕시코의 남부와 중부 지역에서 돌고 있었을 가능성이 높았다(특히 당시 의료계는 아시아에서 조류독감을 찾아내는 데 정신이 팔려 있었으므로). 어떤 호흡기질환이 베라크루스의 작은 마을 라글로리아를 휩쓸어 주민 대부분이 그 병에 걸렸다는 보고가 2009년 3월 초에 나왔지만, 멕시코 당국은 H3N2라는 평범한 유형의 변종 때문이라고만 생각했다.[59]

미국에서는 사정이 달랐다. 신종플루는 미국에서 처음 확인된 순간부터 언론의 집중 조명을 받았다. 또 거의 모든 환자가 의료 당국에 포착되었다. 이처럼 높은 수준의 보고체계와 문화 덕분에 미국에서의 치명률은 상당히 신뢰성이 높았고, 따라서 최악의 사태로 이어지는 시나리오는 배제되었다. 하지만 공식 기록에 남겨진 몇 가지 경보성 예측을 없던 것으로 하기에는 이미 늦은 뒤였다.

자기충족적 예측과 자기부정적 예측

인간 활동에 대해 예측할 때 많은 경우, 예측이라는 행위 자체가 예측 대상자들의 행동을 바꾸어놓을 수 있다. 때로 행동의 이런 변화들은 경제 분야에서와 마찬가지로 예측 결과에 영향을 끼칠 수 있다. 이 영향은 예측을 더 정확하게 할 수도 있고 완전히 빗나가게 할 수도 있다. 독감을 비롯한 전염병 예측은 이 두 방향의 영향을 모두 받는다.

예측이 예측 내용을 스스로 실현하는 것을 자기충족적 예측self-fulfilling prediction 또는 자기충족적 예언self-fulfilling prophecy이라 한다. 이런 일은 대통령 후보 경선처럼 다수의 후보가 출마한 선거에 대한 여론조사에서 나타날 수 있다. 그리고 널리 알려진 여론조사일수록 그 후보가 유권자의 호의를 받을지를 가장 잘 보여주는 지표가 될 때가 많다. 예컨대 2012년의 아이오와주 공화당 코커스의 경우, CNN은 이전 여론조사에서 10퍼센트 지지율밖에 얻지 못하던 릭 샌토럼Rick Santorum 이 갑자기 16퍼센트의 지지를 받는 것으로 나타난 여론조사를 발표했다.[60] 그 여론조사가 특이한 경우였을지도 모른다. 왜냐하면 CNN이 발표하기 전까지 다른 여론조사 기관들이 발표한 내용에 샌토럼이 약진하는 모습은 전혀 보이지 않았기 때문이다.[61] CNN의 여론조사 덕분에 샌토럼을 호의적으로 다룬 기사가 줄을 이었고, 어떤 유권자들은 이념 성향이 비슷한 미셸 바크먼Michele Bachmann과 릭 페리Rick Perry 지지를 철회하고 샌토럼에게로 돌아섰다. 그리고 얼마 지나지 않아서 CNN의 여론조사는 자기 예측을 실현했다. 샌토럼이 마침내 바크먼과 페리를 멀찌감치 따돌리고 승리한 것이다[미국의 대통령 선거에서 당의 후보를 결정하기 위한 예비선거의 구체적 방법은 각 주에 따라 다른데, 프라이머리primary(예비선거)로 선출하는 주가 있고 코커스caucus(당원집회)로 선출하는 주가 있다 - 옮긴이].

자기충족적 예측의 좀 더 민감한 사례들은 디자인 분야나 연예 분야처럼 소비자 취향을 예측하려는 경쟁이 사업의 승패를 결정짓는 데 더 근본 요인으로 작용하는 분야, 하지만 동시에 정교한 마케팅 활동을 통해 소비자 취향에 영향력을 행사할 수 있는 분야에서 찾아볼 수 있다. 패션업체들은 다음 시즌에 유행할 색을 예측한다.[62] 이 예측은 한 해 전쯤에 나와야 한다. 제품을 디자인하고 생산하는 데 그만큼의 시간이 걸리기 때문이다. 만일 영향력 있는 디자이너들이 갈색이 내년을 지배할 유행 색이라고 판단해 갈색 옷을 제작하기 시작하고, 유명 모델이나 사회적으로 지명도가 높은 사람들에게 갈색 옷을 입히고, 매장 진열대나 카탈로그를 통해 갈색 옷을 사람들에게 지속적으로 노출한다면, 대중은 이 추세를 따라갈 것이다. 대중은 갈색 옷의 마케팅에 반응할 뿐, 자신의 선호를 표현하지는 않는다. 이때 그 디자이너들은 미래 수요를 예측하는 데 상당한 능력이 있는 듯 비친다. 그러나 그 디자이너들이 갈색이 아니라 검은색이나 흰색, 옅은 자주색을 선택했다 하더라도 결과는 다르지 않을 것이다.[63]

질병과 여러 의학적 조건들 역시 자기충족적 특성이 있다. 언론에서 질병과 관련된 내용을 광범위하게 다룰 때, 사람들은 그 질병의 증상에 대해 더 많이 알게 되고 의사들은 그 질병을 더 많이 진단한다. 물론 오진까지도 포함해서. 이런 특성을 반영하는 것으로 최근에 가장 잘 알려진 사례가 바로 자폐증이다. 자폐증 진단을 받은 어린이의 수[64]를 '자폐증autism'이라는 단어가 미국 신문에 등장한 빈도와 비교하면, 〈도표 7-4〉에서 보듯이 최근 들어 두드러지게 늘어난 이 두 수치 사이에 일대일 대응관계가 성립함을 알 수 있다.[65] 자폐증은 질병이라는 인식을 제대로 받지 못하고 있긴 하지만, 일반 대중의 관심도를 놓고 보자면 독감과 비슷한 특성을 보여준다.

하버드대학교 보건대학원 알렉스 오조노프Alex Ozonoff 박사는 나에게 이렇게 말했다.

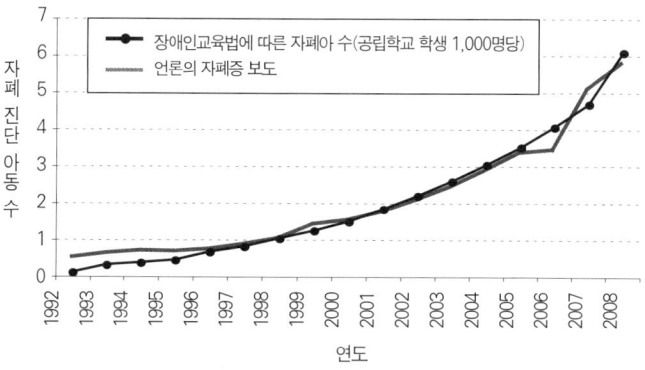

| 7-4 | 자폐증 - 언론 기사 빈도와 진단 빈도(1992~2008년)

"정말 흥미로운 현상을 목격했습니다. 인과기제가 전혀 없는 질병인데, 뉴스 보도가 나오면 발병 보고 건수가 늘어나는 겁니다."

그는 이론수학을 공부했으며 데이터 분석을 주로 하는 여러 분야에 정통하지만, 지금은 독감 등 여러 전염병에 엄정한 통계 분석을 적용하는 일에 집중하고 있다.

"우리가 발견하고 또 발견하고 다시 또 발견하는 사실은 일반 대중이 질병 증상에 신경을 많이 쓰면 쓸수록, 그리고 언론이 이 질병 보도를 많이 하면 할수록 이 질병 보고는 급격히 늘어난다는 것입니다."

오조노프는 이 현상이 2009년에 신종플루가 미국 전역으로 퍼진 속도와 관련 있다고 생각한다. 신종플루는 분명 빠르게 확산되었다. 그러나 통계수치의 이 가파른 증가는 사람들이 평소 같으면 무시하고 넘어갈 수도 있었던 증상들로 병원을 찾은 데서 비롯한 현상이라고 볼 수 있다.

의사들이 어떤 개체군에서 질병의 발생 건수가 증가하는 비율을 추정할 때 공식적으로 보고된 사례의 수는 추정치를 오도할 수 있다. 이런 상황은 범죄 신고 건수로 범죄 발생 건수를 추정하는 것과 비슷하다. 경찰이 어떤 지역에서 강도사건의 발생 건수가 증가했다고 발표했다고 치자. 경찰이 업무에 더 열중한 덕분에 그러지 않았더라면 체포하지 못했을 범인을 체포했기 때문일까, 아니면 경찰 신고 절차가 더 쉬워졌기 때문일까? (예를 들면 뉴욕에서는 경찰 신고를 온라인으로는 접수받지 않는다는 원칙이 있다. 그러나 샌프란시스코는 온라인 신고를 받는다. 이런 사실은 이 책을 쓰기 위해 취재 여행을 하던 중에, 내가 빌린 자동차의 문을 누군가 부수고 물건을 훔쳐갔을 때 알게 되었다. 샌프란시스코는 시민이나 방문자의 범죄 신고와 예방을 쉽게 할 수 있도록 여러 조치를 취하고 있다. 그런데 그 바람에 샌프란시스코의 범죄율은 다른 지역보다 높게 나타난다.) 아니면 그 지역이 점점 더 위험한 지역으로 바뀌고 있기 때문일까? 이러한 문제들 때문에 독감 발생 초기 단계에 그 독감에 대해 예측하려는 사람들은 극단적으로 애가 탈 수밖에 없다.

자기부정적 예측

자기부정적 예측self-canceling prediction(자기소멸적 예측)은 자기충족적 예측과 정반대다. 예측이 그 자체로 예측 내용을 약화시킨다. 재미있는 관련 사례가 바로 GPS(위성항법장치)를 이용한 내비게이션 장치다. 자, 당신이 뉴욕의 북쪽에서 맨해튼을 거쳐 남쪽으로 간다고 치자. 크게 두 가지 경로가 있다. 하나는 허드슨강을 끼고 달리는 웨스트사이드 하이웨이, 또 하나는 맨해튼 동쪽 FDR 드라이브 경로다. 그런데 당신은 최종 목적지가 어디냐에 따라 이 두 경로 모두 원하지 않을 수 있다. 하지만 당신 차의 내비게이션은 교통량이 상대적으로 적은 쪽의 경로, 그러니까 시간이 더 짧게 걸릴 것이라고 예측하는 경로를 제시한다. 문제는 같은 시각에 굉장히 많은 운전자가 동일한 내비게이션 시스템을 사용할 경우에 일어난다. 갑자기 한 경로에 교통량이 몰리고, 상대적으로 빠르리라 본 경로가 결과적으로는 더 느려진다. 뉴욕·보스턴·런던에서 실제로 이런 문제들이 발생하고 있으며, GPS 시스템이 때로는 오히려 생산성을 떨어뜨린다는 이론적 증거[66]와 경험적 증거[67]는 이미 나와 있다.

이처럼 자멸적인 특성이 독감 예측의 정확성을 해칠 수도 있다. 독감 예측의 기본 목적은 독감에 대한 대중의 인식 수준을 높여 백신 접종을 하는 등 적극적으로 대응하도록 대중의 행동을 바꾸는 데 있기 때문이다. 가장 효과적이고 실질적인 독감 예측은, 이 예측 덕분에 사람들이 더 건강하게 행동하게 되어 결과적으로 예측이 빗나가는 게 아닐까 싶다.

'정교한' 단순함

핀란드의 과학자 한나 콕코Hanna Kokko는 통계 모델 또는 예측 모델 만드는 일을 지도 그리는 일에 비유한다.[68] 지도를 그릴 때는 상세한 사항을 충분히 담아내야 한다. 그래야 지도를 보는 사람들에게 도움이 되기 때문이다. 그리고 실제 지형을 정확하고 정직하게 담아야 한다. 대도시를 빠뜨릴 수는 없다. 유명한 산이나 강도 넣어야 하고, 주요 고속도로도 표시해야 한다. 하지만 지나치게 상세히 그리면 이 지도를 보는 여행자는 헷갈려서 오히려 길을 잃을 수도 있다. 5장에서 살펴보았듯 이런 문제들은 순수하게 미적이지는 않다. 불필요하게 복잡한 모델은 문제에 신호보다 소음을 끼워넣을 수가 있으므로 그 문제의 내재적 구조를 제대로 밝혀내지 못하고 많이 빗나가는 예측을 내놓는다.

그런데 어느 정도가 지나치게 상세한 것이고 어느 정도가 지나치게 단순한 것일까? 지도 제작에 필요한 예술적 측면과 실용적·과학적 측면을 모두 아우르는 여러 요소를 통달해서 적절하게 결합하려면 평생을 공부해도 부족할 것이다. 예측 모델 제작을 예술에 빗댄다면 지나치게 들릴 수도 있겠지만, 그래도 예측 모델을 만드는 데 상당히 많은 판단이 필요한 것은 맞다.

이상적으로 보자면, 콕코가 제시한 의문들에 대해서는 경험적 차원에서 대답할 수 있다. 모델이 잘 들어맞는가? 그렇지 않다면 다른 차원의 해결책을 모색할 때일 것이다. 역학에서 의사들이 사용하는 전통적인 모델들은 매우 단순하며 그다지 잘 들어맞지도 않는다.

전염병에 대한 가장 기본적인 수학적 접근법이 이른바 'SIR 모델'이다(도표 7-5). 1927년에 고안된[69] 이 모델은 특정한 사람이 특정한 시간에 존재할 수 있는 상태를 세 단계로 구분한다. S는 질병에 걸리기 쉬운 상태susceptible, I는 그 질병에 걸린 상태infected, R은 그 질병에서 회복(또는 사망)한 상태recovered다. 독감처럼 단순한 질병에서는 한 상태에서 다른 상태로의 이동이 전적으로 일방통행이다. S에서 I로, 다시 R로만 이동한다. 이 모델에서 백신 접종은 일종의 지름길로 기능해서 앓는 일 없이 곧바로 S에서 R로 이동하게 해준다(백신은 질병을 일으키는 미생물 소량을 이용해 병에 걸려 앓아눕지 않고서도 면역력을 갖

| 7-5 | SIR 모델의 구조

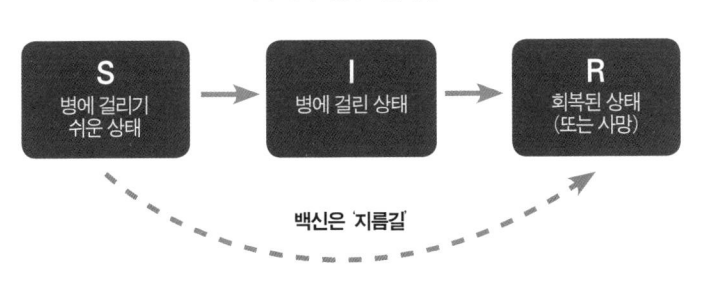

게 해준다). 이 모델에 숨어 있는 수학은 상대적으로 간단해서 노트북으로도 불과 몇 초 만에 풀 수 있는 몇 개 되지 않는 방정식들로 압축될 수 있다.

그런데 문제는 이 모델이 제대로 작동하려면 적지 않은 가정이 필요한데, 이들 가정 중 일부는 매우 비현실적이라는 데 있다. 특히 이 모델은 특정 개체군에 속한 모든 사람은 동일한 방식으로 행동한다는 가정을 전제로 한다. 다시 말해 모든 사람이 특정 질병에 동일하게 취약하며, 동일하게 백신을 접종하고, 서로 무작위로 뒤섞인다고 전제한다. 인종, 성, 나이, 종교, 성적 취향, 신념 따위를 가르는 구분선이란 존재하지 않으며, 모든 사람이 거의 동일하게 행동한다.

샌프란시스코 게이들이 보여준 역설

이런 가정이 왜 문제인지는 성행위를 통해 전염되는 질병을 살펴보면 쉽게 알 수 있다.

1990년대 말과 2000년대 초 샌프란시스코의 게이 집단 내에서는 콘돔을 사용하지 않은 성행위가 뚜렷하게 증가했다.[70] 이 집단은 거의 30년 전에 인간면역결핍바이러스HIV(에이즈)의 확산으로 황폐화된 바로 그 집단이다. 일부 연구자들은 이것이 마약 사용, 특히 성행위와 결합될 때 한층 더 위험하다고 알려진 결정형 메스암페타민crystal methamphetamine 사용이 늘어났기 때문이라 지적했다. 약물 혼합제의 사용으로 HIV 양성 환자의 생명을 몇 년 또는 몇십 년 연장해주는 항레트로바이러스 치료antiretroviral therapy 효과가 커진 것을 이유로 드는 연구자도 있었다. 이제 게이들은 HIV 진단을 더는 사형선고로 여기지 않는다. 또 어떤 연구자들은 세대에 따른 유형에 초점을 맞추었다. 더 젊은 세대의 게이들은 에이즈 전염의 절정기이던 1980년대의 샌프란시스코를 점점 먼 옛날의 역사로 받아들이기 시작했다.[71]

전문가들이 동의한 한 가지 사실은 무방비적 성관계unprotected sex가 늘면서 HIV 감염율도 높아질 거라는 점이었다.[72] 그러나 실제로는 그런 일이 일어나지 않았다. 다른 성병들은 증가했다. '남자를 섹스 상대로 삼는 남자men who have sex with men, MSM'[73] 가운데서, 1990년대에 샌프란시스코에서 사실상 완전히 사라졌던 매독에 걸린 것으로 새로 진단받은 사람은 1998년 아홉 명에서 2004년 502명으로 엄청나게 증가했다.[74] 임질 또한 증가했다. 하지만 이상하게도 새로 HIV 진단을 받은 사람은 늘지 않았다. 매독이 정점에 이르렀던 2004년에 HIV 진단을 받은 사람은 에이즈가 확산되기 시작한 이래 오히려 가장 적었다. 연구자들은 이 현상을 도무지 이해할 수 없었다. 매독과 HIV는 통계적으로 상당히 강력한 연관성이 있었기 때문이다. 둘 사이에는 인과관계

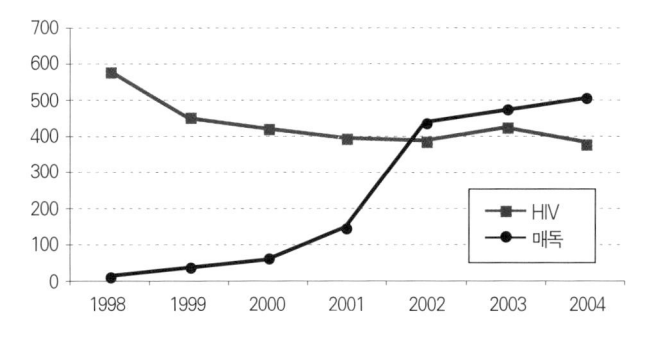

| 7-6 | '남자를 섹스 상대자로 삼는 남자(MSM)'
가운데서 HIV · 매독으로 새로 진단을 받은 환자 수(1998~2004년)

도 존재한다. 한 질병에 걸린 사람은 다른 질병에 걸릴 가능성이 상대적으로 더 높기 때문이다.[75]

'혈청선택법serosorting'의 보편화가 이 역설을 설명해준다. HIV 감염자는 감염자를, HIV 비감염자는 비감염자를 섹스 상대로 삼는 혈청선택의 패턴이 어떻게 퍼졌는지는 또 다른 논의의 주제가 될 수 있겠지만, 어쨌거나 여러 행동과학 연구논문을 통해 샌프란시스코,[76] 시드니,[77] 런던, 그 밖에 게이가 많은 세계 도시들에서 이런 문화가 성행하고 있음이 밝혀졌다. 콘돔을 꺼리는 '콘돔 피로condom fatigue' 발생을 우려해서 차라리 '협상을 통한 안전negotiated safety'을 확보하라는 공중보건 캠페인이 어느 정도 효과를 거뒀을 수도 있다. 게이들이 섹스 상대를 고르기 위한 공간으로 게이바 대신 인터넷을 주로 활용하게 된 점도 이 같은 변화에 크게 작용했다. 인터넷에서는 자기가 HIV 감염자임을 밝히고, 면전에서는 할 수 없는 여러 질문을 쉽게 하고, 그런 질문에 솔직하게 대답할 수 있기 때문이다.[78]

이유가 무엇이든 간에, 이런 식의 특수하고도 국지화된 행동이 단순한 질병 예측 모델들을 교란시키는 것은 분명했다. 이 경우에는 다행스럽게도 예측 모델들이 HIV를 과도하게 예측했지만 말이다. 상태별 단계를 구분하는 SIR 같은 모델들은 한 개체군 내의 모든 개인은 질병에 걸릴 가능성이 같다고 설정한다. 하지만 이런 가정은 더 친밀한 유형의 접촉으로 전파되는 질병이나 상이한 하부 개체군에 따라 위험 수준이 달라지는 질병엔 적용되지 않는다. 우리가 아무 식료품점에라도 갔다가 HIV에 감염되어 돌아오는 것은 아니니까 말이다.

예측 모델들이 포트딕스에서 실패한 이유

그런데 상태별 단계를 구분하는 모델들은 가장 단순한 질병에 대해서도 질병 확산 예측을 제대로 하지 못하는 경우가 있는데, 바로 이들 모델의 가정이 느슨하기 때문이다. 홍역을 예로 들어보자. 홍역은 대부분의 역학자가 박사과정에서 맨 먼저 배우는 질병이다. 이유는 간단하다. 공부하기에 가장 쉽고 단순하기 때문이다. 여기에 대해 하버드대학교에 재직하며 오조노프의 동료이기도 한 마크 립시치Marc Lipsitch는 이렇게 말했다.

"홍역은 전염병의 모델이라 할 수 있습니다. 모호한 게 없거든요. 혈액검사를 하면 오직 한 종류만 나와요. 이 병에 걸린 사람은 딱 그런 증상을 보이거든요. 그리고 한번 홍역에 걸린 사람은 다시는 이 병에 걸리지 않습니다."

SIR 모델이 다룰 수 있는 병에는 반드시 홍역이 포함될 정도다.

그런데 1980년대와 1990년대 초 시카고에 이례적으로 심각한 일련의 홍역이 나타나서 이 전염병의 확산을 예측하느라 역학자들이 무척 애를 먹었다. 전통적 모델들로 보자면 시카고 주민들 대부분이 백신 접종을 받았으므로 시카고에는 집단면역herd immunity(전체 개체군 가운데 어떤 전염병에 면역력이 있는 사람의 비율이 일정 수준 이상일 경우, 전염병이 그 개체군 안에서 확산되지 않는 상태 – 옮긴이)이 형성되어 있어야 했다. 홍역이 쳐들어올 수 없는 방화벽이 마련된 상태여야 했는데, 알고 보니 그게 아니었다. 1980년대의 몇 년 동안에 시카고에서 800~1천 명이 홍역에 걸렸다. 환자는 대부분 어린아이였다. 시 당국은 놀라서 간호사들에게 가정집으로 일일이 방문 접종을 다니도록 지시했

다.[79]

시카고대학병원 소아과 의사이자 전염병 전문가 로버트 다움Robert Daum 박사는 당시의 홍역 사태를 깊이 연구했다. 다움은 위엄이 넘치는 목소리와 사심 없는 유머감각이 있으며 턱수염을 길렀는데, 내가 시카고로 그와 두 동료를 만나러 갔을 때는 2010년 지진 피해로 신음하던 아이티에서 의료봉사를 마치고 막 돌아와 있었다.

내가 13년 동안 살았던 시카고는 생활권역이 계층별로 나뉜 도시다. 이 생활권역은 확고하게 분리되어서 인종이나 사회경제적 지위가 다른 사람들끼리는 쉽게 섞이지 않는다. 백신에 대한 태도도 생활권역별로 달랐다. 시카고 도심에 위치하며 주민 대부분이 가난하고 흑인인 사우스사이드에서는 다른 지역에 비해 자기 자식에게 MMR(홍역 – 이하선염 – 풍진) 백신을 맞히겠다는 적극적인 의지가 상대적으로 약했다. 또 백신을 맞지 않은 아이들은 함께 학교에 가고 함께 놀면서 서로의 얼굴에 대고 기침을 하고 재채기를 했다. 이들은 SIR 모델이 설정하는 여러 가정 가운데 하나, 그러니까 개체군 내의 모든 사람이 무작위로 섞이며 모든 개인이 다른 개인과 접촉할 가능성은 동일하다는 가정을 명백하게 깨뜨린다. 이렇게 해서 그들 사이에 홍역이 퍼진 것이다.

비무작위 혼합nonrandom mixing이라는 이런 현상은 1976년 신종플루의 원인이기도 했다. 당시 과학자들은 포트딕스에서 확인한 사례들을 통해 전국적인 H1N1의 위협을 외삽으로 추정해야만 했다. 지금은 'A/New Jersey/76'으로 알려진 그 신종플루는 당시 너무도 위협적으로 비쳤다. 부대 안에서 2~3주 만에 무려 230명이나 확인될 정도로 위낙 빠르게 퍼졌기 때문이다.[80] 그래서 관계자들은 이 독감의 R_0 수준이 3(1918년 독감 유행 때의 수준)이라고 추론했다.

그러나 군부대라는 환경은 질병이 확산되기에는 더할 나위 없이 안성맞춤이다. 군인들은 서로 밀접하게 접촉할 수밖에 없다. 음식이나 침구를 함께 나누며, 개인 활동은 극히 제한된다. 게다가 이들은 대개는 혹독한 신체훈련을 받는데, 이런 상태에서는 면역 기능이 일시적으로 떨어진다. 하지만 아무리 몸이 아프더라도 주어진 임무를 완수해야 하는 것이 군대에서 지켜야 하는 일반 규범이다. 그러니 군대에서는 전염병이 쉽고 빠르게 퍼질 수 있다.

포트딕스의 신종플루 사태에 대한 후속 연구는, 그 전염병의 빠른 확산이 신종플루 자체의 위험성보다는 군부대라는 독특한 환경에 따른 여러 요인 때문임을 밝혀냈다.[81] 포트딕스는 미국 어딘가에 있을 법한 동네나 직장과는 전혀 다른 공간이었던 셈이다. 사실 'A/New Jersey/76'은 전혀 무서워할 대상이 아니었다. R_0도 1.2였는데, 이 수치는 일반적인 계절 독감보다 높은 수준이 아니었다. 군부대 밖이나 대학교 기숙사나 교도소(군대와 유사한 점도 있고 다른 점도 있는 집단들)에서는 신종플루가 그다지 빠르게 확산되지 않았다. 신종플루는 포트딕스에서만 무섭게 창궐했다가 새로 감염시킬 숙주가 사라지자 소멸했다.

'A/New Jersey/76'을 둘러싼 한바탕 소동과 실패는 샌프란시스코의 HIV/매독 역설 또는 1980년대 시카고에서 일어난 홍역 소동과 마찬가지로 지나치게 단순화한 가정들을 전제로 하는 모델의 한계를 드러낸다. 그렇다고 예측 모델은 복잡할수록 낫다고 말하려는 게 아니다.

앞서 여러 장에 걸쳐서 살펴본 대로 복잡한 모델 역시 예측가들을 엉뚱한 곳으로 이끈다. 그리고 복잡한 모델들은 흔히 '정밀한' 대답들을 제시하기 때문에(정밀한precise 것이 반드시 정확한accurate 것은 아니다) 예측가들은 '정밀한' 대답을 앞에 놓고 자신을 과신한 나머지 자기가 예측을 잘한다는 착각에 빠지기 십상이다.

단순성이야말로 예측 모델이 갖추어야 할 미덕이다. 어떤 모델이든 적어도 '세련되게' 단순할 필요가 있다.[82] 그러나 SIR 같은 모델들은 비록 질병을 이해하는 데는 유용하지만 이 질병의 확산을 예측하는 데는 그다지 쓸모가 없다.

심플루SimFlu

기상 예측은 좀 더 복잡한 모델이 예측을 실질적으로 개선한 몇 안 되는 예시 중 하나다. 수십 년 동안 기상 전문가들은 대기 환경을 물리적으로 시뮬레이션하는 방법을 창안해내어 순수하게 수학적으로 예측하는 것보다 훨씬 나은 예측을 할 수 있게 되었다.

현재 점점 더 많은 집단이 '행위자 기반 모델링agent-based modeling' 기법을 사용하고 있으며, 이와 비슷한 접근법을 질병 예측에 적용하려고 한다. 나는 피츠버그대학교의 한 연구팀을 방문했다. 그들은 자신들이 만든 모델을 '프레드FRED'라고 불렀는데, '유행성 역학의 재구축을 위한 틀framework for the reconstruction of epidemic dynamics'이라는 뜻이다. 또한 어린이 교육용 TV 프로그램 〈미스터 로저스의 이웃들Mister Rogers'

Neighborhood〉의 진행자이던 프레드 로저스Fred Rogers에게 경의를 바친다는 의미이기도 했다.

피츠버그는 시카고처럼 생활권역에 따라 사람들이 계층적으로 분리된 도시다. 이런 이유가 일부 작용해서, 피츠버그의 연구자들은 질병을 생각할 때 이 생활권역을 염두에 두었다. '프레드'는 기본적으로 일종의 '심피츠버그SimPittsburgh', 곧 피츠버그 시뮬레이션이다. 이 행위자 기반 모델은 매우 상세한 부분까지 시뮬레이션하는데, 여기에서 모든 사람은 '행위자agent'로 표현되고, 각각의 행위자 모두는 가족·사회적 연결망·거주지·자신의 사회경제적 지위와 일치하는 믿음과 행동을 보인다.

피츠버그대학교 연구팀의 존 그레펜스테트John Grefenstette 박사는 생애 대부분을 이 피츠버그에서 보냈으며 피츠버그 특유의 억양으로 말했다. 그는 '프레드'가 어떤 식으로 조직되어 있는지 설명해주었다.

"여기엔 학교와 일터와 병원이 있습니다. 이 모든 게 적당하게 위치하지만 매우 복잡하게 설정되어 있죠. 학생들은 학교에 소속되어 있지만 학생들 모두가 자기 집에서 가장 가까운 학교에 다니지는 않았습니다. 또 어떤 학교는 소규모이지만 어떤 학교는 규모가 엄청나게 큽니다. '심시티SimCity'(도시를 건설하고 관리하는 시뮬레이션 게임 - 옮긴이)의 일종이라고 보면 됩니다."

그레펜스테트와 동료 숀 브라운Shawn Brown 박사는 '프레드' 시뮬레이션의 몇몇 결과를 보여주었다. '심피츠버그' '심워싱턴' '심필라델피아'였다. 각 도시에는 우편번호에 따라 질병의 파고가 색깔별로 구분되어 있었다. '프레드'는 도시나 카운티, 주에 속한 모든 사람이 다

표시되는 정교한 시뮬레이션이다.

몇몇 행위자 기반 모델은 미국 전체나 전 세계를 시뮬레이션한다. 이런 모델들은 기상 예측 모델과 마찬가지로 지수방정식 계산과 그 계산을 수행할 슈퍼컴퓨터가 필요하다. 엄청나게 많은 데이터도 필요하다. 우선 정확한 인구통계 데이터가 있어야 하는데, 이는 인구통계 조사 결과로 상당히 정확하게 갈음할 수 있다. 그러나 사람들의 구체적인 행동을 예측하는 일은 어렵다. 예컨대 스물여섯 살의 라틴계 미혼모가 자기 아이에게 백신을 접종할 가능성이 정확하게 얼마나 될지 계산하려면 연구자는 설문조사를 활용할 수 있다. 행위자 기반 모델은 설문조사 데이터에 의존하는 비중이 상당히 높다. 하지만 사람들은 자기 건강과 관련해서는 거짓말을 하는 것으로(아니면 잘못된 기억을 가지고 있는 것으로) 유명하다. 이를테면 사람들은 손을 얼마나 자주 씻느냐는 질문에 평소 실제 습관보다 더 많이 씻는다고 대답하고,[83] 콘돔 사용 빈도도 실제보다 더 많이 사용한다고 대답하는 경향이 있다.[84]

정립이 꽤 잘된 원리 하나는, (그레펜스테트가 말해준 것인데) 백신 접종처럼 귀찮기는 하지만 건강에 유익한 조치를 기꺼이 받아들이겠다는 태도는 본인이 질병에 걸릴 위험을 인식하는 수준과 연결되어 있다는 것이다. '심피츠버그'의 주민은 본인이 신종플루의 위험이 심각하다고 결론 내리면 백신을 맞을 테지만, 그렇지 않다고 결론 내리면 백신을 맞지 않을 거라는 뜻이다. 그러나 그의 이웃이나 자기 자녀가 질병에 걸린다면 '심피츠버그' 주민의 인식은 어떻게 바뀔까? 언론에서 신종플루에 대해 엄청나게 떠들어댄다면 어떻게 될까? 전염병 예측의 자기충족적 특성과 자기부정적 특성이 이들 행위자 기반 모델에

침투할 가능성은 여전히 매우 높다. 그러나 이들 모델은 동적 체계이며 행위자의 행동이 '시간이 지나는 동안 바뀔 수 있다'고 가정하는 만큼 이런 의문들을 더 잘 처리할 수 있다.

또 다른 행위자 기반 모델을 살펴보자. 시카고대학교의 다움 박사는 자상과 찰과상, 타박상처럼 일상에서 흔히 생길 수 있는 상처가 '목숨을 위협하며 치료가 불가능한 감염'으로 바뀌는, 거의 모든 항생제에 내성이 있는 '메티실린 내성 황색 포도상구균MRSA' 감염이라는 위험한 질병의 확산을 연구하는 행위자 기반 모델을 구축하고 있다. 포도상구균은 여러 경로를 통해 감염된다. 포옹 같은 매우 일상적 접촉을 통해서도, 방치된 상처 또는 땀이나 피 같은 체액의 교환을 통해서도 감염될 수 있다. 포도상구균은 주방용 조리대 표면이나 수건에 묻어 있을 수도 있다. 체육관의 라커룸에도 많은데, 사람들은 이곳에서 다른 사람의 물건을 쓰기도 한다. 그래서 포도상구균은 고등학교 미식축구팀에서 프로 미식축구팀까지 광범위한 집단에서 전파되었다. 게다가 연구자들을 더욱 혼란스럽게 하는 요인이 있는데, 때로 이 박테리아를 옮기는 사람 가운데 많은 사람들이 전혀 아프지도 않고 아무런 증상도 보이지 않는다는 점이다.

다움과 동료들은 모델 개발 과정에서 다음과 같은 질문을 스스로에게 던졌다. 어떤 유형의 사람이 손을 칼로 베였을 때 일회용 밴드를 사용할까? 문화권이 다른 사람들 사이에서 포옹 행위가 얼마나 일상적으로 일어날까? 한 계층별 생활권역에서 얼마나 많은 사람이 포도상구균 감염이 흔히 일어나는 교도소에 수감될까?

이러한 질문은 전통적 모델로서는 생각조차 하지 못하는 것들이다.

행위자 기반 모델은 이 질문들을 통해 적어도 정확한 예측의 기회를 더 많이 제공할 수 있다. 그러나 피츠버그 연구팀과 시카고 연구팀이 고려해야 하는 변수는 매우 광범위하게 분포한다. 물론 이는 한 개체 군에 속한 모든 사람의 행동을 시뮬레이션할 때 필연적으로 맞닥뜨려야 하는 문제다. 이들의 작업은 흔히 인지심리학, 행동경제학, 인종학 뿐만 아니라 인류학으로까지 확대된다. 행위자 기반 모델은 HIV 감염을 연구하기 위해 도시의 개체군은 물론 파푸아뉴기니의 정글[85]이나 암스테르담의 게이 공동체[86]까지 대상으로 삼기 때문이다. 이 연구에는 지역의 관습과 환경에 관한 광범위한 지식이 필요하다.

행위자 기반 모델링은 그만큼 엄청나게 야심 찬 작업이며, 이 작업을 하는 연구집단들은 여러 분야에서 최고의 전문가들이 모인 올스타 팀이기 십상이다. 그런데 이런 최고의 인력이 모여 있음에도 데이터 부족 때문에 노력이 빛을 보지 못하는 경우가 허다하다. 그레펜스테트는 이렇게 탄식한다.

"하물며 H1N1조차도 (누가 언제 어디서 병에 걸렸는지 확인할 수 있는) 상세한 지리학적·인구통계학적 데이터를 확보하는 게 여간 힘들지 않았습니다. 사정이 이러니 과거에 대유행했던 질병에 대해서는 얼마나 힘들겠습니까?"

피츠버그와 시카고의 연구팀과 대화를 나누면서 나는 중국에 있는 어떤 아름다운 신축 쇼핑몰을 떠올렸다. 이 쇼핑몰은 로마 고대 건축물 양식의 기둥과 실내 롤러코스터, 베네치아풍의 운하 등 상상할 수 있는 모든 것을 총동원해서 화려하게 꾸몄지만, 정작 입점한 가게도 없고 당연히 손님도 없다고 했다. 물론 두 연구팀은 유용하고 실행 가능한 결론을 몇 가지 도출했다. 예를 들면 이렇다. 그레펜스테트 박사는 휴교 조치가 너무 자주 발동되거나 휴교 기간이 너무 짧으면 전염병이 오히려 더 잘 퍼질 수 있다는 사실을 발견했다. 다움 박사는 시카고 도심에서 포도상구균 감염이 특이할 정도로 많이 발생하는 것은 시카고 소재 쿡카운티교도소를 들락거리는 사람들 때문임을 발견했다. 그러나 두 팀이 만든 모델은 사실 몇 년 뒤의 미래에 더 유용해질 것이며, 지금은 존재하지도 않는 데이터의 입력이 필요할 것이다.

행위자 기반 모델은 날마다 업데이트할 수 있는 기상 예측 모델과는 달리 검증하기가 어렵다. 주요 질병은 날마다, 해마다 유행하지 않기 때문이다. 이 모델들은 '질병 예측의 자기부정적 특성' 때문에 (제대로 상황을 예측해놓고도) 비판받을 수도 있다. 예를 들어 그 모델이 특정한 조치(예컨대 어떤 카운티에서 내려진 휴교 조치)가 매우 효과적일 것으로 제안했다고 치자. 그래서 조치가 내려졌다! 또 이 조치가 효과를 거두어 실제 현실에서 문제의 전염병 확산이 주춤해졌다. 그러면 사람들은 그 조치가 너무 과했던 게 아니었을까 의심한다.

피츠버그와 시카고의 두 연구팀은 자기들이 만든 모델로 미래를 예측하기를 꺼려왔다. 이에 비해 다른 팀들은 2009년 신종플루 발병 이전에 훨씬 과감하게 '예측'을 했고, 이 예측들은 엄청나게 빗나갔다.[87] 심지어 신종플루의 확산 범위를 터무니없이 좁게 잡은 예측도 있었다.

한동안 이 두 팀은 (다움의 동료인 칩 메이컬Chip Macal의 표현을 빌리자면) '분석을 위한 모델링 작업'만 할 예정이다. 행위자 기반 모델들이 전염병에 대해 많은 걸 알려주긴 하겠지만, 그 발병을 예측하는 일에는 더 신중하겠다는 뜻이다.

예측이 빗나갈 수밖에 없을 때 해야 할 일

미국을 휩쓴 두 차례의 독감 공포는 사실 아무 근거가 없었음이 밝혀졌다. 1976년 포트딕스에서 일어난 H1N1 발병은 부대 바깥으로는 확산되지 않았고, 포드 정부의 대규모 백신 프로그램은 엄청난 과잉대응이었다. 2009년 신종플루는 많은 사람에게 전염되었지만, 이 독감으로 사망한 사람은 극소수였다. 두 사례에서 정부가 내린 전염병의 확산 예측은 지나치게 높은 곳을 가리키며 빗나갔다.

그러나 다음 차례도 이와 같으리라는 보장은 없다. 인간에 적응한 조류독감인 H5N1은 수억 명을 죽일 수도 있다. 2009년판 독감은 그다지 치명적이지 않았지만, 만약 1918년판의 치사율이 나타났다면 미국인 140만 명이 사망했을 것이다. 또한 사스SARS와 같은 비독감 바이러스의 위협도 늘 존재한다. 천연두의 위협도 마찬가지다. 천연두는 1977년에 자취를 감추고 사라졌지만, 테러리스트가 생물무기로 사용하면 수백만 명을 죽일 수도 있다. H1N1은 2009년에 일주일 동안이나 보건의료 당국에 포착되지 않은 채 확산되었다. 위험한 유행병이 이런 식으로 확산되면 수천만 명이 사망할 수도 있다.

내가 만난 역학자들은, 다른 분야의 예측 전문가들과는 확연히 다르게, 자기들이 운용하는 예측 모델에 얼마나 큰 한계가 있는지 명확히 알고 있었다. 일례로 마크 립시치는 1918년, 1957년, 1968년에 발생한 독감 사태를 언급하면서 이렇게 덧붙였다.

"세 개 측정점을 바탕으로 예측을 한다는 건 기본적으로 어리석은 짓 아닐까요? 우리가 할 수 있는 건 어쩌면 시나리오를 여러 개 준비하고 그 대비책을 세우는 게 아닐까 합니다."

어떤 전문가가 정확한 예측을 할 수 없다는 사실을 알고 있음에도 예측할 수 있는 척하면 많은 사람들이 위험해진다. 역학자나 여러 의료계 종사자들도 이런 사실을 잘 알고 있을 것이다. '남에게 해를 끼치지 마라'라는 히포크라테스 선서가 꼭 필요한 상황이다.

내가 발견한 가장 사려 깊은 통계 작업 가운데 많은 것이 의료계에서 나왔다.[88] 의료현장이 삶과 죽음이 갈리는 곳이라서 그런지 의사들은 매우 조심스러워하는 경향이 있다. 의료현장에서는 어설픈 추측이 사람을 죽음으로도 몰고 갈 수 있다. 엄청난 결과가 빚어질 수 있다는 말이다.

예측은 목적이 아니라 수단이다. 예컨대 예측은 모든 과학에서 가설 검증에 매우 핵심적인 역할을 한다.[89] 통계학자 조지 박스George E. P. Box는 이렇게 말했다.

"모든 모델은 빗나간다. 그러나 몇몇 모델은 유용하다."[90]

모든 모델은 우주의 미니어처이며, 당연히 그래야 한다. 어떤 수학자는 또 이렇게 말했다.

"고양이에 대한 최고의 모델은 고양이다."[91]

실체가 아닌 것으로 실체를 나타내려면 세부에 대한 묘사가 필요하다. 그 묘사가 얼마나 적절할지는 우리가 풀려는 문제가 무엇인지와 우리가 얼마나 정확한 해답을 요구하는지에 달렸다.

통계 모델은 우리가 사용하는 도구 가운데서 우주의 어림값을 끄집어내는 유일한 도구가 아니다. 예컨대 언어도 일종의 모델이며 다른 사람과 소통하기 위해 사용하는 일종의 어림값이다. 모든 언어는 각기 다른 고유한 단어들로 이루어져 있다. 동일한 대상을 표현하더라도 서로 다른 단어를 사용한다. 전문 분야에는 나름의 고유한 언어가 있다. 독자나 내가 보기에《신호와 소음》원서의 표지는 노란색이다. 그러나 그래픽 디자이너의 시각에서 그런 표현은 너무도 지나친 어림값이다. 디자이너는 표지의 바탕색을 '팬톤 넘버 107'이라 부를 것이다.

통계학자 박스는 '몇몇 모델은 유용하다'고 말했다. 시카고와 피츠버그에서 진행되는 연구가 정말로 대단하다고 생각한다. 각 집단별로 백신 접종을 어떻게 받아들이는지, 질병이 여러 상이한 생활권역으로 어떻게 확산되는지, 사람들이 언론의 질병 관련 보도에 어떻게 반응하는지는 그 하나하나가 정말 중요하다.

좋은 모델은 설령 빗나간 예측을 내놓는다 해도 유용할 수 있다. 오조노프는 이렇게 말했다.

"우리가 하는 모든 예측은 빗나갈 수밖에 없다는 사실을 명심해야 합니다. 그러기에 얼마나 빗나가는지, 빗나갔을 때는 어떻게 해야 하는지 이해하고, 빗나갔을 때 발생할 수 있는 비용을 최소화하는 것이 예측과 관련해서 우리가 해야 하는 일입니다."

통계 모델은 우주의 복잡성을 이해하는 데 도움이 되는 도구일 뿐이지, 우주를 대체할 수 있는 게 아님을 명심해야 한다. 이것이 핵심이다. 이는 예측에서만 중요한 게 아니다. 매사추세츠공과대학의 토마소 포조를 비롯한 신경과학자들은 사람의 뇌가 정보를 처리하는 전체 과정을 일련의 어림값 계산 과정으로 이해한다. 더 정확한 예측을 하고자 한다면 우리 자신을 더 잘 이해하고, 아울러 우리가 신호를 어떻게 해석·왜곡하는지를 잘 이해해야 한다.

지금까지 어림값들이 어느 분야에서 우리 인간에게 도움을(또는 실망을) 주었는지 살펴보았다. 후반부에서는 그 어림값들을 더 정확하게 만드는 방법을 살펴볼 것이다.

III

예측의 질을 높여
미래를 포착하는 법

─── 베이즈 정리 ───

조금씩 조금씩 덜 틀리는 법

스포츠 도박사인 일명 '밥' 하랄라보스 불가리스'Bob' Haralabos Voulgaris
는 로스앤젤레스 할리우드힐스에 있는 번쩍거리는 현대식 저택에 산
다. 모든 게 금속 아니면 유리로 되어 있으며, 뒷마당에는 팝아트 화가
데이비드 호크니David Hockney의 그림에서 막 뽑아낸 듯한 수영장도 있
다. 그는 11월부터 이듬해 6월까지는 매일 밤 NBA 경기를 지켜본다.
다섯 경기를 삼성 평면스크린 텔레비전 다섯 대로 동시에 본다(위성텔
레비전 방송에 아무리 홀딱 빠졌다고 해도 이렇게까지 하는 사람은 없
을 것이다). 잠깐 휴식을 취하고 싶을 때는 라스베이거스 팜스플레이
스에 있는 자기 소유의 콘도로 날아간다. 더 긴 휴식이 필요하면 아프
리카의 사파리로 떠난다. 운이 좋지 않은 해에는 얼추 100만 달러를 따
고, 운이 좋은 해에는 그보다 서너 배 수입을 올릴 수도 있다.

불가리스는 상류사회의 삶을 누린다. 하지만 우리가 알고 있는 '시가를 입에 문 도박사'와는 거리가 멀다. 그는 내부자가 전해주는 정보에 의존하지도, 심판을 매수하지도 않는다. '조직system'을 가지고 있지도 않다. 오로지 컴퓨터 시뮬레이션을 사용할 뿐이다. 그렇다고 해서 시뮬레이션에 전적으로 의존하지도 않는다.

불가리스가 성공을 거둔 건 그만의 정보 처리 방식 때문이다. 그는 특정한 패턴을 좇기만 하지 않았다. 그는 데이터 속에 내재된 의미 있는 '관계'를 찾아내려 노력했다. 농구 지식과 통계학 지식을 결합했다. 물론 엄청난 노력을 들였다. 때로는 직감을 동원하기도 했다. 대단히 크고 복잡한 형태의 도박을 한 셈이다.

불가리스는 캐나다 매니토바주 위니펙에서 성장했다. 위니펙은 미국 미네소타와의 경계선에서 북쪽으로 90마일(145킬로미터)쯤 떨어진, 사납게 춥고 사람들 모두가 열심히 일하는 도시다. 불가리스의 아버지는 한때 상당한 부자였다. 재산이 가장 많을 때는 300만 달러가 넘었다. 하지만 아버지는 이 돈을 도박으로 다 탕진했다. 불가리스가 열두 살 때 아버지가 파산했다. 불가리스는 열여섯 살 무렵에 지옥 같은 위니펙에서 탈출하려면 교육을 잘 받아야 한다는 사실을 깨달았다. 그리고 고학을 해서 학비를 벌었다. 매니토바대학교에 다닐 때는 돈이 나올 수 있는 곳이면 어디든 가리지 않았다. 여름이면 북쪽 브리티시컬럼비아까지 가서 벌목 일을 했다. 나무 한 그루당 7센트를 받았다. 학교에 다니는 동안에는 공항에서 짐꾼으로 일하며 토론토나 미니애폴리스, 그보다 더 먼 곳으로 가는 위니펙 사람들의 짐을 날랐다.

그러다가 마침내 자기를 고용한 짐꾼 용역회사의 주식을 살 수 있을 정도로 돈을 모았고, 얼마 지나지 않아 그 회사의 주식을 상당한 양 사들였다. 대학교를 졸업하던 1999년에는 8만 달러나 있었다.

하지만 불가리스는 8만 달러도 충분하지 않다고 생각했다. 아버지가 그만한 돈을 한 번에 따고 잃는 일을 여러 번 보았기 때문이다. 매니토바대학교에서 철학을 전공한 불가리스는 취업 전망이 그다지 밝지 않았다. 불가리스는 자기 인생의 엑셀 페달을 밟을 수 있는 방법을 모색했고, 도저히 거부할 수 없는 내기와 마주쳤다.

그해 로스앤젤레스 레이커스는 명장 필 잭슨Phil Jackson 감독을 영입했다. 잭슨은 시카고 불스에 우승컵을 여섯 차례나 안겨준 인물이었다. 레이커스에는 재능이 넘치는 선수가 많았다. 216센티미터의 센터 샤킬 오닐Shaquille O'Neal은 절정기를 구가하고 있었고, 고등학교를 졸업한 지 4년밖에 되지 않는 스물한 살짜리 가드 코비 브라이언트Kobe Bryant도 슈퍼스타로 발돋움하고 있었다. 그리고 오닐 같은 대형 센터와 브라이언트 같은 득점 기계의 결합은 오랫동안 NBA의 승리 공식이었다. 특히 이 두 선수의 엄청난 자존심을 제어할 수 있는 잭슨이라는 위대한 감독이 합류함으로써 둘은 더욱 빛을 발할 수 있었다.

그러나 레이커스가 이번 시즌에도 잘하지 못할 것이라는 게 통념이었다. 선수 노조 파업으로 경기 수가 줄어든 지난 1998~1999 시즌에서 감독마저 세 번이나 교체된 레이커스는 단 한 차례도 제대로 리듬을 타지 못한 채 31승 19패로 시즌을 마감했고, 플레이오프 2라운드에서는 샌안토니오 스퍼스에게 네 경기를 연속으로 내주었다. 브라이언트와 오닐은 쉬지 않고 서로에게 으르렁댔다. 법적으로는 아직 술도 마시지 못할 정도로 어린 브라이언트는 로스앤젤레스의 여러 스포츠

용품 매장의 유니폼 판매량에서 오닐을 앞지르며 오닐보다 더 높은 명성과 인기를 누렸고, 오닐은 그런 브라이언트를 질투에 불타는 눈으로 바라보았다.[1] 레이커스가 속한 서부지구에는 강팀이 즐비했다. 샌안토니오 스퍼스나 포틀랜드 트레일블레이저스처럼 응집력 있고 경험 많은 팀들이 있었고, 레이커스는 기량이 채 무르익지 않아서 이런 강팀을 상대하기에 역부족으로 보였다.

레이커스가 정규 시즌 세 번째 경기 때 평정심을 잃은 오닐이 시합 도중 퇴장을 당한 상황에서 포틀랜드에 패했을 때, 농구계의 쇼크조크 shock jock(일부러 충격적 발언을 하는 해설자 – 옮긴이)들이 우려하던 최악의 사태가 벌어지는 듯했다. 연고지의 《로스앤젤레스타임스Los Angeles Times》조차 레이커스를 전체 7위 정도로 낮게 평가했으며, 시즌 전 라스베이거스 도박사들이 레이커스에 NBA 우승 배당률을 4배로 매긴 것을 두고 레이커스를 너무 높이 평가한 거라며 질책했다.[2]

라스베이거스 도박사들은 1999~2000 시즌이 시작되고 겨우 두 주만에 레이커스의 부진을 점치기 시작했고, 레이커스 우승 배당률을 6.5배로 올렸다. 이제 레이커스가 좋은 성적을 내리라는 데 베팅하는 사람은 훨씬 더 많은 돈을 딸 수도 있었다. 불가리스는 통념을 크게 믿은 적이 없는 사람이었고(사실 이 같은 점은 그의 여러 단점 가운데 하나지만, 이 단점이 그의 현재 삶을 가능하게 했다), 따라서 도박사들의 그런 예상은 명백하게 정신 나간 짓이라고 생각했다. 불가리스는 신문의 칼럼니스트나 도박업자들이 많지 않은 표본 데이터를 지나치게 강조하고 큰 그림과 이 그림을 관통하는 맥락을 무시한다고 생각했다.

불가리스는 사실 레이커스가 그다지 못하는 것도 아니라고 보았다.

레이커스는 처음 일곱 경기에서 5승을 챙겼다. 감독을 새로 맞이한 상황인 데다 상당히 힘든 경기 일정을 소화해야 했고, 시즌 전 손목을 다친 브라이언트가 아직 시합에 투입되지도 않은 사실을 고려하면 레이커스로서는 괜찮은 출발이었다. 그런데 언론은 형편없던 지난 시즌에만 초점을 맞춰 레이커스를 보았다. 하지만 지난 시즌은 파업으로 파행 속에서 진행되었고, 레이커스는 감독도 몇 번 바뀐 터라 어수선한 분위기였다. 언론은 정상적으로 경기가 치러진 1997~1998 시즌에 레이커스가 거둔 성적은 거의 거들떠보지도 않았다. 그때 레이커스는 당시의 선수진과 감독 모두 지금보다 훨씬 약했는데도 61승 21패를 올렸다. 레이커스의 경기를 많이 보아온 불가리스는 잭슨 감독이 팀을 이끌어나가는 방식이 마음에 들었다. 불가리스는 전 재산 8만 달러, 정확하게는 8만 달러에서 등록금과 식비로 얼마를 빼고 남은 돈을 레이커스가 NBA 우승컵을 차지한다는 데 걸었다. 그는 성공한다면 50만 달러를 벌겠지만, 실패한다면 다시 공항에서 2교대로 짐꾼 일을 해야 했다.

처음에는 불가리스의 본능적 감각이 적중하는 듯했다. 레이커스는 첫 일곱 경기에서 5승 2패를 기록한 뒤 더는 승수를 추가하지 못하다가 71경기를 남겨놓고 19연승과 16연승, 11연승 기록을 세우며 62승을 거두고 67승 15패로 시즌을 마쳤다. NBA 정규 시즌 사상 최고의 기록 중 하나였다. 그러나 플레이오프가 문제였다(NBA 플레이오프는 동부지구와 서부지구가 따로 진행하는데, 각 지구에서 정규 시즌 상위 8개 팀이 3라운드를 거쳐 지구별 승자를 가린다. 그리고 지구별 승자 두 팀이 우승컵을 놓고 최종 결승전을 벌인다 ─ 옮긴이). 레이커스는 정규 시즌에서 뛰어난 성적을 거둔 터라 보상 규정에 따라 홈에서 플레이오프 경기를 상대적으로 많이 할 수 있게 되었지만, 플레이오프 3라운드를 모두 통과하고 최종 결승전까지 이기기는 쉽지 않았다.

레이커스는 새크라멘토 킹스를 플레이오프 1라운드에서 3승 2패로 물리쳤다. 서부지구 준결승전에서는 피닉스 선스를 어렵지 않게 꺾었다. 레이커스의 서부지구 결승 상대는 포틀랜드 트레일블레이저스였다. 예전에 마이클 조던Michael Jordan과 콤비를 이루어 코트를 주름잡은 선수이자 필 잭슨 감독의 제자이기도 한 스코티 피펜Scottie Pippen을 필두로, 쟁쟁한 선수들이 이 팀에 소속돼 있었다. 트레일블레이저스는 레이커스에게 벅찬 상대가 될 게 분명했다. 비록 레이커스처럼 재능이 넘치는 선수는 부족했지만 꾸준하면서도 투지 넘치는 경기를 펼쳐 상대 팀들을 압도하곤 했기 때문이다.[3]

레이커스는 첫 경기를 비교적 쉽게 이겼다. 그런데 그 뒤부터 롤러코스터를 탔다. 로스앤젤레스에서 열린 2차전은 형편없이 지고 말았다. 3쿼터에서 연속으로 20점이나 내주는 등[4] 졸전을 펼치다 77 대 106으로 경기를 내줬다. 그 시즌 레이커스가 세운 최악의 기록이다.[5]

다음 두 경기는 포틀랜드의 로즈가든에서 펼쳐졌다. 레이커스는 3차전에서 2쿼터까지 13점이나 뒤졌지만 그 뒤로 맹렬하게 따라붙었고, 경기가 몇 초 남지 않은 상황에서 브라이언트가 슛을 성공하며 2점 차의 짜릿한 승리를 맛보았다.[6] 4차전에서도 11점 차이를 극복하고 승리를 따냈다. 자유투를 지독하게 못 던지기로 악명이 높던 오닐이 아홉 개 자유투를 모두 성공시키는 기염을 토했다.[7] 블레이저스는 이제 한 경기만 지면 끝장이었다. 잭슨 감독은 블레이저스가 '죽음의 문턱을 넘었다'고 했지만,[8] 아직은 그런 말을 할 때가 아니었다.

레이커스 선수들은 로스앤젤레스 스테이플스센터에서 벌어진 5차전에서 슛 난조를 보였다. 79개 야투 가운데 30개밖에 성공시키지 못했다. 결국 레이커스는 88 대 96으로 패했다. 다시 포클랜드에서 열린 6차전에서 레이커스는 일찌감치 경기 리듬을 잃고 질질 끌려가다가 단 한 차례도 역전해보지 못한 채 경기를 내주고 말았다. 점수는 93 대 103. 이제 서부지구 승자를 뽑는 마지막 승부가 남았다. 경기는 레이커스의 안방에서 펼쳐졌다.

도박사는 신중해야 한다. 신중하려면 헤지hedge(위험 분산, 분산 베팅 - 옮긴이)를 해서 발생할 수 있는 피해를 최소한으로 줄여야 한다. 불가리스는 추가로 20만 달러를 마련해서 블레이저스에 거는 방식을 쓸 수 있었다. 이 팀이 마지막 경기에서 이긴다는 데 걸린 배당률은 3/2로 나왔다(이 배당률이 낮을수록 승리 또는 우승 가능성이 크다. 3/2, 1.5보다는 2/3, 0.7일 때 승리할 가능성이 크다는 얘기다 - 옮긴이). 그러니까 블레이저스가 이긴다면 레이커스에 건 애초의 8만 달러 손실을 보전하고도 22만 달러를 벌 수 있었다.[9] 그러나 레이커스가 이긴다면, 애초에 건 8만 달러에서 돈을 따고 대신 헤지로 건 돈을 잃겠지만, 그래도 순수익은 32만 달러가 될 터였다(이런 계산은 레이커스가 결승전에서 동부지구 우승팀인 인디애나 페이서스를 이긴다는 것을 전제로 한다. 당시 레이커스가 페이서스를 이길 가능성은 상당히 높게 점쳐지던 상황이었다. 또 여기에서도 위험을 최소화하려면 추가로 페이서스에 돈을 거는 방식으로 헤지를 할 수도 있었다). 비록 애초에 목표로 삼은 50만 달러에는 못 미치지만 그래도 그 정도면 상당히 수지맞는 장사였다.

그런데 문제가 있었다. 불가리스에게는 20만 달러가 없었고, 불가리스를 믿고 그 돈을 빌려줄 사람 또한 없었다. 그는 이제 겨우 스물세 살짜리 공항 짐꾼이었고, 형의 지하실 방에 얹혀사는 신세였다. 레이커스가 이기지 않으면 모든 게 끝장이었다.

드디어 마지막 승부. 경기 초반은 레이커스에 불리하게 흘러갔다. 블레이저스 선수들은 오닐을 전면적으로 압박하고 나섰다. 자유투를 못 던지기로 유명한 오닐에게 파울을 범해 자유투를 주거나 화가 난 오닐에게 파울을 유도하겠다는 작전이었다. 이 작전은 2쿼터 중반까지 주효해서 오닐은 파울 셋을 받는 동안 자유투 점수를 올리지 못했다. 3쿼터 끝나기 2분 전에 블레이저스 피펜의 3점 슛이 들어가며 점수는 16점까지 벌어졌다. 그리고 타임을 알리는 주심의 호각이 스테이플 센터에 길게 울려 퍼졌다.[10]

레이커스가 역전승을 하고 불가리스가 돈을 딸 가능성은 매우 희박했다. 3쿼터가 2분밖에 남지 않은 상태에서 16점 차를 극복하고 역전승을 거둔 경우는 NBA에서 아주 드물었다.[11] 배당률이 15/1로 나왔다.[12] 위니펙을 벗어나겠다는 불가리스의 꿈은 물 건너가고 있었다.[13]

그런데 4쿼터 초반부터 양상이 달라졌다. 블레이저스가 구사했던 강력한 압박 수비가 역효과를 내기 시작했다. 블레이저스 선수들은 압박 수비에 따른 체력 부담으로 지친 기색이 역력했다. 게다가 상대 레이커스 선수들은 홈 관중이 지켜보는 가운데서 경기를 하고 있었다. 이런 경우 테스토스테론이 왕성하게 분비된다는 사실은 생리학자들이 입증한 사실이다.[14] 또 레이커스 선수들은 상대적으로 젊어서 짜낼 힘이 아직 남아 있었다.

블레이저스 선수들이 갑자기 슛을 제대로 쏘지 못했다. 4쿼터 6분이 지나는 동안 1점도 내지 못했다. 반면 레이커스 선수들은 몸놀림이 더욱 빨라졌다. 점수는 어느 순간엔가 한 자릿수 차로 바뀌었고, 브라이언 쇼Brian Shaw가 3점 슛을 성공시키며 마침내 동점이 되었다. 이어 브라이언트가 자유투 두 개를 넣으며 레이커스가 앞서나갔다. 막판에 블레이저스가 따라붙긴 했지만, 때가 너무 늦었다. 레이커스의 두 스타 브라이언트와 오닐이 경기 종료 40초를 남겨두고 천둥 같은 앨리웁 슛을 합작하며 승부에 쐐기를 박았다.

레이커스는 2주 뒤 결승전에서 인디애나 페이서스를 꺾고 매직 존슨 시대 이후 처음으로 NBA 우승컵을 거머쥐었다. 공항의 짐꾼이었던 불가리스는 백만장자라는 목적지에 절반쯤 다가섰다.

이기는 도박꾼은 어떻게 베팅하는가

불가리스는 레이커스에 베팅하면 돈을 딸 수 있다는 걸 어떻게 알았을까? 사실 몰랐다. 성공하는 도박사들은 (그리고 성공하는 모든 분야의 예측가들은) 미래를 100퍼센트 확실하다는 식으로 보지 않는다. 자기 예측이 완벽할 것이라고도 전혀 생각하지 않는다. 이런 믿음은 풋내기의 환상이고, 자기과신의 요란한 나팔소리일 뿐이다. 성공한 도박사들은 미래를 확률의 점수판으로 바라본다. 다시 말해 새로운 재료가 등장할 때마다 등락을 거듭하는 주식시장 증권시세 표시기의 깜박거림 같은 것으로 생각한다. 이들은 자기가 낸 여러 확률에 대한 추정치가

| 8-1 | 불가리스가 레이커스에 돈을 걸 때의 수익 계산

결과	확률	순이익
레이커스가 우승한다	25%	+52만 달러
레이커스가 우승하지 못한다	75%	-8만 달러
예상 순이익		+7만 달러

도박시장에 나온 추정치와 상당하게 차이가 날 때 비로소 돈을 건다.

불가리스가 레이커스의 우승을 점치며 돈을 건 경우를 예로 들어보자. 당시 라스베이거스 도박사들은 레이커스의 우승을 13퍼센트로 점쳤다. 이때 불가리스는 레이커스가 우승할 확률이 100퍼센트라고 생각하지 않았다. 50퍼센트라고도 보지 않았다. 적어도 13퍼센트보다는 조금 더 높을 것으로 확신했다. 어쩌면 25퍼센트쯤 되지 않을까 생각했다. 불가리스의 계산이 맞다면 이론적으로는 그가 7만 달러를 따게 된다.

하지만 예측가의 눈에 미래가 확률이라는 회색빛 음영으로만 존재한다면, 현재는 흑백으로 나타난다. 불가리스가 얻을 수 있는 이론적 예상 순이익 7만 달러는 52만 달러를 딸 가능성의 25퍼센트와 8만 달러를 잃을 가능성의 75퍼센트를 한데 합쳐서 나온 결과다. 장기적으로 보면 따는 것과 잃는 것은 평균으로 회귀한다. 훌륭한 예측가에게는 과거와 미래가 서로 매우 닮은 모습으로 비칠 수 있다(이 둘은 현재와는 상대적으로 더 많은 차이를 보일 수도 있다). 둘 다 장기적 확률로 표시되기 때문이다. 하지만 불가리스의 도박은 단 한 번으로 끝을 보는 내기였다. 그런 만큼 불가리스로서는 매우 유리해야 할 필요가 있었다(그래서 그는 도박사들이 레이커스를 과소평가한다고 생각한 여섯 가지 이유를 생각했다). 그는 이런 조건을 만들기 위해서 대단한 분별력을 발휘해야 했다.

이제 불가리스는 상당한 부자여서, 유리하다고 생각하는 정도가 작은 쪽에도 돈을 걸 여유가 생겼다. 하루 저녁에 NBA 경기 서너 개에다 동시에 돈을 걸 수도 있다. 일반적 상식으로 보자면 그렇게 거는 돈이 엄청난 액수이긴 하지만 불가리스의 전 재산에 비하면 아주 적은 정도고, 그는 돈을 걸어놓고서도 관심이 없다는 듯 심드렁한 표정을 지을 수도 있었다. 하지만 그렇게 하지 않았다. 내가 방문한 날 밤에도 불가리스는 여러 대의 텔레비전으로 NBA 경기들을 지켜보고 있었는데, 유타 재즈가 우크라이나 출신의 216센티미터 장신 선수 키릴로 페센코 Kyrylo Fesenko를 코트에 투입할 때부터 시작해서 단 한순간도 경기 화면에서 눈을 떼지 않았다. 페센코를 투입한다는 건 유타 재즈가 그 경기를 포기한다는 명백한 신호였고, 동시에 불가리스가 재즈에 건 3만 달러를 잃는다는 뜻이었다.

불가리스의 커다란 비밀은 그에게는 커다란 비밀이 없다는 사실이다. 대신 그는 사소한 비밀들을 수도 없이 가지고 있다. 이렇게나 많은

| 8-2 | 결과가 좋은 도박사가 바라보는 세상

과거   현재   미래

정보를 한꺼번에 하나로 조합해서 방향성을 찾아낸다. 일례로 그는 각 경기의 결과를 시뮬레이션하는 프로그램을 가지고 있다. 그러나 불가리스는 시뮬레이션 결과가 자기에게 명백하게 유리할 때나 다른 정보가 그 결과를 보완할 때만 시뮬레이션에 의존한다. 그는 NBA의 경기를 거의 다 본다. 어떤 경기는 생중계로 보고 어떤 경기는 녹화 영상으로 본다. 그리고 어느 팀이 역량을 최대한 발휘하는지, 어느 팀이 그러지 못하는지를 분석하면서 자기 의견을 발전시켜나간다. 불가리스는 자기만의 독특한 스카우팅 서비스를 운영하며, 보조 인력을 고용해 모든 경기에서 각 선수의 수비 위치를 도표로 그리게 하고, 그로부터 대다수 NBA팀은 알지도 못하는 이점들을 파악한다. NBA 선수 수십 명의 트위터를 '팔로우'해서 140자의 메시지를 철저하게 분석해 그 선수들이 무슨 생각을 하는지 읽는다. 이를테면 나이트클럽에 가겠다는 글을 트위터에 올린 선수는 그날 경기에 집중하지 못할 가능성이 높다. 불가리스는 또 감독들이 기자회견에서 하는 말과 표현에 촉각을 곤두세우는데, 자기 팀이 '공격하는 법을 배우길' 원한다거나 '농구의 기본 원리에 충실하게 경기하길' 바란다고 말한다면, 이 감독은 그날 속도를 천천히 조절하면서 경기를 풀어가겠다는 의도를 보인 걸로 해석할 수 있기 때문이다.

　사람들은 대부분 불가리스가 관찰하는 이 같은 내용을 사소하다고 여기며 지나친다. 사실 이해가 안 되는 행동은 아니다. 경기 승패에 영향을 줄 중요하고 명백한 요인들은 다른 도박사들도 죄다 알고 있으며 이미 배당률에 반영되어 있기 때문이다. 바로 그렇기 때문에 불가리스로서는 더 깊이 파고들 필요가 있다.

예컨대 불가리스는 2002 시즌 후반 클리블랜드 캐벌리어스 경기에서 예상치를 훌쩍 넘는 수준으로 양 팀의 점수가 많이 날 걸 간파했다. 불가리스는 캐벌리어스의 두 경기를 면밀하게 살핀 뒤에 그 이유를 재빠르게 알아챘다. 캐벌리어스의 포인트가드이자 이기적인 플레이로 악명 높던 리키 데이비스Ricky Davis가 그해 말에 FA선수로 풀릴 예정이라 그는 자기 기록을 높여 자신을 더 상품성 높은 선수로 돋보이려고 최대한으로 노력할 것이었다. 이 말은 그가 점수를 올리거나 어시스트를 기록할 기회를 많이 만들려고 정신없이 움직일 것이며, 그만큼 캐벌리어스의 공격도 정신없이 펼쳐질 거라는 뜻이었다. 경기 내용이 좋을 까닭이 없었다. 어차피 캐벌리어스팀은 플레이오프 경쟁에서 멀리 뒤처진 상태였기 때문이다.[15] 캐벌리어스 상대팀들도 플레이오프 경쟁에서 밀려났을 수 있고, 이 두 팀은 누이 좋고 매부 좋은 길을 택해 수비를 느슨하게 하면서 공격에만 치중할 터였다.[16] 캐벌리어스 경기들에서 나온 두 팀의 합산 득점은 한 경기당 192점에서 시즌 마지막 3주에는 갑자기 207점으로 늘어났다.[17] 이 합산 점수가 기준선보다 높은 '오버'일지 아니면 낮은 '언더'일지 맞추는 데 돈을 거는 것은 결코 100퍼센트 확실한 도박이 아니다(도박에서 확실한 건 아무것도 없다). 하지만 맞히면 대박이다(스포츠 도박에는 크게 두 가지 유형이 있다. 점수 차이를 맞히는 것과 두 팀의 합산 점수를 맞히는 것이다).

이러한 패턴은 돌이켜보면 너무도 명백하다. 물론 캐벌리어스 선수들에게 플레이오프 진출이라는 동기가 사라지고 오로지 개인의 공격 통계 향상만이 관심사로 남는다면, 캐벌리어스팀 경기에서는 당연히 양 팀의 득점이 엄청나게 많아질 수밖에 없다. 하지만 통계에 대해 지나치게 좁은 관점을 취함으로써 통계가 나온 맥락을 고려하지 않는 도박사들은 이 같은 사실을 놓칠 수 있다. 어떤 팀이 벌인 경기에서 두 번 연속으로, 또는 세 번이나 네 번 연속으로 양 팀의 합산 점수가 예상 기준선보다 높게 나왔다고 치자. 그래도 이런 사실은 보통 그 자체로는 별 의미가 없다. 아닌 게 아니라 NBA에서는 30개 팀이 한 시즌에 82회씩의 경기를 치르며 장기 레이스를 펼치기 때문에 이런 일들은 얼마든지 자주 일어날 수 있다.[18] 그런 만큼 사실 여기에 돈을 거는 것은 대부분 이른바 '서커 베팅suckers' bet'(승률이 대단히 낮거나, 이긴다 해도 딸 수 있는 돈이 얼마 되지 않는 내기 – 옮긴이)이다. 이들 경우는 순전히 우연에 의해 일어난다. 그런데 도박업자들은 대개 이 같은 경향을 알고 있고, 배당률을 정할 때 여기에 대해 지나치게 많은 보상을 책정했을 수도 있다. 이러한 점을 파악하고 돈을 거는 게 똑똑한 선택일 수 있다.

불가리스는 여기서 한발 더 나아갔다. 데이터가 풍부한 환경에서는 특정한 패턴을 찾아내는 일이 쉽다. 하지만 이건 이류 도박사들이나 구사하는 수법이다. 핵심은 그 패턴들에 신호와 소음이 얼마나 반영되었는지 판단하는 데 있다.

불가리스가 돈을 걸거나 걸지 않는 이유가 한 가지만은 아니지만, 그의 판단과 결정에 도움을 주는 사고의 틀은 분명 존재한다. 이것이 (우리가 '예측'을 우리 주변 세상을 이해하는 능력의 핵심으로 이해한다면) 예측과 긴밀한 관계가 있는 것이다. '베이즈주의적 추론Bayesian reasoning'이 바로 그것이다.

토머스 베이즈의 별난 유산

토머스 베이즈Thomas Bayes는 1701년(또는 1702년)에 태어난 영국의 목사다. 베이즈는 통계학의 전 영역에 이름을 남기고 저 유명한 불멸의 정리定理에도 이름이 아로새겨져 있지만, 정작 그의 삶은 거의 알려져 있지 않다. 베이즈가 어떻게 생겼는지 아는 사람조차 없다. 백과사전에 실려 있는 그의 초상화도 다른 사람의 초상화일 수 있다.[19]

베이즈가 영국(잉글랜드) 남서부 하트퍼드셔 카운티의 넉넉한 집안에서 태어났음은 거의 확실하다. 그는 고향에서 멀리 떨어진 스코틀랜드의 에든버러대학교에서 공부를 했는데, 영국 국교회(성공회)를 지지하지 않는 장로파 소속의 이른바 '비국교도'여서 옥스퍼드나 케임브리지 대학교에는 입학할 수 없었기 때문이다.[20]

베이즈는 불리한 출신 배경과 부족한 저술 경력에도 왕립학회 회원으로 선출되었다. 아마도 왕립학회의 토론회에서 내부 비평가나 조정자 역할을 한 듯싶다. 많은 학자들이 베이즈의 저작으로 인정하는 것 하나가(존 눈John Noon이라는 가명으로 발표되긴 했지만[21]) 소논문 〈신성한 자비심Divine Benevolence〉[22]이다. 베이즈는 이 소논문에서 신이 진정으로 자비심이 넘치는 존재라면 어떻게 이 세상에 고통과 사악함이 존재할 수 있겠는가 하는 오래된 질문을 탐구했다. 그는 인간의 불완전성을 신의 불완전성으로 오해해서는 안 된다는 결론을 내렸다. 신이 설계한 우주를 우리 인간이 온전하게 이해하지 못해 그런 오해를 하지만 사실은 그렇지 않다는 말이었다.

"그러므로 낯설다. (…) 인간은 이 거대한 우주의 가장 낮은 부분밖에 보지 못하기 때문에 거기에서 패배만을 추론하게 된다."[23]

훨씬 더 유명한 글이 〈우연의 원리와 관련된 문제의 해결에 관하여 An Essay toward Solving a Problem in the Doctrine of Chances〉[24]인데, 이 소논문은 베이즈가 죽은 뒤인 1763년에 그의 친구인 리처드 프라이스Richard Price가 왕립학회에 제출했다. 우리가 세상에 대해 가지고 있는 여러 확률적 믿음을 어떻게 정식화할 것인가 하는 문제를 다룬 글이다.

프라이스는 베이즈의 소논문을 손보면서 해 뜨는 모습을 처음 본 사람의 예를 들었다(이 사람은 성서 속 아담일 수도 있고, 플라톤의《국가》에 등장하는 '처음 동굴 밖으로 나온 사람'일 수도 있다). 처음에 이 사람은 해가 뜨는 일이 매일 반복되는 현상인지, 아니면 그 순간에만 나타난 특이한 현상인지 전혀 알지 못한다. 하지만 이 사람은 그 뒤로 아침이면 언제나 해가 떠오르는 것을 본다. 해 뜨는 현상이 자연의 영원한 특성일 거라는 그의 믿음은 점점 커진다. 이처럼 통계적 추론을 통해 내일도 해가 다시 떠오를 것이라는 예측에 그가 부여하는 확률은 100퍼센트에 가까워진다. 하지만 결코 정확하게 100퍼센트에는 도달하지 않는다. 그 지점으로 수렴할 뿐이다.

베이즈와 프라이스의 주장은 세상은 본질적으로 확률적이라거나 불확실하다는 게 아니다. 베이즈는 신의 완벽함과 무결성을 믿었다. 그뿐만 아니라 자연은 일정하고 예측할 수 있는 법칙에 따라 움직인다고 말하는 아이작 뉴턴Isaac Newton의 저작도 신봉했다. 그들이 고민한 것은 바로 우주에 대해 우리는 어떻게 깨우침을 얻을 수 있을까 하는 문제였다. 우리는 수학적이면서 철학적으로 표현된 진술, 곧 어림값을 통해 우주에 대해 배우는데, 증거를 더 많이 모을수록 '진리에 조금씩 조금씩 더 가까이 다가갈 수 있다'는 점이다.

　이런 견해는 스코틀랜드의 철학자 데이비드 흄David Hume의 회의적 관점과 뚜렷하게 대비된다.[25] 흄은 해가 다시 떠오를 것임을 100퍼센트 확신할 수 없기 때문에 태양이 내일 다시 떠오르리라는 예측은 해가 다시 떠오르지 않으리라는 예측에 비해 본질적으로 더 합리적이라 할 수 없다고 주장했다.[26] 그런데 베이즈주의적 관점은 합리성을 '개연성(확률)'과 관련된 문제로 본다. 베이즈와 프라이스는 흄에게 '당신이 어리석어 자연을 제대로 이해하지 못한다고 해서 자연을 비난하지 마라'라고 말하는 셈이다. 회의론의 껍데기를 깨고 나와서 자연현상을 '예측'한다면, 당신은 아마 진리에 조금 더 가깝게 다가설 수 있다고 말이다.

확률과 진보

베이즈는 〈신성한 자비심〉에서도 같은 맥락의 주장을 했다. 베이즈는 인간이 결점투성이라고 해서 이를 신이 실수한 것이거나 실패한 것으로 오해하면 안 된다고 했다. 우리가 불완전하다는 사실을 인정하는 것이야말로 구원의 길로 나아가는 첫걸음이라는 말이다.

　그렇다고 베이즈의 철학에 종교적인 색채가 강한 것은 아니다.[27] 오늘날 '베이즈 정리Bayes's theorem'로 알려진 공식은 프랑스의 수학자이자 천문학자인(또 무신론자였을 가능성이 큰)[28] 피에르시몽 라플라스Pierre-Simon Laplace가 완성했다.

라플라스는 과학적 결정론을 대표하는 인물이다. 그는 '우주 안에 존재하는 모든 입자의 위치를 알고 이들의 운동을 빠른 속도로 계산할 수만 있다면' 우주의 움직임을 완벽하게 예측할 수 있다고 주장했다. 그런 라플라스가 왜 확률론을 기반으로 하는 이론에 관심을 쏟았으며 결국에는 베이즈 정리를 완성한 걸까?

이는 완벽한 자연과 불완전한 인간 사이의 괴리와 관련이 있다. 라플라스는 목성과 토성의 궤도를 관찰하다가 이들의 궤도에 변칙이 존재함을 파악했다. 두 행성의 궤도를 보면, 목성은 태양과 충돌하고 토성은 태양계 바깥으로 탈출해야 했다.[29] 라플라스는 좌절했다. 물론 이러한 예측은 완전히 틀린 것이었고, 라플라스는 오랜 시간 이 행성들의 궤도를 정확하게 측정하고자 노력했다.[30] 라플라스는 직접 측정이 아니라(당시엔 망원경 같은 관측 도구가 매우 조잡했다) 확률적 추론을 토대로 궤도를 계산했다.[31] 그리고 확률을 무지와 지식 사이에 존재하는 중간 지점으로 이해하게 됐다. '확률'을 더 철저하게 이해하는 일이 과학(진보)의 필수 요건이라고 생각하게 된 것이다.[32]

확률과 예측, 그리고 과학적 진보의 밀접한 연관성은 이처럼 18세기 들어 베이즈와 라플라스 덕분에 온전히 이해되기에 이르렀다. 18세기가 어떤 시대인가? 수백 년 전 등장한 인쇄술 덕분에 정보가 폭발적으로 증가하고, 이 정보가 바야흐로 과학·기술·경제를 발전시키는 시기였다. 그 연관성은 행성의 궤도를 예측하는 문제에서나 레이커스 경기의 승리 팀을 예측하는 문제에서나 공통적이다. 뒤에서 살펴보겠지만 이와는 전혀 다른 통계 패러다임, 곧 '예측의 역할을 중요하게 여기지 않으며, 불확실성을 판단의 불완전함이 아니라 측정 실수에 따른 것으로 파악하는 태도'가 20세기를 지배하게 되는 바람에 과학이 비틀거리게 되었는지도 모른다.

베이즈 정리의 간단한 수학

베이즈 정리의 철학적 토대는 놀라우리만큼 풍부한 데 비해 그 수학적 형식은 굉장히 간단하다. 가장 기본적인 형태로 보자면, 베이즈 정리는 알려진 세 개 변수와 알려지지 않은 한 개 변수가 동원된 대수적 표현이다. 하지만 이 간단한 공식이 우리를 엄청나게 거대한 통찰력으로 이끌어준다.

베이즈 정리는 조건부확률conditional probability과 관련이 있다. 어떤 사건이 일어났다는 전제 아래 이론이나 가설이 참이나 거짓일 확률을 따진다는 말이다.

알기 쉽게 예를 들어보자. 당신은 결혼한 사람이다. 그런데 당신이 출장을 마치고 집에 와보니 처음 보는 속옷이 당신 옷장 서랍 속에 들어 있다. 당신은 아마도 자신에게 물을 것이다.

'나의 배우자가 날 속이고 바람을 피우고 있을 확률은 얼마나 될까?'

여기에서 '조건'은 당신이 문제의 그 속옷을 발견했다는 것이고, 당신이 관심을 가지고 참과 거짓을 평가하려는 '가설'은 당신의 배우자가 바람피운다는 것이며, 당신은 그 확률을 구하고자 한다. 베이즈 정리는, 믿거나 말거나, 이런 종류의 의문에 해답을 제시한다. 다음 세 가지 변수의 값을 안다면(또는 기꺼이 그 값을 추정하고자 한다면) 당신은 그 확률을 정확하게 계산할 수 있다.

- 첫째, 문제의 그 속옷이 당신의 배우자가 바람을 피운다는 '그 가설이 참인 조건' 아래에서 등장했을 확률을 추정할 필요가 있다. 편의상 당신이 여자이고 당신의 배우자가 남자라고 치자. 문제의 속옷은 팬티다. 만일 당신 남편이 바람을 피운다면, 그 팬티가 어째서 그 자리에 있는지 상상하는 일은 어렵지 않다. 그런데 다시, 설령 남편이 바람을 피운다 하더라도, 당신은 남편이 더 조심했어야 하는 게 아닐까 하고 생각한다. 그래서 당신은 남편이 바람을 피웠기 때문에 (곧 그런 조건 아래에서) 문제의 그 팬티에 거기에 있을 확률을 50퍼센트로 설정한다.

- 둘째, '그 가설이 거짓인 조건' 아래에서 문제의 팬티가 등장했을 확률도 추정할 필요가 있다. 남편이 바람을 피우는 게 아니라면 그 속옷이 거기에 어떻게 왔는지 설명할 수 있을까? 물론 가능하다. 결코 기분 좋은 경우는 아니지만 그 팬티는 '남편의' 팬티인데 당신 옷장 서랍으로 섞여들었을 수 있다. 또는 당신도 신뢰하는 남편의 '여성' 친구의 팬티이며, 남편은 그 친구와 순전히 정신적 교감을 나누면서 하룻밤을 당신 집에서 보냈을 수도 있다. 또는 그 팬티는 남편이 당신에게 주려고 산 선물인데 미처 포장하지 못하고 그냥 옷장 서랍에 넣었을 수도 있다. 비록 이들 가운데 어떤 것은 '숙제를 다 했는데, 우리 집 개가 그걸 먹어버렸어요'와 같이 요령 없는 초등학생의 변명처럼 터무니없긴 하겠지만, 그렇다고 전혀 있을 수 없는 얘기는

아니다. 이 모든 확률을 통틀어서 5퍼센트라고 설정하자.

- 셋째, 이것이 가장 중요한데, 베이즈주의적 용어인 '사전확률prior probability'(특정 사건이 일어날 것에 관한 추가 정보를 확보하지 못한 상태에서 임의적으로 설정하는 그 사건의 확률. 선험적 확률 – 옮긴이)이 있어야 한다. 당신이 그 팬티를 발견하기 전에 남편이 바람을 피울 거라고 당신이 생각한 확률이다. 당신은 이 확률을 얼마로 설정하겠는가? 물론 문제의 팬티가 등장한 지금 그 확률을 완전하게 객관적으로 설정하기는 어려울 것이다. 하지만 그렇게 해야 한다(이상적으로 말하면 당신은 문제의 증거를 살펴보기에 앞서 사전확률을 설정해야 한다). 그러나 때로 확률을 경험에 비추어 추정할 수도 있다. 이를테면 결혼한 부부가 한 해 동안 바람을 피울 확률은 약 4퍼센트라는 여러 연구 결과가 나와 있으니,[33] 이 4퍼센트를 당신의 사전확률로 설정할 수도 있다.

이 세 개의 값을 추정했다면 베이즈 정리를 적용해 '사후확률posterior possibility'을 계산할 수 있다. 이것이 바로 우리가 알려는 것, 그러니까 낯선 속옷이 등장한 상황에서 배우자가 바람을 피우고 있을 확률이다. 이 계산을 유도하는 간단한 대수식과 계산값을 〈도표 8-3〉에서 정리했다.

당신의 집에서 낯선 속옷이 발견되었을 때 배우자가 바람을 피우고 있을 확률은 29퍼센트로 꽤 낮다. 직관적으로 떠오르는 확률에 비하면 매우 낮은 편이다. 그렇다면 속옷이 나타났는데도 배우자가 바람을 피우지 않았단 말인가? 사실 확률이 이처럼 낮은 것은 배우자가 바람을

사전확률		
남편이 바람을 피울 확률의 초기 추정치	x	4%
새로운 사건 발생: 수수께끼의 속옷이 발견되었다		
남편이 바람을 피운다는 조건 아래에서 속옷이 등장했을 확률	y	50%
남편이 바람을 피우지 않는다는 조건 아래에서 속옷이 등장했을 확률	z	5%
사후확률		
당신이 속옷을 발견했다는 조건 아래에서 남편이 바람을 피우고 있을 가능성에 대한 수정된 추정치	xy/{xy+z(1-x)}	29%

피울 사전확률을 낮게 설정했기 때문이다. 비록 결백한 사람이 그렇지 않은 사람보다 낯선 팬티에 대해 내놓을 수 있는 그럴듯한 설명이 적긴 하겠지만, 어쨌거나 애초에 배우자가 매우 결백하다고 생각하고 확률 계산을 한 만큼, 이런 가중치가 강력하게 반영되어 낮은 확률이 도출되었다.

그런데 사전확률이 매우 높을 때 확률은 새로운 증거의 출현으로 놀라운 탄력성을 발휘할 수 있다. 고전적 사례로 40대 여성이 유방암에 걸릴 확률을 들 수 있다. 40대 여성이 유방암에 걸릴 확률은 약 1.4퍼센트로 매우 낮은 편이다.[34] 하지만 엑스선 검사에서 양성 판정을 받았다면, 이 여성이 유방암에 걸렸을 확률은 얼마일까?

여러 연구 결과에 따르면 유방암에 걸리지 않은 여성이 엑스선 검사에서 양성 판정을 받을 확률은 10퍼센트밖에 되지 않는다.[35] 유방암에 걸린 여성의 경우는 약 75퍼센트다.[36] 이 통계 결과를 놓고 보면 양성 판정이 매우 좋지 않은 소식으로 여겨질 수 있다. 그러나 이 수치들을 베이즈 정리에 적용하면 전혀 다른 결과가 나온다. 40대 여성이 유방암 엑스선 검사에서 양성 판정을 받았을 때 유방암에 걸렸을 확률은 10퍼센트로 매우 낮다. 젊은 여성은 유방암에 걸릴 확률이 매우 낮기 때문에 이러한 결과가 나왔다. 그래서 유방암에 상대적으로 취약한 50대 이전까지는 여성이 굳이 정기적으로 유방암 검진을 받을 필요는 없다고 많은 의사들이 충고한다.[37]

이 같은 문제들은 두말할 여지 없이 까다롭고 힘들다. 통계수치를 올바르게 이해할 수 있는 정도의 통계적 소양을 갖춘 미국인을 대상으로 설문조사해 분석한 최근의 연구에서는 유방암 사례를 피설문자들에게 제시했는데, 이들 중 겨우 3퍼센트만이 올바른 확률 추정치를 맞혔다.[38] 때로는 〈도표 8-4〉에서처럼 문제를 시각적으로 바라봄으로써 자신의 직관적 짐작이 정확하지 않다는 사실을 현실적 실체와 대비하면서 확인할 수도 있다. 시각화는 전체 모습을 이해하기 쉽게 제시한다. 유방암은 젊은 여성에게는 아주 드물게 나타나기 때문에 유방 엑스선 검사가 양성 판정을 내렸다 해도 그것만으로는 전혀 진실을 알 수 없다.

하지만 우리는 일반적으로 가장 새롭고 또 가장 즉각적으로 활용할 수 있는 정보에 초점을 맞추며, 더 큰 그림인 전체는 놓쳐버린다. 불가리스 같은 명석한 도박사들은 인간의 사고 과정에 나타나는 이런 약점을 이용하는 방법을 잘 알고 있다. 불가리스가 레이커스팀에 베팅해 많은 돈을 딴 데는 여러 이유가 있지만, 그중 하나는 도박업자들이 레이커스의 초반 일곱 경기만 보고 팀의 우승 가능성을 4 대 1에서 6.5

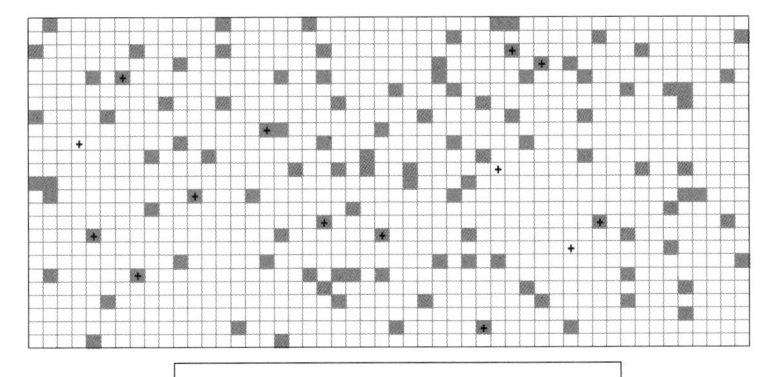

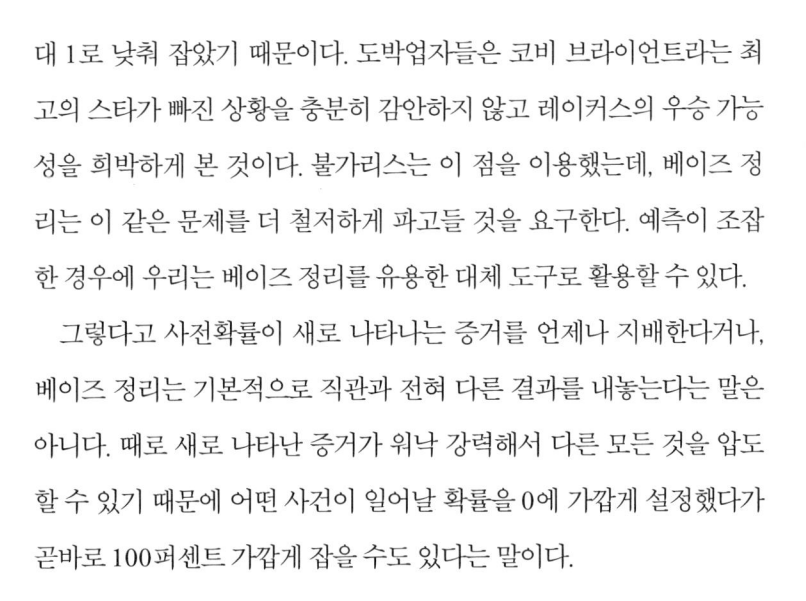

유방암에 걸린 여자(1,000명 중 14명)
- ✚ 양성 판정(참 양성): 14명 중 11명
- ✛ 음성 판정(거짓 음성): 14명 중 3명

유방암에 걸리지 않은 여자(1,000명 중 986명)
- ■ 양성 판정(거짓 양성): 986명 중 99명
- □ 음성 판정(참 음성): 986명 중 887명

대 1로 낮춰 잡았기 때문이다. 도박업자들은 코비 브라이언트라는 최고의 스타가 빠진 상황을 충분히 감안하지 않고 레이커스의 우승 가능성을 희박하게 본 것이다. 불가리스는 이 점을 이용했는데, 베이즈 정리는 이 같은 문제를 더 철저하게 파고들 것을 요구한다. 예측이 조잡한 경우에 우리는 베이즈 정리를 유용한 대체 도구로 활용할 수 있다.

그렇다고 사전확률이 새로 나타나는 증거를 언제나 지배한다거나, 베이즈 정리는 기본적으로 직관과 전혀 다른 결과를 내놓는다는 말은 아니다. 때로 새로 나타난 증거가 워낙 강력해서 다른 모든 것을 압도할 수 있기 때문에 어떤 사건이 일어날 확률을 0에 가깝게 설정했다가 곧바로 100퍼센트 가깝게 잡을 수도 있다는 말이다.

우울한 사례를 하나 들어보자. 9·11테러다. 그날 아침 잠자리에서 일어난 미국인들은 누구나 테러범들이 맨해튼 쌍둥이빌딩에 비행기를 돌진시키는 일이 일어날 확률은 없다고 생각했을 것이다. 그러나 첫 번째 비행기가 세계무역센터 건물에 돌진하고 난 뒤 사람들은 테러야말로 명백한 가능성 가운데 하나임을 곧바로 알아차렸다. 두 번째 비행기가 다시 다른 건물에 날아가 박힐 때는 미국이 공격받고 있다는 사실을 조금도 의심하지 않았다. 베이즈 정리는 이런 식의 결과를 얼마든지 되풀이해 내놓을 수 있다.

구체적으로 살펴보자. 첫 번째 비행기 공격이 있기 전 맨해튼 고층 건물을 표적으로 삼은 테러의 확률 추정치는 2만 번에 한 번, 0.005퍼센트다. 하지만 우리는 비행기가 세계무역센터 건물에 충돌한 것이 우연한 사고일 가능성도 배제할 수 없기 때문에 여기에도 매우 낮은 확률을 부여해야 한다. 이 확률값을 경험적으로 추정할 수 있는데, 문제의 그 사건이 일어나기 전까지 맨해튼 상공에 비행기가 날아다녔던 과거 2만 5천 일 동안에[39] 그런 사건은 딱 두 번 있었다. 1945년 엠파이어스테이트와 1946년 월스트리트 40번지가 그 비극의 주인공이었다. 이 두 사건으로 하루에 그런 사고가 일어날 확률인 사전확률은 1만 2,500번에 한 번으로 계산된다. 베이즈 정리를 이용해 첫 번째 비행기가 세계무역센터 건물을 친 순간을 기준으로 계산하면, 테러 가능성은 0.005퍼센트에서 38퍼센트로 치솟는다(도표 8-5A).

그런데 베이즈 정리를 적용한다고 할 때는 확률 추정치 업데이트를 한 차례만 하는 게 아니다. 새로운 증거가 나타날 때마다 계속해서 확률 추정치를 업데이트한다. 그래서 첫 번째 비행기 공격 뒤에 우리가

| **8-5A** | 베이즈 정리 - 9・11테러 사례

사전확률

| 테러리스트 집단이 맨해튼의 고층 건물에 돌진할 확률의 초기 추정치 | x | 0.005% |

새로운 사건 발생: 첫 번째 비행기가 세계무역센터 건물에 돌진했다

| 테러리스트가 맨해튼의 고층 건물을 공격한다는 조건 아래에서 그 일이 일어났을 확률 | y | 100% |

| 테러리스트가 맨해튼의 고층 건물을 공격하지 **않는다**는 조건 아래에서(사고로 우연히) 그 일이 일어났을 확률 | z | 0.008% |

사후확률

| 첫 번째 비행기가 세계무역센터와 충돌했다는 조건 아래에서 테러 공격 가능성에 대한 수정된 추정치 | $xy/\{xy+z(1-x)\}$ | 38% |

| **8-5B** | 베이즈 정리 - 9・11테러 사례

사전확률

| 첫 번째 비행기가 세계무역센터와 충돌했을 때의 테러 공격 확률의 초기 추정치 | x | 38% |

새로운 사건 발생: 두 번째 비행기가 세계무역센터 건물에 돌진했다

| 테러리스트가 맨해튼의 고층 건물을 공격한다는 조건 아래에서 그 일이 일어났을 확률 | y | 100% |

| 테러리스트가 맨해튼의 고층 건물을 공격하지 **않는다**는 조건 아래에서(사고로 우연히) 그 일이 일어났을 확률 | z | 0.008% |

사후확률

| 두 번째 비행기가 세계무역센터와 충돌했다는 조건 아래에서 테러 공격 가능성에 대한 수정된 추정치 | $xy/\{xy+z(1-x)\}$ | 99.99% |

도출한 테러의 사후확률은 두 번째 비행기 공격이 있기 전의 사전확률이 된다. 이 계산을 한 번 더 해서 두 번째 비행기의 공격을 반영하면, 미국이 테러를 당하는 확률은 99.99퍼센트가 된다. 뉴욕의 어느 맑은 날에 테러가 감행될 가능성은 거의 없었다. 그러니 첫 번째에 이어 두 번째 공격이 감행될 가능성은 문자 그대로 불가능에 가까웠다. 하지만 끔찍하게도 실제로 그런 일은 일어났다.

지금까지 테러, 유방암, 배우자의 바람이라는 세 가지 까다로운 사례를 놓고 설명했는데, 사실 나는 이 사례들을 매우 신중하게 선별했다. 베이즈주의적 추론을 적용할 수 있는 문제의 범위가 얼마나 넓고 다양한지 보여주기 위해서다. 베이즈 정리는 덧셈, 뺄셈, 곱셈, 나눗셈의 간단한 사칙연산만 하면 되는 단순한 공식이 아니다. 베이즈 정리에서 유용한 결과를 얻어내려면 여기에 정보, 특히 사전확률 추정치를 입력해야 한다.

베이즈 정리는 또한 우리 주변 세상에 대해, 특히 사람들이 확률이나 가능성의 문제로 좀처럼 생각지 않는 문제들까지 확률적으로 생각하라고 요구한다. 그렇다고 세상이 본질상 '형이상학적으로' 불확실하다는 의미를 담은 건 아니다. 라플라스는 가장 작은 분자까지 모두 질서정연한 뉴턴 법칙을 따른다고 생각한 사람이지만 베이즈 정리의 발전에 중요하게 이바지하기도 했다. 기본적으로 베이즈 정리는 '인식론적' 불확실성, 곧 우리 지식의 한계를 다룬다.

거짓 양성 문제

베이즈주의적으로 생각하지 않을 때 거짓 양성false positive 판정은 유방암 검사 엑스선 촬영뿐만 아니라 과학 전체에 심각한 걸림돌이 된다. 책 첫머리에서 의학자 존 이오애니디스의 논문을 언급했다. 그는 2005년에 발표한 〈왜 논문으로 발표된 연구 결과는 대부분 틀릴까〉[40]에서 다양한 통계적·이론적 논거를 인용해 여러 의학잡지나 교수, 전문 과학자들이 참인 것처럼 다루는 가설 가운데 다수가 사실은 거짓이라고 주장했다.

앞에서 말했듯이, 이오애니디스의 가설은 '참인 가설'들을 살펴본다. 이오애니디스가 제시한 가설은 참인 것 같다. 바이엘연구소가 의학잡지들에서 주장된 긍정적 발견들을 자체적으로 직접 실험한 결과이 가운데 약 3분의 2에서 원 연구자들이 내린 것과 다른 결론을 얻었다.[41] 연구 결과의 진실성을 확인하는 또 다른 방법으로는 실제 현실에서 그 연구가 정확한 예측을 하는지 살펴보는 것이다. 그렇지 않은 경우가 정말 많다. 예측의 실패율은 거의 모든 분야에서 엄청나게 높다. 이오애니디스는 이렇게 말했다.

"지난 20년 동안 정보, 유전학, 그 외 여러 기술 등의 가용성은 놀랄 만큼 늘어났지만, 우리는 이것들 말고도 수백만 개의 흥미로운 변수를 다룰 수 있습니다. 나는 아마도 이러한 정보를 이용해 더 유익한 예측을 할 수 있지 않을까 기대합니다. 그렇다고 우리가 조금도 전진하지 못했다는 뜻은 아닙니다. 논문이 200만 건 있다는 점을 고려할 수 있는데, 그런 진보가 없었다면 정말 부끄러운 일이겠지요. 하지만 '새로운 발견'이 200만 건 있었던 게 아님은 분명합니다. 대부분은 지식을 낳는 데 별반 기여하지 못하고 있습니다."

이것이 바로 '빅데이터' 시대에 우리 예측들이 실패로 돌아갈 가능성이 더 큰 이유다. 우리가 활용할 수 있는 정보의 양이 기하급수적으로 늘어남에 따라 엄정하게 검증해야 할 가설 역시 기하급수적으로 많아진다. 예를 들어 미국 정부는 현재 약 4만 5천 건이나 되는 경제 항목에 대해 통계수치를 발표하고 있다. 그런데 '은행의 프라임 대출율과 앨라배마의 실업률 사이에 어떤 인과관계가 있을까?' 하는 식으로 4만 5천 개 항목에서 두 개씩 조합을 만들어 상관관계를 확인하려 한다면, 무려 10억 개가 넘는 가설을 따져야 한다($45,000 \times 44,999 \div 2 = 1,012,477,500$).

그러나 데이터에 담겨 있는 '의미 있는' 관계(곧 상관관계보다는 인과관계를 말하며 세상이 실제로 어떻게 돌아가는지를 증명해주는 관계)는 얼마 되지 않는다. 정보량이 많아진다고 해서 그런 관계가 늘어나는 것도 아니다. 다시 말해 인터넷 이후의 세상은 인터넷 이전의 세상과 비교해 더 많은 진리의 세계가 아니다. 인쇄술 등장 이전의 세상과 비교해도 마찬가지다. 우주의 대부분이 텅 빈 공간이듯이, 데이터 대부분은 소음으로 채워져 있다.

베이즈의 정리에서 알 수 있듯, 개체군 속에서 어떤 것의 내재적 빈도가 낮을 때(예컨대 젊은 여성에게서 발병하는 유방암, 데이터의 바닷속에 존재하는 진실 같은 것이 그렇다), 조심스럽게 접근하지 않으면 거짓 양성 반응이 결과를 장악할 수 있다. 〈도표 8-6〉은 이런 사실을 그림으로 보여준다. 도표에서는 참인 과학적 가설 약 80퍼센트가

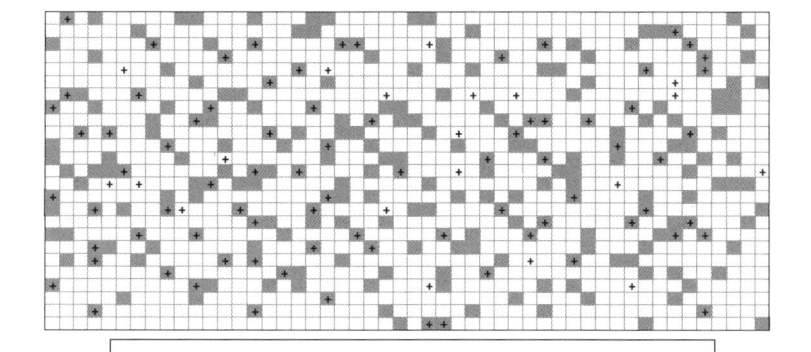

참인 가설(1,000개 중 100개)
- ⊞ 참 판정을 내린 통계 검증(올바른 참 판정) (100개 중 80개)
- ⊡ 거짓 판정을 내린 통계 검증(잘못된 거짓 판정) (100개 중 20개)

거짓인 가설(1,000개 중 900개)
- ▨ 참 판정을 내린 통계 검증(잘못된 참 판정) (900개 중 180개)
- ☐ 거짓 판정을 내린 통계 검증(올바른 거짓 판정) (900개 중 720개)

사람들에게 참이라고 올바르게 받아들여지며, 거짓인 가설 약 80퍼센트가 사람들에게 거짓이라고 올바르게 받아들여진다. 하지만 참인 발견이 워낙 드물어서 놀랍게도 전체 발견의 약 3분의 2가 거짓임에도 참으로 판정을 받고 또 그렇게 받아들여진다.

그런데 불행하게도, 이오애니디스가 밝혀냈듯이 통계적 검증 작업이 이루어지는 대부분의 분야에서 발표 논문들의 상태는 〈도표 8-6〉과 매우 비슷하다고 보면 된다(차이점이 하나 있다면 거짓으로 판정받은 발견들은 공개되지 않고 서랍 속에 고이 모셔진다는 점이다. 오늘날 학술지 발표 논문 약 90퍼센트는 거짓 판정이 아닌 참 판정을 받은 발견들을 다룬다. 하지만 그렇다고 해서 잘못된 참 판정의 문제가 덮어지는 건 아니다). 오류율이 왜 이렇게 높을까? 사실 이 질문은 근본적인 것이다. 어떻게 보면 이 책 전체가 이 질문의 답을 찾는 과정이기도 하다. 오류율이 높은 데는 여러 가지 이유가 있다. 어떤 것들은 우리가 가진 심리적 편견과 관련이 있고, 어떤 것들은 평범한 방법론적 오류와 관련이 있고, 또 어떤 것들은 엇나간 동기들과 관련이 있다. 하지만 문제의 근원에 접근하면 연구자들이 적용하는 통계적 사고에 흠결이 있음을 확인할 수 있다.

빈도주의가 베이즈주의를 반박하다

토머스 베이즈의 가장 강력한 라이벌은 그가 죽은 지 120년쯤 뒤인 1890년에 태어났다. 바로 영국의 통계학자이자 생물학자 로널드 에일머 피셔Ronald Aylmer Fisher다. 피셔는 베이즈보다 훨씬 다채로운 개성의 소유자였다. 영국의 지성사에서 독보적일 만큼 특이한 인물이었으며 미남이었다. 하지만 옷차림은 초라하고 꾀죄죄했고[42] 파이프든 궐련이든 입에 담배를 물고 살았다. 그는 현실의 적은 물론이고 가상의 적을 상대해서도 쉬지 않고 싸움을 벌였다. 피셔의 강의는 형편없었지만, 예리한 통찰에 극적인 구성까지 담은 그의 신랄한 비평은 더할 나위 없이 강렬했다. 그는 매력적인 인물이어서 함께 식사하고 싶은 대상으로도 무척 인기가 높았다. 피셔가 관심을 기울인 분야는 광범위했다. 그는 당대 최고의 생물학자이자 유전학자였다. 하지만 무식한 사람들이 똑똑한 사람들보다 자식을 많이 낳는다는 사실에 분개하면서 자식을 여덟이나 낳은 엘리트주의자이기도 했다.[43]

피셔는 오늘날까지 남아서 널리 쓰이는 여러 통계학 방법론을 누구보다도 많이 남긴 통계학자다. 그는 '통계적 유의성 검증statistical significance test'과 이와 관련한 여러 용어를 만든 인물이기도 하다. 또한 그는 베이즈나 라플라스를 배척했다(피셔는 공식적으로 발표되는 글에서 '베이즈주의적인Bayesian'이라는 용어를 최초로 쓴 인물이기도 한데, 그는 이 용어를 경멸적 의미로 사용했다).[44] 피셔는 베이즈와 라플라스의 이론을 반박했으며, 심지어 그 이론들은 '몽땅 내다버려야 한다'는 말까지 했다.[45]

피셔와 그의 동시대 사람들은 '베이즈 정리' 자체에 대해서는 별문제를 느끼지 않았다. '베이즈 정리'는 그저 단순한 수학적 실체일 뿐이기 때문이다. 피셔를 비롯한 그들이 두려워한 건 '베이즈 정리'가 적용되는 방식이었다. 특히 그들은 베이즈주의의 사전확률이라는 발상을 문제 삼았다.[46] 그들이 보기에는 사전확률이 지나치게 주관적이었다.

'실험 전에 어떤 것이 발생할 가능성을 미리 정해둬야 한다니, 그것도 주관적으로! 이런 설정이 과학의 객관성을 어떻게 훼손하지 않겠는가?'

이것이 피셔와 그의 동시대인들이 바라보던 사전확률의 문제였다. 그래서 그들은 우리를 어떤 편견으로부터도 오염되지 않게 해줄 통계적 방법론 개발에 나섰다. 이런 방향의 통계적 흐름은 오늘날 일반적으로 '빈도주의frequentism'라고 일컬어진다. 이 빈도주의에 '피셔주의적인Fisherian'이라는 용어가 붙어 '베이즈주의적인'에 대립해 사용된다.[47]

빈도주의에서는 통계의 불확실성이 '전체 개체군이 아니라 모집단의 극히 작은 단위인 표본에서만 데이터를 취합하는 데'서 전적으로 기인한다고 본다. 이는 여론조사 같은 분야에서는 일리가 있는 말이다. 캘리포니아에서 선거를 앞두고 진행되는 설문조사는 유권자 800만 명이 아닌 800명만을 표본으로 삼을 수 있다. 이렇게 해서 '표본오차$_{sampling\ error}$'(모집단을 대표할 수 있는 전형적인 구성 요소를 선택하지 못함으로써 발생하는 오차 – 옮긴이)가 발생할 수 있다. 여론조사 발표 때마다 함께 병기되는 오차범위도 이런 표본오차를 나타내려는 방법의 하나다. 다시 말해 800만 명의 모집단에서 800명을 표본 삼아 어떤 결과를 예측할 때 오차가 얼마나 발생할 수 있을지 드러내기 위한 방법이다. 빈도주의의 여러 방법론은 이를 수치로 계량화하고자 고안되었다.

그런데 여론조사라 하더라도 표본오차가 언제나 모든 걸 다 말해주지는 않는다. 2008년 민주당 대통령 후보 경선 당시 아이오와주 코커스와 뉴햄프셔주 프라이머리 사이에 약 1만 5천 명 표본을 대상으로 뉴햄프셔 여론조사가 진행되었다.[48] 이 표본 규모는 뉴햄프셔가 크지 않은 주임을 고려한다면 엄청나게 큰 것으로, 오차범위는 거의 ±0.8퍼센트 수준이었다. 하지만 실제로 드러난 오차는 그보다 무려 열 배나 컸다. 여론조사에서는 힐러리가 오바마에게 8퍼센트포인트 지는 걸로 나왔지만 실제 경선에서는 힐러리가 3퍼센트포인트 이겼다. 빈도주의 통계학이 직접적으로 설명하는 '유일한' 오차 유형인 표본오차가 뉴햄프셔 여론조사에서는 전혀 중요한 문제가 아니었다.

이와 마찬가지 방식으로 어떤 여론조사 기관들은 꾸준하게 특정한 당으로 기울어진 편견을 드러낸다.[49] 이들은 미국 성인 2억 명을 대상으로 설문조사를 한다 해도 여전히 정확한 예측을 하지 못할 것이다. 그런데 베이즈는 이런 문제점을 250년 전에 파악했다. 이미 편견에 물든 도구를 사용한다면 아무리 많은 조치를 취한들 무슨 소용이 있겠는가, 엉뚱한 표적을 겨누고 있는데.

본질적으로 빈도주의적 접근법은 예측이 툭하면 빗나가는 이유, 곧 '인적 오류human error'를 털어낼 방도를 찾는다. 이 접근법이 불확실성을 파악하는 방식은 베이즈주의적 접근법과 다르다. 불확실성은 실제 세상을 이해하는 인간의 능력이 아니라 실험에 내재하는 것이라고 파악한다. 빈도주의 방법론은 또한 데이터를 더 많이 모을수록 오차는 0에 접근한다고 본다(빈도주의에서는 오차를 줄이는 것이 문제 해결에 필요충분조건으로 작용한다). 그런데 이 책에서 다루는 예측 영역, 특히 잘못된 예측이 상대적으로 많이 나오는 영역들은 공통적으로 유용한 데이터가 드물고, 따라서 데이터를 더 많이 모으는 행위는 그만큼 가치가 있다. 하지만 아무리 유용한 데이터를 많이 모은다 해도 이 데이터를 올바른 방식으로 사용하지 않는다면 전혀 소용이 없다. 이오애니디스가 말한 대로, 빅데이터 시대는 오히려 논문의 영역에서 발생하는 거짓을 참으로 잘못 판정하는 문제를 더욱 심화시키는 듯하다.

게다가 빈도주의 방법론은 이론과 실제 모두에서 특별히 객관적이지도 않다. 수많은 가정을 전제로 진행되기 때문이다. 빈도주의 방법론은 일반적으로 어떤 측정 속에 내재하는 불확실성은 종 모양의 정규분포를 따른다고 설정한다. 이런 설정은 어떤 분야에서는 훌륭한 가정이지만 주식시장의 변이 등은 설명할 수 없다. 빈도주의 방법론은 표본집단 설정을 전제로 하는데, 표본집단은 여론조사에는 정직하게 모집단을 대표하지만 그 밖의 여러 실용적 응용 분야에서는 완전히 임의적이다. 9·11 테러 같은 경우는 무엇을 표본집단으로 삼을 수 있겠는가?

하지만 이보다 더 큰 문제가 있다. 빈도주의 방법론은 연구자의 편견에 절대로 오염될 수 없는 티 한 점 없이 깨끗한 통계적 절차들을 추구함으로써 연구자들을 실제 세상과 완벽하게 차단한다는 것이다. 이 방법론들은 연구자가 자신이 설정한 가설에 내재하는 가능성 또는 전체 맥락 속의 의미를(부연하자면 베이즈주의 방법론이 필요로 하는 가능성과 의미를) 고려하지 못하게끔 가로막는다. 그래서 두꺼비들이 지진을 예측한다거나,[50] 오스트레일리아의 대형 할인매장인 타깃Target이 인종적 증오심에 불타는 집단이 증가하는 원인이라거나[51] 하는 나름 진지한 논문들이 나타나게 된다. 이 같은 논문들은 모두 빈도주의적 검증을 통해 '통계적으로 유의미'하지만 우스꽝스럽기 짝이 없는 발견들을 생산한다.

맥락 없는 데이터는 무용지물이다

말년에 피셔는 조금 온화해졌다. 가끔이지만 베이즈를 칭찬하기도 했다.[52] 피셔가 오랜 기간에 걸쳐 개발한 방법론 가운데 일부는(비록 지금은 널리 사용되고 있지 않지만) 베이즈주의 접근법과 빈도주의 접근법을 절충한 형태다. 그러나 피셔는 생애의 마지막 몇 년 동안 자기 방식의 한계를 스스로 입증하는 중대 실수를 저질렀다.

그 쟁점은 흡연과 폐암의 상관관계였다. 1950년대에 한 대형 연구 프로젝트가 이 둘 사이에 연관성이 있다고 주장했다. 오늘날에 널리 인정되는 바로 그 연관성이었고, 이 프로젝트의 어떤 것들은 표준적 통계방법론을 사용했고, 어떤 것들은 베이즈주의적 통계방법론을 사용했다.[53]

피셔는《영국 메디컬 저널The British Medical Journal and Nature》과 같은 저명 학술지에 공개서한을 기고하는[54] 등 말년에 많은 시간을 들여 이 연구 프로젝트의 결론에 맞서 싸웠다. 그는 흡연과 폐암의 통계적 관계가 상당히 강력하다는 사실은 부정하지 않았다. 하지만 둘 사이에는 상관관계가 있을 뿐 인과관계는 없다고 주장하면서 이를 영국의 사과 수입량과 결혼율의 역사적 상관관계에 비유했다.[55] 또한 어떤 시점에서는 폐암 환자들이 폐암의 고통을 달래기 위해 담배를 피운다는 논리를 펼치며, 폐암이 흡연을 유발하지 흡연이 폐암을 유발하는 게 아니라고 주장했다.[56]

현재 널리 인정되는 과학적 발견 가운데 많은 것이 과거에는 바보 같은 소리라고 면박을 받았다. 당대의 문화적 금기라는 이유로 면박을 받기도 했다. 지구가 태양 주위를 돈다는 갈릴레이의 주장이 그런 사례다. 하지만 더 많은 경우에는 그 문제를 분석하는 데 필요한 데이터가 당시는 존재하지 않았기 때문이다. 1950년대에 흡연과 폐암 사이 인과관계를 설명하는 설득력 있는 증거가 나오지 않았더라면 아마도 피셔는 자기주장이 옳다는 견해를 끝까지 굽히지 않았을 테고, 사람들은 그의 주장을 사실로 받아들였을 것이다. 당시에 존재한 여러 증거를 살펴본 학자들은 흡연과 폐암 사이의 인과관계를 설명하는 증거들이 이미 많다고 결론 내렸다. 다양한 학자들이 다양한 통계적·임상적 시험을 다양한 맥락에서 수행했고, 이 시험들이 흡연과 폐암 사이의 관계를 입증했다.[57] 그래서 흡연과 폐암의 관계는 과학적으로 타당한 사실로 빠르게 자리잡았다.

그렇다면 피셔는 왜 이런 사실을 부정했을까? 그가 담배 회사들로부터 상당한 돈을 컨설팅 보수로 받았다는 사실이 이유가 될 수도 있다.[58] 본인이 평생 흡연을 즐겼다는 점을 이유로 들 수도 있다. 또 피셔는 논쟁적이어서 어떤 견해에 반대되는 의견을 내길 좋아했으며, 청교도주의적 느낌이 드는 건 뭐든지 싫어했다는 점도 들 수 있다. 요컨대 피셔는 편견에 사로잡혀 있었다. 그것도 다양한 측면에서.

그러나 무엇보다도 큰 문제는 피셔의 통계 철학이었다. 그의 통계 방식은 실험의 객관적 순수성을 강조한다. 모든 가설은 데이터만 충분하게 주어진다면 완벽한 결론으로 검증될 수 있다는 게 이 방식의 가정이다. 하지만 이런 순수성을 확보하려면 베이즈주의적 사전확률의 발상이나 뒤죽박죽인 실제 세상의 온갖 맥락에 대한 필요성을 부정해야만 한다. 이 방법론은 우리가 설정한 가설의 타당성에 대해 우리에게 생각하도록 권장하지도 않고 요구하지도 않는다. 담배가 폐암을 유발한다는 발상이 두꺼비가 지진을 예측한다는 발상과 같은 수준에서 경쟁을 벌인다. 상관관계가 언제나 인과관계를 뜻하는 게 아니라는 발상의 공로는 피셔에게 돌려야 할 것이다. 그러나 피셔주의적 방법론은 어떤 상관관계가 인과관계를 뜻하거나 그렇지 않은지 따져볼 필요가 없다고 한다. 평생을 그렇게 생각하고 살았으니 피셔가 이 둘의 차이를 간파할 능력을 잃어버린 것도 놀라운 일은 아니다.

베이즈주의 도박사, 밥

베이즈주의 관점에서 보자면 예측은 발전을 측정할 수 있는 척도다. 어쩌면 우리는 100퍼센트 확신을 주는 진리는 결코 알 수 없을지도 모른다. 그러나 진리에 대해 정확하게 예측하는 것이야말로 우리가 진리에 점점 더 가깝게 다가가는지 알 수 있는 길이다.

베이즈주의 철학은 도박사를 매우 높이 평가한다.[59] 초기의 여러 확률이론가들뿐만 아니라 베이즈와 라플라스도 자기가 정리한 이론을 해설하면서 도박의 예를 많이 들었다(비록 베이즈는 도박을 그다지 많이 하지는 않았지만,[60] 돈을 걸고 카드나 당구 게임을 하는 사람들과는 자주 어울렸다). 도박사는 예측을 하고(놀랍게도!), 확률을 추정하는 작업과 관련된 예측을 하고(더 놀랍게도!), 자기 예측에 돈을 걸 때는 세상에 대해 자기가 가지고 있는 믿음을 모든 사람에게 공표한다(정말 놀랍게도!). 베이즈주의적 사전확률의 가장 실용적인 정의는 당신이 어떤 것에 기꺼이 돈을 걸 수 있는 승산(좀 더 적절하게는 돈을 걸었을 때 결과에 초조해하지 않을 수 있는 한계선의 승산. 베이즈주의자 대부분은 승산이 갈팡질팡 일관성이 없는 사설 마권판매소 같은 곳의 사전확률은 꺼려한다. 우승팀이 될 사전확률을 NBA 소속 30개 팀에 각각 설정할 경우, 그 합은 100퍼센트가 된다. 모든 가능성을 총망라하기 때문이다)이라고 말할 수 있다.

'밥' 불가리스는 특히나 베이즈주의적인 도박사다. 그는 주로 농구 경기에 돈을 거는데, 그것이 자신을 시험하고 자기 이론의 정확성을 시험하는 방식이기 때문이다. 그는 인터뷰 끝에서 이렇게 말했다.

"당신이 스포츠 경기의 감독이라고 칩시다. 당신은 이 선수를 쓸 수도 있고, 저 선수를 쓸 수도 있고……. 하지만 하루가 끝나도 당신은 당신이 맞았는지 틀렸는지 모릅니다. 하지만 난 하루가 끝나고 시즌이 끝나면 내가 맞았는지 틀렸는지 압니다. 돈을 땄으면 맞았고 돈을 잃었으면 틀렸으니까요. 이 얼마나 멋진 타당성 기준입니까?"

불가리스는 농구 정보를 되도록 많이 긁어모은다. 모든 것이 다 추정 확률치를 바꾸어놓을 가능성이 있기 때문이다. 불가리스와 같은 전문 스포츠 도박사는 승률이 적어도 54퍼센트 이상으로 계산될 때만 돈을 건다. 그래야 수수료 부담과 돈을 잃을 위험률을 충분히 감안하고도 이익을 남길 수 있기 때문이다. 현재 세계 최고의 스포츠 도박사로 손꼽히는 불가리스는 이 같은 기술과 노력을 동원해 현재 약 57퍼센트의 평균 승률을 유지한다. 이보다 더 잘하기는 지극히 어렵다는 사실을 생각하면, 이것이 얼마나 높은 승률인지 짐작할 수 있을 것이다.

아주 작은 정보 하나가 53~56퍼센트이던 불가리스의 승률을 좀 더 개선해서 57퍼센트까지 끌어올렸다. 작은 정보 하나가 커다란 차이를 만들어낸다는 말이다. 도박사들은 포커판에서든 주식시장에서든 이 작은 범위에서 자기 몫을 벌며 살아간다. '의미 있는' 결과와 그렇지 않은 결과를 결정하기 위해 아무런 맥락 없이 임의적 한계를 설정하는 '통계적 유의성statistical significance'(통계적 검증에서 95퍼센트 신뢰수준은 '유의미성'과 '무의미성'을 가르는 전통적인 한계 설정선이어서, 연구자들은 통계적으로 94.9퍼센트 확실하다고 분류되는 발견보다 95.1퍼센트 확실하다고 분류되는 발견을 대상으로 논문을 쓰는 경향이 강하다. 과연 이게 과학적 행동일까? 아니, 전적으로 비과학적인 행동이다)[61]이라는 피셔의 발상은 도박에서는 맥을 추지 못한다.

그렇다고 해서 불가리스가 자기가 확보한 통계에서 어떤 가설을 세우는 걸 일부러 회피한다는 뜻은 아니다. 가설검증과 관련한 피셔의 발상에 문제가 있다고 할 때, 문제는 가설이라는 발상이 아니라 그 가설을 검증하는 여러 방식에 있다는 말이다.[62] 사실 이것은 불가리스가 하는 일에도 결정적이다. 통계적인 패턴은 누구나 볼 수 있고, 이는 금세 배당률에 반영된다. 문제는 그 패턴이 신호를 나타내느냐 아니면 소음을 나타내느냐 하는 것이다. 불가리스는 자신의 농구 지식으로부터 가설을 세우기에 그 차이를 더 빠르고 정확하게 구분할 수 있다.

농구 경기에 돈을 거는 불가리스의 접근법은 순수학문만큼이나 과학적이다(도표 8-7). 불가리스는 세상을 관찰하고, "캐벌리어스 경기에선 어째서 '오버'가 자주 일어날까?"라는 질문을 한다. 그러고는 관련 정보를 수집하고 가설을 설정한다. 예를 들면 이렇다. "리키 데이비

| 8-7 | 과학적 방법

과학적 방법론의 단계[63]	스포츠 도박의 사례
어떤 현상을 관찰한다	캐벌리어스 경기에서는 '오버'가 자주 일어난다.
이 현상을 설명할 가설을 세운다	리키 데이비스가 새로운 계약을 앞두고 있어서 될 수 있으면 많은 점수를 기록하려 애를 쓸 것이므로 캐벌리어스 경기는 '오버'가 된다.
설정한 가설에서 예측을 정식화한다.	리키 데이비스의 이런 동기는 시즌이 끝날 때까지 변하지 않을 것이다. 그러므로 (1) 그는 앞으로도 계속해서 정신없이 공격에만 전념할 것이다. (2) 따라서 앞으로의 캐벌리어스 경기는 계속해서 '오버'가 될 것이다.
그 예측을 검증한다	캐벌리어스 경기에는 '오버'에 돈을 건다.

스가 이번 시즌을 마치고 FA선수가 되니까 자기 몸값을 올리려고 빠르게 움직이며 공격에 더 적극적으로 나설 것이므로 캐벌리어스 경기는 '오버'가 될 것이다."

근본적으로는 불가리스가 하는 일과 물리학자나 생물학자가 하는 일 사이에는 차이가 없다. 불가리스는 '돈을 거는 일'로 자기 예측의 경계를 정하고, 과학자는 실험을 통해 예측을 입증하려 할 뿐이다.

만일 불가리스가 데이터에서 관찰한 것을 토대로 강력한 가설을 하나 세울 수 있다면, 그는 이 가설을 믿고 더 적극적으로 돈을 걸 것이다. 이를테면 덴버 너기츠의 감독이 무심코 팬들에게 멋진 쇼를 보여주고 싶다고 말했는데, 불가리스가 이 말을 매체를 통해서든 지인을 통해서든 들었다고 하자. 물론 너기츠 감독은 별 생각 없이 한 말일 것이다. 하지만 그 말은 너기츠가 입장권 매출액을 높이려고 앞으로 빠른 플레이 위주로 경기를 펼쳐나갈 거라는 뜻이 될 수도 있다. 이 가설이 옳다면, 너기츠 경기마다 '오버'에 돈을 걸면 평균 승률 50퍼센트보다 훨씬 높은 70퍼센트 승률을 기록할 것이라 기대할 수 있다. 베이즈 정리의 결과에 따라 자기 가설에 대한 믿음이 강할수록 불가리스는 너기츠 경기에서 남들보다 빠르게 돈을 걸 수 있다. 불가리스는 어쩌면 한두 경기를 지켜보며 자기가 세운 가설이 실제 현실과 맞아떨어지는지 확인한 다음 라스베이거스의 도박사들이 따라오기 전에 빠르게 돈을 걸 것이다. 거꾸로 레이커스의 발동이 늦게 걸렸던 1999년처럼 불가리스는 통계적 패턴에 휘둘리지 않을 수도 있다. 레이커스의 경우 그 패턴들에는 내재적 의미가 전혀 없었음에도, 그러니까 순전히 소음이었는데도 다른 도박사들은 이를 신호로 착각했다.

진리로 수렴하는 베이즈주의

그런데 과연 불가리스의 확률 추정치는 주관적일까, 객관적일까? 아주 까다로운 질문이다.

사람은 누구나 자기 나름의 믿음과 편견이 있으며, 이런 것들은 각자의 경험·가치관·지식·정치적 또는 직업적 신조 등이 한데 결합해서 굳어진 실체다. 한마디로 경험적 문제라는 말이다. 베이즈주의적 관점의 멋진 특징 하나는, 우리가 새로운 증거를 해석하는 방법에 영향을 끼치는 경험적(사전적) 믿음_prior belief_이 있다는 것을 명시적으로 인정하면서, 우리가 세상의 변화에 어떻게 반응하는지에 관해 매우 잘 설명해준다는 점이다. 예를 들어보자. 흡연이 폐암을 유발할 가능성은 0.00001퍼센트밖에 되지 않는다는 게 피셔의 경험적 믿음이라면, 피셔를 설득하는 데는 엄청나게 많은 증거를 들이대야 할 것이다. 그런데 사실 베이즈 정리에서는 어떤 것이 '절대적으로' 진리라고 (또는 진리가 아니라고) 믿으면 안 된다는 게 없다. 따라서 어떤 사람이 신이 존재할 확률을 100퍼센트라고 믿거나 0퍼센트라고 믿는다면, 아무리 많은 증거가 제시된다 해도 베이즈 정리를 통해서는 이 사람을 설득해서 다른 믿음을 갖도록 하기가 불가능하다.

내가 여기에서 하려는 말은, 누구나 절대적으로, 또 흔들리지 않고 믿어야 하는 것들이 있는지 없는지 하는 문제가 아니다(그러나 이 책의 결론 가운데 하나는 사람들이 지나칠 정도로 '확신한다'는 점이란 걸 명심하기 바란다. 우리는 가능성 스펙트럼에서 양극단인 0퍼센트와 100퍼센트로 치우친 믿음들을 지나치게 많이 가지고 있는 것 같다). 하지만 우리는 이런 말을 할 때 좀 더 솔직해져야 하지 않을까 싶다. 어떤 일이 일어날 확률이 0퍼센트라는 사람과 100퍼센트라는 사람이 토론을 벌이고 있다면, 이 토론에서 유익한 결과는 절대로 도출되지 않는다. 종교 분파 간에 벌어지는 많은 전쟁들도 아마 이와 같은 종류의 전제에서 비롯됐을 것이다.

이는 모든 경험적 믿음은 동일하게 올바르다거나 타당하다는 주장이 아니다. 나는 우리 인간은 자기 믿음에 대해 완벽한 객관성, 합리성, 정확성을 결코 지닐 수 없다고 본다. 그저 덜 주관적이고, 덜 비합리적이며, 덜 잘못되려고 노력할 뿐이다. 자기 믿음을 토대로 예측하는 것은 스스로를 검증할 수 있는 최고의 (그리고 어쩌면 유일한) 길이다. 만일 객관성이 우리의 주관을 넘어서는 더 큰 진리를 추구하는 것이라면, 그리고 예측이 우리가 그 진리에 얼마나 가까이 있는지 살필 수 있는 최선의 길이라면, 우리 중 가장 객관적인 사람은 제일 정확한 예측을 하는 사람일 것이다. 객관성을 연구실 실험에 국한되어 존재하는 것으로 파악한 피셔의 통계적 방법론은 베이즈주의적 추론에 비교하면 이런 과제를 달성하기에 역부족이다.

사실 베이즈주의의 한 가지 특성은 우리에게 더 많은 증거와 데이터가 주어지면 우리가 가진 믿음들은 저절로 진리를 향해 수렴한다고 보는 데 있다. 〈도표 8-8〉을 보라. 여기에서 투자자 세 사람은 현재의 주식시장이 호황일지 불황일지 판단하려고 한다. 이들은 매우 다른 믿음을 갖고 출발한다. 한 사람은 상황을 낙관적으로 바라보며 호황일 가능성을 90퍼센트로 본다. 다른 한 사람은 비관적으로 바라보며 호황의 가능성을 10퍼센트로 본다. 나머지 한 사람은 50퍼센트로 본다. 시간

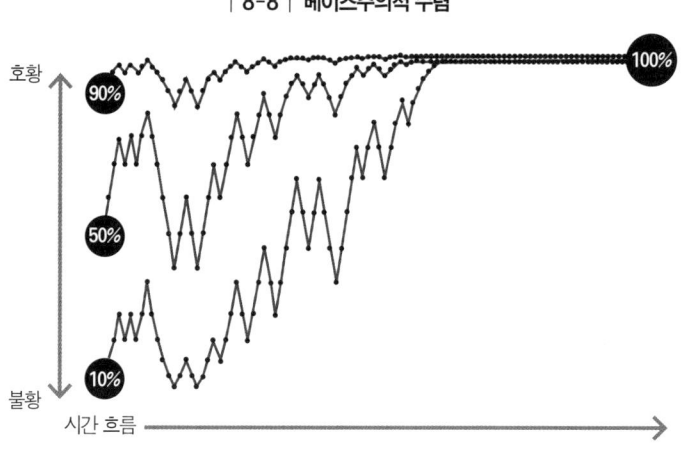

이 흐르며 주가가 등락할 때마다 세 사람은 자신들의 믿음을 바탕으로 상황을 판단하고 또 예측을 수정한다. 나는 하루 단위로 무작위 등락이 반복되긴 하지만 장기적으로는 약 60퍼센트 상승하도록 시장을 시뮬레이션했다. 이 경우, 비록 우툴두툴한 과정을 거치지만 모든 투자자는 (비록 정확하게 100퍼센트는 아니지만) 100퍼센트에 가까운 확신을 갖고 시장이 호황이라고 올바르게 판단했다.

이론적으로는 과학도 이렇게 되어야 한다. 과학적 차원의 합의는 매우 까다롭다. 그러나 과학계의 여러 의견은 수많은 발상이 토론되고 새로운 증거를 발견함에 따라 조금씩 더 진리에 수렴된다. 이 과정은 주식시장의 경우와 마찬가지로 언제나 전진하는 것도 아니고 평탄하지도 않다. 과학계는 새로운 증거에 맞춰 기존의 패러다임을 바꾸는데 종종 지나치게 보수적이다.[64] 그러나 모든 사람이 다 베이즈주의의 기차를 타고 있다고 가정한다면, 그리고 이들이 정확하게 100퍼센트 또는 0퍼센트 진리라고 믿는 명제를 가지고 있지 않다고 가정한다면 (이런 극단적 믿음들은 베이즈 정리 아래에서는 바뀌지도 않을 것이며 또 바뀔 수도 없다), 심지어 잘못된 믿음을 갖고 있었더라도 결국에는 진리에 가깝게 보정된다.

예컨대 지금 현재 통계적 방법론의 패러다임이 이동하고 있을 수도 있다. 내가 피셔의 통계적 접근법의 문제점을 지적했지만, 이 같은 내용은 신기한 게 아니다. 임상심리학[65]부터 정치학[66]과 생태학[67]에 이르는 광범위한 분야의 저명한 학자들은 이미 여러 해 전부터 비슷한 주장을 해왔다. 하지만 지금까지 근본적인 변화는 거의 이루어지지 않았다.

그런데 최근 들어 존경받는 통계학자들이 빈도주의 통계학을 학부에서 더 이상 가르쳐서는 안 된다고 주장하기 시작했다.[68] 피셔의 가설검증을 자기들이 만드는 학술지에서 추방할 것을 검토하는 학자들도 있다.[69] 아닌 게 아니라 2000년대 이후로 나온 저작들을 읽어 보면 베이즈주의적 접근법을 옹호하지 않는 것을 찾아보기 힘들 정도다. 나는 '밥' 불가리스가 베이즈주의를 받아들여 도박에서 돈을 땄듯이(교과서나 전통이 바뀌려면 상당한 시간이 걸리겠지만) 결국 베이즈주의자가 승리할 것으로 예측한다.

체스

컴퓨터가 인간처럼
미래를 내다볼 수 있을까

    스물일곱 살 청년 에드거 앨런 포Edgar Allan Poe는 체스 기계인 '미케니컬 터크Mechanical Turk'에 매료되었다. 나폴레옹 보나파르트와 벤저민 프랭클린도 이긴 이 기계는 포나 미국이 태어나기도 전인 1770년 헝가리에서 제작되었다. 미케니컬 터크는 수십 년 동안 유럽의 구경꾼들에게 탄성과 갈채를 받은 뒤에 1830년대에 미국의 볼티모어와 리치먼드를 순회했다. 포는 이 기계를 보고 정교한 사기가 있을 거라 추정했다. 기계장치 속에 체스의 달인이 숨어 있다는 것이다. 포는 레버로 말판을 조작하고, 상대방에게 장군을 부를 때마다 터번을 쓴 머리를 끄덕끄덕 움직이게 조종하는 달인의 존재를 추정했다.

    추리소설의 창시자인 포[1]의 추리는 정확했다. 아닌 게 아니라 이 장치를 설치하고 해체할 때마다 주변에 있다가 체스 경기가 벌어질 때

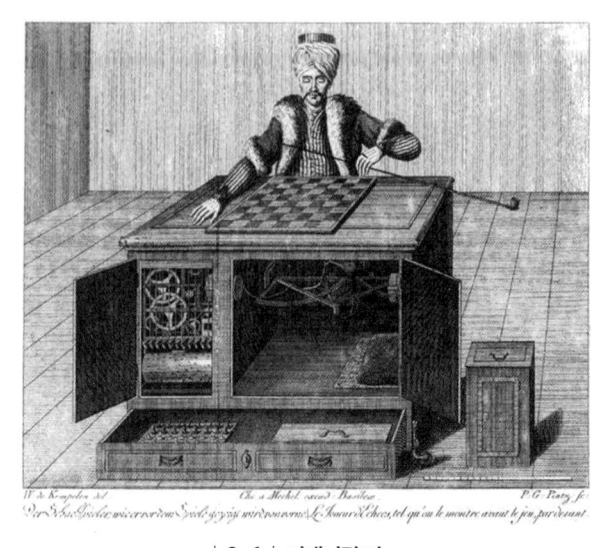

| 9-1 | 미케니컬 터크

면 사라지는 남자가 있었다(이 남자는 나중에 독일의 체스 달인 빌헬름 슐룸베르거William Schlumberger로 밝혀진다). 그런데 정말 놀라운 것은 포가 기계 안에 들어가는 사람의 존재를 알아맞혔다는 점이 아니다. 포는 (그로부터 120년이나 지난 뒤에야 신조어로 등장한) '인공지능artifical intelligence'의 의미를 정확하게 포착했다. 그가 쓴 에세이에는 컴퓨터가 인간의 고차원적 기능을 모방할 가능성에 관한 깊은 통찰이 담겨 있다.

포는 기계가 체스를 둔다는 사실이 얼마나 놀라운 일인지 정확하게 인식했다. 영국의 수학자 찰스 배비지Charles Babbage가 '차분기관差分機關, difference engine'이라는 이름으로 구상했던(1822년에 영국 왕립천문학회에 발표한 논문 〈수표數表와 천문학표 계산의 기계적 적용에 대하여〉에 그 내용이 담겨 있다 – 옮긴이) 최초의 기계식 컴퓨터는 포가 미케니컬 터크의 진실을 폭로할 당시는 '아이디어' 수준에 지나지 않았다. 배비지가 구상한 컴퓨터는 그의 생전에는 완성되지 못했는데, 만약 완성되었더라도 사칙연산이나 로그 계산을 하는 정도였을 것이다. 배비지의 기계는 순전히 기계장치일 뿐이었다. 그런데 체스를 둘 줄 아는 컴퓨터라니, 체스 게임의 불확실성이나 게임에 필요한 판단력을 생각한다면 거의 기적적인 일이나 마찬가지였다.

포는 만일 체스를 둘 줄 아는 기계가 진짜 있다면, 이 기계는 단 한 번도 실수를 하지 않아야 옳다고 주장했다. 기계가 실수를 할 턱이 없다는 말이다. 포는 미케니컬 터크가 가끔 진다는 사실에 주목했다. 이는 인간의 불완전함을 그대로 반영한 결과라는 것이다.

포의 논리가 완전무결하지는 않았지만, 기계에 대한 이런 통찰은 지금도 유효하다. 우리는 인간의 발명품 가운데서도 컴퓨터를 가장 놀라운 것으로 친다. 미국에서 가장 존경받는 인물을 조사하면 빌 게이츠가 자주 거론되며,[2] 애플과 구글은 흔히 가장 존경받는 기업으로 꼽힌다.[3] 우리는 컴퓨터가 자기를 만든 창조주의 불완전성을 극복하고 완벽하게 작동할 것을 기대한다.

우리는 컴퓨터의 능력을 믿는 나머지 컴퓨터가 미래를 예측하는 일에도 성공하기를 기대한다. 2012년에 영국의 10대 두 명이 투자자들로부터 100만 달러를 가로챈 사기 혐의로 기소되었다. 이들은 말MARL이라는 이름의 주식 종목 선택 '로봇'을 개발했다고 주장하며 개인 투자자들에게서 돈을 끌어모았다.[4] 어린 사기꾼들은 '인간의 잘못된 직감'이 아니라 1초에 198만 6,832번 연산하는 능력을 기반으로 고작 몇 시간 만에 투자자의 돈을 두 배로 늘려줄 수 있으니 자기들이 발행하

는 뉴스레터를 구독해서 종목 추천을 받으라고 주장했다.[5]

컴퓨터에 '예측'을 기대하는 일은 또 다른 의미에서도 위험할 수 있다. 병원에 입원한 환자의 생존 확률을 예측하는 컴퓨터들이 종종 보도되곤 하는데,[6] 이런 컴퓨터를 보면 스탠리 큐브릭Stanley Kubrick 감독의 1968년 영화 〈2001년 스페이스 오디세이2001 A Space Odyssey〉의 한 장면이 떠오른다. 앞으로는 인간을 위해 일하지 않겠다며 우주비행사들에게 공급되는 산소를 차단하려는 컴퓨터 할HAL 9000이 아른거리는 것이다.

정보와 정보처리 능력이 기하급수적으로 증가한 빅데이터의 시대가 이미 열렸다. 그러니 지금은, 컴퓨터가 예측과 그 밖의 여러 분야에서 인간에게 무엇을 해줄 수 있는지에 대해 좀 더 건강한 태도를 발전시켜야 할 때인지도 모른다. 테크놀로지는 노동력을 절약해주는 장치로서는 유용하지만, 기계가 우리를 위해 생각까지 대신해줄 것을 기대해서는 안 된다.

체스를 두는 컴퓨터

에스파냐의 엔지니어 레오나르도 토레스 이 케베도Leonardo Torres y Quevedo는 1912년에 미케니컬 터크의 또 다른 버전을 만들고 '엘 아헤드레시스타El Ajedrecista (체스 기사)'라는 이름을 붙였다. 엘 아헤드레시스타는 최초의 컴퓨터 게임이라고 종종 언급되긴 하지만,[7] 그 기능은 극히 제한적이었다. 체스판에 말이 세 개만 남아 있어야 계산을 할 수 있었던 것이다(이 체스 기사는 미케니컬 터크처럼 터키식 터번을 쓰고 있지 않았다).

현대적 체스 컴퓨터의 아버지는 MIT의 수학자 클로드 섀넌Claude Shannon이다. 정보이론information theory의 창시자로 일컬어지는 그는 1950년 〈컴퓨터가 체스를 두도록 프로그래밍하다Programming a Computer for Playing Chess〉라는 논문을 발표했다.[8] 섀넌은 오늘날 체스 프로그램의 근간이 되는 여러 알고리즘과 기법을 만들어냈다. 그는 정보처리 작업을 하는 기계장치의 성능을 검증하는 데 왜 체스가 가장 흥미로운 과제가 될 수 있는지도 알고 있었다.

체스는 상대방의 킹을 잡는다는 더없이 분명하고 뚜렷한 최종 목적이 있다. 게다가 체스는 상대적으로 단순한 규칙을 따르며, 우연이나 무작위 요소는 개입할 여지가 없다. 그런데 이처럼 단순한 규칙에 따라 단순한 목적을 완수하는 일이 결코 쉽지가 않다. 20여 수가 지나가도록 지지 않고 버티며 판을 끌어가려면 상당한 집중력이 필요하다. 물론 상대편의 킹을 잡고 이기는 일은 그보다 훨씬 힘들다. 섀넌은 이 같은 체스를 컴퓨터의 성능 그리고 장차 컴퓨터가 갖추게 될 지능을 검사해볼 수 있는 일종의 리트머스 시험이라고 보았다.

하지만 섀넌은 자기 뒤를 이어 나타날 체스 컴퓨터 개발자들과는 달리, 컴퓨터가 인간과 동일한 방식으로 체스를 둘 것이라는 낭만적 생각은 하지 않았다. 컴퓨터가 언젠가는 인간을 이길 것이라고도 생각하지 않았다. 하지만 그는 컴퓨터의 잠재적 강점 네 가지를 잘 알고 있었다.

1. 컴퓨터는 계산이 매우 빠르다.

2. 컴퓨터는 실수하도록 프로그램되지 않는 한 실수를 하지 않는다.

3. 컴퓨터는 게으름을 피우지 않으며 가능한 모든 움직임을 철저히 분석한다.

4. 컴퓨터는 감정적이지 않고 자만에 빠지지도 않으며 명백하게 이긴 상황에서 괜히 우물쭈물하지 않는다. 더는 손써볼 수 없는 상황에서도 풀이 죽지 않는다.

섀넌은 컴퓨터의 이런 잠재적 강점은 인간의 다음과 같은 강점과 대조가 된다고 생각했다.

1. 인간의 정신은 유연해서 문제를 해결할 때 일련의 정해진 체계를 따르기보다는 전혀 다른 발상으로 접근할 수 있다.

2. 인간은 상상하는 능력이 있다.

3. 인간은 추론하는 능력이 있다.

4. 인간은 학습하는 능력이 있다.

그래서 섀넌은 인간과 컴퓨터 사이의 체스 대결은 매우 공정한 것이라고 생각했다. 하지만 1990년대 중반의 일시적 기간까지만, 그러니까 12년 동안 세계 체스 챔피언으로 군림한 러시아의 체스 기사 게리 카스파로프Garry Kasparov가 당시 최강의 체스 컴퓨터인 IBM의 딥블루Deep Blue를 만나기 전까지만 그랬다.

이 둘이 맞붙기 이전에 인간은 늘 그 싸움에서 이겼다. 하지만 이런 패턴은 딥블루의 등장과 함께 뒤집히고 말았다. 인간과 컴퓨터의 체스 대결은 앞으로도 계속 컴퓨터의 승리로 끝날 것이다.

체스, 예측, 그리고 휴리스틱

베이즈 정리에 따르면 예측은 기본적으로 정보처리 활동의 한 유형, 새로 나타난 데이터를 이용해서 세상에 대해 더 진리에 가깝고 더 정확한 개념을 찾아나가는 과정이다.

체스는 예측과 유사하다고 생각할 수 있다. 선수들은 체스판 위 32개 자리와 그것들이 어떻게 움직일 수 있는지 등의 정보를 처리해야 하고, 이 정보를 이용해 상대를 궁지에 몰아넣을 전략을 구상한다. 이러한 전략들은 본질적으로 게임에서 이기는 방법에 관한 서로 다른 가설들로 볼 수 있다. 이기는 사람은 더 나은 가설을 가진 셈이다.

체스는 결정론적이다. 체스에는 운이라고 부를 만한 실체가 없다. 하지만 앞서 4장에서 보았듯이 날씨도 이론적으로는 마찬가지다. 두 시스템에 관한 우리의 지식에는 상당한 결함이 있다. 날씨에서 문제의 상당 부분은 초기 조건에 대한 우리의 지식이 불완전하다는 데서 기인한다. 우리는 기상 시스템의 작동 규칙은 매우 잘 알지만, 구름이나 폭풍우, 허리케인을 이루는 모든 분자의 위치는 완벽하게 알지 못한다. 따라서 우리가 할 수 있는 최선은 확률론적 예측을 하는 것이다.

체스에서는 우리는 규칙에 대한 완전한 지식과 완벽한 정보를 모두 가지고 있다. 체스 말은 숫자가 정해져 있는 데다 한눈에 다 잘 보인다.

하지만 체스 게임은 여전히 매우 어렵다. 체스는 인간의 정보처리 능력에 어떠한 제약이 있는지를 보여주며, 그럼에도 불구하고 결정을 내리기 위한 최선의 전략 역시 말해줄지 모른다. 예측이 필요한 것은 꼭 세계 자체가 불확실해서가 아니라, 세계를 완전히 이해하는 것이 우리의 능력 밖이기 때문이다.[9]

컴퓨터 프로그램과 인간 체스 고수는 체스 게임의 결과를 예측하기 위해 단순화에 의존한다. 이 같은 단순화를 '모델'이라고 생각할 수도 있지만 컴퓨터 프로그래밍이나 인간의 의사결정 분야에서는 휴리스틱heuristic(우리는 의사결정을 할 때 먼저 비효율적이고 타당하지 않은 것들을 없애나간 뒤 가장 효율적이고 적절한 해답을 찾아 이것을 상식화함으로써 불필요한 시행착오를 줄여나가는데, 이런 경험적 지식, 곧 의사결정 과정의 단순화된 지침 – 옮긴이)이라는 용어가 더 자주 사용된다. 이 단어의 그리스어 어원은 '유레카eureka'의 어원과 동일하다.[10] 문제 해결에 대한 휴리스틱적 접근방식은, 문제에 대한 결정론적 해결책이 우리의 현실적인 능력을 넘어서는 경우 실제에 근거한 여러 가지 경험 법칙을 활용하는 방식으로 이루어진다.

휴리스틱은 매우 유용하지만 필연적으로 편견과 맹점을 낳는다.[11] 이를테면 '위험한 동물을 만나면 도망쳐라!'라는 휴리스틱은 대개 쓸모 있는 지침이 되지만 회색곰과 맞닥뜨렸을 때는 그렇지 않다. 당신이 회색곰을 만나자 도망친다고 치자. 이때 회색곰은 갑작스럽게 달아나는 당신의 행동에 자극을 받아 쏜살같이 당신을 따라잡아 덮칠 것이다(미국 국립공원관리청은 회색곰을 만났을 때에는 되도록 소리를 내지 말고 가만히 있으라고, 또 필요하다면 죽은 척하라고 충고한다).[12]

인간과 컴퓨터는 체스를 둘 때 각기 다른 휴리스틱을 적용한다. 따라서 둘이 맞붙을 때는 보통 어느 쪽이 상대방의 맹점을 먼저 찾아내느냐에 따라 승패가 결정된다.

카스파로프와 딥블루

1988년 1월, 게리 카스파로프(1986년부터 2005년까지 체스의 황제로 군림했다[13])는 적어도 2000년까지는 어떤 컴퓨터 프로그램도 체스에서 인간을 이기지 못할 것으로 예측했다.[14] 그는 파리에서 가진 기자회견에서 신랄하게 말했다.

"누구라도 컴퓨터와 대결하다가 궁지에 몰리면 내가 기꺼이 훈수를 두겠습니다."[15]

그런데 그해 10월 덴마크의 체스 기사 벤트 라르센Bent Larsen이 컴퓨터 프로그램 '딥소트Deep Thought'에 패했다. 카네기멜론대학교 대학원생 여러 명이 공동으로 개발한 프로그램이었다('딥소트'는 더글러스 애덤스의 과학소설《은하수를 여행하는 히치하이커를 위한 안내서》에 등장하는 상상의 컴퓨터 이름이기도 하다 – 옮긴이).

카스파로프는 엄청난 선수였다. 그는 1989년 딥소트와 벌인 체스 게임에서 완벽하게 이겼다. 그리고 앞으로 컴퓨터가 계속 발전을 거듭한다면 자기와 맞먹을 수준에는 이를 수 있겠지만, 그래도 결국 자기가 이길 거라고 장담했다.[16]

IBM은 딥소트 개발을 이끈 머레이 캠벨Murray Campbell과 쉬펑슝許峰

雄을 영입했다. 그리고 새로운 체스 프로그램 딥블루를 만들었다. 딥블루는 1996년 필라델피아에서 카스파로프와 체스를 둬서 첫 판을 이기기까지 했다. 그러나 거기까지였다. 카스파로프는 나머지 게임을 모두 쉽게 이겼다. 하지만 이듬해인 1997년 뉴욕에서 다시 벌어진 경기의 패턴은 완전히 달랐다.

게임이 시작되다

체스 게임은 다른 게임과 마찬가지로 초반, 중반, 종반으로 나뉜다. 그런데 체스가 조금 다른 점은 각각의 국면마다 새로운 지적·정서적 기술을 동원함으로써 게임을 스피드, 힘, 체력을 요구하는 정신적 철인 3종경기로 만든다는 사실이다.

처음에는 체스판의 가운데 공간이 비어 있고, 폰pawn과 룩rook, 비숍 bishop이 첫 줄과 둘째 줄에 단정하게 정렬된 채 선수의 지시를 기다린다. 체스판에서 일어날 수 있는 변화의 가능성은 무궁무진하다. 흰색 말은 20가지 방법 중 하나를 선택해서 게임을 시작하고, 흑색 말은 이 각각에 20가지 방법으로 대응할 수 있다. 그러니까 처음 한 수를 주고받고 나면 4천 개 경우의 수에서 하나가 선택되는 셈이 된다. 두 번째 수를 주고받으면 7만 1,852개 경우의 수에서 하나가, 세 번째 수를 주고받을 때는 913만 2,484개 경우의 수에서 하나가 선택된다. 이런 식으로 하다 보면 한 판이 다 끝날 때까지 얼마나 많은 경우의 수에서 하나가 선택되는지 계산조차 할 수 없어진다. 이 경우의 수가 10의 10제곱의 50제곱이라고 말하는 수학자들도 있다. 그야말로 천문학적인 수인데, 에스파냐 발렌시아대학교의 디에고 라스킨구트만Diego Rasskin-Gutman은 "체스 게임에서 일어날 수 있는 경우의 수는 우주에 존재하는 원자의 수보다도 더 많다"[17]라고 말했다.

모든 말이 살아 있고 경우의 수가 무한하게 존재하는 초반전은 컴퓨터가 최강의 힘을 발휘할 수 있을 것처럼 보인다. IBM의 웹사이트는 딥블루와 카스파로프의 대결을 앞두고 자기네 컴퓨터는 초당 2억 개의 말 이동을 계산할 수 있다고 자랑했다. 그러고는 다음과 같이 덧붙였다.

"참고로 게리 카스파로프는 초당 세 개의 말 이동밖에 계산할 수 없습니다."[18]

이런 상황에서 카스파로프가 이길 가능성이 있기나 할까?

하지만 체스 컴퓨터는 초반전 전개를 상대적으로 잘하지 못한다. 오래전부터 계속된 현상이다. 경우의 수가 무수히 많긴 하지만 목표물역시 아주 불명확하기 때문이다. 10의 10제곱의 50제곱의 경우의 수에서 초당 세 개의 말 이동을 계산하는 것이나 초당 2억 개의 말 이동을 계산하는 것이나 그 힘을 어떤 지정된 방향으로 제어하지 않는 한똑같이 무익하다.

컴퓨터나 사람 양쪽 모두 체스 게임을 여러 개 중간 목표로 나눌 필요가 있다. 상대방의 폰을 잡아먹는다거나 장군을 부르려고 적진으로들어간다든가 하는 게 그런 목표들이다. 중반전에 접어들어 말들 사이에 전투가 벌어지며 서로를 위협할 때는 여러 전략적 목표를 설정할수 있다. 바로 이 지점에서 전략적 목표를 달성하기 위해 여러 전술을 구사하는 문제, 또 어떤 전술이 이후 전개될 형세에 가장 유리할지 예측하는 문제가 대두한다. 그런데 게임을 처음 시작할 때 말이 움직이는 목적은 여기에 비하면 추상적이다. 컴퓨터는 추상적이고 상황에 따라 얼마든지 변경될 수 있는 문제들을 놓고 씨름을 하지만, 인간은 '판의 중원을 장악할 것' '폰들이 조직적으로 움직일 수 있게 할 것' 등과 같은 휴리스틱을 잘 이해하고, 이런 지침을 이행할 창의적 방법을 무수히 생각해낼 수 있다.

게다가 초반전은 중반전에 비해 상황이 복잡하지 않아 말 이동이 상대적으로 일정하다. 그래서 인간은 수백 년 동안 축적된 경험을 바탕으로 해서 어렵지 않게 최상의 말 이동을 선택할 수 있다. 흰색 말이 둘 수 있는 첫 수는 이론적으로 20가지가 있지만, 체스 경기 98퍼센트 이상에서 가장 보편적인 네 가지 수 가운데 하나가 선택된다.[19]

컴퓨터 프로그램들은 통계를 연구해 이 지식을 시스템화할 수 있는데, 이 점이 바로 컴퓨터 프로그램을 상대하는 인간이 해결해야 할 과제다. 체스의 데이터베이스는 수십만 건의 게임 결과를 모두 담고 있으며, 다른 데이터베이스와 마찬가지로 예측에 동원된다. IBM의 프로그래머들은 체스 초반의 말 움직임 각각이 얼마나 자주 시도되며, 이렇게 경기를 시작한 선수가 그 판을 얼마나 잘 풀어나갔는지 연구하고, 각각의 초반 움직임이 얼마나 자주 승리나 패배 또는 무승부로 이어졌는지 연구했다.[20] 이 같은 통계를 분석하는 컴퓨터의 휴리스틱은 인간의 직관과 경험을 훌쩍 뛰어넘는 수준은 아니라 할지라도 최소한 거기에 필적할 잠재력을 지니고 있었다. IBM의 웹사이트는 딥블루의 이처럼 방대한 데이터베이스에 대해 이렇게 언급했다.

"카스파로프는 컴퓨터와 체스를 두는 게 아니다. 그는 체스 고수의 유령들과 체스를 두는 셈이다."[21]

그래서 카스파로프가 1997년에 딥블루를 맞아 6번기 경기를 할 때 제1국에서 설정한 목표는 딥블루가 데이터베이스에 의존하지 않도록, 다시 말해 딥블루를 데이터베이스 기지에서 날아오르게 한 다음 눈을 감은 채 비행하게 하는 것이었다. 카스파로프가 던진 첫 번째 수는 나이트를 f3으로 움직이는 상당히 평범한 수였다(체스에서는 가로세로 8×8=64개의 칸마다 고유 기호가 있는데, 각 칸의 위치는 가로줄 영문기호[a ~h]와 세로줄 숫자[1~8]로 표기한다 – 옮긴이). 딥블루는 비숍을 움직여 카스파로프의 나이트를 위협하는 것으로 응수했다. 이렇게 한 것은, 딥블루의 데이터베이스로는 과거 기록으로 볼 때 그런 움직임이 흰색 말의 승률을 56퍼센트에서 51퍼센트로 낮추는 수였기 때문이다(여기서 내가 말하는 승률은 이길 때는 1점, 비길 때는 0.5점, 질 때는 0점을 얻고, 이 승점을 합한 수를 가능한 총득점으로 나눈 백분율이다. 게임을 열 번 해서 5승 3무 2패를 기록했다면 이 사람의 승률은 [5+1.5+0]÷10×100=65퍼센트가 된다).

그런데 이런 데이터베이스는 카스파로프가 그 상황에서 거의 모든 사람들이 그랬던 것과 똑같이 대응하리라는 가정을 전제로 한다.[22] 나이트가 비숍의 위협을 피해 도망치게 하는 수 말이다. 하지만 카스파로프는 딥블루가 허풍을 치는 것으로 판단해[23] 그 위협을 무시하고는, 자기 비숍이 중원을 장악할 수 있도록 폰들이 길을 내는 전략을 선택했다.

카스파로프의 이 수는 전략적으로도 바람직해 보일뿐더러 다른 목적도 함께 노리고 있었다. 그가 말을 겨우 세 번 움직였고 딥블루가 두 번 움직였지만, 〈도표 9-2〉가 보여주는 현재의 배치는 딥블루의 데이터베이스에 들어 있는 수십만 개 게임에서 딱 한 번밖에 나오지 않은 경우였다.[24]

체스에서는 매우 평범한 수를 두더라도 워낙 많은 경우의 수 가운데 하나씩 선택해나가는 것이어서 열 수 또는 열다섯 수만 지나더라도 데이터베이스는 아무런 소용이 없어진다. 게임이 조금만 오래 이어지면 그 게임은 길고 긴 체스의 역사에서 단 한 번도 없는 기보를 만들어나가게 된다. 결국 카스파로프는 단 세 수 만에 딥블루가 눈을 감고 공중을 비행하게 만들어버렸다. 우리가 앞서부터 줄곧 익혔듯이, 예측을 하면서 순전하게 통계적으로만 접근하는 것은, 특히 표본 데이터가 충분하지 않을 때는 아무런 효과가 없다.

| 9-2 | 카스파로프가 세 번째 말을 움직인 뒤의 상황(제1국)

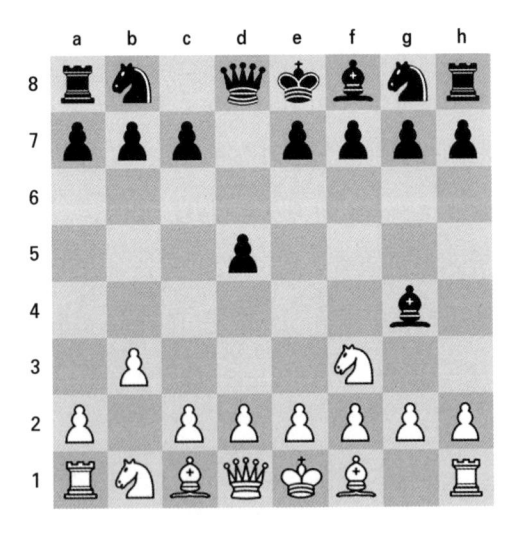

딥블루는 이제 데이터베이스에 의존하지 않고 스스로 '생각'해야만 했다.

체스 선수의 딜레마: 폭이냐 깊이냐

게임이 중반전에 접어들면 잠재적으로 컴퓨터가 유리하다. 말들이 중원에서 좀 더 자유롭게 이동할 수 있으면서, 말을 움직이는 경우의 수는 초반 20개에서 평균 40개로 늘어난다.[25] 이 차이는 그다지 커 보이지 않는다. 그러나 경우의 수는 빠르게 가지를 치며 늘어난다. 자기가 둘 세 수를 미리 계산한다고 해보자. 상대방의 응수까지 치면 모두 여섯 수다. 초반전에는 20을 여섯 번 거듭제곱한 6,400만 개의 수를 계산해야 한다. 이미 엄청나게 큰 수다. 하지만 중반전에서는 40을 여섯 번 거듭제곱한 41억 개 수를 계산해야 한다. 딥블루는 이 모든 것을 20초 만에 해치울 수 있었다. 카스파로프는 꼬박 43년이 걸릴 터였다. 그것도 먹지도 자지도 씻지도 않고 계산만 한다고 칠 때.

그런데 카스파로프와 같은 위대한 체스 기사들은 이 모든 경우의 수를 계산할 수 있다는 환상을 품지 않는다. 바로 이 점이 고수와 하수를 가른다. 네덜란드의 체스 고수이자 심리학자인 아드리안 데 흐로트 Adriaan de Groot는 유명한 논문에서, 아마추어들은 문제에 부딪히면 흔히 '완벽한' 한 수를 찾으려고 헛되이 시도하다가 끝내 묘수를 찾아내지 못한다고 주장했다.[26]

반면 고수들은 '괜찮은' 수를 찾는다. 이 수는 '최상의' 수가 아닌 게 분명하다. 그러나 이럴 때 고수들은 모든 가능성을 일일이 다 확인하려 들 때보다 더 정확하게 예측할 수 있다. 미국의 체스 고수 루번 파인Reuben Fine은 인간이 20수 또는 30수를 미리 내다본다고 생각한다면 '엄청난 착각'이라고 했다.[27]

완벽을 추구하다 보면 괜찮은 것도 놓치고 만다는 격언처럼 간단한 이야기는 아니다. 진정으로 체스와 같은 게임의 고수가 되고자 한다면 이처럼 단순한 휴리스틱을 훌쩍 넘어서야 한다. 하지만 그럼에도, 엄청난 양의 불확실성이 내재하는 문제를 제한 시간 안에 해결해야 하는 상황에 놓일 때 우리에게는 '완벽한' 판단을 내릴 능력이 없다. 불완전성을 인정할 때 우리는 오히려 자유로워져서 체스에서든 어디에서든 예측과 관련된 문제에서 최선의 판단을 내릴 수 있다.

그런데 이 말은 카스파로프처럼 절정 수준의 고수는 어떤 계산도 하지 않는다는 뜻이 아니다. 적어도 상대방 말을 잡겠다는 목적이나 그밖의 단기적 목적을 위해 서너 수 앞을 내다보는 전술을 마련할 필요는 있다. 또 카스파로프는 이 각각의 수에 상대방이 어떻게 응수할지, 상대방의 어떤 응수가 자신의 전술을 무력화시킬지 생각해야 한다. 그뿐만 아니라 상대방이 함정을 파놓은 게 아닐까 하는 의심을 품고서 말의 배치와 변화를 살필 필요도 있다. 킹을 제대로 방어해두지 않으면, 견고해 보이는 수비 진용이라 할지라도 고작 몇 수 만에 외통에 걸릴 수 있다.

체스 선수들은 기억과 경험을 통해 무엇을 집중적으로 생각해야 할지 학습한다. 집중의 방향은 크게 둘로 나뉜다. 각각의 가능성에 대해 두 수 정도만 아래로 파고들며 여러 가능성을 두루 살피는 방향이 있고, 한 가지 가능성만 붙잡고 깊이 파고드는 방향이 있다. 다시 말해 폭에 집중하는 방향과 깊이에 집중하는 방향이다. 두 유형 가운데 어느쪽에 비중을 둘지는 체스뿐만 아니라 복잡한 문제를 다룰 때면 늘 제기되는 문제다. 예컨대 미국 국방부와 중앙정보국CIA은 잠재적 테러를 예측하고 예방을 하는데, 여러 폭넓은 범위에 걸쳐 위협 신호들을 추적할 것인지, 아니면 가장 가능성이 높은 위협 신호 몇 개에 집중할 것인지 선택해야 한다. 체스 고수들은 '메타인지metacognition', 곧 자신의 인지 과정에 대해 생각하는 일에 능하며, 스스로 올바른 균형을 잡고 있지 못하다고 판단할 때는 빠르게 이 불균형을 교정한다.

전략 대 전술

컴퓨터 체스 프로그램은 얼마간 이 양쪽을 모두 갖추고 있다. 이 프로그램은 수많은 가능성의 가지 가운데 필요 없는 것들은 쳐낸다. 다시 말해 좀 더 유망한 가지들에 초점을 맞춰서 처리 능력을 집중한다. 그런데 컴퓨터는 계산 속도가 훨씬 빠른 만큼, 모든 가능성을 조금씩 계산하는 것과 가장 유망한 가능성을 더 깊이 계산하는 것 사이의 타협을 그다지 많이 하지 않아도 된다.

또한 컴퓨터 체스 프로그램은 언제나 큰 그림을 바라보며 전략적으로 생각하지는 못한다. 단기 목적을 이루기 위한 전술 계산은 매우 잘하지만, 전체 판세의 흐름 속에서 어느 단기 목적을 더 중요하게 여겨야 할지 판단하는 데는 그다지 강력하지 않다.

카스파로프는 딥블루가 전략상 그다지 큰 도움이 되지 않는 쪽으로 집중하게끔 미끼를 던지는 방식을 써서 딥블루가 가지고 있는 휴리스틱들의 맹점을 파고들었다. 컴퓨터 체스 프로그램은 흔히 몇 개의 하부 목적으로 쪼개질 수 있는 목적을 선호하며, 전체 판을 하나의 유기적 흐름으로 인식하기보다는 양자화하는 경향이 있다(양자화한다는 것은 연속적 값이 아닌 불연속적 특정한 값을 갖는다는 뜻이다 ― 옮긴이). 컴퓨터의 이 같은 편향에 대한 고전적 사례가 바로 컴퓨터는 상대의 맞교환 전술에 쉽게 걸려든다는 점이다. 컴퓨터는 고수가 의도적으로 더 좋은 말을 포기하며 더 나쁜 말을 취하려고 할 때 이 제안을 덥석 받아준다.

'상대방이 더 좋은 말을 포기하려 할 때 그 제안을 받아들여라'라는 휴리스틱은 '일반적으로는' 훌륭한 지침이다. 그러나 카스파로프와 같은 고수가 이러한 제안을 할 때는 언제나 훌륭한 지침이 되는 건 아니다. 그가 전술적 손실을 감당하는 것은 전략적으로 이득을 볼 수 있어서다. 카스파로프는 제1국 30번째 수에서 이런 제안을 했다. 자기 룩과 딥블루의 비숍을 바꾸자고 제안한 것이다(컴퓨터는, 인간도 마찬가지지만, 다른 모든 조건이 같다고 가정할 때 룩이 비숍보다 60퍼센트 더 중요하다고 평가한다). 그러자 카스파로프로서는 무척 고맙게도 딥블루가 이 제안을 덥석 받아물었다. 결과를 보면 컴퓨터의 전략적 사고 부재에 따른 맹점을 잘 알 수 있다(도표 9-3A).

카스파로프와 딥블루는 각각 서로의 말을 교환했고, 〈도표 9-3A〉와 같은 배치가 나타났다. 컴퓨터 체스 프로그램은 복잡한 문제들을 개별적 하부 요소로 쪼갠다. 예를 들어 딥블루에게 〈도표 9-3A〉는 각각의 말에 다른 점수가 부여된 〈도표 9-3B〉처럼 보이게 된다. 남아 있는 각 각의 말의 점수를 합하면 딥블루가 카스파로프보다 1점이 높다. 이는 딥블루가 폰을 하나 더 가지고 있는 셈이다. 이런 상황은 대부분 딥블루의 승리나 무승부로 귀결된다.[28]

인간은 이에 비해 좀 더 중요한 요소에 좀 더 집중하며 또 전략적으로 큰 그림을 읽을 수 있다. 그런데 이 전략적 큰 그림의 배치는 종종

| 9-3A | 카스파로프가 32번째 수를 둔 뒤의 상황(제1국)

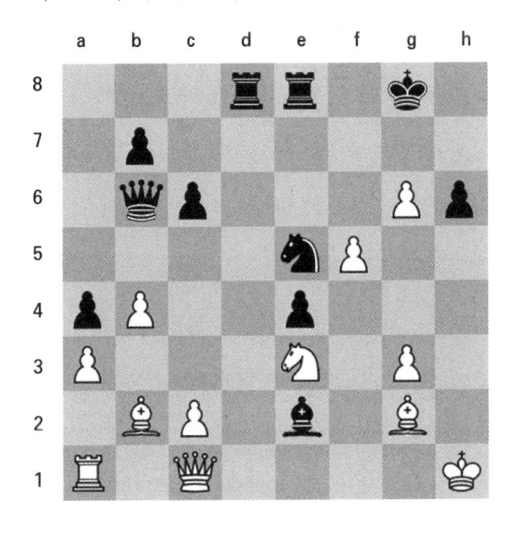

| 9-3B | 남은 말에 대한 개별적 평가 점수

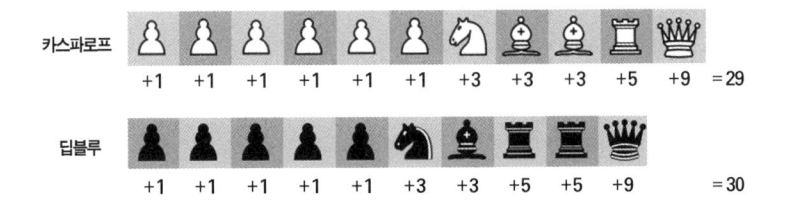

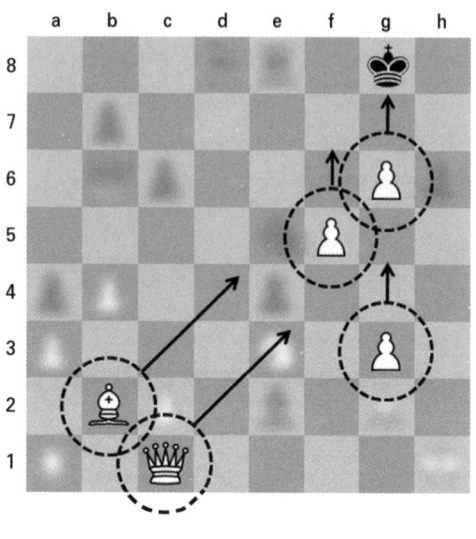

개별 말의 총합보다 더 높은 가치를 지닌다. 그래서 카스파로프에게 말들의 배치는 〈도표 9-3A〉가 〈도표 9-3C〉처럼 보였다. 카스파로프에게 매우 유리한 배치다. 카스파로프는 수비력이 떨어진 딥블루의 킹에 대해 자기 폰 셋을 육박해올 수 있다는 데 주목했다. 그 킹은 외통수에 걸리지 않으려면 도망쳐야 하겠지만, 카스파로프는 이때에도 최상의 경우 폰들을 퀸으로까지 승격시킬 수 있다[체스에서 '승격'은 폰이 상대 진영의 마지막 줄까지 전진하면 킹과 퀸을 제외한 (규정에 따라서 다를 수도 있지만 퀸도 포함될 수 있다) 다른 말로 바뀌는 규정이다]. 한편 카스파로프의 퀸과 비숍은 비록 현재 왼쪽 하단에 놓여 있지만 상대적으로 장애물이 적어서 대각선으로 이동할 수 있게 됨에 따라 그렇지 않아도 폰들에게 위협받는 딥블루의 킹은 더 큰 압박을 받을 수밖에 없다. 카스파로프는 아직은 딥블루의 킹을 어떻게 옭아맬 수 있을지 정확하게 알지 못하지만, 딥블루의 킹을 이처럼 압박하는 상황이라면 판세가 자기에게 유리하다는 사실만은 분명히 인식한다. 실제로 카스파로프의 이 전략은 주효해서 딥블루는 13수 뒤에 패배가 분명한 상황에 놓이고 만다.

나중에 카스파로프는 이렇게 말했다.

"컴퓨터 체스 프로그램의 전형적인 약점입니다. 딥블루는 그 맞교환과 거기에 따른 말들의 배치를 무척 만족스러워했을 겁니다. 하지만 수 계산을 아주 깊이 해야 그 결과를 알 수 있으므로 딥블루로서는 올바른 판단을 내리지 못한 겁니다."[29]

《뉴욕타임스》에는 큼지막한 머리기사가 실렸다.

"인간의 계산이 컴퓨터의 계산을 눌렀다."[30]

당시《뉴욕타임스》는 이튿날 그 게임 기사를 무려 네 꼭지나 실었다.

하지만 게임은 반전을 남겨두고 있었다. 당시의 그 어떤 해설자도 이 반전을 알아차리지 못했다.

종말의 첫 조짐

체스 게임이 종반전으로 접어들면 살아남은 말들이 얼마 되지 않으므로 가장 유리한 선택을 위한 경우의 수 조합 계산은 한층 쉬워진다. 종반전에서는 정확성이 무엇보다 중요하게 작용한다. 승리를 결정지을 마지막 한 수를 놓기까지는 수십 수를 한 번의 실수도 없이 진행해야 하기 때문이다. 극단적 사례를 들자면, 〈도표 9-4〉는 흑이 어떻게 두든

백이 이길 수밖에 없는 것처럼 보이는데(실제로 이런 상황은 승리로 이어지지 않는다. 체스에서는 폰의 움직임이 없고 어떤 말도 잡히지 않은 채 50수가 진행될 경우 어떤 선수든 무승부를 주장할 수 있는 이른바 '50수 규칙'이 있기 때문이다), 하지만 이렇게 되려면 백을 잡은 쪽은 연속해 262번을 정확하게 두어야만 한다.

인간은 〈도표 9-4〉 상황에서 해법을 찾아내지 못할 게 거의 확실하다. 하지만 연습을 많이 한 인간이라면 적어도 10수, 15수, 20수 또는 25수까지 걸릴 수 있는 종반전 해법을 숙지하고 있다.

종반전은 컴퓨터에 유리하기도 하고 불리하기도 하다. 종반전에는 최종 승리를 위한 전술 목표가 그다지 많이 남아 있지 않다. 한편으로, 마지막 한 수까지 철저하게 계산하지 않는 한 컴퓨터는 나무만 보고 숲을 놓치는 오류를 범할 수도 있다. 하지만 체스 컴퓨터는 초반전뿐

| 9-4 | 262수 뒤에 백이 이김

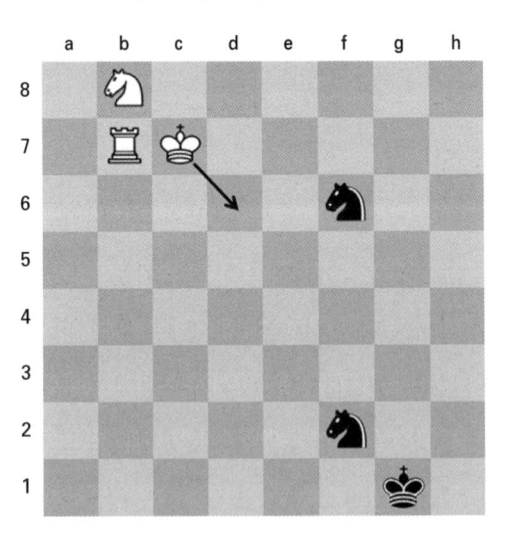

아니라 종반전의 수 데이터베이스도 막강하게 구축하고 있어서, 적어도 말 여섯 개가 남아 있을 때의 모든 상황을 완벽하게 숙지하고 있다. 말이 일곱 개 남아 있을 때는 매우 복잡해서, 이런 상황의 어떤 해법은 무려 517수나 걸리기도 한다. 그러나 컴퓨터는 승리와 패배, 무승부의 모든 수를 정확하게 기억하고 있다.

그래서 블랙홀에서나 가능할 법한 일이 일어난다. 다시 말해 그 누구도 거스를 수 없는 법칙이 온전하게 관철된다. 컴퓨터는 무승부로 끝날 수 있는 게임은 확실하게 무승부로 끝내고 이길 수 있는 게임은 또 확실하게 이긴다. 한 치의 오차도 없다. 게임이 막바지로 치달으면서 추상적 목표는 '퀸 옆에 있는 폰을 여기로 옮겨라, 그러면 이길 것이다' '상대방이 자기 룩을 저기로 옮기도록 유도해라, 그러면 무승부를 만들 수 있을 것이다'처럼 구체적 목표로 대체된다.

딥블루는 제1국에서 아무리 상황이 불리했어도 마지막까지 카스파로프를 괴롭히며 대국을 계속 이어갈 이유가 충분히 있었다. 물론 그때 이미 딥블루의 회로는 자기가 질 것임을 인식했다. 카스파로프가 아무리 위대한 선수라 하더라도 75수당 한 번은 심각한 실수를 할 수도 있다.[31] 딥블루는 이 한 번의 실수를 포착해 게임을 무승부로 끌어갈 수도 있었다. 그러니 딥블루로서는 상황이 절망적이긴 했어도 아예 희망이 없지는 않았다.

그런데 이런 상황에서 딥블루가 아주 이상한 선택을 했다. 적어도 카스파로프가 보기에는 그랬다. 딥블루는 자기에게 돌아온 44수에서 룩 가운데 하나를 백의 첫 번째 줄에 놓았다(도표 9-5). 통상적으로는 카스파로프의 킹에게 장군을 부르러 들어가는 수가 있었는데 그러지

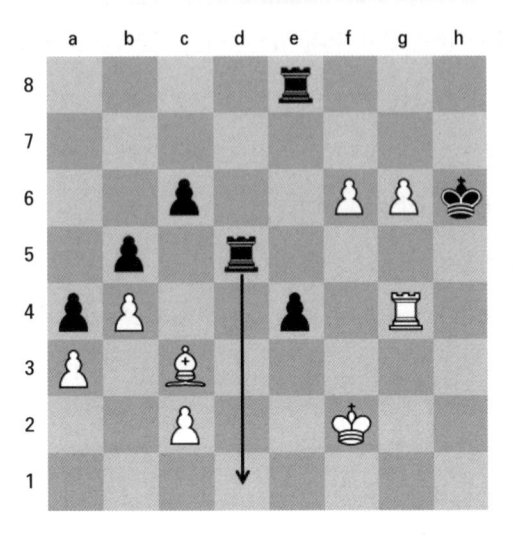

않았다. 딥블루의 이 한 수는 그야말로 엉뚱하게 보였다. 사방에서 공격을 받는 상황에서 귀중한 한 수를 허비한 채, 카스파로프의 폰 하나가 자기 진영 두 번째 줄까지 육박해 들어오게 허용해서 자칫 그 폰이 퀸으로 승격할 수도 있는 위험 상황을 자초했으니 말이다. 더욱 이상한 것은 딥블루가 그다음에 항복해버린 일이다.

'도대체 이 컴퓨터가 무슨 생각을 한 거지?'

카스파로프는 곰곰이 생각했다. 그는 딥블루가 자신이 선택한 수의 정확한 의도와 의미를 충분히 생각할 수 없을 정도로 복잡한 상황에서 '전략적' 실수를 하는 걸 여러 번 보았다. 앞서 비숍과 룩의 맞교환 같은 게 그런 실수였다. 하지만 이번은 달랐다. 매우 단순한 상황에서 일어난 '전술적' 실수, 컴퓨터로서는 결코 하지 않는 종류의 실수였다.

"컴퓨터가 어떻게 자살행위를 할 수 있을까요?"

카스파로프가 프레더릭 프리델Frederic Friedel에게 물었다. 프리델은 카스파로프의 동료이자 컴퓨터 전문가인 독일의 체스 평론가였다. 두 사람은 제1국이 끝난 뒤 플라자호텔로 돌아가 복기를 하며 딥블루가 구사한 그 뜻밖의 한 수를 연구하고 있었다.[32] 그럴듯한 설명이 여럿 나왔지만 카스파로프는 그 어떤 것도 수긍할 수 없었다. 카스파로프가 생각하기에, 어쩌면 딥블루가 계속해봐야 질 게 뻔해서 괜히 카스파로프 자신에게 전략과 전술, 수를 노출하느니 게임을 포기하는 게 더 낫다고 판단해 '자살'을 감행했을 수도 있었다. 아니면 어떤 정교한 꼼수일 수도 있었다.

'첫 번째 게임을 쉽게 포기해 나를 자만에 빠지게 하려는 수작이 아닐까?'

카스파로프는 평소 조바심날 때 하는 방식대로 딥블루의 그 한 수를 철저하게 파고들었다. 프리델과 컴퓨터 체스 프로그램 '프리츠Fritz'의 도움을 받아서 마침내 카스파로프는 (딥블루가 자신의 룩을 여섯 번째 세로줄로 옮겨 카스파로프의 킹을 노리는 수는 통상 적절한 수로 인식되어 실전에서 쓰이긴 했지만) 사실은 그 수가 딥블루에게는 그다지 좋은 수가 아니라는 사실을 발견했다. 결국은 딥블루가 외통수에 걸리게 되어 있었던 것이다. 거기까지 가려면 아직 스무 수나 더 진행이 되어야 했지만 말이다.

이 사실이 암시하는 내용은 그야말로 섬뜩할 정도였다. 카스파로프의 추론에 따르면, 딥블루가 카스파로프의 체크메이트까지 20수나 더 걸릴 게임을 접었다는 건, 카스파로프가 더 오래 걸려서 이기는 다른 수도 발견했다는 말이기 때문이다. 프리델은 다음과 같이 회상했다.

딥블루는 실제로 마지막 한 수까지 철저하게 다 읽은 뒤에, 그저 가장 덜 불쾌하게 패배하는 길을 선택했다. "딥블루는 스무 수를 넘게 내다보면서 외통수들을 봤을 겁니다"라고 카스파로프가 말했다. 그 엄청난 계산에서 이기는 쪽이었던 것에 감사하면서.[33]

사람은 말할 것도 없고 컴퓨터 역시 체스와 같은 복잡한 게임에서 스무 수나 미리 내다본다는 건 불가능하다고 다들 생각했다. 카스파로프는 자기의 최고 기록이 1999년 네덜란드에서 경기할 때에 열다섯 수를 미리 내다본 것이라고 자랑한 적이 있다.[34] 딥블루는 여섯 수에서 여덟 수까지 내다보는 게 한계라고 일반적으로 생각하고 있었는데, 그게 아닌 것 같았다. 카스파로프와 프리델은 도대체 무슨 일이 일어나고 있는지 알 수 없었다. 하지만 분명한 사실은 하수의 눈에는 아무렇게나 던진 황당한 실수로 보이는 그 수가 사실은 엄청난 지혜와 예측을 담은 묘수일 수도 있다는 점이었다.

카스파로프는 그 뒤로 다시는 딥블루를 이기지 못한다.

기계가 인간을 이기다

딥블루는 제2국에서 더 공세적으로 나와서 단 한 번도 카스파로프가 편안한 마음으로 게임하게 놔두지 않았다. 결정적인 순간은 서로 서른네 수씩을 주고받은 뒤에 시작되었다. 둘 다 퀸, 비숍 하나, 룩 둘, 폰 일곱을 살려두고 있었다. 그러나 백을 잡은 딥블루가 먼저 움직이자(체스

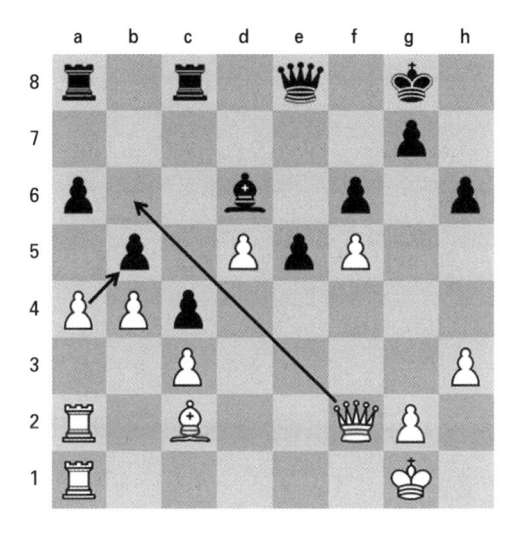

| 9-6 | 제2국에서 딥블루가 36수를 둘 때의 가능한 수

에서는 백이 선수를 둔다. 제1국에서 카스파로프가 백을 잡았기 때문에 2국에서는 딥블루가 백을 잡았다 – 옮긴이) 백의 퀸에게 상당한 활동 공간이 확보되면서 백이 조금 유리해졌다. 〈도표 9-6〉에서 보듯 그렇다고 해서 백이 흑을 크게 위협하는 정도는 아니었다. 다만 '위협이 가능할 수도 있다는 위협' 정도였다. 다시 말해 다음 몇 차례의 수 교환을 통해 딥블루가 승기를 잡을지 아니면 결국 무승부로 이어질지 판가름이 날 것이었다.

딥블루가 선택할 수 있는 수는 두 가지였다. 우선 퀸을 상대 진영 깊숙이 진출시키는 방법으로, 전술적으로 좀 더 유리한 선택이었다. 또 하나는 상대방과 폰을 맞바꾸면서 왼쪽 진영을 돌파하는 방법으로, 좀 더 세련되고 전략적인 선택이었다.

이 인간과 컴퓨터의 대결을 관전하던 고수들은 한결같이 딥블루가 퀸을 전진시키는 첫 번째 선택을 할 것이라고 입을 모았다.[35] 이 수가 더 분명한 움직임이고, 무엇보다 계산하기 어렵고 복잡한 배치를 좋아하는 컴퓨터 프로그램의 특성상 그 수가 딥블루의 성격에 맞는다는 이유에서였다. 그런데 딥블루는 아주 오래 '생각'한 뒤에 두 번째 방법인 폰 맞교환을 선택했다.[36]

카스파로프는 잠시 안도하는 듯했다. 폰을 맞교환하는 수는 당장 큰 압박으로 받아들여지지 않았기 때문이다. 그런데 카스파로프는 진형을 들여다볼수록 점점 불안해졌다. 주먹 쥔 손을 깨물고 두 손으로 머리를 감쌌다. 한 관전자는 카스파로프가 우는 소리를 분명히 들었다고 생각했다.[37] 딥블루는 왜 퀸을 움직여서 강력하게 압박하는 수를 선택하지 않은 걸까? 사실 폰 맞교환이라는 수가 그렇게 나쁘지도 않았다. 카스파로프는 체스 상대가 아나톨리 카르포프Anatoly Karpov처럼 오랜 세월 자기의 라이벌이었던 인간이라면 충분히 선택할 수 있는 수라고 생각했다. 그런데 인간이 아닌 컴퓨터가 그런 수를 둔다면 거기에는 분명 어떤 전술적 의미가 담겨 있을 것이다. 그런데 카스파로프는 그게 뭔지 도무지 알 수 없었다. 어쩌면 딥블루는 카스파로프의 상상을 뛰어넘어 무려 스무 수 이상을 내다볼 수 있다는 뜻이었다.

카스파로프와 딥블루는 여덟 번씩 수를 교환했다. 경기를 관전하는 전문가들이 보기에도 처음부터 수세적으로 일관한 카스파로프가 이길 가능성은 없었다. 그래도 잘만 하면 무승부로 끌고 갈 수는 있었다. 그런데 모든 관전자들이 깜짝 놀라는 일이 벌어졌다. 카스파로프가 마흔다섯 수 만에 항복해버린 것이다. 스무 수를 넘게 내다보는 상황도 아닌 곳에서 컴퓨터가 계산을 잘못했을 리가 없다고 생각한 그는 앞으로 네 게임이나 더 남아 있는데 굳이 이길 수도 없는 판에 힘을 낭비할 필요가 없다고 판단한 것이다.

관전장에서 우레와 같은 박수가 터져나왔다.[38] 멋진 게임이었다. 첫 번째 대국보다 훨씬 더 경기 내용이 좋았다. 만약 딥블루의 체크메이트가 제1국에서 카스파로프에게 그랬던 것만큼 불가피하게 보이지 않았다면, 그것은 분명 관전자들이 카스파로스만큼 판세를 철저하게 읽지 못해서일 것이다. 하지만 관전장의 진정한 찬사는 딥블루에게 돌아갔다. 딥블루는 정말이지 인간처럼 경기했다. 여자 세계 체스 챔피언 수전 폴가Susan Polgar는 "멋진 기풍棋風"이라고《뉴욕타임스》기자에게 소리쳤다. 딥블루의 프로그래머들을 지원했던 체스의 또 다른 고수 조엘 벤저민Joel Benjamin도 그녀의 의견에 동조했다.

"그 컴퓨터는 마치 카르포프와 같은 챔피언의 기풍으로 한 수씩 뒤나갔습니다. 이건 진짜 체스였습니다!"[39]

카스파로프는 서둘러서 에쿼터블센터를 빠져나왔다. 기자들이 몰려들었지만 한마디도 하지 않았다. 하지만 동료 기사들이 했던 말들은 마음에 깊이 새겼다. 어쩌면 딥블루는 존재론적으로는 인간이 아니지만 사실상 인간일지도 몰랐다. 200년 전의 미케니컬 터크처럼 체스 고수가 남몰래 그 프로그램을 조종하는지도 몰랐다. 어쩌면 예전에 카스파로프와 무승부를 기록한 적이 있는 강력한 고수 조엘 벤저민이 어떤 식으로든 개입했을지도 몰랐다.

체스 챔피언들은 보통 특정한 패턴을 포착하는 데 큰 관심을 기울여서 편집증 성향이 있다는 말을 듣기도 한다. 이런 성향은 카스파로프에게서도 나타났다. 이튿날 카스파로프는 기자회견을 통해 IBM이 부정행위를 했다고 비난했다. 그는 딥블루를 축구 선수 마라도나에 비유했다.

"마라도나는 그걸 신의 손이라고 불렀습니다."[40]

아르헨티나의 위대한 축구 선수 디에고 마라도나Diego Maradona는 1986년 월드컵대회에서 자국 대표팀이 잉글랜드팀과 벌인 경기에서 '신의 손'을 사용해 골을 넣었다. 녹화 영상으로 확인할 결과 마라도나는 머리가 아니라 왼손으로 골을 넣은 게 드러났다. 하지만 그는 '자기 머리 조금과 신의 손 조금'이 합해져서 골을 만들었다고 주장했다. 카스파로프도 딥블루의 회로에 어떤 우월한 인간 지능이 이식되었다고 생각하는 듯했다.

그러나 카스파로프가 두 번째 대국을 도중에 포기해버린 것은 실수였다. 딥블루는 실제로 승리를 확정 짓지 못했었다. 이는 프리델과 카스파로프가 가장 신뢰하는 코치 유리 도코이언Yury Dokhoian이 이튿날 점심을 함께 먹으면서 카스파로프에게 조심스레 전한 사실이었다. 두 사람은 밤새 프리츠를 놓고 그 문제와 씨름한 끝에 일곱 차례씩만 더 수를 주고받고 나면 무승부가 될 수 있다는 사실을 발견했던 것이다 (2007년에 프리츠와 딥블루를 기술적인 측면에서 능가하는 다른 체스 프로그램을 통해 이 두 번째 게임을 다시 분석했는데, 딥블루가 일련의 수를 정확하게 두면 카스파로프가 무승부를 만들어내지 못한다는 결과가 나왔다. 그럼에도 1997년에는 카스파로프가 게임을 포기하지 않고 계속했더라면 무승부를 만들 수도 있었다).

"그게 답니까? 그 컴퓨터의 진형이 어찌나 심오한지 나는 충격을 받아 도저히 수를 낼 수 없을 거라 생각했습니다."[41]

이제 겨우 1승 1패의 상황이었지만 카스파로프의 자신감은 크게 망가졌다. 그는 체스 경기에서 평생 단 한 번도 진 적이 없었다. 그런데 이제 패배 직전에 몰려 있었다. 게다가 그는 프로 체스 기사라면 결코 하지 말았어야 할 실수까지 저질렀다. 무승부로 만들 수도 있는 게임을 도중에 포기해버린 것이다. 당혹스러울 뿐만 아니라 전례가 없는 실수였다. 카스파로프와 딥블루의 경기를 지켜보는 기자와 프로 기사들은 챔피언이 그런 실수를 하는 걸 본 적이 없었다. 적어도 그들 기억 속에서는.

카스파로프는 자기가 그동안 고집해온 강력하게 밀어붙이는 공격적인 기풍으로는 딥블루를 이길 수 없다고 결론 내렸다. 그렇다면 방법은 하나, 변칙 스타일로 딥블루를 공략해야 했다. 그러려면 기본적으로 컴퓨터 프로그램의 약한 부분을 찾아내서 깨는 해커가 되어야 했다. 하지만 제3국에서 카스파로프가 둔 초반 수는 딥블루의 데이터베이스를 무력화시킬 수 있을 정도로 낯선 것이었지만 게임을 승리로 이끌지는 못했다. 제3국은 무승부. 카스파로프는 제4, 5국에서 예전보다 훨씬 잘했다. 이 두 게임에서 모두 우위를 차지하며 주도권을 잡았지만, 딥블루가 가진 데이터베이스의 막강한 벽을 넘지 못하고 다시 또 무승부에 만족해야 했다. 세 번의 무승부를 제외하면 1승 1패, 이제 마지막 한 판으로 경기의 승패가 갈리게 되었다.

마지막 대국이 있는 날 카스파로프는 지치고 초췌한 모습으로 에퀴터블센터에 나타났다. 나중에 프리델은 카스파로프의 얼굴이 그처럼 어두운 걸 본 적이 없었다고 회상했다. 흑을 잡은 카스파로프는 '카로-칸Caro-Kann' 수비형 포석布石을 들고 나왔다. 그런데 흑이 이 포석으로 나설 때의 승률은 역사적으로 44.7퍼센트밖에 되지 않았다. 물론 카스파로프 같은 고수라면 다를 수도 있었지만, 어쨌든 예외적인 선택임은 분명했다. 사실 카스파로프는 카로-칸을 잘 알지 못했다. 토너먼트 대국에서 이 포석을 사용한 적이 거의 없었다. 카스파로프는 몇 수 지나지 않아서부터 장고하기 시작했다. 그리고 일곱 번째 수에서 심각한 실수를 저질렀다. 실수로 나이트의 맞교환을 한 수 먼저 해버린 것이었다. 카스파로프는 즉각 자기 실수를 깨닫고는 의자에 털썩 몸을 던졌다. 후회와 아쉬움을 굳이 숨기려 하지도 않았다. 그리고 열아홉 수만에 항복하고 말았다. 경기 시간은 채 한 시간도 걸리지 않았다.

딥블루가 승리했다. 마지막 게임은 예상과 다르게 너무 시시하게 끝나버렸다. 카스파로프가 지친 나머지 낯선 포석을 사용하기로 선택함으로써 패배를 자초한 걸까? 아니면 체스 고수 패트릭 볼프Patrick Wolff의 말처럼 카스파로프가 딥블루의 성취를 일부러 깎아내리려고 경기를 포기해버린 걸까?[42] 카스파로프가 들고 나온 카로-칸 포석이 실은 그가 그토록 자주 패배의 쓴잔을 안긴 라이벌 아나톨리 카르포프의 전매특허라는 사실에 어떤 심오한 의미가 담겨 있을까?

하지만 이런 미묘한 의문들은 곧 놀라운 사실에 묻혀버리고 말았다. 기계가 인간을 이겼다! 그건 마치 HAL 9000이 우주선을 접수하는 순간과도 같았다. 〈사랑이 우리를 갈라놓으리라Love Will Tear Us Apart〉(영국 록밴드 조이 디비전Joy Division의 앨범 《알려지지 않은 즐거움들Unknown Pleasure》 수록곡 – 옮긴이)의 정확하게 13초 부분에서 신디사이저가 기타 선율을 압도하는 동시에 로큰롤을 압도하는 순간과도 같았다.[43]

체스 고수를 버벅거리게 만드는 법

딥블루는 IBM의 토머스 J. 왓슨 센터에서 탄생했다. 이 센터가 입주해 있는 초승달 모양을 한 복고풍의 아름다운 현대식 건물은 웨스터체스터 카운티의 구릉을 올려다보고 서 있다. 건물 로비에는 찰스 배비지가 설계한 컴퓨터를 비롯한 초기 컴퓨터들의 복제품이 전시되어 있다. 건물 곳곳이 녹이 슬긴 했지만, 수학자 브누아 망델브로Benoît Mandelbrot는 물론이고 경제학과 물리학 분야에서 노벨상을 받은 많은 위대한 과학자들이 이곳을 자기 집이라고 부른다.

내가 머레이 캠벨을 만나려고 왓슨센터를 방문한 것은 2010년 봄이었다. 카네기멜론대학교의 딥소트부터 IBM의 딥블루까지 개발 프로젝트의 중심에 있던 그는 상냥한 태도에 소년처럼 보이는 외모의 캐나다인이었다(현재 캠벨은 IBM의 통계모델링 부서 책임자로 있다). 캠벨의 사무실에는 카스파로프가 위협적인 눈빛으로 체스판을 노려보는 커다란 포스터가 붙어 있다. 포스터에는 아래 글귀가 박혀 있다.

컴퓨터를 버벅거리게 만드는 방법이 뭘까?
카스파로프 대 딥블루
1997. 5. 3~5. 11

그 경기에서는 결국 딥블루가 아닌 카스파로프가 버벅거리고 말았다. 비록 캠벨과 그의 팀이 기대하던 이유 때문만은 아니었지만.

딥블루는 오로지 카스파로프를 이기기 위한 목적으로 설계되었다.

그 팀은 카스파로프가 초반에 어떤 수를 들고 나올지 예측하고 그 수를 강력하게 응징할 수 있는 방법을 마련하려고 노력했다(여기에 맞서 카스파로프는 자기가 과거에 토너먼트 대회에서 거의 구사하지 않은 수를 쓰는 것으로 딥블루가 마련해둔 함정을 피하려고 했다). 딥블루는 1996년에 카스파로프와 대결해서 썩 좋은 성적을 내지 못했고(그때는 카스파로프가 딥블루를 3승 2무 1패, 4점 대 2점으로 이겼다 – 옮긴이), 카스파로프와 기풍이 비슷한 체스 기사들과 벌인 연습 경기에서 여러 문제점을 드러냈기에, 카스파로프와의 재대결에 대비해 처리 능력이 배가되고 휴리스틱은 다듬어졌다.[44] 캠벨은 딥블루가 카스파로프의 전략적 사고에 대응할 수 있도록 탐색 트리를 더 깊이(그러나 더 선택적으로) 파고들 수 있어야 한다는 사실을 깨달았다. 동시에 딥블루는 복잡한 진형에 대응하는 쪽으로 조금 편향되게 설계되었다. 그럴 때 자기 능력을 더 많이 발휘할 수 있기 때문이었다. 이와 관련해 캠벨은 이렇게 말했다.

"컴퓨터에 유리한 진형은 복잡한 진형입니다. 말이 많이 살아 있고 선택할 수 있는 경우의 수가 좀 더 많은 진형 말입니다. 우리는 전략보다 전술이 더 중요하게 작용하는 진형을 원합니다. 그러려면 몇 가지 소소한 조치가 필요합니다."

딥블루는 이 같은 조치가 취해졌다는 점에서 그 이전이나 이후의 어느 체스 프로그램보다 '인간적'이었다. 비록 체스에서는 포커처럼 불완전한 정보를 전제로 하는 게임들만큼 게임이론이 중요하게 적용되진 않지만, 초반전의 처음 몇 수는 분명히 예외적이다. 상대방의 균형을 무너뜨리기 위해 조금 덜 좋은 수를 선택함으로써 상대방이 몇 달

동안 준비해온 것을 한순간에 물거품으로 만들 수 있다. 그런 수를 적절하게 응징하면 반대의 경우 또한 가능하다. 하지만 컴퓨터는 상대방의 수에 적절하게 대응하면서 게임을 변화시키려 하기보다는 '완벽한' 수를 두려고 노력한다. 그런데 딥블루는 인간이 두는 것처럼 체스를 뒀으며, 캠벨이 보기에 딥블루가 상대 우위를 가질 수 있는 진형들을 활용했다.

버그일까, 비장의 무기일까?

1997년에 카스파로프의 기량은 딥블루보다 월등했다. 따라서 딥블루가 유리한 상황을 만들도록 프로그래밍하는 것이 중요했다.

이론적으로는 컴퓨터가 체스를 두도록 프로그래밍하는 작업은 어렵지 않다. 체스 프로그램의 검색 알고리즘에 무한한 시간을 보장해준다면, 10의 10제곱의 50제곱 개의 진형도 얼마든지 풀 수 있다.

"체스 문제를 풀 수 있는 잘 알려진 알고리즘이 하나 있습니다. 시간이 오래 걸려도 좋다는 전제만 있다면, 어쩌면 나는 한나절이면 체스 프로그램 하나를 뚝딱 만들어낼 수도 있습니다. 하지만 이 프로그램이 그 계산을 온전하게 해내는 데는 천문학적인 시간이 걸린다는 게 문제죠."

캠벨은 이렇게 말하면서 한숨을 쉬었다.

체스 컴퓨터에 세계챔피언을 이기는 방법을 가르치는 일은 대개는 따분하기 짝이 없는 시행착오의 과정이다. '프로그램에 게임 종반전에 더 많은 시간을 할당하고 중반전에는 상대적으로 적은 시간을 할당하는 게 유리할까?' '어떻게 하면 이 프로그램이 탐색 트리에서 이미 죽어 소용없어 보이는 가지들을(설령 거기에 외통수나 함정의 아주 작은 가능성이 없지 않다는 사실을 알고 있다 해도) 빠르게 쳐내게 할 수 있을까?'

캠벨은 매개변수를 조정하고 이 프로그램이 다양한 변화에 어떻게 대응하는지 살펴보면서 딥블루가 수많은 시행착오를 거치게 했다. 그러나 때로 딥블루는 여전히 실수하는 듯했다. 전혀 예상하지 않은 이상한 수를 두는 것이다. 그럴 때마다 캠벨은 노련한 프로그래머만이 할 수 있는 질문을 했다. 이 새로운 수는 과연 이 프로그램의 논리적 결과일까, 버그일까? 논리적 결과라면 이 프로그램이 한창 숙달되는 과정임을 드러내는 표시겠지만, 버그라면 찾아서 없애야 했다.

예측의 좀 더 폭넓은 맥락에서 볼 때 내가 해줄 수 있는 충고는 어떤 모델이 예상하지 못했거나 설명하기 어려운 결과를 내놓을 경우는 버그로 판단하는 게 대체로 옳다는 것이다. 소음을 신호로 착각하기는 너무나 쉽다. 버그는 뛰어난 예측가들이 힘들여 구축한 성과도 손쉽게 오염시킬 수 있기 때문이다.

앞서 소개한 백만장자 농구 도박사 '밥' 불가리스는 언젠가 한번 야구 경기에도 손을 대보기로 했다. 그런데 그가 고안한 시뮬레이터는 필라델피아 필리스 경기에 '언더'에다 돈을 걸라고 추천했다. 그래서 그렇게 했지만 번번이 실패였다. 나중에 알고 보니 1만 줄이나 되는 프로그램 명령어 가운데 단 한 줄에서 글자 하나를 잘못 입력하는 바람에 일어난 일이었다. 필리스의 홈구장 시티즌스 뱅크파크는 규모가 작아 특히 홈런이 많이 나와서 수비보다는 공격에 유리하다. 그런데 불가리스의 조수가 이 구장을 'P-H-I'가 아니라 'P-H-1'로 입력하는 실수를 저지른 것이다. 바로 이 단 한 줄의 잘못된 명령어가 불가리스의 프로그램에 있던 신호를 삼켜버리고, 불가리스에게 소음에 돈을 걸도록 지시한 셈이다. 불가리스는 이 버그에 너무 실망한 나머지 그 야구 도박 시뮬레이터를 아예 폐기해버렸다.

캠벨이 맞닥뜨린 문제는 딥블루가 이미 오래전에 자신을 창조한 사람들보다 체스를 훨씬 잘 두게 되었다는 점이다. 딥블루는 프로그래머라면 절대 선택하지 않을 수를 두고, 프로그래머들은 이것이 버그인지 아닌지 알아볼 수 없었다.

"딥블루에서 버그를 제거하는 초기 단계에는 딥블루가 특이한 수를 두면 나는 '아, 뭔가가 잘못되었구나'라고 말하곤 했습니다. 그때마다 프로그램 명령어를 뒤져서 문제를 찾아내곤 했지요. 하지만 시간이 지나면서 이런 일은 점점 더 줄어들었습니다. 그래서 나중에는 딥블루가 특이한 수를 두면 우리는 녀석이 인간이 파악하기 힘든 어떤 비밀을 찾아낸 게 아닌가 하며 살폈습니다."

체스 역사상 가장 유명한 수는 1956년에 체스 신동 바비 피셔Bobby Fischer가 이른바 '세기의 게임'에서 선보인 것이다(도표 9-7). 당시 열세 살밖에 되지 않은 피셔는 체스 고수 도널드 번Donald Byrne과 벌인 게임에서 두 차례의 극적인 맞교환을 했다. 한 번은 특별한 이득을 챙기는 일도 없이 나이트를 상대방에게 헌납했고, 몇 수 뒤에는 비숍의 진로를 확보하려고 자신의 퀸을 무방비 상태로 만들어버렸다. 이 둘은 전적으로 옳은 수였다. 피셔가 이런 의도적 희생을 통해 얻을 수 있었

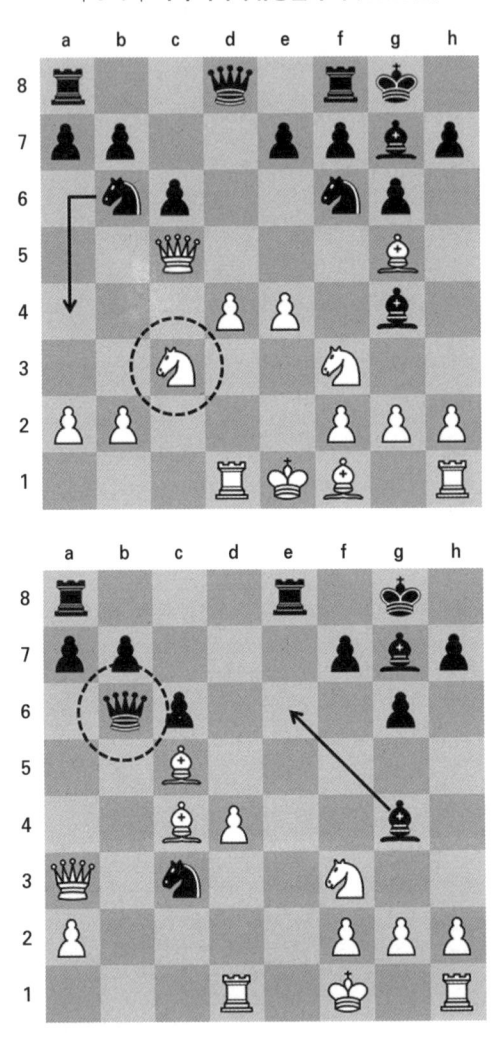

| 9-7 | 바비 피셔의 유명한 두 수 (1956년)

던 전략적 이득이 얼마나 큰지는 몇 수 뒤에 드러났다. 하지만 당시나 지금이나 피셔의 수를 제대로 이해한 고수는 거의 없다. '다른 퀸과 맞교환을 하거나 상대방의 킹을 외통수로 몰아넣는 게 아니라면 절대로 퀸을 버리지 마라'는 체스 격언은 너무 강력하다. 99퍼센트의 경우에 적절한 충고이기 때문이다.

내가 이 진형을 내 노트북에 깔린 프리츠라는 체스 프로그램에 입력하자 프리츠는 고작 몇 초 만에 피셔가 선택한 수 외에 다른 수는 모두 심각한 실수라고 파악했다. 프리츠는 가능한 모든 수를 검색한 끝에 그 상황에서는 전통적 격언을 깨야 한다고 판단한 것이다.

어쩌면 컴퓨터가 가장 적절한 수를 찾아내는 것을 두고 '창의적'이라는 말을 해서는 안 될 듯싶다. 컴퓨터는 그저 막강한 연산 속도를 바탕으로 그러한 수를 찾아낼 뿐이다. 하지만 컴퓨터는 이것 말고 또 다른 강점도 있다. 체스 프로그램은 특정한 상황에서 올바른 수를 찾아내는 과정에서 결코 초조해하지 않는다. 그런데 기계가 아닌 인간이 고정관념을 깨고 그 너머의 것을 볼 수 있으려면 창의성과 객관성이 균형을 이루어야 한다. 이 같은 재능은 그야말로 희귀하다. 사람들은 피셔의 실력에 놀랐다. 피셔가 너무 어린 나이였기 때문이다. 하지만 피셔가 그 놀라운 수를 찾아낼 수 있었던 건 바로 그가 어렸기 때문이다. 어린 만큼 상상력을 최대한 발동할 수 있었던 것이다. 우리 머릿속에 자리를 틀고 있는 맹점들은 보통 우리 스스로 만들어낸 것이다. 그리고 이 맹점들은 우리가 나이를 먹으면서 점점 더 많아진다. 컴퓨터 역시 맹점을 가질 수 있긴 하지만, 적어도 가능한 모든 수를 고려함으로써 상상력의 부족을 면할 수 있다.

그럼에도 딥블루는 몇 가지 버그가 있었다. 많진 않았지만 제법 있었다. 캠벨은 인터뷰 막바지에 장난기 넘치는 눈빛으로 1997년 카스파로프와의 제1국이 끝나갈 무렵에 일어난 일을 소개해주었다.

　　"게임 도중 딥블루에 버그가 나타났습니다. 그런데 이 버그 때문에 카스파로프가 딥블루의 능력을 오해해버린 거죠. 딥블루가 던진 한 수가 버그의 결과일 줄은 상상조차 못한 겁니다."

　　버그는 제1국 44수에 나타났다. 딥블루는 적절한 수를 찾지 못하고 마지막 수단으로 완전히 무작위로 한 수를 선택했다. 그런데 다행히 이 버그는 치명적인 게 아니었고, 캠벨팀은 이튿날 버그를 수정했다. 캠벨은 나중에 이메일로 우리에게 부연 설명을 해주었다.

　　"해당 버그는 같은 해에 그 대결을 펼치기 전 연습 대국에서도 한 번 나타났습니다. 우리는 그것이 수정된 줄 알았는데 아니었습니다. 불행하게도 우리가 버그를 놓쳤던 겁니다."

　　결과적으로 보면 그 버그는 딥블루에게 불행을 가져다주기는커녕 오히려 카스파로프를 꺾기 위해 마련된 비장의 무기로 작용했다. 카스파로프와 딥블루의 대결을 복기해보면 카스파로프에게 문제가 발생한 건 두 번째 대국이다. 이 대국에서 카스파로프는 무승부로 끝낼 수 있는 게임을 도중에 포기해버리는 터무니없는 실수를 했는데, 그에게 이런 실수를 유도한 것은 첫 대국에서 딥블루가 던진 문제의 바로 그 44번째 수였다. 딥블루는 이 수에서 겉보기에는 아무런 의미 없이 룩을 이동했는데, 카스파로프는 직관에 어긋나는 이 수를 우수한 지능의 신호라고 결론 내려버렸다. 그게 단순한 버그였다고는 상상도 하지 못한 것이다.

우리는 21세기의 기술에 의존하는 만큼이나, 이 기계장치들이 우리 삶에서 수행하는 역할에 대해 에드거 앨런 포가 가졌던 맹점을 여전히 가지고 있다. 컴퓨터는 카스파로프를 버벅거리게 만들었지만, 그건 단지 설계상의 오류 때문이었다.

컴퓨터가 잘하는 것

컴퓨터는 계산 작업을 매우매우 빠르게 수행한다. 게다가 컴퓨터가 이 작업을 충실하게 수행한다고 믿는다. 컴퓨터는 지치지도 않고, 작업 도중 감정의 기복도 없다.

그러나 이런 사실이 컴퓨터가 반드시 정확한 예측만을 한다는 것, 더 나아가 완벽한 예측을 한다는 걸 의미하지는 않는다. 불필요한 정보를 입력하면 불필요한 정보밖에 출력되지 않는다는 GIGO~garbage in, garbage out~가 이런 사실을 함축적으로 표현한다. 당신이 컴퓨터에 잘못된 정보를 입력한다거나 멍청한 분석 도구를 만들었다고 치자. 그러면 결과가 좋을 리 없다. 아무리 첨단기술이라 하더라도 짚으로 황금을 만들어내지는 못한다. 게다가 컴퓨터는 세상살이에 필요한 전략을 마련한다거나 어떤 이론을 개발하는 작업처럼 창의성과 상상력이 필요한 작업에는 서툴다.

컴퓨터는 이런 점에서 기상 예측이나 체스처럼 일들이 상대적으로 단순하게 잘 이해되는 법칙에 따라 진행되는 분야에서 가장 유용하다. 정확한 예측을 생산하기 위해 여러 차례에 걸쳐 그 분야의 체계를 지배하는 복잡한 방정식을 풀어야 하는 분야에서는 유용하지 않다. 경제나 지진처럼 현상의 근본 원인에 대한 우리의 이해가 불충분하고 관련 데이터가 소음에 상대적으로 더 많이 물든 분야에서는 컴퓨터가 그다지 쓸모 있지 못한 것 같다. 이들 분야에서는 컴퓨터가 과학자들 사이에 널리 보급된 1970년대와 1980년대에 컴퓨터를 이용하는 예측에 대한 기대가 상당히 높았다. 하지만 그때 이후로 이렇다 할 진전은 이루어지지 않았다.

하지만 그 밖의 많은 분야는 이러한 양극단의 중간지대에 놓여 있다. 데이터는 나쁘지 않지만 썩 훌륭한 편도 아니며, 이들 분야에서는 현상의 근본 원인에 대해 우리가 비록 완벽한 수준은 아니지만 그래도 어느 정도는 알고 있다. 이들 분야에서는 딥블루의 프로그래머들이 사용한 방식인 시행착오의 과정을 통해 컴퓨터의 예측을 개선할 수 있다. 바로 이 시행착오가 오늘날 '빅데이터'라고 할 때 가장 쉽게 떠올릴 수 있는 기업의 핵심 전략이다.

구글 검색 엔진: 대규모 시행착오가 가능할 때

미국 캘리포니아주 마운틴뷰에 있는 구글플렉스를 방문해보면 알겠지만 (나는 2009년 말에 방문했다), 거기에서는 사람들이 언제 진지한 얘기를 하고 언제 농담을 하는지 도무지 갈피를 잡을 수 없다. 이는 구글만의 독특한 문화다. 온갖 원색과 배구코트들, 그리고 상상할 수 있는 모든 종류의 두 바퀴짜리 탈것이 널린 그곳에는 창의성을 강화하는 문화가 있다. 구글 직원들은 엔지니어나 경제 전문가들조차도 엉뚱하고 색다르다.

구글 본사 회의실에서 만난 수석 연구원 할 배리언은 다음과 같이 말했다.

"여기에서는 이런 실험들이 일상적으로 진행되고 있습니다."

"기술을 살아 있는 유기체로 생각해야 합니다. 나는, 스카이넷Skynet과 같은 것이 현실화될 때 어떤 일이 생길지 걱정해야 한다고 늘 말해왔습니다. 하지만 우리는 캘리포니아 주지사와 협상을 해서(당시 주지사는 아널드 슈워제네거였다) 지원을 받았습니다(스카이넷은 아널드 슈워제네거가 주연으로 등장한 영화 〈터미네이터Terminator〉 시리즈에 등장하는 컴퓨터다)."

구글은 검색 및 여러 제품에 대해 광범위하게 테스트를 한다.

"우리는 지난해 검색 분야에 6천 건의 실험을 했습니다. 광고를 통해 수익을 창출하는 분야에서도 약 6천 건의 실험을 했습니다. 그러니까 구글은 한 해에 1만여 건의 실험을 한다고 볼 수 있습니다."

이들 실험 가운데 어떤 것들은 예컨대 전체 생산라인을 완전히 갈아치우는 것처럼 사람들 눈에 확연히 띌 정도로 규모가 크다. 그러나 대부분은 거의 눈에 띠지도 않고 실험이 진행되는지 느끼지도 못할 만큼 소규모다. 로고의 픽셀 수치를 조금 바꾼다든가 광고 배경화면을 조금 바꾼다든가 한 다음에 이런 변화가 클릭이나 수익화에 어떤 영향을 끼치는지 살핀다. 그리고 이들 실험 가운데 많은 것은 그 새로운 아이디어들이 얼마나 유망한지에 따라 전체 구글 유저의 0.5퍼센트만을 대상으로 해서 진행된다.

당신도 구글에서 어떤 용어를 검색할 것이다. 하지만 이때 당신은 자신도 구글이 실행하는 실험에 참가하고 있다는 사실을 전혀 깨닫지 못할 것이다. 그러나 구글의 관점에서 보면 조금 다르다. 구글이 나타내는 검색 결과와 그 검색 결과의 배치 순서들은 당신이 가장 유용하게 여길 것이라는 구글의 예측을 기준으로 정렬된 것이다.

'유용성' 같은 주관적 특성을 어떻게 측정하고 예측할 수 있을까? 만일 당신이 구글에서 '새로운 최고의 멕시코 음식점'이라고 검색할 경우, 당신은 앨버커키(미국 뉴멕시코주에 있는 도시. 1706년에 에스파냐인이 처음 건설했다 - 옮긴이)로 여행 갈 계획을 세우고 있다는 뜻일까? 최근에 문을 연 멕시코 음식점을 찾고 있다는 뜻일까? 퓨전 라틴 음식을 파는 멕시코 음식점을 찾고 있다는 뜻일까? 어쩌면 당신은 질문을 더 구체적으로 해야 할지도 모른다. 그런데 사람들은 보통 그렇게 하지 않는다. 그래서 구글은 당신이 한 것과 같은 질문을 한 패널 천 명을 소집해서 그들에게 다양한 웹페이지를 보여준 뒤 각 웹페이지의 효용성을 0에서 10까지 점수를 매기게 했다. 당신이 그 검색어로 검색했을 때 나오는 웹페이지의 순서는 패널들이 이런 과정을 거쳐 매긴 효용성의 점수순이다.

물론 구글이 모든 검색어에 대해 이런 작업을 수행할 수는 없다. 하루에 수억 개 검색어를 처리해야 하는 구글로서는 당연히 불가능한 일이다. 하지만 할 배리언은 자기들은 일련의 대표적 검색 질의들에 대해 '인간 평가자'들을 활용한다고 말했다. 어떤 통계적 측정치가 적절성과 유용성 측면에서 이들 주관적 사용자의 판단과 가장 상관관계가 높은지 관찰한다는 뜻이다. 구글의 가장 잘 알려진 웹페이지 통계 측정치는 페이지랭크PageRank다.[45] 페이지랭크는 당신이 찾고자 하는 웹페이지에 다른 웹페이지가 얼마나 많이 링크되어 있는지를 수치로 표현한 것이다. 하지만 페이지랭크는 구글이 인간 평가자들의 판단을 어림짐작하기 위해 사용하는 200가지 신호 가운데 하나일 뿐이다.[46]

물론 이는 쉬운 작업이 아니다. 이들 200가지 신호가 거의 무한대에 이르는 잠재적 검색 질의들에 적용된다. 구글이 실험과 테스트를 이처럼 강조하는 이유도 바로 여기에 있다. 구글의 검색 엔진은 하루가 다르게 발전한다.

구글을 성공 기업으로 만든 것은 이처럼 엄청난 규모의 실험과 검사를 자유롭고 창의적인 문화와 결합한 자신들만의 독특한 방식이다. 구글 직원들은 사람이 컴퓨터보다 잘할 수 있는 것은 무엇이든 하도록 동기를 부여받는다. 한마디로 구글 직원들은 수많은 아이디어를 떠올린다. 그러면 구글은 회사가 보유한 엄청난 규모의 데이터를 이용해 이들 아이디어를 테스트한다. 이 과정에서 대부분이 빠르게 폐기되지만, 최상의 아이디어들은 살아남는다.

컴퓨터 체스 프로그램들은 이런 방식으로 체스를 둔다. 가능한 거의 모든 수를 최소한의 깊이로 검토하다가 가장 유망한 수에 자원을 집중한다. 이 방식은 매우 베이즈주의적이다. 구글은 언제나 당장이라도 달릴 준비가 되어 있다. 늘 검색 알고리즘들을 새롭게 다듬는다. 이렇게 해서 만들어진 알고리즘들을 결코 완성된 것으로 여기지 않는다.

우리 대부분은 구글이 하는 것처럼 우리의 생각을 빠르게 테스트할 수 없다. 구글은 전 세계에 흩어져 있는 수억 명의 유저에게서 즉각적 피드백을 받는다. 우리는 딥블루의 프로그래머들처럼 슈퍼컴퓨터에 접근할 수도 없다. 그러니 진보는 기술 발전의 속도보다 훨씬 느리게 진행될 것이다.

그럼에도 최상의 길은 우리가 한 예측이 실험실을 벗어나 실제 현실에서 얼마나 잘 들어맞는지 계속 테스트하는 것이 아닐까 싶다.

기술의 사각지대를 넘어서

많은 점에서 우리 자신이 기술 발전의 가장 큰 걸림돌이다. 인간의 진화라는 느리고 꾸준한 행진은 기술 발전의 빠른 속도와 보조가 맞지 않는다. 진화는 천 년 단위로 일어나는 데 비해 컴퓨터의 처리 능력은 2년에 두 배씩 늘어나기 때문이다.

동굴 생활을 하던 우리의 조상은 패턴의 변화를 인식하는 능력을 갖추는 게 생존에 유리하다는 사실을 발견했다. 이를테면 저쪽에 있는 나무의 이파리가 바스락거리며 흔들리는 것이 바람 때문인지 아니면 조심스럽게 다가오는 회색곰 때문인지 0.1초 만에 구분하는 능력이 바로 그것이다. 그런데 통계수치들이 빠르게 돌아가는 오늘날의 세상에서는 그런 능력이 때로 우리를 곤란하게 하기도 한다. 아무런 의미도 담겨 있지 않은 숫자 배열인데도 우리는 거기에서 어떤 패턴을 (실수로!) 읽을 수 있다(영리한 광고주와 정치인들은 종종 원시시대에서 진화를 멈춘 우리 뇌의 이런 부분을 잘 이용한다).

하지만 체스의 경우에는 해피엔드로 끝났다. 카스파로프와 딥블루의 프로그래머들은 서로를 적으로 바라보았지만, 이들은 모두 컴퓨터의 처리 속도와 인간의 현명함이 예측에서 서로를 보완할 수 있음을 가르쳐주었다.

사실 오늘날 체스 세계 최강자는 사람도 아니고 컴퓨터도 아니다.[47] 2005년에 웹사이트 체스베이스닷컴ChessBase.com은 '프리 스타일' 체스 토너먼트 대회를 공고했다. 대회의 규정은 참가 선수들은 누구든 자기가 좋아하는 체스 프로그램의 도움을 받을 수 있게 하고, 인터넷에서도 훈수를 받을 수 있게 했다. 최고의 체스 고수들이 이 대회에 참가했지만, 우승자는 최고의 고수도 아니었고 최고의 체스 프로그램을 들고 나온 사람도 아니었다. 우승자는 바로 뉴햄프셔 출신의 두 20대 청년으로 구성된 조였다. 스티븐 크램턴Steven Cramton과 일명 '잭스ZaKs'로 불리는 재커리 스티븐Zackary Stephen이 그 주인공이었는데, 이들은 세 개 컴퓨터 프로그램을 조합해 수를 결정했다.[48] 이 팀이 우승한 것은 이들이 기술에 경외심을 가지지도 않았고 두려움도 느끼지 않았기 때문이다. 이들이 각각의 프로그램에 있는 강점과 약점을 알고 있었으며, 선수라기보다는 감독처럼 행동했기 때문이다.

하지만 "컴퓨터가 월드시리즈에서 양키스가 이길 것이라고 한다"와 같은 문구가 보이면 조심하기 바란다. 만약 그게 좀 더 정확한 문장("컴퓨터 프로그램의 결과에 따르면 양키스가 월드시리즈에서 우승할 것이다")의 축약 버전이라면 전혀 해롭지 않을 수도 있다. 세상의 모든 정보를 가지고 우리보다 훨씬 빠르게 계산할 수 있는 기계는 분명 유용하니까.

그러나 만약 당신이 보기에 예측가가 이것을 좀 더 문자 그대로, 그러니까 컴퓨터를 지각 있는 존재로 생각하거나 예측 모델이 스스로 생각한다고 여기는 느낌이 든다면, 이는 예측가가 실은 별생각이 없다는 신호일지 모른다. 예측가가 지닌 편견과 맹점은 그게 뭐든 간에 그의 컴퓨터 프로그램에 그대로 복제되고 말 것이다.

우리는 기술을 과거에 늘 보아온 모습 그대로 바라봐야 한다. 인간의 조건을 더 낫게 개선해주는 도구로 말이다. 기술의 제단에 경배를 해서도 안 되고 기술에 공포를 느끼며 놀라서도 안 된다. 사람처럼 생각하는 컴퓨터는 아직 그 누구도 설계하지 못했으며, 앞으로도 마찬가지일 것이다.[49] 컴퓨터에는 인간의 현명함과 능력이 반영되어 있다. 새로운 기술이 개발되더라도 인간의 그림자는 여전할 것이다.

10

포커

상대의 허풍을 간파하는 법

2003년은 이른바 '포커 붐'이 시작된 해다. 포커 붐은 경험이 없는 신출내기 포커 선수들이 기하급수적으로 늘어나고 변변찮은 포커 실력으로도 큰돈을 딸 수 있었던, 일종의 거품경제였다. 포커 붐 현상은 두 가지 원인의 즉각적 결과로 나타났다. 하나는 2003년 라스베이거스에서 벌어진 월드시리즈 오브 포커World Series of Poker였다. 이 대회에서 스물일곱 살의 아마추어가 우승했는데, 내슈빌에 사는 회계사였다. 그는 크리스 머니메이커Chris Moneymaker라는 예사롭지 않은 이름으로 대회에 참가했다. 머니메이커는 말 그대로 '미꾸라지가 용이 된' 사례다. 땅딸막한 체구에 평범하기만 한 책상물림이 끝없이 이어지는 과감한 블러핑과 행운의 조 추첨을 통해 마침내 온라인상에서 진행된 예선 토너먼트 참가비 39달러를 250만 달러로 불리는 데 성공했다.

미국 스포츠 전문매체 ESPN은 머니메이커의 이 활약을 6부작 미니 시리즈로 만들어 야구 시즌 전까지 주말 저녁마다 거의 쉬지 않고 방영했다. 포커는 그때까지만 해도 지저분하고 어딘지 모르게 구식이며 위협적인 이미지가 굳어져 있었다. 하지만 ESPN의 이 프로그램은 포커가 '스포츠'임을 끔찍하리만큼 지독하게 선전해댔다. 농구 황제 마이클 조던이나 천재 유격수 데릭 지터의 후계자가 되겠다는 꿈을 오래전에 포기했던 사람들은 키가 168센티미터에 대머리이며 평범한 회사원인 머니메이커에게서 자신의 모습을 발견했다. 평범한 직업을 가진 아마추어라도 고작 몇 주 만에 세계 최대의 포커 대회에서 우승자가 될 수 있다는 기대에 부푼 것이다.

ESPN의 프로그램은 포커판에서 벌어지는 일들을 실제와는 달리 훨씬 건전하게 묘사했다. 우선 800명이 넘는 참가자가 40시간 동안 벌이는 일들을 여섯 시간 분량으로 압축해야 했으므로 방송에서는 전체 승부 가운데 극히 일부만 담을 수밖에 없었다. 게다가 '구멍 카메라hole cam'라는 천재적 발명품 덕분에(이 소형 카메라는 포커 탁자의 모서리마다 설치되었다) 안방의 시청자들은 머니메이커가 든 카드뿐만 아니라 상대 선수들이 든 카드도 고스란히 볼 수 있었다. 시청자들은 자기가 마치 투시력이라도 있는 양 느꼈고, 그 기분을 즐겼다. 사실 포커란 게 상대방이 어떤 카드를 들고 있는지 알기만 하면 얼마나 쉬운 게임이겠는가.

머니메이커는 절대로 실패하지 않는 주인공으로 묘사되었다. 냉정한 전문가라면 형편없는 플레이를 했다고 혹평했을 테지만 ESPN 프로그램은 그러지 않았다. 경솔한 블러핑은 배짱 넘치는 블러핑으로, 너

무 일찍 기권을 해도 통찰력이 있다고 묘사했다. 머니메이커는 그저 평균치를 조금 웃도는 실력의 소유자가 아니라 하룻밤 사이에 세계 정상급 수준의 포커 선수가 될 정도로 남다른 노련함을 갖춘 포커의 달인으로 묘사되었다[1] (머니메이커는 월드시리즈 2003년 대회에서 우승한 뒤로 한 해에 평균 11만 달러 '밖에' 벌지 못했다. 이것도 대회 때마다 낸 엄청난 참가비를 빼기 전의 금액이다).

이 프로그램을 본 시청자들은 포커는 배우기 쉽고 돈을 따기도 쉬우며 또 아주 흥미진진한 게임이라고 믿게 되었다. 실제로는 이 가운데 단 하나도 사실이 아니다. 포커는 배우기 어렵고 돈을 따기도 어려우며 지루하기 짝이 없다. 하지만 사람들은 개의치 않았다. 많은 사람들이 예선에 참가해 라스베이거스 본선 티켓을 거머쥐기만 하면 자기도 제2의 크리스 머니메이커가 될 수 있다고 생각했다. 그래서 머니메이커가 참가했을 당시 월드시리즈 오브 포커 1만 달러 대회의 참가자는

839명이었지만 3년 뒤에는 무려 8,773명으로 늘어났다.

나도 그중 한 명이었다.[2] 난 한동안 포커 드림에 빠져 살았다. 그러다가 어느 순간 그 꿈은 사라졌다. 신호와 소음이 합쳐지는 진흙투성이의 합류 지점에 포커가 존재한다는 사실을 깨달은 것이다. 포커에 빠져 산 몇 해 동안의 경험 덕분에 나는 삶에서 우연이 수행하는 역할이 무엇인지 깨달았다. 아울러 우리가 세상을 이해하고 앞으로 세상이 어떻게 전개될지 예측 할때 우연이 만들어내는 환상이 어떤 건지도 알게 되었다.

포커 드림의 시작

포커 붐이 일어나게 된 또 하나의 계기는 인터넷이었다. 인터넷 포커는 1998년 무렵부터 있었다. 그러나 2003년에 파티포커Party Poker나 포커스타스PokerStars 같은 기업들이 적극적으로 마케팅하면서 바야흐로 인터넷 도박은 합법적인 수렁으로 발전하기 시작했다. 온라인 포커 게임에 세계 각지 선수들이 벌떼처럼 모여들었다. 가상의 도박장이 제공하는 합법성과 안전성이 카드 도박의 진입 장벽을 확 낮춰주었다. 인터넷 도박 업체들은 가능한 모든 편의를 사용자들에게 제공했다. 인터넷 도박장은 연중 무휴 24시간 문을 열었고, 1달러가 되지 않는 돈을 거는 판부터 수백 달러가 오가는 판까지 다양한 판을 제공했다. 게임 또한 빠르게 진행되며(컴퓨터는 사람보다 빠르게 카드를 섞고 사람들에게 나눠줄 수 있다. 또한 인터넷 도박장에서는 딜러에게 팁을 주지 않아도 된다), 게다가 담배연기 자욱한 꾀죄죄한 현실의 도박장이 아닌 자기 집에서 편안하게 게임을 즐길 수 있다.

나는 머니메이커처럼 회계사가 아니었다. 회계 기업인 KPMG에서 컨설턴트로 근무하고 있었다. 그런데 어느 날 직장 동료가 나보고 함께 도박장에 가보지 않겠느냐고 했다. 그저 재미로 짜릿한 즐거움을 느껴보자고 말이다. 그래서 몇 차례 포커 경험을 했다. 미시간의 마운트플레전트에 있는 소링 이글 인디언 카지노Soaring Eagle Indian Casino에서 새벽 네 시까지 죽치곤 했다. 하지만 나는 연습이 더 필요했고, 그래서 인터넷 도박장을 두리번거리기 시작했다. 그러다가 퍼시픽포커Pacific Poker라는 투박한 사이트가 사용자들에게 거절하기 어려운 제안을 하는 걸 발견했다. 25달러만 내면 얼마든지 게임을 할 수 있고 다른 조건은 없다고 했다.[3]

나는 처음 낸 25달러를 금방 날려버렸다. 그러나 퍼시픽포커 게임 참가자들은 내가 경험한 오프라인 도박장 '소링 이글'의 70대 노인이나 전과자들에 비하면 훨씬 만만한 상대로 보였다. 난 100달러를 칩으로 바꾸었다. 프로 포커 도박사 대부분은 처음 연속해 돈을 따는 일이 계기가 되어 도박사라는 직업을 가지게 되는데(처음에 돈을 잃는 사람들은 보통 정신을 차리고 포커 도박에서 손을 뗀다), 나 또한 예외가 아니었다. 퍼시픽포커의 내 지갑에는 돈이 점점 불어났다. 처음에는 하룻밤 사이에 50달러나 100달러씩 모이다가 나중에는 500달러나 1천 달러씩 불어났다. 석 달쯤 지나자 내가 딴 돈은 무려 5천 달러로 불어나 있었다.

나는 밤을 꼬박 새우면서 게임을 했고, 아침이면 허겁지겁 택시를 타고 직장으로 달려가곤 했다. 여섯 달이 지나자 퍼시픽포커의 내 지갑에는 1만 5천 달러가 들어와 있었고, 나는 KPMG에 사직서를 던졌다. 내가 맡고 있던 '국제 거래에서의 납세 관련 컨설팅'(흥미진진한 일이었다)을 포기하고, 내 시간을 모조리 포커 게임과 '베이스볼 프로스펙터스' 작업에만 쏟아부었다. 해방감 그 자체였다. 그때는 세상의 모든 이치를 깨달은 듯한 기분이었다.

처음에 내가 정말로 카드 게임을 잘했는지는 전혀 모르겠다. 그러나 당시에 경쟁의 장애물은 높지 않았다. 내가 통계 분야에 어느 정도 전문성이 있다는 점도 나에게 유리하게 작용했다. 사람들은 흔히 포커가 고도의 심리 게임이라고 생각한다. 서로의 마음을 읽음으로써 상대방의 패를 알아내려는 전쟁이 벌어지는 판이 바로 포커판이라고 말이다. 하지만 실제 포커판에서 이런 경우는 매우 드물다. 베팅 한도가 아주 높은 판에서는 이 같은 일이 간혹 있긴 하지만, 실제 포커판은 사람들이 상상하는 것과는 전혀 다르다(포커판에서 중요한 심리 요인은 주로 '자제력'이다). 포커는 믿기지 않을 정도로 수학적인 게임이며, 불확실성 속에서 확률과 관련된 판단을 얼마나 잘하느냐에 따라 승패가 갈린다. 모든 종류의 예측에서 절대적으로 중요한 확률적 추정의 실력이 바로 이 포커판에도 그대로 적용된다는 말이다.

패 읽기의 기술

훌륭한 포커 선수의 요건은 다음에 어떤 카드가 들어올지 예측하는 능력, 그러니까 초능력 같은 게 아니다. 미신에 집착하거나 과대망상에 빠진 선수들만이 카드가 섞이는 순서가 무작위적이지 않다고 믿는다. 최악의 선수들은, 카드가 두 장 남은 상황에서 플러시의 가능성은 약 3분의 1이며 에이스 원 페어가 킹 원 페어를 이길 확률은 80퍼센트라는 따위의 가장 기본적인 확률 계산조차 못하고 암기하지도 못한다. 포커에서 핵심 분석 기술은 포커 선수들이 말하는 이른바 '패 읽기hand reading', 곧 상대방이 어떤 카드를 쥐고 있는지, 그리고 그 카드들이 상대방의 결정에 어떤 영향을 끼칠지 짐작해서 파악하는 기술이다.

포커 선수에게 패 읽기는 엄청나게 어려운 과제다. 특히 사람들이 가장 많이 하는 텍사스홀덤Texas hold'em에서는 더욱 그렇다. 텍사스홀덤에서는 두 장의 카드가 공개되지 않은 채 각 선수의 손으로 들어가기 때문에 모든 베팅이 끝나고 나서 마지막에 패를 공개하기 전까지는 상대방이 든 패를 알 수 없다. 이를 확률적으로 표현하면, '확실한 것은 아무것도 없다'가 된다. 각각의 선수는 1,326개 조합 가운데 하나인 패를 가지고서 게임을 시작한다. 그리고 선수는 돈의 맛 때문에 자기 패가 마치 다른 패인 양 위장하는 플레이를 하지 못한다.

그러나 선수들은 자기만의 패 읽기 기술을 써서 상대방 패를 추정할 수 있다. 포커 선수들은 흔히 '상대를 가지고 노는 것'에 대해 이야기한다. 때로는 상대가 든 두 장의 카드가 무엇인지 정확하게 아는 것처럼 플레이하기도 한다. 하지만 최고의 선수는 언제나 수많은 가설을 설정하고 이를 즐기는데, 가설 하나하나를 상대의 행동에 대입해 평가하는 것이다. 훌륭한 포커의 추정은 확률적이다. 바닥에 커뮤니티 카드가 세 번에 걸쳐 차례로 공개되면서 이 추정은 점점 더 정확해지게 마련이

텍사스홀덤 게임

텍사스홀덤의 규칙은 인터넷에서나 책자에서 쉽게 찾아볼 수 있는데, 여기서는 이 책에서 구사하는 포커 관련 용어를 설명하는 차원에서 몇 가지 기본 사항만 소개하겠다. 텍사스홀덤의 규칙은 다른 카드 게임들의 규칙에 비해 단순한 편이다. 그러나 체스와 마찬가지로 전략과 전술은 규칙이 상대적으로 단순할 때 엄청나게 고도화될 수 있다.

게임은 카드 두 장을 선수들에게 뒷면이 보이게 엎어서 나눠주는 것으로 시작한다. 이 두 카드를 '다운 카드down card' 또는 '홀 카드hole card'라 부른다. 이 상태에서 한 차례 베팅이 진행된다. 그런 다음 모든 선수가 공유하는 카드 다섯 장이 바닥에 펼쳐진다. 이 카드는 '커뮤니티 카드community card' 또는 '보드board'라고 부른다. 선수는 자기 손에 쥔 카드들과 바닥에 깔린 카드들을 조합해서 다섯 장으로 승부를 겨룬다. 그런데 커뮤니티 카드 다섯 장 가운데 세 장은 한꺼번에 공개되는데, 이를 '플랍flop'이라 한다. 네 번째 공개되는 카드가 '턴turn', 다섯 번째가 '리버river'다. 이렇게 세 차례에 걸쳐 커뮤니티 카드가 공개될 때마다 베팅을 한다. 마지막 순간까지 기권하지 않은 선수들이 있을 경우, 그들끼리 자기 손에 든 카드를 공개해서 누가 승자인지 확인한다.

포커 패의 우열을 결정하는 족보 순서는 다음과 같다(높은 순).

스트레이트플러시 (K♥ Q♥ J♥ T♥ 9♥)
포카드 (7♣ 7♥ 7♠ 7♦ 2♥)
풀하우스 (Q♣ Q♥ Q♠ 5♦ 5♣)

플러시 (A♠ J♠ 9♠ 4♠ 2♠)

스트레이트 (8♣ 7♦ 6♠ 5♦ 4♥)

트리플 (9♦ 9♠ 9♥ A♣ 2♥)

투 페어 (A♥ A♠ 3♣ 3♦ 7♠)

원 페어 (K♠ K♥ 9♣ 8♣ 6♦)

노 페어 하이 카드 (A♣ Q♠ 8♦ 5♦ 3♠)

두 선수의 족보가 같을 때는 더 높은 숫자 카드를 가진 선수가 이긴다. 예를 들면 A가 포함된 플러시는 가장 높은 숫자가 9인 플러시보다 높다. 동일한 페어이면 다른 높은 카드로 승자를 정한다. '8♥ 8♠ K♣ 7♥ 5♥'는 '8♥ 8♠ Q♦ 7♥ 6♠'를 이기는데, K가 Q보다 높기 때문이다.

다. 그러나 카드가 공개되기 전까지는 상대방이 1,326개 카드 조합 가운데 무엇을 들고 있는지 일반적으로는 '정확하게' 추정할 수 없다. 상대방이 노련하고 추정하지 못하도록 의도적으로 행동할 때는 더더욱 그렇다.[4]

아닌 게 아니라 텍사스홀덤에서는 정보를 얻기가 워낙 어려워서 선수들은 심지어 카드가 나눠지기도 전부터 상대방 패의 범위를 추정하기 시작한다. 이는 온라인 게임에서는 흔히 데이터 마이닝data mining(많은 데이터 가운데 숨겨져 있는 유용한 상관관계를 발견해서 실행 가능한 정보를 추출해내고 의사결정에 이용하는 과정 – 옮긴이)을 통해 이루어진다. 예를 들어 당신은 게임 상대방 각각이 과거에 얼마나 공격적으로 또는 보수적으로, 얼마나 빡빡하게 또는 느슨하게 게임을 운영했는지 알 수 있는 통계자료에 접근할 수 있다. 현실 속 실제 카지노에서는 선수들 사이에 존재하는 과거 이력을 통해 이런 점을 파악할 수 있다. 또, 인종적·민족적 프로파일링을 통해 알 수도 있다. 이를테면 스웨덴, 레바논, 중국의 선수들은 프랑스, 영국, 인도의 선수들보다 공격적이라는 평판이 나 있다. 젊은 선수들은 나이 든 선수들에 비해 더 느슨하게 그리고 더 공격적으로 게임을 운영한다. 또 남성이 여성보다 블러핑을 더 많이 한다. 그런데 이러한 고정관념은, 고정관념이 원래 그렇듯이, 실제 현실에서 언제나 정확하게 들어맞지는 않는다는 데 문제가 있다. 내가 텍사스홀덤을 하던 라스베이거스의 벨라지오 카지노에서는 최고의 선수들이 여성인 경우가 자주 있었다. 그런데 이들 여성이 그처럼 좋은 성적을 낸 이유 중 하나는 상대방이 생각한 것보다 훨씬 더 공격적이었기 때문이다. 하지만 포커 선수들은 정치적 올바름과는 거리가 멀다. 여성이 남성보다 보수적이라는 고정관념이 통상 45퍼센트가 거짓이라면 나머지 55퍼센트는 참이라는 뜻이다.

텍사스홀덤 게임이 일단 시작되면 더 신뢰할 수 있는 정보가 이처럼 조잡한 가정들을 대체한다. 어떤 선수가 그날 그 자리에서 어떤 패들을 들고서 어떻게 게임을 운영했는지, 이 선수가 이번에는 어떻게 게임을 운영하는지 등이 바로 그런 정보다. 이 과정은 본질적으로 심오하게 베이즈주의적이다. 각각의 선수는 한 차례씩 베팅, 체크check, 콜call이 이루어질 때마다 새로운 정보에 근거해서 상대 선수들에 대한 확률적 평가를 업데이트하기 때문이다. 만일 누가 베이즈 정리의 실용성을 의심한다면, 그는 분명 포커 게임을 단 한 번도 구경한 적이 없는 사람일 것이다(선수가 새로 베팅을 하거나 다른 선수가 베팅한 금액을 다시 늘리는 것을 '레이즈raise'라 하고, 이 레이즈를 받아들이는 것을 '콜'이라 하며, 베팅의 기회가 자기에게 돌아왔을 때 자신은 베팅하지 않고 다음 선수에게 베팅 기회를 넘기는 것을 '체크'라고 한다 – 옮긴이).

확률적으로 사고하라

당신이 벨라지오에서 블라인드 베팅액이 5달러/10달러인 무제한 베팅 텍사스홀덤 게임을 한다고 치자(블라인드는 판에 참가하기 위해 내야 하는 기본 비용이다. '스몰/빅'으로 표시되며 딜러 왼쪽이 스몰 블라인드를, 스몰 왼쪽이 빅 블라인드를 낸다. 딜러는 한 판씩 돌아가며 차례대로 바뀐다. 무제한 베팅은 선수가 어떤 베팅 기회에서든 자기 앞에 있는 모든 칩을 베팅할 수 있다는 뜻이다. 단 게임 시작 전 선수들이 가지고 있던 금액을 초과해서 베팅할 수는 없다. 예를 들어 당신이 빌 게이츠와 무제한 베팅 텍사스홀덤 게임을 하는데, 당신이 500달러를 갖고 게임을 시작하면 게이츠는 5억 달러를 들고서 시작하더라도 걸 수 있는 금액의 최대는 500달러다. 게이츠도 이를 넘는 금액을 베팅할 수는 없다. 게이츠가 5억 달러를 베팅할 수 있으면 당신은 4억 9,999만 9,500달러를 마련할 수 없어 기권할 수밖에 없을 것이다). 선수들에게 두 장씩 패가 돌아간다. 당신은 8♠와 8♣를 받았다. 8 원 페어. 괜찮은 패다. 당신은 25달러를 레이즈한다. 다른 선수들은 모두 기권하고 한 사람만 콜을 한다. 예순 살쯤 되어 보이는 이 사람을 변호사라고 부르자.

이 변호사는 괜찮은 남자다. 평소에는 말이 많은 편이지만 판이 진행되는 동안에는 입을 다문다. 우리는 그가 지적재산권 전문 로펌에서 사업 파트너로 꽤 잘나가는 사람이라는 걸 알고 있다. 그는 폴로 셔츠 차림이고, 게임 도중에 이따금씩 친구와 문자메시지를 주고받으며 골프 티타임 시간을 조정하기도 한다. 이 정도 중간 규모의 판에서는 돈을 잃는다 해도 크게 신경 쓸 것 같지 않아 보인다.

변호사가 처음 게임 테이블에 앉았을 때, 그에 대한 의견은 크게 둘로 갈렸다. 폼을 잡고 과시하려고 블러핑을 할 거라는 의견과 직업이 변호사니까 더 보수적이고 교과서적으로 게임을 운영할 거라는 의견이었다. 그 뒤로 얼마 동안 관찰한 결과 후자일 가능성이 더 높다고 판단됐다. 우리는 기본적으로 이 변호사는 고수가 아니고 고도의 기만적 술책을 그다지 많이 구사하지는 않으며 치명적 실수를 피하기 위해 노력할 거라고 판단 내렸다. 그는 최악의 선수라고 할 수는 없어도 게임을 오래 할 경우 결코 최후의 승자가 될 사람 같지는 않다. 하지만 우리는 이 변호사와 게임을 그다지 오래 한 게 아니어서 그런 결론을 온전하게 확신할 수 없다.

자, 그렇다면 우리는 변호사가 든 패를 어느 정도로 가늠할 수 있을까? 한 치의 의심도 없이 확신할 수 있는 사실은 이 변호사가 8♠나 8♣는 들고 있지 않다는 점이다. 왜냐하면 그 두 카드는 우리가 들고 있기 때문이다. 안타깝게도 경우의 수는 고작 1,326개에서 1,225개로 줄었을 뿐이다.

변호사는 다른 정보도 제공했다. 우리가 베팅했을 때 콜을 부른 것이다. 그가 든 패가 적어도 꽝은 아니라는 뜻이다. 선수들은 대부분 커뮤니티 카드 세 장을 뒤집는 플랍 전의 베팅에서 기권한다. 패가 좋지 않기 때문이다. 그러니 콜을 했다는 건 변호사가 나쁘지 않은 패를 들고 있다는 뜻이다. 하지만 우리는 그가 A 페어와 같은 '매우 강력한' 패를 들고 있지 않을 가능성이 높다는 사실도 유추할 수 있다. 매우 강력한 패라면 그가 추가로 레이즈를 하지 않고 콜만 했을 리 없기 때문이다. 물론 좋은 패이면서도 우리를 속이려고 일부러 그랬을 가능성도 완전히 배제할 수는 없다.

우리는 이 시점에서 변호사가 들고 있을 패에 대해 확률적이고 베이즈주의적인 평가를 시작할 수 있다. 이런 유형의 선수들을 상대해 본 과거 경험을 통해 우선 그가 9◆ 9♠를 들고 있을 가능성을 점칠 수 있다. A를 한 장 가지고 있을 수도 있다. 카드 두 장이 A♥ 5♥처럼 같은 무늬일 수 있다. 플러시를 더 쉽게 만들 수 있다는 뜻이다. 또한 6♠ 5♠처럼 같은 무늬에 연속하는 두 숫자라서 플러시나 스트레이트에 유리할 수도 있다. 마지막으로, K♣ J◆처럼 그림카드face card를 두 장 들고 있을 수도 있다.

시간이 충분하다면 변호사 패의 모든 가능성 곧 1,326개 가능성을 0퍼센트에서 100퍼센트까지 〈도표 10-2A〉에서처럼 일일이 따져볼 수 있겠지만 우리에게는 그럴 시간이 없다. 우리는 그 모든 가능성을 순식간에 계산하고 분류할 수 있는 컴퓨터가 아니다.

이런 매트릭스는 너무 복잡해서 실제로 게임을 하면서는 도저히 계산해낼 수가 없다. 그래서 선수들이 대안으로 선택하는 게 상대방 패의 가능성을 몇 가지 범주로 나누어서 살피는 것이다(도표 10-2B). 그

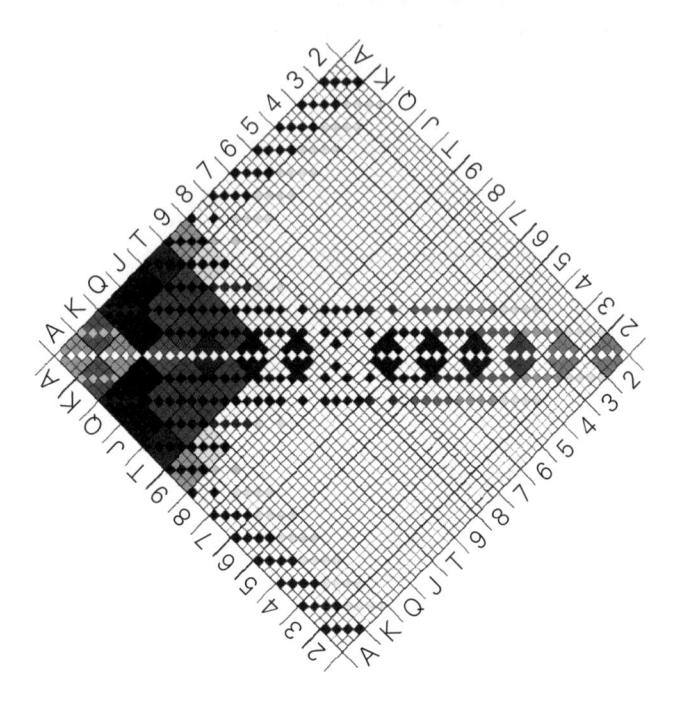

런데 우리가 가장 우려하는 범주는 변호사가 우리의 8 페어보다 높은 페어를 들고 있을 경우다.

다행스럽게도 그럴 확률은 낮다. 텍사스홀덤에서 선수가 페어를 손에 들고 있을 확률은 매우 낮다. 실제로 패가 9 페어 이상일 확률은 3퍼센트밖에 되지 않는다. 하지만 변호사가 우리 베팅에 콜을 한 만큼 우리는 우리가 추정한 확률을 업데이트해야 한다. 아닌 게 아니라 변호사는 이전의 여러 판에서는 플랍 이전에 기권했다. 좋지 않은 패를 들고 있었기 때문이라고 추정할 수 있다. 이런 점을 고려해 컴퓨터가 추정한 결과에 따르면, 변호사가 우리보다 높은 페어를 들고 있을 확률

패의 유형	손에 든 패의 사례	콜 이전의 사전확률	콜 이후의 사후확률
8페어부터 A페어까지	J♥ J♣	3%	6%
2페어부터 7페어까지	6♠ 6♦	3%	12%
A 포함 같은 무늬	A♥ 9♥	4%	15%
A 포함 다른 무늬	A♠ Q♥	11%	16%
같은 무늬 그림 카드	Q♠ J♠	2%	10%
다른 무늬 그림 카드	K♣ T♠	5%	16%
같은 무늬 연속 숫자	7♦ 6♦	2%	8%
잡동사니	J♣ 8♣	70%	17%

은 6퍼센트로 높아졌다.

이렇게 해서 변호사가 우리보다 좋지 않은 패를 들고 있을 확률은 94퍼센트가 된다. 그런데 문제는 아직 카드가 다섯 장 남아 있다는 사실이다. 또 우리 패가 더 좋아질 확률은 상대적으로 낮은 데 비해(우리는 남은 8 카드 두 장 가운데 한 장이 나오길 기대해야 한다), 변호사는 더 쉽게 높은 페어나 스트레이트 또는 플러시를 만들 수 있다.

변호사는 딜러가 플랍 카드를 바닥에 깔 때 커피를 크게 한 번 들이켰다. 플랍 카드에는 클로버가 두 장 포함되어 있었다.

K♣ 9♥ 3♣

우리 패 8♠8♣는 이 카드들로 좋아지지 않았다. 우리는 변호사의 패도 좋아지지 않기만 바랄 뿐이다. 이 경우에는 우리 패가 여전히 변호사의 패보다 좋다. 그래서 우리는 65달러[블라인드 15달러(5달러+10

달러)에 플랍 이전의 베팅 50달러(25달러+25달러)를 합해서 65달러다 – 옮긴이의 현재 판돈에 35달러를 베팅했다. 변호사는 잠시 생각하더니 콜을 했다.

이 콜은 우리에게는 그다지 큰 뉴스가 아니다. 앞서 추정한 변호사의 패를 놓고 볼 때 충분히 예상한 것이기 때문이다. 베이즈 정리에서 핵심은 조건부 확률로 생각하는 것이다. 예를 들어 변호사가 K♣ J◆ 패를 손에 들고 시작해서 이제 K 원 페어가 되었다면 과연 콜만 하고 말았을까? (어쩌면 가장 높은 페어를 들고 있는데도 우리 베팅에 레이즈를 하지 않은 건 아닐까?) 만일 7♥ 7♠처럼 우리보다 낮은 페어를 들고 시작했다면 어땠을까? 기권하지 않고 콜만 하는 게 맞지 않을까?

| 10-3 | 변호사 패의 가능성 범주화(플랍 이후)

패의 유형	손에 든 패의 사례	콜 이전의 사전확률	콜 이후의 사후확률
K 트리플, 9 트리플, 3 트리플	9◆ 9♠	2%	2%
투 페어	K♥ 9♥	2%	2%
원 페어, K 페어 이상	K♠ J◆	15%	28%
원 페어, 8 페어부터 Q 페어까지	9◆ 8◆	13%	20%
원 페어, 7 페어 이하	A♠ 3♠	15%	20%
플러시 희망, 노 페어	8♣ 6♣	6%	12%
스트레이트 희망 (플러시 희망 없음)	Q◆ T♠	12%	12%
기타 노 페어	A♥ J♣	35%	4%

우리에게 시간만 충분하다면 1,326가지 경우의 수를 하나하나씩 따져서 우리의 추정치를 수정할 수도 있다(도표 10-3).

우리가 도박장에서 게임할 때의 추정치는 이처럼 정확하지 않다. 그러나 변호사가 다시 우리의 레이즈에 콜을 했다는 점을 놓고서 우리는 변호사 패에 대해 어느 정도는 확률적 추정을 할 수 있다. 변호사가 손에 든 카드가 플롭 카드와 강력하게 맞춰져서 그가 K 원 페어 이상을 들고 있을 확률은 30퍼센트쯤 된다. 이 정도 패면 웬만한 베팅의 압박이 아니면 쉽게 기권할 수 없는 좋은 패임이 분명하다. 그런데 K 원 페어보다는 못하지만 그래도 우리가 가진 8 원 페어보다 좋은 패일 확률도 20퍼센트쯤 된다. 이 두 경우 모두 변호사는 우리를 이기지만, 만일 우리가 계속해서 공격적으로 베팅을 하면 변호사는 기권할 가능성이 더 높다.

한편 변호사가 스트레이트나 플러시를 바라고 있을 확률도 25퍼센트쯤 된다. 하지만 현재 변호사는 우리보다 못한 패를 갖고 있으며 갈 길이 멀다. 마지막으로 그가 우리보다 낮은 원 페어를 들고 있을 확률과 나중에 블러핑으로 우리를 기권하게 할 생각으로 별 볼일이 없는 패인데 콜을 했을 확률을 합치면 약 25퍼센트가 된다.

여기까지만 봐도 포커의 판단이 얼마나 복잡한지 알 수 있다. 이런 가능성들 가운데 어떤 것은 우리에게 될 수 있으면 공격적으로 베팅해야 한다고 하고, 어떤 것은 더 신중하게 접근할 필요가 있다고 말한다. 또 다른 가능성은 기권할 준비를 해야 한다고 한다.

이처럼 복잡한 생각을 하고 있는 동안 딜러가 턴 카드를 공개한다. 우리에게 가장 이상적인 카드인 8◆다. 남은 두 장의 8 카드 중에 한 장이 오면서 우리 패는 8 트리플이 된다. 마음이 편안해진다. 이제 변호사의 패가 우리 패보다 좋은 경우는 그가 K 페어나 9 페어를 손에 쥐고 있어서 우리보다 높은 트리플 패이면서도 우리를 함정에 빠뜨리려고 소극적으로 콜만 하며 따라오는 것뿐이다(이런 식의 게임 운영을 '슬로플레잉slowplaying'이라고 한다). 하지만 이렇게 수세적으로 생각해서는 안 된다. 확률을 따지자면 우리 패가 변호사의 패보다 좋을 확률은 98퍼센트다. 그래서 이번에는 기존의 판돈 135달러에 제법 높은 금액인 100달러를 베팅한다.

그런데 변호사가 다시 콜을 한다. 낮은 페어나 플러시 또는 스트레이트가 될 가능성이 별로 없다면 기권했을 텐데 콜을 불렀기 때문에 우리는 이제 한 번 더 변호사 패의 범위를 좀 더 좁혀서 추정할 수 있

| 10-4 | 변호사 패의 가능성 범주화(턴 이후)

패의 유형	손에 든 패의 사례	콜 이전의 사전확률	콜 이후의 사후확률
K 트리플, 9 트리플	9♦ 9♠	2%	1%
3 트리플	3♥ 3♣	1%	1%
투 페어	K♣ 9♥	2%	2%
원 페어, K 페어 이상	K♥ J♠	28%	45%
원 페어, 3 페어부터 Q 페어까지	9♦ 7♦	40%	33%
플러시 희망, 노 페어	A♣ 2♣	12%	14%
스트레이트 희망 (플러시 희망 없음)	J♦ T♠	13%	3%
기타 노 페어	A♠ Q♥	3%	1%

다. 사실 그가 게임을 시작했을 전체 1,326개 조합 가운데서 이런 범주에 들 수 있는 조합은 75개 정도밖에 되지 않는다. 변호사가 K 페어일 가능성이 있다. 이 가능성을 우리는 무척 걱정했지만 이제 8◆이 나온 이상 그것도 두렵지 않다. 이제 우리가 두려워하는 건 마지막 리버 카드에서 클로버가 한 장 더 떨어지는 것이다. 왜냐하면 변호사가 플러시를 완성할지도 모르기 때문이다.

하지만 마지막 카드는 전혀 위협적이지 않아 보이는 5♠다. 이 카드로 변호사는 어떤 경우에도 플러시를 만들지 못한다. 아무튼 이렇게 해서 바닥에 깔린 커뮤니티 카드는 다음과 같이 최종적으로 결정되었다.

K♣ 9♥ 3♣ 8◆ 5♠

그래서 우리는 기존의 판돈 335달러에 250달러를 베팅한다. 변호사가 우리보다 못한 패로 콜을 해주길 바라며 느긋하게 그의 반응을 기다리려고 했다. 그런데 갑자기 변호사가 얼굴에 생기를 띠며 이렇게 말한다.

"자, 전 올인 들어갑니다."

속삭임에 가까운 작은 소리였다. 그러고 나서 변호사는 자기 앞에 있던 모든 칩을 가운데로 밀어넣었다. 1,200달러쯤이다.

도대체 이게 무슨 일이지? 우리는 이제 베이즈주의적 사고를 동원해 이 상황을 분석해야 한다. 추정이 빗나간다면 우리는 이 마지막 올인 레이즈의 콜에만 1,200달러를 낭비하게 된다.

우리는 바닥에 깔린 카드를 보고는 전체 1,326개 무작위 조합 가운데서 변호사의 이런 플레이에 가장 일치해 보이는 단 한 개 조합이 있음을 깨닫는다. 바로 7♣와 6♣다. 변호사는 이 두 카드를 들고 있어서 플랍 이전에 콜을 하며 따라왔을 수 있다. 플랍 이후에는 클로버 네 장으로 플러시를 바라게 되었다. 하지만 우리가 강력한 압박을 줄 정도로 큰 금액을 베팅하지 않았기에 그는 콜을 하고 계속 따라왔다. 그리고 턴 카드에서 변호사는 플러시를 완성하지 못했지만 한층 더 강력해진 패가 되었다. 우리는 8◆로 트리플을 만들었지만, 변호사는 마지막 카드로 5나 10 가운데 어느 게 떨어져도 스트레이트를 만들 수 있을 뿐 아니라 플러시도 여전히 노릴 수 있었다. 변호사가 정말로 손에 7♣와 6♣를 들고 있다면, 마지막 카드 5♠로 변호사는 스트레이트를 완성한다. 그렇다면 그의 패는 우리 패를 이긴다. 또 그가 이처럼 대담하게 올인하는 이유도 설명된다.

자, 그렇다면 우리는 여기에서 게임을 포기해야 할까? 설령 당신이 단 한 차례도 포커를 해보지 않았더라도, 어떻게 해야 할지 잠시 생각해볼 가치는 충분하다.

답은 '아니올시다'일 것이다. 사실 많은 선수와 반대로 당신은 더 많은 판돈을 걸고 싶어할 것이다.

답은 베이즈 정리에서 나온다. 올인 베팅이 극단적으로 강력한 행동임은 분명하다. 또 변호사의 올인 베팅은 그가 이전에 한 콜보다 훨씬 많은 정보를 담고 있다. 그러나 변호사가 올인 베팅을 하기 전에 우리는 그가 7♣6♣를 들고 있을 가능성에 1퍼센트라는 낮은 확률을 부여했을 수 있다. 변호사가 이 두 카드를 들고 있기에 그처럼 대담한 레이즈를 했다고 극단적으로 확신하지 않는 한, 우리의 기권은 엄청난 실수일 수 있다. 성공 확률이 35퍼센트만 되어도 콜을 하는 게 옳기 때문이다.

변호사의 패를 놓고 다르게 해석할 가능성도 있다. 변호사는 3 트리플이나 5 트리플일 수도 있다. 그렇더라도 8 트리플인 우리가 이긴다. 변호사는 K♥과 5♥로 투 페어를 잡고 있을 수도 있다. 어떤 사람들은 A 원 페어를 들고도 이런 식으로 베팅하기도 한다. 변호사는 나름대로 베이즈주의적 모델을 이용해 K 투 페어만 들고 있으면 자기가 이길 것으로 계산했을 수도 있다. 그래서 우리가 자기보다 낮은 패로 콜을 할 경우 많은 돈을 딸 수 있으리라 생각했을 것이다. 비록 사실과 다르긴 하지만 말이다.

그런데 변호사의 패가 스트레이트가 아니더라도 우리를 이길 패가 또 있다. 9 트리플과 K 트리플이다. 변호사가 이런 패를 들고서 우리를 함정에 빠뜨리려고 일부러 베팅과 레이즈를 자제하며 '슬로플레이'를 했다면, 그래서 우리가 콜을 하고 그의 함정으로 걸어 들어간다면, 변호사는 많은 돈을 딸 수 있다. 하지만 정반대로 변호사의 올인 베팅이 블러핑일 가능성도 있다. 플러시를 노리다가 실패로 돌아간 상황에서 그가 판돈을 가져갈 유일한 방법은 블러핑밖에 없기 때문이다.

"불가능한 걸 모두 제거하고 나면, 남은 것들은 아무리 불가능해 보인다 해도 진실임에 틀림없다."

셜록 홈스를 탄생시킨 영국의 추리작가 아서 코난 도일_{Arthur Conan Doyle}이 한 말이다. 도일이 제시한 이 명제는 매우 논리적으로 들린다. 그런데 불가능한 것과 불가능해 보이는(그렇지만 일어날 수도 있는) 것을 구분하기란 여간 어려운 게 아니다. 또 구분을 너무 세밀하게 하려다 낭패를 당하는 일도 자주 벌어진다. 우리에게 닥친 문제는 불가능해 보이는 것들을 다른 불가능성들과 비교 평가하는 문제이며, 또한 변호사가 든 카드가 정확하게 7♣와 6♣라는 가설에 대한 평가의 문제다. 컴퓨터로 확률을 계산해보면 우리의 패가 변호사의 패를 이길 확률은 여전히 3분의 2 정도는 충분히 될 것이다(도표 10-5).

 포커 선수들이 실제로 변호사의 패에 대해 평가를 한다면 다양한 의견이 나올 수 있다. 숙련된 포커 선수는 불확실성 아래에서 상당히 훌륭한 확률적 판단을 내린다는 측면에서 볼 때, 아마도 인구의 99.9퍼센트보다 나을 것이다. 사실 나는 이런 추정의 기술을 연마하는 데 텍사스홀덤보다 더 좋은 게임이나 지적 훈련 과정은 없다고 생각한다. 지금까지 우리가 변호사와 벌인 이 대결 상황을 직업 포커 선수들의 온라인 포럼 공간인 투 플러스 투Two Plus Two에 올렸을 때, 그들의 의견은 우리가 확실히 이긴다는 데서부터 확실히 진다는 데까지 다양했

| 10-5 | 변호사 패의 가능성 범주화(리버 이후)

패의 유형	손에 든 패의 사례	올인 레이즈 이전의 사전확률	올인 레이즈 이후의 사후확률
스트레이트	7♣ 6♣	1%	16%
K 트리플 혹은 9 트리플	9♦ 9♠	2%	17%
5 트리플 혹은 3 트리플	5♥ 5♣	2%	19%
투 페어	K♥ 5♥	3%	20%
원 페어, K 페어 이상	A♠ A♦	44%	15%
원 페어, 8 페어부터 Q 페어까지5	8♥ 7♦	35%	4%
노페어 (블러핑)	7♠ 2♥	13%	9%

다.[6] 하지만 나는 이 두 의견 모두 지나친 자기과신의 결과라고 생각한다. 상대방 카드에 대해 아무것도 모른다면 그만 멈춰야 한다. 그러나 일반적으로 볼 때, 우리가 저지르는 예측의 오류는 현실 세상에는 실제보다 더 높은 확실성이 존재한다고 착각하는 데서 비롯한다. 이 경우에 상대 선수의 패를 정확하게 알아내려거든 기권을 하는 게 맞고, 여러 가능성을 온전하게 평가한다면 콜을 해야 마땅하다.

슈뢰딩거의 포커 패

(오스트리아의 물리학자 에르빈 슈뢰딩거Erwin Schrödinger가 양자역학과 관련해 이런 상상을 했다. 철로 막아놓은 방에 고양이를 가둔다. 방 안에는 방사능 물질의 붕괴를 탐지하는 장치와 방사능 물질을 아주 조금 뒀다. 한 시간 안에 딱 하나의 원자가 붕괴할 확률은 50퍼센트다. 다시 말해 원자가 붕괴할 가능성과 붕괴하지 않을 가능성이 같은 정도다. 그런 다음에는 원자가 붕괴할 경우 방 안에 시안화수소산이 퍼지게 한다. 원자가 붕괴한다면 고양이는 죽을 것이고, 붕괴하지 않는다면 고양이는 살아 있을 것이다. 한 시간 뒤에 상자를 열면 고양이는 어떻게 되었을까? 고양이가 죽어 있을 확률이 50퍼센트, 살아 있을 확률이 50퍼센트다. 그렇다면 상자를 열기 전에는 죽어 있을까 살아 있을까? 정답은 알 수 없다는 것이다. 상자를 열기 전에는 결과를 전혀 예측할 수 없기 때문이다. 그래서 슈뢰딩거는 고양이는 죽어 있기도 하고 살아 있기도 하다고 했다 - 옮긴이)

만약 변호사와 우리의 대결이 ESPN을 통해 중계되고 시청자가 텔레비전 화면을 통해 두 사람의 패를 모두 보고 있다고 하더라도 해설자들의 분석은 전혀 다를 것이다. 만일 변호사가 7♣와 6♣을 가지고 있다는 사실을 안다면 해설자들은 우리에게 기권을 하는 게 현명한 선택이라고 주장할 것이다. 하지만 그때까지 그와 동일한 패턴으로 진행되어왔다 하더라도 변호사가 3♥과 3♠을 들고 있다면 아마도 해설자들은 우리더러 두둑하게 커진 판돈을 모두 가져갈 기회가 왔다고 흥분해서 말할 것이다.

2009년에 세계적인 포커 선수 톰 드완Tom Dwan과 필 아이비Phil Ivey가 텔레비전 중계가 되는 가운데 텍사스홀덤 게임을 했는데, 어느 판에서 판돈이 마침내 100만 달러가 넘어섰다.[7] 그런데 아이비가 턴 카드에서 5까지의 스트레이트라는 기적 같은 패를 잡았다. 드완은, 아이비로서는 매우 불행하게도, 아이비의 패를 이길 수 있는 유일한 패인 7까지의 스트레이트를 잡았다(아이비가 손에 든 패는 A♣ 2♦, 드완이 손에 든 패는 7♥ 6♥이었다. 그런데 플롭은 J♣ 3♦ 5♣였으며 턴은 4♥였다). 이때 중계 아나운서가 말했다.

"지금 같은 어려움에서 빠져나갈 수 있는 사람이 있다면, 그건 아마 아이비일 겁니다."

만약 아이비가 여기에서 드완의 레이즈에 기권을 한다면 아이비가 탁월한 포커 재능을 타고났다는 증거가 될 거라는 뜻이었다. 그러나 사실 아이비처럼 좋은 패를 들고 기권을 한다는 건 말도 안 되는 끔찍한 선택이다. 당시에 아이비가 알고 있던 사실, 그리고 그와 드완이 얼마나 공격적으로 게임을 운영했는가 하는 사실을 전제로 한다면, 아이비는 자기 패가 90퍼센트 확률로 상대방을 이긴다고 생각해야 옳았다.

포커는 텔레비전 중계 덕분에 엄청난 혜택을 받긴 했지만, 텔레비전 중계는 선수의 정확한 의사결정 과정이 아니라 게임 결과에만 지나치게 초점을 맞춰서 일반 선수들에게 포커의 올바른 게임 운영법에 대한 잘못된 인상을 심어주었다. 드완은 나에게 이렇게 말했다.

"누군가의 패를 몇 가지로 좁혀서 추정한다는 건 매우 드문 일입니다. 프로 선수들과 텔레비전 쇼들이 사람들에게 보여주는 걸 절대로 믿어서는 안 됩니다. 그런 것들이 현실에서 실제로 일어나는 일은 매우 드무니까요."

상대를 혼란스럽게 하는 법

드완은 한때 온라인상에서 'durrrr'로 더 많이 알려졌다. 그가 이 별명을 선택한 이유는 이 닉네임이 자기와 붙어서 돈을 잃은 선수들을 '뚜껑 열리게tilt' 한다는 사실을 알았기 때문이다('틸트tilt'는 선수가 포커 도중에 감정적으로 흔들리는 상태를 말한다. 그런 사람을 틸터tilter라고 부른다 – 옮긴이). 드완은 열일곱 살 때 온라인 포커 사이트인 풀 틸트 포커 Full Tilt Poker에 가입해서 50달러를 걸었고, 나중에는 전업 포커 선수로 활동하려고 보스턴칼리지를 자퇴했다.[8] 그리고 온라인 포커의 먹이사슬 맨 꼭대기까지 올라갔다.[9] 매달 수백만 달러가 그의 지갑으로 들어갔다. 때로는 그만큼 많은 돈을 잃기도 했지만 딸 때가 더 많았다.[10]

드완과 통화를 한 2012년 무렵에 그는 이미 전 세계의 무제한 베팅 텍사스홀덤 선수들 사이에서 유명 인물이었다.[11] 드완은 창의적이고 공격적이며, 무엇보다 두려워할 줄 모른다는 명성이 있다. 2009년에 그는 가장 친한 친구인 필 갤펀드Phil Galfond를 제외하고는 누구든 이길 수 있다며, 아무나 자기와 일대일로 5천 판을 해서 자기가 이기면 50만 달러를 받고 상대가 이기면 150만 달러를 그에게 지불하겠다는 조건을 내걸었다. 강력한 세 선수가 그에게 도전했고, 드완은 중간 합계로 2승을 거뒀다(대결들은 5천 판이라는 조건을 모두 채우지 못하고 도중에 중단되었다 - 옮긴이).

드완은 이처럼 허세를 부리긴 해도 개인적으로 만나면 아주 신중한 사람이다.[12] 드완은 포커나 세상을 매우 확률적으로 바라본다. 그가 포커판에서 돈을 따는 이유는, 그를 상대하는 선수들이 지나치게 자신감에 차 있기 때문이다. 드완은 이렇게 말했다.

"삶의 영역 대부분에서 '예, 아니요'가 아니라 확률적으로 접근하는 게 아주 중요합니다. 재정동맹fiscal union을 결성(유럽연합 회원국이 재정 주권의 일부를 유럽연합에 이양하는 일. 유럽의 정치적 통합 차원에서 논의되고 있다 - 옮긴이)하든, 채소값을 치르든, 해고의 칼날을 피하고자 하든, 확률에 의거하지 않은 접근은 엄청나게 큰 오류를 불러옵니다."

드완은 자기 플레이를 의도적으로 모호하게 해서, 사람들이 가지고 있는 이런 경향을 유도하고 또 이용한다. 포커에서 가장 중요한 기술이 상대방이 가질 수 있는 패의 범위를 추정하는 것이라면, 다음으로 중요한 기술이 바로 자기 자신의 플레이를 상대 선수가 추정하지 못하게 하는 것이다. 드완은 이렇게 말했다.

"상대방이 뛰어난 선수일수록 당신은 그들이 무엇을 가졌는지, 무엇을 하고자 하는지, 앞으로 게임이 어떻게 전개될지에 대해서 점점 더 불확실하다고 여기게 됩니다. 그럴수록 고수는 상대방의 이런 심리를 조장하고 조종해서 이용하려 들지요."

비록 드완과 같은 최고의 선수는 절대로 될 수 없겠지만, 포커 선수로 사는 동안 나도 나름대로 사람들의 그런 경향을 이용했다. 2000년대 중반 나는 온라인 포커 게임을 하면서 보수적이고 깐깐하게 경기를 해서 돈을 딸 수 있었다. 그러나 곧이어 더 공격적인 스타일로 경기할 때 돈을 더 많이 딸 수 있다는 사실을 알았다. 그럴 때 상대방이 나의 패를 잘못 추정하기 십상이기 때문이다.

예를 들어 당신이 플롭 이전에 레이즈를 하면 상대방은 보통 당신이 A 페어나 K 페어 또는 Q 페어를 손에 들고 있는 줄 알 것이다. 물론 그럴 때도 있다. 그러나 나는 (앞서 변호사가 들고 있다고 생각해 두려워했던) 7♣ 6♣처럼 낮은 패를 들고서도 레이즈를 하곤 했다. 그러자 A 나 K 같은 높은 카드가 커뮤니티 카드로 바닥에 깔릴 때 상대 선수들은 내가 그런 카드를 한 장쯤 들고 있다고 생각하고 도중에 기권했다. 이런 사실은 나에게는 새로운 발견이었다. 그리고 만약 낮은 카드들이 들어오면 그걸로 종종 원 페어를 만들거나 더 좋은 족보를 노릴 수 있었다. 때로 나는 도저히 가능할 것 같지 않은 스트레이트를 완성하기도 했는데, 그럴 때면 상대 선수들은 약이 올라서 감정 조절을 잘 못하곤 했다. 그런데 포커에 관한 흥미로운 사실 하나는 가장 잘하는 선수와 가장 못하는 선수 모두 (다른 이유에서) 게임을 꽤 마구잡이로 운영하는 듯 보인다는 점이다(게임을 가장 잘하는 선수는 변칙적인 플레이로 상대방이 자기 패를 읽지 못하게 하고, 가장 못하는 선수는 어떻게 해야 할지 몰라서 무작정 플레이한다). 그래서 평범한 사람들은 자기가 최고의 선수에게 당한다는 생각은 전혀 못하고 운이 나빠서 실력도 없는 사람에게 돈을 잃는 줄로만 안다.

나와 게임을 한 몇몇 상대는 공격적인 내 스타일을 따라 했다. 하지만 이런 변화는 결국 그들에게 손해였다. 그들은 내가 킹 원 페어 같은 패를 손에 들고 있을 때도 내가 블러핑을 하는 줄 알고 따라 들어왔고, 덕분에 나는 큰돈을 딸 수 있었다.

사실 블러핑과 공격적인 게임 운용은 포커에서는 허세가 아니라 반드시 해야 하는 선택이다. 정직하게만 플레이하면 상대방에게 자기 패를 읽혀버리기 때문이다. 나는 5년 전에 포커 게임을 그만뒀다. 포커 게임을 정기적으로 하지 않게 되었다는 뜻이다. 그런데 그 시점 이후로 포커 게임은 극단적일 만큼 공격적으로 변했다. 그리고 컴퓨터 시뮬레이션[13]뿐만 아니라 게임이론[14]에서도 이 같은 선택이 최적의 접근법이라고 강력하게 추천한다. 온갖 가능성의 홍수를 상대방에게 퍼붓는 것이야말로 상대방의 확률 계산을 무력하게 하는 최고의 길이라는 말이다.

때로 당신은 상대 선수가 직관적인 확률 추정을 지나치게 거칠고 조잡하게 하는 것을 쉽게 포착할 수 있을 것이다. 어떤 포커 선수가 자기 상대는 특정한 패를 든 상태에서는 특정한 방식으로 절대로 플레이하지 않을 것이라고(이를테면 어떤 상황에서는 절대로 블러핑을 하지 않는다고) 생각할 때가 있다. 바로 이 순간이 불가능해 보이는 것과 불가능한 것을 혼동하는 상태를 이용해 이 선수의 뒤통수를 칠 수 있는 순간이다. 드완은 이렇게 말했다.

"전혀 하지 않을 법한 선택을 함으로써 상대 선수들을 혼란스럽게 해서 많은 돈을 땄죠, 아주 오랫동안 말입니다. 그런데 몇 년 전부터는 사람들도 이런 걸 깨닫기 시작했습니다."

드완의 주 종목인 무제한 베팅 텍사스홀덤에서는 특히 이런 전략이 주효하다. 베팅 액수를 조절할 수 있기 때문이다. 겨우 100달러짜리 베팅도 있지만 1만 달러나 10만 달러, 심지어 더 큰 금액의 베팅도 있다. 100만 달러짜리 베팅을 몇 차례만 제대로 해도 100달러 베팅의 손실들을 메우고도 남는다.

나는 주로 베팅 한도가 설정된 '제한 베팅 텍사스홀덤'을 했다(아주 최근까지도 포커대회가 아닌 이상 이 게임 방식이 대세였다. 10년 전만 해도 미국에서 무제한 베팅 텍사스홀덤을 할 수 있는 곳은 두세 곳밖에 없었다[15]). 베팅 한도가 설정된 게임에서는 창의성이 발휘될 기회가 상대적으로 적다. 그럼에도 현실이 이론을 따라잡을 때까지 나는 2년 동안 공격적인 게임 운영으로 짭짤하게 재미를 봤다. 2004년과 2005년에 나는 포커로 수십만 달러를 벌었다. 포커로 딴 누적 금액이 가장 많을 때는 40만 달러나 되었다.

예측의 파레토법칙

드완과 나의 차이는, 드완은 상대가 누구든 판돈이 얼마든 가리지 않고 게임했던 반면, 포커계에서 한낱 중상위권 플레이어였던 나는 쉽게 돈을 딸 수 있도록 이른바 '호구'들이 있는 판을 골라서 들어갈 필요가 있었다는 점이다. 운 좋게도 포커 열풍이 한창 불 때는 호구들이 넘쳐났다.

학습곡선learning curve이라는 게 있다. 학습곡선은 포커를 비롯해서 어떤 식이든 예측이 필요한 과제 대부분에 적용된다. 여기서 중요한 건 이것이 진짜로 곡선이라는 사실이다. 다시 말해 우리가 그 과제를 수행할 때의 발전 상황이 우리가 들이는 노력이나 시간에 정비례하지 않는다는 말이다. 학습곡선은 보통 〈도표 10-6〉처럼 나타난다. 나는 이를 '예측의 파레토법칙Pareto principle of prediction'이라 부른다.

이 그래프의 X축은 '노력'이고 Y축은 '정확성'이다. 이 두 축을 다르게, 예컨대 X축을 '경험'이라 하고 Y축을 '실력'이라 설정할 수도 있다. 이 경우에도 일반적 원리는 그대로 적용된다. 노력 또는 경험이라는 말을 나는 예측과 관련된 문제에 대해 당신이 들이는 돈과 시간이라는 뜻으로 쓴다. 정확성이나 실력이라는 말은 그 예측이 갖는 신빙성이라는 뜻으로 쓴다.

이 곡선의 이름은 그 유명한 '파레토법칙' 또는 '80-20법칙'에서 딴 것이다(이 법칙에 따르면, 예를 들어 어떤 기업의 전체 매출 가운데 80퍼센트는 20퍼센트의 고객에게서 비롯한다).[16] 이 법칙을 포커에 적용하면, 몇 가지 기본 사항만 잘 지켜도 상당한 도움이 될 수 있다. 이를테면 포커에서 나쁜 패를 쥐었을 때 기권하고 좋은 패를 쥐었을 때 베팅하고, 상대방이 쥔 패가 무엇일지 맞히려고 노력하는 방법을 배우는 것만으로도 당신은 손실을 상당히 줄일 수 있다. 기꺼이 이렇게 할 수 있다면, (〈도표 10-6〉을 놓고 말하자면) 비록 드완 같은 최고 수준의 선수가 포커 연구에 들이는 시간·노력·경험의 20퍼센트밖에 들이지

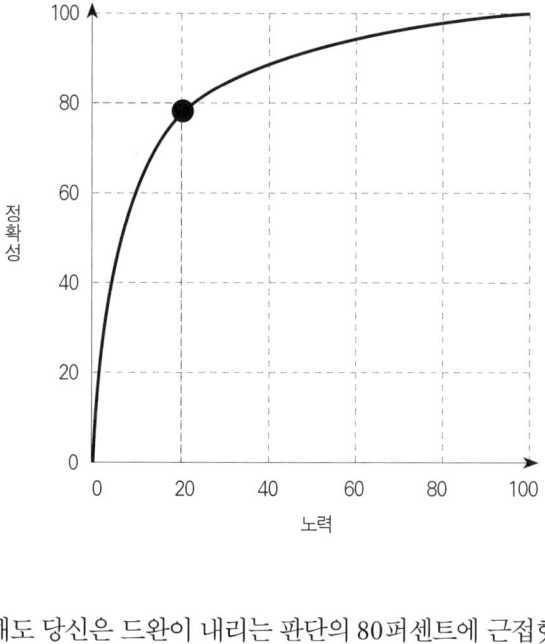

않았다 해도 당신은 드완이 내리는 판단의 80퍼센트에 근접했다고 말할 수 있다.

　이 관계는 또한 예측이 성공의 관건으로 기능하는 다른 많은 분야에서도 유효하다. 최초의 20퍼센트는 흔히 올바른 데이터, 올바른 기술, 올바른 동기만으로도 확보된다. 그런데 당신에게는 정보가 필요하다 (이상적으로만 보자면 이 정보는 적은 것보다 많은 게 좋다). 또 당신은 이 정보가 품질이 관리된 것임을 확실히 해둘 필요가 있다. 아울러 당신은 정확성에 대해 신경 쓸 필요가 있다. 객관적 진리를 손에 넣어야지, 그저 자기 마음에 든다거나 편리하다고 해서, 심지어 텔레비전에 나오는 정보라고 해서 휘둘리면 안 된다.

　그리고 나서 당신은 몇 가지 기본 사항들을 포착한 다음, 경험과 상식에 뿌리를 둔 몇 가지 경험법칙, 곧 휴리스틱을 개발한다. 아무렇게나 되는 대로가 아닌 체계적 과정을 통해 예측한다는 말이다.

이런 일은 절대 쉽지 않다. 많은 사람들이 실패한다. 하지만 어려운 일도 아니다. 이렇게 함으로써 당신은 세계 최고 전문가의 80퍼센트 수준으로 예측을 할 수 있다.

그런데 중요한 것은 당신이 한 예측이 절대적 의미가 아니라 상대적 의미에서, 곧 상대 선수가 한 예측에 비해 얼마나 훌륭한가 하는 점이다. 경쟁 개념이 작동한다는 말이다. 포커에서 당신이 95퍼센트 정확하게 판단한다 해도 상대가 99퍼센트 정확성으로 판단하는 선수라면 당신은 돈을 잃을 수밖에 없다. 마찬가지로 주식시장에서 돈을 따려면 아이비리그 출신의 MBA 소지자로 연봉을 수백만 달러 받으며 최첨단 컴퓨터 시스템을 능숙하게 이용하는 사람들로 구성된 예측 능력이 탁월한 투자팀의 도움이 필요하다.

이와 같은 상황에서 경쟁에서 이기려면 엄청난 추가 노력이 필요할 수 있다. 이런 노력이 부족할 경우 수익이 점점 떨어지는 모습이나 손실이 점점 커지는 모습을 지켜볼 도리밖에 없다. 당신이 얻는 추가 경험, 당신이 전략에 보태는 또 다른 묘안, 당신이 예측 모델에 추가하는 또 다른 변수 같은 것만이 상황을 조금씩이나마 호전시킬 수 있다. 한편 당신이 개발한 어림짐작의 법칙이 유용하긴 하지만, 당신은 이 법칙들에 어떤 예외가 있는지 알아낼 필요가 있다.

경쟁이 고도로 치열한 분야에서는 이처럼 끈질긴 노력을 기울여야만 경쟁에서 우위를 확보하고 이를 통해 돈을 벌 수 있다. 경쟁이 치열한 분야에는 경쟁을 통해 이른바 '수위water level'라는 게 형성되어 있고,

당신이 얻은 수익은 이 수면 밖으로 나온 빙산의 일각과 같다. 수면 위로 드러나는 아주 작은 경쟁우위가 가능해지려면 그 아래로 엄청나게 많은 노력이 뒷받침되어야 한다는 말이다(도표 10-7).

나는 이처럼 경쟁이 치열한 영역들은 피하려고 노력했다. 수위가 상대적으로 매우 낮은 판들을 찾아다니며 이득을 꾀하려 노력했고 또 성공했다.《머니볼》이전 시대의 야구계도 이런 경우였다. 예컨대 빌리 빈은 선수의 공격 기여도를 평가하는 데는 출루율이 타율보다 훨씬 더 정확한 기준이 된다는 등의 몇 가지 단순한 사실을 깨달음으로써 상당히 높은 경쟁우위를 확보했다. 정치에서도 그렇다. 파이브서티에이트 같은 사이트가 열 개나 존재한다면 내가 누릴 수 있는 경쟁우위는 지극히 미미할 것이다. 하지만 정확한 예측을 하려고 시도조차 하지 않

| 10-7 | 경쟁 환경에서 예측의 파레토법칙

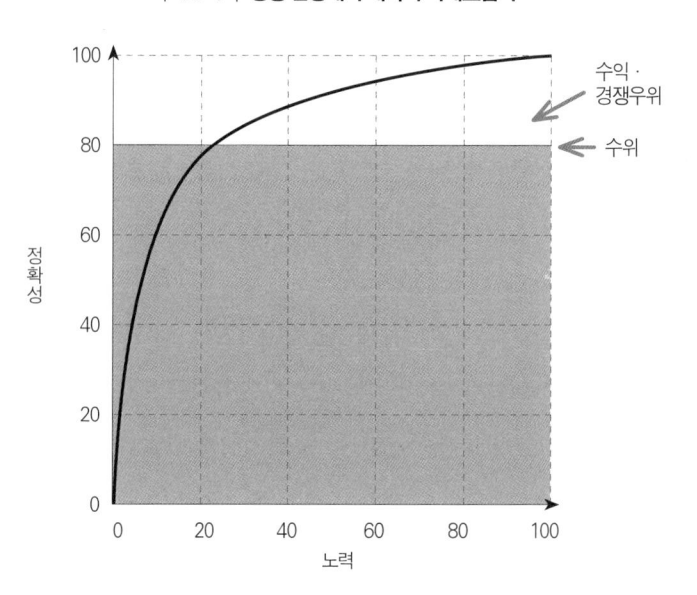

는 〈매클로플린 그룹〉의 떠버리들을 상대로 하는 '경쟁'이라면 나는 한결 느긋하게 경쟁우위를 누린다. 포커도 2000년대 중반에는 이랬다. 텔레비전을 통해 포커 게임을 몇 번 보고는 자기가 포커 게임을 상당히 잘한다고 생각한 경험 없는 신출내기들이 꾸준하게 포커판에 유입되면서 포커판의 수위가 낮은 상태로 계속 유지된 것이다.

당신이 많은 분야에 적용할 수 있는 강력한 분석 기술을 가지고 있다면, 이들 기술이 어느 정도의 경쟁력을 갖췄는지 가늠해보는 건 매우 가치 있는 일이다. 성취동기가 희박하고 잘못된 습관이 판을 치고 맹목적으로 관행에 의지하는 경쟁 분야가 있다면, 여기에서는 예측을 제법 잘할 수 있다는 것만으로도, 또는 다른 사람들보다 더 나은 데이터나 실력이 있다는 것만으로도 얼마든지 어렵지 않게 수익을 올릴 수 있다. 반면에 모든 사람이 기본에 충실한 분야에서 탁월한 수익을 내기란 매우 어렵다. 이런 분야에서 자기가 강력한 경쟁우위가 있다고 생각한다면 착각일 공산이 매우 크다.

일반적으로 사회에서는 더 나은 예측을 하기 위해 추가로 노력할 필요성이 그다지 많지 않다. 노력을 많이 기울이더라도 즉각적으로 뒤따르는 보상이 거의 없기 때문이기도 하다. 그래서 사람들은 우리가 여러 과정을 거쳐 도출하는 어림값들이 더 나은 결과를 보장한다는 사실을 굳이 의식하지 않고 살아간다. 하지만 당신이 예측이라는 것에 사업적 제안 차원을 넘어 좀 더 적극적으로 다가선다면, 당신은 대장 물고기 노릇을 할 수 있는 작은 연못을 한결 쉽게 발견할 수 있을 것이다.

고수와 호구: 포커 거품의 경제학

예측의 파레토법칙은 최악의 예측가들이 저지르는 실패가 최상의 예측가들이 거두는 성공에 비해 훨씬 더 크다는 걸 의미한다. 바꿔 말하면, 평균치 예측가들은 최하위 예측가보다 최상위 예측가에 더 가깝게 위치한다. 그래서 드완이 나에게 서로 같은 판돈을 걸고 내가 거리에서 무작위로 선택한 사람과 셋이서 포커 게임을 할 수 있게끔 주선하겠다고 보장한다면(드완과 일대일로 포커 게임을 한다면 나는 돈을 트럭으로 싣고 가더라도 몽땅 잃을 거라고 확신한다), 나는 이 제안을 기꺼이 받아들일 것이다. 왜냐하면 나는 드완에게 잃을 수 있는 돈을 길거리에서 무작위로 선택한 그 남자에게서 얼마든지 벌충할 뿐만 아니라 그보다 조금 더 따서 결과적으로 이익을 낼 수 있으리라 기대하기 때문이다.

포커 선수들의 통계 기록을 확인함으로써 이런 가설을 검증할 수 있다. 나는 어떤 온라인 포커 사이트의 데이터를 분석했다. 2008년과 2009년에 걸쳐 무제한 베팅 텍사스홀덤을 했던 선수들에 대한 데이터로, 통계를 통해 각 선수가 한 판당 돈을 얼마나 잃거나 땄는지, 그 금액이 전체 판돈과 비교해 어느 정도나 되는지 알 수 있었다.[17]

단기적으로 돈을 따거나 잃는 데는 운이 크게 작용한다. 그래서 나는 선수들의 장기적 수익성이 얼마나 되는지 추정하고자 통계적 절차를 적용했다.[18] 그런 다음 선수 각각을 숙련 정도에 따라 동일한 크기의 네 개 집단으로 나누었다. 상위 10퍼센트 집단의 선수들은 전형적인 열 명 테이블[19]에서 최고의 선수들이다(나는 각각의 선수가 참여한 판의 수를 선수들을 평가하는 가중치로 삼았다. 포커에서는 전체 판의 매우 많은 부분을 전체 선수 가운데 아주 적은 수가 참여해서 진행한다. 이 소수의 선수들은 한 달이나 1년에 한 번이 아니라 날마다 게임을 하는 사람들이다. 사실 온라인 포커 환경은 80-20법칙의 과장된 버전이기도 하다. 데이터베이스 속 약 80퍼센트에 해당하는 판이 전체 선수의 2퍼센트가 한 것이기 때문이다. 온라인 사이트에서 포커를 한다면 당신이 상대할 선수들은 예전에 게임을 단 한 번밖에 해보지 않은 선수들 중에서 무작위로 선택된다기보다는 이 2퍼센트 선수들 중에서 선택될 가능성이 훨씬 더 크기 때문에, 이처럼 가중치를 설정하지 않으면 분석의 결과는 비현실적으로 나타날 수밖에 없다). 한편 하위 10퍼센트의 선수들은 최고의 '호구'들이다.

〈도표 10-8A〉는 5달러/10달러 무제한 베팅 텍사스홀덤 게임에서 100판당 따거나 잃은 돈을 기준으로 네 집단 각각에서 선수들이 얼마

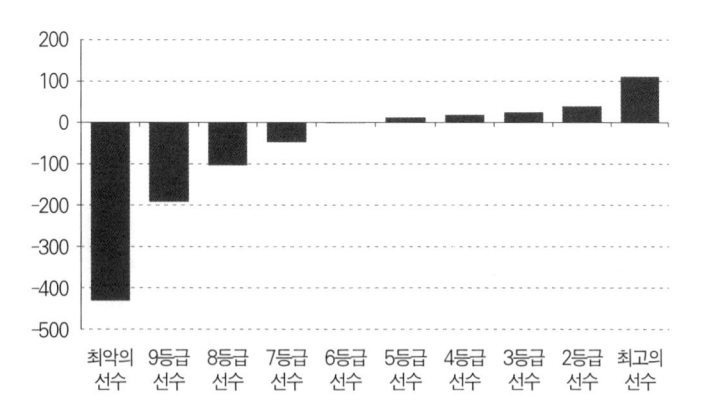

| 10-8A | 추정 손익 금액(5달러/10달러 무제한 베팅 텍사스홀덤 게임)

나 숙련된 실력이 있는지 추정한 데이터다. 도표의 수치들은 따거나 다른 선수와 카지노 업체에 잃은 돈을 모두 포함한다. 카지노 업체에 잃은 돈이란 한 판당 떼어가는 수수료로 '레이크rake'라고 한다.[20]

나는 한 테이블에서 최고의 선수는 장기적으로 볼 때 100판당 110달러를 따는 것으로 추정한다. 100판이 한두 시간 안에 끝날 만큼 게임이 매우 빠르게 돌아가는 온라인 카지노에서 이 정도면 상당히 큰 금액이다(온라인 선수들은 동시에 두 게임 이상을 진행하는 경우가 많다. 이 경우 숙련된 선수가 따는 돈은 그만큼 더 늘어난다. 물론 이런 일은 실제 현실의 카지노에서는 있을 수 없다). 전통적인 실제 카지노는 온라인 카지노에서 한두 시간이면 할 수 있는 판을 네 시간에 걸쳐 해야 하고, 그러다 보니 시간당 버는 돈은 25~30달러밖에 되지 않아서 온라인 카지노에 비해 매력이 떨어질 수밖에 없다.

그러나 여기서 핵심은 최악의 선수들은 최고의 선수들이 따는 돈보다 훨씬 많은 돈을 훨씬 빠르게 잃는다는 점이다. 예를 들어보자. 나는 어느 게임에서 '최대 호구'가 100판당 400달러를 잃었다고 추정한다. 이 선수의 솜씨가 얼마나 형편없는지는 그가 100판에서 모두 기권하더라도 150달러밖에 잃지 않았을 것임을 보면 잘 알 수 있다(10명이 참가하는 판에서 10판을 하는 동안 스몰 블라인드 5달러와 빅 블라인드 10달러를 각각 한 번씩 내니까 15달러이고, 100판이니까 150달러가 되는 것이다ー옮긴이).

바로 이 지점에서 80-20법칙의 통계적 반향이 나타난다. 최악의 선수와 평균치 선수의 차이는 평균치 선수와 최고의 선수 사이의 차이보다 훨씬 크다. 더 나은 수준의 선수 사이에서는 별 차이가 나지 않지만,

곡선의 낮은 부분에 위치한 선수들은 최적전략optimal strategy에서 한참 벗어나 기본적인 것도 틀리고 만다.

고전적 포커 영화 〈라운더스Rounders〉에서 맷 데이먼Matt Damon이 연기한 캐릭터는 게임을 시작하고 30분 안에 호구를 찾아내지 못하면 본인이 호구가 되고 만다고 충고한다.[21] 나는 이 말이 옳다고 생각하지 않는다. 호구가 한 명도 없을 수 있다는 말이다. 하지만 미숙한 선수 한두 명을 찾아낼 수 없다면 당신은 그 게임 테이블에서 일어나는 게 상책이다. 포커에서 승리와 패배를 가르는 것은 종이 한 장 차이이며, 호구 한 명의 존재는 엄청난 차이를 만들어낸다.

내가 앞서 묘사한 게임에서 호구 한 명이 배고픈 입 여럿을 배불리 먹였다. 그는 다른 선수들 각자에게 100판당 약 40달러씩 기부한 셈이다. 이 정도 돈이면 선수들 절반은 수수료를 떼고도 주머니를 두둑히 채울 수 있다. 포커의 세계에서는 이른바 '트리클 업trickle up 이론'(부富가 국가 또는 세계의 경제 시스템을 통해 구조적으로 빈민층·빈국에서 부유층·부국으로 점차 흘러간다는 경제이론 – 옮긴이)이 철저하게 관철된다. 하위 10퍼센트 포커 선수가 빠르게 돈을 잃음으로써 상대적으로 다수를 차지하는 본전치기 선수들을 지탱해준다는 말이다.

그런데 그 호구가 돈을 다 잃고 나가떨어지면 어떻게 될까? 나머지 선수들 사이에서는 어떤 일이 일어날까? 호구 덕분에 가까스로 본전을 약간 웃도는 성적을 기록하던 선수들 다수가 본전을 약간 밑도는 수준으로 떨어진다(도표 10-8B). 사실 가장 솜씨 좋은 선수만이 유일하게 장기적으로 돈을 딴다. 하지만 이 선수도 호구가 있을 때보다는 돈을 적게 딴다.

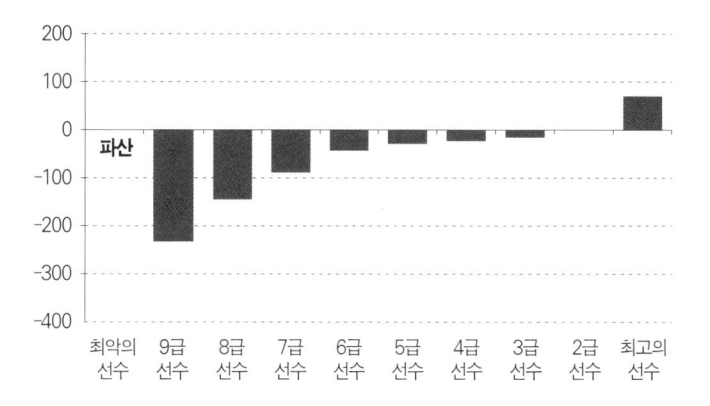

| 10-8B | 추정 손익 금액
(5달러/10달러 무제한 베팅 텍사스홀덤 게임, 100판당, '호구'가 다 털린 뒤)

그런데 호구의 퇴출이 다른 선수들에게 연속적으로 영향을 끼쳐서, 꼴찌에서 두 번째이던 선수가 호구로 전락해 이전보다 더 빠른 속도로 돈을 잃는다. 이 새로운 호구가 돈이 다 털려 퇴출되면 나머지 선수들 사이에서 경쟁이 더욱 치열해져 포커 생태계의 전체 균형이 완전히 무너질 수도 있다.

그렇다면 최악의 선수들이 끊임없이 파산하고 퇴출되는데 포커판은 어떻게 해서 계속 이어질까? 밑천이 절대 떨어지지 않는 호구들이 있기 때문이다. 포커킹블로그닷컴PokerKingBlog.com은 '태양의 서커스Crique du Soleil' 창립자이자 CEO 기 랄리베르테Guy Laliberté가 2008년에 온라인 포커 게임으로 자그마치 1,700만 달러나 잃은 걸로 추산했다.[22] 랄리베르테는 엄청난 판돈을 걸고 벌이는 포커 게임에서 드완과 같은 최정상급 선수들과 맞서서 호구 노릇을 톡톡히 했다. 하지만 랄리베르테로서는 얼마를 잃든 간에 지적 도전을 즐기는 흥미진진한 게임을 즐긴 것뿐이다. 그에게 그만한 돈은 평균치 미국인이 블랙잭 게임에서 잃는 몇백 달러 수준밖에 되지 않는다. 그야말로 푼돈이다.

그런데 사실 포커판을 계속 이어지게 하는 진짜 주역은 한 사람의 부유한 호구가 아니라 포커판에 끊임없이 유입되었다가 적게는 수백 달러에서 많게는 수천 달러까지 잃고 떠나가는 수많은 신출내기 선수들이다. 벨라지오와 같은 실제 카지노에서 이런 선수들은 주사위 도박을 하다가 포커 게임에 발을 들여놓기도 하고, 나이트클럽에서 놀다가 오기도 하고, 작은 판에서 운이 좋게 돈을 딴 다음 본격적으로 포커판에 들어오기도 한다.

내 경험으로 보자면, 온라인 포커 환경에서는 호구 집단의 구성이 좀 더 불규칙하다. 이 호구 개체군은 각 나라의 도박 규제 법규에 따라 다르게 형성되며, 포커 사이트 광고비 지출에도 상당히 영향을 받고, 시대적 흐름을 반영해서 해마다 달라지기도 한다.[23] 하지만 포커 열풍이 한창일 때는 선수가 엄청나게 빠른 속도로 늘어났으며, 그만큼 돈 많은 호구들도 많았다.

그런데 이런 사정이 바뀌기 시작했다.

거품이 꺼지다

2006년 10월 공화당 의회가 인기가 끝나갈 무렵 중간선거를 앞두고 이른바 '가치 지향적 유권자values voter'(후보의 능력과 비전보다는 낙태와 사형, 동성결혼 정책 등 도덕적 가치에 대한 입장을 더 중시하는 유권자 – 옮간이)들의 지지를 노리긴 했지만,[24] 여러 곳에서 압력을 받은 끝에 결국은 모호하게 변질된 '불법인터넷도박금지법'을 의결했다. 그런데 이 법은 온라인 포커 게임 자체를 불법화한 건 아니다. 이 법이 표적으로 삼은 것은 온라인 포커 사이트들로 들어가고 나오는 돈의 흐름을 용이하게 해주는 업체들이었다. 법은 누구든 얼마든지 인터넷으로 포커를 즐길 수 있지만 칩은 소유할 수 없다고 규정했다. 한편 법무부는 미국인에게 인터넷 도박을 제공하는 업체들을 표적으로 삼아 족치기 시작했다. 국외에 본사를 둔 인터넷 도박 사이트 벳온스포츠BetonSports PLC의 CEO 데이비드 캐러더스David Carruthers가 체포되었다.

온라인 포커 선수들은 이런 조치에 기겁하고 발을 뺐다. 물론 많은 인터넷 도박 업체도 함께 없어졌다. 당시 최대 규모의 인터넷 포커 사이트 파티포커는 불법인터넷도박금지법이 의회에서 통과되고 2주 뒤에 자기 사이트에서 모든 미국인을 추방했고, 회사의 주가는 그로부터 24시간 만에 65퍼센트나 빠졌다.[25] 다른 업체들은 새로운 법에 저촉되지 않는 범위에서 영업할 수 있는 방안을 모색하며 살길을 찾았다. 하지만 사이트에 돈을 입금하고 출금하는 일은 한층 어려워졌다.

나는 내가 딴 돈 대부분을 파티포커에서 벌었는데, 매우 공격적으로 광고를 하고 호구 선수들이 득실대는 것으로 알려진 사이트였다. 파티포커가 그들의 사이트에 미국인의 출입을 금지하겠다는 발표를 한 날부터 두 주 동안은 유예기간이었다. 이 두 주 동안 파티포커 사이트에는 어느 때보다도 호구들이 많았고, 마치 〈파리대왕Lord of the Flies〉(아이들이 집단으로 무인도에 표류한 상황에서 벌어지는 일을 적나라하게 그린 윌리엄 골딩의 소설 - 옮긴이)의 무대인 무인도에서처럼 욕망은 적나라하게 펼쳐졌다. 나의 길지 않은 포커 경력에서 돈을 가장 많이 딴 몇 차례의 기록도 바로 이 유예기간에 세워졌다.

파티포커가 미국인에게 문을 걸어 잠그자 나는 활동 무대를 포커스타스를 비롯한 한층 만만찮은 사이트들로 옮겼다. 그런데 그때 문득 내가 더는 돈을 따지 못하고 있다는 사실을 깨달았다. 아닌 게 아니라 돈을 잃고 있었다. 그것도 많이. 2006년의 마지막 몇 달 동안 나는 약 7만 5천 달러를 잃었다. 이 돈의 대부분을 어느 끔찍한 날 저녁에 한꺼번에 털렸다. 그리고 나서도 2007년의 처음 몇 달 동안 계속 인터넷 사이트에서 게임을 했는데, 또 계속 잃었다. 다시 추가로 6만 달러를 털렸다. 그 시점에 나는 자신감을 완전히 잃었고, 나머지 돈을 모두 빼내고는 손을 끊었다.

당시 나는 인터넷 도박 사이트 선수들의 구성이 완전히 바뀌었다고 결론 내렸다. 도박을 생업으로 삼는 전문가들은 계속 남아 있었지만, 아마추어들은 대부분 돈을 들고 빠져나갔거나 돈을 다 털린 상태였다. 포커 경제의 위태로운 생태계는 완전히 달라졌다. 다른 선수들을 먹여 살리는 호구들이 없는 상황에서 수위는 한층 올라가서, 한때 포커판을 호령하며 포식자 상어로 군림하던 선수들이 호구로 전락해 있었다.[26]

불법인터넷도박금지법이 통과되기 전에 이미 내 플레이는 나빠지기 시작했다. 적어도 더 나아지지는 않고 있었다. 벽에 부닥친 상황이었다. 창의성은 날아가고 탁월한 직감도 사라졌다. 나는 전문 선수의 가장 위험한 특성(내가 당연히 돈을 따게 되리라는 생각)에다 아마추어의 나쁜 습관까지 몸에 배서 밤늦게까지 게임을 했으며, 친구들과 바깥에서 놀다가 들어와서도 게임을 하곤 했다.

돌이켜보면 나는 무척 행운아인 셈이다. 그때 도박 사이트 출입을 끊으면서 시간이 남아돌았고, 덕분에 정치에 관심을 점점 더 쏟게 되어 결국 파이브서티에이트의 개발로 이어졌으니 말이다. 내가 딴 돈 가운데 3분의 1을 잃고 돌아서는 게 유쾌하진 않았지만 그래도 전부 잃는 것보다는 나았다. 계속해서 포커 게임을 한 몇몇 선수는 그다지 운이 좋지 않았다. 2011년 '검은 금요일Black Friday'(11월 마지막 목요일 추수감사절 이튿날인 금요일을 일컫는 말 – 옮긴이)에 이루어진 법무부의 기소로 많은 온라인 포커 사이트가 영원히 문을 닫았고,[27] 이들 가운데 몇몇 업체는 재정 상태가 부실해서 선수들의 돈을 돌려주지 못하는 일까지 벌어졌다.

내가 그때 포커 게임을 계속했더라면 어떻게 되었을까 가끔 생각해 보곤 한다. 포커는 워낙 불확실성이 큰 게임이라 솜씨가 좋은 선수도 몇 달 연속으로, 심지어 1년 내내 돈을 잃을 수도 있다. 거꾸로 솜씨가 형편없는 선수도 자기 실력이 사실은 형편없다는 것을 뼈저리게 느끼기 전까지 오랜 기간 연속해서 돈을 딸 수 있다.

운이냐 실력이냐

운과 실력은 흔히 양극단이라 일컬어진다. 하지만 둘의 관계는 그렇게만 말하기에는 조금 더 복잡하다.

메이저리그 야구 선수들이 고도로 숙달된 전문가들이라는 점에 의심을 품는 사람은 거의 없을 듯하다. 시속 98마일(약 158킬로미터)로 날아오는 공을 방망이로 때려내기란 절대 쉽지 않다. 그리고 어떤 사람들은 다른 사람들보다 조금 더 나은 재능을 가지고 있다. 하지만 야구에서도 여전히 운은 작용한다. 그렇게 빠르게 날아오는 공을 정확하고 강력하게 받아쳤는데 타구가 2루수 정면으로 날아가서 잡힌다고 생각해보라. 실력 차이를 일목요연하게 확인하려면 오랜 기간에 걸친 데이터가 필요하다. 두 달 치로는 충분하지 않겠지만, 〈도표 10-9〉는 아메리칸리그 선수들의 2011년 4~5월의 평균타율을 표시한 데이터다. X축이 4월이고 Y축이 5월이다.[28] 이 둘 사이에는 상관성이 없어 보인다 (일례로 브렌던 라이언Brendan Ryan은 4월에 1할 8푼 4리를 쳤지만 5월에는 3할 8푼 4리를 쳤다). 하지만 좀 더 장기적 통계를 놓고 보면(전체 시즌 타율이나 활동 기간 통산 타율을 말한다) 선수들마다 타격 실력이 천차만별이라는 걸 알 수 있다.[29]

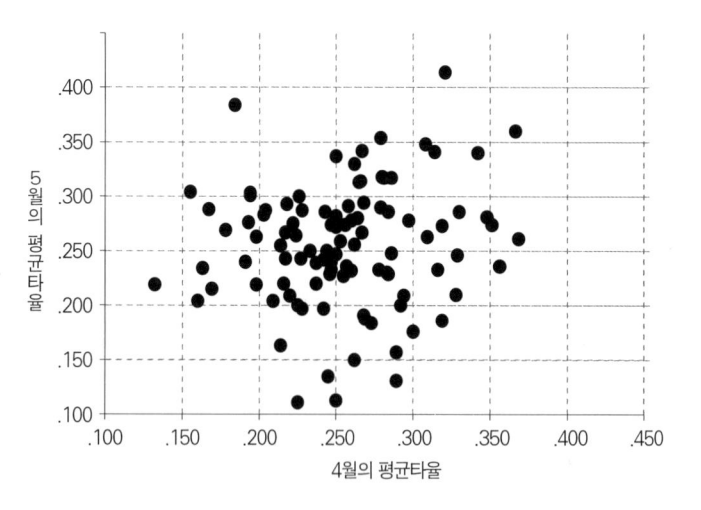

| 10-9 | 아메리칸리그 선수들의 타율 (2011년 4월과 5월)

	낮은 운	높은 운
낮은 실력	틱택토	룰렛
높은 실력	체스	포커

이런 점에서 보면 포커는 야구와 매우 비슷하다. 엄청난 운과 엄청난 실력이 필요하다. 그래서 앞서 묘사한 대로 확률 계산이 몹시 복잡하고 어려워진다. 하지만 이것도 빙산의 일각일 뿐이다. 이런 포커 게임의 정반대에 틱택토tic-tac-toe가 있다(틱택토는 두 명이 번갈아가며 O와 X를 3×3판에 쓰되, 가로나 세로 또는 대각선상에 자기 글자를 먼저 쓰는 사람이 이기는 게임이다 – 옮긴이). 틱택토 게임에서는 운이 작용하지 않는다. 실력만이 승부를 좌우한다. 솜씨만 좋으면 초등학생도 빌 게이츠만큼 잘할 수 있다(빌 게이츠는 중학생일 때 이 게임을 컴퓨터용으로 만들었다 – 옮긴이).

그런데 선수가 자기 포커 실력이 얼마나 되는지 아는 데는 아주 오랜 시간이 걸릴 수 있다. 내가 주 종목으로 삼았던 텍사스홀덤에서는 운이 특히 강하게 작용한다. 이 게임에서 정확한 전략이라는 것은 많은 판돈을 놓고 다른 선수들과 싸운다는 걸 의미하고, 마지막 판까지 수많은 판을 하면서도 끝까지 살아남는다는 것은 운이 상당히 좋다는 걸 의미한다. 스몰 블라인드와 빅 블라인드가 각각 100달러와 200달러인 제한 베팅 텍사스홀덤을 아주 잘하는 선수가 있다고 치자. 이 선수는 평균적으로 100판에 200달러를 벌 수 있다. 하지만 그 결과의 유동성은 (표준편차라는 통계적 개념으로 보자면) 무려 16배나 되어, 가

장 많이 딸 때는 100판에 3,200달러까지 딸 수 있다.[30]

이것이 의미하는 것은 수만 판이 진행되는 동안 솜씨가 좋은 선수가 돈을 잃을 수 있고, 반대로 솜씨가 형편없는 선수가 돈을 딸 수 있다는 말이다. 〈도표 10-11〉은 앞서 묘사한 통계치에 해당하는 선수의 잠재적 수익과 손실을 시뮬레이션한 결과다. 도표상의 띠는 각 선수의 가능한 수익과 손실을 나타내는데, 가능한 모든 경우의 95퍼센트를 충분히 아우른다. 그런데 어느 선수가 6만 판을 하고 나면(한 주에 40시간씩 1년간 꼬박 게임을 하면 이 정도 할 수 있다), 이 선수는 27만 5천 달러를 딸 수도 있고 3만 5천 달러를 잃을 수도 있다. 이 선수가 카지노에 날마다 출석 도장을 찍으며 1년동안 꼬박 게임을 해도 오히려 돈을 잃을 수 있다는 뜻이다. 포커를 생업으로 삼아 먹고사는 게 어렵다는

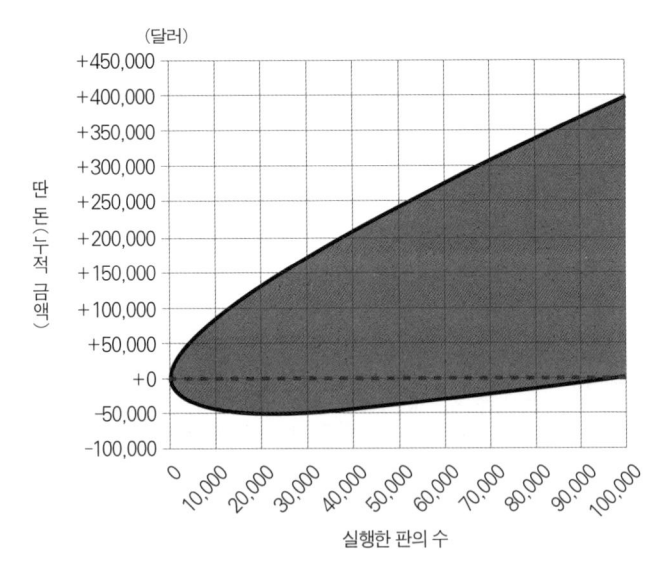

| 10-11 | 100달러/200달러 제한 베팅 텍사스홀덤 게임 고수의 승률

말이 바로 여기에서 나온다.

　물론 이 선수가 어떤 식으로든 자신이 장기적으로 승리할 수 있다는 사실을 안다면, 돈을 잃더라도 도중에 포기하지 않고 계속 게임을 해나갈 이유가 충분하다. 하지만 현실에서 자기가 장기적 승자가 될지 패자가 될지 확실하게 알 길은 없다. 승자가 될 가능성을 추정하는 가장 적절한 방법은 베이즈주의적 통계학을 적용하는 것이다.[31] 다시 말해 게임 결과와 사전 기대치를 근거로 자기 솜씨에 대한 믿음을 베이즈주의적 방식으로 보정하는 것이다.

　자기 자신에게 솔직하다면, 이 선수는 설령 처음에 돈을 따더라도 자기가 장기적 승자가 될 가능성에 대해 매우 회의적이어야 마땅하다. 카지노에서 수수료 명목으로 일정 금액을 계속 떼어가고 남은 돈을 놓고 선수들이 게임을 하는 만큼, 평균치 선수는 돈을 잃을 수밖에 없다는 사실을 전제해야 하기 때문이다.[32] 예를 들어, 《포커의 수학The Mathematics of Poker》에서 묘사된 베이즈주의적 방법론은 100달러/200달러의 제한 베팅 텍사스홀덤 게임의 경우 처음 1만 판에서 3만 달러를 딴 선수는 비록 그때까지는 땄다고 해도 장기적 승자가 되지 못할 가능성이 더 크다고 결론 내린다.

착각의 늪

선수들은 대부분, 당신도 충분히 헤아리겠지만, 자신에게 그다지 정직하지 않은 편이다. 포커 거품이 한창인 시절 나도 분명히 그랬다. 선수들은 처음 포커 게임에 발을 들여놓을 때 자기가 장기적 승자가 되리라고 가정한다. 그러다가 나중에야 크게 뒤통수를 맞고 진리를 깨닫는다. 드완은 이렇게 말했다.

"포커 선수들은 사실이 전혀 그렇지 않은데도 자기가 고수라고 생각합니다. 포커에 관한 한 사람들은 대단한 환상에 사로잡혀 있습니다."

또 다른 포커 도박사 다스 빌링스Darse Billings는 사람들이 가진 이 환상을 더 노골적으로 표현했다. 그는 세계 최고의 제한 베팅 텍사스홀덤 선수들을 꺾은 컴퓨터 프로그램을 개발한 사람이기도 하다.[33] (빌링스가 개발한 것을 비롯해 텍사스홀덤 컴퓨터 프로그램들은 제한 베팅 게임에는 상당한 수준에 이르렀지만, 전략적으로 더 까다로운 무제한 베팅 게임에는 아직 그다지 훌륭한 기량을 발휘하지 못하고 있다.) 그는 이렇게 말했다.

"포커 게임만큼 사람이 우쭐대고 자기가 환상적인 플레이를 한다고 착각하면서 사실은 형편없는 플레이를 하는 게임은 내가 아는 한 없습니다. 기본적으로 사람들은 아무것도 모르면서 터무니없게도 자기가 신이라고 생각합니다. 만약 컴퓨터 프로그램들이 인간의 오만함을 먹고산다면, 포커의 영역에서는 아주 배가 터지도록 먹어댈 수 있을 겁니다."

물론 이러한 특성은 포커에만 존재하는 게 아니다. 다음 장에서도 살펴보겠지만 이와 동일한 비판을 월스트리트의 트레이더들에게도 적용할 수 있다. 이들은 흔히 S&P 500 지수와 같은 시장의 일반 기준을 자기들이 깰 수 있다고 착각하기 때문이다. 좀 더 범위를 넓히면 예측을 하는 모든 분야에서 자기과신은 커다란 문젯거리로 작용한다.

룰렛에서는 결과가 순전히 운에 의해 결정이 되며 끝도 없이 계속 판에 참가하면 결국 아무도 돈을 딸 수 없다. 포커는 이런 룰렛 게임과는 다르다. 포커 선수 또한 룰렛 선수와는 전혀 다르다. 포커 선수는 증권 투자자와 더 비슷하다. 온라인 포커 선수들을 대상으로 한 연구 논문을 보면, 이들 가운데 52퍼센트는 적어도 학사 이상의 학위가 있다.[34] 이 비율은 미국 전체 인구를 대상으로 한 비율의 두 배이고, 복권 구매자를 대상으로 한 비율의 네 배다.[35] 포커 선수들 대부분은 누군가는 장기적으로 '정말' 돈을 번다는 사실을 알 수 있을 만큼 똑똑하다. 바로 이런 사실이 발목을 잡아 그들을 수렁에 빠뜨린다.

우리가 평정심을 잃는 이유

토미 앤절로Tommy Angelo는 포커 열풍이 식기 이전에 포커 선수의 꿈을 추구했다. 1990년에 그는 서른두 살이었고 컨트리뮤직 록밴드에서 드럼과 건반을 맡고 있었다. 그런데 전업 포커 선수가 되려고 음악을 포기했다.[36] 2012년에 만났을 때 앤절로는 이렇게 말했다.

"포커에 홀딱 빠져버렸습니다. '프로 포커 선수'라는 말을 처음 듣는 순간, 나도 그런 사람이 되고 싶다는 마음이 간절해졌습니다. 다른 어떤 직업도 가지지 않은 채 오로지 포커만 한다는 게 너무 멋져 보인 거죠. 그건 오로지 자기의 기지와 재치만으로 돈을 버는거잖아요. 포커만큼 매력적인 건 나한테 없었습니다."

하지만 앤절로는 포커 선수 대부분이 그렇듯 오르막과 내리막을 수도 없이 겪었다. 돈뿐 아니라 플레이도 그랬다. 그가 최선을 다할 때는 결과가 매우 좋았다. 하지만 매번 최선을 다할 수는 없었다. 평정심을 잃는 경우가 아주 많았다. 그는 《포커의 요소들Elements of Poker》에서 균형감각을 잃고 지나치게 공격적으로 게임했던 과거를 회고했다.

"나는 대단한 '틸터'였다. 평정심을 잃는 모든 경우를 다 겪었다. 머리에서 뜨거운 김이 나올 정도로 화를 내기도 했고, 게임을 지나치게 느슨하게, 지나치게 빡빡하게, 지나치게 공격적으로, 지나치게 소극적으로 운영하기도 했고, 지나치게 오래 테이블에 앉아 있기도 했고, 지쳐서 녹초가 된 상태에서 게임을 하기도 했고, 거만함에 푹 젖어 있기도 했고, 초조해하기도 했고, 부정한 짓을 하기도 했고, 좌절하는 모습을 보이기도 했고, 불성실하게 게임을 하기도 했고, 특정 상대에게 복수심을 품기도 했고, 돈이 부족하거나 너무 많아서 멍청하게 게임을 운영하기도 했고, 지나치게 부끄러워하기도 했고, 주의가 산만한 상태에서나 겁에 질린 채 게임을 하기도 했고, 누군가를 질투하기도 했고, '이건 여태까지 내가 먹은 피자 가운데 최악'이라는 쓸데없는 소리를 지껄이거나 '난 방금 뱅카 날린 건데'라며 허세를 떨며 게임을 하기도 했고, '이제 겨우 본전 찾았네'라거나 '이 돈 다 잃으려면 한참 걸릴 테니 걱정들 마셔'라는 고전적 발언으로 평정심을 잃은 내 속마음을 드러내기도 했다."[37]

그러다가 앤절로는 마침내 자기가 상당한 실력이 있긴 하지만 때때로 나타나는 이 같은 평정심의 붕괴 때문에 근근이 먹고살아가는 수준을 넘어서지 못한다는 사실을 깨달았다. 앞서도 살펴봤듯이 엉터리로

플레이를 해서 돈을 잃기가 게임 운영을 잘해서 돈을 따기보다 훨씬 쉽다. 전체 게임의 90퍼센트에서 세계 정상급 선수의 기량을 발휘해도 나머지 10퍼센트에서 평정심을 잃어버리면 돈을 따지 못한다.

앤절로는 포커에 관해 글을 쓰고 다른 선수들을 가르치기 시작하면서 비로소 포커판에서 평정심을 잃고 흥분하는 자기 문제의 전모를 온전하게 깨달았다. 그때 그는 이미 50줄에 들어서 있었다. 그는 천성적으로 명민한 사람이다. 그가 시작한 전략 강의는 종종 어느새 치료법 강의로 바뀌어 있곤 했다. 앤절로는 나에게 이렇게 말했다.

"나는 포커와 관련해 수많은 유형의 문제를 안고 있는 수많은 유형의 사람들을 가르쳤습니다. 다른 사람들이 갖고 있는 문제를 바라보기는 매우 쉬웠습니다. 그럼 나는 '나처럼 똑똑한 사람이 여기 또 있군'이라고 말합니다. 그 사람이 자기 실력에 대해 환상을 가지고 있음이 명백한 '사실'임을 나는 압니다. 또 나는 다른 사람이 모두 환상에 사로잡혀 있다면 나 역시 예외일 수가 없음을 잘 압니다."

앤절로는 모든 포커 선수가 적어도 어느 정도는 게임을 하다가 평정심을 잃는다고 생각한다.

"누가 나한테 다가와서 '나는 흥분하지 않습니다'라고 말하면, 나는 속으로 '아하, 이 사람은 자기가 환상에 빠지지 않았다는 환상에 빠져 있구나'라고 말합니다. 이런 일은 늘 일어납니다."

나도 포커 게임을 열심히 할 때는 나만의 독특한 흥분 방식이 있었다. 게임이 잘 안 풀려서 화가 난다고 물건을 마구 집어던지는 유형은 아니었다. 미치광이처럼 구는 유형도 아니었다. 나는 아무 생각도 하지 않은 채 밤늦게까지 기계적으로 게임을 했다. 테이블 가운데 쌓인 칩들이 내 앞으로 와서 쌓이길 기대하면서 그저 쉬지 않고 콜을 받고 들어가곤 했다. 게임에서 이기려고 노력하는 걸 이미 포기해버린 상태로 말이다.

나는 내가 평점심을 잃는 계기가 어떤 건지 이제 확실히 안다(당시에도 알고 있었는지는 확실하지 않다). 가장 큰 것은 내가 다 이겼다고 생각했는데 막판에 뒤집히는 경우였다. 몇 번 레이스에 참여하지 않고 잇달아 계속 기권하면서도 나는 크게 신경 쓰지 않았다. 그건 전체 게임에서 통계적 변이의 한 부분일 뿐이라고 생각했기 때문이다. 그러나 내가 게임을 특별히 잘하고 있다고 생각할 때(이를테면 내가 상대 선수들의 블러핑을 정확하게 잘 간파할 때) 상대방이 마지막 카드에서 기적처럼 회생해서 나를 이기면 정말 난 꼭지가 돌고 평정심을 잃었다. 내 거라고 생각한 판돈을 상대 선수가 가져갔기 때문이다.

평정심을 잃은 나는 상황을 일종의 비뚤어진 평형상태로 되돌릴 수 있었다. 말하자면, 내가 지는 게 마땅할 정도로 경기 운영을 형편없이 하기 시작한 것이다. 포커 선수들이 평정심을 잃는 근본적인 이유는 이렇게 실력과 결과의 균형이 너무 자주 어긋나기 때문이다. 단기적으로, 그리고 때로는 중기적으로도 선수의 실력과 게임 결과는 크게 상관이 없다. 흔히들 그렇듯이 선수들이 자기 실력에 대해 비현실적인 생각을 가지고 있으면 분명 좋을 게 없다. 앤절로는 이렇게 말했다. "사람들은 자기 이론을 뒷받침해주는 데이터에만 집착하곤 하죠. 그 이론이라는 게 보통은 '내가 저 사람들보다는 실력이 낫지'하는 거라니까요."

결과보다 과정에 초점을 맞춰라

우리는 결과지향적 사회에 살고 있다. 누가 부자이거나 유명하거나 아름답다면, 우리는 그 사람이 그처럼 바람직한 요소를 누릴 자격이 있다고 생각하는 경향이 있다. 그런데 흔히 이런 요소는 스스로를 강화한다. 돈이 많으면 돈 벌 기회를 더 많이 누리고, 유명한 사람은 더 유명해질 기회를 더 많이 누린다. 아름다움의 기준도 할리우드 신인 여배우의 용모에 따라 달라질 수 있다.

이건 정치적 차원에서 하는 발언이 아니다. 부의 재분배를 강화하자거나 축소하자는 차원의 주장이 아니라는 말이다. 하지만 경험에 비추어볼 때 성공은 노력과 타고난 재능, 그리고 그에게 주어지는 기회와 환경 등이 한데 어우러져 결정된다. 달리 말하면 신호와 소음이 한데 어우러진 조합이 성공을 결정한다. 우리는 대부분의 시간 동안 '신호'에 집중한다. 그런데 예외가 있다. 바로 자신의 실패에 관해서다. 우리는 실패를 불운 탓으로 돌리는 경향이 있다. 우리는 우리 이웃의 성공을 그 사람의 집 크기로 설명할 수 있다. 하지만 우리는 이웃이 그 자리에 도달하기까지 온갖 장애물을 어떻게 극복했는지에 관해서는 많이 알지 못한다.

예측과 관련해서도 우리는 정말이지 너무나 결과지향적이다. 주식시장에서 저점 매수를 하는 투자자는 천재로 일컬어진다. 예측 모델이 버그투성이임에도 소 뒷걸음치다 쥐 잡듯이 어쩌다 우연하게 매수 시기를 정확하게 포착한 것인데 말이다. 월드시리즈를 우승으로 이끈 팀을 구성한 단장에게는 다른 단장들보다 훨씬 유능한 인물이라는 평판이 쏟아진다. 설령 그 단장의 손길이 없었더라도 선수들에게 팀이 우승할 수밖에 없는 이유가 있었는데 말이다. 포커의 경우도 마찬가지다. 2003년 월드시리즈 오브 포커 대회에서 우승한 회계사 크리스 머니메이커도 그렇다. '여기 추레한 도박사가 있다. 하지만 그는 번번이 행운의 카드를 받았다'라는 홍보 문구가 없었더라면 머니메이커가 그처럼 사람들 사이에서 회자되며 유명세를 타지는 않았을 것이다.

때로 우리는 행운이라는 요소를 엉뚱한 방향으로 너무 많이 고려한다. 예측이 터무니없이 빗나갔을 때 운이 나빴다는 말로 변명을 하는 것도 그중 하나다. 신용평가사들은 자기들의 무능함 때문에 금융위기가 발생했을 때 바로 이런 종류의 변명을 늘어놓았다. 거꾸로 성공한 예측을 나중에 평가할 때는 실제 적용된 것보다 더 많은 걸 자기 실력으로 돌리는 경향이 있다.

이런 문제의 해결책 가운데 하나는 예측 평가를 더 엄정하게 하는 것이다. 어떤 예측이 얼마나 기술적으로 뛰어난지에 대해서는 경험법 empirical methods 을 통해 판가름할 수 있다. 어떤 분야에서는 다른 분야보다 장기적 결과를 더 빠르게 알 수 있다. 또 하나의 해결책은(데이터가 소음으로 너무 많이 물들어 있을 때는 유일한 해결책이기도 한데) 결과보다 과정에 초점을 맞추는 것이다.

포커 선수들은 대부분의 다른 사람들보다 이런 점을 더 잘 이해하는 경향이 있다. 이들은 특히 오르막과 내리막을 뼈저리게 경험하기 때문이다. 톰 드완처럼 막대한 판돈을 놓고 게임하는 선수는 주식시장의 투자자가 평생 경험할 변동성을 단 한 판의 승부에서 경험할 수도 있다. 게임 운영을 잘해서 돈을 딸 수도 있고, 게임 운영을 잘했는데 돈을 잃을 수도 있고, 게임 운영을 못해서 돈을 잃을 수도 있고, 게임 운영을 못했는데 돈을 딸 수도 있다. 이 얼마나 거대한 변동성인가! 모든 포커 선수는 이 같은 조건을 너무 많이 경험해서 과정과 결과 사이에는 차이가 있음을 잘 알고 있다.

최고의 선수들과 이야기를 나눠보면 이들은 자기들이 거둔 성공을 당연하게 여기지 않는다. 대신 최대한 자기 실력을 개선하고 높이는 데 초점을 맞추려 한다. 드완은 이렇게 말했다.

"충분히 성공을 거두었고 포커에 대해 이제 알 만큼 많이 알았다고 생각하는 선수는 곧바로 내리막길을 걷게 됩니다."

앤절로는 고객들에게 결과가 아닌 과정을 개선하는 법을 가르치려고 노력한다.

"우리는 언제나 소음의 구름 속을 헤매고 있습니다. 실제로 무슨 일이 일어나는지 정확하게 알지 못하는 경우가 너무 많습니다."

앤절로는 과정을 개선하기 위한 여러 가지 방법을 제시하는데, 전통적이지 않은 것들도 있다. 예를 들면 그는 명상을 권한다. 그렇다고 그의 고객들이 모두 다 명상을 하지는 않지만, 어쨌거나 앤절로는 명상을 통해 고객의 자의식 수준을 높여서 어떤 것들을 자신이 제어할 수 있고 어떤 것들을 자신이 제어할 수 없는지 인식할 수 있게 한다.

포커를 할 때 우리는 자신의 의사결정 과정을 제어하지만 어떤 카드가 내 손에 들어오게 하거나 바닥에 깔리게 제어하지는 못한다. 만약 당신이 상대 선수의 블러핑을 정확하게 포착했다 하더라도 상대가 원하는 카드가 마지막에 상대의 손에 들어와 원하는 패를 완성한다면, 결국 당신이 지고 만다. 이때 당신은 화낼 게 아니라 기뻐해야 한다. 당신은 할 수 있는 한 가장 정확하게 게임을 운영했으니 말이다. 이런 점에서 결과에 초점을 덜 맞출수록 더 나은 결과를 얻을 수 있다는 역설이 성립한다.

우리는 여전히 불확실한 세상에 살고 있는 불완전한 존재다. 우리가 한 예측이 빗나간다면, 그 원인이 우리의 잘못 때문인지 아닌지, 우리가 운용하는 모델에 오류가 있는 건지, 아니면 우리가 단지 운이 없었기 때문인지 우리는 결코 확신할 수 없다. 해결책에 가장 가까운 것은 신호와 소음 모두 이 우주에서 뺄 수 없는 요소임을 깨닫고서 이들에 대해 전혀 흔들림 없는 마음의 평정 상태를 유지하며, 각각의 실체를 파악하고 평가하는 데 온 힘을 기울이는 것이다.

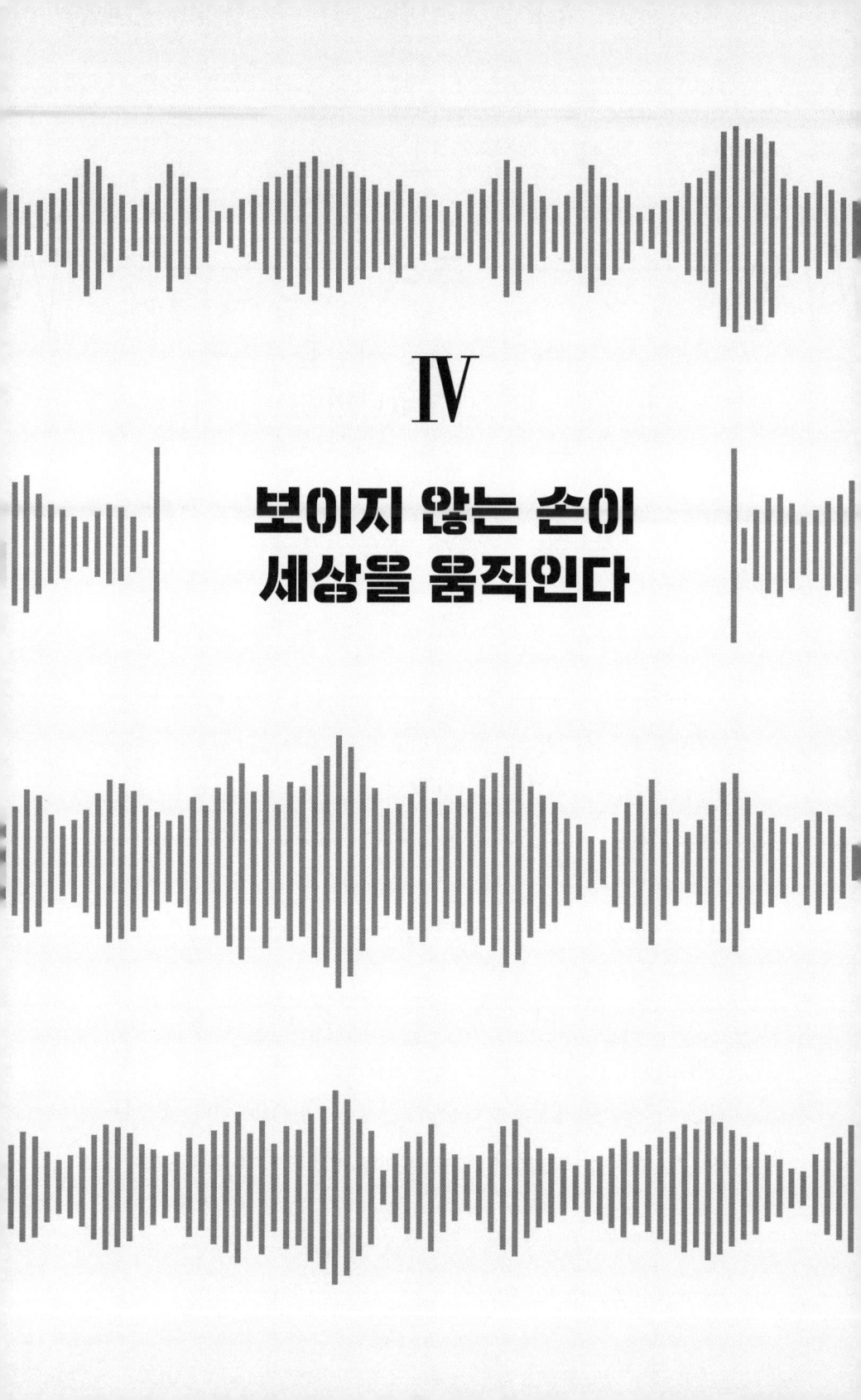

IV

보이지 않는 손이
세상을 움직인다

11

주식

개인이 결코 시장을
이길 수 없다면

    2009년, 세계 금융위기가 터진 이듬해에 미국의 투자자들은 뉴욕증권거래소 개장 시간을 기준으로 1초당 평균 800만 달러 규모로 주식을 거래했다. 하루 거래량이 1,850억 달러까지 늘어나기도 했다. 나이지리아, 필리핀, 아일랜드의 한 해 총생산에 해당하는 어마어마한 금액이다. 2009년 한 해 주식시장에서 46조 달러가 넘는 거래가 이루어졌다.[1] 《포춘》 선정 500대 기업의 매출을 모두 합한 금액의 네 배가 넘는 규모다.[2]

    이렇게 맹렬한 거래 속도는 상대적으로 최근에 나타난 현상이다. 1950년대 미국 기업의 보통주 보유 기간은 평균 약 6년이었다. 이런 현상은 주식이 장기적 투자 대상이라는 생각과 일맥상통한다. 그러나 2000년대에는 주식의 거래 속도가 1950년대에 비해 약 12배나 빨라졌다. 투자자들은 주식을 사서 평균 6개월 만에 다시 팔았다.[3] 이 같은 추세는 누그러질 기미를 보이지 않는다. 주식시장의 규모는 4~5년마다 두 배로 늘어나고 있다. 몇몇 주식은 거래가 활발해짐에 따라 현재 그야말로 매수와 거의 동시에, 100만 분의 1초 만에 매도되고 있다.[4]

경제학 원론에서 거래는 두 당사자가 모두 유익할 때에만 합리적이라고 가르친다. 훌륭한 유격수가 둘 있지만 괜찮은 투수가 없는 구단은 훌륭한 투수는 많지만 유격수라고는 타율이 1할 9푼밖에 되지 않는 선수를 보유한 구단에 자기 유격수를 내주고 투수를 받는 트레이드를 한다. 주식을 처분해서 현금화하려는 투자자는 막 주식시장에 발을 들여놓은 투자자에게 자기 주식을 판다.

하지만 오늘날 월스트리트에서 이런 개념으로 이루어지는 거래는

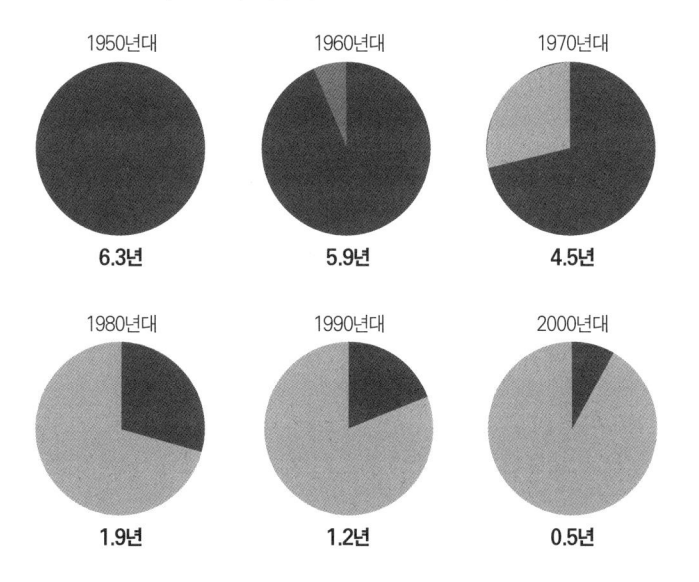

| 11-1 | 미국 기업 보통주의 평균 보유 기간

거의 없다. 거래 대부분은 주식의 미래 수익에 대한 예측의 차이를 반영한다[몇몇 예측은 시장조성market making(유가증권의 모집 또는 매출을 원활하게 하기 위해 한 회사의 상장을 주관하는 증권사에게 일정 기간 주가 하락을 방어하도록 하는 것 - 옮긴이)을 반영하기도 한다. 예를 들어 재고가 풍부한 세븐일레븐 같은 회사들은 상당한 규모의 물품을 보유하고 있어서, 어려운 시기에 한 푼이라도 더 벌기 위해 경쟁자가 없는 곳에서 사업장을 열 수 있다]. 인류 역사상 지금처럼 많은 예측이 빠르게, 그리고 엄청난 규모의 이익과 손해를 걸고 이루어진 적은 없다.

어떻게 이처럼 많은 거래가 일어나는지는 거대한 수수께끼다.[5] 점점 더 많은 사람이 자기들은 시장의 총체적 지혜보다 더 나은 예측을 할 수 있다고 생각하는 듯하다. 과연 이들이 정말 합리적일까? 그렇지 않다면 우리는 시장이 합리적 가격에 이를 수 있다고 기대할 수 있을까?

웰컴 투 베이즈랜드

이 책이 추천하는 대로 베이즈 정리가 제시하는 지침을 따른다는 것은 확률적 믿음 또는 예측이라는 차원에서 미래를 생각한다는 뜻이다. 버락 오바마가 재선에 성공할 가능성은 얼마나 될까? 할리우드의 문제아 여배우 린지 로언이 또다시 체포될 가능성은 얼마나 될까(로언은 마약 복용, 음주운전, 폭행 등으로 여러 차례 체포된 적이 있다 - 옮긴이)? 외계 행성에 생명체가 살고 있을 가능성은 얼마나 될까? 라파엘 나달Rafael Nadal이 윔블던대회에서 우승할 가능성은 얼마나 될까? 몇몇 베이즈주의자들은 이런 가능성에 대한 가장 합리적 접근은 우리가 설정할 수 있는 베팅라인betting line(도박업체가 스포츠 경기 등을 두고 설정하는 예상 기준. 여기에 따라서 배당률이 결정된다 – 옮긴이)이 어느 수준이냐 하는 식으로 생각하는 것이라고 주장한다.[6] 이 아이디어를 논리적인 극한에서 그려보면, 베이즈랜드에 있는 우리 모두는 각각의 베팅에 대한 우리의 배당률을 알리는 거대한 샌드위치맨 광고판을 메고 돌아다니는 셈이다.

베이즈랜드에서 두 사람이 서로 다른 예측을 한다는 사실을 깨달을 때, 이들은 두 가지에서 하나를 선택해야 한다. 하나는 토의를 통해 의견 일치에 이르고, 그에 따라 각자의 예측을 수정하는 것이다. 예를 들어 나는 나달이 윔블던에서 우승할 확률이 30퍼센트라고 생각하는데 다른 사람은 50퍼센트라고 할 때, 우리 둘 모두 이 확률을 40퍼센트로 수정해서 예측할 수 있다. 아니면 이 수정 예측이 굳이 서로 다른 두 예측의 중간값일 필요는 없다. 당신이 린지 로언의 사생활을 시시콜콜하게 꿰고 있다면, 나는 린지 로언에 관한 당신의 예측이 내 예측보다 정확할 것임을 전적으로 인정하고 받아들일 수 있다. 두 경우 중 어느 쪽

| 11-2 | 베이즈주의적 베팅라인의 사례

현재 배당률

- 오바마가 재선에 성공한다 - - - - - - - - - - - - - - - 55%
- 린지 로언이 체포된다 - - - - - - - - - - - - - - - - - 99%
- 주식시장이 붕괴된다 - - - - - - - - - - - - - - - - - 10%
- 화성에 생명체가 산다 - - - - - - - - - - - - - - - 2%
- 나달이 윔블던대회에서 우승한다 - - - - - - - - - - 30%

이든, 우리는 서로 같은 생각, 곧 어떤 실제 사건이 일어날 가능성에 대해 수정된 예측, 바라건대 더 정확한 예측을 염두에 둔 채 헤어진다.

하지만 합의에 이르지 못할 수도 있다. 이때 베이즈랜드의 규칙은 각자의 예측에 돈을 걸고 내기를 함으로써 그 차이를 분명하게 설정하라는 것이다. 베이즈랜드에서는 합의를 하거나 돈을 걸거나 둘 중 하나를 선택해야만 한다. 이처럼 하지 않는다면 당신은 베이즈주의자의 눈으로 볼 때 진정으로 합리적인 사람이 아니다. 나와 어떤 일에 대한 가능성을 두고 토의를 한 뒤에도 여전히 자기 예측이 내 예측보다 낫다고 생각한다면, 당신은 기꺼이 당신 예측에 돈을 거는 게 옳다. 그래야 돈을 벌 테니 말이다. 하지만 그렇게 생각하지 않는다면 당신은 내 예측이 옳다는 걸 받아들여야 한다.

물론 이 전체 과정은 엄청나게 비효율적이다. 우리는 수천수만 가지 일을 예측해야 하며, 우리가 거는 수백 가지 내기를 일일이 장부에 적어두고 결과를 확인해야 한다. 실제 현실세계에서는 시장이 이런 일을 수행한다. 시장이 있기에 우리는 모든 것에 돈을 걸고 내기를 하는 대신 고정된 가격, 그러니까 합의된 가격을 기준으로 거래를 할 수 있다.[7]

베이즈주의의 '보이지 않는 손'

사실 자본주의와 베이즈 정리는 같은 지적 전통 속에서 나타났다. 애덤 스미스와 토머스 베이즈는 같은 시대를 살았으며, 두 사람 다 스코틀랜드에서 교육을 받았고 철학자 데이비드 흄의 영향을 많이 받았다.

스미스의 '보이지 않는 손invisible hand'도 베이즈주의적 과정이라 생각할 수 있다. 가격은 수요와 공급의 변화에 반응하면서 점차 수정되다가 마침내 균형점에 이르기 때문이다. 베이즈주의적 추론을 '보이지 않는 손'이라 생각할 수도 있다. 우리 믿음을 지속적으로 업데이트하면서 점점 개선하고, 사람들 사이에 그 믿음에 이견이 있을 때는 내기를 한다는 점에서 서로 같기 때문이다. 이 둘은 기본적으로 '대중의 지혜wisdom of crowds'의 강점을 취하는 합의 추구 과정이다.

따라서 시장은 이런저런 예측을 하는 데 특히 좋은 방법이라 할 수 있다. 바로 주식시장이 그렇다. 회사의 미래 수익과 배당을 예측하고, 이들 예측에 돈을 거는 공간이 주식시장이기 때문이다.[8] 나는 이 같은 발상이 대부분의 경우에 옳다고 생각한다. 예컨대 GDP 같은 경제 변수들을 예측하는 데 베팅시장을 도입하면 좋겠다는 생각이다. 사람들이 자기 예측에 돈을 걸게 하면 사람들에게 좀 더 정확한 예측의 동기를 부여할 것이므로 이런 시장들은 예측의 질을 높여주리라 쉽게 전망할 수 있다.

또 다른 관점 하나가 이 같은 사실을 좀 더 강력하게 지지한다. 바로 '효율적 시장 가설efficient market hypothesis'이다. 이 가설은 특정한 조건이 전제된 상황에서는 시장을 예측하는 일이 불가능하다고 본다. 수십 년 동안 경제학계에서 입지를 굳혔던 이 관점은 최근 시장에서 거품이 일고 꺼지는 과정을 거치면서 인기가 시들해졌다. 거품 가운데 일부는 나중에 알고 보니 충분히 예측할 수 있었기 때문이다. 하지만 효율적 시장 가설 이론은 생각보다 훨씬 튼튼하다.

이 책이 설정하는 중심 전제는 더 정확한 예측을 하고자 한다면 지

내리는 판단이 잘못된 것일 수 있음을 먼저 인정해야 한다는 점이다. 그러므로 우리의 총체적 판단이 반영된 여러 시장들 역시 잘못되었을 수 있다. 사실 시장을 통해 완벽하게 예측한다는 건 논리적으로도 불가능한 일이다.

예측시장: 힐러리 주식을 사고팔다

베이즈랜드가 실제로 있다면, 자기 예측에 돈을 걸지 않으려는 사람들을 적발해서 딱지를 뗄 경찰로는 저스틴 울퍼스Justin Wolfers만한 인물이 없어 보인다. 그는 미국 최고의 젊은 경제학자 중 한 명이며 말총머리에 언변이 좋은 사람이다. 나는 릭 샌토럼이 공화당 대통령 후보를 선출하는 아이오와주 예비선거에서 이길 거라는 글을 블로그에 올렸다. 당시 인트레이드닷컴Intrade.com은 미트 롬니Mitt Romney가 여전히 앞선다고 예측하고 있었다. 울퍼스는 곧바로 내게 전화해서는 저녁 내기를 하자고 했고, 나는 기꺼이 응했다. 결과적으로는 내가 이겼다. 몇 주에 걸친 재검표 끝에 샌토럼이 고작 수십 표 차이로 승리했다(결과가 처음 나오고서 개표를 둘러싸고 이의가 제기되었으며, 나는 이에 대해 《뉴욕타임스》에 기사를 쓰기로 하고 샌토럼을 만났다. 내가 누구에게 내기를 걸었는지 알고 있던 샌토럼은 나보고 내기에 지는 게 싫어 자기를 만나는 것 아니냐고 농담했다. 아마도 완전히 틀린 말은 아니었을 것이다).

울퍼스는 오스트레일리아 출신이다. 시드니에서 마권 영업자의 잔

심부름꾼 일을 하며 대학을 다녔다.[9] 지금은 미국 필라델피아에 사는데, 와튼스쿨에서 강의를 하고 '괴짜경제학' 블로그에 글을 쓴다. 그는 자기 집을 찾은 내게 대단한 호의를 베풀었다. 필라델피아의 명물인 사르코네스 델리 가게에서 특제 호기 샌드위치를 사와서 나와 나의 연구 조교인 아리키아 밀리컨Arikia Millikan을 대접했다. 울퍼스의 곁에는 애제자 데이비드 로스차일드David Rothschild가 있었다. 하지만 이런 환대는 어떻게 보면 막판 뒤통수치기의 효과를 극대화하기 위한 준비 과정이었다. 고기를 굽기 전에 버터를 바르는 일 같은.

울퍼스와 로스차일드는 인트레이드 같은 예측시장의 행동을 줄곧 연구해오고 있었다. 예측시장은 베이즈랜드가 현실에 구현된 곳으로, 참가자들은 어떤 영화가 아카데미상 최우수작품상을 받을지부터 이스라엘이 이란을 공습할 가능성이 얼마나 될지까지 현실의 모든 예측을 담은 주식들의 지분을 사고판다. 특히 인기 있는 종목은 정치 사건이다. 이를테면 힐러리 클린턴이 2008년 민주당 경선에서 이긴다는 주식이 있을 수 있다. 이 주식 한 주를 사면 민주당 경선 결과가 실제로 그렇게 나올 경우 100달러의 배당금을 받을 수 있지만, 힐러리가 진다면 주식은 휴지 조각이 되고 만다. 참가자들은 결과가 나오기 전까지는 얼마든지 이 주식을 사고팔 수 있다. 그래서 어떤 주식에 대한 시장 가격은 그 결과가 나온다고 보는 예측의 합을 나타낸다(어느 시장에서는 힐러리의 주식이 그녀가 아이오와 예비선거에서 패한 뒤에 18달러로 곤두박질쳤다가 뉴햄프셔 예비선거에서 승리하자 66달러로 반등했으며, 오바마가 경선 과정에서 줄곧 앞서가자 점점 떨어지더니 마침내 0달러가 되었다).[10] 정치를 다루는 이런 시장의 역사는 깊다. 적어도

1892년 대통령 선거까지 거슬러 올라간다. 당시에 스티븐 그로버 클리블랜드Stephen Grover Cleveland 주식과 벤저민 해리슨Benjamin Harrison 주식은 아메리카증권거래소에서 몇 걸음 떨어지지 않은 곳에서 거래되었다.[11]

"자네가 네이트 실버 씨께 비교논문 이야기를 좀 해드리지?"

호기 샌드위치로 점심을 시작한 지 몇 분 지나지 않아 울퍼스가 짓궂게 씩 웃으며 로스차일드에게 말했다.

"예, 말씀드리죠. 제가 논문을 하나 학술지에 실었는데요. 편향을 제거한 어떤 인터넷 여론조사와 2009년의 예측시장들을 비교한 내용인데……."

울퍼스가 불쑥 끼어들었다.

"뭘 그렇게 말을 빙빙 돌리나? 인트레이드와 네이트 실버 씨를 비교한 겁니다."

다시 로스차일드가 받았다.

"인트레이드가 이겼습니다."

로스차일드는《퍼블릭 오피니언 쿼털리Public Opinion Quarterly》에 논문[12]을 발표했다. 2008년 선거를 두고 내가 파이브서티에이트에서 한 예측을 인트레이드 예측과 비교했는데, 파이브서티에이트 예측이 꽤 정확하긴 했지만 인트레이드 예측이 더 나았다는 내용이었다.

집단 예측의 이점과 한계

로스차일드의 논문에는 내가 문제를 제기할 부분이 분명히 있다. 인트레이드의 예측이 파이브서티에이트의 예측을 이기는 것은 울퍼스와 로스차일드가 몇 가지 조정 작업을 수행하고 나서지, 그렇지 않은 경우에는 파이브서티에이트가 이겼다.[13] 게다가 더 중요한 사실은, 파이브서티에이트가 한 새로운 예측이 인트레이드의 거래가격을 파이브서티에이트와 동일한 방향으로 유도했다는 사실이다. 이는 인트레이드 거래자들이 파이브서티에이트의 예측에 편승했음을 강력하게 시사한다.

그럼에도 각기 다른 예측을 한데 모을 때 이점이 발생한다는 사실을 경험적·이론적으로 입증하는 강력한 증거가 있다. 거시경제학적 예측에서 선거 여론조사에 이르는 많은 분야에서 단 한 사람(기관)의 예측에만 의지하지 않고 모든 예측의 평균을 취하는 일만으로도 예측의 오차는 보통 15~20퍼센트까지 줄어든다.[14]

하지만 모든 예측의 평균을 내기 전에 먼저 다음 세 가지를 이해해야 한다. 첫째, 모든 예측을 아우르는 총합적 예측aggregate forecast이 전형적인 한 개인(기관)의 단일한 예측보다 본질적으로 언제나 낫긴 하지만, 그게 꼭 좋은 예측이라고는 할 수 없다. 이를테면 거시경제학적 예측은 아무리 총합해서 평균을 낸다 해도 몇 달 뒤에 진행될 경기후퇴 상황을 정확하게 예측할 수가 없다. 경제학자 개개인의 예측보다 조금은 나을지 몰라도 말이다.

둘째, '대중의 지혜' 원칙은 모든 예측이 각기 독립적으로 진행될 때 유효하다. 주식시장을 포함한 진정한 베팅시장에서 사람들은 타인의 행동에 따라 대응할 수 있고, 얼마든지 그렇게 한다. 구성원들이 좀 더 역동적으로 행동하게 되는 조건에서라면 집단행동은 더 복잡해진다.

셋째, 총합적 예측이 일반적인 개인(기관)의 예측보다 낫긴 하겠지만 반드시 그런 건 아니다. 설문조사 결과가 아주 정확한 여론조사 기관이 있다고 치자. 이 기관은 굳이 자기보다 덜 정확한 다른 여론조사 기관들의 예측으로 자기 예측의 정확성을 희석할 이유가 없다.

그러나 이 같은 속성을 놓고 연구가 진행되는 동안에도 총합적 예측이 최고의 개인 예측보다 더 나은 사례가 흔히 있었다. 일례로 블루칩 이코노믹 인디케이터스Blue Chip Economic Indicators의 보고서를 보면, 여러 해를 단위 기간으로 하는 예측에서 총합적 예측이 그 지표의 패널인 개별적 경제 전문가 70명 중 어느 누가 낸 예측보다도 나았다.[15] 또 울퍼스는 NFL 미식축구 경기 예측들을 놓고 분석했는데, 베팅시장이 낸 총합적 예측이 스포츠 기자 개인들이 낸 예측들의 약 99.5퍼센트보다 더 정확하다는 사실을 확인했다.[16] 이런 사실은 정치 관련 여론조사에도 그대로 적용된다. 단 하나의 여론조사만을 신뢰하면 실패의 쓴맛을 볼 가능성이 매우 크다는 말이다.[17] 여러 예측을 총합해 평균을 내어 오차를 15~20퍼센트 줄이는 게 대수롭지 않아 보일 수 있겠지만, 경쟁이 치열한 시장에서 남보다 더 정확한 예측을 내기란 끔찍할 정도로 어렵다는 사실을 기억해야 한다.

그래서 나는 울퍼스와 로스차일드에게 세부적인 모든 사항까지는 아니더라도 두 사람이 내린 결론 뒤에 버티고 서 있는 이론은 기꺼이 인정할 수 있다고 말했다. 어쨌거나 인트레이드에 돈을 거는 사람들은 파이브서티에이트의 예측들을 포함해서 자기들이 보기에 의미가 있다고 생각하는 모든 정보(파이브서티에이트와 경쟁관계에 있는 기관들이 내는 예측들처럼, 사실 이들 가운데 몇몇은 매우 훌륭한 예측을 하는 편이다)를 이용해 나름대로 예측을 할 것이기 때문이다. 물론 이들은 그 정보를 편향된 방식으로 해석하고 낭패를 경험할 수도 있다. 그러나 이 말이 파이브서티에이트 예측이(또는 다른 기관이 내는 예측이) 나무랄 데 없이 훌륭하다는 건 아니다.

울퍼스는 내가 너무 쉽게 물러서자 실망하는 눈치였다. 내가 인트레이드를 이길 수 있을지 확신하지 못한다면 난 파이브서티에이트를 때려치우고 인트레이드에 합류해서 인터레이드의 예측을 채택해야 하는 것 아니겠는가? 울퍼스는 이렇게 말했다.

"이렇게 나오시다니 정말 놀랍습니다. 파이브서티에이트보다 더 나은 예측을 내는 기관이 있다면, 굳이 파이브서티에이트를 계속 유지할 이유가 있습니까?"

우선 한 가지 이유는, 예측을 하는 일이 나에게는 지적으로 매우 흥미로운 작업이기 때문이다. 이런 예측을 올리기 때문에 내 블로그를 찾는 사람들이 많다.

또한 나는 예측시장의 이론적 효용을 인정하긴 하지만, 현재 인트레이드 같은 정치적 베팅시장이 모두 훌륭하다고는 생각하지 않는다. 경쟁 기준이 매우 낮기 때문이다. 인트레이드는 점점 대중적으로 확산되고 있긴 해도 주식시장이나 라스베이거스에 비하면 여전히 하찮은 수준이다. 일례로 2012년 3월 슈퍼화요일Super Tuesday(미국 대통령 선거 과정 중 대통령 후보자를 지명할 수 있는 대의원을 가장 많이 선출하는 날. 공화당기 민주당이 대통령 후보를 실제로 결정짓는 날이라 할 수 있다 - 옮긴이) 직전의 몇 주 동안에 인트레이드에서는 약 160만 달러에 이르는 주식이 거래되었다.[18] 그에 반해 뉴욕증권거래소에서는 1초당 800만 달러가 거래된다. 인트레이드에 참가한 사람이 슈퍼화요일 베팅으로 얻을 수 있는 최대 수익은 약 9천 달러인데, 이 정도로는 부자가 되기는커녕 생활비로도 모자랄 형편이다. 또한 인트레이드는 법률적으로 회색지대에 놓여 있으며, 미국 정치에 돈을 거는 사람 대부분은 유럽이나 다른 나라 사람들이다. 게다가 시장 조작[19]이나, 가격이 터무니없이 비합리적으로 높게 책정된 경우[20]도 여러 차례 있었다(인트레이드에 참가하는 데는 돈이 그다지 많이 들지 않지만 언론의 관심을 받을 수 있고 우호적인 기사가 실릴 수 있어서, 후보자 또는 후보자 지지 단체로서는 인트레이드에서 주식을 사는 게 좋은 광고인 셈이다). 그리고 이런 시장들은, 예를 들어 대법관들이 내놓는 모호한 단서들만 가지고 대법원 판결을 추측하려는 경우처럼 가치 있는 정보가 많지 않을 때에는 정보 수집에 그다지 좋은 성과를 거두지 못했다.

인트레이드가 법률적 지위를 보장받고 거래액이 100배로 커진다면 파이브서티에이트나 다른 기관보다 나은 예측을 할 수 있을까? 아마 그럴 것이다. 지금 당장은 어떨까? 경험을 바탕으로 추측하자면, 우리 가운데 몇몇은 인트레이드만큼 정확한 예측을 할 수 있을 것이다. 물론 아주 조심스럽게 종목을 선택한다는 전제로 말이다.[21, 22]

수많은 똑똑한 사람들이 자기는 시장을 이길beat the market(시장보다 높은 수익률을 올리는 것. 시장 추월 - 옮긴이) 수 있다고 생각했지만 결국 쓰라린 패배를 맛보아야 했다.

효율적 시장 가설의 기원

1959년에 유진 파마Eugene Fama라는 스무 살짜리 대학생이 터프츠대학교의 로망스어와 볼테르로 채워진 커리큘럼이 마음에 들지 않아 학교를 내팽개치고 주식시장 예측 서비스를 운영하는 교수 밑에서 조수 일을 했다.[23] 그런데 일이 그의 적성에 딱 맞았다. 파마는 승부욕이 강했다. 가족 가운데서 처음으로 대학교에 진학했으며 몰든가톨릭고등학교에서는 168센티미터의 단신이었지만 운동선수로도 이름을 날렸다. 파마는 주식시장 수익과 관련된 과거 데이터를 샅샅이 훑으면서 주식시장을 정확하게 예측할 수 있는 특정한 통계 패턴을 찾았다. 그런데 파마의 상사는 언제나 회의적 반응으로 일관하면서 투자하기 전에 현실에서 그 전략들이 실제로 어떤 수익률을 내는지 지켜보라고 파마에게 충고했다. 파마의 전략들은 거의 매번 실패로 돌아갔다.

이런 경험에서 좌절과 매혹을 동시에 느낀 파마는 고등학교 교사가 되겠다던 꿈을 접고 시카고대학교 경영대학원에 들어갔다. 그리고 1965년에 박사학위 논문을 발표한다. 논문은 야구 통계학자 빌 세임스가 1980년대에 했던 선구적 연구와 비슷한 점이 있는데, 파마는 주식이 움직이는 방향에 대해 얘기하는 전통적 지혜의 많은 부분이 순전히 헛소리일 뿐임을 통계와 야유를 섞어 주장했다. 그는 1950~1960년, 10년 동안 운용된 수십 개 뮤추얼펀드 수익률을 분석해서, 어느 한 해에 높은 수익률을 올린 뮤추얼펀드가 이듬해에는 다른 경쟁 펀드들의 수익률에 못 미치는 경향을 발견했다.[24] 비록 파마가 시장을 이길 수는 없었지만, 다른 사람들 역시 마찬가지였던 셈이다.

탁월한 분석가는 (…) 시장 참가자보다 '지속적으로' 높은 수익을 올리는 사람이다. 지속성이라는 단어가 이 정의에서 핵심이다. 임의의 짧은 기간에 (…) 어떤 사람은 시장 평균보다 훨씬 높은 수익을 올리지만 어떤 사람은 그보다 훨씬 못하기 때문이다.

불행하게도 이 기준을 따르면 나는 탁월한 분석가 축에 들지 못한다. 하지만 위안으로 삼을 수 있는 사실은 (…) 시장에서 검증을 더 많이 받은 기관들 역시 마찬가지라는 점이다.[25]

파마의 논문은, 나중에는 4천 번이 넘게 인용되긴 하지만,[26] 처음에는 시카고대학교 박사학위 논문이 으레 받을 수 있는 관심 이상은 받지 못했다.[27] 하지만 이 논문은 효율적 시장 가설의 기반을 마련했다. 논문은 주식시장의 움직임을 의미 있는 수준으로 예측하기가 불가능하다고 했다. 단기간에 걸쳐 보면 다른 투자자보다 높은 수익을 올리는 투자자가 반드시 있다. 이는 라스베이거스에서 어느 날 저녁에 룰렛 게임을 하는 사람 가운데 누군가는 반드시 돈을 따는 것과 똑같은 이치다. 하지만 파마는 장기적으로 보면 이런 투자자들도 시장을 이길 만큼 정확한 예측을 지속해서 할 수는 없다고 주장했다.

"과거의 수익률은 미래의 결과와 무관합니다"

우리는 예측이 얼마나 훌륭한지 살필 때 규모가 작은 표본에 따르는 필연적 한계를 제대로 평가하지 않아서 운을 실력으로 잘못 파악하는 실수를 저지르기 십상이다. 실력을 운으로 잘못 파악하는 반대 상황도 마찬가지다. 일례로 야구 선수의 단기간 타율이 그렇다. 어떤 선수는 기량이 출중한데도 이 신호가 소음 속에 묻혀버리는 예는 너무도 많다.

주식시장에서 개인 트레이더들의 성과 데이터에는 소음이 많이 섞여 있어서, 그것만으로는 트레이더들의 솜씨를 알아내기가 매우 어렵다. '과거의 수익률은 미래의 결과와 무관합니다'라는 문구가 뮤추얼펀드의 브로슈어에 등장하는 데는 그럴 만한 이유가 있다.

2007년에 당신이 뮤추얼펀드에 투자하기로 했다고 치자. 다우존스 산업평균지수나 S&P 500 지수에 포함되는 미국의 대형주에 주로 집중하는 펀드다. 당신은 이트레이드E*Trade에 회원으로 가입한다. 이트레이드에서는 그런 펀드 수백 개 가운데서 원하는 걸 선택할 수 있으며, 또 각 펀드에 관한 모든 정보(최근 5년 평균수익률 등)를 제공받을 수 있다. 당신은 EVTMX_{Eaton Vance Dividend Builder A}를 택했을 수 있다. 이 펀드는 2002~2006년 시장보다 연평균 약 10퍼센트를 웃도는 수익률을 기록했다. 당신이 좀 더 대담한 투자자라면 JSVAX_{Janus Henderson Contrarian T}를 선택했을 수 있다. 비인기 종목들에 투자해서 같은 기간 시장보다 연평균 9퍼센트 높은 수익률을 낸 펀드이기 때문이다. 당신은 과연 기대한 대로 짭짤한 수익을 올렸을까?

실제로는 그렇지 않았다. 이 뮤추얼펀드들의 2002~2006년 수익률을 2007~2011년 수익률과 비교하면 둘 사이에 상관관계는 전혀 없었다. 2002~2006년 최고의 수익률을 기록한 EVTMX는 다음 5년 동안에는 시장 평균 정도의 수익률밖에 올리지 못했다. JSVAX는 수익률이 같은 기간 시장 평균보다 오히려 3퍼센트 밑돌았다. 파마가 확인했

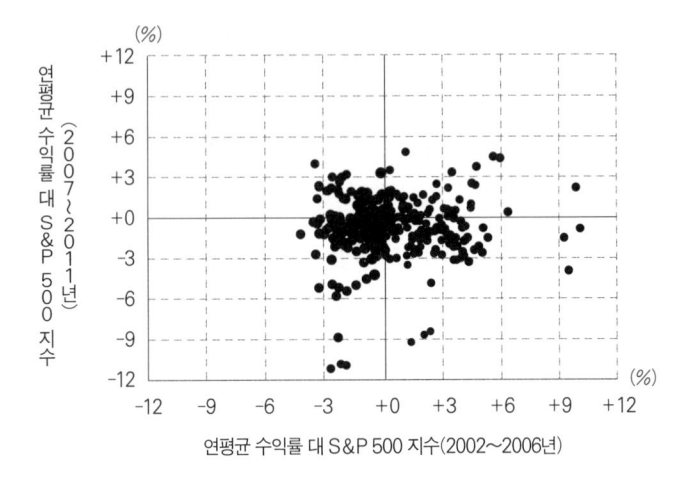

| 11-3 | 지속성이 없는 뮤추얼펀드 수익률

연평균 수익률 대 S&P 500 지수(2002~2006년)

듯이 5년이라는 길지 않은 기간에도 뮤추얼펀드의 수익률에서는 지속성을 찾아볼 수 없었다. 어떤 논문들은 한 해 단위의 뮤추얼펀드 수익률에서 매우 미미한 상관관계를 확인하긴 했지만,[28] 그것들을 알아보기란 너무 어려울 지경이다(도표 11-3).[29] 그러니 그냥 수수료가 가장 싼 펀드를 선택하거나, 아니면 아예 뮤추얼펀드를 멀리하고 직접 시장에 투자하는 것이 가장 나을 것이다.

차트를 믿지 마세요

파마는 이른바 '차티스트chartist'들을 무자비할 정도로 비판했다. 차티스트라는 용어도 파마가 붙인 것인데, 이들은 (예전에 파마가 시도했다가 실패한 방식 그대로) 순전히 과거의 통계 패턴만으로 주가가 어느 방향으로 움직일지 예측할 수 있다고 주장한다. 그 회사가 전년도에 수익을 기록했든 손실을 기록했든, 비행기를 팔든 햄버거를 팔든 상관없다고 한다(차티스트의 이런 작업을 좀 더 완곡하게 표현한 것이 이른바 '기술적 분석technical analysis'이다).

우리는 이 불쌍한 차티스트들에게 얼마간 연민의 마음을 가져야 할지도 모른다. 신호와 소음을 구분하는 일이 언제나 쉽지만은 않기 때문이다. 〈도표 11-4〉에는 여섯 개 주식시장 차트가 제시되어 있다. 이 중 네 개는 내가 컴퓨터에 동전을 던지라고 해서(1과 0 가운데 하나를 무작위로 연속적으로 선택하게 해서) 만들어낸 가짜다(이 실험은 프린스턴대학교의 경제학자 버튼 말키엘Burton Malkiel이 했던 유명한 실험의 패러디다. 말키엘은 학생들에게 동전을 던져 무작위 차트를 만들게 한 다음에 기술적 분석 전문가에게 보여주었는데, 전문가는 차트를 분석한 뒤에 당장 그 주식을 사야 한다고 말했다). 나머지 둘은 1970년대

| 11-4 | 주식시장 차트, 어느 것이 진짜일까

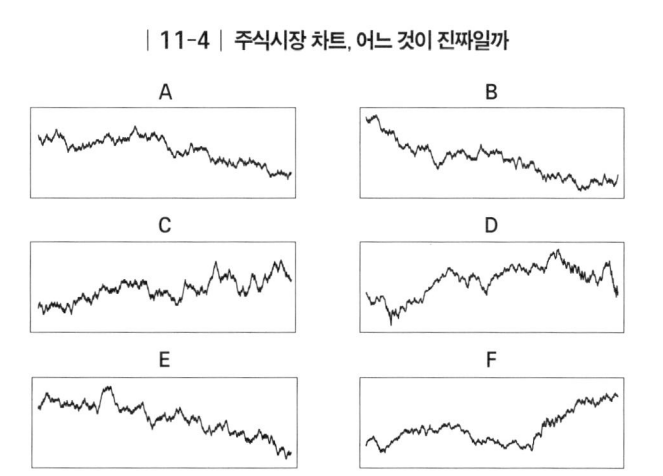

와 1980년대의 처음 1,000일 동안의 다우존스 산업평균지수 움직임을 표시한 데이터다. 자, 당신은 가짜와 진짜를 가려낼 수 있겠는가? 절대 쉽지 않다. (해답은 저자 주에서 확인하기 바란다.[30]) 투자자들은 주가 움직임을 바로 이런 식으로 바라보고 있었고, 그러니 소음을 신호로 잘못 파악할 수밖에 없었다.

효율적 시장 가설의 세 형태: 약형, 준강형, 강형

파마는 이들 유형의 데이터를 충분히 검토하고 나서 세 가지로 뚜렷하게 구분되는 사례를 모두 아우를 수 있도록 자기 가설을 더 세련되게 다듬었다.[31] 그 세 가지는 시장의 예측 가능성 수준에 따라 다음과 같이 구분된다.

첫째, 약형weak form 효율적 시장 가설이다. 이는 주식시장의 가격은 과거의 통계 패턴만으로는 예측할 수 없다고 주장한다. 기술적 분석만으로는 실패할 수밖에 없다는 말이다.

둘째, 준강형semi strong form 효율적 시장 가설이다. 이는 한발 더 나아가 기본적 분석, 즉 회사의 재무제표·사업 모델·거시경제적 조건 등 공개적으로 확보할 수 있는 정보를 분석하는 것 역시 실패할 수밖에 없으며, 또한 시장 수익률을 지속해서 능가할 수 있는 수익률을 보장하지 못한다고 주장한다.

셋째, 강형strong form 효율적 시장 가설이다. 이는 내부 정보를 포함한 사적 정보조차도 시장가격에 곧바로 반영되므로 평균적 시장 수익률을 웃도는 수익률을 보장하지 못한다고 본다. 이 주장은 효율적 시장 가설의 논리적 극단으로서, (파마를 포함해) 효율적 시장 가설 지지자 대부분이 받아들이지 않는다.[32] 내부자들이 평균수익률보다 높은 수익률을 챙긴다는 상당히 구체적인 증거가 있기 때문이다. 이해 관계자들로부터 로비를 받아 특정 기업의 내부 정보를 쉽게 접할 수 있을 뿐만 아니라 법안을 통해 해당 기업의 운명에 영향을 끼칠 수 있는 의원들은 흔히 시장 평균보다 연평균 5~10퍼센트 높은 투자 수익을 올린다는 연구보고서가 나와 있는데,[33] 이 정도로 높은 수익률이라면 최악의 금융 사기범인 버니 매도프Bernie Madoff조차도 울고 갈 만하다.

약형과 준강형 가설을 둘러싼 논의는 모든 사회과학계를 통틀어 가장 뜨겁게 진행되어왔다. 효율적 시장 가설을 다루는 학술논문은 매년 900편가량 발표되고 있으며,[34] 현재 이 가설이 재무 관련 학술지에서 논의되는 범위[35]는 생물학계의 진화론만큼이나 넓고도 깊다.[36]

효율적 시장 가설은 때로 월스트리트의 무절제에 대한 변명으로 이용되기도 한다. 자기들은 무슨 짓을 하건 간에 어쨌거나 합리적으로 행동한다는 얘기다. 효율적 시장 가설의 지지자들 가운데 많은 수가 이런 식으로 이론을 해석할 수도 있다. 하지만 애초에 이 이론이 태동할 때는 정반대편에서, 그러니까 주식시장은 기본적으로 예측이 불가능하다는 인식에서 출발했다. 어떤 것이 진정으로 예측이 불가능하다면 동네 미장원의 미용사에서 1년에 200만 달러를 버는 투자은행가에 이르기까지 그 누구도 '지속적으로' 수익을 올릴 수는 없다.

그런데 효율적 시장 가설은 강력한 만큼 몇 가지 요건이 필요하다. 가장 중요한 요건은 이 이론이 '위험조정 기준risk-adjusted basis'에 따른 수익률과 관련이 있다는 점이다. 당신이 1년 안에 파산할 가능성이 10퍼센트인 투자 전략을 구사한다고 해보자. 이 전략을 20년 동안 고수한다면, 당신의 투자 자금이 남아 있을 확률은 12퍼센트밖에 되지 않으니 사실 터무니없이 어리석은 짓이다. 그러나 정말로 그처럼 배짱이 두둑하다면 당신은 엄청난 수익을 누릴 자격을 충분히 갖춘 셈이다. 효율적 시장 가설의 모든 버전은 투자자들이 추가 위험을 무릅쓸 때만 비로소 시장 평균을 웃도는 수익률을 올릴 수 있도록 허용한다.

또 한 가지 중요한 것은 수익은 거래비용을 빼고 계산해야 한다는 점이다. 투자자들이 주식을 한 주 거래할 때마다 거래비용이 발생한다. 대부분 이 비용은 거래액의 0.25퍼센트쯤으로 작은 규모다.[37] 그러나 이 적은 비용도 계속해서 쌓이면 상당해지는데, 특히 활발하게 거래를 하는 사람에게는 엄청난 규모로 늘어난다. 이러한 요인 때문에 효율적 시장 가설이 먹히지 않는 완충지대기 생긴다고 말할 수 있다. 거래가 공짜로 이루어지는 공간에서라면 투자 전략은 아주 조금만 수익을 내도 된다. 하지만 실제 현실에서는 추가로 들어가는 거래비용을 초과하기 위해 수익을 올려야 한다. 카지노에서 포커 선수가 업체에 떼어주는 수수료를 빼고도 남을 정도가 되려면 아주 많이 따야 하는 것과 마찬가지 이치다.

효율적 시장 가설의 통계검정

효율적 시장 가설에 고개를 가로젓는 사람들에게는 이 이론을 무력화시킬 강력한 방법이 두 가지 있다. 하나는 몇몇 투자자가 지속해서 주식시장의 평균을 웃도는 수익률을 낸다는 사실을 입증하는 방법이고, 또 하나는 좀 더 직접적인데, 수익률의 예측 가능성을 보여주는 방법이다.

가설을 반박하는 단순한 방법은 어느 날의 주가 움직임이 이튿날의 주가 움직임과 관련이 있음을 입증하는 것이다. 이를테면 화요일에 주가가 오른다는 것은 수요일에도 주가가 오를 가능성이 크다는 걸 뜻하지 않을까? 그렇다면 주가가 오르는 날에 주식을 사고 주가가 내리는 날에 주식을 팔거나 공매도하는 아주 단순한 전략으로 막대한 수익을 올릴 수 있다는 뜻이다. 투자자가 감당해야 하는 거래비용의 크기에 따라 어쩌면 이 방식으로도 시장 평균을 웃돌 수 있다.

우리가 1966~1975년, 10년 동안(이 기간은 파마가 그 박사학위 논문을 발표한 직후이기도 하다) 다우존스 산업평균지수의 마감지수를 보았다고 하자. 지수가 이 기간에 연속해 같은 방향, 다시 말해 오늘 올랐으면 내일도 오르고 오늘 내렸으면 내일도 내리는 식으로 지수가 움직인 사례는 전체 일수의 58퍼센트였다. 그러니까 주가 방향이 바뀐 사례는 전체의 42퍼센트였다는 말이다. 이 수치는 무작위적이지 않은 듯 보이는데, 실제로도 그렇다. 표준적 통계 검증을 적용한다면,[38] 위 사례가 우연하게 이루어진 결과일 확률은 약 7,000조분의 1밖에 되지 않는다.

그러나 통계적 유의성이 실용적 유의성과 항상 일치하는 건 아니다. 그래서 투자자는 이런 추세에서도 수익을 올릴 수 없었을 것이다.

어떤 투자자가 주가가 오른 다음 날에 주가가 오르고, 주가가 내린

다음 날에는 주가가 내리는 패턴을 10년 동안 관찰했다고 치자. 이 사람은 1976년 1월 2일 아침에 1만 달러를 다우존스 산업평균지수를 기준으로 하는 인덱스펀드에 투자하기로 했다.[39] 투자자는 손을 놓고 가만히 기다리기만 하는 유형이 아니었다. 그는 그 패턴을 최대한 활용하기 위해 정신없이 사고팔기를 반복했다. 하루 기준으로 주가가 내리막으로 바뀔 때마다 모든 주식을 팔아서 이튿날 있을 추가 하락에 대비했다. 다시 주가가 오르면 이번에는 현금을 모두 주식으로 바꿨다. 그는 이 전략을 1985년 마지막 거래일까지 10년 동안 고수했다. 그러고는 주식을 모두 현금으로 바꾸었다, 엄청난 수익이 나 있으리라 흐뭇한 기대를 하면서 말이다.

과연 이 투자자는 10년 동안 투자한 끝에 얼마나 벌었을까? 배당금이나 인플레이션, 거래비용을 무시한다면 1976년에 그가 가지고 있던 1만 달러는 10년 동안 정신없이 사고파는 전략으로 약 2만 5천 달러가 되어 있을 것이다. 하지만 같은 기간 주식을 사서 그냥 가지고 있기만 한 투자자의 1만 달러는 1만 8천 달러로 바뀌어 있을 것이다. 정신없이 사고파는 전략이 주효했다! 우리의 투자자는 과거 주가라는 기본 통계를 이용하는 매우 단순한 전략으로 시장 평균수익률을 훌쩍 넘어섰다. 효율적 시장 가설이 잘못되었음이 입증되는 순간이다.

그런데 여기에는 함정이 있다. 우리는 이 투자자의 거래비용을 무시했다. 거래비용을 고려하면 말 그대로 엄청난 차이가 발생한다. 이 투자자가 거래할 때마다 증권사에 수수료로 거래액의 0.25퍼센트를 냈다고 해보자. 이 투자자는 10년 동안 매매를 수없이 했으므로 그 작은 수수료가 모이고 모여 투자 자금을 엄청나게 갉아먹었다. 그래서 10년 뒤에 그에게 남은 돈은 1,100달러밖에 되지 않는다. 이익은 고사하고 원금까지 대부분 까먹은 셈이다. 이때 주식시장 수익률 예측이 어느 정도 통하긴 했지만, 그 수익은 이익을 충분하게 남길 정도는 아니다. 다시 말해 이 경우에도 효율적 시장 가설은 건재하다.

함정은 또 있다. 주가 움직임의 방향 패턴이 최근에 바뀐 것이다. 2000년대에는 주가가 오늘 오르면 내일 내리고 오늘 내리면 내일 오르는 사례가 전체의 54퍼센트다. 앞서 예로 든 기간과 정반대 패턴이다. 그러니까 2000년 1월에 정신없이 사고파는 전략을 채택해서 1만 달러를 10년 동안 운용했다면, 2009년 12월 이 투자자에게 남은 돈은 거래비용을 고려하지 않더라도 고작 4천 달러밖에 되지 않을 것이다.[40] 거래비용을 고려한다면 141달러밖에 남지 않는다. 자본금의 99퍼센트를 까먹은 셈이다.

이런 전략은 기껏해야 거금을 걸고서 가위바위보 게임을 하는 것이나 다름없다(가위바위보 게임에서 효과적 전략은 가위와 바위와 보 가운데 하나를 무작위로 선택하는 것이다. 이 전략은 장기적으로 보면 당신이 지지 않는 걸 보장해준다. 하지만 슬프게도 이 전략으로는 상대방을 이길 수 없다. 아무리 오래 가위바위보 게임을 하더라도 이길 때를 1점, 질 때를 −1점, 비길 때를 0점으로 하면 이 게임에서 당신의 예상 승점은 0점이다. 물론 상대가 예측이 가능한 방식으로 행동한다면 당신은 무작위 전략을 버리고 그가 무엇을 낼지 예측하려 노력할 것이다. 〈심슨〉의 말썽쟁이 아들 바트 심슨처럼 상대방은 계속해서 바위만 낼 수도 있다. 이 경우라면 당신은 계속 보를 내야 한다. 그런데 여기에도 함정이 있다. 당신이 상대가 무엇을 낼지 예측하는 과정에서 당신의 전략이 상대에게 예측이 가능해질 수 있다는 점이다. 당신이 계속해 보를 낼 거라는 사실을 깨닫고 나면, 바트는 당신을 이기고자 할 때는 언제든 가위를 낼 수 있다. 주식시장에서 테크니컬 트레이딩technical trading의 많은 부분이 상대를 마음대로 가지고 노는 이러한 종류의 이른바 '고양이와 쥐 사이의 역학'을 따른다. 기술적 분석을 하는 트레이더들은 다른 기술적 분석 트레이더들의 예측을 예측하려고 노력하는 것이다. 하지만 이들이 거래하는 패턴은 얼마든지 붕괴될 수 있을 뿐 아니라 이 패턴을 다른 투자자가 알아버리면 오히려 독이 되기도 한다. 하지만 이 과정에서 돈이 이 사람에게서 저 사람으로 끊임없이 옮겨가고, 전체 파이의 크기는 점점 줄어든다. 증권사들이 수수료 명목으로 거래비용을 끊임없이 떼어가기 때문이다). 그리고 이런 전략에 따르는 높은 거래비용은 수익은커녕 원금까지도 갉아먹고 만다. 파마와 그의 교수가 발견했듯이 과연 이렇게나 좋은 게 있을까 싶은 주

| 11-5 | 거래비용이 있을 때와 없을 때의 투자금 가치

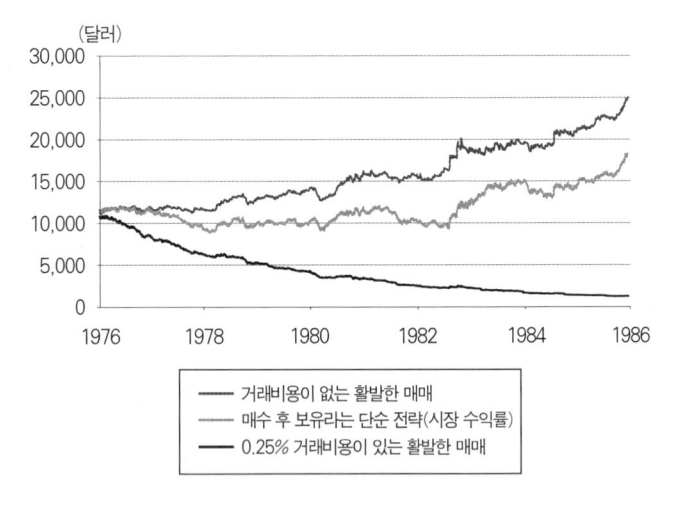

식시장 전략도 사실 정말 그렇게나 좋지는 않다. 지진 빈도의 과거 패턴과 마찬가지로 주식시장 데이터는 완전히 무작위적이지도 않고 동시에 완전히 예측이 가능하지도 않은, 그야말로 천국과 지옥 사이에 존재하는 연옥의 데이터다. 그런데 주식시장 데이터는 궁극적으로 자연의 현상이 아니라 인간의 총체적 행동을 묘사하는 것이어서 문제는 한층 더 복잡하고 어려워진다. 당신이 특별한 패턴을 포착한다면, 그리고 그 패턴이 명백한 것으로 보인다면 다른 투자자들도 그 패턴을 발견했을 가능성이 크며, 따라서 그 신호는 희미해지기 시작하거나 이미 소음이 되어 있을 것이다.

효율적 시장이 비이성적 과열을 만나다

효율적 시장 가설 이론에 대한 좀 더 의미 있는 문제 제기는 주가의 '지속적' 상승에서 비롯한다. 예를 들면 1990년대 말과 2000년대 초의 기술주에서 나타난 것 같은 지속적 주가 상승이다. 나스닥 종합지수는 1998년 말부터 2000년 초까지 거의 세 배가 뛰었다. 하지만 이 상승분은 그 뒤로 2년 동안 고스란히 허공으로 사라졌다.

  나스닥의 몇몇 종목 주가는 합리적인 눈으로 봐서는 도무지 이해할 수 없을 정도였다. 인터넷주 거품이 한창이던 한 시점에 기술 기업들의 시장가치 합계는 미국 전체 주식가치 총합에서 무려 35퍼센트나 되었다.[41] 이 기업들이 미국 전체 민간부문의 3분의 1 이상을 차지했다는 뜻이다. 그런데 흥미로운 점은 기술은 사람이 예상하거나 상상하는 수준을 훌쩍 뛰어넘는다는 사실이다. 이런 상상을 해보자. 당신이 2000년으로 돌아가 어떤 투자자에게 아이패드를 보여주고는 10년 안에 1만 미터 상공으로 비행기를 타고 가면서 아이패드로 인터넷 서핑을 할 수 있고, 홍콩에 있는 가족에게 스카이프Skype로 안부를 물을 수 있다고 말한다면(이런 통화가 기술적으로는 가능하지만 승무원들로서는 그다지 반갑지 않을 것이다), 그 투자자는 어떻게 할까? 아마도 재산을 탈탈 털어서 애플 주식을 살 것이다.

그럼에도 10년 뒤인 2010년에 기술 기업들이 전체 경제활동에서 차지하는 비중은 7퍼센트밖에 되지 않았다.[42] 애플은 성장했지만 페츠닷컴Pets.com 같은 기업 수십 개가 무너졌다. 투자자들은 마치 모든 기업이 다 성공할 것처럼, 그러니까 투자자들끼리 서로 경쟁할 일은 없을 것인 양 행동하고 있었다. 산업 전체가 누릴 수 있는 잠재적 이익에 대해 완전히 비현실적 가정을 하고 있었던 셈이다.

하지만 효율적 시장 가설 지지자 가운데 일부는 거품이라는 발상 자체에 여전히 거부감을 표시한다. 내가 파마를 만났을 때 우리의 대화는 시종일관 화기애애하게 이어질 수도 있었지만, 내가 거품이라는 단어를 입에 올리면서 그런 분위기는 깨지고 말았다.

"그 용어는 본래의 의미를 완전히 잃어버렸습니다."

파마는 힘주어 강조하면서 말했다.

"거품은 예측할 수 있는 결말이 있습니다. 본인이 거품 속에 놓여 있는 걸 알지 못한다면 그건 거품이 아니죠."

거품이 효율적 시장 가설을 깨뜨릴 수 있으려면 실시간 속에서 거품을 예측할 수 있어야 한다. 거품이 생기기 시작할 때 어떤 투자자들이

| 11-6 | 나스닥 지수(1990~2004년)

이 거품을 포착하고, 그것을 이용해서 이득을 얻을 수 있어야 한다.

물론 나중에 과거를 돌이켜보면서 거품을 포착하는 일은 실시간으로 거품을 알아보는 것보다 훨씬 쉽다. 하지만 솔직히 말해 거품을 미리 예견하는 일이 어마어마할 정도로 어려워 보이지는 않는다. 사실, 주택 거품이 조용하게 진행 중일 때 많은 경제학자들이 거품을 예견했다. 주식시장의 주가가 역사적 평균보다 훨씬 빠르게 상승한 시기들을 그저 한 번 살펴보는 것만으로도 거품의 시작과 전개를 어렴풋하게나마 눈치챌 수 있다. S&P 500 지수가 5년에 걸친 장기적 평균보다 두 배로 뛴[43] 여덟 번 가운데 다섯 번에서 대공황, 닷컴기업 붕괴, 1987년의 '검은 월요일' 같은 심각하고도 악명 높은 주가 폭락이 뒤따랐다.[44]

좀 더 정교한 거품 탐지 방법을 예일대학교 경제학 교수 로버트 실러가 제시했다(주택 거품에 대한 선견지명을 보여준 그의 업적에 대해서는 1장에서도 소개했다). 실러를 유명하게 만들어준 《비이성적 과열》은 나스닥에서 닷컴 거품이 절정기에 다다랐을 바로 그 무렵에 출간되었는데, 주가가 계속해서 오를 것이라고 주장하던 《다우 36,000

Dow 360,000》《다우 40,000Dow 40,000》《디우 100,000Dow 100,000》과 같은 책들[45]에 대한 해독제 역할을 하면서, 경제의 기본 조건과 상황을 고려할 때 주가가 지나치게 높게 형성되어 있다고 투자자들에게 경고했다.

이론적으로만 보자면 주식의 가치는 회사의 미래 수익과 배당에 대한 예측이다. 기업의 미래 수익을 예측하기란 쉽지 않지만, 최근 몇 년 동안 그 기업이 이룬 성과를 보고(실러의 공식은 최근 10년 동안의 수익을 사용한다) 이를 그 기업의 주식 가치와 비교할 수 있다. 실러는 주가수익률price-earnings ratio, PER이라는 이 계산 결과가 일반적으로 15가 나올 것으로 예측했다(주가수익률은 주가를 1주당 순이익으로 나눈 값으로 계산한다 - 옮긴이). 그러니까 기업의 주식에 대한 시장가격이 보통 그 기업 연간소득의 약 15배라는 말이다.

개별적 주식에서는 예외가 있다. 그리고 이 예외들은 충분히 그럴 만한 이유가 있다. 신흥 산업 기업(예를 들면 페이스북Facebook)은 과거보다 미래에 훨씬 더 많은 수익을 올릴 것으로 기대할 수 있다. 물론 합리적인 기대다. 이런 기업은 사양 산업 기업(예를 들면 블록버스터 비디오Blockbuster Video)에 비해 주가수익률이 훨씬 높을 수 있다. 하지만 실러는 모든 S&P 500 기업의 주가수익률 평균에 주목했다. 이론적으로는 신흥 산업 분야의 높은 주가수익률은 사양 산업 분야의 낮은 주가수익률로 상쇄되어 전체적으로 보면 시간의 경과 속에서 일정한 선을 유지할 것으로 예상할 수 있다.

하지만 실러는 그렇지 않다는 사실을 발견했다. S&P 500 기업의 주가수익률 평균은 그야말로 널을 뛰었다. 1921년에는 5밖에 되지 않다가, (실러가《비이성적 과열》을 출간한 해이기도 한) 2000년에는 무려

44까지 뛰어올랐다. 실러는 이러한 변칙성 속에 투자자들에게 예측 가능하게 보이는 결과가 담겨 있다는 사실을 발견했다. 주가수익률이 10일 때, 다시 말해 주식이 수익에 비해서 쌀 때 이 주식들은 역사적으로 연평균 약 9퍼센트의 실질수익률real return[46]을 올렸다. 1만 달러를 투자하면 10년 뒤에 2만 2천 달러가 된다는 말이다. 하지만 주가수익률이 25일 때 1만 달러를 주식에 투자했다면 10년 뒤에 이 돈은 1만 2천 달러밖에 되지 않는다. 그리고 1929년이나 2000년에 그랬듯이 주가수익률이 30 이상으로 매우 높을 때는 수익이 마이너스로 돌아섰다.

그런데 이러한 패턴을 파악하고 이용해서 수익을 올리기란 대단한 끈기를 동원하지 않는 한 전혀 쉽지 않다. 이들 패턴은 오로지 장기적으로만 유의미하다. 시장이 한 달 뒤나 한 해 뒤에 어떻게 변할지에 대해서는 거의 아무것도 말해주지 않는다는 말이다. 여러 해를 앞서서 본다 하더라도 지극히 제한적으로밖에 예측할 수 없다. 앨런 그린스펀 Alan Greenspan은 기술주들을 설명하려고 '비이성적 과열irrational exuberance'이라는 말을 1996년 12월에 처음 사용했다.[47] 당시 S&P 500 기업의 주가수익률은 28이었다. 이는 1929년 '검은 화요일'과 대공황 직전의 최고 기록인 33에 훨씬 못 미치는 수준이었다. 나스닥지수는 훨씬 더 높게 매겨져 있었다. 하지만 거품이 정점에 이르려면 아직도 3년 넘게 남아 있었다. 만일 나중에 전개될 상황을 완벽하게 꿰뚫는 지혜를 가진 투자자가 그린스펀이 문제의 발언을 한 그날에 나스닥 종목을 사서 거품이 꺼지기 직전에 정확하게 타이밍을 맞춰서 처분했다면 투자금을 네 배로 불렸을 것이다. 그러나 그 시기는 주가수익률을 놓고 투자자들이 신빙성 있는 예측을 할 수 있으려면 10년 또는 20년을 더 기다러야 하는 시점이었다.

주식시장에 대해 진정으로 확신할 수 있는 건 거의 없다(주식시장 수익률이 배당금과 인플레이션을 고려할 때 연평균 7퍼센트라는 자주 인용되는 통계를 예로 들어보자. 이는 단지 역사적 평균치일 뿐이다. 그런데 믿을 만한 주식시장 데이터의 역사는 겨우 120년쯤밖에 되지 않는다. 장기적 결과를 알고자 하는 궁금증을 해소할 정도로는 역사가 길지 않다는 얘기다. 통계적 검증을 통해 확인할 경우, 진정한 의미의 장기 수익인 다음 120년에 걸쳐 실현될 수익은 7퍼센트가 아니라 3~10퍼센트다. 경제학자들이 말하는 이른바 주식 프리미엄 퍼즐equity premium puzzle, EPP, 그러니까 주식시장이 채권보다 높은 수익을 제공하는데도 채권에 투자하는 사람이 끊이지 않는 현상에 대한 해답은, 20세기에는 주식 수익이 변칙적이었으며 진정한 의미의 장기적 수익률은 7퍼센트가 되지 못한다는 것일 수도 있다). 게다가 이러한 패턴에도 신호와 소음의 조합이 반영되어 있을 수 있다.[48] 그런데 실러의 이 같은 발견은 경험적 증거뿐만 아니라 강력한 이론으로 뒷받침된다. 실러는 주가수익률에 초점을 맞추었는데, 주가수익률은 주식시장에서 이루어지는 경제적 기본 조건과 상황 평가와 떼려야 뗄 수 없으며, 따라서 실제로 존재하는 것을 분명히 표현하고 있을 가능성을 높여주기 때문이다.

그렇다면 주가를 단기적으로도 예측하기가 불가능한데 어떻게 장기적으로 예측할 수 있다는 말일까? 해답은 주식 거래자들이 실제 현실에서 행동하는 방식에서 찾을 수 있다.

효율적 시장 가설의 이론적 호소력은 상당 부분이 주가에서의 오차

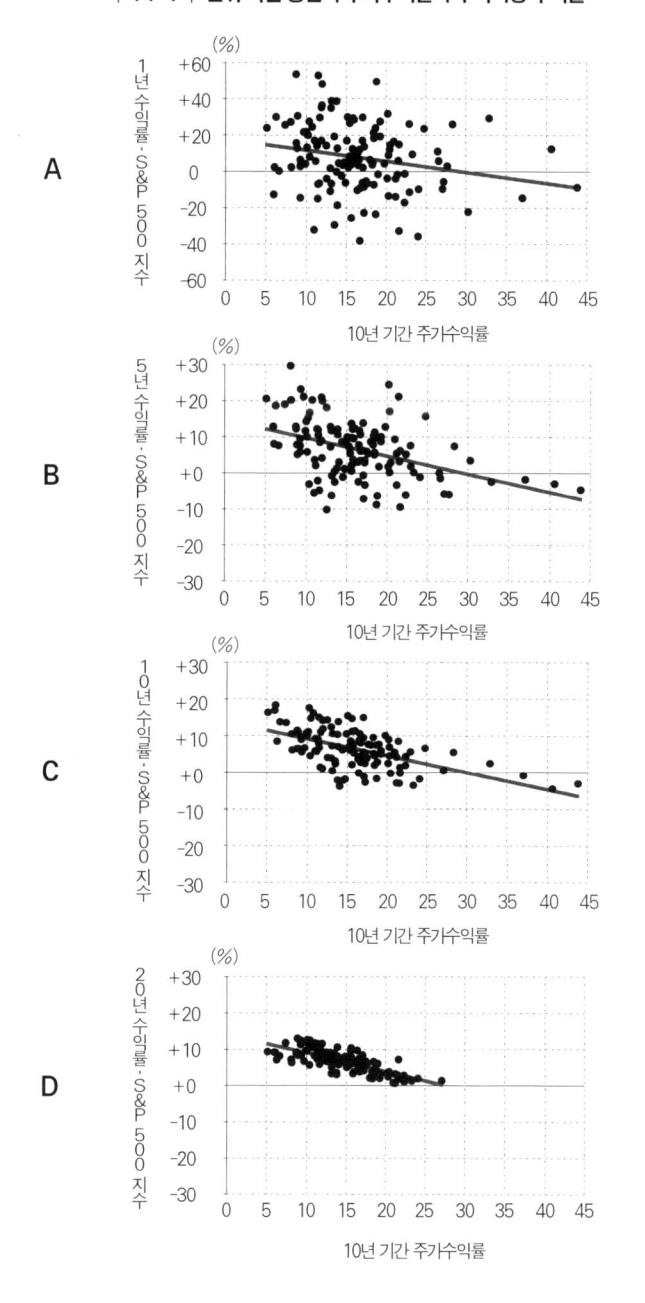

는 (베이스주의적인 철학에서처럼) 스스로 좀 더 정확하게 교정된다는 주장에서 비롯한다. 자, 여기서 다음과 같은 상상을 해보자. 당신이 대규모 도박업체 MGM 리조트 인터내셔널MGM Resorts International의 주가를 지속적으로 관찰한 결과, 주가가 금요일마다 10퍼센트씩 상승한다는 사실을 발견했다고 가정해보자. 어쩌면 주식 거래자들이 주말에 애틀랜틱시티에서 대박을 터뜨릴 생각을 무의식적으로 했을 수도 있다(미국에서 도박이 합법화된 곳은 서부의 라스베이거스 외에도 동부에 애틀랜틱시티가 있다 - 옮긴이). 어느 금요일에 MGM의 주가는 100달러로 출발하고, 당신은 이 주가의 그날 종가를 110달러로 예상한다. 당신은 어떻게 해야 할까? 당연히 그 주식을 사서 재빠르게 수익을 올려야 한다. 그런데 당신이 그 주식을 살 때 그 주가는 올라간다. 거래가 충분히 많이 일어난다면 주가는 100달러에서 102달러로 올라간다.[49] 그래도 이익을 남길 수 있어서 당신은 다시 그 주식을 더 사고 주가는 104달러로 올라간다. 이처럼 당신은 계속 그 주식을 사고 마침내 주가는 110달러라는 적정 수준까지 올라간다. 이제는 이익을 남길 수가 없다. 자, 여기에서 무슨 일이 일어났는지 보자.

실제 현실에서 이 같은 패턴은 결코 위의 예처럼 명백하게 드러나 보이지 않는다. 그리고 주식 거래자들은 수백만 명이다. 도박 산업 종목에만 집중하는 애널리스트만 해도 수백 명이나 된다. MGM의 주가가 금요일마다 10퍼센트씩 오른다는 사실을 간파한 사람이 당신 혼자일 가능성이 얼마나 될 것 같은가? 당신은 그저 부스러기를 놓고 씨름할 가능성이 압도적으로 높다. 이 통계적 패턴은 통계적 유의성을 띨 수도 있고 그렇지 않을 수도 있으며, 미래로 계속 이어질 수도 있고 그렇지 않을 수도 있으며, 거래비용을 상쇄하고도 남을 수익을 낳을 수도 있고 그렇지 않을 수도 있다. 그리고 다른 투자자들 또한 이 패턴을 이용하고자 하며 당신과 경쟁할 것이다. 경쟁이 존재한다는 사실은 크게 벌어진 가격 편차를 시장이 재빠르게 조정한다는 걸 의미한다. 물론 크지 않은 가격 오차에 대해서는 그럴 가치가 없으므로 그 누구도 신경을 쓰지 않는다. 최소한 이론적으로는 이렇다.

하지만 주식 거래자 대부분은, 특히 매매를 하는 거래자들은 단기 투자에 매우 강하게 초점을 맞춘다. 이 사람들은 하루, 한 달, 길어야 1년밖에 생각하지 않는 선에서 수익 기회를 찾는다. 그 뒤에 어떤 일이 있을지는 신경 쓰지 않는다. 하루, 한 달 또는 1년 뒤에도 수익 실현의 가능성이 여전히 있긴 하겠지만, 이는 그들의 관심 밖이다.

대세 편승

헨리 블로젯Henry Blodget은 1998년에 처음으로 전국적 관심을 받는 인물로 떠올랐다. 그는 일본에서 영어를 가르치고 프리랜서 기자 생활을 하며 떠돌이처럼 몇 년을 보낸 뒤에[50] 미국의 투자은행 CIBC 오펜하이머CIBC Oppenheimer에 인터넷 종목을 분석하는 일로 정착했다. 인터넷 종목에 관심이 높아지면서 자연스레 블로젯의 분석에 대한 관심도 높아졌다. 그는 1998년 12월에 특히 대담한 분석을 내놓았는데, 이 분석에서 당시 243달러이던 아마존닷컴Amazon.com의 주가가 1년 안에 400달러까지 오를 것으로 예상했다.[51] 그런데 아마존닷컴의 주가는 그 뒤

로 고작 2주 만에 400달러 선을 돌파했다.[52]

블로젯의 예상은 자기충족적 예측이었을 수도 있다. 블로젯이 추천하고 나서 몇 시간 만에 아마존닷컴의 주가가 거의 25퍼센트 가까이 뛰었기 때문이다.[53] 아마존닷컴 주식이 오를 거라는 예상은 블로젯에게 커다란 명성을 안겨주었고, 덕분에 그는 메릴린치Merrill Lynch에서 수백만 달러의 연봉을 받는 애널리스트로 일하게 되었다. 그는 시장의 시대정신을 명징한 문장으로 압축하는 남다른 재능이 있었다.[54] 블로젯은 매력적인 어법과 성공에 따른 명성으로 텔레비전과 라디오를 종횡무진으로 누비며 활약했다. 그는 1998년의 인터넷 주식에 대해 이렇게 말했다.

"투자자들이 사는 건 미래에 대한 특정한 전망이다."[55]

아마존닷컴에 대한 블로젯의 예상은 지금 봐도 대단한 성공으로 보인다. 1998년에 블로젯이 추천할 당시 243달러이던 아마존닷컴 주가는 2011년에는 (1998년 이후 있었던 주식분할이 없었다고 가정할 때, 곧 1998년과 같은 척도로 계산할 때) 무려 1,300달러에 거래되었다.[56] 그는 투자자들에게 아마존, 야후Yahoo!, 이베이eBay와 같은 업계의 선두 주자들의 가치를 집중해서 보고 투자하고, '합병, 파산, 조용히 그리고 서서히 사라짐'의 운명을 밟을 상대적으로 작은 기업들에는 투자하지 말라고 권유했다.[57] 블로젯은 고객과의 개인적 접촉에서는 라이프마인더스, 24/7 미디어24/7 Media, 인포스페이스InfoSpace 등 의심스러운 전략을 구사하는 작은 기업들을 거의 쓰레기 취급했다. 그리고 이런 기업들은 모두 형편없이 쪼그라들어 주가의 95~100퍼센트가 빠졌다.

그런데 문제는, 그것도 큰 문제는, 블로젯이 개인적으로는 그 작은 기업들을 비판하면서도 텔레비전 출연 등을 통해 라이프마인더스 같은 종목을 공개적으로 추천해 이들 주식에 대한 구매율을 일정한 수준으로 유지하면서 이들을 지키고 나섰다는 점이다. 게다가 블로젯의 이런 행태는 메릴린치가 투자한 기업들에 유리하게 작용하는 듯 보였다.[58] 블로젯은 나중에 미국 증권거래위원회로부터 사기 혐의로 기소되었고,[59] 그는 구체적인 사실을 들어가며 혐의 사실을 부인했지만 결국 벌금 400만 달러를 선고받았으며[60] 주식 거래 행위를 영구 금지당했다.

블로젯은 월스트리트에 대해 자기가 무슨 말을 하든 곧이곧대로 받아들여지지 않을 것임을 알고 있었다. 그는 마사 스튜어트Martha Stewart 재판과 관련해 잡지《슬레이트Slate》에 기사를 쓰면서 1,021개 단어로 된 공개진술서를 첨부했던 경험을 통해 그런 사실을 충분히 깨닫고 있었다('살림의 여왕' 마사 스튜어트는 가정생활 관련 서적 출판에서 시작해 억만장자의 반열에 오른 여성 CEO였지만, 2002년 증권 사기와 음모, 허위진술 등의 혐의로 기소되어 2004년 징역 5개월형을 선고받았다. 이로 인해 마사는 미디어그룹 마사 스튜어트 리빙 옴니미디어 CEO 자리에서 물러나고 2004년 10월부터 2005년 3월까지 복역했다 – 옮긴이).[61] 주식 거래를 금지당하고 나자 블로젯에게는 시간 여유가 많이 생겼다. 그래서 파마나 실러와 같은 경제학자들이 거둔 성과를 요약하고, 이 내용을 월스트리트에 근무하면서 자신이 실제로 경험한 사실과 비교해보았다. 또 저널리스트로 새 출발을 해서 경제 전문 인터넷 사이트인 '비즈니스 인사이더Business Insider'를 론칭하기도 했다. 지금은 이 매체의 CEO로 있다. 그는 이런 인생 이력 덕분에 애널리스트와 트레이더의 삶을 잘 알고 있다.

블로젯은 내게 이렇게 말했다.

"당신이 수많은 투자운용자들과 이야기를 나눠보면 이들이 다음 주, 다음 달, 다음 분기에 대해 생각한다는 사실을 깨달을 겁니다. 이게 실체적 진실입니다. 미래 생각 따위는 없습니다. 중요한 건 바로 지금 어떻게 할 것인가 하는 점입니다. 그것도 다른 경쟁자들과 벌이는 경쟁을 의식하면서 말입니다. 90일 동안만 정확하면 됩니다. 이 90일 동안 정확하지 않으면 고객들은 다 떠나버리고 맙니다. 언론에서 마구 씹어대며 망신을 주고 수익률은 곤두박질칩니다. 펀더멘털스 fundamentals(경제의 기본적인 조건과 상황 – 옮긴이)라고요? 그런 건 전혀 도움이 되지 않습니다."

만일 한 트레이더가 실러의 책을 읽고 주가수익률이 높은 것은 시장이 지나치게 과열된 증거라는 그의 기본 전제를 받아들인다면 어떤 일이 일어날까? 이 트레이더는 오로지 다음 90일만 생각한다. 시장의 주가수익률이 30이 넘을 때, 다시 말해 주식의 가치가 정상보다 두 배 넘게 평가되고 있을 때 다음 90일 안에 주가 폭락이 일어날 가능성은 역사적으로 볼 때 4퍼센트밖에 되지 않는다.[62]

만일 이 트레이더의 상사가 이례적으로 끈기가 있는 사람이라서 90일이 아니라 1년까지 내다본다면, 확률은 19퍼센트까지 높아진다(도표 11-8). 러시안룰렛 게임에서 질 확률과 비슷한 수준이다. 트레이더는 이 게임을 지나치게 많이 하다간 결국 머리에 총구멍이 날 걸 잘 안다. 이런 상황에서 그가 현실적으로 취할 수 있는 대안은 뭘까?

문제의 트레이더는 거래 주문, 곧 사든지 팔든지 해야 한다. 시장에서 주가는 폭락할 수도 있고 아닐 수도 있다. 그래서 기본 시나리오는 네 가지가 있다. 그가 올바른 판단과 베팅을 한 것으로 밝혀지는 두 가지 해피엔딩부터 살펴보자.

- **트레이더가 주식을 사는데 주가가 오른다.** 흔한 일이다. 주식시장이 돈을 벌면 모든 사람이 행복하다. 트레이더는 수십 수백만 달러의 보너스를 받고 신형 렉서스를 산다.

- **트레이더가 주식을 파는데 주가가 내린다.** 트레이더가 폭락을 예견했는데 실제로도 그러했다면, 그는 드물게 혜안을 가진 투자의 귀재가 된다. 트레이더는 더 나은 대우를 받고 직장을 옮길 수도 있다. 헤지펀드의 공동 운용자가 될 수도 있다. 그러나 주가 폭락이 시장을 휩쓴 뒤에는 시장에 투자금이 마르기 마련이어서 아무리 투자의 귀재라 해도 일자리가 언제나 널려 있지만은 않다. 그래서 이 트레이더는 언론에 더 많이 노출되는 쪽으로 자기 일을 찾을 가능성이 크다.《월스트리트저널》에 기고하고, 책을 써서 베스트셀러 작가가 되고, 이름만 들으면 알 만한 콘퍼런스에 초청을 받아서 강연을 할 것이다.

| 11-8 | 역사적으로 볼 때 주가가 1년 안에 폭락할 확률

주가 수익률	주가가 폭락하지 않을 확률	주가가 폭락할 확률
<10	96%	
10-15	97%	
15-20	92%	8%
20-25	90%	10%
25-30	88%	12%
30+	81%	19%

당신은 두 시나리오 중 어느 게 더 마음에 드는가? 성향에 따라서 다를 것이다. 첫 번째 시나리오는 월스트리트의 삶을 즐기고 세상 사람들과 어울리기를 좋아하는 사람들이 반길 만하다. 두 번째 시나리오는 인습을 타파하는 개혁주의자가 되어 개혁주의자로 성공하고 싶은 사람에게 딱 맞다. 마이클 루이스Michael Lewis의 《빅 쇼트The Big Short》에는 2000년대 말 주택저당담보부증권MBS을 비롯한 여러 거품 투자의 방향과 반대되는 쪽으로 투자해서 돈을 많이 번 투자자들이 등장하는데, 이들이 대체로 사회 부적응자 특성이 있다는 사실은 우연의 일치가 아닐 것이다.

자, 그럼 이제 트레이더가 잘못된 투자를 할 경우 어떤 일이 일어나는지 보자. 이 선택은 한층 더 명백한 결과를 낳는다.

- **트레이더가 주식을 사는데 주가가 내린다.** 결코 재미있는 일이 아니다. 트레이더는 회사에 엄청난 손실을 안겼으며, 따라서 보너스도 없다. 신형 렉서스는 꿈도 꾸지 못한다. 하지만 그는 다른 사람들과 한 무리에 섞여서 행동했고, 다른 트레이더 대부분도 그와 똑같은 실수를 저질렀다. 최근 세 차례의 월스트리트 주가 폭락 이후에 증권사는 전체 직원 가운데 약 20퍼센트를 해고했다.[63] 이 말은 우리의 트레이더가 해고되지 않고 자리를 보전할 가능성이 80퍼센트쯤 된다는 뜻이다. 신형 렉서스를 살 기회는 시장이 다시 살아날 때까지 미뤄질 뿐이다.
- **트레이더가 주식을 파는데 주가가 오른다.** 최악의 시나리오다. 이 트레이더는 다른 트레이더들과 비교해 형편없는 실적을 기록했을 뿐만 아니라 다른 트레이더들보고 멍청하다고 고래고래 고함을 질렀는데, 알고

보니 바보는 정작 자기 자신이라는 손가락질과 자책까지 떠안아야 한다. 이 트레이더는 해고될 가능성이 아주 크다. 그를 반겨주는 곳은 많지 않을 것이고, 수입이 확 줄어들 건 빤하다. 어쩌면 그는 오랜 세월을 백수로 살아야 할지도 모른다.

내가 이 트레이더라면 주식을 사는 쪽에 설 것이다. 20퍼센트라는 주가 폭락 가능성은 트레이더가 주식을 파는 쪽에 서야 할 만큼 크지는 않기 때문이다. 그 확률이 50퍼센트라 해도 마찬가지다. 주가 폭락이 거의 확실하다는 정도가 되어야만 매도로 돌아서면서 모든 사람이 침몰하는 배에 나와 함께하기를 바랄 것이다.

사실 대형 증권사들은 전체 무리에서 떨어져나와 혼자 다른 목소리를 내려 하지 않는 경향이 있다. 그래서 어떤 기업이 안고 있는 문제가 명백해지고 난 다음에야 그 기업의 주식을 낮게 평가한다.[64] 2001년 10월이면 엔론Enron의 주가는 이 회사의 회계 부정 추문 속에서 이미 반 토막 난 상태였는데도 엔론 주식을 주시하던 애널리스트 열일곱 명 가운데 열다섯 명이 여전히 이 주식을 사라고 '추천' 또는 '강력 추천' 했다.[65] 이런 추천을 한 개인이나 증권사가 설령 잔치가 이미 끝나가고 있다는 사실을 알고 있더라도, 이들에게 가장 큰 관심거리는 어떻게 하면 이 잔치가 끝나는 시점을 최대한 미룰 수 있을까 하는 점이다. 예컨대 헤지펀드 운용자 스탠리 드러켄밀러Stanley Druckenmiller는 자기가 이끌던 퀀텀펀드Quantum Fund가 고작 몇 달 만에 자산의 22퍼센트를 까먹은 직후인 2000년 4월에 《뉴욕타임스》에서 이렇게 말했다.

"우리는 아직 8회인 줄 알았는데 9회 말이었더라고요."[66]

드러켄밀러는 기술주들이 가격이 부풀려졌기 때문에 언젠가는 거품이 꺼질 줄 알긴 했지만 그 시점이 그토록 빠르게 다가올 줄은 몰랐던 셈이다.

오늘날 주식시장에서 트레이더 대부분은 다른 사람의 돈을 운용한다(드러켄밀러가 운용한 자금은 대부분 조지 소로스George Soros의 돈이었다). 사람들은 1990년대와 2000년대를 종종 데이트레이더day trader(주가 움직임만을 보고 당일치기 매매로 차익을 노리는 단타 매매자 - 옮긴이)의 시대였다고 생각한다. 그러나 뮤추얼펀드, 헤지펀드, 연금 같은 기관투자자들의 주식 보유량은 훨씬 더 빠른 속도로 증가해왔다(도표 11-9). 파마가 1960년대에 효율적 시장 가설의 초안을 마련했을 때는 기관들이 전체 주식의 겨우 15퍼센트쯤을 가지고 있었지만,[67] 2007년이 되면 이 비율은 68퍼센트로 늘어난다.[68, 69]

이 통계는 효율적 시장 가설에 합병증이 생길 수 있음을 암시한다. 트레이더가 자기 돈이 아닌 남의 돈으로 투자할 때는 동기가 바뀔 수도 있다는 말이다. 사실 특정한 몇몇 상황에서는 대세에 편승해 자기

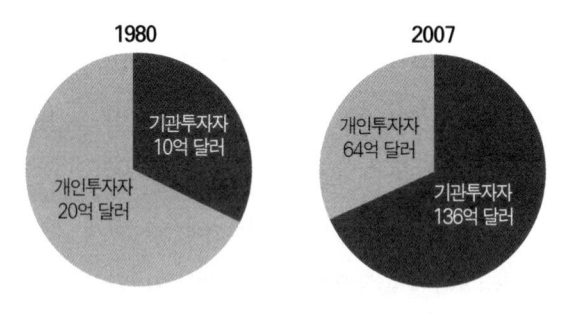

| 11-9 | 미국에서 개인과 기관의 총 투자지분 보유액
(인플레이션을 고려해 보정한 수치임)[70]

1980

기관투자자
10억 달러

개인투자자
20억 달러

2007

개인투자자
64억 달러

기관투자자
136억 달러

가 해고될 가능성을 줄일 수만 있다면 트레이더로서는 회사나 투자자에게 손해를 끼치는 투자를 하는 게 합리적이고 이성적인 선택이 될 수 있다.[71] 뮤추얼펀드나 그 밖의 여러 기관투자자들 사이에 이 같은 대세 편승 행동이 나타난다[72]는 사실을 입증할 수 있는 이론적이고 경험적인 증거[73]는 얼마든지 있다. 블로젯은 이렇게 말했다.

"거품이 왜 생기는가 하는 질문에 대한 대답은, 시장이 지속적으로 상승하는 걸 모든 사람이 바라기 때문입니다."

내가 지금까지 묘사한 모든 것은 시장에 참가한 개인들이 자기 입장에서 완벽하게 이성적으로 행동하는 데서 비롯하는 결과일 수 있다. 투자자들은 자기 개인의 동기에 '초이성적으로' 대응하지, 본인이 하는 거래를 통해 반드시 이익을 최대한 올리려고 노력하지는 않는다는 말이다. 그래서 설령 많은 시장 참가자들이 비이성적으로 행동하더라도 전체로서의 시장은 이성적으로(그것도 상당히 높은 수준으로) 돌아갈 수 있다. 이것이 바로 경제학의 여러 변덕스러움 가운데 하나다. 그런데 시장에서 비이성적 행동이 나타나는 것은 바로 개인들이 자기 개인의 동기에 초점을 맞춰서 이성적으로 대응하기 때문이다. 트레이더 대부분이 단기 실적으로 평가받는 한, 주가가 장기 가치에서 위로 크게 벗어나는 거품 현상은 충분히 일어날 수 있다. 어쩌면 이런 현상은 필연적일지도 모른다.

왜 우리는 다른 사람을 따르는가?

사람들이 대세를 따르는 행위는 깊은 심리적 요인 때문일 수도 있다. 우리는 중요한 결정을 내릴 때면 대개 가족, 이웃, 동료, 친구들의 사례를 먼저 확인하려고 한다. 그뿐 아니라 경쟁자들에게서도 경험과 정보를 얻고자 한다. 물론 경쟁자들이 기꺼이 자기 경험과 정보를 내어놓을지는 그들의 판단에 달려 있지만.

나는 라파엘 나달이 윔블던에서 우승할 가능성을 30퍼센트로 예측했는데 내가 만나는 테니스 팬마다 하나같이 그 가능성을 50퍼센트라고 말한다면, 나는 내 애초 예측을 고집해야 할까? 그게 아니라면 어떻게 해야 할까? 내가 다른 사람들이 접근할 수 없는 특별한 정보를 가지고 있지 않는 한, 또는 내가 그 문제를 분석하는 데 다른 누구보다도 많은 시간을 들였다고 스스로 확신하지 않는 한 나의 예측이 빗나가고 돈을 잃을 가능성은 더 커진다. 그래서 '대세를 따라라. 그들보다 특별히 많이 알지 못할 때는 더욱더 대세를 따라야 한다'라는 단순한 행동 지침은 꽤 잘 들어맞는 편이다.

사실 우리가 이웃 사람의 말을 지나치게 믿었던 때가 여러 번 있었다. 1980년대의 '저스트 세이 노Just Say No'(1980년대 미국에서 전국적 규모로 벌어진 마약퇴치운동의 슬로건. 이 운동은 당시 낸시 레이건 영부인이 주도했으며, 이후 폭력과 혼전성교 반대 운동으로 확대되었다 – 옮긴이) 광고가 말하듯이 '다들 하니까' 그저 대세를 따르는 경우가 많기 때문이다. '집단의 지혜'를 떠받치는 발상대로 우리 서로의 잘못이 상쇄되는 게 아니라,[74] 서로 상대의 잘못을 강화해서 급기야 통제 불능 상태가 되게끔 한다. 결국 맹인이 맹인을 인도해서 모두가 다 절벽 아래로 떨어진다. 이런 일은 매우 드물긴 하지만 한 번 일어나면 엄청난 재앙이 된다.

때로 우리는 자신만만하게 행동하는 사람을 가장 정확하게 예측하는 사람으로 추론하고 그를 추종하기도 한다. 2008년에 아직까지도 분명한 이유가 밝혀지지 않은 일이 인트레이드에서 일어났다. 어떤 사람이 한밤중에 특별한 뉴스가 없는데도 갑자기 존 매케인 관련주를 대량으로 사들이기 시작했다. 그 바람에 버락 오바마 관련주의 주가는 엄청난 폭으로 떨어졌다.[75] 이 비정상적 상황은 나중에 정상으로 회복되었지만, 주가가 원래 자리로 찾아갈 때까지 4~6시간이 걸렸다. 많은 거래자들은 그 괴짜 거래자가 자기는 모르는 정보를 알고 있는 게 분명다고 확신했다. 오바마 관련 스캔들 폭로가 임박했다는 내부자 정보가 있다고 확신했던 것이다.

이 같은 현상이 대세 추종이다. 주식시장에서 대세 추종 현상이 점점 더 일상화하고 있다는 증거도 있다. 서로 다른 주식 사이의 가격 움직임과 유형이 서로 다른 자산 사이의 가격 움직임에 존재하는 상관관계가 점점 더 뚜렷해진다.[76] 이는 모든 사람이 모든 것에 조금씩 투자하고 있으면서 같은 전략을 구사해 수익을 실현하려 애쓴다는 뜻이다. 이 같은 현상은 정보시대가 안고 있는 여러 위험 가운데 하나다. 사람들이 너무 많은 정보를 공유하게 되면서 각각의 독립성이 그만큼 줄어들고 있다는 말이다. 사람들은 독립성을 추구하기보다는 자기처럼 생각하는 사람들을 찾아다니고, '친구'와 '팔로어'의 수를 놓고 서로 과시하기에 바쁘다.

시장에서는 때로 최악의 투자자들이 가격의 움직임을 이끌 수 있다.

문제는 바로 그들이 하는 거래가 시장에서 이루어지는 거래의 대부분을 차지한다는 것이다.

자기과신과 승자의 저주

경제학을 가르치는 강의실에서 교수가 점심으로 먹을 햄버거를 살 돈이 필요할 때 흔히 하는 실험이 있다. 바로 경매다. 속이 보이지 않는 항아리 속에 동전을 몇 개 넣어놓고 학생들에게 입찰가격을 제시하라고 한다.[77] 가장 높은 금액을 제시한 학생이 그 돈을 내놓고 항아리 속에 있는 돈을 가져간다. 그런데 낙찰자는 이때 거의 예외 없이 자기가 너무 높은 금액을 불렀다는 사실을 깨닫고 만다. 어떤 학생들은 지나치게 낮은 금액을 쓰고 어떤 학생들은 적절한 금액을 쓰기도 하지만, 결국 항아리 속 동전의 가치를 가장 과대하게 예측한 학생이 그 동전을 낙찰받는다. 최악의 예측을 한 사람이 '상'을 받는 셈이다. 이것이 이른바 '승자의 저주winner's curse'다.

주식시장에서도 비슷한 일이 벌어진다. 어떤 회사의 주식에 가장 크게 집착하는 트레이더는 그 회사에 대해 자신만의 판단을 내린 사람일 경우가 많다. 그러나 트레이더 대부분은 동일한 데이터를 동일한 방법으로 검토한다. 그래서 동료와는 다르게 어떤 주식이 저평가되어 있다고 판단한다면, 그 트레이더가 자신의 예측 능력을 과신하고 소음을 신호로 착각했을 때가 대부분이다.

투자자들을 괴롭히는 인지편향cognitive bias은 여러 가지가 있다. 이 가운데서 '자기과신'이 가장 해로운데, 여기에는 강력한 근거가 있다. 행동경제학은 사람들이 자신이 한 예측을 지나치게 믿는다는 점을 밝혀냈다. 주식시장도 예외가 아니다. 듀크대학교가 기업의 최고재무책임자를 대상으로 조사한 결과에 따르면, 이들은 S&P 500 종목의 주가에 대한 자신의 예측 능력을 아주 높게 추정했다.[78] 주식시장이 오랜 역사 속에서 줄기차게 불규칙적으로 움직여왔음에도 이들은 주가가 큰 폭으로 자주 오르내리는 현상에 끊임없이 놀라워했다.

캘리포니아대학교 버클리캠퍼스 경제학 교수 테런스 오딘Terrance Odean이 주식시장에 대한 모의실험을 했다. 오딘은 완벽하게 이성적이고 합리적으로 움직이는 모델을 하나 만들었다. 단 시장에 참가하는 트레이더들이 자기 정보의 가치를 지나치게 높게 평가하는 것으로 가정했다.[79] 모의실험 결과, 지나친 자신감으로 무장한 트레이더들은 지나치게 많이 거래했고, 시장의 변동성을 높였으며, 일별 주가 변동에 이상한 상관관계를 만들어냈다. 그리고 평균을 밑도는 낮은 수익률을 기록했다.

이린 현상은 실제 주식시장에서도 일상적으로 일어나고 있다.

왜 거품은 쉽게 꺼지지 않을까

만약 시장이 거품을 향해 나아가고 있다면, 효율적 시장 가설의 관점에서는 당연히 트레이더들이 이 같은 진행을 멈추려 개입하게 된다. 엄청난 수익을 기대하며 공매도에 나선다는 말이다. 그리고 이러한 과정을 거쳐 결국에는 거품이 꺼진다. 하지만 그러기까지는 시간이 오래 걸릴 수 있다.

과대평가된 주식에 반대되는 방향으로 투자하는 게 공매도다. 공매도는 해당 주식을 보유하지 않은 채 실물 없이 매도 주문을 내는 것으로, 주식을 빌려 현재의 시세대로 비싸게 팔아놓고 나중에 싼 가격으로 다시 그 주식을 사서 돌려줌으로써 시세차익을 얻고자 한다. 문제는 나중에 주가가 오르면 손해를 본다는 사실이다. 예를 들어 당신이 1999년 3월 2일 인포스페이스 주가가 27달러일 때 이 회사의 주식 500주를 빌리면서 1년 뒤에 돌려주겠다고 약속했다고 치자. 이 주식을 빌리는 데는 약 1만 3,400달러가 들어갔다. 하지만 1년 뒤에 인포스페이스의 주가는 482달러다. 당신은 약 24만 달러를 돌려줘야 한다. 당신이 1년 전에 투자한 금액의 거의 20배다. 그 시점에서 판단하면 당신은 엄청난 손실을 감당해야 한다. 하지만 인포스페이스의 주가는 나중엔 1.40달러까지 떨어졌고 이 투자는 결국 성공하지만, 당신은 하마터면 헤어날 수 없을 깊은 수렁에 빠지고 트레이더로서 역량을 심각하게 의심받을 뻔했다.

실제 현실에서 당신에게 주식을 빌려준 투자자는 그 주식을 돌려달라고 언제든 요구할 수 있다. 특히 당신이 빚을 갚을 능력을 상실할지도 모른다고 생각할 때는 틀림없이 그렇게 한다. 하지만 이는 그 투자자가 자기가 유리하다는 판단이 들면 언제든 반환 기간을 유예할 수 있다는 뜻이기도 한다. 과다하게 평가된 주식들이 훨씬 더 과다하게 평가된 다음에야 비로소 원래의 정상 가격으로 돌아가는 일이 자주 있기 때문에 이는 당신에게 그야말로 엄청난 문제가 될 수 있다. 게다가 당신에게 주식을 빌려준 투자자는 높은 금리를 적용하려 들 것이다. 거품이 꺼지기까지는 여러 달, 심지어 여러 해가 걸릴 수도 있다. 존 메이너드 케인스는 이렇게 말했다.

"시장의 비이성적 상황은 사람이 견딜 수 있는 한도를 넘어서까지 오래 이어질 수 있다."

가격은 옳지 않다

어떤 때는 투자자들이 공매도 기회를 전혀 가지지 못할 수도 있다. 시카고대학교의 두 경제학자 리처드 탈러Richard Thaler와 오언 러몬트Owen Lamont가 이런 사례를 연구했다.[80] 컴퓨터 네트워크시스템과 서비스를 제공하는 기업 쓰리콤3Com은 PDA 사업부인 팜Palm을 분리했다. 이른바 스핀오프spin-off(기업이 한 사업 단위를 독립적인 기업으로 만드는 것, 또는 회사를 분할하는 일 - 옮긴이)였다. 하지만 쓰리콤은 팜의 주식 대부분을 계속 보유했다[쓰리콤은 2000년 3월 IPO(신규공개)를 통해 팜 주식 5퍼센트를 일반투자자에게 팔고, 나머지 95퍼센트는 계속 보유했다 - 옮긴이]. 그래서 트레이더들은 팜에 투자를 하려면 쓰리콤 주식을 사들여야 했다. 쓰리콤 주식 보유자들에게는 쓰리콤 주식 3주에 대해 팜 주식 2주씩을 분배받을 수 있도록 보장했다. 팜 주식이 쓰리콤 주식가격의 최대 3분의 2 선에서 거래될 수 있다는 뜻이었다.

그런데 당시에 팜은 매우 매력적인 회사인 데 비해 쓰리콤은 꾸준하게 수익을 올리고 있긴 했지만 팜보다는 못하다는 평이 있었다. 그래서 여러 달 동인 팜 주식이 쓰리콤 주식보다 오히려 높은 가격으로 거래되었다. 이런 상황에서 투자자들은 (팜과 쓰리콤에 대해 본인이 어떻게 생각하든 상관없이) 쓰리콤 주식을 매입하고 팜 주식을 공매도해 확실한 수익을 보장받을 수 있었다. 이론상으로는 전혀 위험이 없는 차익거래 기회였다.[81] 이는 마치 뉴욕에 도착해 비행기에서 내리면 600파운드를 1,500달러로 환전할 수 있다는 사실을 알고서 런던의 히스로공항에서 1,000달러를 600파운드로 환전하는 것과 같은 일이었다.

그러나 팜 주식을 공매도하는 게 아주 어렵다는 사실이 드러났다. 팜 주식 소유자 가운데 자기 주식을 기꺼이 빌려주겠다는 사람은 거의 없었고, 이들은 매우 높은 수준의 프리미엄을 요구했다. 금리가 연 100퍼센트까지 오르기도 했다.[82] 이는 닷컴 거품 기간의 특징이었다.[83] 닷컴 기업의 주식은 공매도하기에는 지나치게 비쌌다.

나와 탈러는 라스베이거스의 어떤 총회에서 나란히 연설할 기회가 있었고, 그때 대화를 나눴다. 우리는 일식집에서 창밖을 내다보며 (지나치게 비싼) 회를 먹었다. 탈러는 파마의 친구이자 동료였지만 '효율적 시장 가설'의 주창자에게는 눈엣가시 같은 존재였다. 실제 현실의 트레이더들은 예측 모델에서처럼 결코 얌전하게 행동하지 않는다는 사실을 다양한 방식으로 입증한 행동경제학의 창시자가 바로 탈러이기 때문이다. 그가 참치뱃살을 집으며 말했다.

"효율적 시장 가설은 두 가지 근거로 뒷받침됩니다. 하나는 '공짜 점심은 없다'인데, 누구도 시장을 이길 수 없다는 겁니다. 유진 파마와 나는 여기엔 동의합니다. 그런데 '가격은 옳다'에 대해선 파마가 별로 얘기하고 싶어하지 않네요."

탈러가 '공짜 점심은 없다'라는 주장을 지지하는 강력한 증거가 있다. 어떤 투자자든 장기적으로 시장을 이기기란 어렵다. 이론적으로는 매력적인 기회라 해도 실제 현실에서 이 기회를 이용해 수익을 올리기는 만만치 않다. 거래비용이나 위험, 또 이것 말고도 거래를 제약하는 여러 요인이 있기 때문이다. 그리고 과거에 믿을 만했던 통계 패턴도 일단 투자자들이 발견하면 수명이 끝날 수 있다.

탈러가 '가격은 옳다'라고 부른 주장은 한층 의심스럽다. 팜 주식과 쓰리콤 주식 사이의 가격 불일치 같은 사례는 '가격이 옳다면' 결코 발생할 수 없는 일이다. 동일한 상품에 서로 다른 두 개 가격이 매겨져 있다면 적어도 하나는 잘못된 게 틀림없다.

시장에는 비대칭이 존재한다. 거품을 포착하기는 쉽지만 꺼뜨리기는 어렵다. 이것이 의미하는 내용은 바로, 우리가 베이즈랜드에서 직면하는 근본적 물음(시장이 붕괴할 것으로 믿는다면 거기에 돈을 걸어야 마땅하지 않은가?)이 실제 현실에서는 필연적으로 관철되지는 않는다는 것이다. 현실에서는 거래나 자본에 여러 가지 제약이 작용하기 때문이다.

소음 트레이더

비이성적 트레이더와 솜씨 좋은 트레이더 사이에는 일종의 공생관계가 형성되어 있다. 솜씨 좋은 포커 선수들이 게임에서 돈을 따려면 호구를 포커 테이블에 앉혀야 하는 것과 마찬가지 이치다. 이 비이성적인 트레이더를 금융 세계에서는 '소음 트레이더noise trader'라 부른다. 경제학자 피셔 블랙Fisher Black은 1986년에 쓴 소논문에서 이들을 간단하게 '소음'이라고만 지칭했다.

> 소음은 금융시장에서 거래가 이루어지게 해주며, 우리가 금융자산에 대한 가격의 움직임을 관찰할 수 있게 해준다. 그러나 소음은 시장을 비효율적으로 만든다. (…) 일반적으로 소음은 금융시장 또는 시장 일반이 작동하는 방식에 관한 실용적이거나 학술적인 이론 그 어느 것도 검증하기 매우 어렵게 한다.[84]

시장에 소음 트레이더가 없다고 해보자. 모든 사람은 실제 정보, 곧 신호에만 베팅한다. 가격은 거의 언제나 이성적이고, 시장은 효율적으로 돌아간다.

그런데 당신이 어떤 시장이 효율적이라고 생각한다면, 좀 더 구체적으로 말해 효율적 시장 가설이 주장하듯이 누구든 시장을 이길 수 없을 만큼 시장이 효율적이라고 생각한다면, 당신이 시장에서 하는 거래 행위는 결코 이성적 선택이 될 수 없다. 아닌 게 아니라 효율적 시장 가설은 본질적으로 자신을 부정하고 파괴하는 이론이다. 모든 투자자가 이 이론을 믿는다면, 그러니까 주식시장을 이기기란 애초에 불가능해서 그 누구도 거래를 통해 이득을 취할 수 없다고 믿는다면, 시장에 발을 들여놓는 사람은 아무도 없을 것이고 따라서 시장 자체도 성립하지 않는다.

이 역설을 뒷받침하는 오래된 농담이 경제학자들 사이에서 떠돌고 있다. 어떤 경제학자가 길을 가다가 100달러짜리 지폐가 떨어져 있는 걸 보았다. 이 경제학자가 지폐를 주우려고 하자 옆에 있던 다른 경제학자가 말했다.

"뭐 하려고? 저게 진짜 100달러짜리 지폐면 누가 이미 주워서 주머니에 넣었겠지."

모든 사람이 이렇게 생각한다면 누구도 이 지폐를 줍는 수고를 굳이 하지 않을 것이고, 대신 경제학 강의라고는 들어본 적 없는 어떤 청년이 온 도시를 돌아다니면서 떨어져 있는 100달러짜리 지폐들을 주워서는 새 차를 한 대 뽑을 것이다.

이 역설에 대한 가장 실행 가능성 높은 해법을 노벨 경제학상 수상자 조지프 스티글리츠Joseph Stiglitz와 그의 동료 샌포드 그로스먼Sanford Grossman이 오래전에 찾아냈는데,[85] 바로 '몇몇' 투자자에게 이들이 들인 노력을 보상해줄 만큼 '아주 조금의' 이익을 거둘 수 있게끔 허용하는 것이다. 이런 일이 실제 현실에서 일어나기는 그다지 어렵지 않을 것이다. 사람들은 월스트리트 증권 분석가들이 한 해에만 750억 달러를 가져간다는 사실에 이의를 제기하지만, 뉴욕증권거래소에서만 거래되는 금액이 17조 달러인 점을 생각한다면[86] 결코 크다고 할 수 없다. 월스트리트 증권 분석가들이 시장 수익률보다 0.5퍼센트를 더 버는 거래를 하는 한, 그들은 회사에서 받는 밥값을 충분히 하는 것이다.

스티글리츠가 제안한 균형은 '어느 정도' 규모의(최소한의) 이익이 '어느 정도' 수의 투자자들에게 돌아갈 수 있도록 하자는 것이었다. 효율적 시장 가설은 결코 글자 그대로 진실일 수 없다. 비록 (이트레이드와 관련해 내가 쓴 글을 포함해서) 몇몇 연구논문이 '어떤 투자자도 시징을 이길 수 없다'는 파마의 주장에 손을 들어주긴 하지만, 분명하지 않은 태도를 취하는 논문들도 있고,[87] 초과 수익이 얼마든지 가능하다는 꽤 구체적이고 설득력 있는 증거를 제시하는 논문들도 제법 있다.[88] 아마도 월스트리트의 평균수익률을 크게 앞지르는 게 뮤추얼펀드들은 아닌 것 같다. 이들 펀드는 지나치게 보수적 전략을 추구하며 성공이든 실패든 서로 함께하기 때문이다. 하지만 몇몇 소수 헤지펀드는 시장을 이길 수도 있다.[89] 그리고 골드만삭스와 같은 여러 엘리트 기업의 이른바 전담 거래팀들은 대부분 확실하게 시장을 이긴다. 주가의 변동 폭에 대한 확률적 평가에 돈을 거는 옵션 트레이더들은 특별한 거래 기술을 갖고 있다는 확실한 증거도 실제로 있는 것 같다.[90] (직업투자자까지 포함해서 우리 대부분이 확률을 예측하는 데 무척 서툴다는 점을 전제로 한다면, 이 같은 사실은 결코 놀라운 일이 아니다. 확률 예측에 탁월한 소수는 거금을 벌어들일 수 있다. 그러나 옵션 트레이더 대부분이 기록하는 수익률은 변변찮다. 또한 전체적으로 이런 거래는 매우 위험한 행동이기도 하다.) 그리고 대부분의 개미 투자자들이 거래를 지나치게 많이 하면서도 시장 평균에 못 미치는 수익률을 기록하는 데 비해 엄선된 소수의 투자자들은 전혀 그렇지 않은 것 같다.[91]

착시와 패턴

옵션 트레이더는 되지 않는 게 좋다. 전설적인 투자자 벤저민 그레이엄Benjamin Graham이 충고하듯이 얕은 지식은 오히려 독이 될 수 있다.[92]

어쨌거나 큰 노력을 기울이지 않더라도 평균 수준만큼은 수익을 올릴 수 있는데, S&P 500 지수를 기준으로 삼는 인덱스펀드에 투자하면 된다.[93] 이렇게 해서 당신은 하버드대학교 MBA 학위가 있는 트레이더와 소음 트레이더, 그리고 조지 소로스의 헤지펀드 운용자를 망라하는 다른 모든 트레이더의 평균적 포트폴리오를 그대로 복제하는 셈이 된다. 정말로 독보적인 비책을 가지고 있지 않다면 이를 거부할 이유가 없다. 주식시장에서는 경쟁이 치열하다. 특히 기관투자자들이 거래를 지배하는 오늘날의 주식시장에서 평균적 트레이더는 입이 다물어지지 않을 정도의 스펙과 높은 지능지수, 상당한 경험이 있는 사람들이다. 헨리 블로젯은 나에게 이렇게 말했다.

"누구나 다 자기가 천재 뮤추얼펀드 운용자라고 생각합니다. 하버드를 나와서 벌써 20년째 이 일을 해오고 있으니 시장을 이길 만큼 똑똑하지 않느냐는 겁니다. 하지만 그런 사람은 시장에 900만 명이나 있고, 이들은 모두 5천만 달러 투자 자금과 뉴욕증권거래소와 연결된 컴퓨터를 가지고 있습니다."

그러나 투자자 대부분은 그 정도조차 되지 못한다. 갤럽을 비롯한 여론조사 기관들은 미국인을 대상으로 지금이 주식을 매입할 적절한 시기인지 묻는 설문조사를 주기적으로 하는데,[94] 역사적으로 보면 이 조사의 결과와 주식시장의 성과 사이에는 강력한 연관성이 있다. 단지 그 방향이 '거꾸로'일 뿐이다. 미국인은 주가수익률이 오르고 주가에 거품이 끼면 주식을 살 때라고 생각한다. 이 갤럽 조사에서 가장 높은 수치가 나온 건 2000년 1월이었는데, 이때 미국인 67퍼센트가 주식에 투자할 적절한 시기라고 대답했다. 그런데 그로부터 딱 두 달 뒤부터 나스닥지수는 곤두박질쳤다. 1990년 2월에는 미국인 26퍼센트만이 주식 매입 적기라고 했지만, 그 뒤로 10년 동안 S&P 500 지수는 거의 네 배로 뛰었다(도표 11-10).

사람들은 자기 안의 본능과 싸워야 한다. 블로젯은 이렇게 말한다.

"투자자들은 자기 안에 존재하는 투쟁-도피 메커니즘fight-or-flight mechanism(갑작스러운 자극을 접했을 때 문제에 맞서서 투쟁할 것인지 아니면 도피할 것인지 판단하는 본능적 반응-옮긴이)이 일러주는 방향과 정반대 방향으로 가는 법을 배울 필요가 있습니다. 주가가 폭락할 때가 바로 투자할 때죠. 이때 겁을 먹고 돈을 빼서는 안 됩니다. 하지만 현실은 어떻습니까? 주가가 내려갈수록 더 많은 돈이 빠져나옵니다. 평범한 투자자들은 결국 다 털리고 맙니다. 계속해서 잘못된 방향으로 나아가기 때문이죠"

투자자들은 블로젯이 말하듯이 이 같은 실수 때문에 엄청난 대가를

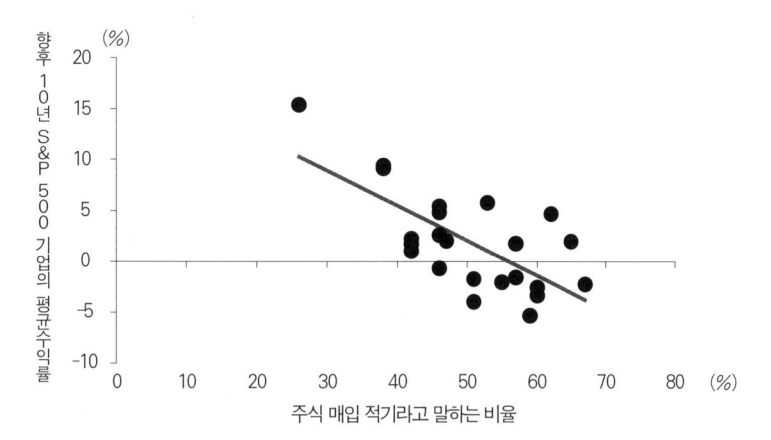

| 11-10 | 주식에 대한 대중의 기대와 10년 평균수익률

치른다. 예를 들어보자. 당신은 1970년에 S&P 500에 1만 달러를 투자했다. 40년 후인 2009년 현직에서 은퇴할 때 현금화할 생각이었다. 이 기간 동안 주가는 오르막과 내리막이 수없이 교차했다. 이런 것에 신경 쓰지 않고 투자금을 그냥 묻어두었다면 당신은 은퇴 무렵에 원금을 제외하고 6만 3천 달러의 수익을 올릴 수 있게 된다(이는 인플레이션을 고려한 수치다).⁹⁵ 그런데 당신이 '안전하게 투자금을 운용한다면서' 주가가 이전 최고 수준의 75퍼센트 아래로 떨어질 때마다 시장에서 빠져나오고 주가가 다시 이전 최고 수준의 90퍼센트에 도달할 때 시장으로 들어가기를 반복했다면, 당신의 수익은 1만 8천 달러이고 연평균 수익률은 2.6퍼센트밖에 되지 않을 것이다.⁹⁶ 불행하게도 많은 투자자가 바로 이렇게 행동한다. 최악은 시장이 과다하게 평가된 시점에 투자를 시작하는 것인데, 이 경우에는 장기적으로 수익을 내기가 무척 어려울 수밖에 없다.

시장에 거품이 끼어 있을 때 당신은 카지노의 유혹적인 불빛과도 같은 신호를 바라보게 된다. 증권사의 시세판은 온통 초록색 화살로 가득하다(한국 주식 시세판에서 초록색은 주가 하락을 의미하시만, 미국 주식 시세판에서는 초록색이 주가 상승을 의미한다 – 옮긴이).《월스트리트저널》은 연일 기록적인 수익률을 보도한다. 인터넷 증권사 광고들은 마우스 클릭 한 번만으로도 횡재할 수 있을 것처럼 떠든다. 거품이 끼어 있을 때 주식을 사지 않고 공황일 때 주식을 팔지 않으려면 정교하고도 의식적인 노력이 필요하다. 침착성을 유지하면서 투쟁 또는 도주의 본능을 억눌러야 한다. 그러지 않으면 당신도 모든 사람이 저지르는 실수를 똑같이 범하고 말 것이다.

심리학자이자 경제학자인 대니얼 카너먼은 이 문제를 뮐러-라이어 착시Müller-Lyer illusion에 비유한다(도표 11-11). 두 개의 화살 중 하나는 선분 양 끝에 있는 날개가 안쪽으로 접혀 있고, 다른 하나는 바깥으로 펼쳐져 있다. 선분의 길이는 똑같지만 위의 선은 짧아 보이고 아래의 선은 길어 보인다. 수익률이 점점 올라갈 때 투자자는 주식시장을 아래의 선처럼 보고, 반대로 주가가 폭락하면 투자자는 주식시장을 위의 선처럼 본다.

카너먼은 나에게 이렇게 말했다.

"그런 착시를 일으키지 않게끔 자신을 통제할 방법은 어디에도 없습니다. 이 두 화살을 놓고 보면 하나가 더 길어 보일 수밖에 없습니다. 하지만 훈련을 통해 이 패턴을 알아볼 수는 있습니다. 패턴을 발견하면 자를 가지고 와서 직접 재봐야죠."

인지적 지름길

사람은 어떤 대상을 해석할 때 자신이 해석하기 편하거나 심리적으로 안정감을 주는 방향으로 해석하는 경향이 있다. 이를 '인지적 지름길

cognitive shortcut'이라 한다. 그런데 바로 이 지름길이 투자자에게 낭패를 안겨준다. '오르는 것은 앞으로도 계속 오를 것'이라는 생각을 따라가면 주식시장에서는 완전히 실패할 수밖에 없다.

무리를 좇아 대세를 따르려는 인간의 본능이 문제를 일으킬 수도 있다. 다른 모든 사람이 하는 걸 그대로 따라 하거나 아니면 적어도 거기에 상당한 관심을 기울이는 건 대개는 올바른 전략이다. 낯선 도시로 여행 가서 점심 먹을 식당을 고를 때, 다른 조건이 다 같다면 보통은 손님이 많은 식당을 선택하는 것도 이 때문이다. 하지만 때로 이런 선택에 뒤통수를 맞을 수 있다. 그 식당을 가득 채운 손님들이 단체 관광객일 수도 있으니 말이다.

마찬가지로 베이즈랜드에서 예측할 때는 자기가 다른 누구보다도 잘 알고 있다는 생각에 사로잡혀 자기 예측에 집착하지 말고, 다른 사람들이 하는 예측에 관심을 기울이고 거기에 맞춰 내 예측을 조정해야 한다.

나는 예측을 할 때 다른 사람들은 어떤 생각인지를 살핀다. 인트레이드에서는 어떻게 예측하고 있는지 참조하는 식이다. 내가 하는 예측이 일반적 여론에서 멀어질수록 내가 제시하는 증거는 더 확고해져야 한다. 그래야 내가 더 정확하게 파악하고 있으며 다른 사람들의 견해가 틀렸다는 결론을 내릴 수 있다. 나는 이 같은 태도가 대부분의 경우에 큰 도움이 되리라 생각한다. 때로 당신이 시장을 이길 수 있긴 하겠지만, 절대로 자신의 능력을 과신해서는 안 된다. 만약 그렇다면 그건 당신이 지나친 자신감에 빠져 있다는 확실한 신호다.

피셔 블랙은 시장의 90퍼센트가 이성적으로 돌아간다고 추정한다.

니머지 10퍼센트는 소음 트레이더들이 영향을 끼치는 구역이다 그런데 바로 이 10퍼센트 때문에 걷잡을 수 없는 일이 벌어질 수 있다.[97] 시장은 일반적으로는 올바르게 돌아가지만 이따금 매우 잘못 돌아간다. 이는 실제 현실에서 거품이 꺼지기 어려운 또 하나의 이유이기도 하다. 거품 시기 주가 하락 전망에 투자하거나 공황 시기 주가 상승 전망에 투자해서 대박을 터뜨리는 기회가 있을 수 있다. 15년이나 20년 만에 한 번씩 있는 기회다. 그러나 그 오랜 기간 아무것도 하지 않으면서 나머지 10퍼센트의 기회만을 노리는 것은 어리석은 일이다.

질서와 무질서의 투쟁

어떤 이론가들은 주식시장을 두 가지 트랙으로 이해한다.[98] '신호 트랙 signal track'은 우리가 교과서에서 읽었던 1950년대의 주식시장이 대표적이다. 이 트랙은 장기적 관점에서 투자하는 시장으로, 투자자들은 신중하게 거래하며 주가는 경제의 기본 조건과 상황 등의 펀더멘털스와 긴밀하게 연결된다. 신호 트랙은 투자자들이 은퇴 뒤의 계획을 세우거나 기업이 자본을 동원하는 데 도움이 된다.

또 하나가 '패스트 트랙fast track'이다. 바로 소음 트랙이다. 여기에서는 모멘텀 트레이딩momentum trading(펀더멘털스나 내재적 가치보다는 시장의 방향성, 그러니까 오름세냐 내림세냐 하는 기술적 분석과 시장 심리 및 분위기 변화에 따라 거래하는 것 – 옮긴이), 양성 피드백positive feedback(어떤 제품이나 기업이 일단 시장에서 우위를 차지하게 되면 수확체증의 메커니즘에 따라 그 우위성은 더욱 확대되고 그 해당 제품이나 기업이 계속해서 시장을 지배해나가는 현상 - 옮긴이), 편중된 동기, 대세 편승 행동 등이 난무한다. 일반적으로 패스트 트랙은 가위바위보 게임 같은 것으로, 더 넓은 의미에서 보자면 경제에 실질적으로 아무 도움도 되지 않는다. 그렇다고 경제에 해를 끼치는 것도 아니다. 그저 수많은 트레이더가 진땀을 흘리는 가운데 돈이 그들 사이에서 돌고 돌 뿐이다.

하지만 우연하게도 이 두 트랙은 같은 길을 따라 펼쳐져 있다. 어떤 도시에서 포뮬러 원 경주를 유치했는데 관료조직에서 흔히 일어나는 실수 때문에 경주용 자동차 도로가 일반 도로와 연결된 것과 비슷하다. 그래서 (금융위기 때 그랬던 것처럼) 때로는 대형 사고가 터질 수도 있고, 규범을 준수하는 투자자들이 포뮬러 원 경주용 자동차에 치여 사고를 당하기도 한다.

스위스연방공과대학교의 물리학자 디디에 소네트Didier Sornette는 이 같은 종류의 이중성을 '질서와 무질서의 투쟁'이라 부르는데,[99] 이는 복잡계에서 흔한 현상으로 각기 떨어져 있는 수많은 부분들 사이에서 일어나는 상호작용을 통해 제어된다. 지진은 몇 가지 단순 법칙으로 정의할 수 있다(우리는 로스앤젤레스에서 진도 6.5 규모의 지진이 일어나는 장기간 빈도에 대해 잘 알고 있다). 그러나 지진의 일별 예측은 본질적으로 불가능하다. 투 트랙 시스템의 또 다른 특징은 질서에서 무질서로, 그리고 무질서에서 다시 질서로 이어지는 '격렬하고도 매우 비선형적인 국면 변화'가 주기적으로 나타난다는 점이다(나심 니콜라스 탈레브가《블랙 스완》에서 자세하게 묘사했고 파마 역시 논문을 통해서 밝혔듯이, 주식가격의 움직임은 종 모양의 매끄러운 분포를 따르

지 않는다. 주기 움직임은 이주 기긴 하지만 진폭이 매우 큰 상하
진동의 특징을 보인다. 주가 폭락의 분포는 지진의 빈도를 결정하는
함수이기도 한 멱법칙 분포로 꽤 정확하게 모델링할 수 있다). 시장에
대해 고도로 수학적인 관점을 취하는 소네트나 여러 학자에게 주기적
거품의 존재는 불가피한 것으로 비춰진다. 시장이라는 체계의 내재적
특성이라는 것이다.

나는 이 견해에 부분적으로 동의한다. 나는 주식시장을(더 나아가
자본주의적 자유시장을) 윈스턴 처칠이 민주주의에 대해 했던 말[100]과
같은 방식으로 바라본다. '다른 모든 경제체제보다는 낫지만 그래도
여전히 좋지는 않은 경제체제'라고 생각한다는 뜻이다. 좀 더 노골적
으로 말하면 '다른 모든 경제체제를 제외한다면 최악의 경제체제'라고
생각한다. 시장은 대부분의 시간 동안에 잘 돌아간다. 하지만 시장에서
거품을 완전히 제거할 수는 없을 것이다.

그런데 만일 우리가 거품을 유발하는 대세 편승 행동을 온전하게 예
방할 수 없다면, 적어도 거품을 '탐지'할 수 있을 것이라고는 기대해도
될까? 시장의 10퍼센트가 비이성적으로 돌아간다는 블랙의 말을 인정
한다면, 우리가 그 10퍼센트를 알아차릴 수는 있을까? 만약 그렇다면
우리는 그 거품에서 어떤 이득을 취할 수 있을 것이다. 또는, 덜 이기적
으로 표현해, 우리는 납세자의 세금으로 긴급구제금융을 투입하지 않
을 수 있을 것이다.

나는 어느 정도는 거품을 탐지할 수 있다고 생각한다. 물론 100퍼센
트 확실하게 예측할 수는 없을 것이다. 하지만 어느 수준에는 분명 다
다를 수 있으리라 생각한다. 최근의 거품 가운데 몇몇을 많은 사람이

예견했다. 주택 가격에 낀 거품은 더욱 그랬다. 실러의 주가수익률 같은 도구는 거품을 파악하는 데 매우 신뢰성 높은 지표다.

우리는 이 문제를 법률 제정을 통해 해결하려고 시도할 수도 있다. 이 또한 절대 쉽지 않다. 예를 들어 공매도 규제는 거의 확실하게 역효과를 낳을 것이다.

그런데 분명한 것은 만약 우리가 '시장은 오류 없이 무결점으로 돌아가며 시장의 가격은 언제나 옳다'는 가정을 갖고 있다면 결코 거품을 탐지할 수 없을 것이라는 점이다. 시장은 우리 인간의 모자라는 부분을 덮어주고 우리가 가진 흠결에도 균형을 잡아준다. 우리가 이런 시장을 예측하기는 분명 쉽지 않지만, 때로 시장의 가격이 옳지 않은 것만은 분명하다.

12

지구온난화

건강한 회의론의
풍토가 필요하다

1988년 6월 23일 미국의 국회의사당 캐피톨힐은 유난히 더웠다. 전날 정오에 워싱턴국제공항은 기온이 화씨 100도(섭씨 37.8도)까지 올라갔는데, 이곳에서 초여름에 기온이 세 자릿수를 기록한 건 수십 년 만에 처음이었다.[1] 상원 에너지위원회 청문회가 열리는 방에서는 에어컨이 제대로 작동하지 않았고, 미국항공우주국NASA 소속 기후학자 제임스 핸슨James Hansen은 이마에서 흘러내리는 땀을 연신 닦아내며, 미국 국민은 더위에 대비해 더 많이 준비해야 한다고 말했다(콜로라도주 상원의원 팀 워스Tim Wirth는 나중에 PBS의 〈프런트라인Frontline〉에 출연해 자기와 자기 동료 의원들이 청문회 전날 저녁에 청문회가 열릴 방의 창문을 일부러 모두 열어놓고 에어컨이 정상적으로 작동하지 않도록 해뒀다고 털어놓았다).

온실효과greenhouse effect는 예전부터 논의되어왔고, 과학자들은 이를 바탕으로 지구가 뜨겁게 달아오를 것으로 예견했다.[2] 마침내 처음으로 이 현상과 관련해 결코 부인할 수 없는 증거가 나타나기 시작했다고 핸슨은 말했다. 그는 지구 기온이 1950년대 이후로 섭씨 약 0.4도 상승했으며, 이는 자연적 변화만으로는 도저히 설명할 길이 없다고 말했다.

"기온이 그 정도로 상승할 확률은 약 1퍼센트입니다. 그러니까 이 기간의 온난화 추세는 실질적 온난화 추세라고 99퍼센트의 신뢰 수준으로 말씀드릴 수 있습니다."[3]

핸슨은 워싱턴과 오마하 등 여러 도시에서 열파heat wave가 더 자주 나타날 것으로 예측했다. 변화는 이미 "보통 사람이라면 감지할 수 있을 만한 큰 규모로 진행되고 있다"고도 말했다. 예측 모델을 더 정교하게 다듬을 필요가 있다는 조언을 덧붙이긴 했지만 기온 상승의 추세와 이런 현상의 이유는 이미 분명하게 드러났다는 말도 빼놓지 않았다.

"쓸데없는 말로 시간을 끌 때가 아닙니다. 온실효과의 증거는 확실합니다."[4]

핸슨의 청문회 발언이 있고 나서 4반세기가 넘게 지났지만, 우리가 지금까지 다룬 여러 분야에서 제기한 것과 동일한 질문을 지구온난화에도 해야 할 때다. 예를 들면 이런 것들이다. 지구온난화에 대한 예측이 얼마나 맞았을까, 아니면 틀렸을까? 과학자들이 실제로 동의하는 내용은 무엇이며, 더 많은 논쟁이 펼쳐지는 주제는 무얼까? 지구온난화 관련 예측에는 얼마나 많은 불확실성이 존재하며, 우리는 이 불확실성에 어떻게 대처해야 할까? 기후처럼 복잡한 체계를 정확하게 모델링하는 게 정말로 가능할까? 기후학자들은 다른 분야의 예측가들과 마찬가지로 자기과신 같은 문제에 쉽게 빠지지 않을까? 정치적 목적을 비롯한 다른 사악한 동기가 과학적 진리의 탐색을 얼마나 방해할까? 그리고 이 같은 논쟁에 결론을 내리는 데 베이즈주의적 추론이 어떻게 도움이 될 수 있을까?

우리는 증거를 정밀하게 살펴야 하고, 기후 예측에 대한 '건강한' 회의론이란 어떤 것인지 명확하게 표현해야 한다. 다시 언급하겠지만 이런 종류의 회의론은 지구온난화를 둘러싼 정치적 주장이나 이 문제를 다루는 블로그에 공통으로 나타나는 회의론과는 유형이 전혀 다르다.

인과관계를 찾아서

이 책이 제시하는 많은 사례에서 예측가들은 상관관계를 인과관계로, 소음을 신호로 잘못 파악한다. 1997년 무렵까지 슈퍼볼 우승팀의 향방은 이듬해 주식시장 전망과 강력한 상관관계를 보였지만 그 이면에 신빙성 있는 인과관계는 없었다. 당신이 그 상관관계를 근거로 투자했다면 아마도 당신은 탈탈 털려서 무일푼이 되고 말았을 것이다. 슈퍼볼은 거짓 양성인 지표였다.

그 반대 경우에 대해서도 똑같은 얘기를 할 수 있다. 소음이 가득한 데이터는 신호를 희미하게 만든다. 신호의 존재가 명백한 상황에도 말이다. 논박의 여지가 거의 없어 보이는 상관관계 하나를 예로 들어보자. 열량 섭취량과 비만의 상관관계다. 열량 섭취량이 늘어나면 뚱뚱해진다는 사실을 반박할 사람은 많지 않아 보인다. 그런데 이 기본적 상관관계는 통계자료에서도 명백하게 드러날까?

나는 세계 84개국의 비만율과 하루 열량 섭취량에 대한 데이터를 공식 기관에서 내려받았다.[5] 그런데 데이터를 보면 비만율과 열량 섭취량 사이의 상관관계는 놀라울 정도로 미미하다. 육류 소비량이 평균치를 넘는 한국인 한 사람의 하루 평균 열량 섭취량은 약 3,070칼로리로 세계 평균보다 조금 높다. 그러나 한국인의 비만율은 3퍼센트(2017년에는 5.9퍼센트로 조금 늘었다 – 옮긴이)밖에 되지 않는다. 이에 비해 태평양의 섬나라 나우루의 국민은 한국인과 비슷한 수준의 열량을 섭취하지만[6] 비만도는 무려 79퍼센트나 된다. 내가 확보한 84개국 통계자료를 표시한 것(도표 12-1)을 보면 비만과 열량 섭취량 사이에 관련성이 있다고 할 증거는 매우 제한적인 듯하다. 여러 표준 검사를 통해 볼 때 둘 사이의 관계가 '통계적 유의성'을 띠는 것 같지는 않다는 말이다

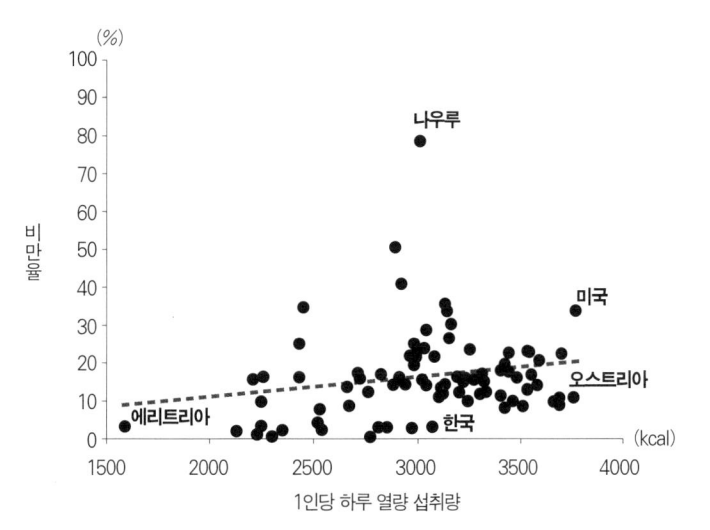

| 12-1 | 열량 섭취량과 비만율(세계 84개국)

(6장에서도 살펴본 대로 '통계적 유의성' 개념은 실제 현실에서는 대개 상당히 문제가 많다. 하지만 내가 아는 한에서는 이와 같은 통계자료를 이용해 '빅맥'이나 '프리토스Fritos'와 같은 음식이 건강에 좋다고 주장하는 모임이나 단체는 없다).

물론 그 상관관계를 흐리게 하는 요인이 한데 섞여 있다. 예컨대 어떤 나라 국민은 비만에 강한 유전자를 지니고 있으며, 어떤 나라 국민은 운동을 자주 한다. 게다가 데이터도 정밀하지 않다. 성인 한 사람이 하루에 얼마나 많은 열량을 섭취하는지 과연 어떻게 정확히 추정할 수 있겠는가?[7] 이런 통계적 증거를 지나치게 곧이곧대로 받아들이면 열량 섭취량과 비만 사이에는 아무 관계가 없다는 식으로 잘못된 판단을 할 수 있다.

통계 모델에 데이터를 입력하고 수치를 뽑아내 그것이 실제 현실을 정확하게 반영한다고 받아들일 수 있다면 얼마나 좋을까? 데이터가 넘쳐나는 야구 같은 분야에서는 그럴 수 있다. 하지만 많은 경우에는 그렇지 않다. 인과관계를 신중하게 생각하지 않으면, 우리는 결국 헛다리를 짚고 만다.

인과관계에 대한 기본적 이해가 있다면 지구온난화를 둘러싼 여러 주장을 의심할 근거는 충분하다. 지구의 기후는 수 년 또는 수십 년, 수백 년 동안 펼쳐지는 춥기도 하고 덥기도 한 다양한 국면을 거치고 있으며, 이처럼 긴 주기는 산업문명이 발생하기 훨씬 이전부터 진행되었다.

그러나 예측은 현상 뒤에 숨은 원인을 온전하게 이해할 때 훨씬 더 강력해진다. 우리는 지구온난화의 원인을 상당한 수준으로 이해하고 있다. 그 원인은 바로 온실효과다.

온실효과는 존재한다

핸슨이 상원 청문회에 출석하고 2년 뒤인 1990년 유엔 '기후변화에 관한 정부간 협의체IPCC가 천 쪽이 넘는 첫 평가보고서를 냈다. 여기에는 기후변화와 관련해 새로 발견된 사실들이 담겨 있었다. 전 세계 과학자 수백 명으로 구성된 팀이 여러 해에 걸쳐 작성한 이 보고서는 기후·생태계·해수면 상승 같은 현상과 원인을 자세하게 탐구한 다음, 이들 현상을 완화할 수 있는 다양한 전략을 간추렸다(IPCC는 기후변화 위험을 평가하고 국제사회 차원의 대책을 마련하기 위해 세계기상기구WMO와 유엔환경계획UNEP이 공동으로 설립한 유엔 산하 국제협의체다. '인간이 기후변화에 끼친 영향을 연구하고 이를 널리 알림으로써 기후변화 문제 해결을 위한 초석을 다지는 데 노력한 공로'로 2007년 전 미국 부통령 앨 고어와 함께 노벨평화상을 공동 수상했다 – 옮긴이).

IPCC의 과학자들은 단 두 가지 발견만을 절대적으로 확실하다고 분류했다. 이 두 가지는 복잡한 모델에 의존한 게 아니었으며, 기후에 대해 고도로 구체적인 예측을 한 것도 아니었다. 두 발견은 상대적으로 단순한 과학을 토대로 삼는다. 이를테면 150년이 넘도록 충분히 알려져왔으며 자칭 기후변화에 관한 회의론자라는 사람들조차 거의 이론을 제기하지 않는 과학에 근거한다는 말이다. 이 두 가지는 오늘날 기후변화 분야에서 가장 중요한 과학적 결론이다. 우선 첫 번째 결론이다.

온실효과가 존재하며, 이것이 지구를 계속해서 더 더워지게 하고 있다.[8]

내기의 특징한 가스(주로 수중기, 이산화탄소, 메탄, 오존 등)는 지구 표면에서 반사된 태양에너지를 흡수한다. 온실효과가 없다면 태양에너지의 약 30퍼센트[9]가 적외선 형태로 빠져나가 지구의 기온은 지금보다 훨씬 내려갈 것이다. 구체적으로 말하면 평균 화씨 0도 또는 섭씨 영하 18도쯤으로 내려가고,[10] 이때 지구 기온은 화성에서 날씨가 온화할 때와 같은 수준이 될 것이다.[11]

거꾸로 이들 대기가스의 농도가 지나치다면, 태양에너지의 더 많은 부분이 대기에 갇혀서 지구 표면으로 되쏘아지고, 그 결과 지구의 기온은 훨씬 올라갈 것이다. 금성은 성분 대부분이 이산화탄소로 이루어진 두꺼운 대기로 덮여 있는데, 대기의 밀도가 지구보다 훨씬 높으며 평균기온은 섭씨 460도다.[12] 태양 가까이 있어서 온도가 높기도 하지만, 온실효과가 금성의 온도를 이토록 높여놓은 주범이다.[13]

지구의 기후가 가까운 미래에 금성의 기후처럼 될 가능성은 없다. 그런데 기후는 대기의 변화에 매우 민감하다. 그리고 인류 문명은 기온 변화 폭이 상대적으로 좁은 지역에서 번성한다. 세계에서 가장 추운 수도는 몽고의 울란바토르인데 연평균 기온이 섭씨 약 영하 1도(화씨 30도)이고,[14] 가장 따뜻한 수도는 쿠웨이트의 쿠웨이트시티로 연평균 기온이 섭씨 약 27도(화씨 81도)다.[15] 기온은 계절에 따라 또 지역의 인구밀도에 따라 높을 수도 있고 낮을 수도 있다.[16] 이 정도의 기온 차이는 다른 행성과 비교하면 매우 작은 수준이다. 일례로 대기가 거의 없는 수성은 기온이 하루에도 섭씨 영하 200도에서 영상 400도까지 변한다.[17]

IPCC의 두 번째 결론은 온실효과를 바탕으로 하는 기본적인 예측인데, 대기 중 온실가스가 증가함에 따라 기온이 상승하며 이로 인해 온실효과가 더욱 활발해진다는 것이다.

> 인간의 활동이 많아지면서 대기에 이산화탄소, 메탄, 염화불화탄소CFCs, 아산화질소 등의 온실가스 농도가 높아진다. 이런 증가는 온실효과를 가속화하고, 그 결과 지구 표면의 평균 온도가 올라간다. 그 반응으로 온실가스의 주 구성 성분인 수증기가 한층 더 증가하고, 지구 온도를 더욱 상승시킨다.

IPCC의 발견은 여러 주장을 담고 있는데, 각각은 하나씩 차례대로 검토할 필요가 있을 만큼 가치가 있다.

첫째, 인간의 활동이 많아짐에 따라 이산화탄소와 같은 온실가스의 농도가 높아진다는 주장이다. 이는 단순히 관찰만 하면 알 수 있는 문제다. 다양한 산업활동 때문에, 특히 화석연료의 사용으로 이산화탄소가 부산물로 생성된다.[18] 이산화탄소는 대기 중에 오랜 기간 머무르기 때문에 대기의 이산화탄소 농도는 꾸준하게 높아지고 있다. 예를 들어 하와이의 마우나로아관측소에서 대기 중 이산화탄소 농도를 처음 직접 관측한 게 1959년이었는데, 이때의 농도는 315ppm이었지만 2011년에는 약 390ppm으로 높아졌다.[19]

두 번째 주장인 '이런 증가는 온실효과를 가속화하고, 그 결과 지구 표면의 평균 온도는 올라간다'는 본질적으로 '온실효과가 존재하며 이것이 지구를 계속해서 더워지게 하고 있다'는 첫 번째 결론을 재천명하는 내용이다. 이 예측은 이미 오래전에 실험실 실험laboratory experiment

○로 확인한 비교적 간단한 화학반응을 토대로 한다. 온실효과는 프랑스 물리학자 조제프 푸리에Joseph Fourier가 1824년에 최초로 발견했으며, 아일랜드 물리학자 존 틴들John Tyndall이 1859년에 처음 증명한 것으로 알려져 있다.[20]

　‘온실효과의 주요한 원인인 수증기가 증가하면 지구의 온도는 상승한다’는 세 번째 주장은 상당히 대담하다. 이산화탄소가 아니라 수증기가 온실효과의 가장 큰 원인이라는 말이다.[21] 수증기의 증가 없이 이산화탄소의 증가만 있다고 해도 어느 정도 지구 기온이 올라가겠지만, 지금까지 관찰된 수준 또는 과학자들이 예측하는 미래의 수준만큼은 아니다. 그런데 클라우지우스-클라페롱Clausius-Clapeyron 방정식으로 알려진 기본 열역학 원리는 대기의 온도가 높을수록 대기는 더 많은 수증기를 머금을 수 있다고 설명한다. 그래서 이산화탄소와 여러 온실가스의 대기 중 농도가 높아지고 대기를 데울수록 대기 중의 수증기 양도 그만큼 증가하며, 이산화탄소의 효과를 배가하고 대기의 기온을 높인다.

"로켓공학처럼 복잡한 얘기가 아니라고요"

과학자들이 어떤 가설을 두고 이론의 여지가 없다고 결론 내리려면 먼저 증명이라는 힘든 과정을 거쳐야 한다. 온실효과 가설은 증명 과정을 거쳤다. 과학자들이 IPCC 첫 번째 보고서의 수백 가지 발견 가운데서 온실효과 가설을 절대적으로 확신하는 유일한 것으로 규정하는 이

유도 바로 이런 까닭에서다. 온실효과 뒤에 놓여 있는 과학은 원자폭탄이나 아이폰 또는 우주선이 아니라 전구와 전화기, 자동차 등이 막 발명되기 시작한 19세기 중후반에 이미 사람들이 폭넓게 이해할 정도로 단순했다. 온실효과는 로켓공학처럼 복잡한 게 아니라는 말이다.

실제로 산업활동이 궁극적으로 지구온난화를 촉발할 것이라는 예측은 IPCC보다 훨씬 이전인 1897년에 스웨덴 화학자 스반테 아레니우스Svante Arrhenius가 했다.[22] 그뿐만 아니라 이런 예측은 온실 신호가 생성한 온난화 신호가 자연적 원인과 뚜렷하게 구별이 될 만큼 분명하게 드러나기 훨씬 이전에도 여러 차례 나왔다.[23]

지금은 온실효과를 설명하기 위해 논문을 인용하는 일 자체가 이상할 정도가 되었다. 1980년대 중반에 책에서 온실효과라는 용어는 지구온난화라는 용어보다 약 다섯 배나 많이 사용되었다.[24] 그러나 1990년대 초 절정에 다다른 뒤로는 꾸준하게 줄어드는 추세다. 그래서 지금 '온실효과'는 '지구온난화'에 비해 약 6분의 1 정도밖에, 더 폭넓은 개념인 '기후변화'에 비하면 10분의 1밖에 쓰이지 않는다.[25]

이러한 변화는 주로 기후학자들이 그 이론의 예측적 함의를 확장하고자 노력하는 과정에서 비롯한다.[26] 그러나 그 변화의 '원인', 그러니까 온실효과 이야기를 하지 않는 태도는 온실효과를 둘러싼 잘못된 믿음을 필연적으로 낳았다[이런 점에서 '기후변화'라는 말은 더 구체적이고 전문적인 용어인 '지구온난화'에 비해 열등하다고 할 수 있다. 기후변화는, 우리가 사는 환경에서 잠재적 변화(예를 들면 기온이 높아진다든가 낮아진다든가, 강수량이 많아진다든가 적어진다든가 하는 변화)가 잠재적으로 그 이론과 일치한다는 인상을 만들어낸다. 그런데 실제로는 그렇지 않다. 이들 현상 가운데 몇몇(예를 들면 기온이 예전보다 낮아지는 현상)은 그 이론을 기반으로 한 예측들과 충돌한다].

일례로 2012년 1월 《월스트리트저널》에 〈지구온난화에 호들갑 떨 필요가 없다No Need to Panic About Global Warming〉라는 기사[27]가 실렸는데, 여기에 이른바 '지구온난화 회의론자'라고 여길 수 있는 과학자와 전문가 열여섯 명이 이름을 올렸다. 기사에는 《월스트리트저널》이 제작한 동영상도 함께 첨부되었는데, 이런 설명 문구가 달려 있었다.

굉장히 많은 과학자가 이산화탄소가 지구온난화를 유발한다고 믿지 않는다.

사실 온실가스가 지구온난화를 유발한다는 것을 의심하는 과학자는 거의 없다. 위 기사에 이름을 올린 프린스턴대학교 물리학자 윌리엄 하퍼William Happer조차 동영상에 출연해 "사람들은 대부분 나처럼 산업활동에서 배출된 가스가 지구온난화를 유발한다고 믿습니다"라고 말했다. 2분 정도의 인터뷰에서 분명 하퍼는 동영상에서 지구온난화 효과를 말하는 이런저런 예측을 문제 삼는다. 하지만 정작 지구온난화의 원인에 대해서는 아무 말도 하지 않는다.

내가 하려는 말은 이론과 모순되는 증거가 있다 하더라도 그 이론을 맹목적으로 수용해야 한다는 게 아니다. 어떤 이론이든 타당성을 가지려면 그 이론에 근거해 훌륭한 예측을 할 수 있어야 한다. 그런데 기후학자들이 했던 예측 가운데 어떤 것은 맞고 어떤 것은 빗나갔다. 기온 데이터에는 소음이 꽤 많다. 온난화 추세는 온실 가설의 정당성을 인정해줄 수도 있지만, 이 추세가 사실은 온실효과가 아닌 주기적으로 나타나는 다른 요인에서 기인하는 것일 수도 있다. 온난화 추세가 중단된다면 지구온난화 이론의 정당성이 훼손될 수도 있고, 데이터 속 소음이 신호를 희미하게 만들어버린 경우일 수도 있다.

그러나 베이즈주의적 추론 과정에 따라 모든 '가설'을 확률적으로 생각한다면, 당신은 강력하고도 선명한 인과관계로 뒷받침되는 가설에 대해 한층 높은 수준의 자신감을 갖는 게 옳다. 이론에 불리한 증거가 새로 발견되었다 치자. 여기서 발견된 증거는 그 이론이 실제 현실에서 구체화할 가능성에 대한 우리의 예측과 그 예측에 대한 믿음의 수준을 떨어뜨린다. 하지만 우리는 지구와 지구의 기후에 대해 우리가 알고 있는(또는 안다고 생각하는) 다른 것들을 고려해서 그 가능성을 평가해야 한다.

건강한 회의론은 바로 이 같은 토대에서부터 진행될 필요가 있다. 더 유리한 지점을 확보하겠다는 생각으로 객관적 사실과 이론을 샅샅이 뒤지기보다는(논쟁이 편싸움처럼 전개될 때 냉소적 태도가 나타나기 쉽다), 오히려 이론의 근본을 부정하는 새로운 증거의 역할을 적극적으로 평가할 필요가 있다.

세 가지 회의론

세계 기후변화 총회를 열기에 12월의 코펜하겐만큼 끔찍한 시간과 장소도 없을 것이다. UN이 2009년에 바로 그런 선택을 했다(제15차 '기후변화당사국총회'가 지구온난화 해결 방안을 모색하고 교토의정서를 대체할 새로운 구속력 있는 기후협약 도출을 목표로 2009년 12월 7~18일 코펜하겐의 벨라센터에서 개최되었다 - 옮긴이). 동지 무렵이라 해는 짧고 어두웠다. 따뜻한 햇살은 네 시간이나 비칠까 말까 했다. 날은 추웠고, 덴마크와 스웨덴을 가르는 외레순해협에서는 매서운 바람도 불어왔다.

설상가상으로 맥주는 비쌌는데, 덴마크에서 술을 비롯해 거의 모든 것에 매겨지는 엄청난 세금은 세계적으로 높은 경쟁력을 자랑하는 녹색기술green-technology 인프라를 구축하는 데 들어간다. 현재 덴마크의 에너지 소비량은 1960년대 말과 거의 비슷한 수준이다.[28] 환경친화적 구조 덕분이기도 하고 낮은 인구증가율 덕분이기도 하다(미국의 에너지 소비량은 같은 기간 거의 두 배 증가했다).[29] 에너지 효율이 높은 미래는 '춥고 어둡고 비쌀 것이다'라는 게 그때 내가 받은 인상이다.

총회가 열린 벨라센터에는 회의론을 훌쩍 넘어 노골적인 냉소까지 넘쳐났다. 나는 고지식하게도 지구온난화를 주제로 엄정한 과학적 논의가 열띠게 벌어지리라 기대했다. 아니었다. 정치만 있을 뿐이었고, 각국의 의견 차이를 조정하는 일은 불가능해 보였다.

태평양의 작은 섬나라이며 해수면 상승으로 국토 전체가 물에 잠길 위기에 처한 투발루의 대표단은 온실가스 감축 목표치가 터무니없이 낮다면서 큰 소리로 항의하며 로비와 복도를 돌아다녔다. 하지만 온실가스 대부분을 배출하는 덩치 큰 나라들은 요지부동이었고, 합의는 가망이 없어 보였다.

오바마 미국 대통령은 빈손으로 총회장을 찾았으며, 정상회의 자리에서도 자신의 정치적 자산을 의료개혁법과 경기부양책에만 쏟다시

피 했다. 중국, 인도, 브라질 같은 국가들은 지정학적 위치 때문에 기후변화의 충격에 미국보다 더 취약한데도, 지구온난화 대비책이 자칫 자국의 경제성장에 찬물을 끼얹을 수도 있다는 생각에 미적거리며 어느쪽에 서야 할지 두리번거렸다. 기온이 낮고 화석연료 자원이 풍부한 러시아는 와일드카드인 셈이었다. 러시아와 마찬가지로 기온이 낮고 에너지 자원이 풍부한 캐나다는 미국도 의지를 보이지 않는 조치를 힘 있게 밀어붙일 성싶지 않았다.[30] 유럽의 부유한 국가들은 오스트레일리아, 일본, 아프리카와 태평양의 가난한 국가들과 연합하는 듯했다.[31]

기후변화를 놓고 정치적 입장은 나라별로 다를 수 있지만 과학적으로는 그렇지 않다. 이산화탄소는 지구를 빠르게 순환한다. 중국 칭다오의 디젤트럭에서 배출된 이산화탄소는 에콰도르 키토의 기후에 영향을 끼친다. 이런 점에서 온실가스 배출 감축 목표를 성공적으로 합의할 수 있으려면 단순한 연합체적 동의가 아니라 만장일치에 가까운 동의가 필요하다. 그런데 합의는 요원해 보였다. 수십 년까지는 아니더라도 적어도 몇 년 안에 도출될 것 같지는 않았다.

총회 자리에서 여러 과학자와 이야기를 나눌 수 있었다. 그 가운데 한 사람이 리처드 루드Richard Rood였는데, 부드러운 말투에 한때는 미국항공우주국에서 일했고, 현재는 미시간대학교에서 기후변화 정책을 강의하고 있다.

"미국항공우주국에서 일하던 어느 날, 나는 로켓공학에선 '복잡한 문제를 풀 때 단순한 물리학을 사용'하는데 로켓공학이 아닌 다른 분야의 문제, 그러니까 정책을 어떻게 개발할 것이며 공중보건 문제를 어떻게 풀 것인지 하는 문제들은 그렇지 않다는 사실을 깨달았습니다.

이런 분야에는 정립된 인과관계 메커니즘이 마련되어 있지 않기 때문입니다."

루드와 대화를 나누는 동안 벨라센터의 스피커에서 여성의 목소리가 여러 차례 흘러나왔고, 그때마다 우리의 대화는 중단됐다.

"의견이 일치되지 않았습니다. 안건을 보류합니다."

영어로 유창하게 말하려 애쓰지만 프랑스어 억양이 묻어나왔다. 루드는 여성의 말이 끝나자 기후변화 논쟁에 깊이 스며들어 있는 회의론을 세 가지로 분류했다.

첫 번째 유형의 회의론은 이기심에서 비롯한다. 화석연료 업계에서는 2011년 로비 활동에 약 3억 달러를 지출했는데, 5년 전과 비교하면 두 배 가까이 늘어난 금액이다.[32] (대체에너지 업계에서도 로비를 하지만, 연간 3천만 달러쯤이다.) 이 책을 쓰려고 다른 기후 전문가들과도 만났는데, 이들은 음모론까지 꺼냈다. 그러나 합리적 이기심만 토대로 해도 상황은 충분히 이해된다. 현상 유지가 유리한 기업이 있고, 이들의 권리는 미국의 수정헌법으로 보호받는다. 물론 이들이 기후변화를 정확하게 예측하려고 애쓰는 건 아니다.

두 번째 유형의 회의론은 이른바 반대론이라는 범주로 묶을 수 있다. 열띤 논쟁이 펼쳐질 때, 어떤 사람들은 다수의 편에 서는 게 유리하다고 생각할 것이고, 어떤 사람들은 스스로를 핍박받는 소수자로 생각할 것이다. 이 같은 일은 특히 기후과학 분야에서 분명히 나타난다. 데이터에 소음이 많고, 예측이 맞았는지 틀렸는지 곧장 확인할 수 없기 때문이다. 게다가 미국인들은 자립심이 놀랍도록 강하다. 루드는 이렇게 말했다.

"누군가는 끝없이 담배 연기를 내뿜는 걸 보면, 과학적 사실에 회의적인 사람은 언제나 있게 마련이란 걸 알 수 있습니다."

세 번째 유형인 과학적 회의론이 가장 중요하다.

"어떤 과학자들은 일반적인 상식에 대해 근거를 갖고 타당하게 반문합니다. 상황을 타개해나가려면 이런 과학자들의 주장도 존중할 필요가 있습니다."

지구온난화 예측에 관한 예측가 비평

세 번째 유형인 건강한 회의론을 보이는 과학자들은 기후를 예측하는 데 일반적으로 사용되는 컴퓨터 모델들의 신뢰성부터 의심한다. 펜실베이니아대학교 와튼스쿨 스콧 암스트롱Scott Armstrong 교수가 바로 그 부류다. 암스트롱은 예측을 연구하는 데 평생을 바친 학자인데, 그가 쓴《예측의 원리Principles of Forecasting》는 이 분야에 진지한 관심이 있는 사람이라면 누구나 읽어야 할 역작이다. 암스트롱을 필라델피아의 헌츠먼홀에 있는 그의 사무실에서 만났다. 당시 그는 일흔다섯 살이었지만 적어도 열다섯 살은 젊어 보였다.

2007년에 암스트롱은 앨 고어에게 내기를 하나 제안했다. 암스트롱은 지구의 기온이 당시 수준으로 앞으로도 계속 유지될 거라고 예측했다(앨 고어와 IPCC는 지구 기온이 지속적으로 상승할 거라고 예측했다). 고어가 내기를 받아들이지는 않았지만, 그럼에도 암스트롱은 이 예측의 결과를 계속 발표했다. 암스트롱은 자신과 고어의 예측을 월별루 판정했다. 특정한 달의 실제 기온이 두 사람 예측 가운데 어느 쪽과 더 가까운지 판정해서 그달의 승자를 정한 것이다. 그 결과 2012년 1월까지를 놓고 볼 때 암스트롱의 무변화no-change 예측이 IPCC의 느리지만 지속적인 기온 상승 예측을 29승 18패로 앞질렀다.[33]

암스트롱은 온실효과를 뒷받침하는 과학이론 자체는 의심하지 않는다고 말했다.

"물론 아주 작은 규모의 온난화는 진행되고 있다는 걸 인정합니다. 하지만 최근 150년 동안 아무도 그 범위에 대해서는 진지하게 따지지 않고 있습니다."

암스트롱은 지구온난화에 쏟아지는 다수의 우려를 불만스럽게 바라본다(암스트롱은 온실가스 배출을 제어하려는 노력에 반대해온 보수 성향의 하트랜드연구소Heartland Institute 소속이다). 암스트롱은 앨 고어에게 내기를 제안할 즈음에 동료 케스텐 그린Kesten Green과 함께 지구온난화 예측을 '감사'하겠다며 나서기까지 했다.[34] 지구온난화 예측, 특히 IPCC 예측들이 자기가 설정한 예측 원칙을 따를 때 얼마나 정확한지 살펴보자는 것이었다.

암스트롱과 그린의 논문은 IPCC 예측이 잘못되었다고 주장했다. 89개 예측 원칙 가운데 72개가 미달이었다는 것이다. 89개 예측 원칙[35]은 지나치게 많은 것일 수도 있다.[36] 그럼에도 암스트롱이 설정한 원칙 대부분은 예측가에게는 훌륭한 경험 법칙이다. 이 원칙으로 지구온난화 예측을 비판할 때에는 기본적으로 세 갈래 주장으로 단순화할 수 있다.

| 12-2 | 암스트롱과 고어의 내기

- 첫째, 암스트롱과 그린은 '예측가 사이의 합의는 정확성과 관련이 없다'고 주장한다. 이 합의는 어쩌면 그 어떤 것에도 뒤지지 않을 만큼 큰 편향을 반영할 수도 있다는 말이다. 암스트롱은 나에게 이렇게 말했다. "이건 과학이 발전하는 방식이 아닙니다."

- 둘째, 암스트롱과 그린은 '지구온난화 문제의 복잡성' 때문에 예측이 헛고생만 될 뿐이라고 말한다. 암스트롱은 이렇게 말했다. "역사적으로 볼 때 이처럼 수많은 변수와 불확실성이 있는 복잡한 경우는 없었습니다. 이 분야에서 사람들은 생태학적 모델 또는 더 복잡한 모델을 만들어서 사용해왔습니다. 그런데 모델을 복잡하게 만들수록 예측은 더욱 나빠집니다."

- 셋째, 암스트롱과 그린은 지구온난화에 대한 예측들이 "지구온난화 문제에 본질적으로 내재하는 불확실성을 적절하게 설명하지 않는다"고 했다. 그 예측들이 불확실성을 도외시한 채 자기과신에 차 있다는 것이다.

복잡성, 불확실성, '합의'된 의견의 의미 등은 이 책의 핵심 주제다. 우리는 공통적인 방법들이 여러 분야의 예측에 충분히 적용될 수 있음을 지금까지 살펴봤다. 따라서 위의 주장들도 귀담아들을 가치가 충분하다.

모든 기후학자들이 동의하는 것

지구온난화 문제에 적용할 때 '합의'라는 용어에는 건강하지 못한 집착이 있다. 주류 이론에 동의하지 않는 사람 중 일부는 이런 사실을 자랑스럽게 받아들이며 자신을 스스로 이단자로 분류한다.[37] 하지만 또 다른 사람들은 수적 우세를 과시하면서 과학적 주장을 증명하려고 온라인 청원 같은 의심스러운 방법을 사용하기도 한다[과학자 1만 5천 명이 서명했다는 어떤 청원에는, 1994년 데뷔한 영국의 5인조 여성밴드 스파이스 걸스의 진저 스파이스Ginger Spice(본명은 게리 할리웰Geri Halliwell이다)도 이름을 올렸는데, 듣자 하니 그녀는 미생물학 학위를 따기 위해 팝스타의 길을 접었다고 한다.] 한편 어떤 기후학자가 지구온난화 정책에 대해 공개적으로 반대 의견을 표현할 때마다 수적 우세 전략을 추구하는 사람들은 이것이 바로 이론에 대한 합의가 부족하다는 사실을 증명하는 것이라고 주장하기도 한다.

이들 논쟁 가운데 많은 것이 용어를 둘러싼 오해와 관련이 있다. 형식논리로 따지자면, 합의는 '만장일치'가 아니다. 단순히 다수의 의견이라는 뜻도 아니다. 합의는 '심도 깊은 논의를 거친 뒤에 다다른 폭넓은 동의'를 뜻한다. 논의에 참가한 사람 대부분은 그 논의 과정에서 특정한 개념이나 대안을 중심으로 연합한다(그래서 '우리는 점심으로 중국 음식을 먹자고 합의했지만, 호레이쇼는 중국 음식 대신 피자를 먹기로 했다'라는 식으로 말할 수 있다).

현실에서는 합의가 보통 '표결'의 대안이다. 정당이 대통령 후보 지명 경선을 할 때 한 후보가 아이오와주나 뉴햄프셔주에서 진행된 초반 경선에서 압도적으로 승리하면 다른 후보들은 대개는 사퇴를 한다. 엄밀하게 따지면 그 후보가 당을 대표하는 공식 후보로 지명되기까지는 앞으로 많은 여정이 남아 있지만, 그가 정당 내 다른 주요 정파들로부터도 지지를 받을 수 있음을 입증하기만 하면 나머지 주들의 경선은 의미가 없어진다. 이러한 후보를 두고 '합의'를 통해 당을 대표하는 대통령 후보가 되었다고 말할 수 있다.

과학은 바로 이 같은 종류의 진지한 논의 과정이다. 적어도 이상적으로는 그렇다. 논문이 발표되고 학술총회가 열리며, 가설은 검증을 받고 새로운 발견은 토론을 거친다. 어떤 가설은 이 과정을 통해 다른 가설보다 더 설득력을 갖는다.

IPCC와 같은 경우가 합의의 좋은 예다. IPCC 보고서는 발표까지 몇 년이나 걸리며 (비록 때로는 관료주의나 권모술수가 나타나기도 하지만) 모든 발견은 철저한 검토 과정을 거친다. 루드는 나에게 이렇게 말했다.

"관례상 모든 의견은 발표 기회가 보장되어 있습니다. 설령 당신 사촌이 술에 취한 채로 의견을 발표하려 한다고 해도 막을 수 없습니다."

하지만 합의를 추구하는 과정을 통해 얼마나 더 나은 예측이 가능할지를 놓고는 논쟁이 여지가 많다. 집단이 구성원끼리 서로의 전문성을 공유하며 자극받고 성장할 수는 있다. 그러나 합의 추구 과정은 집단사고groupthink가 되기 쉽다. 어떤 구성원은 지위나 카리스마 덕분에 남들보다 강한 영향력을 행사할 수도 있지만, 그렇다고 이들이 반드시 남들보다 더 나은 생각을 하는 건 아니다. 합의를 통해 이루어진 예측은 집단에 속한 각각의 개인이 독립적으로 예측을 내놓고 이들 예측을 종합하거나 평균해서 나온 예측과는 다르다. 후자에서는 예측의 정확도가 거의 언제나 개선되는 데 비해 합의를 통한 예측은 그렇지 않다.[38]

　IPCC와 같은 방식은 기후 예측가들의 독립성을 훼손할 수 있다. 비록 형식적으로는 IPCC 예측에 사용되는 기후 예측 모델이 약 20개나 되긴 하지만, 이들 모델은 여러 동일한 가정에 근거하고 동일한 컴퓨터 코드를 사용한다. 실질적으로는 대여섯 개밖에 되지 않는 셈이다.[39] 또 IPCC는 아무리 모델이 많다고 해도 전체가 승인한 단 하나의 예측만을 공식 견해로 채택한다.

컴퓨터 예측 모델을 의심하다

"예측 모델의 다양성이 정말로 중요합니다. 당신도 모든 달걀을 한 바구니에 담고 싶진 않겠죠?"

　세계적인 허리케인 전문가인 MIT 기후학자 케리 이매뉴얼Kerry Emanuel이 나에게 한 말이다.

　이매뉴얼은 예측 모델의 다양성이 그토록 중요한 이유는 모델들이 제각기 다른 가정에 근거할 뿐만 아니라 제각기 다른 버그를 갖고 있기 때문이다.

"그런데 사람들은 이런 점에 대해서 그다지 이야기하려 들지 않습니다. 모델이 다르면 프로그램이 보이는 오류도 다릅니다. 수백만 줄의 명령문으로 구성된 프로그램에 오류가 하나도 없으리라곤 생각하지 않겠죠?"

만약 당신이 기후변화 논쟁이 '회의론자'와 '신봉자' 사이에서만 벌어진다고 생각한다면, 당신은 회의론자가 이런 주장을 했다고 생각할 수도 있겠다. 비록 이매뉴얼이 보수주의자이자 공화당 지지자이긴 하지만[40](사실 이렇게 천명하는 것도 MIT에서는 상당한 용기가 필요하다), 스스로를 지구온난화 회의론자라고 생각하지는 않을 것이다. 아닌 게 아니라 그는 미국 국립과학아카데미 회원이며 과학계에서 상당한 지위에 있는 인물이다. 2004년 저서 《우리가 기후변화에 대해서 알고 있는 것What We Know About Climate Change》[41]은 기후과학에 대해 기본적으로 '합의하고 있는'(그리고 엄청나게 사려 깊고 잘 정리된) 견해를 담고 있다.

실제로 기후학자들은 논쟁의 몇몇 지점에 대해서는 폭넓게 동의하고 있다. 2008년에 기후학자들을 대상으로 한 설문조사를 보면 94퍼센트가(다시 말해 거의 모든 기후학자가) 기후변화가 현재 진행 중이라는 데 동의하고, 84퍼센트는 기후변화가 인간 활동의 결과라고 생각한다.[42] 그러나 기후 예측 컴퓨터 모델의 정확성에 대한 동의 수준은 훨씬 낮았다. 과학자들은 모델이 지구 기온을 예측하는 능력을 놓고 의견이 엇갈렸으며, 모델의 기후변화 예측 능력에는 대체로 회의적이었다. 예컨대 컴퓨터 모델들이 50년 뒤의 해수면 상승 수준을 잘 예측한다고 생각하는 과학자들은 겨우 19퍼센트밖에 되지 않았다.

이 같은 결과는 기후학자들이 아무 생각 없이 예측 모델들을 돌려낸다고 생각하는 사람들에게는 뜻밖이다. 기후학자들 역시 자신을 비판하는 사람들만큼이나 그 예측 모델을 의심하고 있으니 말이다.[43] 하지만 앨 고어의 〈불편한 진실An Inconvenient Truth〉 같은 영상물은 북극곰이 생존을 위해 발버둥치는 모습이나 사우스플로리다와 로어맨해튼의 범람을 묘사하면서 과학적으로 정교하지 못한 모습을 드러낸다.[44] 이런 영상물이 반드시 과학적 합의를 충실하게 반영하는 건 아니다. 사실 기후학자들이 논의하는 쟁점들은 훨씬 평범한, 이를테면 구름을 제대로 구현할 수 있는 컴퓨터 코드를 어떻게 개발할 수 있을까 하는 것들이다.

기후과학과 복잡성

기상예보관이나 기후학자가 지구온난화에 부정적 견해를 보이는 일은 흔하다.[45] 많은 기후학자가 명시적이든 그렇지 않든 간에 기후과학에 비판적이다.

기상예보관들은 수십 년에 걸친 분투 과정을 통해 예보의 정확성을 개선해왔다. 그럼에도 이들은 언제라도 항의 전화가 빗발치리란 걸 잘 알고 있다. 24시간 뒤의 기상을 예측하는 일도 결코 만만한 일이 아닌데, 하물며 기상예보관들이 구사하는 것과 별반 다르지 않은 기법을 구사해 수십 년 뒤의 기후를 예측하는 일은 얼마나 어려울까?

기상weather과 기후climate의 차이는 '합의'라는 용어와 마찬가지로 의미론적 차원의 문제다. 기후는 지구가 도달하는 장기적 균형 상태를 뜻하지만, 기상은 그 균형에서 벗어나는 단기적 일탈을 뜻한다.[46] 기후를 예측하는 사람은 2062년 11월 22일 미국 오클라호마주 북동부 도시 털사에 비가 내릴지를 예측하려 들지 않는다. 그보다는 그 무렵에 지구 북반구에서 비가 평균보다 많이 내릴지를 궁금해할 것이다.

기후학자들은 그럼에도 복잡성과 씨름해야 한다(여기서 '복잡성'은 5장에서 살펴본 '복잡성 이론'과는 관련이 없고, 그저 일상적인 의미로 '복잡하다'는 뜻이다). 예컨대 구름만 하더라도 정확하게 모델링하려면 컴퓨터의 엄청난 성능과 용량이 필요하다. 구름과 같은 작은 규모의 기후 현상도 피드백 순환 속에서 상당한 영향을 끼칠 수 있는 잠재력이 있다.[47]

역설적인 사실은 기상 예측이 이 책에서 다루는 성공 스토리 가운데 하나라는 것이다. 기상 전문가들의 끝없는 노력과 컴퓨터 성능의 개선, 그리고 인간의 판단 능력 발전으로 기상 예측은 10~20년 전보다 훨씬 더 정확해졌다. 대부분의 분야에서 예측가들이 자기과신에 빠지는 경향을 보인다는 사실을 고려한다면, 기상을 예측하는 사람들이 자기 자신과 동료들에게 매우 엄정하다는 사실은 감탄하고 칭찬할 만한 일이다. 이들이 이룬 성공은 복잡성을 다루는 작업도 의미가 있음을 보여준다.

기상 예측이 지금처럼 개선된 것은 기상 예측가들이 철저하게 고집하는 두 가지 원칙 덕분이다. 먼저 그들은 적어도 하루에 한 차례씩 꾸준히 피드백을 받았디. 기상은 하루 단위로 예측하는 만큼 기상 예측가들은 그 예측의 정밀성을 한층 높게 유지할 수 있었다. 그런데 기후 예측에서는 이 같은 이점을 보장받을 수 없다. 이런 점이 기후 예측에 회의론적 견해를 보이게 되는 중요한 이유다. 어떤 현상의 빈도가 예측의 신빙성과 비례 관계에 있다면, 기후 예측가들은 특히 곤란에 빠진다. 이들에게는 최소 검증 단위가 8년 또는 어쩌면 100년이나 되기 때문이다.

그런데 기후학자들도 날씨를 지배하는 상대적으로 단순하고 쉬운 여러 법칙을 사용할 수 있다. 기후 예측가들 역시 잠재적으로는 기상 예측가들과 동일한 이점을 누린다는 말이다. 단 과제는 남아 있다. 예를 들어 구름을 관찰하면 구름이 움직이는 패턴에 관해 상당한 지식을 얻을 수 있지만, 그 지식을 수학적 차원으로 변환하는 것은 또 다른 문제다.

기후 예측의 성공 사례로는 특히 크고 중요한 구름, 이를테면 허리케인을 만들어내는 구름들의 궤적을 정확하게 예측한 일을 들 수 있다. MIT에 있는 이매뉴얼의 연구실은 54-1814호였는데, 나에겐 이 연구실을 찾는 것도 대단히 어려운 일이었다(나는 수학 천재를 다룬 영화 〈굿 윌 헌팅Good Will Hunting〉에 영감을 주었을 법한 어떤 비범한 잡역부의 도움을 받아 그 연구실을 찾았다). 연구실에 발을 들여놓는 순간 찰스강이 시원하게 한눈에 들어왔다. 강 너머에서 허리케인이 다가오는 장면을 쉽게 상상할 수 있었다. 아마도 이매뉴얼은 거기에 서서 '허리케인이 케임브리지 쪽으로 다가올까, 북대서양으로 향할까?' 생각했을 것이다.

이매뉴얼은 허리케인을 예측하는 두 가지 유형을 분명하게 구분했다. 하나는 순전히 통계적이다.

"예를 들어보죠. 당신에게는 당신이 관심을 갖는 허리케인과 관련해 오래 축적된 기록이 있습니다. 풍속이나 해수온도처럼 눈으로 관찰해 확인할 수 있는 지표도 있죠. 이때 당신은 특별히 물리학을 동원하지 않더라도 당신이 확보하고 있는 데이터를 이용해 예측할 수도 있습니다."

허리케인 하나가 멕시코만에 자리잡고 있다고 가정해보자. 이 경우 과거에 발생한 허리케인들의 데이터베이스를 구축하고 그것들의 풍속, 경도와 위도 상의 위치, 바닷물 수온 등을 보고서 현재의 허리케인이 과거의 어떤 허리케인과 비슷한지 파악할 수 있다. 과거에 발생한 허리케인들은 어떻게 이동했을까? 어떤 허리케인들이 뉴올리언스 같은 인구 밀집 지역을 때렸고, 어떤 허리케인들이 쉽게 소멸했을까? 이런 예측에는 그다지 많은 기후학 지식이 필요하지 않다. 그저 훌륭한 데이터베이스만 있으면 된다.

이 같은 기법들은 조잡하긴 하지만 유용한 예측을 할 수 있게 해준다. 사실 약 30년 전까지만 해도 허리케인의 진행 경로를 예측할 때 순수하게 통계 모델만 사용하는 게 기본적인 방법이었다.

그러나 이들 기법은 일종의 '수확체감diminishing returns의 법칙'(자본과 노동 등 생산요소가 한 단위 추가될 때마다 이로 인해 늘어나는 한계생산량은 점차 줄어든다는 경제학의 법칙 ─ 옮긴이)의 지배를 받을 수 있다. 정확하게 말하면 허리케인은 드문 현상이 아니다. 평균적으로 적어도 1년에 한 번씩 대규모 허리케인이 미국을 강타한다. 드물게 일어나는 현상에 수많은 후보 변수를 저용하면 과적합의 오류를 저질러 과거 데이터에 있는 소음을 신호로 착각하는 위험이 발생한다.

하지만 허리케인의 구조에 대해 어느 정도 지식이 있을 때는 대안이 있다. 두 번째 유형의 모델은 물리적 역학 시뮬레이션이다. 이 방법은 순수하게 통계학 기법만 동원할 때보다 더 많은 작업이 필요하고, 현상의 근본 원인에 대한 온전한 이해도 필요하지만 훨씬 정확하다. 현재는 이런 모델들을 이용해 허리케인의 경로를 예측하는데 예측 성공률이 매우 높다. 4장에서도 말했지만 1980년대 이후로 허리케인 경로 추적의 정확성은 세 배 정도 높아졌다. 허리케인 카트리나가 뉴올리언스 인근의 어느 지점에 상륙할지도 48시간 전에 정확하게 예측했다[48](모든 사람들이 다 이 예측에 귀 기울이지 않았다는 게 문제지만). 현재는 순수하게 통계학적인 예측 기법은 더 정확한 예측을 뒷받침하는 보조 수단으로만 활용된다.

모델은 얼마만큼 복잡해야 할까?

암스트롱과 그린의 비판은 물리적 모델을 거의 동원하지 않고[49] 인과 관계를 소홀하게 이해하는(예를 들어 경제학 같은) 분야에 대한 경험적 연구에서 비롯한다. 이들 분야에서는 예측에 대해 지나치게 큰 야망을 품고 접근해서 실패한 예가 많았다.

어떤 예측 모델이든 되도록 많은 신호를(그리고 되도록 적은 소음을) 포착하는 걸 목적으로 한다. 적정하게 균형을 잡기란 늘 어려우며,

그 능력은 이론의 힘과 데이터의 양적·질적 수준에 따라 달라진다. 경제를 예측할 때에 데이터는 빈약하고 이론은 허술하기 일쑤다. 그래서 암스트롱은 '모델을 복잡하게 만들수록 예측은 더 복잡해진다'고 주장했다.

기후 예측에서는 상황이 더 모호하다. 온실효과 이론은 강력하지만, 이 이론은 더 복잡한 모델을 필요로 한다. 그러나 기온 데이터에는 엄청난 소음이 끼어 있는데, 이 데이터는 모델들이 예측하는 방향과 반대쪽을 가리킨다. 그렇다면 어느 쪽이 옳을까? 우리는 기후 예측의 성공과 실패를 평가함으로써 이 질문을 경험적으로 다룰 수 있다. 언제나 그렇듯 가장 중요한 것은 예측의 적중 여부다.

나는 예측 과정을 지나치게 축소하지 말라고 권한다. '다른 조건이 모두 동일하다면 간결한 설명이 복잡한 설명보다 낫다'[50]는 이른바 '오컴의 면도날Occam's razor'은 멋진 원칙처럼 보인다. 그러나 실제로는 이런 원칙을 적용하기 어렵다. 질병의 발병 상황을 예측하는 데 사용된 SIR 모델처럼, 가정이 단순하고도 우아한 모델도 많다. 그러나 때로 그 가정들은 지나치게 소박해서 유용한 예측을 내지 못한다. 또한 우리는 지진 예측에서 살펴봤듯이 겉으로는 정말 대단해 보이는 예측 프로그램이라 해도 실제 현실에서는 터무니없이 빗나가는 사례가 많다는 걸 잘 알고 있다.

'모델을 복잡하게 만들수록 예측은 더 복잡해진다'는 충고는 '레시피에서 권고한 양보다 소금을 절대로 더 넣지 마시오'라는 말과 같다. 자, 그렇다면 어느 정도의 복잡성에서 시작해야 할까?(또는 소금을 얼마만큼 더 넣어야 할까?) 정확한 예측을 하고자 한다면 스스로 그 문제에 깊이 몰두해 자기 혼의 미각을 믿을 필요가 있다.

기후 예측의 불확실성 요소 세 가지

예측에 한계가 있다는 사실을 아는 게 중요한데, 이런 점에서 보면 기후 예측가들은 상당히 잘하고 있다. 기후학자들은 불확실성의 중요성을 제대로 인식한다. '불확실하다uncertain'나 '불확실성uncertainty'이라는 용어는 IPCC가 1990년에 낸 보고서 하나에서만도 무려 159번이나 사용되었다.[51] 그리고 IPCC의 저자들은 자기들이 어느 정도로 동의했는지 또는 어느 정도로 확신하는지 표현하는 방법도 개발했다. 이를테면 '~할 것 같은likely'이라는 표현이 하나 있을 때에는 적어도 66퍼센트의 가능성이, '사실상 확실한virtually certain'은 99퍼센트 이상 확신한다는 뜻이다.[52]

그러나 불확실성을 경계한다는 것과 불확실성을 적절하게 추정한다는 것은 별개의 문제다. 정치에 대한 여론조사를 할 때 우리는 역사적 증거라는 강력한 데이터베이스에 의존할 수 있다. 예컨대 어떤 후보가 선거일 한 달 전에 경쟁 후보를 10퍼센트포인트 차이로 앞서 있다고 치자. 그렇다면 이 후보의 승리 가능성을 어느 정도로 예상할 수 있을까? 우리는 과거에 치러진 수십 건의 선거를 살펴봄으로써 답을 얻을 수 있다.

그런데 기후 예측가들이 동원하는 모델은 이런 기법에 의존할 수 없다. 지구는 하나밖에 없고, 예측의 대상이 되는 시기는 수십 년 뒤다. 비록 기후학자들이 불확실성에 대해 신중한 태도를 취하긴 하지만 '불확실성이 얼마나 높을지에 대한 불확실성'이 존재한다. 이와 같은 문제는 어떤 분야의 예측가에게든 어려운 과제다.

그럼에도 기후 예측의 불확실성을 세 가지 요소로 나누어 분석할수 있다. 나는 핸슨의 미국항공우주국 시절 동료인 개빈 슈미트Gavin Schmidt를 만났다. 슈미트는 어딘가 냉소적 분위기를 풍기는 사람으로 리얼클라이미트RealClimate.org의 공동 설립자다. 슈미트를 뉴욕 모닝사이드하이츠에 있는 그의 사무실 근처 술집에서 만났다.

슈미트는 칵테일 냅킨에 도표 하나를 그렸다. 〈도표 12-3〉과 비슷한것으로, 기후학자들이 부닥치는 세 가지 문제를 나타냈다. 이 세 유형의 서로 다른 불확실성은 기후 예측 과정에서 커지기도 하고 작아지기도 한다.

첫째, '초기 조건의 불확실성initial condition uncertainty'이다. 이는 온실

| 12-3 | 기후변화 예측의 불확실성에 대한 개략도

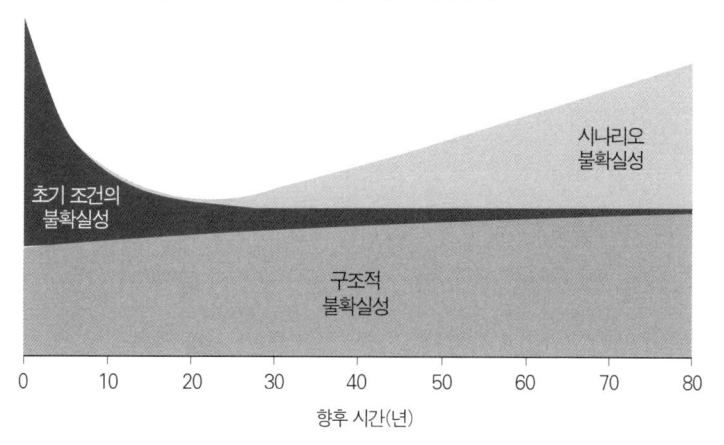

신호greenhouse signal와 경쟁하면서 우리가 기후를 경험하는 방식에 영향을 끼치는 단기 요인이다. 온실효과는 장기적 현상인데, 일별 또는 연별 기준 모든 유형의 사건에 의해 불분명해질 수 있다.

가장 분명한 초기 조건의 불확실성 유형은 기상(날씨)이다. 기후를 예측하려 할 때 날씨는 신호보다는 오히려 소음이라 할 수 있다. IPCC는 현재 지구의 온도가 다음 100년 동안 2도(또는 4도) 상승할 것으로 예측하고 있다. 이는 10년 동안 섭씨 0.2도씩, 다시 말해 1년 동안 0.02도씩 상승한다는 뜻이다. 하지만 일교차가 섭씨 15도씩이나 되고 계절의 기온 차이도 30도씩 되는 상황에서 0.2도나 0.02도라는 신호를 감지하기란 어려운 일이다.

아닌 게 아니라 내가 2011년 슈미트를 만나기 며칠 전에 뉴욕과 북동부 지역 몇몇 곳에서는 변덕스러운 10월 눈폭풍이 몰아닥쳤다. 센트럴파크에 눈이 1.3인치(3.3센티미터)나 내렸는데, 이 강설량은 그곳의 10월 기록을 갈아치웠다.[53] 눈폭풍은 코네티컷·뉴저지·매사추세츠에서 훨씬 모질게 불었고, 그 바람에 주민 수백만 명이 정전으로 피해를 봤다.[54]

센트럴파크의 기온 관련 기록은 특이할 만큼 잘 보존돼 있는데,[55] 무려 1869년부터 기록이 남아 있다.[56] 〈도표 12-4〉는 1912~2011년 센트럴파크의 월별 평균기온을 점으로 표시한 다음 시간대별로 연결한 데이터다. 도표를 보면 계절적 차이가 뚜렷하다. 해마다 조금씩 차이가 있긴 하지만 추워졌다가 더워지고 다시 추워지는 패턴이 반복됨을 확인할 수 있다. 그런데 이것만으로는 기후의 신호를 거의 포착하기 어렵다. 하지만 신호는 분명 존재한다. 센트럴파크에서 100년 동안 기온

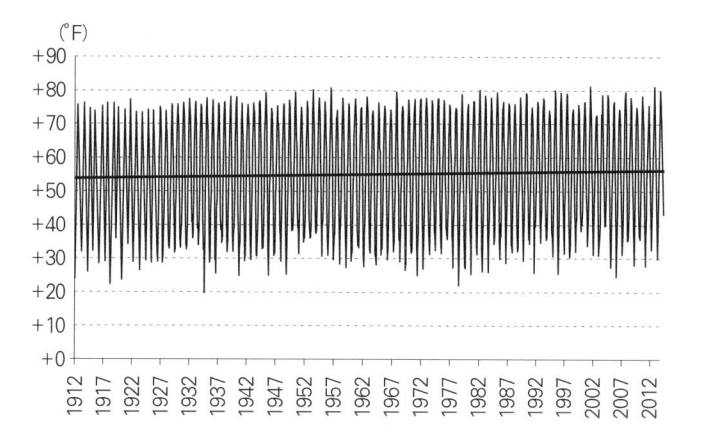

은 평균 화씨 4도(섭씨 약 2.2도) 증가했다.

1년 또는 10년에 걸친 주기적 등락은 있다. 이 가운데 하나가 '엔소 주기ENSO cycle (엘니뇨 – 남방진동El Niño–southern oscillation 주기)'다. 약 3년에 걸쳐 반복되는 이 주기[57]는 열대 태평양의 수온 변화 때문에 발생한다. 엔소 주기가 마루 부분을 지날 때 북반구의 많은 부분에서 기온 상승이 나타나고, 아울러 멕시코만에서는 허리케인 활동이 잦아든다.[58] 그런데 태평양의 수온이 낮아지는 라니냐La Niña 시기에는 반대 현상이 일어난다. 이것 말고는 엔소 주기에 대해 알려진 게 거의 없다. 또 태양 주기solar cycle라는 것도 있다. 평균 약 11년 동안 지속되는 이 주기에 따라 태양의 복사에너지는 조금씩 증가하기도 하고 감소하기도 한다(이런 사실은 흔히 태양 활동의 증가와 관련 있는 흑점을 통해 관측된다). 그러나 이들 주기는 어딘지 모르게 불규칙적이다. 예를 들어 2012년이나 2013년에 태양이 가장 활발하게 활동하리라고(지구 기온이 최고주에 이를 것이라고) 예측되었지만, 이 시기는 조금 뒤로 연기되었다.[59] 때로 태양은 수십 년 동안이나 잠잠할 수도 있다. 태양의 흑점이 거의 소멸했던 (17세기 후반과 18세기 초반에 걸친 약 70년 동안의) 마운더 극소기Maunder minimum에는 유럽과 북아메리카의 기온이 과거보다 한층 낮았다.[60]

화산 활동도 주기적으로 영향을 끼친다. 화산은 유황을 대기 중으로 분출하는데, 유황은 온실효과를 억제하며 대기 기온을 낮춘다. 1991년 피나투보화산의 폭발로 2년 동안 지구 기온이 약 섭씨 0.2도 내려갔는데, 이는 10년에 걸친 온실효과를 상쇄하는 수준이다.

그러나 예측 대상 기간을 길게 잡을수록 이런 중기적 효과에 대해서는 신경을 덜 써도 된다. 이 같은 효과는 1년이나 10년 동안의 온실 신호에 영향을 끼치지만 장기적으로는 그 효과가 상쇄된다.

그런데 슈미트가 '시나리오 불확실성scenario uncertainty'이라 부르는 또 다른 유형의 불확실성은 시간이 흐름에 따라 점점 커진다. 이는 대기 중 이산화탄소와 여러 온실가스들의 수치와 관련이 있다. 가까운 미래의 대기 구성은 쉽게 예측할 수 있다. 이산화탄소는 대기에 한번 진입하면 오랫동안 머문다(이산화탄소의 화학적 반감기는 약 30년으로 알려져 있다).[61] 그래서 설령 선진국들이 당장 이산화탄소의 배출 감축에 동의한다고 해도 대기 중 이산화탄소 농도를 줄이는 것은 고사하고 이산화탄소 증가율을 낮추는 데만도 여러 해가 걸릴 것이다. 슈미트는 이렇게 말했다.

"네이트 실버 씨나 나는 살아 있는 동안엔 대기 중 이산화탄소 농도가 줄어드는 일을 보지 못할 겁니다. 그리고 우리 자식들 세대도 마찬가집니다."

그러나 기후 모델은 대기 중 이산화탄소량에 대한 특정한 가정에 의존하기 때문에, 이는 50년 또는 100년 뒤의 예측을 상당히 복잡하게 만들 수 있으며, 정치적, 경제적 결정이 이산화탄소 배출에 어떻게 영향을 끼치는지에 따라 가까운 시기의 예측치에 영향을 줄 수 있다.

마지막으로 '구조적 불확실성structural uncertainty'이 있다. 기후학자들과 이들을 비판하는 사람들이 공통적으로 우려한다. 계량화하기가 가장 어렵기 때문이다. 이는 우리가 기후체계의 역학을 얼마나 잘 이해하는지, 이 역학을 수학적으로 얼마나 잘 구현할 수 있는지에 따라 달라지는 불확실성이다. 구조적 불확실성은 시간이 흐름에 따라 조금씩 커질 수도 있으며, 기후 같은 역동적 체계를 대상으로 하는 예측 모델에서는 불확실성이 더 큰 불확실성을 불러올 수 있다.

슈미트는 이 세 유형의 불확실성을 모두 고려하면 약 20~25년을 내다보는 예측에서 불확실성 수준이 가장 낮다고 말했다. 이 정도 기간이 대기 중 이산화탄소 농도가 어느 정도일지 상당한 신뢰 수준으로 알 수 있을 만큼 가까운 미래인 동시에 엔소 주기나 태양 주기, 그리고 화산 활동에 따른 효과를 배제하고 계산할 수 있을 만큼 먼 미래라는 의미다.

그런데 우연히도 1990년에 발표된 IPCC의 첫 보고서는 20년 뒤를 내다보는 예측을 했다. 제임스 핸슨이 1980년대에 했던 초기의 예측 몇몇도 그랬다. 달리 말하면 그로부터 20여 년 지난 지금이 바로 그 예측이 얼마나 정확한지 평가할 수 있는 시점이라는 말이다. 과연 그 예측들은 얼마나 정확했을까?

관측과 기록

예측이 얼마나 정확한지 측정하려면 우선 측정자measuring stick가 있어야 한다. 기후학자들은 여기에 대해 여러 선택권이 있다. 전 세계의 지상과 해상에서 기온을 측정하는 기관으로는 우선 GISS(고다드우주연구소)[62]의 기온 기록 시스템을 갖추고 있는 미국항공우주국[63]과 미국기상청의 상급 기관인 미국 국립해양대기국NOAA[64], 그리고 영국[65]과 일본[66]의 기상 관측 기관이 있다.

좀 더 최근에는 위성으로도 기상을 관측한다. 가장 자주 사용되는 것은 앨라배마대학교 헌츠빌캠퍼스의 기록과 리모트센싱시스템Remote Sensing Systems이라는 민간회사의 기록이다.[67] 이들이 사용하는 위성은 전자파를 통해 하층 대기권의 기온을 추정하지만,[68] 이는 지표면 기온을 직접 측정할 수 있는 매우 합리적인 대안이다.[69] 기록을 시작한 시기도 중요하다. 영국 기상청이 가장 먼저(1850년) 관측을 시작했고, 위성은 1979년부터 기온을 기록했다. 이 기록들은 상대적으로 다른 기준선에 따라 측정된다. 예를 들면 NASA/GISS 기록은 1951~1980년의 평균기온에, 미국 국립해양대기국의 기온은 20세기 전체의 평균기온에 맞춰 취합된다. 그런데 이 차이는 보정하기 쉽다.[70] 또한 각 시스템의 목적은 기온의 절대 수치를 알아내는 게 아니라 기온이 상대적으로 얼마나 오르거나 내리는지 측정하는 데 있다.

여기에 또 위안으로 삼을 수 있는 사실은 〈도표 12-5〉에서 보는 것처럼 여러 기온 관측 기록 사이에 존재하는 차이가 매우 근소하다는 점이다.[71] 여섯 개 기록이 모두 기록상으로 가장 기온이 높았던 세 해

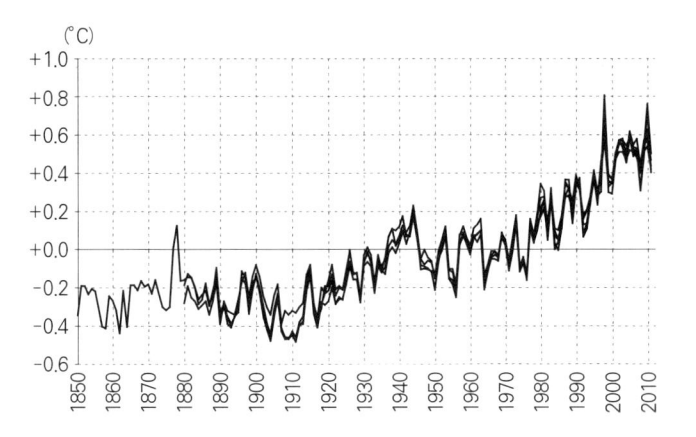

| 12-5 | 지구 기온의 상대 편차(1951~1980년 기온 기준, 6개 기온 관측 기록)

가운데 두 해인 1998년과 2000년을 포함하고 있다. 또 이 여섯 개 기록 모두 (특히 대기 중 이산화탄소 농도가 빠르게 증가하기 시작하는 1950년대 이후부터) 온난화 경향이 장기적으로 뚜렷하게 나타나는 현상임을 보여준다. 나는 기후 예측의 정확성을 평가할 목적으로 여섯 개 시스템의 평균을 냈다.

'뜨거운 여름'이 올 것입니다

기온 상승을 예측하기 위한 더 진솔한 초창기 시도 중 하나는 1981년에 있었다. 핸슨과 여섯 명의 과학자가 예측한 결과를 신망 높은 과학 잡지 《사이언스Science》에 발표했다.[72] 시뮬레이션 모델이 아니라 이산화탄소와 여러 대기가스가 기온에 끼치는 영향과 관련된 비교적 단순한 통계적 추정을 바탕으로 했지만, 이들의 예측은 꽤 정확했다.[73]

핸슨은 위의 논문뿐만 아니라 다른 저자들과 공동으로《지구물리학 연구 저널Journal of Geophysics Research》에 발표한 1988년 논문[74](그리고 같은 해 의회에서 있었던 증언)으로도 잘 알려져 있다. 이 논문은 대기의 3차원 물리 모델을 근거로 지역과 세계의 기온 변화에 대해 모두 예측했다.

핸슨은 의회에 출석해 워싱턴은 '뜨거운 여름hot summers'을 더 자주 경험하게 될 것이라고 말했는데, 이는 여름 평균기온이 1950~1980년에 관측된 여름 기온의 상위 3분의 1에 해당되는 경우였다. 그는 또 1990년대까지 워싱턴은 '뜨거운 여름'을 전체의 55~70퍼센트, 다시 말해 기준선인 33퍼센트의 약 두 배나 더 맞을 것이라고 말했다.

핸슨의 예측은 워싱턴 D. C.를 기준으로 하면 탁월한 선견지명으로 판명되었다. 〈도표 12-6〉에서 보듯 1990년대 전체 열 번의 여름 가운데 여섯 번이 '뜨거운 여름'이었는데,[75] 핸슨의 예측과 거의 일치한다.

| 12-6 | 뜨거운 여름

기본 비율: 33%			
핸슨의 예측(1988년): 55~70%, 1990년대까지			
도시	경계 온도	1990~1999	2000~2011	1990~2011
워싱턴 D. C.	86.2°F	60%	58%	59%
오마하(네브래스카)	86.2°F	10%	42%	27%
뉴욕시티(뉴욕)	81.4°F	80%	75%	77%
멤피스(테네시)	89.3°F	50%	67%	59%
평균		50%	61%	56%

그리고 이와 거의 동일한 비율은 2000년대까지 지속되었다.

핸슨은 논문에서 워싱턴뿐 아니라 오마하와 멤피스, 뉴욕의 기온 변화도 예측했는데, 이들 도시의 기온은 지역적으로 편차를 보였다. 핸슨의 기준으로는 오마하가 1990년대에 맞은 열 번의 여름 가운데서 단한 번만이 뜨거운 여름이었는데, 이런 비율은 역사적 평균인 33퍼센트에 한참 못 미친다. 그런데 뉴욕은 라구아디아공항 관측 기록에 따를때, 열 번 가운데 여덟 번이 뜨거운 여름이었다.

전체적으로 볼 때, 네 도시를 대상으로 한 예측은 상당히 정확했지만 지구온난화의 정도를 조금 과장해서 계산했다. 지구 전체 기온에 대한 핸슨의 예측은 (제각기 다른 가정에 의존하는 시나리오의 과잉 때문에) 평가하기가 더욱 어렵다. 그러나 전반적으로 과장된 점은 분명해 보인다.[76] 가장 보수적인 시나리오를 살펴보아도 그의 예측은 2011년까지의 지구온난화를 어느 정도 과대평가했다.

불확실성은 예측의 본질이다

IPCC가 1990년에 한 예측들은 국제적 합의를 이끌어내기 위한 최초의 결과물이고, 그래서 크게 주목을 받았다. 이들 예측은 핸슨의 예측보다 세밀한 부분까지 파고들었고 대부분 정확했다. 예를 들어 지표면이 해수면보다 더 빠르게 기온이 올라가며(유난히 겨울에 이런 현상이 더욱 두드러질 것이라 했다), 아울러 특히 북극과 위도가 높은 지역에서는 기온이 상당한 수준으로 올라갈 걸로 예측했는데, 모두 정확한 예측으로 판명되었다.

　그런데 지구 기온이 전반적으로 상승할 거라는 가장 핵심적인 예측에는 아쉬운 부분이 있다. IPCC의 기온 예측은 핸슨의 예측과 다르게 일어날 수 있는 '가능성'을 '범위'의 형식으로 표현했다. 향후 100년 동안 기온이 섭씨 5도나 오르는 재앙적인 변화부터 섭씨 2도의 변화까지 가능했고, 가능성이 가장 큰 예측은 섭씨 3도가 오르는 것이었다.[77]

　그런데 실제로는 (〈도표 12-7〉에서 보듯이) 기온이 천천히 상승했다. 1990~2011년의 기온은 해마다 평균 섭씨 0.015도 올랐는데, 100년으로 환산하면 1.5도 상승한다. 이는 IPCC가 가장 가능성이 크다고 보았던 100년 동안 평균 섭씨 3도 상승의 약 절반밖에 되지 않고, 또한 2도라는 최저 예상치에도 못 미치는 수준이다. IPCC의 예측은 해수면 상승도 과대평가했다.[78]

　이런 사실을 놓고 보자면 IPCC의 예측은 빗나간 것 같다. 하지만 중요한 한 가지 단서를 감안해야 한다.

| 12-7 | 1990~2011년 실제 지구 기온 추이와 1990년 IPCC 예측 범위 비교

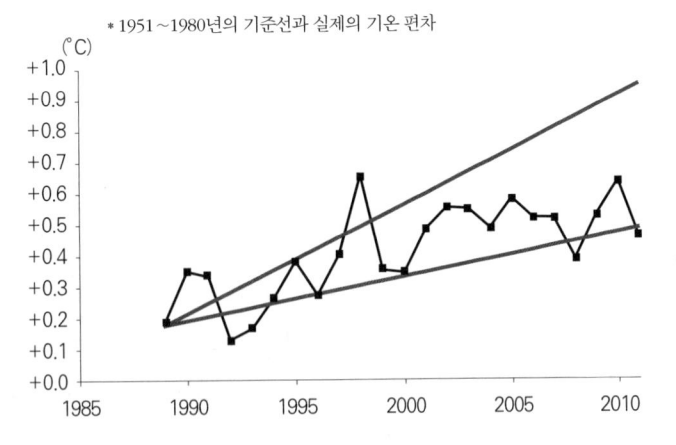

* 1951~1980년의 기준선과 실제의 기온 편차

IPCC의 예측에는 이산화탄소 배출을 줄일 수는 없다는 가정이 있었다.[79] 그래서 대기 중 이산화탄소 양이 2010년까지 약 400ppm 수준으로 증가한다고 전제했다.[80] 그런데 이런 예상은 지나치게 비관적이었고, 실제로는 이산화탄소 배출량을 줄이려는 노력이 (특히 유럽연합에서) 이루어졌다.[81] 때문에 2010년 대기 중 이산화탄소 농도는 약 390ppm까지만 올랐다.[82] 이처럼 예측상의 실수가 나타난 데는 부분적으로는 예측 시나리오가 불확실했던 점도 작용했고(사실 이 불확실성은 과학적 차원보다는 정치적·경제적 차원의 문제였다), 이산화탄소를 감축하려는 노력이 제대로 진행되지 않을 것이라고 IPCC가 비관적으로 가정했던 점도 작용했다(실제 이산화탄소 증가율을 예측에 반영한다면 100년에 섭씨 1.4~3.6도 올라가는 것으로 결과가 바뀐다. 실제 기온 상승률이 100년에 섭씨 1.5도였으므로, 이 기온 상승률은 예측 범위 안에 가까스로 포함된다).

그럼에도 IPCC는 나중에 자기들의 예측이 지나치게 공세적이었음을 인정했다. IPCC의 다음 예측 보고서인 1995년 보고서는 기온 증가의 범위를 상당히 낮춰 잡았다. 100년에 섭씨 약 1.8도 증가할 것으로 예측했다.[83] 그리고 이는 실제 기온 추세와 비교할 때 꽤 정확했다.[84] IPCC의 두 번째 보고서는 예측이 비현실적이라는 걸 깨달았을 때에는 그 예측을 수정하는 게 옳다는 걸 실천적으로 보여줬다. 또한 기후 예측에 본질적으로 존재하는 불확실성도 보여줬다.

예측을 위한 초기 시도에 전반적으로 점수를 준다면 그 점수는 상대평가 여부에 따라 달라질 것이다. 1990년 IPCC의 예측 실패는 시나리오 불확실성으로 일부 설명할 수 있다. 그러나 이런 변론은 IPCC가 불과 5년 후에 전망치를 실질적으로 비끼지 않았더라면 더 설득력이 있었을 것이다. 반면, IPCC의 1995년 기온 예측은 지금까지 상당히 정확했고, 지구 온도 상승 외에 몇 안 되는 구체적 예측(북극의 빙하 감소 속도[85]와 같은)은 꽤 잘 해냈다. 까다로운 기준을 적용한다면 IPCC의 점수는 낮겠지만 낙제점은 아니다. 예측의 역사가 실패로 점철되어온 걸 이해하는 사람에게는 IPCC의 예측이 더 제대로 된 것으로 보일 것이다.

불확실성은 예측의 본질이다. 예일대학교 경제학자 윌리엄 노드하우스William Nordhaus는 정부나 개인이 지구온난화에 대해 구체적 행동으로 나설 수밖에 없게끔 만드는 것이 바로 이 불확실성이라고 주장했다.[86] 한편 미국 정부는 기후과학에서의 예측보다 훨씬 더 어설프게 이루어지는 예측을 전제로 수천억 달러나 되는 예산을 경기부양 정책에 들이붓거나 중동에서 전쟁을 일으킨다.[87]

'지구냉각화'가 알려주는 것

기후학자들은 자신의 신뢰성을 걸고 예측을 한다. 예측이 빗나가면 예측가의 신뢰성은 훼손된다. 잘못된 예측이 금방 쉽게 잊히는 다른 분야와 다르게 기후 분야에서의 실패는 수십 년 동안 사람들의 기억에서 지워지지 않는다.

이 분야에서 흔히 제기되는 비판 하나가 새로운 빙하기가 시작될 것이라는 지구냉각화global cooling 예측을 둘러싼 것이다. 1970년대에 지구 기온의 하락을 예측한 논문 여러 편이 발표되었다. 충분히 합리적인 이론을 근거로 했다. 유황의 배출에 따른 냉각화 추세가 이산화탄소 배출에 따른 온난화 추세를 상쇄할 것이라는 이론이었다.

이 예측들은 과학계에서 다수를 차지하던 온난화 지지자들에게 반박당했다.[88] 그러나 언론은 과학계만큼 이 예측에 사납게 굴지 않았다. 1975년에 《뉴스위크》의 어떤 기사는 템스강과 허드슨강이 꽁꽁 얼어붙는 상황과 식량 생산이 '극적으로 줄어드는' 상황을 묘사했다.[89] 하지만 이는 기자 본인의 예측이지 기자가 인터뷰한 과학자의 예측이 아니었다.

언론이 지구온난화에 대한 '신봉자'와 '회의론자' 사이에서 균형을 잘못 잡을 수 있다는 건 때로는 언론이 과학계 대부분이 동의하지 않는 특이한 주장을 보도할 수도 있다는 말도 된다. 슈미트 2011년 10월 뉴욕에 눈폭풍이 몰아닥친 뒤 나에게 이렇게 말했다.

"그런데 문제는 많은 사람이 자기들이 관련 데이터를 직접 본 것처럼 얘기한다는 점입니다. 단언컨대 아무도 그런 데이터를 보지 않고서 그렇게 얘기합니다."

여러 언론에서는 이 눈폭풍을 놓고 지구온난화의 증거라고도 했고 지구냉각화의 증거라고도 했다.

슈미트는 수많은 기자에게서 뉴욕을 강타한 그 눈폭풍이 지구온난화와 관련해 무엇을 뜻하는지 묻는 전화를 받았다. 그는 기자들에게 자기는 뭐라고 확실하게 말할 수 없다고 답했다. 예측 모델이 거기까지 상세하게 설명하지는 않았기 때문이다. 그러나 슈미트의 동료 몇몇은 덜 조심스러운 태도를 보였으며, 극단적인 주장일수록 언론에 노출될 가능성이 높았다.

지구냉각화의 근거가 된 유황 배출가스의 문제는 IPCC의 1990년
과 1995년 예측을 설명하는 데에도 도움이 된다. 1991년 피나투보화
산의 폭발로 대량의 유황이 대기 중으로 배출되었고, 이로 인한 효과
는 기후변화의 여러 예측 모델과 일치했다.[90] 그럼에도 IPCC는 여러
상이한 온실가스 사이의 상호작용이 예측 모델링 작업을 어렵게 하고
오류를 낳을 가능성을 낮게 평가했다.

〈도표 12-8〉에서 보이듯, 인간의 활동에 따른 유황 배출가스는
1970년대 초 정점에 다다랐다가 그 뒤로 감소하기 시작했다.[91] 리처드
닉슨 대통령이 산성비와 대기오염 문제에 대처하기 위해 1970년에 서
명한 대기청정법Clean Air Act 같은 정책들이 효과를 발휘한 것도 이 같은
현상의 부분적 이유다. 1980년대와 1990년대에 진행된 온난화는 일
부분 유황 배출가스의 감소가 반영된 것인데, 유황 배출가스 중 이산
화황이 온실효과를 중화하는 작용을 하기 때문이다.

| 12-8 | 연도별 지구 전체의 유황 배출가스 추이(1900~2005년)

하지만 유황 배출가스는 대략 2000년 이후로 다시 증가하기 시작했다. 환경 관련 규제가 거의 없고 석탄을 원료로 하는 발전소가 많은 중국 때문이다.[92] 비록 유황 배출가스가 지구온난화를 상쇄하는 효과가 탄소가 유발하는 가속 효과만큼 강력하지는 않지만(탄소 배출이 없었다면 지구냉각화 이론이 옳았음이 입증되었을 것이다!), 그래도 유황 배출가스가 지구온난화에 어느 정도 제동장치로 작용했음은 분명하다.

예측과 과학은 긴밀하게 연결된다

당신이 예측 자체에 회의적이라고 가정해보자. 당신은 기후변화처럼 복잡한 과정을 정확하게 예측한다는 주장을 믿지 못할 수도 있고, 그 예측의 정확성을 입증하려면 시간이 너무 많이 걸려서 실용적으로 의미가 없다고 생각할 수도 있다.

실력이 어중간한 예측가는 때로 모델링하기가 어렵다는 이유만으로 어떤 요소를 무시해버리는 실수를 저지른다. 하지만 훌륭한 예측가는 언제나 최후의 대안을 마련해둔다. 이 대안은 자기가 동원한 모델이 잘못될 것 같으면 언제라도 초기화할 수 있는 합리적 기준선baseline이다(이를테면 대통령 선거에서 당신이 기댈 수 있는 기본적인 예측은 현직 대통령이 이긴다는 것이다. 이러면 두 후보 가운데 한 후보를 무작위로 선택하는 것보다 맞을 확률이 조금 높다).

그렇다면 기후에서 기준선은 무엇일까? 지구온난화 예측 모델에 대한 비판이 '비현실적일 만큼 복잡하다'는 것이라면 더 단순한 예측 모델, 그러니까 '강력한 이론적 가정들을 근거로 하지만 부가적 가정이나 장치를 말끔하게 제거한 예측 모델'이 대안이 될 수 있다.

예컨대 당신이 극단적으로 단순한 통계 모델을 근거로 기후 예측을 했다 치자. 당신은 순전히 대기 중 이산화탄소 농도와 기온 추이만을 변수 삼아 예측을 내놓았다. 유황의 농도, 엔소 주기, 태양 흑점 따위는 죄다 무시했다. 그러다 보니 굳이 슈퍼컴퓨터가 동원될 일 없이 노트북으로도 몇 초 만에 계산할 수 있었다. 그렇다면 이렇게 해서 나온 예측이 얼마나 정확할까?

사실 이 예측은 매우 정확한 것으로 판명된다. 좀 더 구체적으로 말하면 IPCC의 예측보다 조금 더 정확하다. 만일 이 예측 과정에서 당신이 1850~1989년 기온 기록을 남극의 여러 얼음핵[93]과 하와이 마우나로아관측소에서 측정한 이산화탄소 농도 기록과 함께 단순회귀선형 방정식에 대입했다면, 1990년부터 지금까지 지구 온도가 100년에 섭씨 1.5도씩 증가한다고 예측했을 것이다. 〈도표 12-9〉에서 보듯이 이는 실제 수치와 정확하게 일치한다.

이보다 아주 조금 더 복잡한 또 다른 기법이 있다. 이산화탄소 농도와 기온 사이의 관계에 대해 어렵지 않게 확보할 수 있는 여러 예측값을 사용하는 기법이다. 지구온난화 예측에서 공통으로 사용되는 변수는 대기 중 이산화탄소의 양이 두 배로 늘어날 때 이것이 기온 변화에 끼치는 효과를 나타내는 값이다. 이 '배증값doubling value'에 대한 일반적 동의는 이미 오래전부터 있었다.[94] 영국의 공학자 가이 스튜어트 캘린더Guy Stewart Callendar가 1938년에 간단한 화학방정식들을 바탕으로 내놓은 예측[95]부터 오늘날 슈퍼컴퓨터가 내놓은 예측에 이르기까지, 이

* 1951~1980년의 기준선과 실제의 기온 편차

산화탄소 배증에 따른 기온 상승의 모든 예측값은 섭씨 2~3도로 수렴했다.[96]

대기 중 이산화탄소의 실제 증가율을 전제로 한다면 그 단순한 변환은 1990년부터 오늘날까지 100년에 섭씨 1.1~1.7도 비율로 기온이 올라감을 의미한다. 그런데 100년에 1.5도 또는 1년에 0.015도씩 오른 실제 기온 상승 결과는 그 범위 안에 포함된다.

제임스 핸슨이 1981년에 한 예측은 이와 접근법이 매우 비슷한데, 그가 1988년에 복잡한 기후 예측 모델에 의존한 예측보다 오히려 정확했다. 따라서 '기후 예측 모델은 쓸데없이 복잡하다'는 암스트롱과 그린의 비판은 상당히 정확한 지적이라 할 수 있다. 그러나 더 기본적인 예측 방법론들이 성공을 거두었다는 사실은 암스트롱의 비판이 전투에서는 이기고 전쟁에서는 졌음을 암시한다. 다시 말해 암스트롱은 모델의 복잡성에 대해 훌륭하게 문제를 제기했지만, 단순 모델이 기후를 더 정확하게 예측한다는 사실은 단순한 모델을 선호하는 그의 태도에 유리한 증거가 될 뿐이다. 하지만 단순 모델은 이산화탄소의 증가에 따른 온도 상승을 정확하게 예측했기 때문에 결과적으로 온실효과 가설 또한 입증한다.

암스트롱의 무변화 예측은 가장 기본적이며 과학적인 의문에 답을 하지 못한다. 그의 예측은 2007년 기온을 기준선으로 사용했는데, 2007년은 예외적일 정도는 아니었지만 20세기의 100년과 비교하면 단 한 해만 제외하고 기온이 가장 높은 해였다. 2007년이 1987년이나 1947년 또는 1907년보다 기온이 왜 높은지 설명할 수 있는 그럴듯한 가설이 대기의 구성 비율 변화 말고 있을 수 있을까? 기후 예측 모델이 한몫한 가장 구체적인 성과 하나는 이산화탄소 등 온실가스의 대기농도 증가를 설명하지 않고서는 '현재의' 기온을 설명할 수 없다는 사실을 밝혀낸 점이다.[97]

암스트롱은 대안적 가정을 할 수 있는 베이즈주의적 사전확률을 설정할 수 없어서 무변화 예측을 했던 거라고 나에게 말했다. 무변화 예측은 자기가 연구한 다른 영역에서는 훌륭한 기본 대안임을 발견했기에 기후 예측에도 이를 적용했다는 말이었다. 만일 그가 본인이 깊이 연구한 다른 영역에서 적용한 엄밀함을 기후 예측에도 적용했더라면 그의 예측은 더 설득력을 얻었을 수도 있었다. 그런데 그렇게 하지 못한 게 그의 예측이 빗나갈 수밖에 없는 필연적 원인이었다. 암스트롱은 여기에 대해 2011년 하원 청문회에서 이렇게 말했다.

"나는 기후변화에 대해 많은 걸 배우려고 하지 않았습니다. 난 그저 예측을 하는 사람이지 기후학자가 아니기 때문입니다."[98]

자, '과학이 내 일에 별로 중요하지 않다'고 말하는 예보관이나 '예측이 내 일에 그리 중요하지 않다'고 말하는 과학자들을 만나면 경계하기 바란다! 예측과 과학은 본질적으로 그리고 긴밀하게 연결되어 있다. 그 분야의 과학에 대해 별 신경을 쓰지 않는 예측가는 '음식에 신경을 쓰지 않는 요리사'나 마찬가지다. 과학을 과학이 아닌 것과 구분하는 것은, 그리고 어떤 예측을 과학적으로 만드는 것은 그것과 객관적 세상 사이의 관련이다. 관심의 초점이 오로지 방법론이나 좌우명 또는 모델에만 집중될 때 예측은 빗나갈 수밖에 없다.

기온 기록에 관한 불편한 진실

암스트롱의 비판이 그토록 터무니없는 것이라면 그가 앨 고어에게 제안했던 내기에 대해서는 어떤 말을 할 수 있을까? 결론을 말하자면 암스트롱의 예측은 실패한 예측이기는커녕 오히려 매우 성공적인 예측이었다. 암스트롱이 예측을 한 2007년 이후 기온은 월별로는 상당한 수준으로 변동됐지만, 이 변동이 지속적 패턴을 띠지는 않았다. 예컨대 2011년은 오히려 2007년보다 조금 기온이 낮았다.

그리고 이런 패턴은 4년 이상 계속되었다. 2001~2011년 10년 동안 지구의 기온은 전혀 높아지지 않았다(도표 12-10). 오히려 감지할 수 없는 정도이긴 해도 분명 낮아졌다.[99]

분석틀은 때로 잘못된 믿음을 기반으로 만들어질 수 있다. 엔소 주기 때문에 기록적으로 높은 기온을 나타낸 1998년을 시작점으로 설정할 경우 이른바 냉각화 '추세'를 어렵지 않게 찾아낼 수 있다. 반대로 2008~2018년 10년 동안의 '추세'를 분석하면 온난화로 나타날 것이

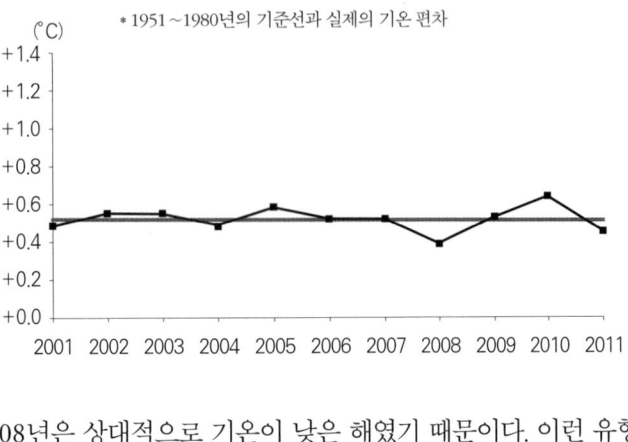

| 12-10 | 지구 기온 추이(2001~2011년)

* 1951~1980년의 기준선과 실제의 기온 편차

다. 2008년은 상대적으로 기온이 낮은 해였기 때문이다. 이런 유형의 통계학은 야구 경기장에서 타석에 들어선 유격수가 최근 좌완 구원투수를 상대로 19타수 8안타를 기록하고 있으니까 이번에 안타를 칠 가능성이 매우 높다고 낙관하는 것과 비슷하다. 이 유격수의 이번 시즌 타율이 1할 9푼밖에 되지 않는다면[100] 과연 그러한 낙관적 예측이 올바를까?

그런데 지구온난화는 일정한 속도로 진행되지 않는다. 지구 기온은 장기적으로 상승할 뿐이다. 때로는 안정 추세와 하락 추세가 나타난다. 2001년~2011년 외에도 (이산화탄소 농도는 꾸준하게 높아졌지만) 1894~1913년, 1937~1956년, 1966~1997년에는 온난화의 기미가 거의 나타나지 않았다(도표 12-11). 이런 문제는 금융 분석가들이 직면했던 문제와 닮았다. 주식시장은 장기적으로 보면 꾸준하게 상승하지만, 그렇다고 해서 내일이나 다음 주 또는 다음 해의 주가가 반드시 상승한다고 결론을 내릴 수 없는 것과 마찬가지라는 말이다.

최근에 있었던 몇몇 안정 추세를 과학적으로 설명할 수도 있다. 이

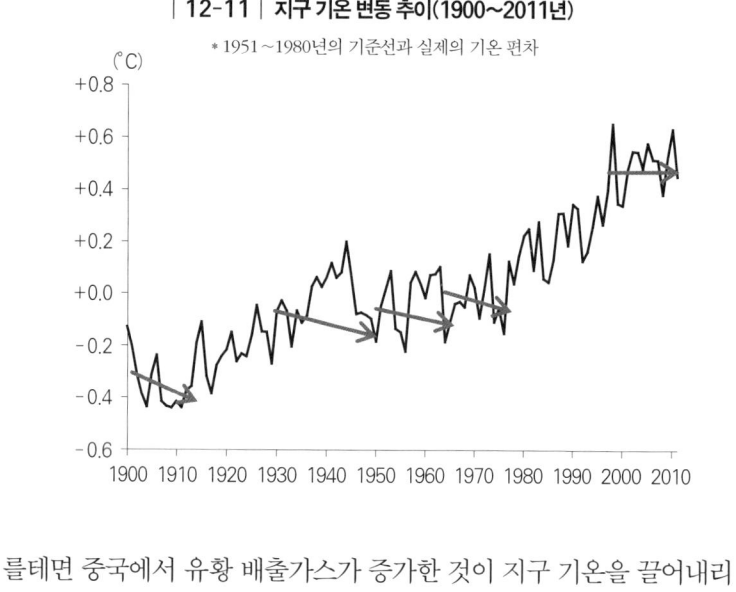

| 12-11 | 지구 기온 변동 추이(1900~2011년)

* 1951~1980년의 기준선과 실제의 기온 편차

를테면 중국에서 유황 배출가스가 증가한 것이 지구 기온을 끌어내리는 작용을 했다고 말할 수 있다. 그리고 2001~2011년은 비록 기온이 상승하지는 않았지만 다른 어떤 10년보다 여전히 기온이 훨씬 더 높은 시기였다는 점도 기억할 필요가 있다.

그럼에도 나는 독자들에게 신호와 소음에 대해 주의 깊게 생각하고 백분율이나 확률 형태로 예측하라고 다시 한번 조언하고 싶다. 이런 예측은 우리 예측 능력의 한계뿐만 아니라 우리 사고에 도사리고 있는 흠결을 드러낼 수도 있다. 복잡한 현상을 예측하면서 지나치게 확신하는 것은 이 예측이 해당 문제를 철저하게 고찰한 뒤에 나오지 않았거나 통계 모델에 대해 과적합의 오류를 범하고 있거나 진리에 다가서는 것보다 명성을 얻는 데 더 큰 관심이 있다는 징표일 수 있음을 명심해야 한다.

암스트롱이나 슈미츠는 기온 변화를 예측할 때 도망갈 구멍을 만들어 놓지는 않았다. 암스트롱은 이렇게 말했다.

"우리는 1850년부터 2007년까지를 대상으로 시뮬레이션을 했습니다. 그리고 100년 뒤를 내다보면 내가 이길 게 확실합니다."[101]

슈미츠도 기온이 계속 상승할 것이라고 예측하며 상대에게 유리한 배당률로 내기를 걸어도 좋다고 했다.

"앞으로의 10년이 최근 10년보다 기온이 높을 거라는 데 내가 1 당신이 100의 배당률로 내기를 하자고 해도 난 기꺼이 받아줄 수 있습니다."

통계적 예측 방법론을 동원해 이 논박을 해결할 수도 있다. 그렇게 보면 암스트롱이나 슈미츠 모두 잘못된 예측을 하고 있다. 10년 단위로 기온의 변화 추세를 측정한다면 1900년 이후로 온난화 추세가 약 75퍼센트 비율로 나타나고, 냉각화 추세가 약 25퍼센트 비율로 나타난다. 대기 중 이산화탄소 증가율이 상승해서 강력한 온실 신호가 등장함에 따라 기온이 제자리걸음을 하거나 뒷걸음질 치는 빈도는 점점 줄어들 것이다. 그럼에도 슈미츠가 호언한 것과 같은 1 대 100의 확률은 불가능하다. 이 방법론에 따르면, 이산화탄소 수치가 현재 수준처럼 해마다 약 2ppm씩 높아질 경우, 주어진 10년 동안 기온이 전혀 올라가지 않을 확률은 약 15퍼센트다.[102]

불확실성 추정이 필수인 또 한 가지 이유

불확실성은 예측의 본질적 요소로, 타협이 불가능하다. 불확실성에 대한 정직하고 정확한 표현은 때로 수많은 인명과 막대한 재산을 구할 수 있다. 스톡옵션을 거래하거나 NBA 경기에 돈을 걸 때도 가장 중요하게 작용한다.

그러나 불확실성을 조심스럽고도 명시적으로 계량화해야 하는 또 다른 이유가 있다. 과학적 진보에는 특히 베이즈 정리를 전제한다면 이것이 필수다.

자, 이런 가정을 해보자. 2001년에 당신은 산업활동에서 비롯되는 탄소 배출이 지속적으로 지구 기온을 높일 것이라는 가설에 대한 강력한 믿음이 있었다(나의 견해로는, 그 시점에 우리는 온실효과에 대해 충분히 잘 알고 있었고 이 가설을 지지하는 경험적 증거도 있었기 때문에 그런 믿음은 적절하다). 그래서 당신은 지구온난화 가설이 참일 가능성을 95퍼센트로 설정했다.

그런데 당신에게 새로운 증거가 나타났다. 지구 기온이 2001~2011년 10년 동안 올라가지 않았다는 증거다. 오르기는커녕 미미한 수준이긴 하지만 오히려 내려갔다. 베이즈 정리에 따르면, 새로운 증거가 나타난 이 시점에 당신은 지구온난화 가설에 대한 추정 확률치를 하향조정해야 한다. 그런데 문제는 과연 그 추정치를 얼마나 내릴 것인가 하는 점이다.

당신이 기온의 단기적 변화에서 불확실성 추정을 적절하게 한다면 하향조정 폭이 그다지 크지 않을 것이다. 앞서 본 대로 지구온난화 가설이 옳다 하더라도 어떤 10년 기간 동안 기후의 변동성 때문에 기온이 오르지 않을 확률은 약 15퍼센트이기 때문이다. 거꾸로 기온 변화가 순전히 무작위로 진행되며 예측할 수 없는 것이라면, 주어진 10년 기간에 기온이 내려갈 확률은 상승과 허락 들 중 하나이므로 50퍼센트다. 베이즈 정리를 통해 이런 것들을 종합하면, 당신은 지구온난화 가설이 옳을 확률을 95퍼센트에서 85퍼센트로 하향조정해야 한다(도표 12-12).

한편 만일 당신이 주어진 10년 기간에 기온이 상승하지 않을 가능성이 1퍼센트밖에 되지 않는다고 단언했다면 당신의 이론은 훨씬 더 고약한 상황에 놓인다. 당신은 지금 이것이 더 확정적인 검증이라고 주장하는 셈이기 때문이다. 그래서 베이즈 정리에 따르면, 이 경우에 지구온난화 가설이 옳을 확률은 28퍼센트로 떨어진다.

더 큰 확신으로 어떤 주장을 했는데 그것을 반박하는 증거가 나타난다면, 이런 반대 증거는 당신의 가설에 훨씬 강력하게 타격을 준다. 이렇게 되면 사람들이 당신의 예측에 등을 돌려도 당신은 그들을 비난할 수가 없다. 그들은 베이즈주의적 논리에 따라 정확한 추론을 하고 있

| 12-12 | 베이즈 정리 - 지구온난화 사례

사전확률		
지구의 기온이 상승할 확률의 초기 추정치	x	95%
새로운 사건 발생: 지난 10년 동안 실질적으로 기온이 상승하지 않았다		
지구온난화 가설이 옳은데 지난 10년 동안 기온이 상승하지 않았을 확률	y	15%
지구온난화 가설이 옳지 않은데 지난 10년 동안 기온이 상승하지 않았을 확률	z	50%
사후확률		
지난 10년 동안 기온이 오르지 않았다고 할 때 지구온난화 현상이 일어날 확률에 대한 수정된 추정치	$xy/\{xy+z(1-x)\}$	85%

으니까.

그렇다면 사람들이 확신을 갖고 주장을 하게 되는 동기는 뭘까? 특히 통계적 증거도 없는 상황에서 이렇게 하는 동기가 뭘까? 실제 현실에서는 온갖 이유가 있을 수 있다. 기후 관련 논쟁에서는 자신감이 넘쳐야 설득력 있는 거라는 심리가 작용할 수도 있다(실제로 설득력이 더 있을 수도 있지만, 그 가설이 옳을 때만 그렇다). 기후의 변칙적 패턴(지구온난화 외에 다른 것들까지 포함해서)을 모두 인간의 행동에 따른 것으로 여기는 것은 배당률이 매우 높은 도박을 하는 것과 마찬가지이고, 과학보다는 정치에 더 가까운 태도다. 온실효과의 결과로 기온 상승 외에 다른 기상 현상이 벌어진다는 주장에 대해서는 과학계에서 합의가 이루어지지 않은 상태다. 누군가가 눈이 내리는 것이 온실효과 이론에 반대되는 증거라고 주장한다면, 이 얼마나 우스꽝스러운 주장이겠는가.

"우리는 길거리 패싸움 중입니다"

기후학자들이 직면한 근본적 딜레마는 장기적 문제인 지구온난화에 대해 단기적 해결책이 필요하다는 점이다. 이산화탄소는 대기 중에 오랜 기간 머물기 때문에 지금 우리가 내리는 결정은 미래 세대의 삶에 영향을 끼친다.

완벽하게 합리적인 세상에서는 이런 일이 그다지 문제가 되지 않을 것이다. 그러나 우리의 정치적·문화적 제도는 (미국 의회가 2년에 한 빈번한 재선거를 치르거나 기업들이 분기마다 수익 목표치를 달성해야 하는 압력을 받을 때를 제외하면) 이들 문제를 제대로 처리할 만큼 잘 고안되어 있지 않다.

기후학자들은 정치적 논쟁에 깊이 참여하거나 다른 사람들이 이 과제를 늘 염두에 두도록 하는 등의 방식으로 과제에 대응해왔다.

펜실베이니아주립대학교 지구시스템과학센터소장 마이클 만Michael Mann은 한때 논쟁의 한가운데 섰던 인물이다. (영국기상청이 사용하는 기온 기록을 관리하는) 이스트앵글리아대학교 산하 기후연구소의 서버가 2009년 11월에 해킹을 당하면서 이른바 '기후게이트Climategate' 논란이 불거졌다. 논란은 기후온난화 회의론자들이 (만을 비롯한) 기후학자들이 이 연구소의 기온 기록을 조작했다고 주장하면서 시작되었다.[103]

하지만 기후하자들은 동료들로 구성된 패널 때문에라도 그런 행동을 일절 할 수 없으며,[104] 기후연구소의 기온 기록은 다른 연구소들의 기록과 일치한다.[105] 그러나 (이메일을 해킹당한) 만을 비롯한 기후학자들은 일반 대중이 기후과학을 어떻게 인식할지 무척 걱정스러워했다. 이런 와중에 나는 만에게 연락해서 만나자고 했고, 만은 자기 의견을 좀 더 많은 사람에게 밝힐 수 있겠다는 생각으로 내 제안을 받아들였다. 어느 서늘한 가을날 오후 펜실베이니아주립대학교에 있는 마이클 만의 연구실에서 그를 만나 두 시간쯤 대화를 나누었다.

만은 지구온난화에 대해 생각이 깊었다. 기후학자들 대부분이 그렇듯이 그도 기후변화의 이론적 메커니즘에는 거의 아무런 의심도 품지 않았다. 그러나 만은 기후 예측 모델이 내놓는 예측에는 회의적이었다.

"정직하게 기후과학을 평가하자면, 우리가 알고 있는 것만큼 알지 못하거나 불확실한 것도 많습니다. 내 생각으로는 우리가 여태껏 해온 대중적인 논의가 불행한 결과를 낳았습니다. 그리고 이 때문에 과학계에서는 이미 인정받는 것들에 대해서도 논의하느라 시간을 낭비하고 있습니다. 그 바람에 우리가 직면한 불확실성에 대해 좀 더 진지한 논의를 할 수 있는데도 그러지 못하고 있다는 게 안타까울 뿐입니다."

만은 슈미트와 함께 리얼클라이미트 블로그를 운영하고 있다. 그는 하트랜드연구소 같은 단체들을 상대로 참호전을 펼치는 중이다. 만은 자신이 《네이처》에 쓴 사설[106]을 언급하면서 이렇게 말했다.

"우리는 이들과 길거리 패싸움을 벌이고 있습니다."

길거리 싸움의 장기 목적은 대중과 정책입안자들에게 현재 기후변화에 대처하기 위한 행동이 얼마나 부족하며 또 긴급한지 이해시키는 데 있다. 그러나 자신감을 진실성이라고 착각하는 예측가들, 다시 말해 자기과신이 넘치는 예측가들만 줄곧 보아왔기 때문에 거기에 익숙한 대중에게 '불확실성'을 언급하는 것은 결코 승리를 보장해주는 전략이 아니다.

"문제는 불확실성과 관련한 우리의 말에 아무도 귀 기울이지 않는다는 사실입니다. 이런 이야기를 하지 않는다면 우리에게 주어진 책임을 내팽개치는 겁니다. 물론 우리 말고도 기꺼이 해답을 내놓는 사람은 많습니다. 하지만 그게 모두 잘못된 정보라는 사실을 알아야 합니다."

과학과 정치 사이에서

사실 길거리 패싸움은 리얼클라이미트와 같은 '합의주의자'의 웹사이트들과 '왓츠업위드댓Watts Up With That'[107] 같은 '회의론자들'의 조직 사이에서 벌어지고 있다. 이 싸움은 날마다 공방을 주고받는 식으로 펼쳐진다. 양측 모두 자기들의 주장을 옹호하며, 조금도 양보하려 들지 않는다. 양키스 팬은 영원히 양키스 팬이고 레드삭스 팬은 끝까지 레드삭스 팬이다.

하지만 이 두 진영이 대등하게 싸우고 있는 건 아니다. 기후변화를 둘러싼 과학적 논쟁에서 진리는 대부분 한쪽의 손을 들어준다. 온실효과는 존재하며 인간의 활동에 따른 이산화탄소 배출이 중요한 원인이라는 것은 거의 확실한 진리다. 지구 기온은 점점 높아질 가능성이 크고, 이것이 끼치는 영향은 불확실하지만 부정적일 가능성이 크다.[108]

그럼에도 길거리 패싸움을 벌이는 사람들은 몇 사람에게만 자기들의 주장을 전파하면 당면한 정치적 문제들을 해결할 수 있으리라는 생각으로 가득하다. 우리는 목적을 이루기까지 더 많은 시간을 들여야 할지도 모른다.

리처드 루드가 코펜하겐에서 193개 유엔 회원국이 합의에 이를 가능성이 거의 없다고 전망하며 이렇게 말했다.

"탄소를 아예 없애버리는 방법을 알아내야 한다는 결론을 내린 적도 있습니다."

지난 몇 년 동안 지구온난화에 대한 미국인의 확신은 점점 후퇴했다.[109] 설령 지구온난화의 심각성에 대해서는 100퍼센트 동의하더라도 탄소 배출 감축 계획은 주별로, 국가별로 천차만별이다. 워싱턴 주지사 크리스틴 그레고어Christine Gregoire는 이렇게 말한다.

"석탄을 생산하는 주에는 진보적인 우리 민주당 주지사들이 많습니다. 그런데 맙소사, 이분들도 탄소 배출 감축에 대해서는 몹시 고민합니다."

이 문제들을 어떻게 해결할지 나는 알지 못한다. 이런 상황은 기후 논쟁에만 국한된 게 아니다.[110] 과학과 정치 사이에는 본질적으로 거리가 있다. 이 둘 사이의 거리가 점점 더 벌어지는 것 같다는 게 내 생각이다.

과학에서 진보는 가능하다. 베이즈 정리를 따르면 과학적 진보는 필연적이다. 예측이 나오고, 가정에 대한 믿음이 검증을 받고 세련되게 다듬어질 테니 말이다(과학적 진보를 객관적으로 측정하기는 어렵다. 그러나 출원되는 기술 특허의 수는 거의 기하급수적으로 늘어나고 있으며, 10년 전에 비하면 두 배 수준이다).

과학적 진보를 향한 길이 언제나 직선은 아니다. 잘 다듬어진 이론 또는 많은 사람이 '합의'에 이른 이론조차도 나중에 잘못된 것으로 판명되기도 한다. 하지만 그래도 과학은 이런 과정을 통해 진리를 향해 나아간다. 이것이 바로 과학의 경향성이다.

하지만 정치에서는 다르다. 우리는 점점 더 합의에서 멀어져가는 듯하다. 미국 하원의 두 정당 사이에서 벌어지는 대립은 (적어도 최근 100년을 기준으로 보면) 최고 수준이다.[111] 민주당 의원이나 공화당 의원들 모두 중간지점에서 양극단으로 떨어져 있고, 특히 공화당 의원들이 중간지점에서 더 멀리 떨어져 있다.[112]

과학에서 '모든' 측정점이 정확하게 단일한 결론을 가리키는 일은 거의 없다. 현실 속 데이터는 소음으로 범벅되어 있다. 어떤 이론이 완벽하다 하더라도 그 이론의 신호가 발산하는 힘은 커지기도 하고 작아지기도 한다. 그리고 베이즈 정리 아래에서는 그 어떤 이론도 완벽하지 않다. 모든 이론이 그저 진행 중인 진보의 '과정'에 있을 뿐이다. 계속해서 검증을 받으며 다듬어져야 한다. 이것이 바로 과학적 회의론의 핵심이다.

그런데 정치에서는 상대방, 곧 적에 대한 인정사정없는 공격만 있을 뿐이다.[113] 특정 당파 사람들은 서로 본질적인 연관성이 거의 없는 다양한 경제적·사회적·외교적 정책 이슈들과 관련해서 일련의 확신을 갖고 있다. 이런저런 어림값이 타협안으로 제시된다 해도 민주당과 공화당의 입장은 조금도 달라지지 않는다.

이 논쟁은 앞으로도 수십 년 계속될 것이므로 기후학자들은 길거리 패싸움을 그만두고 과학에서 정치로 넘어가는 루비콘강을 건너지 않는 것이 현명한 처사일 것이다. 과학에서 '의심스러운 예측'은 언제나 논쟁의 수면 위로 떠오른다. 그래서 진리가 결국에는 우세해진다. 하지만 진리가 특권적 지위를 누릴 수 없는 정치 영역에서 진리는 그저 '추측'에 불과하다.

고장 난 정치제도는 미국의 미래를 어둡게 한다. 과학적·기술적 기량은 장밋빛 미래를 약속한다. 미국인에게는 발명의 재능과 창의성이 풍부하다. 미국에서 출원되는 특허는 말도 안 되게 많다.[114] 미국에는 세계 최고 수준의 대학교와 연구소가 즐비하다. 또 미국 기업들은 제약부터 정보기술에 이르는 다양한 분야에서 세계의 시장을 주도하고 있다. 내가 아이디어들의 건강한 토너먼트와 철창 속에서 치러지는 정치라는 격투기 가운데 하나를 골라야 한다면 어떤 것을 선택해야 할지는 빤하다. 특히 내가 올바른 예측을 하고 있다고 믿는다면 더더욱 그렇다.

13

테러

진주만 공습과 9·11 테러의 공통점

프랭클린 델러노 루스벨트Franklin Delano Roosevelt 대통령은 1941년 12월 7일이 앞으로 영원히 불명예로 기억될 것이라고 말했다. 미국은 한 세기 넘게 외국군의 공격을 받은 적이 없었다.[1] 진주만 공습은 그로부터 60년 뒤에 일어난 9·11테러만큼이나 미국인에게 큰 충격을 안겨주었다. 또한 지구 반대편에 있어서 모호한 대상이던 일본이라는 적을 구체적이며 실존적인 위협으로 바꾸어놓았다.

그런데 그전에 이미 진주만 공습을 암시하는 많은 신호가 있었다. 공격이 임박했다는 것도 암시했다. 미국과 일본의 외교관계는 1941년 11~12월에 급속히 악화되었다. 루스벨트는 일본의 영토 야욕을 저지할 목적으로 샌디에이고에 있던 태평양 함대를 하와이로 이동시켰다.[2] 이렇게 해서 하와이의 태평양 함대는 전쟁의 먹구름이 드리운 화약고가 되었다. 한편 일본 해군은 호출 신호를 계속 바꾸고 있었다. 일본이 점차 적대적으로 바뀌고 있다는 징표였다. 일본 군대와 전함이 중국과 동남아시아 해안에서 멀리까지 기동하는 일도 잦아졌다.[3]

무엇보다 불길한 신호는 침묵이었다. 당시에 미국의 정보 장교들은 일본이 외교전문을 암호화하는 데 사용하는 암호체계 퍼플PURPLE을 이미 깬 상태였고, 그래서 일본의 외교전문 가운데 약 97퍼센트를 해독할 수 있었다.[4] 하지만 일본군의 전신 내용을 파악하려는 시도는 그다지 성공적이지 못했다. 대신 발신·송신 위치는 파악할 수 있었다. 일본 항공모함 함대들에서 끊임없이 송신되는 전신으로 미루어 그들의 현재 위치를 알 수 있었다.

11월 중순부터 사정이 달라졌다. 일본 해군의 무선전송이 완전히 사라져버렸다. 미국은 일본의 항공모함 함대가 어디에 있는지 전혀 알지 못했다. 1940년대였으니 인공위성이 있을 리도 없었고, 이들의 위치를 포착할 수 있는 도구는 레이더뿐이었다. 레이더 기술은 초기 단계였다. 항공정찰은 가능했지만 태평양 구석구석을 모두 아우르기에는 비용이 너무 많이 들었다. 그래서 기지에서 300~400마일(480~640킬로미터) 안의 해역만을 대상으로, 그것도 불규칙적으로만 정찰이 이루어졌다.[5] 미국으로서는 무선전송이 최고의 감지 수단이었는데, 미식축구장 여섯 개를 합쳐놓은 엄청난 크기의 일본 항공모함 함대들이 감쪽같이 사라져버린 것이다.

당시 정보 분야의 많은 사람들은 이들 항공모함이 일본 가까이에 있으며 무선전송 말고 다른 방식으로 본국과 통신하는 것이라고 결론 내렸다.[6] 하지만 또 다른 가능성이 있었다. 일본 함대가 이미 태평양 깊숙

1941년 11월 26일 ~ 12월 23일(날짜와 시각은 도쿄 표준시 기준이다)

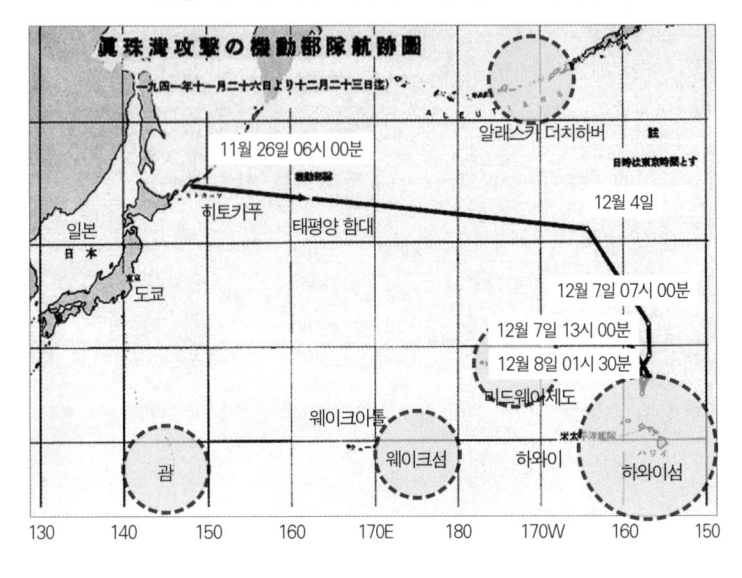

이 들어와 미국의 해군 시설을 향하고 있을 가능성이었다.[7]

일본 항공모함 기동부대는 하와이를 향해 직선으로 오고 있지 않았다. 상대편 수비의 빈 곳을 감지한 쿼터백처럼 미국 방위망의 맹점들을 통과하면서 은밀하게 기동 중이었다. 처음에는 동남동 방향으로 멀리까지 이동했고, 미드웨이제도와 알래스카 더치하버에 있는 미 해군 기지의 가운데 지점으로 정확하게 나아갔다. 그러다가 12월 4일, 서경 165도 지점에서 갑자기 방향을 45도 틀어 하와이로 향했다. 일본 항공모함 기동부대는 그로부터 사흘 뒤 아침에 하와이를 기습해 2,400명에 가까운 미국 군인을 죽이고 해군 전함 네 척을 침몰시킨다.

이튿날인 12월 8일 미국 의회는 470 대 1로 일본에 대한 선전포고와 2차 세계대전 참전을 의결한다.[8]

신호는 있었지만 무엇을 뜻하는지 몰랐다

2011년 9월 11일 아메리칸 에어라인 77편이 펜타곤 서쪽 청사로 돌진해 무고한 승객 59명과 국방부 직원 125명의 목숨을 앗아갔을 때, 도널드 럼즈펠드Donald Rumsfeld는 진주만 공습을 떠올렸다.[9] 진주만 공습이 일어난 1941년 12월 7일에 그는 여덟 살이었고, 자기가 응원하던 미식축구팀 시카고 베어스의 경기를 라디오로 듣고 있었다. 그런데 갑자기 중계방송이 중단되더니 하와이가 기습 공격을 받았다는 속보가 흘러나왔다.[10]

2012년 3월 럼즈펠드를 만났다. 장소는 워싱턴에 있는 그의 사무실이었다. 인터뷰가 성사될 수도 있고 그렇지 않을 수도 있다는 언질을 받았지만 다행히 그를 만날 수 있었다. 럼즈펠드는 키가 약 170센티미터인 데다 나이가 여든에 가까웠다. 신체적으로는 그다지 위압적이지 않았다. 그러나 럼즈펠드는 다른 모든 점에서 사람들을 압도했다. 그는 일리노이주 에번스턴에서 태어나 공립학교를 졸업한 뒤에 장학금을 받고 프린스턴대학교에 진학했고, 레슬링 동아리에 들어가 인상적인 활약을 펼쳤으며, 대통령의 권한에 대해 졸업논문을 쓴 뒤에 해군에 입대했고, 마침내 하원에 진출했다. 럼즈펠드의 사무실은 네 차례 공직을 거치며 받은 온갖 기념물과 그를 다룬 신문기사들로 빽빽했다. 그는 미국 역사상 유일하게 오랜 공백 기간을 두고 두 차례나 국방장관을 지낸 인물이다. 한 번은 1975년부터 1977년까지 제럴드 포드 대통령 정부에서, 또 한 번은 그로부터 거의 사반세기가 지난 뒤 조지 W. 부시 대통령 정부에서.

럼즈펠드는 기분이 좋아 보였다. 그는 그의 젊고 유능한 보좌관 키스 어번Keith Urbahn[11]에게 내가 쓰고 있는 책의 내용을 미리 알려주었는데, 럼즈펠드는 이를 자세히 꿰고 있었다. 나는 럼즈펠드가 진주만 공습에 관심이 많다는 걸 알고 있었고, 그는 나에게 로버타 월스테터 Roberta Wohlstetter가 1962년에 쓴 역작 《진주만, 경고와 판단Pearl Harbor: Warning and Decision》을 보여주었다. 일본의 공격이 미국 군대, 특히 정보 분야 장교들에게 놀라운 사건일 수밖에 없었던 수많은 이유를 조목조목 밝히는 책이다. 미국은 미리 대비를 하지 않은 것뿐만 아니라 자신의 무지조차 파악하지 못했다. 그 바람에 미국과 미국인은 매우 위태로운 상황을 맞았다. 인터뷰에서 럼즈펠드는 이렇게 말했다.

"사람들은 진주만에서 실제로는 일어나지도 않은 일에 대해서만 대비했지요. '파괴 공작'이 일어날 것으로 보고 거기에 대비를 했거든요. 하와이에는 일본인이 워낙 많이 살고 있었어요. 그래서 그들의 파괴 공작을 피해서 비행기들을 한곳에 모아놨습니다. 그 바람에 일본군 비행기의 폭격으로 입은 피해가 엄청났지요."

진주만 공습이 있기 전 미국 정부와 군 당국은 민간인을 가장한 파괴분자들이 미국의 비행기와 배를 대상으로 파괴 공작을 벌일 가능성이 가장 높다고 판단했다. 이런 우려는 하와이에 팽배해 있었다.[12] 하와이에 거주하는 일본인 8만 명이 군사기지뿐 아니라 라디오 방송국, 파인애플 농장, 낙농장을 불시에 공격할 것이라고 예측했다(비록 당시에는 '테러리즘terrorism'이라는 용어가 널리 사용되진 않았지만, 당시 정책입안자들이 걱정하던 종류의 위협은 오늘날의 테러리즘과 거의 비슷하다고 볼 수 있다). 그래서 어떤 신호든 파괴 공작의 맥락으로

(논리적이든 아니든) 해석했으며, 또 이런 관점을 합리화하려고 온갖 구실을 갖다 붙였다.[13] 미국은 비행기들을 한곳에 차곡차곡 쌓듯이 모아놓았고 배들도 가깝게 붙여놓았다. 여러 곳으로 분산시켜놓는 것보다 이렇게 하는 게 일본의 파괴 공작을 감시하기가 쉽다는 논리 때문이었다.

또한 미국은 일본이 군사 공격을 목적으로 기동한다면 그 목표는 러시아나 영국의 아시아 점령지일 거라 생각했다. 일본이 굳이 잠자는 거인인 자국을 건드릴 이유가 없다고 본 것이다. 일본이 '미국이 참전하는 건 기정사실이다'라고 판단한 걸 미국은 알지 못했다.[14] 또 미국이 전혀 준비되어 있지 않은 틈을 노려 일본이 미국을 공격하고자 하며, 그러면 미국 해군에 가장 큰 피해를 입힐 수 있다는 사실 또한 미국은 알지 못했다. 당시 일본 제국주의 정부는 영토 확장의 야욕을 포기할 마음이 없었다. 미국은 '일본의 눈'으로 상황을 파악하지 않았던 것이다.

나는 월스테터의 책을 접하기 전에 이 책의 제목을 '신호와 소음'로 정했지만, 그녀는 이 비유를 이미 50년 전에 했다(월스테터에게 신호란 '적의 의도에 관해 유용한 사실을 일러주는 정보의 한 조각'이다.[15] 그리고 소음이란 서로 경쟁하는 신호들이 만들어내는 소리다.[16] 나는 신호를 통계적이거나 예측적인 문제 뒤에 놓인 진리를 가리키는 암시로 정의하고, 소음은 신호라고 착각하게 하는 무작위 패턴으로 정의한다). 신호의 부재는 무언가 중요한 것을 뜻한다(예를 들어 일본 항공모함 함대에서 무선송신을 일절 하지 않는다는 것은 함대가 하와이를 향해 기동하고 있다는 뜻이다). 신호가 너무 많으면 진짜 의미를 파악하기가 무척 어려워진다. 이들 신호는 귀를 찢는 수음 속에서 서로를 지워버리려고 할 것이기 때문이다.

〈도표 13-2A〉와 〈도표 13-2B〉는 사인파sine wave로 알려진 극단적으로 단순하고 규칙적인 수학 함수와 관련이 있다. 〈도표 13-2A〉에서는 여러 신호 가운데 하나가 굵게 표시되어 있으며 다른 것들보다 훨씬 뚜렷하게 보인다. 사건이 발생하고 난 다음에, 또는 예측이 빗나가고 난 다음에 세상이 우리 눈에 보이는 모습이 바로 이렇다. 우리가 보는 '특정 신호'는 명백한 증거를 보여주는 문서일 수도 있고, 사건의 조짐

| 13-2A | 경쟁하는 신호들. 한 신호가 뚜렷하게 구별된다.

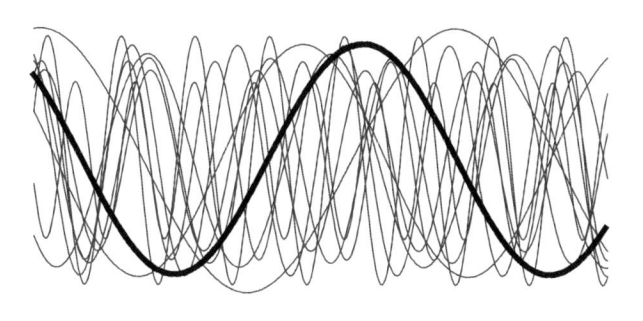

| 13-2B | 경쟁하는 신호들. 서로 구별이 되지 않는다.

일 수도 있고, 패턴일 수도 있다. 진주만 공습과 9·11 테러가 일어난 뒤에 일부 소수 미국인들은 둘 다 패턴이 너무도 뚜렷해서 정부가 두 사건이 일어날 것임을 미리 알고 있었으며, 따라서 미국 정부가 이 사건들의 계획이나 실행에 관여한 게 분명하다고 믿는다(음모이론은 신호 분석의 가장 게으른 형태다. 하버드대학교의 헨리 루이스 게이츠Henry Louis Gates의 말처럼, 음모이론은 '복잡성에 직면한 인간이 노동을 절약하려고 만들어낸 고안물'이다).

그러나 일반적으로는 사건이 일어나기 전에는 이런 패턴이 사람들 눈에 잘 띄지 않는다. 그래서 그 신호들은 〈도표 13-2B〉처럼 실타래가 엉킨 듯 보인다. 월스테터는 이에 대해 이렇게 썼다.

> 문제의 사건이 일어난 '다음에' 무관한 신호들 중에서 의미 있는 신호를 찾아내는 일은 훨씬 쉽다. 물론 사건이 일어나고 나면 신호 하나가 마치 수정처럼 훤하게 들여다보인다. 그 신호가 어떤 재앙에 관한 진실을 말하는지 우리는 알 수 있다. 그러나 사건이 일어나기 전에는 다르다. 신호는 모호하며 다른 가능성을 가리키는 온갖 의미로 가득하다. 그 신호는 '소음'으로 가득한 공기 속에, 다시 말해 특정 재난을 예측하는 데 쓸모도 없고 관계도 없는 모든 종류의 정보 속에 담긴 채 관찰자에게 온다.

이와 같은 경우에서 문제 되는 것은 신호를 포착하는 역량이 아니다. 우리가 일정 수준 이상의 역량이 있다고 가정한다면, 우리는 진주만 공습이나 9·11 테러가 일어나기 전에 수많은 신호를 감지했을 것이다. 유효한 신호는 파일 캐비닛이나 컴퓨터 데이터베이스 속 어딘가에 있을 것이다. 유효하지 않은 신호 역시 마찬가지다. 신호들이 울려퍼지는 방에서 타당한 신호를 골라내려면 우리에게는 신호를 '분석하는' 능력이 필요하다.

일반적으로 우리는 어떤 신호가 더 중요하며, 따라서 더 집중적 관찰이 필요할까에 대해 의견이 다양하다. 이는 어느 정도까지는 좋은 일이고 또 필요한 일이다. 지금까지 나는 특정한 맥락 없이 데이터를 검토할 때 제기될 수 있는 여러 문제를 자세하게 살폈다. 우리는 보통 유용한 예측을 하기보다는 이 패턴 저 패턴 사이에서 허탕만 친다.

그러나 우리가 제시하는 맥락이 편견에 물들었거나 자기충족적일 수도 있다. 키케로가 〈율리우스 카이사르〉에서 경고했듯이, "사람들은 자기 방식을 좇아서 사물 자체의 목적과는 동떨어지게 사물을 추론한다".[18] 우리는 자신의 관점을 강화하는 신호에 초점을 맞추거나 좀 더 낙관적인 결과를 좇는 경향이 있다. 또는 비행기 공습이 아니라 민간인이 파괴 공작을 감행할 가능성이 높다고 예측한 것처럼 관료적 관점에 들어맞는 신호들에 아무런 생각 없이 초점을 맞추기도 한다.

'낯선 것'과 '있을 법하지 않은 것'

럼즈펠드가 홀스테터의 책에서 특히 좋아하는 부분은 서문이다. 노벨 경제학상 수상자 토머스 셸링Thomas Schelling이 쓴 글인데, 그는 존 내시 John Nash의 초기 게임이론을 국가안보라는 맥락 속에서 재해석했다. 셸링은 '낯선 것'을 '있을 법하지 않은 것'으로 착각하는 인간의 성향에 대해 이렇게 썼다.

우리는 낯선 것과 있을 법하지 않은 것을 혼동하는 경향이 있다. 우리가
진지하게 생각해오지 않은 우연한 사건은 기이하게 보인다. 우리는 기이
하게 보이는 것을 있을 법하지 않은 것으로 생각하고, 따라서 있을 법하
지 않을 것을 굳이 진지하게 살필 필요성을 느끼지 않는다.

미국은 먼로독트린Monroe Doctrine(제5대 대통령 제임스 먼로가 1823년에
주창한 고립주의 외교방침. 미국에 대한 유럽의 간섭이나 재식민지화를 허용
하지 않는 대신 미국 또한 유럽에 간섭하지 않겠다는 내용이다 - 옮긴이) 이
후 다른 나라들과 비교적 우호관계를 맺어왔고, 유럽·아시아 대륙과
는 지정학적으로 떨어져 있었다. 그래서 지금까지 미국이 다른 나라의
공격 대상이 된 적은 많지 않았다. 하지만 9·11 같은 예외는 있었고,
쿠바 미사일 위기처럼 하마터면 공격을 받을 뻔한 경우도 몇 차례 있
었다. 그런데 미국인은 이런 일들에 예외적이리만치 예민하다. 진주만
공습 이전에 있었던 미국 영토에 대한 공격은 1812년 미영전쟁[19]이 마
지막이었다. 미국인은 유럽인이나 아시아인이 겪은 종류의 전쟁을 경
험한 적이 없다.

하와이는 태평양 한가운데에 있다(하와이는 1959년에야 주로 승격
했다). 하와이의 주도 호놀룰루에서는 워싱턴보다 도쿄가 더 가깝다.
이러한 지정학적 위치와 태평양 함대의 존재 때문에 하와이는 일본으
로선 확실한 타격 목표였다. 그러나 미국인은 자국 영토에 대한 공격
이 낯설다는 이유로 그 위협을 별것 아닌 것으로 치부했다.

어쩌면 미국인은 다음과 같이 논리적 추론을 했을지도 모른다.

1. 미국이 공격을 받는 경우는 거의 없다.
2. 하와이는 미국 영토의 한 부분이다.
3. 그러므로 하와이가 공격을 받을 가능성은 거의 없다.

하지만 이 논리에는 상당한 오류가 포함되어 있다. 1장에서도 설명했듯 표본을 가지고서 추론을 할 때 우리의 예측은 자주 빗나간다. 미국이 공격을 받은 경우가 거의 없다는 사실은 깨지지 않는 철의 법칙이 아니라 경험적 관찰일 뿐이다. 하와이가 태평양 한가운데 있다는 지정학적 사실과 전쟁 상황의 불안한 정세를 감안한다면, 이를테면 네브래스카가 외국군의 공격을 받은 적이 한 번도 없다는 사실은 하와이의 상황을 평가하는 데 실질적으로 비중이 있는 근거가 되지 못한다.

하지만 이런 결함 있는 사고 유형에도 최소한 어떤 '생각'이 포함되어 있었을 것이다. 만약 우리가 사고 과정이라는 걸 거쳤더라면, 우리의 가정이 얼마나 느슨한지 알아차렸을 수도 있었을 것이다. 셸링은 바로 이 지점에서 우리 문제가 오히려 더 심각하다고 말한다. 어떤 가능성이 우리에게 낯설 때 우리는 거기에 대해 생각조차 하지 않으려든다는 말이다. 생각은커녕 오히려 눈을 감고 마음을 닫아버린다. 의학계에서는 이런 증상을 질병인식불능증anosognosia이라 부른다.[20] 환자는 소리를 듣고도 그 소리가 무슨 의미인지 알지 못하거나 사물을 보고도 그것이 무엇인지 알지 못한다. 알츠하이머병 환자 가운데도 이러한 증상을 보이는 사람들이 있다.

예측에서도 이와 같은 증상이 나타난다. 이럴 때 우리가 택할 수 있는 최선의 방법은 본능을 거슬러서 우리가 알지 못하는 것을 인정하고 받아들이는 것이다.

9·11테러는 '알려진 미지'였을까?

알려진 앎known knowns이 있다. 우리가 안다는 사실을 아는 것이다. 알려진 미지known unknowns가 있다. 현재 우리가 모른다는 것을 아는 것이다. 또한 알려지지 않은 미지unknwon unknowns가 있다. 우리가 모른다는 사실조차 알지 못하는 것이다. 그리고 해마다 우리가 더 많은 것을 모른다는 사실이 밝혀지고 있다.

— 도널드 럼즈펠드[21]

2002년 한 기자회견장에서 기자가 이라크에 대량살상무기가 존재하는지 묻자 럼즈펠드는 그 유명한 '알려지지 않은 미지' 발언을 했다. 이 발언은 셸링의 우려('낯선 것'을 '있을 법하지 않은 것'으로 착각하는 상황)와 일맥상통한다. 우리가 자신에게 질문하고 이에 대해 정확한 답변을 할 수 있다면, 이는 알려진 앎이다. 정확한 대답을 할 수 없다면, 이는 알려지지 않은 앎이다. 알려지지 않은 미지는 우선 우리가 질문조차 할 수 없는 것이다. 럼즈펠드는 2011년 회고록《알려진 것과 알려지지 않은 것: 회고록Known and Unknown: A Memoir》에서 이렇게 썼다.
"그것(알려지지 않은 미지)은 우리의 지식에 내재하는 간극이다. 그러나 그 간극이 존재하는지조차 우리는 알지 못한다."[22]

사람들은 '알려지지 않은 미지' 개념을 때로 잘못 이해한다. 상당히 전문적인 (그러나 예측하기 어려운) 위협을 언급하면서, 이 용어를 다음과 같은 방식으로 쓰는 경우가 종종 있다.

나이지리아는 머지않은 미래에 위기를 일으킬 가능성이 높다. 이는, 미국 과 세계의 안보에 가장 중대한 의미를 담고 있는, **알려지지 않은 미지**다(강 조는 원저자).[23]

나이지리아의 테러 위협에 대한 이 예언은 상당한 선견지명을 담고 있었다(앞의 글은 2006년에 쓰였는데, 3년 뒤에 나이지리아의 우마르 파루크 압둘무탈라브Umar Farouk Abdulmutallab가 속옷 속에 폭발물을 숨기고 암스테르담에서 디트로이트로행 비행기에 탑승해 이 비행기를 폭파하려다가 체포되었다). 하지만 이 글은 의미론적 오류를 범하고 있다. 당신이 위험하거나 예측할 수 없는 요소를 댈 때마다 당신은 '알려진' 미지를 말하는 것이다.

지금까지 우리가 살펴봤듯이 '예측할 수 있는 것'과 '예측할 수 없는 것' 중 어느 하나에 명백하게 속하는 것은 드물다. 100퍼센트 확실하게 예측할 수 없다고 해서 예측이 불가능한 건 아니다. 조잡한 추정, 상대적으로 부정확한 예측, 어림짐작 등은 모두 가능하다. 당신이 그 문제에 대해 고민한다면 어떤 식으로든 판단하고 예측할 수 있다. 이를테면 '나이지리아의 테러 위협이 얼마나 되는지' 정확하게 알지 못하더라도 최소한 '룩셈부르크의 테러 위협보다는 클 것'이라는 예측은 가능하다는 말이다.

그런데 우리가 지식이 불완전하다는 점 때문에 예측을 아예 하지 않는다면 오히려 문제가 발생한다. '알려지지 않은 미지'는 우리가 '생각조차 해보지 않은' 사태다. 우리는 여기에 정신적 저항감을 가지거나, 아니면 경험이 부족해서 쉽게 상상하지 못한다. 그렇기에 우리는 그런 사건은 세상에 존재하지도 않는 것처럼 생각한다.

우리가 테러리스트들로부터 받는 신호를 평가할 때 이런 점은 특히 중대한 위험을 제기한다. 진주만 공습과 마찬가지로 9·11 테러 이전에도 이 사건을 암시하는 신호는 많았다. 이를테면 다음과 같은 것들이다.

- 비행기가 무기로 사용될 가능성에 대한 경고가 적어도 10건은 있었다.[24] 예컨대 1994년에 알제리 테러리스트들은 제트비행기를 납치해 에펠탑으로 돌진하겠다고 위협했고, 1998년에는 알카에다와 관련이 있는 한 집단이 폭발물을 실은 비행기로 세계무역센터를 들이받으려고 했다.

- 세계무역센터는 이전에도 테러리스트들의 표적이 된 적이 있다. 1993년에 람지 유세프Ramzi Yousef가 공모자들과 함께 폭탄 테러를 자행해 여섯 명이 사망했는데, 이들은 세계무역센터를 폭파하려고 했다.[25]

- 알카에다는 지극히 위험하고 창의적인 테러 조직으로 알려져 있다. 1990년에 케냐와 탄자니아의 미국 대사관에 폭탄 테러를 자행해 224명을 살해했고, 2000년에는 예멘에서 미 해군 구축함을 공격한 전력이 있는 대규모 공격을 감행하는 조직이었다.[26]

- 미국 국무장관 콘돌리자 라이스Condoleezza Rice는 2001년 7월에 알 카에다의 위협이 고조되고 있으며, 테러의 목표가 미국 바깥이 아닌 미국 영토 안에 있다는 내용의 경고를 받았다.[27] CIA 국장 조지 테 닛George Tenet은 이렇게 말했다. "육감입니다만, 뭔가 다가오고 있는 것 같습니다. 이번에는 엄청나게 큰 놈으로 보입니다."[28]

- 2001년 8월 16일에 자카리아스 무사위Zacarias Moussaoui라는 이슬람 근본주의자가 체포되었다.[29] 9·11테러 직전이었다. 무사위는 고작 50시간 남짓 비행 훈련을 받고 단독 비행 경험이 전혀 없음에도 보 잉 747기의 시뮬레이션 훈련을 받으려 했다. 비행기 조종사 면허증 을 따기에도 턱없이 부족한 경험으로 대형 민간항공기 조종술을 배 우겠다는 그의 행동은 몹시 수상쩍었다.[30]

일이 터지고 난 다음에 이런 신호들을 찾아내기는 쉽다. 하지만 사 건이 일어나기 전에 유용한 정보를 찾아내려면, 대부분이 전혀 쓸모가 없으면서 수만 수십만 건에 이르는 잠재적 경고들을 철저하게 검토해 야 한다.[31]

9·11테러의 음모는 아주 거대했다. 테러리스트들은 거침없이 이를 실행했다. 열아홉 명의 테러리스트들은 항공 보안체계를 뚫고 비행기 를 네 대 납치하는 데 성공했고, 이 가운데 세 대가 정확하게 목표물을 타격했다. 유나이티드 93편만이 실패했는데, 다른 비행기들이 어떻게 되었는지 알게 된 탑승객들이 테러리스트들과 용감하게 싸운 결과였 다(예정보다 41분 늦은 오전 8시 42분에 뉴어크공항을 이륙한 유나이 티드 93편은 두 번째로 납치된 비행기가 세계무역센터의 남쪽 빌딩을

들이박은 바로 그 시각에 고도를 잃고 추락했고, 납치범을 포함한 승객과 승무원 44명 전원이 사망했다). 미국인들은 음모를 포착하지 못했을 뿐만 아니라, 이런 일이 실제로 일어나리라고 상상조차 하지 못했다.

〈9·11 진상조사위원회 보고서9/11 Commission Report〉는 이들 신호의 중요성을 인식하지 못한 네 가지 시스템의 실패가 있었다고 정리했다. 정책의 실패, 역량의 실패, 관리의 실패가 있었고, 가장 중요한 상상력의 실패가 있었다.[32, 33] 테러를 예고하는 신호들은 테러리스트들의 행동양식에 대한 '낯익은 가설'과 맞지 않았고, 그래서 주목받지 못했다.

아닌 게 아니라 북미항공우주방위사령부(1958년 창설된 미국과 캐나다의 공동 방공기구 - 옮긴이)는 납치된 항공기가 펜타곤에 돌진하는 시뮬레이션을 제안한 적이 있는데, '너무 비현실적'이라는 이유로 기각되었다.[34] 심사기관은 설령 그런 일이 벌어진다 해도 미국 공항이 아니라 외국 공항에서 이륙한 비행기가 납치될 것이라고 판단했다(역설적이게도 이는 진주만 공습 당시의 실수와 정반대였다. 당시 관계자들은 하와이에 거주하는 일본인들이 파괴 공작을 벌일 것이라는 예측에 집착한 나머지 바다 건너에서 공격이 시작될 가능성은 아예 무시했다).

자살 테러의 가능성 또한 상상하기 어려웠다. 미국 연방항공국 정책은 비행기 납치가 일어난다면 협상은 교착 상태에 빠지고 비행기는 중동의 어느 비행장에 일단 착륙할 것이라는 시나리오를 전제로 하고 있었다. 테러리스트들은 비행기를 폭파하거나 승객을 죽이길 원하지 않고, 다만 협상을 자기들에게 유리하게 이끌기 위한 도구로만 삼을 거라고 가정했다는 말이다. 그래서 조종석 출입문의 잠금장치를 더 철저하게 강화하도록 지시하지 않았으며, 어떤 때는 승무원들이 이 문을 완전히 열어놓은 상태로 비행기를 운항하기도 했다.[35]

하지만 자살 테러는 역사가 깊다.[36] 우선 2차 세계대전 당시 일본군 조종사들의 가미카제 전술을 예로 들 수 있다.[37] 게다가 그 이후에도 자살 테러는 빈번했고, 심지어 계속 늘어났다. 테러 관련 데이터베이스에 따르면 (예멘에서 있었던 미 해군 이지스 구축함 콜USS Cole에 대한 폭탄 테러를 포함해서) 2000년에만 자살 테러가 이미 39건 있었다. 1980년대 동안 31건이었던 것에 비하면 엄청나게 늘어난 수치다.[38]

그러나 미국인들은 2차 세계대전은 이미 지나간 과거이고, 자살 테러는 중동이나 제3세계 국가에서만 일어난다고 여겼다. 대니얼 카너먼이 이른바 '가용성 휴리스틱availability heuristic(가용성 단순추론)'이라 부른 심리적 지름길mental shortcut[39]이 미국의 정보 담당자들의 판단을 흐려놓았다. 가용성 휴리스틱이란 자기가 경험했거나 들은 정보를 중심으로 판단하는 것으로, 사람들은 보통 시간적으로나 공간적으로 자기

| 13-3 | 연도별 자살 테러의 발생 건수(1979~2000년)

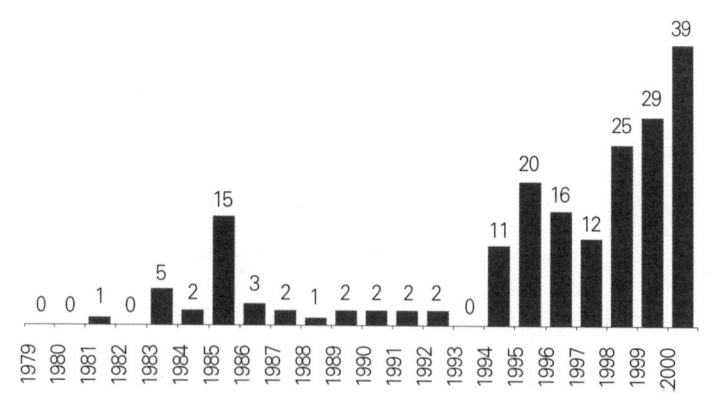

에게 좀 더 가까운 일이 일어날 가능성을 그렇지 않은 일이 일어날 가능성보다 높게 평가하는 경향이 있다. 럼즈펠드는 이렇게 말했다.

"우리는 모두가 죽음을 두려워할 거라고 생각하지만 행복한 미소를 띠면서 죽을 수 있는 사람들이 있다면, 또는 그런 죽음이 특권이라고 느끼는 사람들이 있다면, 그들은 우리가 상상도 하지 못하는 방식으로 행동할 수 있겠죠. 바로 테러리스트들이 그랬습니다."

엄청난 대규모 공격

9·11테러는 가능성이 없다고 기각된 가설이었고 애초에 '진지하게 고려하지 못한' 너무도 낯선 가설이었다. 럼즈펠드는 회고록에서 9·11 테러를 '알려지지 않은 미지'의 사건이라고 썼다.[40] 럼즈펠드는 나에게 이렇게 말했다.

"지금은 아마도 낯설지 않은 일이라고 말할 겁니다. 하지만 사건이 있고 난 뒤에 하는 말이죠. 일이 터지고 나서 돌이켜보니까 그렇다는 겁니다."

럼즈펠드의 보좌관 어번이 거들고 나섰다.

"테닛은 자신의 책에서 9·11테러의 등급이 여타의 테러와 차원이 다르다고 지적했는데, 과연 그렇습니다. 9·11은 엄청나게 큰 공격이었습니다."

9·11테러는 2,977명의 목숨을 앗아갔다. 지금까지 자행된 테러와는 차원이 달랐다. 심지어 테닛이나 국가안전보장회의의 리처드 클라

크Richard Clarke처럼 알카에다의 움직임을 누구보다도 유심히 지켜보는 사람들마저 계획의 규모를 제대로 파악하지 못했다. 실례로 클라크는 콘돌리자 라이스에게 미국인 수백 명이 살해된다면 어떤 일이 일어날 지 상상해보라고 간청한 적이 있다.[41] 클라크도 나름대로 강조한다고 한 게 수천 명 단위가 아닌 겨우 수백 명이었다.

9·11 테러 이전 서방 국가가 겪은 가장 큰 테러는 1985년에 일어났다. 극단주의 시크교도들이 델리를 떠나 몬트리올로 향하던 에어인디아 항공기에 폭탄을 숨겨서 비행기를 공중 폭파했고, 탑승자 329명 (9·11 테러 희생자의 약 10분의 1) 전원이 사망했다. 미국에서 자행된 가장 규모가 큰 테러는 1995년 제대 군인 티머시 맥베이Timothy McVeigh 가 오클라호마시티 연방청사를 폭파해 168명이 사망한 사건이다(서방 국가만이 아니라 세계의 모든 국가로 대상을 확대하면, 가장 많은 사망자를 낸 테러는 1978년 이란의 시네마렉스 극장 방화 사건으로 422명이 사망했다).

하지만 9·11은 이런 사건들과 전혀 무관한 별개의 것이 결코 아니었다. 비록 그날 일어난 일들의 특이한 점들은 사전에 감지되지 않았지만(또 감지하기가 매우 어려웠겠지만), 9·11 테러와 같은 규모의 공격이 언제든 일어날 수 있다고 보았어야 마땅했다. 그렇게 생각할 수 있는 상당한 근거가 있었기 때문이다.

테러의 수학: 멱법칙 분포

테러를 추상적이고 수학적인 차원에서 생각한다는 게 꺼림칙하고 불편할 수도 있다. 그러나 분명히 밝히지만 이는 어디까지나 보완하는 작업이다. 이런 방식으로 접근하면 우리 사고 속 맹점들을 보완할 수 있고, 전체 위험 수준을 더 잘 예측할 수 있다.

2008년에 나는 어떤 회의에 초청을 받았다. 워싱턴에 본부를 둔 외교정책 연구소인 전략국제문제연구소가 마련한 회의였다. 하지만 시기가 정치적으로 더할 나위 없이 고약했다. 2008년 대통령 선거를 고작 2주 앞두고 있었기 때문이다. 하지만 회의의 주제가 국가안보라는 말을 들었고, 그 자리에 참석하는 게 내 책임을 다하는 일이라 판단하고 초청에 응했다.

각계의 다양한 전문가들이 회의에 참석했다. 주최 측은 일종의 집단 브레인스토밍을 통해 테러를 예측하거나 예방하는 일에 창의적 통찰력이 나올 수 있기를 기대한다고 했다. 자리에는 나 말고도 코카콜라의 마케팅 책임자, 뉴욕경찰서 형사, 짝짓기 웹사이트 이하모니eHarmony의 알고리즘을 만든 사람이 참석했다(물론 국방부와 군대 또는 방위산업체에 소속된 대對테러 전문가도 많이 참석했다).

나는 야구와 정치에서 어떻게 미래를 예측했는지 짧게 프레젠테이션했다. 사람들은 호의적이고 정중하게 발표를 들었다. 그러고는 질의응답이 이어졌다.

"정말 멋지군요. 그런데 테러 대책에는 그걸 어떻게 적용할 수 있을까요?"

"저도 준비를 하고 있습니다만, 아직 제대로 된 건 없습니다."

솔직히 내가 그 자리에서 제시한 방법론들은 국가안보 분석 작업에는 그다지 유용한 게 아니었다. 야구와 정치는 데이터가 풍부한 분야다. 야구 경기는 해마다 수천 건이나 진행된다. 선거 역시 (야구 경기보다는 덜하지만) 자주 치러진다. 대통령 선거 때마다 수백 건에 이르는 여론조사 결과가 발표된다. 이 모든 데이터는 공개되고 누구나 공짜로 또는 저렴하게 이용할 수 있다.

하지만 테러 분야는 그렇지 않다. 우리가 가장 염려하는 9·11 같은 테러는 지극히 드물게 일어난다. 게다가 테러리스트는 자기들이 어떤 의도가 있으며 어떤 계획을 준비하는지 숨긴다. 특히 알카에다가 이런 것들에 철저하다고 알려져 있다. 테러와 관련해서는 진주만 공습 직전처럼 신호가 일절 없는 상황이 신호가 있는 상황보다 훨씬 더 걱정스럽다. CIA가 테러리스트가 사용하는 것으로 의심되는 인터넷 채팅 사이트를 들여다보고 있다고 치자. 특별한 움직임이 없을 때에는 채팅 사이트가 상대적으로 느슨한 분위기일 것이다. 그러나 테러를 구체적으로 계획하기 시작하면 갑자기 사이트에서 대화가 사라진다. 이들은 CIA가 접근할 수 없는 오프라인에서 의사소통할 것이기 때문이다.

테러를 예측할 마법의 해결책은 없을 것 같다. 그러나 엉켜 있는 실타래를 하나씩 자세하게 살피고 분석할 필요가 있다. 회의에서 만난 어떤 전문가는 "테러 음모를 포착하기란 건초더미에서 바늘을 찾아내기보다 훨씬 어려운 일이다. 건초더미만큼 쌓인 바늘 무더기에서 특정한 바늘 하나를 찾아내야 한다"라고 말했다.

몇몇 문제는 한걸음 뒤로 물러나 거시적 관점으로 살피면 패턴이 좀 더 명확하게 드러난다. 테러에 대해서도 바깥에서 전체를 바라보는 방식으로 수학적 특성을 통찰하는 방법이 유용하다.

물리학과 컴퓨터과학을 전공한 콜로라도대학교 애런 클로젯Aaron Clauset 교수는 고래의 진화[42]부터 롤플레잉 게임의 네트워크 역학[43]까지 온갖 것의 수학적 특성을 연구했다. 클로젯이 자기가 발견한 독특한 방법론을 제시하면 관련 분야의 전문가들은 한편으로는 격려하면서도 한편으로는 저항했다. 클로젯은 나에게 이렇게 말했다.

"어떤 사람들은 참신하다고 말합니다. 하지만 소수만이 그렇고 대부분은 '거 참 특이하네요. 수학을 동원한다고요?'라는 반응이죠."

클로젯의 통찰은 실제로는 아주 단순하다. 그는 '테러의 수학'이 우리가 앞에서 다룬 '지진의 수학'과 비슷하다는 점을 발견했다.

당신이 (지진이 빈번한) 캘리포니아에 살고 있다고 해보자. 당신은 지난 20년 동안 진도 4의 지진은 무수히 경험했고, 진도 5의 지진을 1년에 몇 차례씩 경험했으며, 진도 6의 지진도 몇 차례 겪었다. 그런데 살고 있는 집이 진도 6의 지진은 견디지만 진도 7의 지진은 견디지 못한다고 치자. 그렇다면 과연 아무 걱정 없이 편안한 마음으로 그 집에서 살 수 있을까?

물론 아니다. 지진의 규모를 설명해주는 멱법칙 분포에 따르면, 진도 5나 진도 6의 지진이 발생한다는 사실은 그보다 더 큰 규모의 지진도 얼마든지 일어날 수 있음을 말해주는 신호다. 대형 지진은 반드시 오게 되어 있다. 당신은 이런 지진에 대비해야만 한다.

테러도 마찬가지다. 로커비 사건Lockerbie bombing(런던의 히스로공항을 출발해 뉴욕으로 향하던 보잉 747기가 스코틀랜드 로커비 상공에서 공중 폭발해서 270명이 숨졌다)이나 오클라호마시티 연방청사 폭파 사건은 진도 7의 지진에 해당된다. 이런 사건은 그 자체로도 엄청나지만 더한 사건, 그러니까 진도 8의 지진에 해당하는 9·11테러 같은 사건이 얼마든지 일어날 수 있음을 의미한다. 요컨대 9·11테러는 '결코 일어날 수 없는 뜻밖의 사건'이 아니다.

테러를 정의하고 측정하다

테러에 대해 더 자세히 살펴보기 전에 먼저 테러가 무엇인지 정확하게 정의할 필요가 있다. 테러를 정의하기란 매우 까다롭다. 블라디미르 레닌Vladimir Lenin은 "테러의 목적은 공포를 조장하는 데 있다"[44]라고 말했다. 이 발언에는 깊은 통찰이 담겨 있다. 테러리스트들은 최대한 많은 사람을 죽이는 게 목적이 아니다. 이들은 공포를 극대화해서 대중을 조종하려 한다. 파괴와 살인은 이 목적을 이루기 위한 '수단'일 뿐이다. 럼즈펠드는 이렇게 말했다.

"살인 자체는 테러의 목적이 아닙니다."

전 세계에서 다양한 형태의 폭력이 벌어지고 있다. 그리고 학계에서는 테러를 정확하게 정의하기 위해 노력해왔다. 널리 이용되는 테러 관련 한 데이터베이스가 정의하는 테러의 요건은 다음과 같다. 행동이 의도적이어야 하고, 이 행동은 실질적이거나 위협적인 폭력을 수반해야 하며, '비정부 차원의 조직', 곧 정부가 아닌 단체에 의해 자행되어야 한다. 그리고 반드시 정치적·경제적·사회적 또는 종교적 목표가 있어야 한다. 또한 테러 자체의 희생자뿐 아니라 다른 사람들에게 공포를 조장할 목적의 위협이나 위력의 요소가 반드시 포함되어야 한다.[45]

이 기준을 대부분 충족하는 테러는 비교적 최근 들어 시작되었다. 캘리포니아대학교 버클리캠퍼스의 정치학자 데이비드 C. 래퍼포트 David C. Rapoport 교수는 이 유형의 테러가 처음 시작된 기점을 이란혁명이 일어난 1979년으로 잡는다.[46] 그는 이란혁명을 종교적 극단주의, 특히 이슬람 집단의 극단주의와 연관시킨다. 테러의 증가는 서방 국가와 서방의 이익에 저항하는 공격의 수치가 가파르게 상승한 것과 연관이 있다. 1979~2000년 북대서양조약기구NATO 회원국을 대상으로 한 테러는 거의 세 배 증가했다.

하지만 그 사건들 대부분에서는 사망자가 거의 없었다. 이란혁명부터 9·11 테러 이전까지(2001년 9월 10일까지) 북대서양조약기구 회원국을 대상으로 한 테러는 사전에 적발된 것까지 포함해서 4천 건이 넘는다. 그런데 테러에 따른 사망자 가운데 절반 이상이 일곱 건의 테러에서 발생했다. 상위 세 개 테러(에어 인디아 참사, 로커비 사건, 오클라호마시티 사건) 사망자는 그 기간 테러 사망자 합계의 40퍼센트가 넘는다.

이런 유형의 패턴은 멱법칙 분포의 특징을 보인다. 지진의 규모별 분포가 멱법칙 분포와 일치함은 앞서도 설명했다. 클로젯의 통찰은, 테러가 이처럼 멱법칙 분포의 법칙을 따른다는 것이었다.

X축을 테러로 인한 사망자 수, Y축을 테러의 발생 빈도로 해서 그래프를 그리면 〈도표 13-4〉가 나온다. 얼핏 봐서는 이 그래프가 그다지 유용할 것 같지 않다. 하지만 여기서 멱법칙 분포의 특성을 뚜렷하게

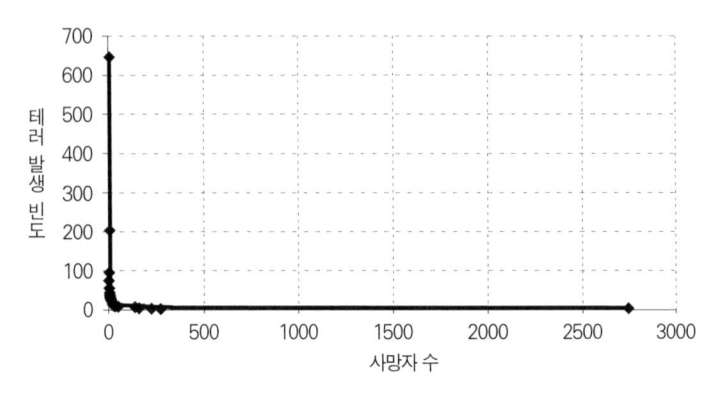

| 13-4 | 북대서양조약기구 회원국을 대상으로 한 테러로 인한
시망자 수와 테러 발생 빈도(1979~2009년), 선형 스케일

관찰할 수 있다. 사망자 수가 줄어들수록 빈도는 한층 잦아진다. 경사가 워낙 가팔라서 의미 있는 신호가 아닌 듯 보인다. 사망자가 많은 사건은 아주 적고 사망자가 적은 사건은 아주 많으며, 중간 경우는 거의 없는 듯 보인다. 이렇게 놓고 보면 9·11테러는 그야말로 돌출적인 사선처럼 여겨진다.

그런데 이 데이터도 지진의 사례와 마찬가지로 로그 스케일(더 구체적으로 말하면, 〈도표 13-5〉처럼 X축과 Y축 모두 로그 스케일인 이중로그 스케일)로 변환하면 이해하기가 훨씬 쉬워진다. 사실 이 변환에서 내가 한 일이라곤 보기 쉽게 만든 것 말고는 아무것도 없다. 데이터에 내재하는 정보는 동일하다는 말이다. 하지만 무질서하고 무작위적으로 보이던 것이 이제는 뚜렷한 질서를 갖춘 모습으로, 다시 말해 어떤 패턴이 있는 것으로 나타난다. 이중로그 스케일로 변환할 경우 테러의 빈도와 사망자 수의 관계는 직선에 가깝게[47] 드러난다. 사실 데이터를 이중로그 스케일로 대입할 때 관계의 패턴이 직선으로 나타난

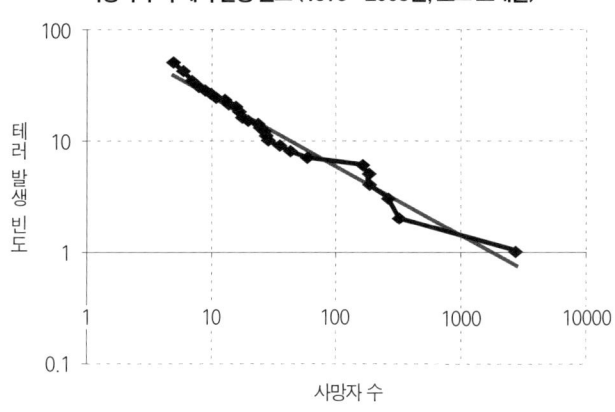

| 13-5 | 북대서양조약기구 회원국을 대상으로 한 테러로 인한
사망자 수와 테러 발생 빈도 (1979~2009년, 로그 스케일)

다는 것은 멱법칙 분포의 기본 특성이다.

멱법칙 분포는 미래에 발생할 위험에 대한 예측과 관련해 몇 가지 중요한 특성을 보인다. 이는 '최근 있었던 재앙보다 훨씬 참혹한 재앙'이 비록 자주 나타나지는 않는다 할지라도 얼마든지 일어날 수 있음을 암시한다. 예를 들어 (반드시 미국만이 아니라) 북대서양조약기구 회원국은 통틀어서 1979~2009년의 31년 동안 최소 100명이 사망하는 테러를 약 여섯 차례 받을 것으로 예측한다(이 예측은 실제 수치와 매우 비슷한데, 그 기간 그러한 테러는 실제로 일곱 차례 일어났다). 또 1천 명이 사망하는 테러는 22년마다 한 번씩 일어난다고 예측하며, 약 3천 명이 사망하는 9·11테러와 같은 규모의 테러[48]는 약 40년마다 한 번씩 일어난다고 예측한다.

통계로 역사를 설명하는 일은 그다지 대단한 게 아니다. 확실히 그 어떠한 통계 모델이라도 이미 벌어진 일은 논리에 맞게 수용할 수 있다. 하지만 사건 '이전'이라면 다르다. 클로젯의 모델은 9·11테러가 벌어지기 전에도 이 사건을 예측할 수 있었을까?

9·11 테러가 일어났기 때문에 유사한 사건이 일어날 확률이 높아진 건 분명하다. 최근에 매우 강력한 지진이 많이 일어났다면, 대형 지진이 일어날 가능성이 더 높아지는 것과 동일한 이치다.[49] 그렇지만 이와 별개로 9·11 테러가 일어나기 전이라 하더라도 멱법칙 분포는 9·11 테러가 일어날 확률이 분명히 있다고 결론 내렸을 것이다. 만일 멱법칙 분포를 9·11 테러 이전에 수집된 데이터(현대적인 테러가 처음 시작된 1979년부터 2001년 9월 10일까지 수집된 모든 데이터)에 적용할 경우, 9·11 테러와 같은 규모의 테러는 북대서양조약기구 회원국이라면 어디에서나 80년마다 한 번씩은 일어날 것이라는 결론이 나온다. 거칠게 말하면 북대서양조약기구 회원국 사람이라면 누구라도 생애에 한 번은 그런 일을 경험한다는 뜻이다.[50]

하지만 이 방법론은 테러가 언제 어디에서 일어날지는 말해주지 않

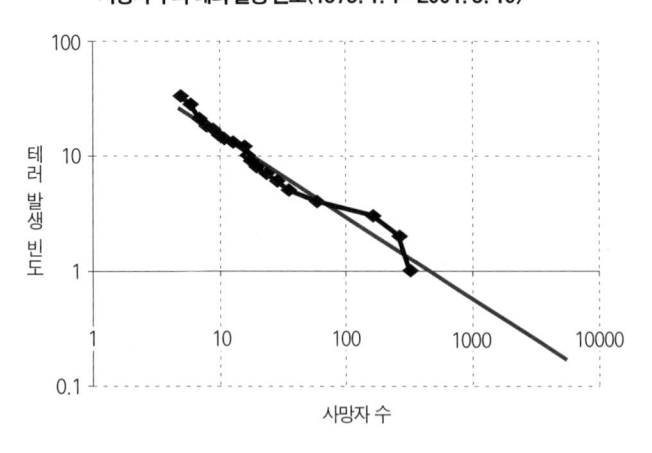

| 13-6 | 북대서양조약기구 회원국을 대상으로 한 테러로 인한
사망자 수와 테러 발생 빈도(1979. 1. 1~2001. 9. 10)

는다. 캘리포니아에서 지진이 발생하는 빈도와 같은, 그저 장기적 경향을 보여줄 뿐이다. 그러나 테러는 지진과 다르게 사전에 예방할 수 있다. 이 점이 가장 중요하다.

이 같은 데이터가 암시하는 교훈은 대규모 테러를 '상상하지 못하는' 일로 여겨서는 안 된다는 것이다. 멱법칙 분포는 과거보다 훨씬 규모가 큰 테러가 얼마든지 일어날 수 있음을 증명한다. 이런 대규모 공격을 우리가 낯설어한다는 점을 특히 경계해야 한다. 낯섦 때문에 허술한 대비책이 나올 수 있기 때문이다.

진도 9짜리 테러

9·11테러가 진도 8의 지진에 해당한다면 진도 9의 엄청난 테러가 일어날 가능성은 얼마나 될까? 클로젯의 방법론을 따르면, 사망자를 수십만 또는 수백만 명 낼 테러도 얼마든지 일어날 수 있다. 이러한 공격의 메커니즘이 어떤 것일지는 충분히 알 수 있다. 대량살상무기, 특히 핵무기가 존재하기 때문이다.

기본적으로 우리는 핵전쟁 경험이 많지 않다. 2차 세계대전이 끝날 무렵인 1945년에 일본 나가사키와 히로시마에 투하된 원자폭탄으로 약 20만 명이 사망했다.[51] 위력이 동일한 폭탄이 뉴욕의 특정한 지점에서 폭발할 경우 약 25만 명이 사망할 것이라고 추정한 논문도 있다.[52] 하지만 핵 기술은 지속적으로 발전해왔다. 좀 더 현대적이며 따라서 좀 더 위력이 강한 원자폭탄이 맨해튼 상공에서 터지면 뉴욕 시민 100

만 명이 사망하고[53] 수천억 달러 가치의 부동산이 날아갈 것이다. 뉴욕, 워싱턴, 시카고, 로스앤젤레스가 동시에 공격을 받는다면 오사마 빈 라덴Osama bin Laden이 공언했던 것처럼 약 400만 명이 사망할 것이다.[54]

이 같은 추정은 최악의 시나리오에 따른 것이다. 9·11보다 수백 배나 규모가 큰 공격이 실제로 일어날 가능성에 대해서는 세계의 안보 관계자들 사이에서 격렬한 논쟁이 벌어지고 있다.

비관적 전망도 많이 있는데, 하버드대학교의 정치학자 그레이엄 앨리슨Graham Allison이 내놓은 것이 그중 하나다. 앨리슨은 레이건 정부와 클린턴 정부에서 일했으며, 쿠바 미사일 위기를 주제로 한 그의 책과 논문들은 다른 학자들로부터 수천 번 인용되었다.[55] 그런 만큼 앨리슨의 말은 무게감이 있다.

앨리슨은 2004년에 출간한 책에서 섬뜩한 결론을 내놓았다.

"테러리스트의 핵무기 공격이 10년 안에 십중팔구 미국에서 일어날 것이다."[56]

앨리슨은 이 예측에 "현재와 같은 상황이 바뀌지 않고 지속된다면"이라는 단서를 달았다. 그가 말한 현재와 같은 상황이란 위험한 테러리스트들이 준동하고, 핵물질이 전 세계 곳곳에 위험하게 노출되어 있고, 미국의 정책입안자들이 이 문제를 소홀히 여기는 상황을 뜻한다.

9·11이 일어난 지 20년 가까이 지났다. 2010년에도 앨리슨은 위협이 점점 가까이 다가오고 있음을 느낀다고 말했다. 그냥 해보는 소리가 아니었다. 타임스스퀘어 광장[57]에서 한 블록 떨어진 뉴욕타임스의 내 사무실 책상에서 앨리슨에게 전화를 했는데, 앨리슨은 자기라면 타

임스퀘어 광장 주변에 있는 게 조금은 께름칙할 것이고, 거기에서 편안한 마음으로 일하지는 못할 것이라고 말했다.

앨리슨의 확률 추정은 통계 모델에서 나오는 게 아니다. '내가 기꺼이 내기를 걸 수 있는 근거(이는 기본적으로 베이즈주의적 사전확률 개념임을 유의하기 바란다)'에서 나온다. 위험의 정도를 왜 그렇게 높게 평가하는지 묻자 앨리슨은 이렇게 대답했다.

"그건 동기, 수단, 기회라는 셜록 홈스의 도구를 사용한 결과입니다."

테러리스트의 '동기'는 어렵지 않게 간파할 수 있다. 오사마 빈 라덴은 미국인 400만 명을 죽이고 싶다고 말했다. 이렇게 많은 사람을 죽일 수 있는 방법은 핵공격뿐이다. 알카에다의 범행 수법은 (앨리슨의 표현을 빌리자면) '스펙터클'하다. 자주 감행하진 않지만 한번 했다 하면 무고한 시민을 대량으로 살상한다. CIA도 9·11 테러 이전에 알카에다가 '미국판 히로시마'에 대해 잡담을 나누는 걸 감청했다.[58]

'기회'라는 말을 앨리슨은 테러리스트가 무기를 미국으로 반입할 수 있는 능력이라는 뜻으로 사용한다. 그는 이런 일이 얼마든지 일어날 수 있다고 믿었다.

"범죄자들이 미국의 여러 도시로 어떻게 발을 들여놓습니까?"

미국에는 항구가 3,700개 넘게 있으며 해마다 600만 개의 컨테이너가 들어온다. 하지만 세관원은 이 화물 가운데 겨우 2퍼센트만 검사한다.[59]

"만일 세관원이 조금이라도 의심하는 눈치면 무기를 마리화나 꾸러미 속에 감추어버리면 됩니다."

너무 쉽게 반입되는 마리화나에 감추면 어떤 무기라도 미국으로 들여올 수 있지 않겠느냐는 말이었다.

그래서 앨리슨은 대규모 테러 예방을 위해서는 '수단'에 가장 초점을 맞추어야 한다고 했다. 수단이란 테러리스트가 핵무기를 손에 넣을 능력을 일컫는다. 9·11의 핵무기 버전이 나타날 위험을 줄이고자 한다면 이 수단을 제어하는 일이야말로 가장 가능성 높은 방법이다.

전문가들은 전 세계에 핵탄두가 2만 개 있다고 믿는다.[60] 물론 1980년대의 6만 5천 개에 비하면 많이 줄어든 것이다. 이론적으로만 보자면 핵무기의 위협은 현재 핵무기를 보유한 아홉 개 국가 어디에서든 실제 현실로 나타날 수 있다. 그런데 미국조차도 지금까지 핵탄두를 열한 개 잃어버렸다.[61] 그뿐만 아니다. 핵무기를 가지고 있지 않은 나라들도 핵무기를 개발하려 노력하고 있다. 앨리슨은 현재 가장 위험한 국가가 러시아와 파키스탄이라고 했다.

앨리슨은 핵무기의 위험이 상당히 줄었다고 했다. 부분적으로는 샘 넌Sam Nunn과 리처드 루가Richard Lugar 같은 상원의원이 지지한 프로그램(1991년 민주당의 이 두 의원이 주도한 법안으로, 러시아·우크라이나·카자흐스탄 등 옛 소련 국가들이 보유한 핵무기·핵물질·핵기술 폐기·해체 지원과 관련 종사자 재교육 등을 골자로 하는 '협력적 위협 감축 프로그램CTR'을 말한다 – 옮긴이)들이 성공한 덕분이고, 과거 소련으로 묶였던 나라들에서는 러시아를 제외하고는 핵무기의 위협이 더는 존재하지 않는다는 이유에서다. 러시아에서도 1985년에 3만 개나 되던 핵무기가 지금은 1만 1천 개로 줄어들었다.

반면에 파키스탄에서의 위협은 꾸준하게 커져서 지금은 아주 놀라운 수준이 되었다. 앨리슨은 이렇게 말했다.

"대량살상무기와 테러의 지도를 그린다면 모든 길은 파키스탄에서 교차할 겁니다."

비록 파키스탄이 표면적으로는 미국의 동맹국이긴 하지만, 아무리 너그럽게 보아도 파키스탄은 테러에 관해선 문젯거리다. 파키스탄은 9·11 이후 미국과 손잡는 걸 꺼렸다. 파키스탄 대통령은 미국이 폭탄의 힘을 빌려 "파키스탄을 석기시대로 되돌려놓으려 한다"고 주장했다.[62] 오사마 빈 라덴도 사살되기 전까지 파키스탄의 아보타바드에서 무려 6년 동안이나 거주했다.[63] 파키스탄은 핵무기를 약 100개 가지고 있으며 현재 핵 시설과 핵무기 수송체계를 빠른 속도로 건설하고 있다.[64] 파키스탄은《이코노미스트》가 선정한 정치불안정지수Political Instability Index 순위에서 세계 7위에 올라 있다.[65] 이 순위는 최근 들어 매우 빠르게 높아졌는데, 그만큼 쿠데타나 혁명이 일어날 위험이 크다는 뜻이다. 이 같은 정치적 격변을 통해 등장할 파키스탄의 새로운 체제는 미국을 공개적으로 적대시할 수도 있다. 다시 말해 파키스탄은 테러리스트가 핵무기를 손에 넣는 데 필요한 모든 조건을 갖추고 있는 셈이다.

파키스탄의 상황이 점차 악화되고 다른 여러 나라에서 제기되는 위협 또한 여전해서 앨리슨은 우리가 아직도 2004년에 살고 있는 것 같다고 했다. 그는 현재의 상황이 바뀌지 않는 한 10년 안에 미국이 핵무기 공격을 받을 가능성이 절반 이상이라고 생각한다.

물론 앨리슨의 견해를 비판하는 사람들도 있다. 마이클 레비Michael Levi도 그중 한 사람이다. 뉴욕에 있는 미국 외교협회(미국의 외교정책 및 국제정치 문제를 연구하는 비영리 기관 - 옮긴이) 사무실에서 그를 만났다. 레비는 애런 클로젯과 마찬가지로 경력이 특이했다. 프린스턴대학교에서 이론물리학을 공부했으며, 핵무기를 사용하려는 테러리스트를 다룬(물론 주인공 잭 바우어가 이 음모를 저지한다) 텔레비전 드라마 〈24〉에 자문자로 참여하기도 했다.

레비는 테러의 위험이 어느 정도는 있다고 생각한다.

"내가 여기에 와서 맨 처음 한 것 중 하나가 그랜드센트럴역을 중심으로 해서 여러 크기의 원을 그려보는 일이었습니다. 10킬로톤 규모의 폭탄이 터지면 과연 내가 사는 아파트는 무사할지 알아보려고요(킬로톤kiloton은 핵폭탄의 위력을 나타낼 때 쓰는 단위로, 1킬로톤은 티엔티 화약 1,000톤의 폭발력에 해당한다 - 옮긴이)."

그럼에도 레비는 앨리슨의 추정이 지나치게 과장되었다고 생각하며 몇 가지 전제에 의문을 제기한다.

우선 레비는 앨리슨이 테러리스트의 동기를 지나치게 당연한 것으로 받아들인다고 생각했다. 그는 알카에다가 맨해튼을 통째로 날려버릴 야망이 없지는 않다고 말한다. 하지만 집단이든 개인이든, 거창하긴 하지만 실행할 생각은 전혀 없어 보이는 포부가 얼마든지 있을 수 있는데, 그건 스스로 그 목적을 이룰 능력이 없다고 판단하기 때문이다. 레비의 견해에 따르면, 테러 단체들은 자신들의 음모가 '성공할 가능성'을 크게 중요하게 여긴다. 테러 시도가 실패한다면 자기 조직이 노출되고 미국을 비롯한 여러 국가로부터 원치 않는 관심을 받게 될 것이며, 실제 공격에 실패했다가는 기존 조직원과 잠재적인 신입 조직원들이 조직에 갖는 믿음까지 흔들릴 것이기 때문이다. 테러 조직은 근본적으로 약하고 불안정하다. 마치 새로 생긴 음식점들처럼, 이 조직들의 90퍼센트는 개업하고 1년 안에 폐업한다.[66] 이들이 신규 조직원을 영입하기 위해 내놓는 메시지는 주로 우리는 '악의 무리'에 짓밟힌 정의를 되돌려놓을 힘이 있다는 것이다.[67] 알카에다는 9·11테러 등 숱한 테러를 감행하면서 상당히 높은 테러 성공률을 기록해왔다. 바로 이런 점 때문에 이 조직이 오래 유지된다고 설명할 수도 있다. 어떤 조직이 능력이 없다는 의심을 받게 되면, 이 조직에 가입하려던 잠재적 조직원은 다른 조직을 찾아나설 것이고, 결국 그 조직은 와해되고 말 것이다.

핵무기 공격은 쉽지 않다. 9·11테러만 해도 무려 5년 동안 준비해왔다. 음모가 복잡할수록 더 많은 참가자의 협력이 필요하며, 이들 참가자가 조직에서 이탈하거나 보안 당국에 적발될 위험도 그만큼 더 늘어난다. 또한 핵무기를 다루려면 민간 항공기를 조종하는 것과는 비교도되지 않는 전문적인 기술과 지식이 필요하다. 하지만 핵물리학자는 전세계를 다 합쳐도 얼마 되지 않는다. 그러니 이 가운데서 테러리스트에게 충성을 맹세할 과학자의 수는 극소수일 수밖에 없다.[68] 레비는 이렇게 말했다.

"어떤 테러리스트 조직이 대학에서 공학을 전공한 졸업생을 포섭해 핵무기팀의 지휘를 맡긴다고 칩시다. 거기에서 얼마나 대단한 게 나올 수 있겠습니까?"

마지막으로 테러리스트의 목적은 되도록 많은 사망자를 내는 게 아니라 공포를 조장해 사람들의 행동을 자기네가 원하는 방향으로 바꾸는 데 있다. 물론 핵무기 공격은 믿을 수 없을 정도로 끔찍하다. 하지만 아무리 많은 사망자를 낼 수 있다 하더라도 성공 가능성이 낮다면 그 방법은 테러 본연의 목적을 달성하는 데 가장 효과적인 수단은 아니다.

국가안보 전문가, 예컨대 럼즈펠드와 같은 사람들은 생물무기를 동원한 테러를 더 염려한다. 생물무기는 핵무기에 비하면 전문성이 훨씬 적게 필요하다. 게다가 우리에게 한층 낯선 유형의 공포다. 천연두 바이러스처럼 전염성이 있는 생물무기가 주는 공포는 오랫동안 지속되고 학교와 가게는 문을 닫고, 병원은 격리되며, 국가와 국가 또는 주와 주 사이의 경계선은 폐쇄될 것이다. 9·11 직후 며칠 동안 뉴욕 시민들이 보여준 질서정연한 모습은 결코 찾아볼 수 없을 것이다. 럼즈펠드는 이렇게 말했다.

"생물무기는 다릅니다. 결코 마음을 놓을 수 없는 것이죠. 사람들은 핵무기의 가공할 위력을 압니다. 하지만 전염이 될 수도 있고 세대에서 세대로 유전되며 유전자까지 변형할 수 있는 생물무기에 대한 공포는 핵무기나 화학무기 공포와는 질적으로 다릅니다."

생물무기 공격에 따른 사망자 수는 측정하기도 어렵다. 7장에서 살펴보았듯 전염병의 결과를 예측하는 일은 이 질병이 실제로 발생하기 전까지는 아주 어렵다. 최악의 시나리오를 상정한 시뮬레이션 결과는 상상을 초월할 정도로 끔찍하다. 2001년 '어두운 겨울Dark Winter'이라는 이름의 시뮬레이션이 진행되었는데, 테러리스트들이 생물무기를 오클라호마시티, 필라델피아, 애틀랜타의 상점가에 동시에 터뜨릴 경우 미국인 300만 명이 천연두에 걸리고 100만 명이 사망하는 것으로 나타났다.[69]

테러에 관해 '크게 생각하기'

클로젯의 방법론으로는 진도 9의 지진에 해당하는 테러가 어떤 수단 또는 어떤 방식으로 나타날지 전혀 알 수 없다. 다만 그런 공격이 가능하다는 것만 알 수 있을 뿐이다. 예컨대 1979~2009년의 테러 희생자 수로 판단하면, 클로젯의 예측 모델 같은 멱법칙 분포 모델에서는 향후 10년 안에 북대서양조약기구 회원국에서 최소 1만 명의 사망자를 내는 공격이 일어날 가능성이 약 10퍼센트로 나온다. 10만 명과 100만 명이 넘는 사망자를 내는 공격이 일어날 가능성은 각각 3퍼센트와 0.6퍼센트다.

이런 추정에는 조심스럽게 접근할 필요가 있다. 여전히 상당한 수준의 불확실성, 특히 대규모 사건이 일어날 잠재적 가능성에 불확실성이 존재하며, 기본 전제가 조금만 달라져도 결과에 차이가 나기 때문이다. 그러나 테러와 지진을 비교하면 도움을 받을 수 있는 점이 한 가지 더 있다.

'구텐베르크-리히터 법칙'은 장기적으로 볼 때 지진의 빈도는 지진의 규모가 1등급씩 커짐에 따라 10분의 1로 줄어든다고 설명한다. 그러나 지진에서 방출되는 에너지는 등급함수여서 기하급수적으로 커진다. 지진 등급이 1씩 올라갈 때마다 지진의 에너지 방출량은 약 32배씩 증가한다. 진도 6의 지진은 진도 5의 지진의 약 32배나 되는 지진 에너지를 방출하고, 진도 7의 지진은 진도 5의 지진의 약 1,000배나 되는 지진 에너지를 방출한다.

지진에서 방출되는 힘은 지진 빈도의 감소율보다 훨씬 가파르게 증가한다. 진도 7의 지진 한 번에 진도 6의 지진이 열 번꼴로 일어난다고 할 때, 진도 7의 진동은 진도 6의 지진 열 번이 일으키는 진동의 합보다 훨씬 큰 피해[70]를 유발한다. 실제로 전체 지진에서 방출되는 에너지의 대부분이 몇 개 안 되는 지진에서 비롯한다. 1906~2005년의 100년 동안을 놓고 보더라도 단 세 개 지진(1960년 칠레 지진, 1964년 알래스카 지진, 2004년 수마트라 대지진)이 이 기간 전 세계에서 일어난 모든 지진이 방출한 에너지 총합의 절반에 해당하는 에너지를 방출했다. 그래서 지진학자와 재난 대책 관계자들은 대규모 지진에 초점을 맞춘다. 상대적으로 규모가 작은 지진도 특정한 장소와 시간에 일어나면 막대한 피해를 입힐 수 있지만(2010년에 아이티에서 일어난 진도 7의 지진이 그랬다), 우리가 주로 걱정해야 하는 건 규모가 큰 지진이다. 이런 지진이 매우 드물게 나타난다 할지라도 말이다.

자, 다시 테러를 놓고 생각해보자. 9·11테러라는 하나의 테러에서, 1979~2009년의 30년 넘는 동안 북대서양조약기구 회원국에서 일어난 모든 테러의 사망자보다 더 많은 사망자(테러리스트를 제외하고도 2,977명)가 나왔다(도표 13-7). 핵무기 또는 생물무기를 동원한 테러가 단 한 차례라도 벌어질 경우 사망자는 9·11테러의 총 사망자와는 비교도 되지 않을 정도로 엄청날 것이다.

이런 테러는 (일어날 가능성이 매우 낮다고 하더라도) 전체 위험의 많은 부분을 차지한다. 멱법칙 분포는 100만 명을 살해할 수 있는 사건, 이를테면 타임스스퀘어 광장에서 원자폭탄이 터지는 사건이 일어날 가능성은 1년에 약 1,600분의 1밖에 되지 않는다고 추정한다. 그러나 1,600년에 한 번씩 100만 명이 죽는다면 1년에 625명씩 죽는 꼴인

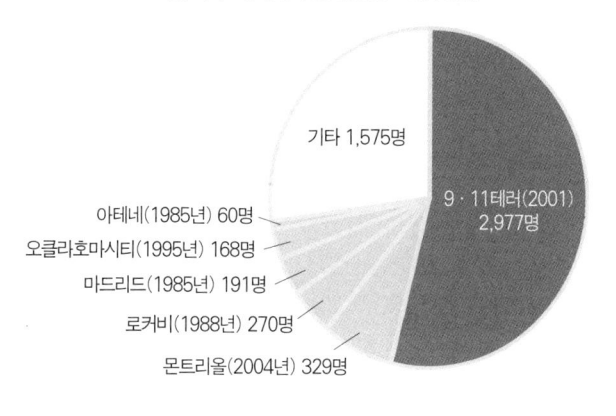

| 13-7 | 북대서양조약기구 회원국을 대상으로 한 테러 공격의
사망자 수 내역과 구성 (1979~2009년)

기타 1,575명

9·11테러(2001)
2,977명

아테네(1985년) 60명
오클라호마시티(1995년) 168명
마드리드(1985년) 191명
로커비(1988년) 270명
몬트리올(2004년) 329명

데, 이 사망자 수는 1979년 이후 북대서양조약기구 회원국에서 테러
로 생긴 연평균 사망자 180명보다 훨씬 많다. 테러 문제에 관한 한 우
리는 대규모 사건이 일어날 확률과 그 확률을 조금이라도 낮출 방안을
놓고 크게 생각할 필요가 있다. 대규모 공격을 가리키는 신호에 초점
을 맞추어서 여기에 전략적 우선순위를 할당해야 한다는 말이다.

대규모 공격의 위협에 초점을 맞추어야 한다는 수학적 차원의 주장
은 국가안보 현장에서 실제로 뛰고 있는 사람들이 날마다 겪는 절박함
과 충돌을 일으킨다. 1982년 범죄학자 제임스 윌슨James Q. Wilson과 조
지 켈링George L. Kelling은 '깨진 유리창broken window'이라는 범죄 예방 이
론을 내놓았다.[71] 폭력이나 약물에 취해 저지르는 경범죄 같은 작은 규
모의 범죄를 예방하면[72] 전체적으로 치안이 확보되고 규모가 큰 범죄
를 예방할 수 있다는 이론이다. 이 이론이 실제로 맞는지에 대해서는
의견이 분분하다.[73, 74]

하지만 로스앤젤레스경찰서부터 뉴욕경찰서에 이르기까지 모두 이

이론을 적극적으로 받아들였다. 경찰의 부담을 덜 수 있고 달성 가능성이 훨씬 높은 목표를 설정할 수 있었기 때문이다. 자동차 도둑을 잡거나 살인사건을 예방하기보다는 마리화나를 피우는 중고등학생을 잡아들이는 게 훨씬 쉬운 건 당연하다. 모든 사람이 더 깨끗하고 더 안전한 동네에서 살기를 원한다. 그러나 깨진 유리창 이론이 과연 효과가 있는지는 명확하지 않다.

마찬가지로 상용비행commercial flight에 필요한 늘 있는 성가신 조치들은 그저 전시용일 뿐이다. 정보 보안 전문가 브루스 슈나이어Bruce Schneier는 실제로 테러를 저지할 목적보다는 전시나 과시의 효과를 노리는 보안 조치를 가리켜 '전시용 보안security theater'[75]이라 부른다. 그렇다고 공항 보안에 신경을 쓰는 게 완전히 비합리적이지만은 않다. 비행기는 과거에 수없이 많은 테러의 표적이었으며, 테러는 과거 사례를 모방하는 경향이 있기 때문이다.[76] 한편 테러와 아무 상관이 없는 비행기 추락 사고로 인한 사망자는 2000년대의 10년 동안 미국의 민간 항공 노선에서 승객 2,500만 명 가운데 한 명꼴밖에 되지 않는다.[77] 1년에 20번이나 비행기를 탄다고 해도 이 미국인이 추락 사고로 사망할 확률은 벼락을 맞을 확률의 약 두 배다.

왜 쇼핑몰은 공격하지 않을까

그런데 이 같은 보안 노력은 대부분 멍청한 테러리스트들의 공격을 사전에 방지하려는 것을 목표로 한다. 아닌 게 아니라 속옷에 폭탄을 숨긴 채 비행기 탑승을 시도하는 테러리스트를 적발하는 사례가 분명 있다. 그러나 명석한 테러리스트라면 보안 조치들을 물거품으로 만들어버릴 것이다. 아니면 버스나 기차처럼 상대적으로 쉽게 사람을 죽일 수 있는 곳으로 눈을 돌릴지도 모른다. 사실 검색대를 통과하지 않아도 되는, 다수가 운집하는 공간은 얼마든지 있다. 테러리스트들은 이미 이러한 사실을 알고 있다. 실제로 2011년에 모스크바의 도모데도보 국제공항의 입국장에서 자살 폭탄 테러로 35명이 사망했다.[78]

이렇게 보면 운송체계와 아무 관련이 없는 표적 공간이 무한하게 널려 있다. 쇼핑몰도 그런 공간이다. 그런데 테러리스트들은 왜 쇼핑몰을 노리지 않을까?

테러리스트들이 많지 않기 때문에 그처럼 많은 테러가 일어날 수 없다는 점을 그 이유 중 하나로 들 수 있다. 테러리스트 수를 정확하게 센다는 게 불가능에 가깝긴 하지만, 알카에다의 조직원은 가장 많을 때라고 해봐야 500명에서 1천 명 사이[79]다. 게다가 이는 조직이 기본적으로 수행해야 하는 업무, 그러니까 비전투 업무를 수행하는 사람과 단순 추종자들까지 모두 포함한 수치다(예컨대 알카에다의 서버가 다운되었을 때 재부팅을 하는 누군가가 있어야 하는데, 이 일만 맡아서 하는 사람도 알카에다의 조직원으로 계산된다는 말이다). 반정부 조직들의 사회적 네트워크를 연구하고 있는 카네기멜론대학교의 캐슬린 칼리Kathleen Carley 교수는 나에게 우리가 극단주의 조직이라 생각하는 집단에도 '진짜 위험한 인물'은 1퍼센트밖에 되지 않을 거라고 말했다. 몸에 폭탄을 숨기고 군중 속으로 들어가 자살 테러를 실행하는 것보다 빈 라덴의 정보통신 컨설턴트로서 전 세계를 대상으로 지하드를 조장하는 편이 훨씬 더 쉽기 때문이다.

그럼에도 '어째서 테러리스트들은 쇼핑몰을 공격 대상으로 삼지 않을까?' 하는 질문을 하고 그 해답을 찾을 때는 매우 신중해야 한다. 낯선 것과 있을 법하지 않은 것을 또다시 혼동할 수 있기 때문이다. 테러리스트들이 쇼핑몰을 공격 대상으로 삼지 않는 이유를 궁금해한다면 이스라엘 사람들은 실소를 터뜨릴지도 모른다. 이스라엘에서는 그런 일이 비일비재하니 말이다.

테러 예방을 위한 이스라엘의 전략

클로젯의 멱법칙 분포 가설에 대한 여러 비판 가운데 하나는, 테러는 지진과 달리 인간의 개입을 통해 저지될 수 있다는 주장이다.

클로젯의 연구는 멱법칙 분포가 테러 집단과 테러 대책 팀 사이에 경쟁이 치열하게 벌어짐에도 불구하고 존재하는 게 아니고 바로 그 경쟁 '때문에' 존재한다고 주장한다. 그래프상의 측정점들이 보여주는 패턴은 개별 국가가 취하는 제각기 다른 대테러 전략에 의해 형성된다. 테러리스트와 사회 사이에는 일종의 균형이 있을 수 있다. 자유와 보안 사이의 어느 지점에 놓여 있는 균형이며, 균형의 무게중심은 시간과 장소에 따라 다양하게 달라질 수 있다.[80] 자유로운 사회에서 살고자 한다면 우리는 원하든 원하지 않든 간에 언제나 테러에서 비롯되는 특정량의 위험을 받아들여야 한다. 럼즈펠드는 다음과 같이 표현했다.

"위험은 밀물처럼 밀려오기도 하고 썰물처럼 빠져나가기도 합니다.

어쩌면 우리는 테러에 가장 취약한지도 모릅니다. 하지만 우리는 자유로운 시민입니다. 그게 우리의 본성이죠. 우리는 아무런 두려움 없이 아침에 일어나고 집을 나서서 일하길 원합니다. 아이들을 학교에 보내면서 누가 폭탄을 터뜨려 아이 목숨을 앗아가지는 않을까 불안해하길 원하지 않지요. 우리가 자유로운 시민으로서 살아가는 것 자체가 테러에 맞서서 이기는 겁니다."

비록 이스라엘이 미국보다 테러를 훨씬 자주 당하긴 하지만, 이스라엘 사람들은 테러의 공포 속에서 살지 않는다. 이스라엘 유대인을 대상으로 한 2012년 설문조사에서 전체 응답자 가운데 겨우 16퍼센트만이 테러의 공포 속에서 살고 있다고 대답했다. 이 수치는 이스라엘의 교육제도 때문에 걱정이 많다고 대답한 비율보다도 높지 않다.[81]

이스라엘 정치인들 가운데 그 누구도 노골적으로 "작은 규모의 테러에 대해서는 크게 고민하지 않는다"라고 말하진 않는다. 하지만 따지고 보면 바로 이스라엘 정부가 그렇게 하고 있다. 국가가 이렇게 하는 이유는 모든 사람이 공포에 새파랗게 질려 있는 상황이야말로 바로 테러리스트들이 노리는 일이기 때문이다. 이스라엘의 전략은 테러가 발생하더라도 사람들이 아무 일도 없던 것처럼 생활하게끔 하는 것이다. 이를테면 경찰은 테러 현장을 보통 네 시간 안에 말끔하게 치워버린다.[82] 사람들이 각자 평소처럼 일하고 심부름을 하고 휴식을 취하도록 하는 것이다. 소규모 테러를 '존재론적 위협'이 아니라 '길거리 범죄'로밖에 보지 않는다는 말이다.

하지만 이스라엘이 절대 용인하지 않는 게 있다. 바로, 대규모 테러의 조짐이다(테러리스트가 대량살상무기를 손에 넣는 것과 같은 일).

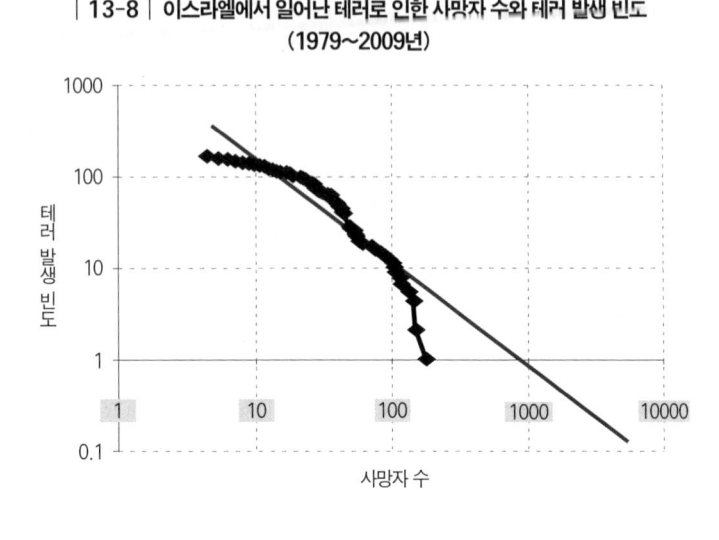

| 13-8 | 이스라엘에서 일어난 테러로 인한 사망자 수와 테러 발생 빈도
(1979~2009년)

이스라엘의 이런 접근법이 성공적이라는 증거가 있다. 유일하게 이스라엘에서만 클로젯의 직선이 곡선으로 구부러진다. 멱법칙 분포를 적용해 이스라엘에서 발생한 테러 사망자 수를 그래프로 표시하면, 대규모 테러의 빈도가 멱법칙 분포가 예측하는 것보다 상당히 적게 나타남을 알 수 있다(도표 13-8). 다시 말해 1979년 이후로 200명이 넘는 사망자를 낸 테러는 단 한 건도 없었다. 이스라엘의 그래프가 이처럼 곡선으로 나타나는 것은 테러에 대한 이스라엘의 전략이 성공적임을 입증한다.

테러리스트의 신호를 읽는 법

어떤 전략을 선택하든, 또 보안과 자유 사이에서 어떻게 균형을 잡든,

우리는 신호에서 시작해야 한다. '정보'는 테러에 대비하는 1차 방어선이다.

이라크전의 목적 중 하나는 이라크의 대량살상무기 프로그램 개발을 저지하는 데 있었다. 물론 이라크에 대량살상무기는 없었다. 이라크 침공에 대한 여러 분석은 부시 행정부가 잘못된 정보를 내놓도록 정보 관련 부서를 압박했던 건 아니지만(당시 CIA를 비롯한 정보조직들에서는 이라크가 대량살상무기 프로그램을 활발하게 개발하고 있다는 데 어느 정도 공감하고 있었다),[83] 미국 국민에게 정보를 잘못 전달한 게 문제라는 데 대체로 의견이 일치된다.[84]

이 같은 견해에도 일리가 있지만 나는 다르게 생각한다. 다시 말해 부시 정부가 대중에게 발표한 것과 자기들이 믿고 있던 것, 그리고 정보 관계자들에게 들어서 알고 있던 것 사이의 차이점을 그토록 명확하게 구분할 수 있었다고는 생각하지 않는다. 신호 분석 작업에서는 다른 분야의 예측들과 마찬가지로 복잡한 데이터 더미 속에서 '자기가 원하는 해석'을 찾기가 쉽다. 암호명 '커브볼Curveball'이라는 이라크인 망명자가 있었다. 이 커브볼이 후세인 정권의 화생방 무기 개발 프로그램 정보를 미국 정보기관에 제공했다. 본인이 직접 참가했다는 말까지 했다. 하지만 모두 거짓이었다. 나중에 밝혀진 사실이지만 서방 국가가 이라크에 개입해 후세인 정권을 무너뜨려주길 바라는 마음에서 거짓말을 했다.[85] 그런데 미국의 정책 결정자는 커브볼이 제공한 정보가 사실이라 믿었다. 커브볼 같은 사람들이 제공한 신뢰할 수 없는 신호들은 전쟁을 간절하게 원하는 환경에서는 너무도 쉽게 또 너무도 크게 신뢰를 받았다.

9장에서 살펴봤듯 인간은 체스에서 훨씬 나을 수도 있는 다른 수들을 간과하고 당장의 한 수 또는 두 수에 초점을 맞추는 경향이 있다. 그러나 모든 가능성을 다 따지는 컴퓨터는 인간이 저지르는 이런 실수를 덜 하며, 바비 피셔가 됐으면 천재적인 수라고 찬사를 받을 수, 또는 게리 카스파로프가 노트북으로 고작 몇 초 만에 찾아낼 수 있는 수를 둬나간다. 컴퓨터는 이 수 하나하나에 깊이 고민하지 않는다. 컴퓨터는 사람과 조금 다른 방식으로 게임을 한다. 컴퓨터는 하나의 완벽한 해법을 찾기보다는 그물을 넓게 펼쳐서 던지는 방식을 취한다.

세상이 '가능한 것'과 '불가능한 것'으로 확실하게 나뉘어 있고 중간 영역이 거의 존재하지 않는다고 생각한다면, 우리는 결국 자기과신으로 왜곡된 예측을 하거나 '알려지지 않은 미지'를 남길 것이다. 인간의 예측 솜씨는 그다지 좋은 편이 아니다. 그러니 우리는 고슴도치처럼 하나의 가설에 모든 것을 걸 게 아니라 여우처럼 위험을 분산할 필요가 있다.

국가안보만큼 이 같은 기술이 검증을 많이 받는 분야는 없다. 브루스 슈나이어가 썼듯이 안보문제의 본질은 '우리의 가장 약한 고리'를 통해 우리를 규정한다는 데 있다.[86] 어떤 사람이 자기 집에 도둑이 드는 걸 막는다며 대문을 티타늄으로 도금하고, 무장 경비원을 고용하고, 사나운 핏불테리어 여러 마리를 마당에 풀어놓는다. 하지만 뒷문을 잠그지 않는다면 아무리 멍청하고 시시한 도둑이라도 쉽게 이 사람의 집으로 숨어들 수 있다. 이런 위협들은 비대칭적이다. 미국의 해군력이 아무리 강력했다 하더라도 일본 함대가 방어선의 맹점을 뚫고 들어오면, 또 미국 함정들이 공격받기 좋게 모두 한자리에 모여 있다면 일본의 기습 공격에 속수무책으로 당할 수밖에 없다. 진주만 공습이나 9·11테러가 일종의 인지부조화를 낳은 이유도 바로 여기에 있다. 적이 우리의 어느 곳을 칠지는 예측 가능하다. 바로 '우리가 가장 예상하지 못하는 곳'이다.

나는 이 책의 사고 모델을 국가안보 분야에서도 유용하게 활용할 수 있다고 생각한다.[87] 이를테면 확률에 대한 베이즈주의적 접근법은 불확실성이 높은 상황의 의사결정에 적합하다. 이 접근법은 여러 가설을 동시에 계산하며, 그 가설을 확률적으로 생각하고, 그 가설을 지지하거나 반대하는 새로운 정보가 등장할 때마다 수시로 그 가설들을 업데이트하는 것이다.

9·11테러 이전에도 알카에다의 계획을 포착할 기회가 있었다. 자카리아스 무사위라는 이슬람 근본주의자가 보잉 747의 조종술을 배우려 했다. 무사위의 이 행동을 어떻게 설명할 수 있을까? 한가한 남자의 여가활동이라고 생각할 수도 있다. 하지만 '테러리스트들이 비행기를 여러 대 납치한 다음 이 비행기들을 고층빌딩으로 돌진시키려 할 수 있다'라는 가설에 어느 정도 사전확률을 설정해뒀더라면, 무사위에 관한 정보가 입수된 상황에서 그 가설이 실제 현실에서 일어날 확률에 대한 우리의 추정치는 상당 수준으로 높아질 것이다. 그러나 미국의 정보 당국은 이 가설을 전혀 고려하지 않았다. 가설은 그저 '알려지지 않은 미지'로 남은 것이다. 9·11위원회가 결론 내렸듯이 '정보 분석 시스템이 정보의 잠재적 의미를 포착할 수 있도록 조정되어 있지 않았다'. 무사위가 체포되긴 했지만, 그의 체포는 알카에다의 음모를 사전에 분쇄하는 데는 전혀 도움이 되지 않았다.[88]

그렇다고 미국의 정보 관계자들이 모든 걸 다 망쳤다는 말은 아니다. 9·11 테러를 사전에 탐지하지 못한 데 따르는 비난은 합당하지만, 그 사건 이후 테러가 줄어들었다는 사실에 대해서는 부시 정부와 오바마 정부에 박수를 보내야 한다고 생각한다. 9·11 테러가 일어났던 그해만 해도 나는 미국에서 벌어지는 테러가 이처럼 줄어들지 예측하지 못했을 것이다. 정보 분석가는 야구 경기장의 심판과 마찬가지로 일이 잘못될 경우 욕먹을 각오를 해야 하지만, 일을 잘해냈다고 해서 뚜렷하게 칭찬을 듣는 것도 아니다. 나는 이 책에서 살펴본 다른 분야에서처럼 국가안보 분야에서 예측이 완전히 실패했다고는 생각하지 않는다. 정보 분석 과정에서 맞닥뜨리는 만만찮은 과제들을 놓고 본다면 나는 오히려 이 분야의 전문가들이 좀 더 많은 성공을 거두었다고 생각한다.

그러나 9·11 위원회가 추론하듯이 테러를 사전에 포착하지 못한 실패의 가장 중요한 원인은 상상력의 부족이다. 예측을 할 때는 호기심과 회의론 사이에서 절묘한 균형을 취할 필요가 있다.[89] 호기심과 회의론은 양립할 수 있다. 우리가 세운 가설을 더 열심히 탐구하고 검증할수록 우리는 세상에 대해 우리가 가지고 있는 지식이 불확실하다는 사실을 더 쉽게 받아들일 수 있고, 완벽한 예측은 불가능하다는 사실을 더 기꺼이 인정할 수 있으며, 실패의 두려움을 덜 느낄 수 있고, 더 많은 자유를 누릴 것이다. 우리는 우리가 알지 못하는 것에 대해 더 많이 앎으로써 좀 더 정확한 예측을 할 수 있다.

예측은 어떻게 가능한가

메이저리그에 어떤 유격수가 있다. 이 선수에게는 쉽게 잡을 수 있는 공이 있고, 결코 잡을 수 없는 공이 있으며, 다이빙캐치를 해야 하는 공이 있다. 다이빙캐치는 굉장한 볼거리이고 관중의 눈을 단번에 사로잡는다. 그런데 자칫 다이빙캐치가 유격수 능력에 대한 근시안적 평가로 이어질 수 있다.

전설적인 유격수 데릭 지터Derek Jeter는《머니볼》시기에 자주 논란의 중심에 오른 선수다. 중계방송 캐스터와 스카우터들은 지터가 다이빙캐치를 자주 한다는 이유만으로 그가 예외적일 만큼 훌륭한 유격수라고 결론 내렸다. 그런데 통계학자들이 이런 판단이 잘못된 것임을 밝혀냈다.[1] 지터가 매우 뛰어난 선수이긴 하지만, 느린 점프 동작에 따른 시간을 보충해야 했기에 다이빙캐치를 하게 된다는 얘기였다. 사실 통

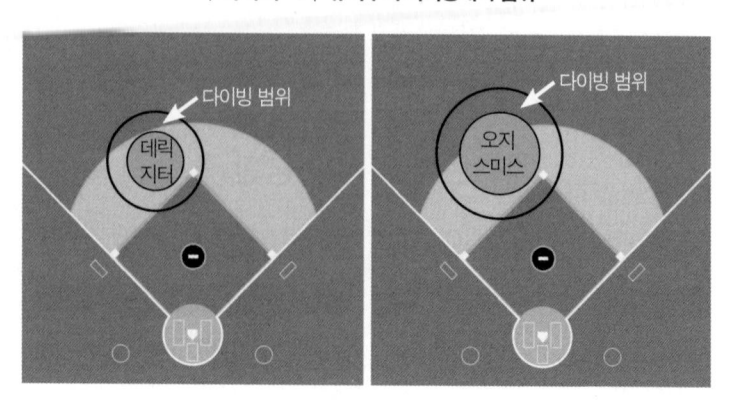

계수치로만 따진다면 (골든글로브상을 다섯 차례나 받았음에도) 지터
는 수비를 잘하지 못한다. 지터가 몸을 던져야 했던 타구는 오지 스미
스Ozzie Smith처럼 진짜로 뛰어난 유격수였다면 별 어려움 없이 잡아냈
을 공이다. 그러나 지터는 멋진 수비를 했다고 찬사를 받았고, 스미스
는 어렵지 않게 타구를 잡음으로써 상대적으로 눈길을 덜 받았다.

우리가 해결해야 할 과제는 언제나 우리 능력 범위의 한계 지점에
아슬아슬하게 걸쳐 있는 법이다. 자신에게 가장 힘든 것을 기준으로
자기를 판단한다면 우리가 쉽게 그리고 자연스럽게 해내는 것들은 아
주 당연한 것이 되고 만다.

역사적으로 눈부시게 정확한 예측은 많았다. 그중 하나가 영국의 천
문학자 에드먼드 핼리Edmund Halley가 한 예측이다. 1705년 핼리는 거대
한 혜성 하나가 1758년에 지구로 다시 돌아올 거라고 예측했다. 많은
사람들이 그의 말을 믿지 않았지만 이 혜성은 정말 핼리가 예측한 정
확한 날짜와 시각에 나타났다.[2] 고대에는 혜성이 신의 계시이며 따라

서 혜성의 출현을 예측하는 일은 불가능하다고 여겼다.[3] 하지만 지금은 아니다. 혜성은 신비할 만큼 정확한 주기 속에서 정해진 궤적을 따라 움직이며, 그래서 혜성의 움직임을 정확하게 예측할 수 있음은 상식이 되어 있다.

천문학자들은 핼리 혜성이 2061년 7월 28일에 다시 지구에 가장 가깝게 접근할 것으로 예측한다. 그때가 되면 지금은 우리의 예측 가능 범위 바깥에 존재하는 자연계의 수많은 문제도 인간의 지식 범위 안에 들어와 있을 것이다.

자연법칙은 그다지 많이 변하지 않는다. 구텐베르크의 인쇄술 발명 이후로 그랬듯이 인간 지식의 총량이 확대되는 한 우리는 자연의 여러 신호를 점점 더 정확하게 이해하게 될 것이다. 자연의 비밀을 전부 알 수는 영원히 없겠지만 말이다.

인간의 능력에 대해서는 항상 신중하게 평가해야 한다. 빅데이터 시대가 되면서 과학과 기술의 성취에 비현실적인 기대를 거는 이가 많다. 하지만 세상살이가 점점 더 '예측' 가능할 거라고 결론을 내릴 수는 없다. 어쩌면 그 반대가 맞을지도 모른다. 과학은 자연법칙의 비밀을 밝혔지만 동시에 사회의 조직을 더 복잡하게 하고 있다. 기술은 사람들 사이의 관계를 완전히 바꾸어놓고 있다. 월드와이드웹을 발명한 팀 버너스리Tim Berners-Lee[4]는 1990년에 나에게 이렇게 말했다.

"인터넷 덕분에 세상의 모든 맥락, 모든 등식, 정보와 전달의 모든 역학이 바뀌고 있습니다."

정보량은 기하급수적으로 늘어나고 있다. 그러나 유용한 정보는 상대적으로 적다. 다시 말해 소음에 대한 신호의 비율이 점점 작아지고 있다. 우리에게는 이 둘을 구분할 수 있는 더 나은 방법이 필요하다.

중요한 것은 '우리가 아는 것'이 아니라 '우리가 아는 것과 우리가 안다고 생각하는 것 사이의 차이'다. 이 책은 지금까지 이 둘 사이의 간극을 좁힐 수 있는 방법을 제안했다. 처음에는 도약을 크게 하고 그다음부터는 작은 발걸음을 부지런히 놀려라. '큰 도약'이란 바로 예측과 확률에 대해 베이즈주의적으로 생각하는 것이다.

확률적 사고: 베이즈주의에 익숙해지기

베이즈 정리의 핵심은 사건이 일어날 가능성에 대한 확률적 표현이다. 베이즈 정리는 세상은 본질적으로 불확실한 대상이 아니라고 말한다. 그러나 세상에 대해 당신이 갖는 주관적 인식이 사실은 진리에 대한 어림짐작에 지나지 않음을 인정하라고 요구한다.

베이즈주의적 사고방식의 확률적 요소가 처음에는 불편할 수도 있다. 카드게임처럼 승산을 '확률'로 다루는 여러 게임에 익숙하지 않다면 아마도 이러한 확률적 사고가 낯설 것이다. 학교에서도 수학시간에는 확률이나 통계보다 기하나 대수를 더 많이 배운다. 많은 사람들이 불확실성을 받아들이는 것은 자기가 약하다는 사실을 인정하는 일이라고 오해한다.

당신이 확률적 추정을 한다고 치자. 그런데 처음 시작할 때는 그 추정이 변변찮을 수밖에 없다. 그렇지만 좋은 소식이 두 가지 있다. 첫째, 이런 추정은 그저 출발점일 뿐이다. 베이즈 정리에서는 새로운 정보를 확보할 때마다 기존의 추정을 수정해서 조금씩 더 나아지게 한다. 둘째, 베이즈 정리는 우리를 발전시킨다. 예컨대 군대에서도 이를 활용해 병사들을 훈련시키는데,[5] 상당히 훌륭한 결과를 낳는다.[6] 또 의사들이 진단을 내릴 때에도 베이즈주의적 추론을 한다.[7]

텔레비전에 나오는 시끄럽고 확신에 찬 만물박사보다는 베이즈주의적으로 생각하는 의사와 군인들이 이끄는 대로 따르는 게 훨씬 나을 것이다.

우리의 뇌는 '어림값'이라는 수단을 써서 정보를 처리한다.[8] 이는 생물학적 차원의 필요를 따르는 일이다. 뇌가 받아들이는 정보량은 우리가 의식할 수 있는 정보량보다 훨씬 많다. 우리의 뇌는 입력과 출력의 불균형을 받아들인 정보에서 규칙성과 패턴을 찾아내는 식으로 해결한다.

스트레스를 받으면 삶의 규칙적 패턴이 박탈된다. 9·11 테러에서 살아남은 사람들을 대상으로 연구한 결과, 이들은 자기 경험에 대해 세부적인 것은 기억하지만 사건의 전체적 내용은 완전히 잊어버린 경우가 흔했다.[9] 극단적 환경에 놓이면 우리의 본능적인 첫 번째 어림값은 진리에서 상당히 멀어질 수 있으며, 따라서 우리는 위협의 심각함을 제대로 인식하지 못할 수 있다. 그렇기에 전쟁터처럼 극단적 상황에서 결정을 성공적으로 내려야 했던 사람들은 나중에 위험 상황을 맞았을 때에도 다른 사람들을 안전하게 이끄는 영웅이 될 가능성이 높았다.[10]

우리의 뇌는 우리가 일상생활을 하는 동안에도 단순화와 어림짐작을 한다. 단순화와 어림짐작은 실용적 지식으로 기능하며 우리가 하는 일에 유용한 지침이 된다.[11] 하지만 이것들은 완벽하지 않다. 또 우리는 이것들이 얼마나 진리에서 빗나가 있는지 알지 못하는 경우가 많다.

다음에 제시하는 일곱 가지 진술을 보자. 이들 진술은 효율적 시장 가설, 곧 개인 투자자가 과연 주식시장의 평균을 넘어설 수 있을지 하는 문제와 관련이 있다.

1. 어떤 투자자도 주식시장을 이길 수 없다.

2. 어떤 투자자도 장기적으로는 주식시장을 이길 수 없다.

3. 어떤 투자자도 장기적으로는 자신의 위험 수준에 비례해서 주식시장을 이길 수 없다.

4. 어떤 투자자도 장기적으로는 자신의 위험 수준에 비례해서, 그리고 거래비용까지 부담하면서는 주식시장을 이길 수 없다.

5. 어떤 투자자도 내부 정보를 가지고 있지 않는 한 장기적으로는 자신의 위험 수준에 비례해서, 그리고 거래비용까지 부담하면서는 주식시장을 이길 수 없다.

6. 내부 정보를 가지고 있지 않는 한 자신의 위험 수준에 비례해서, 그리고 거래비용을 부담하면서도 장기적으로 주식시장을 이길 투자자는 거의 없다.

7. 얼마나 많은 투자자가 장기적으로 주식시장을 이길지 말하기는 어렵다. 데이터에 소음이 많이 섞여 있기 때문이다. 그러나 우리는 투자자 대부분이 자신의 위험 수준에 비례하는 수익을 올리지 못한다는 사실을 안다. 왜냐하면 거래에는 거래비용이 수반되기 때문에 순초과이익률이 따라주지 않기 때문이다. 그래서 내부 정보를 가지고

있지 않은 한 인덱스펀드에 투자를 하는 편이 더 나을 것 같다.

'어떤 투자자도 주식시장을 이길 수 없다'라는 단정적 진술은 강력한 힘을 발휘하는 듯 보인다. 그러나 일곱 번째 진술에 이르면 단순명료함은 사라지고 없다. 하지만 이것이 바로 객관적 세상을 더 완벽하게 묘사하는 내용이다.

어림짐작 또는 어림값에는 아무런 문제가 없다. 만일 당신이 주식시장에 대해 아무것도 모르는 초짜에게 주식시장을 이기기 어렵다는 사실을 첫 번째 진술처럼 거칠게 얘기해준다 하더라도 그 사람으로서는 이 조언이 있는 편이 없는 것보다는 낫다.

그런데 문제는 바로 이 어림값을 실체 또는 진리라고 착각할 때 발생한다. 필립 테틀록이 말하는 고슴도치와 같은 공론가들이 바로 이런 식으로 착각한다. 더 간단한 진술일수록 더 보편적이며 더 커다란 진리를 더 확실하게 증명하는 듯 보인다. 하지만 테틀록은 고슴도치들이 하는 예측이 상대적으로 더 많이 빗나간다는 사실을 발견했다. 고슴도치의 예측은 예측을 더 정확하게 해주는 온갖 복잡한 것을 모두 생략해버리기 때문이다.

우리 인간의 두뇌는 크다. 그러나 우리는 우리가 이해할 수 없을 정도로 광대한 우주 속에 살고 있다. 확률적 사고의 미덕은 확률적으로 생각하면 무조건 앞으로만 나아가는 게 아니라 잠시 걸음을 멈추고 서서 데이터를 살펴보게 된다는 데 있다. 자신의 믿음에 잘못된 게 없는지 생각할 수 있다는 말이다. 이런 과정이 오랜 시간에 걸쳐 반복되면 당신은 자신이 내리는 판단의 질이 점점 더 좋아진다는 사실을 깨닫게 될 것이다.

출발점을 인식하고 편견을 줄여나가라

베이즈 정리는 우리에게 사건에 대한 증거를 평가하기 '전에' 그 사건이 일어날 가능성을 어느 정도로 믿는지 구체적으로 밝히라고 요구한다. 베이즈 정리에서는 이 추정을 경험적 믿음(사전확률)이라고 부른다.

그렇다면 우리의 경험적 믿음은 어디에서 비롯할까? 이상적으로 말하면 우리는 자기의 과거 경험을 토대로, 더 나아가 사회의 총체적 경험을 토대로 이들 믿음을 구축할 것이다. 이것이 시장의 이점 가운데하나다. 시장은 분명 완벽하지 않다. 그러나 대부분의 경우에 총체적판단은 개인 혼자만의 판단보다 낫다. 시장은 새로운 증거를 평가할수 있는 좋은 시작점을 형성한다. 특히 어떤 문제를 연구하는 데 많은시간을 투자하지 않았을 경우에는 더욱 그렇다.

물론 모든 사례에 시장의 힘을 빌릴 수 있는 건 아니다. 때로는 다른것을 기준으로 설정할 필요가 있다. 상식까지도 베이즈주의적인 경험적 믿음으로 삼을 수 있다. 이 상식이 어떤 통계 예측 모델이 제시하는결과물을 아무런 의심도 없이 덥석 받아들이는 것에 대한 일종의 점검으로 작용한다(통계 모델이 제시하는 값도 사실은 어림값이다. 예측모델이 제시하는 값에 수학적 엄정함이 있는 듯 보여도 대개는 조잡한어림값에 지나지 않는다). 정보는 맥락에 놓일 때만 비로소 지식이 된다. 맥락을 전제하지 않고서는 신호와 소음을 구분할 수 없다. 이 경우에 진리를 좇는 탐색은 온갖 가짜 '참'에 파묻혀버린다.

경험적 믿음이 전혀 없다는 건 베이즈 정리에서는 결코 받아들일 수 없는 조건이다. 당신은 베이즈 정리 아래에서 당신이 가지고 있는 편견의 크기를 줄여나가야 한다. 편견이 전혀 없다고 말하는 건 그만큼 편견이 많다는 뜻이다. 자기 믿음을 분명하게 말하는 것, 곧 "바로 여기가 내 출발점이다"[12]라고 말하는 것은 신념을 가지고 예측하는 길이며, 당신이 주관성이라는 필터를 통해 현실을 지각한다는 것을 인지하는 방법이다.

시도하고, 실수하라

베이즈주의 원칙을 가장 쉽게 적용하는 방법은 수없이 많은 예측을 하는 것이다. 어쩌면 당신은 그 많은 예측에 당신의 직장이나 삶을 걸고 싶지 않을 수도 있다. 특히 처음으로 하는 예측에는 더더욱 그럴 것이다(아마도 맨 처음에는 데이터가 풍부하며 자기 예측 기법을 검증하기에 더할 나위 없이 좋은 스포츠 분야에서 실력을 연마하고 싶을 것이다). 비록 첫 예측이 터무니없을 만큼 형편없다 해도 무수한 시행착오는 더 나은 예측을 위해 반드시 거쳐야 하는 과정이다.

베이즈 정리는 우리에게 새로운 정보가 나타날 때마다 기존의 예측을 업데이트하라고 주문한다. 시행착오를 반복해야 한다. 구글처럼 진짜 빅데이터를 다루는 기업들은 예측 모델 구축에 그다지 많은 시간을 들이지 않는다(예측 모델에 지나치게 많은 시간을 들이고 있다는 증거는 바로 자기 모델이 과거 데이터에 얼마나 잘 들어맞는지 설명하는 일에 몰두하는 것이다. 5장에서 설명했듯 어떤 예측 모델이 소음을 놓고서 신호를 포착했다고 생각하게 하는 과적합 오류를 범하기는 아주 쉽다. 예측을 '미래 사건에 엄격하게 적용되는 어떤 것'이라고 확실하게 정의하는 것만이 이런 오류를 저지를 위험을 줄여준다). 이 기업들은 해마다 수천 가지 실험을 진행하며 실제 고객을 대상으로 자신들의 생각을 검증한다.

베이즈 정리는 새로운 정보를 평가할 고도의 기술을 갖추어야 한다고 요구한다. 만일 당신의 믿음이 가치가 있다면 당신은 반증 가능한 가설을 세우고 구체적 예측으로 만들어내어 그 진위를 검증해야 한다. 그러나 대부분의 경우에 우리는 데이터가 얼마나 많은 소음으로 물들어 있는지 평가하지 않는다. 그래서 가장 최근에 나온 수치화된 데이터에 지나치게 큰 가중치를 설정한다. 흔히 정치부 기자들은 여론조사 결과가 발표되면 거기에 오차범위가 있다는 사실을 망각한다. 경제부 기자들은 경제 관련 통계수치 대부분이 얼마나 부정확한지 제대로 인식하지 않는다.

우리는 어떤 문제에 개인적으로나 직업적으로 이해가 얽혀 있을 때는 특정한 편향에 사로잡혀서 그 편향에 반대되는 새로운 정보가 나타나도 이를 무시하고 진리에서 멀어진다. 고슴도치 전문가는 자기가 한 예측에 반대되는 증거가 나타나도 자만심 때문에 자기 예측을 수정하지 않을 것이다. 진리를 짧은 문장 하나로만 표현하려는 사람은 온갖 실패를 겪고 나서야 비로소 자기가 현실을 지나치게 단순화했다고 인정할 것이다.

베이즈 정리 아래서는 누구든 자기 견해나 믿음을 더 많이 검증하려 들 것이고, 이 과정이 반복될수록 위에 열거한 문제점을 더 빠르게 극복하고 실수를 통해 배워나갈 수 있을 것이다. 바다를 바라보며 생각에 잠겨 있다가 갑자기 번쩍거리는 통찰을 얻는 일은 텔레비전 드라마에서나 나오는 모습이다. 현실 세계에서 아이디어는 제자리에 머물러 있을 때 오는 법이 거의 없다.[13] 또한 '커다란 생각big idea'이라고 해서 꼭 그렇게 시작되는 것도 아니다. 점진적으로 나아갈 때 우리는 비로소 전진할 수 있다. 다시 말해 우리의 예측이 좀 더 정확해질 수 있다.

예측 가능성에 대한 인식

예측은 아주 중요하고, 그 때문에 더욱 어렵다. 소음에서 신호를 분리하려면 과학적 지식과 자기인식을 동시에 갖추어야 한다. 그러니까 객관적 실체와 주관적 실체를 교차시켜야 한다. 우리가 예측할 수 없는 것에 대한 겸손함과 예측할 수 있는 것을 예측할 수 있는 용기, 그리고 이 둘 사이의 차이를 아는 지혜가 필요하다.[14]

예측 가능성에 대한 우리의 견해는 때로 긍정적이기도 때로 부정적이기도 했다. 이런 사실은 학술지에서 '예측 가능한predictable'과 '예측 불가능한unpredictable'이라는 단어가 각각 얼마나 사용되었는지 조사해보는 걸로 단순하게나마 확인할 수 있다.[15] 20세기 초에는 두 단어가 거의 비슷한 빈도로 쓰였다. 그런데 경제대공황과 2차 세계대전을 거치면서 '예측 불가능한'이 압도적으로 많아졌다. 그러다가 전 세계가 위기를 극복함에 따라 '예측 가능한'이 점점 더 많이 사용되었는데 1970년대가 그 정점이었다. 그런데 지금은 다시 '예측 불가능한'이 점점 많이 쓰이는 추세다.

예측 가능성 또는 예측 불가능성에 대한 인식은 우리가 구사하는 예측 기술의 실질적 변화보다 과학계의 경향,[16] 그리고 우리 기억력의 한계('최근에 뭔가 정말 끔찍한 일이 있었던가?')에 따라 더 많이 달라진다. 심지어 개인이 자신의 예측 솜씨를 평가하는 정도와 실제로 그 사람이 예측을 잘하는 정도는 반비례의 상관관계를 보이기도 한다. 세상이 여전히 전쟁의 참화에서 벗어나지 못했으며 한 치 앞을 내다볼 수 없을 정도로 미래에 대한 예측은 불가능하다고 여긴 1950년대가, 미래를 예측할 수 있을 거라고 믿으면서도 실제로는 그런 능력을 갖추지 못한 1970년대에 비해 경제적으로나[17] 과학적으로나[18] 더 높은 생산성을 보였다.

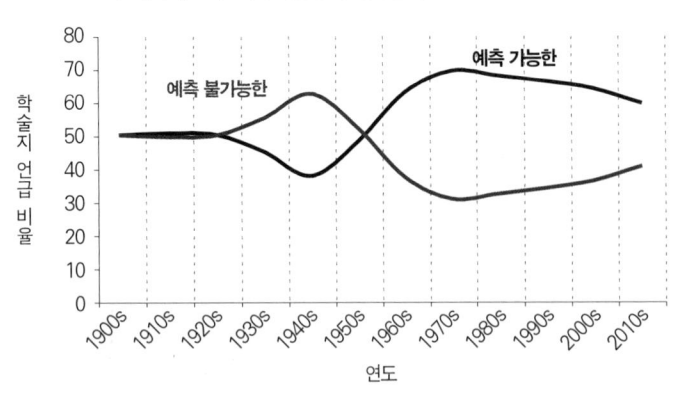

| 나가며-2 | 예측 가능성에 대한 인식(1900~2012년)

예측 가능성 또는 예측 불가능성에 대한 이 같은 태도의 변화는 학계에만 국한된 게 아니다. 소설에서 '예측 가능한'과 '예측 불가능한'이라는 두 단어의 사용 빈도를 조사하더라도 〈도표 나오며-2〉와 거의 정확하게 일치하는 결과를 얻을 수 있다.[19] 재앙이 닥쳤는데 예측하지 못하면 '자신의 운명은 스스로 개척한다'는 우리의 믿음은 심각하게 흔들린다.

하지만 우리는 흔히 실제 우리가 할 수 있는 것보다 더 정확하게 예측할 수 있다고 생각한다. 새로이 시작된 밀레니엄의 초반기는 무척이나 거칠었다. 유례없는 재앙이 잇따라 터졌다. 이 황량한 잿더미에서 우리는 어떻게 일어설 수 있을까? 흠씬 두들겨 맞긴 했지만 그래도 꿋꿋하게 다시 일어서려면 우리는 우선 우리의 능력을 더 겸손하게 평가함으로써 실수를 반복하지 않아야 한다.

세상을 바라보는 새로운 눈

통계학은 젊은 학문이다. 우리나라에서 통계학회가 만들어진 게 1971년이며, 고등학교 수학 교과과정에 통계학이 들어간 것도 그 직후의 일이다. 하지만 지금 통계학의 위상은 놀라우리만큼 높아졌다. 통계학은 자연과학과 사회과학, 심지어 인문학 분야에서도 과학적 검증을 위한 도구로 활용되고 있다. 더구나 사회가 빠른 속도로 복잡해지고 다원화됨에 따라 쓰임새가 더욱 많아지고 있다. 1980년대 중후반부터 금융이 경제의 핵심으로 부각되면서 통계학에 대한 수요는 더욱 늘어나고 있다.

《신호와 소음》을 읽다 보면 이런 세계적 추세의 배경과 의미를 저절로 실감할 수 있다. 하지만 이 책은 고담준론高談峻論이 아니다. 철저하게 실용적이다. 이 책의 목적은 더 정확하게 미래를 예측하는 것이다.

그리고 이를 위해 통계학의 여러 기법을 활용하는 방법을 고민한다.

이 책의 저자인 네이트 실버가 독자에게 전하고 싶은 것을 요약하자면 베이즈 정리, 베이즈주의, 베이즈주의적 세계관이다. 기존의 통계학이 멈춰 있는 과녁을 맞히는 것이라면 베이즈주의 통계학은 움직이는 과녁을 맞히는 것이다. 세상이 끊임없이 변하고 상황이 끊임없이 변함에 따라, 정보가 수도 없이 많이 쏟아짐에 따라 기존의 방법론은 '실용적' 결과를 얻어낼 수 있는 표본을 아우르지 못하는 낡은 그릇이 되고말았으므로 새로운 접근법을 모색해야 한다. 《신호와 소음》은 그 해답을 베이즈 정리에서 찾는다.

구체적 예를 들자면 이런 것이다. 한국에 핵폭탄이 투하될 확률이얼마나 될까? 전통적 방식의 통계학으로 보자면 통계적 유의성을 갖출 수 있도록 표본집단을 구성해야 하지만, 핵폭탄이 폭발한 사례(표본)는 1945년 일본의 나가사키와 히로시마 단 두 건밖에 없다. 그리고그 뒤로 70년 가까운 세월 동안 단 한 차례도 핵폭탄은 투하되지 않았다. 이런 경우 한국에서 핵폭탄이 터질 확률을 어떻게 구할 수 있을까?또는 민간 항공기 두 대가 공중에서 충돌할 확률을 어떻게 구할 수 있을까? 서해에서 연락이 끊긴 채 표류하는 어선을 '확률적'으로 가장 빠르게 찾아내는 방법은 없을까?

이때 가장 중요하게 다루어져야 할 개념이 '불확실성'이다. 불확실성이야말로 인간에게는 (다른 동물도 마찬가지겠지만) 가장 두려운대상이다. 시험에 붙을까 떨어질까, 내 잘못을 들킬까 들키지 않을까,내가 손해를 보게 될까 아닐까……. 일단 판정이 내려지면 어쨌건 마음을 놓을 수 있겠지만, 판정이 내려지지 않은 상황에서 인간은 '불확실성'의 공포를 느낀다. 매도 먼저 맞는 게 낫다는 속담도 이런 심리에서 비롯되었을 것이다. 경제에서든 정치에서든 가장 경계하는 것은 불확실성이다.

그래서 사람들은 불확실성을 줄이려고 노력한다. 그런데 공포를 극복하기 위해 때로는 불확실성 자체를 부인하려고 든다. 그래서 기존의 통계학은 불확실성이라는 개념 자체를 없애려고 노력했다. 신뢰도 95퍼센트나 99퍼센트 같은 말이 그렇게 해서 나온 것이다.

하지만 이러한 노력은 꿩이 덤불 속에 자기 머리를 처박고서는 자기 눈에 적이 보이지 않으니까 안도하는 것이나 마찬가지다. 정체를 알지 못하는 어떤 것, 그리고 존재한다는 사실조차도 알지 못하는 어떤 것은 세상에 분명히 있다. 이것이 불확실성이다. 불확실성을 적극적으로 받아들일 때, 다시 말해 지금 내가 내리는 판단은 틀린 게 분명하지만 다음에 그리고 그다음에 새로운 증거와 데이터가 나올 때마다 내가 계속해서 판단을 업데이트하면 좀 더 진리에 가까워질 것이라고 믿을 때, 어떤 문제에 대해 우리는 좀 더 '실용적'으로 접근할 수 있는 것이다.

네이트 실버는 '우리가 틀릴 수 있음을 인정'해야 한다고 말한다. 그래야 비로소 전진할 수 있다고, 미래에 대해 더 나은 예측을 할 수 있다고 말이다.

베이즈주의는 통계학의 방법론일 뿐만 아니라 세상을 바라보는 새로운 눈, 새로운 철학이다. 네이트 실버는 《신호와 소음》을 통해 통계학의 기술만 전달하는 게 아니다. 우리의 사회와 국가 그리고 전 세계를 경제적으로 기후적으로 안보적으로 더 안전하게 만드는 세계관을 이야기한다.

한국의 독자도 이 책을 통해 많은 것을 얻을 수 있을 것이다. 혹시 아는가, 지금까지 우리도 꿩처럼 덤불에 머리를 처박고 있었다는 불편한 진실을 깨달을 수 있을지……. 사실 《신호와 소음》에는 정치, 경제, 스포츠, 포커, 지진 등의 분야에서 덤불에 머리를 처박고 사는 사람들의 예가 숱하게 망라되어 있다. 타산지석의 교훈으로 삼을 만하다.

독자의 행운을 빈다.

개정 서문 | 더 나은 확률적 사고를 위한 두 가지 제안

1. Evan Real, "Bill Gates Reflects on COVID- 19 Crisis and His 2015 Pandemic Prediction," *Hollywood Reporter*, April 13, 2020, https://www.hollywoodreporter.com/news/bill-gates-covid-19-crisis-2015-pandemic-prediction-1289983.

2. Victoria Knight, "Evidence Shows Obama Team Left a Pandemic 'Game Plan' For Trump Administration," Kaiser Health News, May 15, 2020, https://khn.org/news/evidence-shows-obama-team-left-a-pandemic-game-plan-for-trump-administration/.

3. Anna Rothschild, "Dr. Fauci Has Been Dreading a Pandemic Like COVID-19 for Years," *FiveThirtyEight*, April 7, 2020, https://fivethirtyeight.com/features/dr-fauci-has-been-dreading-a-pandemic-like-covid-19-for-years/. 전면 공개: 문제의 기자는 당시 《워싱턴포스트》에서 일했고 지금은 내 웹사이트인 '파이브서티에이트'에서 일하는 안나 로스차일드다.

4. 1918 Pandemic, Influenza (Flu), Centers for Disease and Prevention, https://www.cdc.gov/flu/pandemic-resources/1918-pandemic-h1n1.html.

5. Scott Alexander, "A Failure, but Not of Prediction," *Slate Star Codex*, April 14, 2020, https://slatestarcodex.com/2020/04/14/a-failure-but-not-of-prediction/. Note: The blog was (at least temporarily) deleted on June 22, 2020.

6. Taurean Small and Christie Zizo, "Disease Expert: Flu a Bigger Risk in the US Than Coronavirus," Spectrum News 13, last modified February 15, 2020, https://www.mynews13.com/fl/orlando/news/2020/02/15/disease-expert--flu-a-bigger-risk-in-the-us-than-coronavirus.

7. Julia Conley, "CDC Says Americans Should Brace for 'Significant Disruptions' Amid Warnings Coronavirus Could Infect 40 -70% of Global Population," *Common Dreams*, February 25, 2020, https://www.commondreams.org/news/2020/02/25/cdc-says-americans-should-brace-significant-disruptions-amid-warnings-coronavirus.

8. James Hamblin, "You're Likely to Get the Coronavirus," *The Atlantic*, February 24, 2020,

https://www.theatlantic.com/health/archive/2020/02/covid-vaccine/607000/.

9. Alexi Cohan, "Boston Biogen Conference Was Major Early U.S. Coronavirus Event, CDC Says," *Boston Herald*, May 2, 2020, https://www.bostonherald.com/2020/05/02/biogen-conference-in-boston-recognized-by-top-cdc-official-as-major-coronavirus-event/.

10. "NYC Asks Commuters to Stay Off Public Transit 'If You Can' to Combat Virus Spread," NBC New York, last modified March 10, 2020, https://www.nbcnewyork.com/news/local/nyc-issues-new-commuter-guidelines-to-combat-coronavirus-spread/2317584/.

11. Jen Chung, "Election 2016: AP Calls Wisconsin and Presidency for Donald Trump," *dcist*, November 8, 2016, https://dcist.com/story/16/11/08/election-2016-results/.

12. Nate Silver, "The Odds of an Electoral College-Popular Vote Split Are Increasing," *FiveThirtyEight*, October 31, 2016, https://fivethirtyeight.com/features/the-odds-of-an-electoral-college-popular-vote-split-are-increasing/.

13. Nate Silver, "The Real Story of 2016," *FiveThirtyEight*, January 19, 2017, https://fivethirtyeight.com/features/the-real-story-of-2016/.

14. Amy Chozick and Patrick Healy, "'This Changes Everything': Donald Trump Exults as Hillary Clinton's Team Scrambles," *New York Times*, October 28, 2016, https://www.nytimes.com/2016/10/29/us/politics/donald-trump-hillary-clinton.html.

15. Steve Lohr and Natasha Singer, "How Data Failed Us in Calling an Election," *New York Times*, November 10, 2016, https://www.nytimes.com/2016/11/10/technology/the-data-said-clinton-would-win-why-you-shouldnt-have-believed-it.html.

16. See for instance: Nate Silver, "Donald Trump's Six Stages of Doom," *FiveThirtyEight*, August 6, 2015, https://fivethirtyeight.com/features/donald-trumps-six-stages-of-doom/.

17. 그래도 나는 그 책을 추천하겠다! Marty Cohen, David Karol, Hans Noel, John Zaller, *The Party Decides: Presidential Nominations Before and After Reform* (Chicago: University of Chicago Press, 2008).

18. Nate Silver, "The Republican Party May Be Failing," *FiveThirtyEight*, January 25, 2016, https://fivethirtyeight.com/features/the-republican-party-may-be-failing/.

19. "Matthew Dowd: 'Clinton Has 95 percent Chance to Win, Will Win by 5 Million Votes,'" This Week, filmed November 2016, ABC News, posted by Tim Haines, RealClearPolitics.com, November 6, 2016, video, 00:39, https://www.realclearpolitics.com/video/2016/11/06/matthew_dowd_clinton_has_95_chance_will_get_higher_margin_than_obama.html.

20. Josh Katz, "Who Will Be President?," Upshot, *New York Times*, November 8, 2016, https://www.nytimes.com/interactive/2016/upshot/presidential-polls-forecast.html.

21. *FiveThirtyEight*, November 2016, https://fivethirtyeight.com/features/how-trump-

could-win-the-white-house-while-losing-the-popular-vote/, https://fivethirtyeight.com/features/election-update-yes-donald-trump-has-a-path-to-victory/, https://fivethirtyeight.com/features/trump-is-just-a-normal-polling-error-behind-clinton/.

22. Ryan Grim, "Nate Silver Is Unskewing Polls—All of Them—in Trump's Direction," *Huff-Post*, November 5, 2016, https://www.huffpost.com/entry/nate-silver-election-forecast_n_581e1c33e4b0d9ce6fbc6f7f.

23. Sean Trende, "Trump, Brexit and the State of the Race," RealClearPolitics.com, June 28, 2016, https://www.realclearpolitics.com/articles/2016/06/28/trump_brexit_and_the_state_of_the_race_131036.html.

24. Nate Silver, "The Comey Letter Probably Cost Clinton the Election," *FiveThirtyEight*, May 3, 2017, https://fivethirtyeight.com/features/the-comey-letter-probably-cost-clinton-the-election/.

25. Nate Silver, Clare Malone, and Amy Chozick, "NYT's Amy Chozick on How the Media Covered Hillary Clinton," *The FiveThirtyEight Politics Podcast*, podcast audio, May 10, 2018, https://fivethirtyeight.com/features/politics-podcast-nyts-amy-chozick-on-how-the-media-covered-hillary-clinton/.

26. Armand Emamdjomeh and David Lauter, "Where the Presidential Race Stands Today," *Los Angeles Times*, August 4, 2016, https://graphics.latimes.com/usc-presidential-poll-dashboard/#perceived-vote.

27. Justin Fox, "What Prepares a Country for a Pandemic? An Epidemic Helps," *Bloomberg*, March 18, 2020, https://www.bloomberg.com/opinion/articles/2020-03-18/covid-19-response-better-in-countries-with-sars-mers-coronavirus.

28. Joe Scarborough, Mika Brzezinski, and Willie Geist, "Will Gillespie Take Virginia? The Panel Debates," filmed at MSNBC, New York, NY, video, 5:56, https://www.msnbc.com/morning-joe/watch/will-gillespie-take-virginia-the-panel-debates-1089389635650.

29. "Virginia Governor - Gillespie vs. Northam," RealClearPolitics.com, https://www.realclearpolitics.com/epolls/2017/governor/va/virginia_governor_gillespie_vs_northam-6197.html.

30. Jonathan Wai and Kaja Perina, "Expertise in Journalism: Factors Shaping a Cognitive and Culturally Elite Profession," *Journal of Expertise*, 1, 1 (2018), https://www.journalofexpertise.org/articles/volume1_issue1/JoE_2018_1_1_Wai_Perina.html.

31. National Center for Education Statistics, "Characteristics of Degree-Granting Postsecondary Institutions," Institute of Education Sciences, last updated May 2020, https://nces.ed.gov/programs/coe/indicator_csa.asp#:~:text=In%20academic%20year%20

2018%E2%80%9319%2C%20there%20were%20approximately%203%2C700%20
degree,associate's%20degrees%20and%20other%20certificates.

32. Nate Silver, "Education, Not Income, Predicted Who Would Vote for Trump," *FiveThirtyEight*, November 22, 2018, https://fivethirtyeight.com/features/education-not-income-predicted-who-would-vote-for-trump/.

33. Jonathan Haidt and Tobia Rose-Stockwell, "The Dark Psychology of Social Networks," *The Atlantic*, December 2019, https://www.theatlantic.com/magazine/archive/2019/12/social-media-democracy/600763/.

34. "Latest Polls," *FiveThirtyEight*, accessed June 22, 2020, https://projects.fivethirtyeight.com/polls/president-primary-d/national/.

35. "Election Betting Odds," accessed June 22, 2020, https://electionbettingodds.com/DemPrimary2020.html.

36. Nate Cohn and Kevin Quealy, "The Democratic Electorate on Twitter Is Not the Actual Democratic Electorate," *New York Times*, April 9, 2019, https://www.nytimes.com/interactive/2019/04/08/upshot/democratic-electorate-twitter-real-life.html.

37. Gallup, "Confidence in Institutions," accessed June 22, 2020, https://news.gallup.com/poll/1597/confidence-institutions.aspx.

38. Katherine Ross, "Why Weren't We Wearing Masks from the Beginning? Dr. Fauci Explains," *The Street*, June 12, 2020, https://www.thestreet.com/video/dr-fauci-masks-changing-directive-coronavirus.

39. Dan Hopkins(@dhopkins1776), "On trust in medical experts, too, sizable polarization. 9/n," Twitter, June 9, 2020, https://twitter.com/dhopkins1776/status/1270354730414477312?s=20.

들어가며 | 신호와 소음

1. 사람에 따라 산업혁명의 기점을 18세기 중엽부터 19세기 초엽까지 다양하게 설정하지만, 나는 1775년으로 설정한다. 바로 이해에 제임스 와트$_{James Watt}$가 증기기관을 발명했으며, 이 수는 25년 단위로 우수리 없이 딱 떨어지기 때문이다.

2. Steven Pinker, *The Better Angels of Our Nature: Why Violence Has Declined* (New York: Viking, Kindle edition, 2011): locations 3279-3282.

3. 책을 생산하는 일은 수도원에서 많이 이루어졌다. 1인당 책 생산량을 보면 벨기에가 가장 높았는데, 그 이유는 벨기에에 수도원이 많았기 때문이다. 수도원들이 책 생산의 노역에서 해방되었을 때, 많은 수도원은 트라피스트 맥주를 만드는 데로 일손을 돌렸다(바티칸의 승인을 받은 트라피스트 수도회는 여섯 곳으로, 여기에서는 오랜 세월 전통방식으로 맥주를 생산해왔

는데, 이 수도회는 대부분 벨기에에 있다 - 옮긴이). 구텐베르크의 발명품이 빚어낸 의도하지
않은 또 하나의 결과는 세계 맥주의 품질을 높이는 것으로도 나타난 셈이다.

4. Albania De la Mare, *Vespasiano da Bisticci Historian and Bookseller* (London: London
    University, 2007), p. 207.

5. Elizabeth Eisenstein, *The Printing Revolution in Early Modern Europe* (Cambridge, England:
    Cambridge University Press, 1993), p. 16.

6. "이미 있던 것이 후에 다시 있겠고 이미 한 일을 후에 다시 할지라 해 아래는 새 것이 없나니
    무엇을 가리켜 이르기를 보라, 이것이 새 것이라 할 것이 있으랴 우리 있기 오래전 세대들에도
    이미 있었느니라 이전 세대들이 기억됨이 없으니 장래 세대도 그 후 세대들과 함께 기억됨이
    없으리라." (《전도서》 제1장 9~11절).

7. De la Mare, *Vespasiano da Bisticci Historian and Bookseller*, p. 207.

8. Eisenstein, *The Printing Revolution in Early Modern Europe*, p. 17.

9. Eltjo Burnigh and Jan Luiten Van Zanden, "Charting the 'Rise of the West': Manuscripts
    and Printed Books in Europe, a Long-Term Perspective from the Sixth Through Eighteenth
    Centuries," *Journal of Economic History*, vol. 69, issue 2; June 2009.

10. "Recognizing and Naming America," The Library of Congress, Washington, D.C. http://
    www.loc.gov/rr/geogmap/waldexh.html.

11. Eisenstein, *The Printing Revolution in Early Modern Europe*, p. 209.

12. Louis Edward Inglebart, *Press Freedoms. A Descriptive Calendar of Concepts, Interpretations,
    Events, and Courts Actions, from 4000 B.C. to the Present* (Westport, CT: Greenwood
    Publishing, 1987).

13. Renato Rosadlo, "The Cultural Impact of the Printed Word: A Review Article," in Andrew
    Shyrock, ed. *Comparative Studies in Society and History*, vol. 23, 1981, pp. 508 - 513. http://
    journals.cambridge.org/action/displayJournal?jid=CSS.

14. Eisenstein, *The Printing Revolution in Early Modern Europe*, p. 168.

15. Arthur Geoffrey Dickens, *Reformation and Society in Sixteenth Century Europe* (New York:
    Harcourt, Brace & World, 1970), p. 51. http://www.goodreads.com/book/show/3286085-
    reformation-and-society-in-sixteenth-century-europe.

16. Pinker, *The Better Angels of Our Nature*, Kindle locations 3279 - 3282.

17. "War and Violence on Decline in Modern Times," National Public Radio (transcript),
    December 7, 2011.http://www.npr.org/2011/12/07/143285836/war-and-violence-on-
    the-decline-in-modern-times.

18. Simon Augustine Blackmore, *The Riddles of Hamlet* (Stratford, England: Stratford and
    Company, 1917). http://www.shakespeare-online.com/plays/hamlet/divineprovidence.html.

19. "'신이 일어나기를 바라는 일을 어떻게 피할 수 있겠는가?' 카이사르는 그냥 내버려둔다. 이런 예언들은 카이사르에게서와 마찬가지로 세상에 일반적인 것이기에." 윌리엄 셰익스피어, 〈율리우스 카이사르〉 제2막 2장.

20. Douglas Harper, *Online Etymology Dictionary*. http://www.etymonline.com/index. php?term=forecast.

21. www.etymonline.com/index.php?term=predict.

22. '예측하다forecast'라는 단어를 17세기에 어떻게 사용했는지는 다음 용례에서 확인할 수 있다. "모든 업종에 종사하는 사람들이 생각하기를 (…) 어디에서 물건을 사는 것이 가장 유리하며, 어떤 물건이 가장 잘 팔릴 것 같으며, 어떤 방법과 수단을 동원할 때 다양한 분야에서 번성할 수 있을지 곰곰이 예측했다." John Kettlewell, *Five Discourses on So Many Very Important Points of Practical Religion* (A. and J. Churchill, 1696); http://books.google.com/ books?id=ADo3AAAAMAAJ&dq

23. 캘빈주의자와 프로테스탄트가 운명예정설을 믿었기 때문은 전혀 아니다.

24. Max Weber, *The Protestant Ethic and the Spirit of Capitalism* (Abingdon, Oxon, England: Routledge Classics, 2001).

25. Eisenstein, *The Printing Revolution in Early Modern Europe*, p. 269.

26. J. Bradford DeLong, *Estimating World GDP, One Million B.C.—Present* (Berkeley, CA: University of California Press, 1988). http://econ161.berkeley.edu/TCEH/1998_Draft/ World_GDP/Estimating_World_GDP.html.

27. 〈도표 0-2〉는 들롱의 추정치를 바탕으로 한 데이터다. 들롱의 수치는 1990년 미국 달러화 기준인데, 여기서는 2010년 미국 달러화 기준으로 환산했다.

28. Google Books Ngram Viewer. http://books.google.com/ngrams/graph?content=information +age%2C+computer+age&year_start=1800&year_end=2000&corpus=0&smoothing=3.

29. Susan Hough, *Predicting the Unpredictable: The Tumultuous Science of Earthquake Prediction* (Princeton: Princeton University Press [Kindle edition], 2009), Kindle locations 862–869.

30. Robert M. Solow, "We'd Better Watch Out," *New York Times Book Review*, July 12, 1987. http://www.standupeconomist.com/pdf/misc/solow-computer-productivity.pdf.

31. "U.S. Business Cycle Expansions and Contractions," National Bureau of Economic Research, http://www.nber.org/cycles.html.

32. 이 책에서도 설명하지만, 경제 통계는 우리들이 이해하는 것보다 훨씬 더 거칠다.

33. 2005년 미국 달러화를 기준으로 인플레이션을 감안해서 조정한 수치다.

34. 〈도표 0-3〉에서 나는 특허허가가 아니라 특허출원의 수를 사용하는데, 특허허가는 관료제적 늑장 행정 때문에 지연될 수 있기 때문이다. 제112대 미국 의회가 거둔 유일한 실질적 성과는 2001년 9월에 '미국발명법'을 제정한 일인데, 상원에서 압도적 찬성으로 통과된 이 법은 특허

출원이 늘어나도록 박차를 가하는 구실을 했다.

35. 미국의 연구개발비 지출에 관한 구체적 수치는 다음을 참조. ""U.S. and International Research and Development: Funds and Alliances," National Science Foundation. http://www.nsf.gov/statistics/seind02/c4/c4s4.htm. 특허출원에 관해서는 다음을 참조. "U.S. Patent Statistics Chart Calendar Years 1963 – 2011," U.S. Patent and Trade Office. http://www.uspto.gov/web/offices/ac/ido/oeip/taf/us_stat.htm. 특허출원 통계는 미국에 주소지를 둔 발명가 통계까지 포함한 데이터임을 밝혀둔다. 미국특허상표청은 외국에서 출원한 특허출원까지 다루기 때문이다.

36. "What Is Big Data?," IBM. http://www-01.ibm.com/software/data/bigdata/.

37. Chris Anderson, "The End of Theory: The Data Deluge Makes the Scientific Method Obsolete," Wired magazine, June 23, 2008. http://www.wired.com/science/discoveries/magazine/16-07/pb_theory.

38. Nate Silver, "Models Based on 'Fundamentals' Have Failed at Predicting Presidential Elections," FiveThirtyEight, New York Times, March 26, 2012. http://fivethirtyeight.blogs.nytimes.com/2012/03/26/models-based-on-fundamentals-have-failed-at-predicting-presidential-elections/.

39. John P. A. Ioannidis, "Why Most Published Research Findings Are False," PLOS Medicine, 2, 8 (August 2005), e124. http://www.plosmedicine.org/article/info:doi/10.1371/journal.pmed.0020124.

40. Brian Owens, "Reliability of 'New Drug Target' Claims Called into Question," NewsBlog, Nature, September 5, 2011. http://blogs.nature.com/news/2011/09/reliability_of_new_drug_target.html.

41. 이 수치는 시러큐스대학교 로버트 버지Robert Birge에 따른 것이다. http://www.sizes.com/people/brain.htm.

42. Alvin Toffler, Future Shock (New York: Bantam Books, 1990), p. 362.

43. "The Polarization of the Congressional Parties," VoteView.com. http://voteview.com/political_polarization.asp.

44. Dan M. Kahan, et al., "The Polarizing Impact of Science Literacy and Numeracy on Perceived Climate Change Risks," Nature Climate Change, May 27, 2012. http://www.nature.com/nclimate/journal/vaop/ncurrent/full/nclimate1547.html.

45. Karl Popper, The Logic of Scientific Discovery (Abingdon, Oxon, England: Routledge Classics, 2007), p. 10.

I. 예측에 대한 근본적인 의문들

1. 금융위기 | 경제 붕괴를 둘러싼 예측의 대실패

1. "S&P/Case-Shiller Home Price Index: Las Vegas, NV." http://ycharts.com/indicators/case_shiller_home_price_index_las_vegas

2. Jeffrey M. Jones, "Trust in Government Remains Low," Gallup.com, September 18, 2008. http://www.gallup.com/poll/110458/trust-government-remains-low.aspx.

3. 비록 구제금융 법안 투표는 의결 시점이 모호하긴 했지만, 나중에 통계 분석 결과를 보면 이 법안에 찬성한 의원들이 다음 선거에서 성공하는 비율은 상대적으로 낮았다. 구체적 사례는 다음을 참조. Nate Silver, "Health Care and Bailout Votes May Have Hurt Democrats," *FiveThirtyEight*, *New York Times*, November 16, 2011. http://fivethirtyeight.blogs.nytimes.com/2010/11/16/health-care-bailout-votes-may-have-hurt-democrats/.

4. 실제 GDP와 잠재 GDP(노동과 자본 등의 생산요소를 완전히 고용해 달성할 수 있는 최대 GDP, 또는 자연실업률 상태에서의 GDP – 옮긴이)를 비교해서 나온 수치다. 2011년 4사분기에 그 격차는 약 7,780억 달러였는데, 이는 미국인 1인당 2,500달러가 조금 넘는 액수다. "Real Potential Gross Domestic Product," Congressional Budget Office, United States Congress. http://research.stlouisfed.org/fred2/data/GDPPOT.txt.

5. 좀 더 구체적으로 말하면, S&P의 등급 판정은 규모는 따지지 않고 오로지 지급불능의 가능성만을 고려했는데, 다른 두 신용평가사는 지급불능의 잠재적 규모도 함께 따졌다.

6. Anna Katherine Barnett-Hart, "The Story of the CDO Market Meltdown: An Empirical Analysis," thesis, Harvard University, p. 113. http://www.hks.harvard.edu/m-rcbg/students/dunlop/2009-CDOmeltdown.pdf.

7. Diane Vazza, Nicholas Kraemer and Evan Gunter, "2010 Annual U.S. Corporate Default Study And Rating Transitions," Standard & Poor's, March 30, 2011. http://www.standardandpoors.com/ratings/articles/en/us/?articleType=HTML&assetID=1245302234800.

8. S&P는 2011년에 미국 재무부 발행 채권의 등급을 AA+로 하향조정했다.

9. Mark Adelson, "Default, Transition, and Recovery: A Global Cross-Asset Report Card of Ratings Performance in Times of Stress," Standard & Poor's, June 8, 2010. http://www.standardandpoors.com/products-services/articles/en/us/?assetID=1245214438884.

10. Barnett-Hart, "The Story of the CDO Market Meltdown."

11. 당시 지급불능 상태가 되지 않은 CDO의 대부분은 현재 휴지 조각이나 다름없다. 2006~2007년 발행된 MBS의 90퍼센트 이상이 그때 이후로 투자 부적격 판정을 받아왔다. (BlackRock Solutions, as of May 7, 2010; per a presentation provided to author by Anil

Kashyap, University of Chicago).

12. "Testimony of Deven Sharma, President of Standard & Poor's, before the Committee on Oversight and Government Reform," United States House of Representatives, October 22, 2008. http://oversight-archive.waxman.house.gov/documents/20081022125052.pdf.

13. 이 발언은 지금까지도 S&P가 친 1차 저지선으로 남아 있다. 내가 2011년 9월 S&P 대변인 캐서린 마티스에게 MBS 신용등급 판정과 관련해 인터뷰를 요청했을 때, 그녀도 이와 거의 동일한 말로 대응했다. 마티스는 다음과 같은 이메일을 보내왔다. "우리만 그런 게 아닙니다. 당신은 이런 사실을 분명히 지적해야 합니다. 주택 소유자, 금융기관, 정책입안자, 투자자들은 미국의 주택시장이 그처럼 빠르고 광범위하게 내리막길을 걸으리라고는 생각하지 않았습니다." S&P는 전면 인터뷰를 원하는 나의 요구를 거절했다. 이에 관련해 또 다른 증거를 원한다면 다음을 참조. Kristopher S. Gerardi, Andreas Lehnert, Shane M. Sherlund and Paul S. Willen, "Making Sense of the Subprime Crisis," Public Policy Discussion Papers No. 09-1, Federal Reserve Bank of Boston, December 22, 2008. http://www.bos.frb.org/economic/ppdp/2009/ppdp0901.htm.

14. Robert J. Shiller, *Irrational Exuberance* (Princeton, NJ: Princeton University Press, 2000).

15. Dean Baker, "The Run-Up in Home Prices: Is It Real or Is It Another Bubble?" Center for Economic and Policy Research, August. 2002. http://www.cepr.net/index.php/publications/reports/the-run-up-in-home-prices-is-it-real-or-is-it-another-bubble/.

16. "In Come the Waves," *The Economist*, June 16, 2005. http://www.economist.com/node/4079027?story_id=4079027.

17. Paul Krugman, "That Hissing Sound," *New York Times*, August 8, 2005. http://www.nytimes.com/2005/08/08/opinion/08krugman.html.

18. Google "Insights for Search" beta; "housing bubble" (worldwide). http://www.google.com/insights/search/#q=housing%20bubble&cmpt=q.

19. Google "Insights for Search" beta; "housing bubble" (United States). http://www.google.com/insights/search/#q=housing+bubble&cmpt=q&geo=US.

20. Newslibrary.com search. 미국 데이터에 한정된 수치다.

21. 언론에서 주택 거품을 논의한 횟수는 1990년대 말 주식시장 거품을 논의한 횟수와 비례하는데, 주식시장 거품에 대한 언급은 1994~1999년 사이 열 배나 증가했으며, 시장이 붕괴되기 한 해 전에 정점을 찍었다.

22. Janet Morrissey, "A Corporate Sleuth Tries the Credit Rating Field," *New York Times*, February 26, 2011. http://www.nytimes.com/2011/02/27/business/27kroll.html?pagewanted=all.

23. Alex Veiga, "U.S. Foreclosure Rates Double," Associated Press, November 1, 2007. http://www.azcentral.com/realestate/articles/1101biz-foreclosures01-ON.html.

24. Elliot Blair Smith, " 'Race to Bottom' at Moody's, S&P Secured Subprime's Boom, Bust," Bloomberg, September 25, 2008. http://www.bloomberg.com/apps/news?pid=newsarchive& sid=ax3vfya_Vtdo.

25. 헤지펀드나 그 외의 정교한 투자자들은 일반적으로 이런 제한을 받지 않았다. 이들은 증권에 대해 독자적으로 조사했으며, 신용평가사가 신용등급을 낮게 평가한 증권에도 자기들이 안전하다고 판단하면 (실제로도 이런 사례가 많았다) 투자했다. 그러나 공공연금펀드와 대학교재단 같은 공공기관 투자자들은 꼼짝 못하고 신용평가사의 판단을 따라야 했다. 이런저런 연금저축과 대학교 장학재단은 신용평가사가 내리는 평가의 정확성에 의존할 수밖에 없지만, 헤지펀드는 크게 한탕 할 목적으로 '빅 쇼트big short', 곧 대규모로 쇼트 포지션을 취하기 위해 매우 유연하게 투자 운용을 했다(자산 가격이 고평가되어 있다고 판단할 때 이 자산을 공매도하는 것을 쇼트short라고 한다 - 옮긴이).

26. 줄스 크롤과의 인터뷰.

27. 또 다른 딜레마로는 역사적으로 국가공인 통계평가기관이 실제 증권에 신용등급을 평가하는 일을 하려면 먼저 3년간 관련 업무를 준비하도록 되어 있었다. 그러나 신용등급 판정을 통해 한 푼의 수익도 거두지 못하면서 3년 동안 버틸 수 있는 업체는 없다.

28. 무디스는 주요 신용평가사 3개사 가운데 유일하게 신용등급 평가 업무만을 통해 기업을 유지한다. 이에 비해 S&P는 출판업체인 맥그로힐McGraw-Hill에 속한 사업 단위다. 그래서 S&P의 재무 상태를 정밀하게 알아보기가 한층 어렵다.

29. Chicago Booth School, "Credit Rating Agencies and the Crisis."

30. Jonathan Katz, Emanuel Salinas and Consstantinos Stephanou, "Credit Rating Agencies: No Easy Regulatory Solutions," The World Bank Group's "Crisis Response," Note Number 8, October 2009. http://rru.worldbank.org/documents/CrisisResponse/Note8.pdf.

31. "Moody's Corporation Financials (NYSE:MCO)," Google Finance. http://www.google.com/finance?q=NYSE:MCO&fstype=ii.

32. Sam Jones, "Alphaville: Rating Cows," Financial Times, October 23, 2008. http://ftalphaville.ft.com/blog/2008/10/23/17359/rating-cows/.

33. 같은 글.

34. "New CDO Evaluator Version 2.3 Masters 'CDO-Squared' Analysis; Increases Transparency in Market," Standard & Poor's press release, May 6, 2004. http://www.alacrastore.com/research/s-and-p-credit-research-New_CDO_Evaluator_Version_2_3_Masters_CDO_Squared_Analysis_Increases_Transparency_in_Market-443234.

35. Efraim Benmelech and Jennifer Dlugosz, "The Alchemy of CDO Credit Ratings," Journal of Monetary Economics 56; April 2009. http://www.economics.harvard.edu/faculty/benmelech/files/Alchemy.pdf.

36. S&P는 나중에 훨씬 더 비관적인 상황, 곧 주택가격 하락이 경기후퇴를 촉발할 만큼 심각한 상황을 설정한 시뮬레이션 작업을 또 한 차례 했지만 역시 같은 결론을 내렸다. 이 시뮬레이션 결과는 처음에는 대중에게 공개되었으나 나중에 S&P 웹사이트에서 삭제되었다.

37. Douglas Adams, *Mostly Harmless* (New York: Del Rey, 2000).

38. Benmelech and Dlugosz, "The Alchemy of CDO Credit Ratings."

39. Barnett-Hart, "The Story of the CDO Market Meltdown: An Empirical Analysis."

40. 이 20퍼센트 확률은 5년에 걸친 것이다.

41. 어쩌면 이보다 더 위험할 수도 있다. 이런 증권은 서로 엮여서 여러 파생상품으로 구성될 수도 있는데, 이들 파생상품에는 훨씬 더 높은 레버리지가 동원된다. 예컨대 다섯 개 알파 풀 모기지 대출은 하나의 슈퍼 알파 풀로 결합될 수 있는데, 이 상품은 거기에 속한 다섯 개 알파 풀이 모두 지급불능이 되지 않는 한 지급이 보장된다. 다섯 개 알파 풀 모두 지급불능이 될 확률은 각 모기지들이 서로 완벽하게 상관성이 없을 경우에 336이라는 숫자 뒤에 0을 30개 붙인 어마어마하게 거대한 수분의 1밖에 되지 않는다. 그러나 그 모기지들이 서로 완전하게 연관성이 있다면 확률은 20분의 1이 된다. 다시 말해 레버리지 비율이 무려 16,777,215,999,999,900,000,000,000,000,000배나 된다.

42. Ingo Fender and John Kiff, "CDO Rating Methodology: Some Thoughts on Model Risk and Its Implications," BIS Working Papers No. 163, November 2004.

43. 무디스인베스트먼트서비스Moody's Investment Service의 전직 이사 게리 위트Gary Witt가 2010년 6월 2일 금융위기조사위원회Financial Crisis Inquiry Commission, FCIC에서 한 진술. http://fcic-static.law.stanford.edu/cdn_media/fcic-testimony/2010-0602-Witt.pdf.

44. Financial Crisis Inquiry Commission, *Financial Crisis Inquiry Commission Report: Final Report of the National Commission on the Causes of the Financial and Economic Crisis in the United States* (U.S. Government Printing Office, 2011), p. 121. http://www.gpo.gov/fdsys/pkg/GPO-FCIC/pdf/GPO-FCIC.pdf.

45. Frank H. Knight, *Risk, Uncertainty, and Profit* (New York: Riverside Press; 1921).http://www.programme-finance.com/teletudiant/Knight.%20Risk,%20Uncertainty%20and%20Profit.pdf.

46. 텍사스홀덤 포커 게임에서 마지막 카드(리버 카드) 한 장을 남겨두고 있을 경우를 상정하고 계산한 확률이다.

47. 왜 이럴까? 아닐 카샵은 내게 보낸 편지에서 이렇게 설명한다. "미국의 대부분 지역에서는 토지가 풍부합니다. 그래서 택지와 주택의 가치는 대체로 택지 조성 및 건설 비용과 일치합니다. 건설비는 건축 기술이 발전하면서 꾸준히 떨어져왔습니다. 그런 만큼 주택가격의 급등을 기대하기는 어렵습니다. 물론 건축 제한 지역은 예외입니다. 이런 사실은 텍사스에서는 주택가격에 거품이 거의 끼지 않았다는 점만 보더라도 금방 알 수 있습니다. 왜 그럴까요? 텍사스에

는 토지 사용이 제한된 구역이 전혀 없고 자연보호구역도 드물기 때문입니다."

48. 1950년대에 미국 소비자들은 정말 지갑이 두둑했다. 여러 이유로 해서 (예컨대 사람들은 대 공황의 아픈 기억으로 검소하게 생활했고, 전쟁 기간에는 정부가 소비재 가격 및 생산을 규제 했으며, 또 노동시장이 붐을 일으키며 성장했다) 미국인은 유례가 없을 정도로 많은 돈을 저 축했다. 2차 세계대전 동안에 미국인은 소득의 자그마치 25퍼센트를 저축했으며, 저축률은 그 뒤 여러 해 동안 높은 수준을 유지했다.

49. "Historical Census of Housing Tables," Housing and Household Economic Statistics Division, U.S. Census Bureau; last updated October 31, 2011. http://www.census.gov/hhes/ www/housing/census/historic/owner.html.

50. David R. Morgan, John P. Pelissero, and Robert E. England, *Managing Urban America* (Washington, DC: CQ Press, 2007).

51. "Annual Statistics: 2005," Housing and Household Economic Statistics Division, U.S. Census Bureau; last updated October 31, 2011. http://www.census.gov/hhes/www/housing/hvs/ annual05/ann05t12.html.

52. "Historical Income Tables—Families," Housing and Household Economic Statistics Division, U.S. Census Bureau; last updated August 26, 2008. http://www.webcitation.org/ query?url=http%3A%2F%2Fwww.census.gov%2Fhhes%2Fwww%2Fincome%2Fhistinc%2F f01AR.html&date=2009-04-12.

53. 실제로는 아닐 카샵이 나에게 일깨워주었듯이, 서브프라임 대출이 가장 크게 증가한 지역에 서는 실업률과 범죄가 늘고 사회의 기본 원칙들이 악화되었다. 다음 참조. Atif Mian and Amir Sufi, "The Consequences of Mortgage Credit Expansion: Evidence from the U.S. Mortgage Default Crisis," *Quarterly Journal of Economics* 124, no. 4(2009). http://qje.oxfordjournals. org/content/124/4/1449.short for additional detail.

54. David Leonhardt, "Be Warned: Mr. Bubble's Worried Again," *New York Times*, August. 21, 2005. http://www.nytimes.com/2005/08/21/business/yourmoney/21real. html?pagewanted=all.

55. Urban Land Price Index in "Japan Statistical Yearbook 2012," Statistical Research and Training Institute, MIC. http://www.stat.go.jp/english/data/nenkan/1431-17.htm.

56. Karl E. Case and Robert J. Shiller, "Is There a Bubble in the Housing Market?" Cowles Foundation for Research in Economics, Yale University, 2004. http://www.econ.yale. edu/~shiller/pubs/p1089.pdf.

57. 얀 하치우스Jan Hatzius를 비롯해서 내가 이야기를 나눠본 경제 전문가들은 1950년대 이전 주 택 데이터의 질이 의심스럽다면서 케이스-실러의 주장을 논박했다. 그러나 데이터의 질이 상 당히 개선된 1953년을 시작점으로 설정하더라도 1953년과 1996년 사이 주택가격의 전반적

상승 현상은 없었다. 주택 소유자 본인들이 얻었으리라고 생각했던 장부상의 이익 또한 인플레이션을 감안하면 사실상 남는 게 별로 없었다.

58. "S&P/Case Shiller Home Price Index."

59. "New Private Housing Units Authorized by Building Permits," Census Bureau, United States Department of Commerce. http://research.stlouisfed.org/fred2/data/PERMIT.txt.

60. Alex Veiga, "U.S. Foreclosure Rates Double," Associated Press, November 1, 2007. http://www.azcentral.com/realestate/articles/1101biz-foreclosures01-ON.html.

61. "Crist Seeks $50M for Homebuyers," *South Florida Business Journal*, September 13, 2007. http://www.bizjournals.com/southflorida/stories/2007/09/10/daily44.html.

62. Vikas Bajaj, "Federal Regulators to Ease Rules on Fannie Mae and Freddie Mac," *New York Times*, February 28, 2008. http://www.nytimes.com/2008/02/28/business/28housing.html.

63. 2007년 11월의 '전문 예측가 서베이'. 여기에 나오는 〈도표 1-5〉를 참조할 것. 경제 전문가들은 이 표에서 2008년 동안 GDP 성장 범위를 확률적으로 예측했는데, GDP가 2퍼센트 남짓 떨어질 확률은 0.22퍼센트(500번에 1번 꼴)로 예시되어 있다. 그러나 실제로 2008년에 GDP는 3.3퍼센트 감소했다. http://www.phil.frb.org/research-and-data/real-time-center/survey-of-professional-forecasters/2007/spfq407.pdf.

64. 백분위 20~60퍼센트 구간에 속하는 가계.

65. Edward N. Wolff, "Recent Trends in Household Wealth in the United States: Rising Debt and the Middle-Class Squeeze,an Update to 2007," Working Paper No. 589, Levy Economics Institute of Bard College, March 2010. http://www.levyinstitute.org/pubs/wp_589.pdf.

66. Atif R. Mian and Amir Sufi, "House Prices, Home Equity-Based Borrowing, and the U.S. Household Leverage Crisis," Chicago Booth Research Paper No. 09-20, May 2010. http://papers.ssrn.com/sol3/papers.cfm?abstract_id=1397607.

67. 14퍼센트 감소는 인플레이션 이후다.

68. Wolff, "Recent Trends in Household Wealth."

69. Binyamin Applebaum, "Gloom Grips Consumers, and It May Be Home Prices," *New York Times*, October 18, 2011. http://www.nytimes.com/2011/10/19/business/economic-outlook-in-us-follows-home-prices-downhill.html?ref=business.

70. Dean Baker, "The New York Times Discovers the Housing Wealth Effect," Beat the Press blog, The Center for Economic and Policy Research, October19, 2011. http://www.cepr.net/index.php/blogs/beat-the-press/the-new-york-times-discovers-the-housing-wealth-effect.

71. 이 수치는 뉴욕연방준비은행에서 나온 보고서들을 토대로 했다. 보고서들은 MBS의 하루 평균 거래액이 3,200억 달러임을 보여주는데, 거래일이 1년에 250일이 넘으니까 연간 거래액은

약 80조 달러가 된다. James Vickery and Joshua Wright, "TBA Trading and Liquidity in the Agency MBS," Staff Report no. 468, Federal Reserve Bank of New York, August 2010. http://www.ny.frb.org/research/staff_reports/sr468.pdf.

72. 이 거래액은 MBS의 실제 가치 8조 달러와 비교해도 엄청나다.

73. Ilan Moscovitz, "How to Avoid the Next Lehman Brothers," *The Motley Fool*, June 22, 2010. http://www.fool.com/investing/general/2010/06/22/how-to-avoid-the-next-lehman-brothers.aspx.

74. Robin Blackburn, "The Subprime Crisis," *New Left Review* 50 (Mar.–Apr. 2008). http://www.newleftreview.org/?view=2715.

75. Niall Ferguson, "The Descent of Finance," *Harvard Business Review* (July–August 2009). http://hbr.org/hbr-main/resources/pdfs/comm/fmglobal/the-descent-of-finance.pdf.

76. 2011년 2월 23일 잉글랜드은행 데이비드 마일스David Miles가 유럽정책리서치센터와 런던비즈니스스쿨에서 행한 '비상시 금융정책' 강연. http://www.bankofengland.co.uk/publications/Documents/speeches/2011/speech475.pdf.

77. Investopedia staff, "Case Study: The Collapse of Lehman Brothers," Investopedia; April 2, 2009. http://www.investopedia.com/articles/economics/09/lehman-brothers-collapse.asp#axzz1bZ61K9wz.

78. George A. Akerlof, "The Market for 'Lemons': Quality Uncertainty and the Market Mechanism," *Quarterly Journal of Economics* 84, no. 3 (Aug. 1970). http://sws.bu.edu/ellisrp/EC387/Papers/1970Akerlof_Lemons_QJE.pdf.

79. "Lehman Brothers F1Q07 (Qtr End 2/28/07) Earnings Call Transcript," Seeking Alpha, Mar. 14, 2007. http://seekingalpha.com/article/29585-lehman-brothers-f1q07-qtr-end-2-28-07-earnings-call-transcript?part=qanda.

80. Investopedia staff, "Case Study: The Collapse of Lehman Brothers."

81. Abigail Field, "Lehman Report: Why the U.S. Balked at Bailing Out Lehman," *DailyFinance*, March 15, 2010. http://www.dailyfinance.com/2010/03/15/why-the-u-s-balked-at-bailout-out-lehma/.

82. 서머스는 클린턴 정부의 재무장관이기도 했다.

83. 이 예시는 서머스가 든 게 아니라 내가 직접 만든 사례다. 서머스는 밀 가격 사례를 들었다.

84. 비록 레모네이드 매출은 이처럼 움직이지 않지만, 경제학자들은 때로 다른 기호음료(예컨대 프렌치와인)의 매출이 이런 식으로 움직이는지를 놓고 논쟁해왔다. 특정 가격 범위에서는 와인의 가격 상승이 수요 증가를 부를 수 있다. 고객은 높은 가격이 더 나은 품질을 의미한다고 여기기 때문이다. 그러나 궁극적으로 보면 아무리 씀씀이가 헤픈 와인 전문가라 해도 특정한 가격 범위를 넘어서까지 이 같은 소비 행태를 보일 수는 없고, 따라서 긍정적 피드백은 무한하

게 이어질 수 없다.

85. 조지 애컬로프와의 인터뷰. "주택 A와 주택 B가 있다고 칩시다. 주택 A가 500달러짜리 주방 설비를 갖추고 있는 데 비해 주택 B는 이런 주방 설비가 없다면, 당신은 이 이유를 들어서 주택 A가 주택 B보다 500달러 더 비싸다고 말할 수 있습니다. 하지만 당신은 주택의 가격이 얼마가 되어야 하는지는 알지 못합니다."

86. Carmen M. Reinhart and Kenneth S. Rogoff, "The Aftermath of the Financial Crisis," Working Paper 14656, NBER Working Paper Series, National Bureau of Economic Research, January 2009.http://www.bresserpereira.org.br/terceiros/cursos/Rogoff.Aftermath_of_Financial_Crises.pdf.

87. Carmen M. Reinhart and Vincent R. Reinhart, "After the Fall," presentation at Federal Reserve Bank of Kansas City Jackson Hole Symposium, August 2010. http://www.kcfed.org/publicat/sympos/2010/reinhart-paper.pdf.

88. 대통령이 임기 초에 경기후퇴를 경험하는 일이 해롭지 않은 이유 중 하나가 바로 이것이다. (경기후퇴는 경제에 유익하다고까지 주장하는 논문들도 계속 발표되어왔다.) 예를 들어 1982년에 미국 경제는 경기후퇴기에 놓여 있었다. 그러나 1983년에 8퍼센트와 1984년에 6퍼센트라는 기록적인 성장을 하면서 경기를 회복했고, 로널드 레이건은 이에 힘입어 재선에서 압승했다. 그런데 사실은 대통령이 재정·금융 정책에 영향력을 행사해서 그 결과들을 조작할 수 있다는 몇 가지 증거가 있다. 1948년 이후로 GDP 성장률 중앙값이 대통령 재임 첫해에 2.7퍼센트이고 2년째에는 2.8퍼센트인데, 3년째와 4년째는 모두 4.2퍼센트다.
추가 논의는 다음을 참조. Larry Bartels, "The President's Fate May Hinge in 2009," *The Monkey Cage*, November 2, 2011. http://themonkeycage.org/blog/2011/11/02/the-presidents-fate-may-hinge-on-2009-2/.

89. Ezra Klein, "Financial Crisis and Stimulus: Could This Time Be Different?" *Washington Post*, October 8, 2011. http://www.washingtonpost.com/business/financial-crisis-and-stimulus-could-this-time-be-different/2011/10/04/gIQALuwdVL_story.html.

90. Christina Romer and Jared Bernstein, "The Job Impact of the American Recovery and Reinvestment Plan," January 9, 2009. http://www.economy.com/mark-zandi/documents/The_Job_Impact_of_the_American_Recovery_and_Reinvestment_Plan.pdf.

91. Paul Krugman, "Behind the Curve," *New York Times*, March 8, 2008. http://www.nytimes.com/2009/03/09/opinion/09krugman.html.

92. Peter Roff, "Economists: Stimulus Not Working, Obama Must Rein in Spending," *US News & World Report*, June 10, 2010. http://www.usnews.com/opinion/blogs/peter-roff/2010/06/10/economists-stimulus-not-working-obama-must-rein-in-spending.

93. 2009년 1월 《월스트리트저널》의 예측 패널들은 그해 말에 실업률이 8.5퍼센트로 오른다고

예측했다. 이에 비해 백악관은 경기부양책을 펼치지 않으면 9.0퍼센트, 경기부양책을 펼치면 7.8퍼센트 상승으로 예측했다. 당시로서는 《월스트리트저널》의 예측 패널들이 경기부양책이 어느 정도 규모로 펼쳐질지 몰랐을 것이므로 이들의 예측치가 백악관의 두 예측치 사이에 놓이는 것은 놀라운 일이 아니다.

그러나 백악관은 경기부양책이 시행되면 2009년 전반기와 후반기 사이에 실업률이 실질적으로 떨어지리라고 예측했다. 그러나 《월스트리트저널》의 패널들이나 '전문 예측가 서베이'는 이런 예측을 하지 않았다. 그래서 비록 백악관의 예측이 2009년 말에는 실업률 상승이 멈출 것이라는 민간 부문의 예측과 크게 동떨어지지 않았음에도, 실업률 곡선은 2009년 중반에 최고점을 지나서 떨어질 거라는 전혀 다른 궤적을 그려냈다.

94. Klein, "Financial Crisis and Stimulus: Could This Time Be Different?"

95. Lisa Mataloni, "Gross Domestic Product: Fourth Quarter 2008 (Advance)," Bureau of Economic Analysis, U.S. Department of Commerce, January. 30, 2009. http://www.bea.gov/newsreleases/national/gdp/2009/gdp408a.htm.

96. "Real Gross Domestic Product, 1 Decimal," Bureau of Economic Analysis, U.S. Department of Commerce. http://research.stlouisfed.org/fred2/data/GDPC1.txt.

97. 특히 예측 시점에서 1년 뒤를 전망한 실업률 예측.

98. '전문 예측가 서베이'의 데이터를 내가 직접 분석한 내용을 바탕으로 한 것이다.

99. Antonio Spilimbergo, Steve Symansky, and Martin Schindler, "Fiscal Multipliers," InternationalMonetary Fund Staff Position Note SPN/09/11, May 20, 2009. http://econ.tu.ac.th/class/archan/RANGSUN/EC%20460/EC%20460%20Readings/Global%20Issues/Global%20Financial%20Crisis%202007-2009/Academic%20Works%20By%20Instituion/IMF/IMF%20Staff%20Position%20Notes/Fiscal%20Multipliers.pdf.

100. "93% of Drivers Consider Themselves Above Average. Are You Above Average?" Cheap Car Insurance, Aug. 24, 2011. http://www.cheapcarinsurance.net/above-avarege-driver/.

101. Financial Crisis Inquiry Commission Report, 2011. http://www.gpo.gov/fdsys/pkg/GPO-FCIC/pdf/GPO-FCIC.pdf.

2. 정치 | 내가 선거 결과를 맞힌 비법

1. The McLaughlin Group transcript, Federal News Service, taped October 31, 2008. http://www.mclaughlin.com/transcript.htm?id=687.

2. "Iowa Electronic Markets," Henry B. Tippie College of Business, University of Iowa. http://iemweb.biz.uiowa.edu/pricehistory/PriceHistory_GetData.cfm.

3. The McLaughlin Group transcript, Federal News Service; taped November 7, 2008. http://www.mclaughlin.com/transcript.htm?id=688.

4. Nate Silver, "Debunking the Bradley Effect," *Newsweek*, October 20, 2008. http://www.thedailybcast.com/newsweek/2008/10/20/debunking-the-bradley-effect.html.

5. 〈매클로플린 그룹〉을 학술적으로 다룬 연구서들은 모두 비슷한 결론을 내린다. 예를 들어 다음을 참조. Lee Sigelman, Jarol B. Manheim, and Susannah Pierce, "Inside Dopes? Pundits as Political Forecasters," *The International Journal of Press/Politics* 1, 1 (January 1996). http://hij.sagepub.com/content/1/1/33.abstract.

6. 평가 대상에서 제외한 예측은 다음 세 가지 이유 중 적어도 하나에 해당되기 때문이었다. 첫째, 패널의 대답이 지나치게 모호해서 검증할 수 있는 가설로 정리할 수 없었다. 둘째, 예측이 너무 먼 미래의 사건과 관련된 것이라서 당시로서는 검증할 수 없었다. 셋째, 패널이 매클로플린의 질문을 받고도 미꾸라지처럼 빠져나가며 예측을 하지 않았다.

7. 덜 자주 등장한 두 패널 클래런스 페이지와 모트 주커먼Mort Zuckerman은 점수를 더 받았지만 크롤리는 형편없었다. 하지만 그 어느 경향도 통계적으로 유의미하지 않다.

8. Eugene Lyons, *Workers' Paradise Lost* (New York: Paperback Library, 1967).

9. 그 뒤에 테틀록은 펜실베이니아대학교로 옮겼다.

10. 테틀록이 판단하기에, '전문가'는 특정 분야에서 자기 능력으로 생활비를 벌어 살아가는 사람이다. 예를 들어《워싱턴포스트》모스크바 특파원은 버클리대학교에서 종신재직권을 받고서 사회주의를 연구하는 교수와 마찬가지로 소련 전문가가 된다.

11. Phillip E. Tetlock, *Expert Political Judgment* (Princeton, NJ: Princeton University Press, 2006), pp. 107 – 108.

12. CIA가 소련의 GDP를 잘못 산정한 한 가지 이유로, 소련의 놀라운 군사력을 토대로 소련 경제의 전체 규모를 추정한 점을 들 수 있다. 소련은 유럽과 북아메리카 자유경제 체제의 국가들에 비해 훨씬 더 높은 비율의 국내 총생산을 군사 부문 지출에 쓰고 있었다.

13. Abram Bergson, "How Big Was the Soviet GDP?" *Comparative Economic Studies*, March 22,1997. http://web.archive.org/web/20110404205347/http://www.allbusiness.com/government/630097-1.html.

14. 이 절 가운데 몇몇 부분은 뉴욕대학교의 정치학 교수 브루스 부에노 드메스키타Bruce Bueno de Mesquita와의 인터뷰를 바탕으로 했다.

15. Louis Menand, "Everybody's an Expert," *New Yorker*, December 6, 2005. http://www.newyorker.com/archive/2005/12/05/051205crbo_books1.

16. Dick Morris, "Bush Will Rebound from Katrina Missteps," *The Hill*, September 7, 2005.

17. Justin Gardner, "Dick Morris' Crazy Electoral Map," Donklephant.com, October 15, 2008. http://donklephant.com/2008/10/15/dick-morris-crazy-electoral-map/.

18. Dick Morris and Eileen McGann, "Goal: 100 House Seats," DickMorris.com, September 27, 2010. http://www.dickmorris.com/goal-100-house-seats/.

19. Dick Morris, "Krauthammer's 'Handicapping the 2012 Presidential Odds,'" DickMorris. com, April 25, 2011.http://www.dickmorris.com/comments-on-krauthammers-handicapping-the-2012-presidential-odds/.

20. Phillip E. Tetlock, *Expert Political Judgment*, p.79.

21. James A. Barnes and Peter Bell, "Political Insiders Poll," *National Journal*, October 28, 2010. http://www.nationaljournal.com/magazine/political-insiders-poll-20101028?print=true.

22. 정당 관계자가 가질 수 있는 지식이 전혀 없는 (내가 설립한 선거 예측 사이트인) '파이브서티 에이트'의 예측 모델은 11개 선거 가운데서 9개의 결과를 맞혔다. 이는 평균 6.9개를 맞힌 민 주당 관계자들이나 평균 8.4개를 맞힌 공화당 관계자들보다 더 높은 정확도였다.

23. 그런데 이런 예측들은 심지어 집단 내부적으로도 일관적이지 않았다는 사실을 지적할 필요가 있다. 예컨대 민주당 관계자들이 (당파적 이념을 발동해서) 접전이 예상되는 거의 모든 선거 구에서 이기기를 기대했다면, 그들은 민주당이 하원에서 다수 의석을 차지할 것으로 예측했 어야 옳았지만 실제로는 그렇지 않았다.

24. 2008년 선거에서는 인종과 성gender이 핵심 요인이긴 했지만, 이보다 더 나은 여러 가설이 있 음에도 언론에서는 주로 이 두 가지만을 전면에 내세워 민주당의 두 경선 후보를 설명했다. 이 를테면 2008년 예비선거의 어느 시점에 오바마가 히스패닉 유권자들 사이에서 열세라는 지 적이 나왔다. 히스패닉 유권자들은 거의 언제나 흑인 후보자들을 신뢰하지는 않는다는 암시 였다. 그러나 사실 내가 나중에 발견한 사실이지만, 오바마가 히스패닉 유권자들에게서 열세 인 것은 인종과 아무 상관이 없었고 보통 그들이 낮은 소득에 시달리고 있다는 사실과 관련 있 었다. 힐러리는 일반적으로 노동자층에서 오바마보다 높은 지지를 얻었다. 또 히스패닉 유권 자 다수가 노동자층이어서 힐러리는 이 집단에서 지지를 더 받은 것이다. 하지만 노동자층의 소득 개선과 관련한 공약 내용은 오바마나 힐러리 사이에 별다른 차이가 없었다. 실제로 오바 마는 본선에서 공화당 후보로 확정된 존 매케인과 맞붙어서는 별 어려움 없이 히스패닉 유권 자에게 약 3분의 2라는 높은 지지를 받았다.

25. "Election Results: House Big Board," *New York Times*, November 2, 2010. http://elections. nytimes.com/2010/results/house/big-board.

26. Nate Silver, "A Warning on the Accuracy of Primary Polls," *FiveThirtyEight*, *New York Times*, March 1, 2012. http://fivethirtyeight.blogs.nytimes.com/2012/03/01/a-warning-on-the-accuracy-of-primary-polls/.

27. Nate Silver, "Bill Buckner Strikes Again," *FiveThirtyEight*, *New York Times*; September 29, 2011. http://fivethirtyeight.blogs.nytimes.com/2011/09/29/bill-buckner-strikes-again/.

28. 그렇지 않다면, 당신은 그 의원이 승리할 확률이 100퍼센트라고 해야 옳다.

29. Matthew Dickinson, "Nate Silver Is Not a Political Scientist," in Presidential Power: A Nonpartisan Analysis of Presidential Power, Blogs Dot Middlebury, November 1, 2010.

http://blogs.middlebury.edu/presidentialpower/2010/11/01/nate-silver-is-not-a-political-scientist/.

30. Sam Wang, "A Weakness in *FiveThirtyEight*.com," Princeton Election Consortium, August 8, 2008. http://election.princeton.edu/2008/08/04/on-a-flaw-in-fivethirtyeightcom/.

31. Douglas A. Hibbs, Jr., "Bread and Peace Voting in U.S. Presidential Elections," *Public Choice* 104 (January 10, 2000): pp. 149 – 180. http://www.douglas-hibbs.com/HibbsArticles/Public%20Choice%202000.pdf.

32. 힙스의 모델은 (3위 후보를 제외하고 1위와 2위 후보가 겨루는 결선투표에서) 앨 고어가 54.8퍼센트로 이긴다고 예측했다. 그러나 실제로는 고어가 50.3퍼센트로 이겼다. 4.5퍼센트 오차가 난 것이다. 그의 모델은 한 후보의 득표율을 예측하는 데서 약 2퍼센트포인트 표준오차가 발생했다고(또는 두 후보 사이 격차를 예측하는 데서 약 4퍼센트포인트의 오차가 발생했다고) 주장했다. 다시 말해 힙스의 예측은 2.25퍼센트 표준편차로 고어의 지지율을 실제보다 높게 평가했는데, 이는 정규분포에서 80번에 한 번 꼴로 나타나는 상황이다.

33. James E. Campbell, "The Referendum That Didn't Happen: The Forecasts of the 2000 Presidential Election," *PS: Political Science & Politics* (March 2001). http://cas.buffalo.edu/classes/psc/fczagare/PSC%20504/Campbell.pdf.

34. Andrew Gelman and Gary King, "Why Are American Presidential Election Campaign Polls So Predictable?" *British Journal of Political Science* 23, no. 4 (October1993). http://www.rochester.edu/College/faculty/mperess/ada2007/Gelman_King.pdf.

35. Nate Silver, "Models Based on 'Fundamentals' Have Failed at Predicting Presidential Elections," *FiveThirtyEight*, *New York Times*, March 26, 2012.

36. 1998년과 2008년 사이에, 미국 상원 선거를 3주 앞둔 시점부터 선거 전날까지 이루어진 여론조사들은 평균 약 5퍼센트포인트 빗나간 데 비해, 같은 경우 하원 선거 여론조사는 평균 5.8퍼센트포인트 빗나갔다.

37. 쿡 폴리티컬 리포트에 대한 소소한 비판 가운데 하나는 이들이 예측 대상인 선거들을 지나치게 많이 '반반'으로 분류하며, 심지어 한 후보가 다른 후보를 상당한 수준으로 앞서는 선거구에서도 '반반'으로 분류한다는 지적이다. 한편 겉으로 보이는 격차가 아무리 근소하더라도 이쪽이든 저쪽이든 결과를 명시적으로 예측하는 파이브서티에이트의 방법론은, 쿡 폴리티컬 리포트가 2010년에 '반반'으로 예측한 50개 경선 결과 중 38개를 적중시켰다. 76퍼센트의 성공률이다.

38. 1998년과 2010년 사이에 쿡 폴리티컬 리포트는, 여론조사 평균이 예측한 후보가 아닌 다른 후보의 승리를 예측한 경선(예컨대 여론조사 평균이 민주당의 승리를 예측했는데, 이와 반대로 공화당의 근소한 승리를 예측했던 경우) 17개 가운데서 13개를 올바르게 예측했다.

39. 나중에 커팬키는 2011년 위스콘신주 상원의원 재선거에서도 낙선했다.

40. Scott Schneider, "Democrats Unfairly Accuse Dan Kapanke of Ethics Violations," *La Crosse Conservative Examiner*, August. 27, 2010. http://www.examiner.com/conservative-in-la-crosse/democrats-unfairly-accuse-dan-kapanke-of-ethics-violations.

41. 쿡 폴리티컬 리포트는 여러 주 뒤에 '민주당이 될 듯함'에서 '민주당으로 기움'으로 평가 등급을 바꾸었다. 그러나 이것은 그날 와서먼이 커팬키와 했던 인터뷰보다는 전국적인 정치 흐름 속에서 민주당이 부진을 면치 못한 상황이 커팬키 선거구의 판세를 읽는 데도 반영됐기 때문이다.

42. Paul E. Meehl, "When Shall We Use Our Heads Instead of the Formula," *Journal of Counseling Psychology* 4, no. 4(1957), pp. 268-273. http://www.mcps.umn.edu/assets/pdf/2.10_Meehl.pdf.

43. Douglas Harper, *Online Etymology Dictionary*. http://www.etymonline.com/index.php?term=objective.

3. 야구 | 야구 경기는 왜 모든 '예측'의 모델이 되는가

1. Nate Silver in Jonah Keri, et al., *Baseball Between the Numbers: Why Everything You Know About the Game Is Wrong* (New York: Basic Books, 2006)

2. Danny Knobler, "The Opposite of a 'Tools Guy,' Pedroia's Simply a Winner," CBSSports.com, November 18, 2008. http://www.cbssports.com/mlb/story/11116048.

3. Nate Silver, "Lies, Damned Lies: PECOTA Takes on Prospects, Wrap-up," BaseballProspectus.com, March 8, 2006. http://www.baseballprospectus.com/article.php?articleid=4841.

4. 로는 과거에《베이스볼 프로스펙터스》에 기고하기도 했다.

5. Keith Law, "May Rookies Struggling to Show They Belong," ESPN.com, May 12, 2007. http://insider.espn.go.com/mlb/insider/columns/story?columnist=law_keith&id=2859877.

6. 이 문단에 나오는 모든 통계는 Baseball-Reference.com에 따른 것이다.

7. Tommy Craggs, "Dustin Pedroia Comes out Swinging," *Boston Magazine*, April 2009. http://www.bostonmagazine.com/articles/dustin_pedroia/page5.

8. 이 계산은 이항분포를 근거로 했으며, 또 타자는 한 시즌에 500번 타석에 들어서며, 각 타석의 결과는 서로 무관하다는 가정을 전제로 해서 도출된 것이다.

9. 좀 더 정확하게 말하면 일반적인 '타자'다. 투수에게서는 좀 더 불규칙적 패턴의 노화곡선이 나타난다.

10. 타자의 나이 서른두 살부터는 기량이 급격하게 떨어지기 시작한다.

11. Jeff Sonas, "The Greatest Chess Player of All Time, Part II, Chessbase.com, April 28, 2004. http://www.chessbase.com/newsdetail.asp?newsid=2354.

12. Bruce Weinberg and David Galenson, "Creative Careers: The Life Cycles of Nobel Laureates

in Economics," NBER Working Paper No. 11799, National Bureau of Economic Research, November 2005. http://www.econ.brown.edu/econ/sthesis/IanPapers/tcl.html.

13. Del Jones, "Does Age Matter When You're CEO?" *USA Today*, September 11, 2008. http://www.usatoday.com/money/companies/management/2008-08-12-obama-mccainage-ceos_N.htm.

14. Gary Huckabay, "6-4-3," *Baseball Prospectus*, August 2, 2002. http://www.baseballprospectus.com/article.php?articleid=1581.

15. Arlo Lyle, "Baseball Prediction Using Ensemble Learning," thesis submitted to the University of Georgia; 2007. http://www.ai.uga.edu/IAI/Theses/lyle_arlo.pdf.

16. Bill James, "Whatever Happened to the Hall of Fame," *Fireside* (1995): p. 89.

17. 그러나 페코타에서 진행되는 백엔드back-end 프로세싱의 상당한 양은 STATA라는 또 다른 통계 소프트웨어를 사용한다.

18. 내가 2차 세계대전 발발 시점을 구분점으로 설정한 것은, 프로야구를 오늘날과 같은 현대적 경기로 만들어준 수많은 발전이 2차 세계대전 직후에 일어났기 때문이다. 흑인 선수 재키 로빈슨Jackie Robinson이 인종 장벽을 허문 것이 1947년이었고, 월드시리즈가 처음 텔레비전으로 중계된 것이 1947년이며, 야구팀들이 태평양 연안으로 이동한 것은 1957년이었고, 야간 경기가 활성화된 것도 그 무렵이었다. 야간 경기는 1935년에 최초로 실시되었지만 활성화된 것은 2차 세계대전 기간이었다. 낮 시간에는 공장에서 계속 일을 해야 하는 노동자들이 밤에 즐길 수 있는 여가 활동이 필요했는데, 그게 바로 프로야구 관람이었다.

19. Alan Schwarz, "The Great Debate," *Baseball America*, January. 7, 2005. http://www.baseballamerica.com/today/features/050107debate.html.

20. 빌리 빈과의 개인적인 인터뷰.

21. Nate Silver, "What Tim Geithner Can Learn from Baseball," *Esquire*, March 11, 2009. http://www.esquire.com/features/data/mlb-player-salaries-0409.

22. 내가 2003년에 처음 합의를 하고 2009년에 추가 합의를 한 결과, 지금은 베이스볼 프로스펙터스가 페코타를 온전하게 소유하고 운영한다. 페코타는 내가 처음 개발했던 방법론을 수정·개선한 내용을 2010년 시즌부터 반영해 예측 작업을 한다. 내가 여기에서 설명하는 여러 방법론은 2003년부터 2009년까지의 페코타 버전에 한정된다.

23. Nate Silver, "PECOTA Takes on the Field," *Baseball Prospectus*, January 16, 2004. http://www.baseballprospectus.com/article.php?articleid=2515.

24. Nate Silver, "Lies, Damned Lies: Projection Reflection," *Baseball Prospectus*, October 11, 2006. http://www.baseballprospectus.com/article.php?articleid=5609.

25. 같은 글.

26. Dave Van Dyck, "Computer Crashes White Sox," *Chicago Tribune*, March 11, 2007. http://

articles.chicagotribune.com/2007-03-11/sports/0703110075_1_computer-paul-konerko-projections.

27. Steve Slowinski, "The Projection Rundown: The Basics on Marcels, ZIPS, CAIRO, Oliver, and the Rest," FanGraphs.com, February 16, 2011. http://www.fangraphs.com/library/index.php/the-projection-rundown-the-basics-on-marcels-zips-cairo-oliver-and-the-rest.

28. Silver, "Lies, Damned Lies: PECOTA Takes on Prospects, Wrap-up."

29. WARP나 이와 비슷한 통계 방식에는 다양한 버전이 있다. 당연한 이야기지만 나는 이것을 《베이스볼 프로스펙터스》 버전으로 계산한다.

30. Dave Cameron, "Win Values Explained: Part Six," FanGraphs.com, January 2, 2009. http://www.fangraphs.com/blogs/index.php/win-values-explained-part-six/.

31. Silver, "Lies, Damned Lies: PECOTA Takes on Prospects, Introduction," *Baseball Prospectus*, February 1, 2007. http://www.baseballprospectus.com/article.php?articleid=5836.

32. "All-Time Top 100 Prospects," *Baseball America*. http://www.baseballamerica.com/today/prospects/rankings/top-100-prospects/all-time.html.

33. "1997 Oakland Athletics Batting, Pitching, & Fielding Statistics," Baseball-Reference.com. http://www.baseball-reference.com/teams/OAK/1997.shtml.

34. 그러나 다음 사실은 분명하게 기억해야 한다. 메이저리그 구단의 선수 평균 연봉 총액은 1억 달러가 훌쩍 넘는데, 어떤 구단이 전체 예산의 2퍼센트를 예측 시스템을 운영하는 데 쓴다면, 이 시스템은 한 해에 200만 달러를 절약해줄 것이다. 여기에 비하면 통계 분석 전문가들이 받는 다섯 자릿수의 연봉은 그야말로 껌값인 셈이다.

35. "Detroit Tigers 11, Kansas City Athletics 4: Game Played on Tuesday, April 13, 1965 (D) at Municipal Stadium," Retrosheet.org.http://www.retrosheet.org/boxesetc/1965/B04130KC.11965.htm.

36. "John Sanders, Grand Island," Inductee 2002, Nebraska High School Sports Hall of Fame Foundation. http://www.nebhalloffame.org/2002/sanders.htm.

37. Steve Treder, "Cash in the Cradle: The Bonus Babies," *The Hardball Times*, November 1, 2004. http://www.hardballtimes.com/main/article/cash-in-the-cradle-the-bonus-babies/.

38. Mike Pesca, "The Man Who Made Baseball's Box Score a Hit," National Public Radio, July 30, 2009. http://www.npr.org/templates/story/story.php?storyId=106891539.

39. 어째서 각 구단들은 그렇게나 오랜 세월 출루율보다 타율을 더 중요하게 여겼을까? 아무래도 볼넷walk(포볼)을 타자가 숙달된 실력으로 따냈다기보다는 투수가 저지른 실책으로 여겼기 때문이 아닐까 싶다. 남성다움을 강조하는 문화에서 타자가 투수의 공을 골라서 걸어 나가는 행위는 남성답지 못하다고 인식되었을지도 모른다. 하지만 이제 야구계는 출루율의 가치를 인정할 만큼 현명해졌다. 출루율은 FA선수의 연봉과 상관성이 가장 높다. 오클랜드 애슬레틱

스도 이제는 더 이상 상대 팀으로부터 볼넷을 가장 많이 얻어내는 비효율적인 팀이 아니다. 수 년간 볼넷이 가장 많았던 애슬레틱스는 2009년 아메리칸리그 14개 팀 가운데 이 부문 10위 를 기록했다.

40. Ken C. Winters, "Adolescent Brain Development and Drug Abuse," Treatment Research Institute, November 2004,http://www.factsontap.org/docs/2004Nov_AdolescentBrain.pdf.

41. 존 샌더스와의 인터뷰.

42. 선수들은 다른 어느 구단과도 계약하지 못하게 규정하는 이른바 '유보 조항'에 매인 상태로 메이저리그의 처음 두 시즌을 보낸다. 선수 처지에서는 기댈 데가 거의 아무 데도 없다는 뜻 이다. 이런 상태에서 선수는 보통 메이저리그 최하 수준의 연봉인 40만 달러에 구단과 계약한 다. 세 번째 시즌부터 여섯 번째 시즌까지는 연봉조정신청을 통해 연봉을 결정하는데, 이때는 선수와 구단이 각자 원하는 연봉을 제시하고 제3자가 어떤 수준이 가장 적정한지 결정한다. 하지만 조정신청을 통해 결정되는 연봉은 보통 기량이 비슷한 FA선수가 받는 연봉의 60퍼센 트 수준이라서 구단으로서는 상당히 싼값으로 선수를 확보하는 셈이다.

43. 같은 맥락에서 스카우터들이 선수의 신체적 측면뿐만 아니라 정신적 도구들을 평가하지 못할 이유는 어디에도 없다.

44. Jeremy Greenhouse, "Touching Bases: Best PITCHf/x Pitches of 2009," Baseball Analysts; March 4, 2010. http://baseballanalysts.com/archives/2010/03/top_pitchfx_pit.php.

45. 같은 글.

46. "Baseball Hall of Fame Second Basemen," Baseball Almanac. http://www.baseball-almanac. com/hof/hofst2b.shtml.

47. 제임스와 나눈 대화의 몇몇 부분은 나중에 그와의 전화 통화로 보충했다.

II. 움직이는 과녁을 맞혀라!

4. 기상 | 예측의 성공 스토리, 기상 예보의 진전

1. Forecaster Stewart, "Tropical Depression Twelve: ZCZC MIATCDAT2 ALL, TTAA00KNHC DDHHMM," National Hurricane Center, National Weather Service, August. 23, 2005. http://www.nhc.noaa.gov/archive/2005/dis/al122005.discus.001.shtml?

2. StormPulse.com의 2000~2011년 대서양 분지 허리케인 통계를 바탕으로 했다. 이 기간 열대 성 저기압이 허리케인으로 발달하는 정확한 비율은 43퍼센트였다. 한편 열대성 저기압의 88 퍼센트가 최소한 열대성 태풍(사이클론)으로 발달했다.

3. Stewart, "Tropical Storm Katrina: ZCZC MIATCDAT2 ALL, TTAA00 KNHC DDHHMM," August 24, 2005. http://www.nhc.noaa.gov/archive/2005/dis/al122005.

discus.005.shtml?

4. 관례상 어떤 저기압이 풍속 시속 39마일(62.8킬로미터) 이상의 열대성 태풍으로 발달하기 전까지는 이름을 붙이지 않는다. 태풍이 풍속 시속 74마일(119.1킬로미터)을 넘어가면 허리케인이 된다. '열대성 저기압 12호'는 카트리나가 허리케인이 되기 전의 열대성 태풍이었다.

5. Forecaster Knabb, "Hurricane Katrina: : ZCZC MIATCDAT2 ALL, TTAA00 KNHC DDHHMM," National Hurricane Center, National Weather Service; August 27, 2005. http://www.nhc.noaa.gov/archive/2005/dis/al122005.discus.016.shtml?

6. "Washing Away-Special Report from the Times-Picayune," *Times-Picayune*, June 23.27, 2002. http://www.nola.com/hurricane/content.ssf?/washingaway/index.html.

7. Ezra Boyd, "The Evacuation of New Orleans for Hurricane Katrina: A Synthesis of the Available Data," presentation for the National Evacuation Conference, February 5, 2010. http://www.nationalevacuationconference.org/files/presentations/day2/Boyd_Ezra.pdf.

8. "Survey of Hurricane Katrina Evacuees," *Washington Post*, Harvard University, and the Kaiser Family Foundation, September 2005. http://www.kff.org/newsmedia/upload/7401.pdf.

9. "The Weatherman," *Curb Your Enthusiasm*, season 4, episode 4, HBO, January. 25, 2004.

10. joesixpacker, "The Mitt Romney Weathervane," YouTube, December. 24, 2011. http://www.youtube.com/watch?v=PWPxzDd661M.

11. Willis I. Milham, *Meteorology. A Text-Book on the Weather, the Causes of Its Changes, and Weather Forecasting for the Student and General Reader* (New York: Macmillan, 1918).

12. Aristotle, Meteorology, translated by E. W. Webster. Internet Classics Archive. http://classics.mit.edu/Aristotle/meteorology.html.

13. Pierre-Simon Laplace, "A Philosophical Essay on Probabilities" (Cosmo Publications, 2007).

14. '불확정성 원리'를 '관찰자 효과observer effect'와 혼동하면 안 된다. 관찰자 효과는 실험자가 어떤 시스템을 측정하려고 할 때(예를 들어 빛의 입자에 레이저 빔을 쏜다고 할 때) 이 행동이 필연적으로 실험자의 관찰 내용에 영향을 끼쳐서 객관적 결과를 확인할 수 없게 하는 현상이다. 이 두 믿음은 기본적으로 양립할 수 없다. 그러나 불확정성 원리는 더 강력한 진술이며, 무척 만족스러울 정도로 직관적이지는 않다. 실제로 하이젠베르크는 자기가 제시한 불확정성 원리가 지나치게 반反직관적이라고 믿었다. 그러나 기본적으로 불확정성 원리의 발상은 어떤 관찰이 특정한 수준을 넘어설 때, 우리가 입자의 위치를 '정확하게' 파악할 수 있다고 생각하는 바로 그 순간에 그 입자는 한 지점에 있는 방식이 아니라 '움직이는' '파동'과 같은 방식으로 행동한다는 것이다. 내가 본 가장 만족스러웠던 불확정성 원리 시연은 MIT의 물리학자 월터 르윈Walter Lewin이 한 실험이다. 이 실험 동영상은 다음에서 볼 수 있다. Acorvettes, "Quantum Mechanics, the Uncertainty Principle, Light Particles," YouTube, August 4, 2007. http://www.youtube.com/watch?v=KT7xJ0tjB4A.

15. "London Weather," in Official London Guide, Visitlondon.com. http://www.visitlondon.com/travel/weather.

16. 리처드슨이 실패한 내용 가운데 일부는 지극히 사소한 '특정화의 오류specification error' 때문임이 나중에 밝혀졌다. 만일 리처드슨이 그 오류를 올바르게 보정했더라면 아마도 상당히 정확한 '예측' 결과를 냈을 것이다.

17. J. G. Charney, R. Fjörtoft, and J. von Neumann, "Numerical Integration of the Barotropic Vorticity Equation," *Tellus* 2 (1950): pp. 237–254. http://mathsci.ucd.ie/~plynch/eniac/CFvN-1950.pdf.

18. "Moore's Law," Intel Corporation, 2005. ftp://download.intel.com/museum/Moores_Law/Printed_Materials/Moores_Law_2pg.pdf.

19. 로렌츠의 이 논문은 정식 발표 과정을 거치지 않고, 1972년 12월 29일 미국과학진흥협회AAAS의 좌담회에 제출되었다. 이 논문은 나중에 로렌츠의 저서 《카오스의 본질The Essence of Chaos》(Seattle: University of Washington Press, 1995)을 통해 발표되었다. http://www.washington.edu/uwpress/search/books/LORESS.html. (1979년 논문의 제목은 "Predictability: Does the Flap of a Butterfly's Wings in Brazil Set Off a Tornado in Texas?"이다 – 옮긴이)

20. Douglas Allchin, "Penicillin and Chance," SHiPS Resource Center. http://www1.umn.edu/ships/updates/fleming.htm.

21. 리처드 로프트와의 인터뷰.

22. 5^5^5는 298,023,223,876,953,000으로 약 298쿼드릴리언quadrillion(1쿼드릴리언=10의 15제곱=1,000조 – 옮긴이). 그러나 5^6^5는 931,322,574,615,479,000,000, 약 931퀸틸리언(1퀸틸리언=10의 18제곱=100경 – 옮긴이)이다. 처음의 그 작은 차이 때문에 우리가 구하려는 값은 약 3,125배나 부풀려지고 말았다.

23. 그렇다. 미적분은 실생활에 유용하다.

24. 미국 국립대기과학연구소NCAR는 이 기관과 독립적으로 운영되는 비영리 연구 컨소시엄이며 미국 국립과학재단NSF으로부터 자금 지원을 받는다. NCAR 건물이 좀 더 번듯한 것도 이런 까닭에서다.

25. "History of the National Weather Service," Public Affairs Office, National Weather Service, National Oceanic and Atmospheric Administration, United States Department of Commerce. http://www.weather.gov/pa/history/index.php.

26. "The Blizzard of 1988," Nebraska State Historical Society, last updated June 4, 2004. http://www.nebraskahistory.org/publish/markers/texts/blizzard_of_1888.htm.

27. (미국의 경우) 대부분의 하급 예보관들은 공무원 급여 일반 등급 기준으로 5등급에서 시작하는데, 이 경우 연봉은 생활비조정(인플레이션을 반영해 보수를 조정하는 것 – 옮긴이) 이전 기

준으로 약 2만 7,000달러다. 이에 비해 예보관과 같은 정도의 일정을 소화해야 하는 다른 분야 공무원은 최고 약 13만 달러의 연봉을 받을 뿐 아니라 생활비조정까지 적용받는다.

28. "National Weather Service: FY 2012 Budget Highlights," National Oceanic and Atmospheric Administration, United States Department of Commerce. http://www.corporateservices.noaa. gov/nbo/FY09_Rollout_Materials/NWS_One_Pager_FINAL.pdf

29. "Weather Impact on USA Economy," *National Oceanic and Atmospheric Association Magazine*; Nov. 1, 2001. http://www.magazine.noaa.gov/stories/mag4.htm.

30. 이 말은 과장이 아니다. 기상 예측은 하루 24시간 일주일 내내 진행해야 하는 업무다. 그래서 세계기상빌딩에 있는 사람들은 모두가 돌아가면서 야간 근무를 한다. 마침 내가 갔을 때는 저녁이라 햇빛이 없고 창문도 거의 없어 잠수함을 탄 느낌이었다.

31. "HPC% Improvement to NCEP Models (1-Inch Day 1 QPF Forecast)," Hydro MeteorologicalPrediction Center, National Oceanic and Atmospheric Association. http:// www.hpc.ncep.noaa.gov/images/hpcvrf/1inQPFImpann.gif.

32. "HPC Pct Improvement vs MOS (Max Temp MAE: Stations Adjusted)= 1 F)," Hydro Meteorological Prediction Center, National Oceanic and Atmospheric Association. http:// www.hpc.ncep.noaa.gov/images/hpcvrf/max1.gif.

33. "Weather Fatalities," National Weather Service, National Oceanic and Atmospheric Association.http://www.nws.noaa.gov/om/hazstats/images/weather_fatalities.pdf.

34. "NHC Tropical Cyclone Forecast Verification," National Hurricane Center, National Weather Service, National Oceanic and Atmospheric Association; updated March 1, 2012. http:// www.nhc.noaa.gov/verification/verify5.shtml.

35. 또 다른 유형의 경쟁이 예산 배정 경쟁이다. 카트리나의 기억이 지워지지 않는 한 미국 국립기상청이 예산 삭감의 공포에 떨 일은 없을 것이다. 카트리나는 인간에게 막대한 피해를 입히기도 했지만, 자연재해의 책임이 정부에 있다는 선례를 확실히 세우기도 했다. 그러나 캠프스프링스에는 예산을 둘러싼 근심이 여전히 공포 수준으로 만연해 있다. 의원 가운데 누가 중뿔나게 나서서 기상 예측 컴퓨터가 얼마나 잘 돌아가는지 알아보고는, 예산 삭감을 핑계로 대면서 예보관들을 대량으로 정리해고하겠다고 나설지도 모른다는 공포다. 실례로 오바마 대통령이 제출한 2013년 국립기상청 예산에서 기상위성 관련 예산은 늘어났지만 기본적인 운영 및 연구 관련 예산은 줄어들었다.

36. 트래픽 관련 통계의 출처는 Alexa.com이다.

37. 10인치의 강설량이 1인치의 강우량보다 실제 내린 양이 더 많은 것 같지만 사실은 비슷하다. 물 분자가 눈 분자에 비해 훨씬 조밀하기 때문이다.

38. Allan H. Murphy, "What Is a Good Forecast? An Essay on the Nature of Goodness in Weather Forecasting," *American Meteorological Society* 8 (June 1993): pp. 281-293. http://

www.swpc.noaa.gov/forecast_verification/Assets/Bibliography/i1520-0434-008-02-0281.
pdf.

39. "History for Lansing, MI: Friday January 13, 1978," Wunderground.com. http://
www.wunderground.com/history/airport/KLAN/1978/1/13/DailyHistory.html?req_
city=Lansing&req_state=MI&req_statename=Michigan.

40. 출처는 ForecastWatch.com이다. 자료를 제공해준 에릭 플로에르에게 감사한다.

41. 비 올 확률을 50퍼센트로 예측하는 것은 사실 대담한 예측이다. 미국의 어떤 지역에서 전체
시간 가운데서 비가 내리는 시간은 일반적으로 약 20퍼센트이기 때문이다.

42. 2012년 대통령 선거를 앞두고 있을 때 나는 어느 경영자 모임에 초대받았다. 버락 오바마와
미트 롬니Mitt Romney가 선거에서 이길 확률이 반반이던 때인데, 어떤 예측이 최고의 예측인지
이야기 좀 해달라고 했다. 물에 물 탄 것 같은 하나 마나 한 얘기 말고 실질적으로 도움이 되는
얘기 말이다.

43. 플로에르가 찾아낸 그 '축축한 편향'은 실제 현실에서 일어나는 것보다 더 많은 강수·강설량
을 예측했던 사실을 뜻한다. 그렇다고 기상예보관들이 언제나 이렇게 부풀리기만 하는 건 아
니다. 실제로 플로에르는 가장 심각했던 겨울 폭풍들, 예컨대 2012년에 뉴욕시티에서 일어났
던 이른바 '스노포칼립스'('눈'과 '종말apocalypse'의 합성어 – 옮긴이)와 같은 겨울 폭풍들과
관련해서는 기상예보관들이 강설량을 오히려 낮춰서 예보하는 편향을 보였음을 발견했다.

44. 미세조정이 예측을 판단하는 데 매우 중요한 방법이긴 하지만, 그렇다고 이것이 모든 걸 말해
주지는 않는다. 예를 들어 장기적으로 볼 때 미국에서 무작위로 선택한 어떤 지역에서는 주어
진 시간 가운데 약 20퍼센트의 시간에서 비가 온다. 그러니까 비 올 확률이 언제나 20퍼센트
가 된다는 사실을 짐작함으로써 '미세조정이 잘된' 예측을 할 수 있다. 그러나 이런 예측은 실
제로 예보 기술을 발휘한 게 아니다. 그저 장기평균을 반복했을 뿐이다. 오차보정과 반대편에
있는 개념이 이른바 '차별화discrimination'다. 당신이 한 예측들이 하나의 예측에서 다른 예측으
로 바뀔 때 얼마나 많이 변동하는지를 나타내는 개념이다. 이를테면 비 올 확률이 0퍼센트 또
는 100퍼센트라고 자주 예측하는 사람은 언제나 중간값을 예측하는 사람보다 차별화 지수가
높다.
예측을 올바르게 평가하려면 미세조정과 차별화를 동시에 고려해야 한다. 따로 하나씩 고려
하든, 아니면 이 둘을 함께 고려해 점수를 매기는 브리어지수Brier score 같은 통계 측정치를 사
용하든 간에 말이다.
내가 오차보정을 말하는 이유는 어떤 예측에서든 가장 중요한 기준이 실용성이기 때문이다.
전문가들은 대부분 오차보정이라는 수고를 하려 들지 않는다. 사실상 이들은 차별화를 과도
하게 설정한다. 이들이 낸 예측은 지나친 자신감, 곧 자기과신으로 물들어 있다.

45. "Performance Characteristics and Biases of the Operational Forecast Models," National
Weather Service Weather Forecast Office, Louisville, KY; National Weather Service, National

Oceanic and Atmospheric Association; May 23, 2004. http://www.crh.noaa.gov/lmk/soo/docu/models.php.

46. Sarah Lichtenstein, Baruch Fischhoff, and Lawrence D. Phillips, "Calibration of Probabilities: The State of the Art to 1980," Decision Research, Perceptronics, for Office of Naval Research, 1986. http://www.dtic.mil/cgi-bin/GetTRDoc?AD=ADA101986.

47. J. Eric Bickel and Seong Dae Kim, "Verification of the Weather Channel Probability of Precipitation Forecasts," *American Meteorological Society* 136 (December 2008): pp. 4867 – 4881. http://faculty.engr.utexas.edu/bickel/Papers/TWC_Calibration.pdf.

48. J. D. Eggleston, "How Valid Are TV Weather Forecasts?" Freakonomics.com, Apr. 21, 2008. http://www.freakonomics.com/2008/04/21/how-valid-are-tv-weather-forecasts/comment-page-6/#comments.

49. 맥스 메이필드와의 인터뷰.

50. 메이필드는 1948년 9월 19일에 태어났으며, 카트리나 당시에 쉰여섯 살이었다. 지금은 60대 중반이다.

51. 불확실성의 원뿔은 공식적으로 태풍이 상륙할 가능성이 있는 지역의 3분의 2를 아우른다. 하지만 맥스 메이필드에 따르면, 실제로 태풍들은 그보다 더 큰 비율로 그 원뿔 안에 들어갔다.

52. "Vermont Devastation Widespread, 3 Confirmed Dead, 1 Man Missing," BurlingtonFree-Press.com, August 29, 2011. http://www.burlingtonfreepress.com/article/20110829/NEWS02/110829004/Vermont-devastation-widespread-3-confirmed-dead-1-man-missing.

53. Associated Press, "Hurricane Rita Bus Owner Found Guilty," *USA Today*, October 3, 2006. http://www.usatoday.com/news/nation/2006-10-03-rita-bus_x.htm.

54. "Hurricane Katrina Timeline," The Brookings Institution. http://www.brookings.edu/fp/projects/homeland/katrinatimeline.pdf.

55. Douglas Brinkley, "How New Orleans Drowned," *Vanity Fair*, June 2006. http://www.vanityfair.com/politics/features/2006/06/brinkley_excerpt200606.

56. Keith Elder, et al., "African Americans' Decisions Not to Evacuate New Orleans Before Hurricane Katrina: A Qualitative Study," *American Journal of Public Health* 97, supplement 1 (April 2007). http://www.ncbi.nlm.nih.gov/pmc/articles/PMC1854973/.

57. H. Gladwin and W. G. Peacock, "Warning and Evacuation: A Night for Hard Houses," in *Hurricane Andrew: Ethnicity, Gender, and the Sociology of Disasters* (Oxford, UK: Routledge,1997), pp. 52-74.

58. Brinkley, "How New Orleans Drowned."

59. "Hurricane Katrina Timeline," Brookings Institution.

60. "Houston Shelter Residents' Reports of Evacuation Orders and Their Own Evacuation Experiences," in "Experiences of Hurricane Katrina Evacuees in Houston Shelters: Implications for Future Planning," by Mollyann Brodie, Erin Weltzien, Drew Altman, Robert J. Blendon and John M. Benson, *American Journal of Public Health* 9, no. 8 (August 2006): pp. 1402–1408. http://www.ncbi.nlm.nih.gov/pmc/articles/PMC1522113/table/t2/.

61. Amanda Ripley, *The Unthinkable* (New York: Random House, 2008). Kindle edition.

5. 지진 | 필사적으로, 신호를 찾아서

1. John Dollar, "The Man Who Predicted the Earthquake," *Guardian*, April 5, 2010. http://www.guardian.co.uk/world/2010/apr/05/laquila-earthquake-prediction-giampaolo-giuliani.

2. "Scientists in the Dock," *Economist*, September 17, 2011. http://www.economist.com/node/21529006.

3. Roger A. Pielke Jr., "Lessons of the L'Aquila Lawsuit," *Bridges* 31 (October 2011). http://sciencepolicy.colorado.edu/admin/publication_files/2011.36.pdf.

4. "Eyewitnesses: Italy Earthquake," BBC News, April 6, 2009. http://news.bbc.co.uk/2/hi/europe/7985248.stm.

5. Michael Taylor, "L'Aquila, Guiliani, and the Price of Earthquake Prediction," The Pattern Connection, July 7, 2010. http://patternizer.wordpress.com/2010/07/07/laquila-guiliani-and-the-price-of-earthquake-prediction/.

6. John Bingham, "L'Aquila Dogged by Earthquakes Through 800 Year History," *Telegraph*, April 6, 2009. http://www.telegraph.co.uk/news/worldnews/europe/italy/5113215/LAquila-dogged-by-earthquakes-through-800-year-history.html.

7. M. Stucchi, C. Meletti, A. Ravida, V. D'Amio, and A. Capera, "Historical Earthquakes and Seismic Hazard of the L'Aquila Area," *Progettazione Sismica* 1, no. 3 (2010): pp. 23–24.

8. Elisabeth Malkin, "Once Built on a Lake, Mexico City Now Runs Dry," *New York Times*, March 16, 2006. http://www.nytimes.com/2006/03/16/world/americas/16iht-mexico.html.

9. Nicola Nosengo, "Italian Earthquake Toll Highlights Poor Preparedness," *Nature* News blog, May 22, 2012. http://blogs.nature.com/news/2012/05/italian-earthquake-toll-highlights-poor-preparedness.html.

10. "Così Posso Prevedere I Terremoti In Abruzzo Ci Sono 5 Apparecchi," *La Repubblica*, April 6, 2009. Translated into English using Google Translate. http://www.repubblica.it/2009/04/sezioni/cronaca/terremoto-nord-roma/giulianigiampaolo/giulianigiampaolo.html.

11. Symon Hill, "Earthquakes and Bad Theology," Symon Hill's Blog, Ekklesia, January 17, 2010.

http://www.ekklesia.co.uk/node/11032.

12. William Pike, "The Haiti and Lisbon Earthquakes: 'Why, God?'" *Encyclopedia Britannica* blog, January 19, 2010. http://www.britannica.com/blogs/2010/01/the-haiti-and-lisbon-earthquakes-why-god/.

13. Rick Brainard, "The 1755 Lisbon Earthquake," *18th Century History*, 2005. http://www.history1700s.com/articles/article1072.shtml.

14. Susan Hough, "Confusing Patterns with Coincidences," *New York Times*, April 11, 2009. http://www.nytimes.com/2009/04/12/opinion/12hough.html.

15. John Roach, "Can the Moon Cause Earthquakes?" National Geographic News, May 23, 2005. http://news.nationalgeographic.com/news/2005/05/0523_050523_moonquake.html.

16. 1900년 이후 사망자를 가장 많이 낸 상위 10개 지진으로 약 160만 명이 사망했다. 하지만 같은 기간 허리케인으로 사망한 사람은 약 120만 명이다. Matt Rosenberg, "Top 10 Deadliest World Hurricanes Since 1900," About.com, http://geography.about.com/od/physicalgeography/a/deadlyhurricane.htm; "Earthquakes with 1,000 or More Deaths Since 1900," United States Geological Service. http://earthquake.usgs.gov/earthquakes/world/world_deaths.php.

17. 내가 말하는 건 느낌상 그렇다는 뜻이다. 실제로는 지진이 허리케인보다 훨씬 자주 발생한다. 지진은 전 세계에서 해마다 수백만 건이 일어나지만, 허리케인은 많아야 수십 건이다. 하지만 지진은 대부분 워낙 미세해서 지진계로 관측하지 않는 한 일어났는지조차 알 수 없을 정도다. 그런데 허리케인은 발생했다 하면 언론에 대서특필된다.

18. "Legends of Unusual Phenomena Before Earthquakes—Wisdom or Superstition?" in *Earthquakes and Animals—From Folk Legends to Science* (Hackensack, NJ: World Scientific Publishing, 2005). http://www.worldscibooks.com/etextbook/5382/5382_chap01.pdf. 실제로 일본 가나가와대학교 산하 기술연구소의 2005년 논문은 메기가 민감한 전기장 덕분에 약 50퍼센트의 확률로 지진을 예측한다고 주장한다. 그러나 이런 부류의 논문은 주류 과학계에서는 거의 인정받지 못한다.

19. 높은 평가를 받는《가디언Guardian》은 줄리아니에게 매우 우호적인 논평기사를 냈다.

20. Ed Wilson, Don Drysdale, and Carrie Reinsimar, "CEPEC Keeps Eye on Earthquake Predictions," State of California Department of Conservation, October 23, 2009. http://www.consrv.ca.gov/index/news/Pages/CEPECKeepsEyeOnEarthquakePredictions.aspx.

21. R. A. Grant and T. Halliday, "Predicting the Unpredictable: Evidence of Pre-Seismic Anticipatory Behaviour in the Common Toad," *Journal of Zoology* 700 (January 25, 2010). http://image.guardian.co.uk/sys-files/Environment/documents/2010/03/30/toads.pdf.

22. 이 논문은 한 가지 명백한 문제를 안고 있다. 그 두꺼비들이 보인 이상행동과 시간적 일치를

보인 게 문제의 그 대지진이었지 먼저 나타났던 일련의 전조가 아니라는 점이다. 다시 말해 두 꺼비들이 킁킁도 사신에 민감하게 반응했다면, 본진을 '예측'하기보다는 대지진의 전조가 있을 때 먼저 이상행동을 했어야 하는 것 아니냐는 말이다.

23. Per Bak, *How Nature Works: The Science of Self-Organized Criticality* (New York: Springer, 1999). Kindle edition, location 1357.

24. "FAQs,Earthquake Myths," United States Geological Survey. http://earthquake.usgs.gov/ learn/faq/?categoryID=6&faqID=13.

25. 미국지질조사소는 실제로 이 같은 종류의 확률을 계량화한다. 이를테면 이렇다. '샌프란시스코를 중심으로 반경 100킬로미터 어딘가에서 앞으로 100년 안에 진도가 최소 6.75인 지진이 일어날 확률이 95.4퍼센트다.' '적어도 한 차례 이상 대규모 지진이 일어난 도시에서 지진이 발생할 확률은 99.9퍼센트다.'

26. "2009 Earthquake Probability Mapping," United States Geological Survey. http://geohazards. usgs.gov/eqprob/2009/.

27. "Earthquake Facts and Statistics," United States Geological Survey. http://earthquake.usgs. gov/earthquakes/eqarchives/year/eqstats.php.

28. 미국 캘리포니아, 일본, 이탈리아처럼 부유하면서도 지진이 자주 일어나는 지역은 여기서 예외다. 이들 지역에서는 사실상 모든 구역마다 지진계가 설치되어 있기 때문이다.

29. 1964년은 중간급 규모의 지진 기록이 상당히 개선된 전환점이 된 해다.

30. "Composite Earthquake Catalog," Advanced National Seismic System, Northern California Earthquake Data Center. http://quake.geo.berkeley.edu/cnss/.

31. 여기에서 말하는 지역은 테헤란을 중심으로 경도와 위도 각 3도 단위로 나눈 측정 그리드다.

32. "Largest and Deadliest Earthquakes by Year: 1990 – 2011," United States Geological Survey. http://earthquake.usgs.gov/earthquakes/eqarchives/year/byyear.php.

33. "Corruption Perceptions Index 2011," Transparency.org. http://cpi.transparency.org/ cpi2011/.

34. Kishor Jaiswal and David Wald, "An Empirical Model for Global Earthquake Fatality Estimation," *Earthquake Spectra* 26, no. 4 (November 2010). http://earthquake.usgs.gov/ earthquakes/pager/prodandref/Jaiswal_&_Wald_(2010)_Empirical_Fatality_Model.pdf.

35. 경험적으로 추출된 '오모리 법칙Omori's Law'은 여진의 수는 최초의 지진이 일어난 뒤로 흐른 시간의 양과 반비례한다고 정리한다. 여진은 대규모 지진 며칠 뒤보다 그 직후에, 또 몇 주나 몇 달보다 며칠 뒤에 발생할 가능성이 더 높다는 말이다. ['오모리 법칙' 또는 '오모리 공식'이란 일본의 지진학자 오모리 후사키치(大森房吉, 1868~1923)가 초기 미동 지속시간을 이용해 진원거리를 구하는 수식을 말한다 – 옮긴이]

36. 이 도표를 비롯한 여러 도표는 본진의 진앙을 한가운데에 둔 경도와 위도 각 1도씩의 그리드

를 범위로 설정한다. 그런데 〈도표 5-4D〉(네바다주 리노)는 예외다. 여기에서는 본진이 따로 없었기 때문이다. 이 경우에는 리노 시청이 있는 지점이 그리드 한가운데로 설정되어 있다.

37. Instituto Nazionale di Geofisica e Volcuanologia database. http://web.archive.org/web/20101114020542/http://cnt.rm.ingv.it/earthquakes_list.php.

38. 도호쿠 지진의 정확한 진도를 놓고 학계에서는 여전히 논쟁 중이다. 내가 도표를 만드는 데 사용한 데이터는 진도 9.1로 규정하지만 9.0으로 보는 데도 여러 곳 있다.

39. Hough, "Predicting the Unpredictable," Kindle locations 1098 – 1099.

40. 같은 자료, 1596 – 1598.

41. 같은 자료, 1635 – 1636.

42. *Anchorage Daily News*, June 27, 1981, p. A-10.

43. Hough, "Predicting the Unpredictable," Kindle location 1706.

44. W. H. Bakun and A. G. Lindh, "The Parkfield, California, Earthquake Prediction Experiment," *Science* 229, no. 4714 (August 16, 1985). http://earthquake.usgs.gov/research/parkfield/bakunLindh85.html.

45. Hough, "Predicting the Unpredictable," Kindle locations 488 – 491.

46. 존 런들과의 인터뷰.

47. "UCLA Geophysicist Warns 6.4 Quake to Hit LA by Sept. 5," Agence France-Presse via Space Daily.com, April 15, 2004. http://www.spacedaily.com/news/tectonics-04d.html.

48. P. Shebalin, V. Keilis-Borok, A. Gabrielov, I. Zaliapin, and D. Turcotte, "Short-term Earthquake Prediction by Reverse Analysis of Lithosphere Dynamics," *Tectonophysics* 413 (December 13, 2005). http://www.math.purdue.edu/~agabriel/RTP_Tect.pdf.

49. J. Douglas Zechar and Jiancang Zhuang, "Risk and Return: Evaluating Reverse Tracing of Precursors Earthquake Predictions," *Geophysical Journal International* (May 17, 2010). http://bemlar.ism.ac.jp/zhuang/pubs/zechar10.pdf.

50. 비슷하게 구글의 뉴스 검색도 2003년의 케일리스보로크의 지진 예측 관련 기록을 찾아내지 못한다.

51. 나는 케일리스보로크 박사가 상당한 신념을 가지고 행동한다는 인상을 받았다. 하지만 예측가들이 언제나 이렇지는 않다. 예측가들은 어떤 일이 일어난 다음에 자기가 구사했던 방법론을 은근슬쩍 수정해 노골적으로 사람들을 속이려 들면서, 새로운 모델을 적용했더라면 자기들이 실제 현실에서 예측하지 못한 일을 맞힐 수 있었을 거라고 주장하는 경우가 많다. 이런 일은 특히 경제 예측 분야에서 자주 나타난다. 이를 예방하는 가장 좋은 방법으로는 누가 어떤 사건을 예측할 경우 현실에서 그 예측의 판정이 내려지기 전에 대중 앞에서 공공연하게 기록해두는 것이다.

52. Andrew Bridges, "Decade After Northridge, Earthquake Predictions Remain Elusive,"

Associated Press State & Local Wire, January 12, 2004.

53. "Information About the Keilis-Borok California Earthquake Prediction," United States Geological Survey. http://earthquake.usgs.gov/earthquakes/eqinthenews/2004/KB_prediction.php.

54. Zechar and Zhuang, "Risk and Return: Evaluating Reverse Tracing of Precursors Earthquake Predictons."

55. Arnaud Mignan, Geoffrey King, and David Bowman, "A Mathematical Formulation of Accelerating Moment Release Based on the Stress Accumulation Model," *Journal of Geophysical Research* 112, BO7308 (July 10, 2007). http://geology.fullerton.edu/dbowman/Site/Publications_files/Mignan_etal_JGR2007_1.pdf.

56. Arnaud Mignan, Geoffrey King, David Bowman, Robin Lacassin, and Renata Dmowska, "Seismic Activity in the Sumatra-Java Region Prior to the December 26, 2004 (Mw=9.0-9.3) and March 28, 2005 (Mw=8.7) Earthquakes," *Earth and Planetary Science Letters* 244 (March 13, 2006). http://esag.harvard.edu/dmowska/MignanKingBoLaDm_SumatAMR_EPSL06.pdf.

57. 특히 〈도표 5-6C〉의 적합성선fit line은 '로웨스 회귀LOWESS[locally weighted scatterplot something] regression' 기법을 통해 생성된다. 이 기법은 많은 경우에 유용한데, 기본적으로 이 기법에서는 과적합이 생기지 않는다. 그러나 이 기법을 사용할 때에는 매우 빡빡한 적합도에서 매우 느슨한 적합도에 이르는 모든 것을 아울러서 시뮬레이션할 수 있는 평활계수를 설정할 필요가 있다. 이 경우에 나는 거의 존재할 수 없을 정도로 빡빡한 적합도를 선택했다.

58. 예를 들어 그 과적합 곡선을 표본 외 데이터(〈도표 5-5〉의 동그라미들)에 적용하면, 이 곡선은 그 데이터의 변동성을 약 40퍼센트밖에 설명하지 못한다. 이처럼 표본 외 데이터를 적용할 때 점수가 낮아지는 것은 과적합 모델의 전형적인 특징이다.

59. Freeman Dyson, "Turning Points: A Meeting with Enrico Fermi," *Nature* 427 (January 22, 2004). http://www.nature.com/nature/journal/v427/n6972/full/427297a.html.

60. Michael A. Babyak, "What You See May Not Be What You Get: A Brief, Nontechnical Introduction to Overfitting in Regression-Type Models," *Psychosomatic Medicine* 66 (February19, 2004). http://os1.amc.nl/mediawiki/images/Babyak_-_overfitting.pdf.

61. M. Ragheb, "Fukushima Earthquake and Tsunami Station Blackout Accident." https://netfiles.uiuc.edu/mragheb/www/NPRE%20402%20ME%20405%20Nuclear%20Power%20Engineering/Fukushima%20Earthquake%20and%20Tsunami%20Station%20Blackout%20Accident.pdf.

62. Martin Fackler, "Tsunami Warnings, Written in Stone," *New York Times*, April 20, 2011. http://www.nytimes.com/2011/04/21/world/asia/21stones.html?pagewanted=all.

63. 특히 이것은 북위 38.32도 동경 142.37도에서 가로와 세로를 위도와 경도 각 1도씩으로 설정한 그리드를 대표한다.

64. Robert J. Geller, "Shake-up Time for Japanese Seismology," *Nature* 472, no. 7344 (April 28, 2011). http://kitosh.k.u-tokyo.ac.jp/uploader2/src/8.pdf.

65. 구체적으로 이 확률은 약 20퍼센트다.

66. 타율이 3할인 타자가 5타수 무안타를 기록할 확률은 각각의 타석에서 안타를 칠 확률이 서로 독립적이라고 할 때 약 17퍼센트다.

67. Earthsky.org staff, "Scientists Did Not Expect 9.0 Magnitude Earthquake in Japan," Fast-Company.com, March 25, 2011. http://www.fastcompany.com/1742641/scientists-did-not-expect-90-magnitude-earthquake-in-japan.

68. Seth Stein and Emile A. Okal, "The Size of the 2011 Tohoku Earthquake Need Not Have Been a Surprise," *Eos Transactions American Geophysical Union* 92, no. 27 (July 5, 2011): p. 227. http://www.earth.northwestern.edu/people/seth/Texts/tohoku.pdf.

69. 미국의 첨단 국가지진경보시스템 데이터를 보면, 2004년 수마트라 대지진의 진앙을 중심으로 위도와 경도 각 10도 범위에서 진도 7의 지진이 열두 차례 있었지만, 같은 기간 진도 8 이상의 지진은 한 차례도 없었다.

70. 다른 지진들과 마찬가지로 수마트라 대지진의 정확한 규모를 두고 학계에서는 여전히 논쟁을 벌이고 있다. 9.0에서 9.3까지 다양하게 추정하지만, 이 책에서 나는 중간값인 9.2를 사용한다.

71. Geller, "Shake-up Time for Japanese Seismology."

72. SilentASMR, "2 Hours of Brown Noise (Read Description)," YouTube.com, February 25, 2012. http://ww.youtube.com/watch?v=0BfyKQaf0TU.

73. Livia Borghese, "Italian Scientists on Trial Over L'Aquila Earthquake," CNN World, September 20, 2011. http://articles.cnn.com/2011-09-20/world/world_europe_italy-quake-trial_1_geophysics-and-vulcanology-l-aquila-seismic-activity?_s=PM:EUROPE.

74. Thomas H. Jordan and Lucile M. Jones, "Operational Earthquake Forecasting: Some Thoughts on Why and How," *Seismological Research Letters* 81, 4 (July/August 2010). http://earthquake.usgs.gov/aboutus/nepec/meetings/10Nov_Pasadena/Jordan-Jones_SRL-81-4.pdf.

75. Alicia Chang, "Location a Major Factor in New Zealand Earthquake Devastation," *Washington Post*, February 22, 2011. http://www.washingtonpost.com/wp-dyn/content/article/2011/02/22/AR2011022205105.html.

76. Ya-Ting Leea, Donald L. Turcottea, James R. Holliday, Michael K. Sachs, John B. Rundlea, Chien-Chih Chen, and Kristy F. Tiampoe, "Results of the Regional Earthquake Likelihood Models (RELM) Test of Earthquake Forecasts in California," Proceedings of the National

Academy of Sciences of the United States of America, September 26, 2011. http://www.pnas.
org/content /early/2011/09/19/1113481108.abstract?sid=ea35f085-e352-42a8-8128-
19149a05c795.

6. 경제 예측 | 불확실성, 변동성, 편향에 대처하는 법

1. Christopher S. Rugaber, "Unexpected Jump in Unemployment Rate to 9.2% Stings Markets,"
   Denver Post, January 6, 2012. http://www.denverpost.com/business/ci_18444012.

2. Christine Hauser, "Two Jobs Reports Point to a Higher Gain in June," *New York Times*, July 7,
   2011. http://www.nytimes.com/2011/07/08/business/economy/data-point-to-growth-in-
   jobs-in-june.html.

3. 필라델피아연방준비은행이 실시하는 '전문 예측가 서베이'의 데이터를 근거로 했다. http://
   www.phil.frb.org/research-and-data/real-time-center/survey-of-professional-forecasters/
   anxious-index/.

4. Roger A. Pielke, Jr., "Lessons of the L'Aquila Lawsuit," *Bridges* 31 (October. 2011). http://
   sciencepolicy.colorado.edu/admin/publication_files/2011.36.pdf.

5. Teri Tomaszkiewicz, "Disaster Isn't Over When Media Leave: Discovering Meaning of
   Memorial Day in North Dakota," *Milwaukee Journal Sentinel*, June 1, 1997.

6. Ashley Shelby, *Red River Rising: The Anatomy of a Flood and the Survival of an American City*
   (St. Paul: Borealis Books, 2004).

7. 사실 모래주머니가 2피트(약 60센티미터) 높이로 쌓였고, 그 덕분에 범람 당시 제방의 높이는
   52~53피트(약 15미터 90센티미터~16미터 20센티미터)였다. 하지만 54피트가 되는 범람을
   막기에는 충분하지 않았다.

8. 오차가 정규적으로 분포한다는 설정 아래 오차범위에서 이 수치를 산출할 수 있다.

9. 축척에 따라 그리지는 않았다.

10. Roger A. Pielke, Jr., "Who Decides? Forecasts and Responsibilities in the 1997 Red River
    Flood," *Applied Behavioral Science Review* 7, no. 2 (1999). http://128.138.136.233/admin/
    publication_files/resource-81-1999.16.pdf.

11. Pielke, "Who Decides? Forecasts and Responsibilities in the 1997 Red River Flood."

12. Alex Veiga, "U.S. Foreclosure Rates Double," Associated Press, November 1, 2007. http://
    www.azcentral.com/realestate/articles/1101biz-foreclosures01-ON.html.

13. Jonathan Stempel, "Countrywide Financial Plunges on Bankruptcy Fears," Reuters,
    August 16, 2007. http://uk.reuters.com/article/2007/08/16/countrywide-financial-
    idUKNOA62283620070816.

14. John B. Taylor, *Getting Off Track: How Government Actions and Interventions Caused,*

Prolonged, and Worsened the Financial Crisis (Stanford, CA: Hoover Institution Press, 2009), Kindle edition, location 361.

15. 그런데 이들은 분기별 GDP 예상에서는 마이너스 성장 가능성을 약 20퍼센트로 훨씬 더 높게 바라보았다는 점을 참조하기 바란다.

16. 사실 500번에 한 번꼴이라는 것도 관대한 편이다. 이 수치는 GDP 성장률이 −2퍼센트 이하로 예상할 때에 해당하는 확률이지만, 실제 GDP 성장률인 −3.3퍼센트는 그보다 훨씬 더 아래쪽에 있는 수치이기 때문이다. 그 경제 전문가들은 확률을 명확하게 계량화하지는 않았지만 미국의 GDP 성장률이 −3.3퍼센트 또는 더 나쁘게 나타날 가능성을 약 2천 번에 한 번꼴로밖에 보지 않은 셈이다.

17. 구체적으로 말하면 나는 각 해 11월에 이루어진 이듬해 GDP 성장률 예측을 살폈다. 이를테면 1996년 11월에 이루어진 1997년의 GDP 성장률 예측을 살폈다는 말이다.

18. Michael P. Clements, "An Evaluation of the Survey of Professional Forecasters Probability Distribution of Expected Inflation and Output Growth," *Journal of Economic Literature*, November 22, 2002. http://www.icmacentre.ac.uk/pdf/seminar/clements2.pdf.

19. 이항분포binomial distribution에 따르면 보정이 잘된 예측이 90퍼센트의 예측구간을 벗어나는 일이 열여덟 번 가운데 여섯 번 일어날 확률은 0.6퍼센트밖에 되지 않는다. 150번에 한 번꼴이라는 뜻이다.

20. 이는 1968년 4분기부터 2010년 4분기까지의 전체 '전문 예측가 서베이'의 모든 발표 결과를 아우른다. 단 경제 전문가들에게 연례 예측을 의뢰하지 않은 초기의 몇몇 경우는 제외된다.

21. Prakash Loungani, "The Arcane Art of Predicting Recessions," *Financial Times* via International Monetary Fund, December 18, 2000. http://www.imf.org/external/np/vc/2000/121800.htm.

22. Wall Street Journal Forecasting panel, February 2009. http://online.wsj.com/article/SB123445757254678091.html.

23. Torsten Rieke, "Ganz oben in der Wall Street," *Handelsblatt*, October 19, 2005. http://www.handelsblatt.com/unternehmen/management/koepfe/ganz-oben-in-der-wall-street/2565624.html.

24. "Federal Reserve Economic Data," Economic Research, Federal Reserve Bank of St. Louis. http://research.stlouisfed.org/fred2/.

25. Lakshman Achuthan and Anirvan Benerji, *Beating the Business Cycle: How to Predict and Profit from Turning Points in the Economy* (New York: Random House, 2004). Kindle edition, locations 1476–1477.

26. "U.S. Business Cycle Expansions and Contractions," National Bureau of Economic Research. http://www.nber.org/cycles.html.

27. 원년 NFL에는 피츠버그 스틸러스, 볼티모어 콜츠(현재의 인디애나폴리스 콜츠), 클리블랜드 브라운스(나중에 볼티모어 레이븐스로 바뀐다)가 있었다. 그런데 이 지표를 이야기할 때는, 비록 이 팀들이 나중에 AFL 후신인 아메리칸풋볼콘퍼런스AFC로 옮긴 것을 무시하고 원래의 내셔널풋볼콘퍼런스NFC 소속으로 친다.

28. 여기에서 '주식시장'이라 함은 S&P 선정 500대 기업 대상 지수를 기준으로 했다.

29. 예를 들어, 슈퍼볼대회 우승팀의 소속 리그를 유일한 상수항으로 사용하는 단순회귀 모형을 통해 주식시장의 성장 정도를 설명하면 이런 예측이 나온다.

30. "Powerball,Prizes and Odds," Multi-State Lottery Association. http://www.powerball.com/powerball/pb_prizes.asp.

31. Achuthan and Benerji, *Beating the Business Cycle*, Kindle location 1478.

32. Gene Sperling, "The Insider's Guide to Economic Forecasting," *Inc. Magazine*, August 1, 2003. http://www.inc.com/magazine/20030801/forecasting_pagen_3.html.

33. 같은 글.

34. Douglas M. Woodham, "Are the Leading Indicators Signaling a Recession?" *Federal Reserve Bank of New York Review* (Autumn 1984). http://www.newyorkfed.org/research/quarterly_review/1984v9/v9n3article8.pdf.

35. 나는 '실시간'을 예측자들이 당시에 접할 수 있는, 그러니까 데이터의 수정이나 지수 구성의 수정을 하기 이전의 경기선행지수 값을 바탕으로 했다는 뜻으로 사용한다. 참조. Francis X. Diebold and Glenn D. Rudebusch, "Forecasting Output with the Composite Leading Index: A Real-Time Analysis," *Journal of the American Statistical Association* 86, 415 (September 1991), pp. 603-610.

36. Mark J. Perry, "Consumer Confidence Is a Lagging Indicator: Expect Post-Recession Gloom Through 2010," Seeking Alpha, October 29, 2009. http://seekingalpha.com/article/169740-consumer-confidence-is-a-lagging-indicator-expect-post-recession-gloom-through-2010.

37. Robert Lucas, "Econometric Policy Evaluation: A Critique," and Karl Brunner and A. Meltzer, "The Phillips Curve and Labor Markets," Carnegie-Rochester Conference Series on Public Policy, American Elsevier, pp. 19-46; 1976. http://pareto.uab.es/mcreel/reading_course_2006_2007/lucas1976.pdf.

38. C.A.E. Goodhart, "Problems of Monetary Management: The U.K. Experience," *Papers in Monetary Economics*, Reserve Bank of Australia, 1975.

39. 경제 전문가들이 이런 조건을 지시하는 용어가 외생성exogeneity이다.

40. 일자리 성장률은 순수 비농업부문고용지수Nonfarm Payrolls의 백분율 변화로 측정된다.

41. 이 사례에서 '1년'이라는 연도 기준은 2009년 2분기부터 2010년 1분기까지를 의미한다.

42. The National Bureau of Economic Research, "U.S. Business Cycle Expansions and Contractions."

43. "Japan: Gross Domestic Product, constant prices (National currency);" Global Insight and Nomura database via International Monetary Fund; last updated 2010. http://www.imf.org/external/pubs/ft/weo/2011/02/weodata/weorept.aspx?pr.x=38&pr.y=9&sy=1980&ey=2016&scsm=1&ssd=1&sort=country&ds=.&br=1&c=158&s=NGDP_R&grp=0&a=.

44. "Minutes of the Federal Open Market Committee;" Federal Reserve System; October 30‑31, 2007. http://www.federalreserve.gov/monetarypolicy/files/fomcminutes20071031.pdf.

45. "Gauging the Uncertainty of the Economic Outlook from Historical Forecasting Errors," by David Reifschneider and Peter Tulip; Finance and Economics Discussion Series, Divisions of Research and Statistics and Monetary Affairs, Federal Reserve Board; November 19, 2007. http://www.federalreserve.gov/Pubs/FEDS/2007/200760/200760pap.pdf.

46. 정부는 국민의 세금 신고 결과만 자세히 들여다봐도 세입 예측을 좀 더 잘할 수 있다(미국인은 세금을 무척이나 싫어하지만, 또 그만큼 정직하게 세금을 내는 편이다). 2009년 1월에 발생한 소득은 2010년 4월 15일 이전에는 국세청에 신고되지 않는다. 그래서 국세청은 몇 달이라는 시간을 더 들여서 모든 데이터를 수집해 상무부의 경제분석국BEA으로 보낸다. 이 데이터는 매우 유용한 정보인데도 무려 18개월 또는 2년 뒤에야 비로소 사용된다. 하지만 정보의 효용가치는 그만큼 긴 시간이 지나가고 난 뒤에서 훨씬 떨어지고 만다. 그럼에도 정부는 이른바 '벤치마크 수정benchmark revision'이라는 이름으로 GDP와 같은 지표들의 추정치들을 효용가치가 훨씬 떨어져버린 몇 년이 지난 뒤에야 업데이트하는 작업을 계속해오고 있다.

47. "Historical Data Files for the Real-Time Data Set: Real GNP/GDP (ROUTPUT);" Federal Reserve Bank of Philadelphia. http://www.philadelphiafed.org/research-and-data/real-time-center/real-time-data/data-files/ROUTPUT/.

48. 95퍼센트 오차범위.

49. 행복하게도 반대의 경우도 때때로 나타난다. 정부는 미국 경제가 1981년 3분기에 마이너스 성장을 했다고 발표했다. 그러나 현재의 데이터는 당시 5퍼센트 가까운 성장을 했다고 말한다.

50. 비록 경제 전문가들이 예측을 할 때 흔히 실시간 데이터와 수정된 데이터의 차이에 관심을 충분히 기울이지 않지만 말이다. 데이터의 수정은 제각기 다른 경제지표들이 튀지 않고 서로 조화롭게 보이도록 하는 경향이 있다. 하지만 사실 데이터는 실시간으로 드러날 때 들쭉날쭉 뒤죽박죽이다. 일례로 2012년 봄에 개인소득을 포함한 몇몇 경제지표는 거의 경기 침체 상태에 가까웠지만, 산업생산을 비롯한 다른 경제지표들은 경제가 나아진다고 가리켰다. 이 기간의 데이터는 앞으로 몇 년 더 지나면 아마도 울퉁불퉁하게 튀어나온 부분이 깎이고 다듬어져서 한층 매끈한 형태로 호황이든 불황이든 한쪽 방향만 가리키게 될 것이다. 다시 말해 개인소득

수치가 상향조정이 되든 산업생산 수치가 하향조정이 되든 한다. 하지만 이때는 결제 건믿끼기 긴띵을 하시에는 너무 늦어버린 뒤다. 수정된 데이터로 예측 모델을 만들 때에는 예측 작업의 어려움이 간과될 수 있다.

51. 이건 과장이 아니다. 누구라도 '전문 예측가 서베이'의 연간 GDP 예측에서 당시의 흐름에 맞지 않는 오류를 찾아내고, 1968년 이후 전반적 개선이 전혀 이루어지지 않았음을 확인할 수 있다.

52. "U.S. Economy Tipping into Recession," Economic Cycle Research Institute; September 30, 2011. http://www.businesscycle.com/reports_indexes/reportsummarydetails/1091.

53. Chris Isidore, "Forecast Says Double-Dip Recession Is Imminent," *CNN Money*, September 30, 2011. http://www.businesscycle.com/2011/09/30/news/economy/double_dip_recession/index.htm.

54. Economic Cycle Research Institute, "U.S. Economy Tipping into Recession." September 30, 2011. http://www.businesscycle.com/reports_indexes/reportsummarydetails/1091.

55. Achuthan and Banerji, *Beating the Business Cycle*, Kindle locations 192‒194.

56. Chris Anderson, "The End of Theory: The Data Deluge Makes the Scientific Method Obsolete," *Wired magazine*, 16.07; June 23, 2008. http://www.wired.com/science/discoveries/magazine/16-07/pb_theory.

57. 나는 경제 예측을 하지 않는다. 하지만 내가 당시에 경제를 특별히 비관적으로 바라보았다고는 주장하지 않겠다.

58. '선행지표들'에 기반을 둔 유사한 개념의 다양한 방법론이 당시에 상당한 수준의 성장을 예측거나, 적어도 경기침체의 가능성을 매우 낮게 예측하고 있었다. 다음을 참조. Dwaine van Vuuren, "U.S. Recession an Opposing View," *Advisor Perspectives*, January 3, 2012. http://www.advisorperspectives.com/newsletters12/US_Recession-An_Opposing_View.php. 방법론이 조금 불투명하긴 해도 에크리의 추론은 생필품 가격에 상당한 강조점을 두었던 듯하다. 그런데 생필품 가격은 일종의 거품 속에 부풀려져 있다가 2011년 말에는 떨어지고 있었다.

59. From September 30, 2011 (S&P 500 closed at 1131.42) to March 30, 2012 (S&P closed at 1379.49).

60. Henry Blodget, "ECRI's Lakshman Achuthan: No, I'm Not Wrong—We're Still Headed for Recession," *Daily Ticker*, Yahoo! Finance; May 9, 2012. http://finance.yahoo.com/blogs/daily-ticker/ecri-lakshman-achuthan-no-m-not-wrong-still-145239368.html.

61. '전문 예측가 서베이'가 1968년부터 2009년의 11월에 내년 GDP 성장률을 예측한 데이터를 보면, 경제 전문가 개인의 예측에 대한 제곱근평균제곱오차는 2.27퍼센트포인트인 데 비해, 전체 예측 평균의 제곱근평균제곱오차는 1.92퍼센트포인트였다. 전체 예측 평균이 오차를 약 18퍼센트 줄여주는 셈이다.

62. Stephen K. McNees, "The Role of Judgment in Macroeconomic Forecasting Accuracy," *International Journal of Forecasting*, 6, no. 3, pp. 287–99, October 1990. http://www.sciencedirect.com/science/article/pii/016920709090056H.

63. 오로지 통계 모델에만 의존할 뿐 이 모델들에 아무 조정 작업도 하지 않는 경제 전문가로 내가 아는 유일한 사람이 예일대학교의 레이 페어Ray C. Fair 교수다. 그는 1984년 이후로 정기적으로 경제 예측을 발표해오고 있는데, 나는 그 정확성을 관심 있게 지켜보았다. 이 예측들은 몇몇 경우에 나쁘지 않다. 페어의 모델에서 도출된 GDP와 인플레이션 예측은 전형적인 예측가 판단형judgmental forecaster 예측에 버금갈 정도였다. 그러나 실업률 예측은 매번 아주 큰 폭으로 빗나갔다. 그리고 요즘 들어 최근의 경기 침체 규모를 지나치게 과소평가하면서 회복 전망을 높게 평가함에 따라 계속해서 성적이 좋지 않다. 통계 예측 모델들의 문제 가운데 하나는, 이들 모델이 설정하는 여러 가정들은 경제 상황이 변화함에 따라서 어느 순간부터는 맞지 않게 마련인데, 이 가정들 가운데 하나가 맞지 않게 되는 순간부터는 잘못된 예측을 내놓는다는 점이다. 이들 모델은 이렇게 해서 매우 부정확한 예측을 내놓게 되는 '새로운' 상황으로 접어든다. 예컨대 2차 세계대전 이후의 경제 데이터를 바탕으로 해서 '훈련이 된' 모델에 세계 금융 위기는 새로운 상황일 수밖에 없다. 2차 세계대전 이후로 그때까지 세계 금융 위기와 같은 일은 한 번도 없었기 때문이다.

64. 예를 들어 경제 전문가들이 다른 전문가들보다 GDP 성장률에 대해 일관되게 더 정확한 예측을 한다고 치자. 그러면 짝수 연도(이를테면 2000년, 2002년, 2004년)에서 더 정확한 예측을 한 사람들이 홀수 연도(이를테면 2001년, 2003년, 2005년)에도 더 정확한 예측을 하리라고 기대할 수 있다. 하지만 내가 '전문 예측가 서베이'에서 데이터를 뽑은 다음 짝수 연도와 홀수 연도로 분리해서 정리·분석한 결과, 이 둘 사이의 상관성은 거의 없었다. 짝수 연도에 더 정확한 예측을 한 사람들이 홀수 연도에는 평균치 수준의 예측을 했다. 반대도 마찬가지였다.

65. Andy Bauer, Robert A. Eisenbeis, Daniel F. Waggoner, and Tao Zha, "Forecast Evaluation with Cross-Sectional Data: The Blue Chip Surveys," *Economic Review*, Federal Reserve Bank of Atlanta, 2003. http://www.frbatlanta.org/filelegacydocs/bauer_q203.pdf.

66. David Laster, Paul Bennett and In Sun Geoum, "Rational Bias in Macroeconomic Forecasts," *Quarterly Journal of Economics*, 114, 1 (1999), pp. 293–318. http://www.newyorkfed.org/research/staff_reports/sr21.pdf.

67. 같은 글.

68. David Reifschneider and Peter Tulip, "Gauging the Uncertainty of the Economic Outlook from Historical Forecasting Errors." Federal Reserve Board Financial and Economics Discussion Series #2007-60 (November 2007). http://www.federalreserve.gov/pubs/feds/2007/200760/200760abs.html.

69. 같은 자료.

70. 〈도표 6-6〉에서 역사적 평균을 가리키는 검은 선은 2011년 11월에 이루어진 '전문 예측기 서베이'의 2012년 GDP 성장률 평균 예측(2.5퍼센트)으로 보정되었다.

71. Jeremy Kahn, "The Man Who Would Have Us Bet on Terrorism—Not to Mention Discard Democracy and Cryogenically Freeze Our Heads—May Have a Point (About the Betting, We Mean)," *Fortune* magazine via CNN Money; September 15, 2003. http://money.cnn.com/magazines/fortune/fortune_archive/2003/09/15/349149/index.htm.

72. Robin Hanson, *Futarchy: Vote Values, but Bet Beliefs* (Washington, DC: George Mason University) August 2000. http://hanson.gmu.edu/futarchy.html.

73. Felix Salmon, "Why the Correlation Bubble Isn't Going to Burst," Reuters; August 19, 2011. http://blogs.reuters.com/felix-salmon/2011/08/19/why-the-correlation-bubble-isnt-going-to-burst/.

7. 전염병 | 모든 모델은 빗나가지만 몇몇 모델은 유용하다

1. 처음 몇 문단은 주로 《뉴욕타임스 매거진The New York Times Magazine》의 1976년 9월 5일 자 기사와 더 근래의 Slate.com 기사를 근거로 했다. 후자는 다음에서 찾아볼 수 있다. Patrick Di Justo, "The Last Great Swine Flu Epidemic," Salon.com; April 28, 2009. http://www.salon.com/news/environment/feature/2009/04/28/1976_swine_flu.

2. '빅토리아 A형' 이름은 이 독감이 발생한 장소에 따라서 붙여졌다. 멜버른이 속한 오스트레일리아 빅토리아주에서 처음 발생한 이 독감은 1970년대 중반 계절 독감 가운데 지배적 변종이었다.

3. Jeffery K. Taubenberger and David M. Morens, "1918 Influenza: The Mother of All Pandemics," *Emerging Infectious Diseases*, 12, 1 (January 2006). http://www.webcitation.org/5kCUlGdKu.

4. John Barr, "The Site of Origin of the 1918 Influenza Pandemic and Its Public Health Implications," *Journal of Translational Medicine*, 2, 3 (January 2004).

5. 그 외 많은 사례가 있지만 특히 다음을 참조. Jane E. Brody, "Influenza Virus Continues to Keep Scientists Guessing," *New York Times*, July 23, 1976. http://query.nytimes.com/mem/archive/pdf?res=F30E16FB3E5B167493C1AB178CD85F428785F9.

6. Di Justo, "The Last Great Swine Flu Epidemic."

7. Harold M. Schmeck Jr., "Flu Experts Soon to Rule on Need of New Vaccine," *New York Times*, March 21, 1976. http://select.nytimes.com/gst/abstract.html?res=F40711FC355E157493C3AB1788D85F428785F9.

8. Di Justo, "The Last Great Swine Flu Epidemic."

9. *New York Times*, April 23, 1976.

10. 1억 8천만 달러는 백신 프로그램 자체에만 들어가는 비용이었다. 그러나 민주당은 공화당 출신 포드 대통령의 긴급하고도 필사적인 대응을 감지하고, 10억 달러가 넘는 예산을 독감과 관련이 없는 사회복지 지출 법안에 편성했다.

11. 독감은 겨울철보다 여름철에 확실히 뜸하다. 이런 계절적 차이가 나타나는 이유가 뭘까? 하버드대학교 알렉스 오조노프Alex Ozonoff 박사는 여름철에는 사람들이 독감에 그다지 신경을 쓰지 않고 또 독감과 증상이 비슷한 환자들도 다른 질병으로 진단을 받는다는 사실이 이유 가운데 하나라고 말한다.

12. Boyce Rensberger, "U.S. Aide Doubts a Heavy Flu Toll," *New York Times*, July 2, 1976. http://select.nytimes.com/gst/abstract.html?res=F30614F83F5B167493C0A9178CD85F428785F9.

13. *New York Times*, June 9, 1976.

14. *New York Times*, July 20, 1976.

15. *New York Times*, June 8, 1976.

16. 이런 내용은 직접 눈으로 한번 볼 만한데, 존 워터스John Waters 감독의 영화처럼 보이기도 한다. 예를 들어 다음을 참조. "1976 Swine Flu Propaganda," by tarot1984; YouTube.com; April 27, 2009. http://www.youtube.com/watch?v=ASibLqwVbsk.

17. Di Justo, "The Last Great Swine Flu Epidemic."

18. Harold M. Schmeck, "Swine Flu Program I Halted in 9 States as 3 Die After Shots; Deaths Occur in Pittsburgh," *New York Times*, October 13, 1976. http://select.nytimes.com/gst/abstract.html?res=F00910F63F5A167493C1A8178BD95F428785F9.

19. 1976년에 미국에서는 하루 평균 65세 이상의 노인 약 3천 명이 사망했다.

20. 일례로 《뉴욕타임스》는 10월 14일 자 사설에서 다음과 같이 주장했다.
"백신 접종을 맞고 사망한 것으로 알려진 노인 14명이 백신이 아니라 다른 원인으로 사망했을지도 모른다는 사실을 알아야 한다. 백신 접종 프로그램을 책임지고 있는 정부 담당자들은 그 사건은 우연의 일치일 뿐이라고 말하며, 하루에 노인이 사망하는 일은 늘 있어왔다고 지적했다. 미국인이라면 65~75세 노인 10만 명당 정상적인 환경에서 24시간 안에 사망하는 사람이 9~10명이라는 통계에 익숙해져 있다.
공식 통계를 사용하더라도, 피츠버그의 한 병원에서 한 시간 동안에 함께 백신 접종을 받은 노인 세 명이 그로부터 몇 시간 뒤에 사망한다는 사실은 매우 당혹스럽다. 이러한 비극은 우연의 일치일 수 있다. 그러나 이 죽음이 한꺼번에, 그것도 순전히 우연의 일치로 일어날 가능성은 매우 희박하다.
이 논리가 겉으로는 설득력이 있을 수 있지만, 거기에는 공통적인 통계 오류가 내포되어 있다. 비록 '특정한' 노인 세 명이 '특정한' 날에 '특정한' 병원에서 백신 접종을 받은 뒤에 사망할 가능성은 적지만, 세 명의 '어떤' 노인집단이 '어떤' 날에 '어떤' 병원에서 죽을 가능성은 얼마든지 있다.

미국 노인인구의 약 40퍼센트가 백신 프로그램 시작 이후 11일 동안에 접종을 받았다고 친다면(이는 전체 인구를 대상으로 한 것보다 약 두 배나 높은 비율이다), 65세 이상 노인 약 900만 명이 10월 초에 독감 백신을 접종받은 셈이다. 그리고 전국에 병원이 5천 개 있다고 치면, 병원 한 곳당 하루에 노인 164명에게 접종을 한 것이 된다. 65세 이상 노인이 특정한 날에 사망할 확률은 약 7천 번에 한 번꼴인데, 65세 이상 노인 중 최소 세 명이 164명이라는 집단 가운데서 동일한 날에 죽을 확률은 약 48만 번에 한 번꼴이다. 그러나 우리가 설정한 가정에 따르면, '가능성이 극단적으로 희박한' 이 사건이 일어날 기회는 '5천 개 병원×11일'을 계산하면 5만 5천 번이 된다. 이런 우연의 일치가 미국의 '어디에선가' 일어날 가능성은 그래서 훨씬 더 높다. 약 여덟 번에 한 번꼴이다. 그런데 이 가능성도, 피츠버그 같은 대도시들의 경우에 그렇듯이 어떤 병원들은 더 많은 환자에게 접종을 한다는 등으로 여러 가정을 조금만 수정하더라도 훨씬 커진다."

21. Di Justo, "The Last Great Swine Flu Epidemic."

22. David Evans, Simon Cauchemez and Frederick G. Hayden, "Prepandemic Immunization for Novel Influenza Viruses: 'Swine Flu' Vaccine, Guillain-Barré Syndrome, and the Detection of Rare Severe Adverse Events," *Journal of Infectious Diseases*, 200, no. 3 (2009), pp. 321-328. http://www.journals.uchicago.edu/doi/pdf/10.1086/603560.

23. Kimberly Kindy, "Officials Are Urged to Heed Lessons of 1976 Flu Outbreak," *Washington Post*, May 9, 2009. http://www.washingtonpost.com/wp-dyn/content/article/2009/05/08/AR2009050802050.html.

24. New York Times, December 30, 1976.

25. 언론은 돼지인플루엔자 사례를 산발적으로 보도했다. 위스콘신을 예로 들 수 있다. 그러나 이런 경우를 놓고 질병통제예방센터가 돼지인플루엔자라고 확인한 사례는 한 차례도 없었고, 적어도 루이스 일병을 제외하고 추가 사망자는 한 명도 없었다.

26. Peter Doshi, Figure 3 in "Trends in Recorded Influenza Mortality: United States, 1900-2004," *American Journal of Public Health*, 98, no. 5; May 2008. http://www.ncbi.nlm.nih.gov/pmc/articles/PMC2374803/figure/f3/.

27. 카터와 포드 간 득표율 차이는 전국적으로 2퍼센트포인트밖에 되지 않았다. 백신을 둘러싼 소동 때문에 포드가 재임에 실패했다고 볼 수 있는 점이다.

28. Harold M. Schmeck, "U.S. Discloses Shortage of Swine Flu Vaccine for Children 3 to 17," *New York Times*, November 16, 1978. http://select.nytimes.com/gst/abstract.html?res=F70E17F9395B167493C4A8178AD95F428785F9.

29. *New York Times*, May 19, 1979

30. 다행히도 그 무렵에는 독감 바이러스들이 그다지 지독하지 않았다. 1970년대 후반이나 1980

년대에 대형 독감이 유행했더라면 사람들에게 백신 접종을 설득하는 일이 무척 어려웠을 것이고 그 결과 엄청나게 많은 사람이 목숨을 잃었을 것이다.

31. *New York Times*, September 5, 1976.

32. 드물긴 하지만 독감은 고래나 말 따위의 포유류를 통해서도 전염될 수 있다.

33. 이처럼 동물들이 독감 발생에서 중요한 역할을 하기 때문에 지구에 있는 새나 돼지 전체 개체에서 그 바이러스를 완전히 제거하지 않는 한, 인간사회에서 독감을 박멸한다는 것은 상당 기간 불가능하다(천연두는 이런 방식으로 인간사회에서 완전히 없어졌다). 다음을 참조. NewsStaff; "Avian Flu Research Sheds Light on Swine Flu and Why Influenza A Can Never Be Eradicated," *Scientific Blogging*, Science 2.0, May 1, 2009. http://www.science20.com/news_articles/avian_flu_research_sheds_light_swine_flu_and_why_influenza_can_never_be_eradicated.

34. John R. Moore, "Swine Productions: A Global Perspective," Alltech Inc., Engormix.com; assessed on May 20, 2012. http://en.engormix.com/MA-pig-industry/articles/swine-production-global-perspective_124.htm.

35. "Food Statistics 〉 Pork Consumption per Capita (Most Recent) by Country," NationMaster.com, accessed May 20, 2012. http://www.nationmaster.com/graph/foo_por_con_per_cap-food-pork-consumption-per-capita.

36. "Disease and Terror," *Newsweek*, April 29, 2009. http://www.thedailybeast.com/newsweek/2009/04/30/disease-and-terror.html.

37. 이 H1N1이 아시아에서 처음 발생했다는 다른 이론들도 있기는 하다. 예를 들어 다음을 참조. Donald G. McNeil Jr., "In New Theory, Swine Flu Started in Asia, Not Mexico," *New York Times*, June 23, 2009. http://www.nytimes.com/2009/06/24/health/24flu.html.

38. Tom Blackwell, "Flu Death Toll in Mexico Could Be Lower Than First Thought," *National Post*, April 29, 2009. http://web.archive.org/web/20100523224652/http://www.nationalpost.com/news/story.html?id=1547114.

39. Jo Tuckman and Robert Booth, "Four-Year-Old Could Hold Key in Search for Source of Swine Flu Outbreak," *The Guardian*, April 27, 2009. http://www.guardian.co.uk/world/2009/apr/27/swine-flu-search-outbreak-source.

40. Keith Bradsher, "Assessing the Danger of New Flu," *New York Times*, April 27, 2009. http://www.nytimes.com/2009/04/28/health/28hong.html?scp=35&sq=h1n1&st=nyt.

41. "Tracking Swine Flu Cases Worldwide," *New York Times*, April 23, 2011. http://www.nytimes.com/interactive/2009/04/27/us/20090427-flu-update-graphic.html.

42. "Report to the President on U.S. Preparations for 2009-H1N1 Infl uenza; President's Council of Advisors on Science and Technology, Executive Office of the President; August 7,

2009. http://www.whitehouse.gov/assets/documents/PCAST_H1N1 Report.pdf.

43. Carl Bialik, "Swine Flu Count Plagued by Flawed Data," *Wall Street Journal*, January 23, 2010. http://online.wsj.com/article/SB10001424052748704509704575019313343580460.html.

44. 이렇게 된 데는 여러 이유가 있겠지만, H1N1 백신이 여러 종류의 계절 독감에 대해서도 예방 조치로 얼마간 작용했다는 점도 이유로 꼽을 수 있을 것 같다. 계절 독감이 여러 해 만에 처음 으로 1월과 2월에 평년과 같은 발병률의 뚜렷한 증가 현상을 보이지 않았기 때문이다.

45. Stephen Davies, "The Great Horse-Manure Crisis of 1894," *The Freeman*, 54, no. 7; September 2004. http://www.thefreemanonline.org/columns/our-economic-past-the-great-horse-manure-crisis-of-1894/.

46. Sir William Petty, "An Essay Concerning the Multiplication of Mankind," 1682.

47. Tomas Frejka, "World Population Projections: A Concise History," Center for Policy Studies, Working Papers Number 66; March 1981. http://pdf.usaid.gov/pdf_docs/PNAAR555.pdf.

48. Haya El Nasser, "World Population Hits 7 Billion," USA Today, October 31, 2011.

49. Ronald Bailey, "Seven Billion People Today.Malthusians Still Wrong (and Always Will Be)," Reason.com; October 31, 2011. http://reason.com/blog/2011/10/31/seven-billion-people-today-mal.

50. Frejka, "World Population Projections."

51. "U.S. HIV and AIDS Cases Reported Through December 1999," HIV/AIDS Surveillance Report, 11, no. 2, U.S. Department of Health and Human Services, Centers for Disease Control and Prevention. http://www.cdc.gov/hiv/topics/surveillance/resources/reports/pdf/hasr1102.pdf.

52. James M. Hyman and E. Ann Stanley, "Using Mathematical Models to Understand the AIDS Epidemic," *Mathematical Biosciences* 90, pp. 415 – 473; 1988. http://math.lanl.gov/~mac/papers/bio/HS88.pdf.

53. 내가 여기에 적용하는 버전은, 연도 변수와 에이즈 발생건수 변수 모두를 로그변환한 다음에 회귀분석regression analysis을 이용해 지수를 계산했다. 지수상으로 95퍼센트 신뢰구간은 약 2.2 ~3.7인데, 2.9가 가장 가능성이 높다. 그런데 10년 뒤의 미래를 설정하고 예측을 하면 상대적 으로 얼마 안 되어 보이던 오차범위는 엄청나게 커진다.

54. Richard Carter and Kamini N. Mendis, table 4 in "Evolutionary and Historical Aspects of the Burden of Malaria," *Clinical Microbiology Reviews*, 15, no. 4, pp. 564 – 594, October 2002.

55. R0는 흔히 범위 개념으로 제시되는데, 여기서는 편의상 그 범위의 중간값을 소개한다. 데이 터 출처는 다음과 같다. David L. Smith, F. Ellis McKenzie, Robert W. Snow and Simon I. Hay, malaria: "Revisiting the Basic Reproductive Number for Malaria and Its Implications

for Malaria Control," *PLoS Biology*, 5, no. 3, March 2007. http://www.ncbi.nlm.nih.gov/pmc/articles/PMC1802755/; ebola: G. Chowell, N. W. Hengartner, C. Castillo-Chavez, P. W. Fenimore, and J. M. Hyman, "The Basic Reproductive Number of Ebola and the Effects of Public Health Measures: The Cases of Congo and Uganda," *Journal of Theoretical Biology*, 229, no. 1, pp. 119-126, July 7, 2004. math.lanl.gov/~gchowell/publications/ebolaJTB. pdf; 1918 flu: Marc Lipsitch, Christina Mills and James Robins, "Estimates of the Basic Reproductive Number for 1918 Pandemic Influenza in the United States: Implications for Policy," Global Health Security Initiative, 2005. www.ghsi.ca/documents/Lipsitch_et_al_ Submitted% 2020050916.pdf; 2009 flu and seasonal flu: Todd Neale, "2009 Swine Flu More Transmissible Than Seasonal Flu," *MedPage Today*, May 11, 2009. http://www.medpagetoday. com/InfectiousDisease/SwineFlu/14154; HIV/AIDS: R. M. Anderson and R. M. May, "Population Biology of Infectious Diseases: Part I," *Nature*, 280, pp. 361-367, August 2, 1979; SARS: J. Wallinga and P. Teunis, "Different Epidemic Curves for Severe Acute Respiratory Syndrome Reveal Similar Impacts of Control Measures," *American Journal of Epidemiology*, 160, no. 6, pp. 509-516, 2004; others: "History and Epidemiology of Global Smallpoox Eradication" in "Smallpox: Disease, Prevention, and Intervention;" Centers for Disease Control and Prevention. http://www.bt.cdc.gov/agent/smallpox/training/overview/pdf/eradicationhistory.pdf.

56. "Acquired Immuno deficiency Syndrome (AIDS) Weekly Surveillance Report;" Centers for Disease Control; December 31, 1984. http://www.cdc.gov/hiv/topics/surveillance/resources/reports/pdf/surveillance84.pdf

57. Gregory M. Herek and John P. Capitanio, "AIDS Stigma and Sexual Prejudice," *American Behavioral Scientist*, 42, pp. 1126-1143, 1999. http://psychology.ucdavis.edu/rainbow/html/abs99_sp.pdf.

58. Marc Lacey and Elisabeth Malkin, "First Flu Death Provides Clues to Mexico Toll," *New York Times*, April 30, 2009. http://www.nytimes.com/2009/05/01/health/01oaxaca.html?scp=28&sq=h1n1&st=nyt.

59. Jo Tuckman and Robert Booth, "Four-Year-Old Could Hold Key in Search for Source of Swine Flu Outbreak," *The Guardian*, April 27, 2009. http://www.guardian.co.uk/world/2009/ apr/27/swine-u-search-outbreak-source.

60. CNN/Time/ORC International poll of Iowa Republican voters, December 21-27, 2011. http://i2.cdn.turner.com/cnn/2011/images/12/28/topstate3.pdf.

61. Selzer & Company poll of Iowa Republican voters, *Des Moines Register*, December 27-30, 2011. http://www.desmoinesregister.com/assets/pdf/FullTopLineResults.pdf.

62. Marshall L. Fisher, Janice H. Hammon, Walter R. Obermeyer, and Ananth Raman, "Making Supply Meet Demand in an Uncertain World," *Harvard Business Review*, May 1994. http://hbr.org/1994/05/making-supply-meet-demand-in-an-uncertain-world/ar/1.

63. 나는 2009년 어떤 메이저 영화사의 의뢰를 받고 컨설팅을 할 때 이와 비슷한 경우를 경험했다. 여러 점에서 매우 정교한 데이터를 구축하고, 이 데이터를 바탕으로 의사결정을 내리는 영화사였다. 영화사는 '10월의 첫째 주말'이, 비록 그날이 날짜 자체로는 특별한 의미가 없다 할지라도, 야심적으로 준비해온 대작을 개봉하기에는 길일이라는 믿음이 있었다. 이 영화사는 어떤 해의 그 주말에 영화를 개봉해 뜻밖의 대성공을 거둔 흐뭇한 기억이 있기 때문이다. 하지만 그 영화가 성공한 가장 큰 이유는 영화 자체가 좋다는 데 있었다. 그런데 영화사는 그 영화가 성공한 가장 큰 요인으로 개봉 시점을 꼽았다. 이후 영화사는 10월 첫째 주말이라는 특별한 시기를 가장 중요한 마케팅 포인트로 삼았다. 물론 좋은 영화와 마케팅을 잘한 영화는 관객 동원에 성공하게 마련이다. 그럼에도, 이는 10월 첫째 주말이 영화를 개봉하기에 좋은 시점이라는 영화사의 예측을 충족했으며 영화사의 그 믿음을 한층 강화했다.

64. 자폐아로 분류되어 연방법인 장애인교육법IDEAS Act에 따른 공립학교의 특수교육 프로그램 대상 아동 수를 기준으로 했다.

65. 뉴스라이브러리닷컴NewsLibrary.com에 따른 내용이다. 〈도표 7-4〉에서 자폐를 다루는 기사들의 수치는, 주어진 해의 뉴스라이브러리닷컴에 실린 전체 기사들을 반영해 조정했으며, 장애인교육법에 따라 자폐아동 특수교육 프로그램을 받는 공립학교 어린이 수의 전체 규모에 맞춰 지수화했다.

66. Tomohisa Yamashita, Kiyoshi Izumi, Koichi Kurumatani, "Effective Information Sharing Based on Mass User Support for Reduction of Traffic Congestion," presented at the New England Complex Systems Institute's Fifth International Conference on Complex Systems, May 16,21, 2004. http://www.necsi.edu/events/iccs/openconf/author/papers/f190.pdf.

67. Hyejin Youn, Hawoong Jeong, and Michael T. Gastner, "The Price of Anarchy in Transportation Networks: Efficiency and Optimality Control," *Physical Review Letters*, 101, August 2008. http://arxiv.org/pdf/0712.1598.pdf.

68. Hanna Kokko, "Useful Ways of Being Wrong," *Journal of Evolutionary Biology*, 18 (2005), pp. 1155 – 1157. http://www.anu.edu.au/BoZo/kokko/Publ/Wrong.pdf.

69. W. O. Kermack and A. G. McKendrick, "A Contribution to the Mathematical Theory of Epidemics," *Proceedings of the Royal Society* A, 115 (1927), pp. 700 – 721.

70. H-H. M. Truong, et al., "Increases in Sexually Transmitted Infections and Sexual Risk Behaviour Without a Concurrent Increase in HIV Incidence Among Men Who Have Sex with Men in San Francisco: A Suggestion of HIV Serosorting?," *Sexually Transmitted Infections*, 82, 6 (2006), pp. 461 – 466.

71. '콘돔 피로condom fatigue'라는 표현이 있는데, 자기네 게이들은 섹스를 할 때마다 콘돔을 써야 한다는 말을 너무 자주 들은 나머지 짜증이 날 정도가 되었다는 의미다.

72. Thomas H. Maugh II, "Experts Fear Resurgence of HIV Infection," *Los Angeles Times*, July 8, 2000. http://articles.latimes.com/2000/jul/08/news/mn-49552.

73. 의학계에서는 MSM이라는 용어를 더 선호한다. 일반적으로 성적 행동보다는 성적 정체성에 초점이 맞춰진 '동성애자homosexual'나 '게이gay'보다 MSM이 더 정확한 용어다. 동성애자나 양성애자가 아니면서도 어떤 남자는 다른 남자와 섹스를 하고, 게이인 남자가 여자와 섹스를 하거나 독신으로 남기도 하기 때문이다.

74. 샌프란시스코 공중보건부 발표 인용.

75. Christopher S. Hall and Gail Bolan, "Syphilis and HIV," HIV InSite Knowledge Base Chapter, University of California San Francisco; June 2006. http://hivinsite.ucsf.edu/InSite?page=kb-05-01-04.

76. H-H M. Truong, et al., "Increases in Sexually Transmitted Infections and Sexual Risk Behaviour Without a Concurrent Increase in HIV Incidence Among Men Who Have Sex with Men in San Francisco: A Suggestion of HIV Serosorting?"

77. Fengyi Jin, et al., "Per-Contact Probability of HIV Transmission in Homosexual Men in Sidney in the Era of HAART," *AIDS*, 24, pp. 907 – 913; 2010. http://www.who.int/hiv/events/artprevention/jin_per.pdf.

78. 많은 연구논문은 이런 추세를 주도하는 것이 HIV 양성반응자라고 주장했다. 이들은 대부분 자기처럼 HIV 양성반응자를 섹스 상대로 선호한다는 것이다. 특히 콘돔을 사용할 생각이 없는 경우에는 더욱 그러하다. 이런 일은 인터넷의 등장과 오프라인의 다양한 지지 모임 덕분에 한결 쉬워졌다.

79. Larry Green, "Measles on Rise Nationwide; Chicago Worst Hit," *Los Angeles Times*, August 5, 1989. http://articles.latimes.com/1989-08-05/news/mn-469_1_chicago-health.

80. Justin Lessler, et al., "Transmissibility of Swine Flu at Fort Dix, 1976," *Journal of the Royal Society Interface*, 4, no. 15, pp. 755 – 762, August 2007. http://rsif.royalsocietypublishing.org/content/4/15/755.full.

81. 같은 글.

82. '정교하고 세련된 단순함을 유지하라'는 지금은 고인이 된 경제학자 아널드 젤너Arnold Zellner 가 쓴 표현이다.

83. "Healthy Hand Washing Survey 2011," Bradley Corp. http://www.bradleycorp.com/handwashing/survey.jsp.

84. http://www.altpenis.com/penis_news/20060710032108data_trunc_sys.shtml.

85. "An Agent-Based Approach to HIV/AIDS Epidemic Modeling: A Case Study of Papua

New Guinea; thesis, Massachusetts Institute of Technology; 2006, http://dspace.mit.edu/handle/1721.1/34528.

86. Shan Mei, et al., "Complex Agent Networks Explaining the HIV Epidemic Among Homosexual Men in Amsterdam," *Mathematics and Computers in Simulation*, 80, no. 5, January 2010. http://portal.acm.org/citation.cfm?id=1743988.

87. Donald G. McNeil Jr., "Predicting Flu with the Aid of (George) Washington," *New York Times*, May 3, 2009. http://www.nytimes.com/2009/05/04/health/04model.html?hp.

88. Michael A. Babyak, "What You See May Not Be What You Get: A Brief, Nontechinical Introduction to Overfitting in Regression-Type Models," *Statistical Corner, Psychosomatic Medicine*, 66 (2004), pp. 411 – 421.

89. 유용한 결과의 산출과는 동떨어진 먼 훗날에 관한 일종의 사고실험thought experiment(머릿속에서 생각으로 진행하는 실험 – 옮긴이)과 같은 예측 모델이라 할지라도, 이 모델은 그 문제의 전반적 내용을 이해하는 데 도움을 줄 수 있다. 인간과 교신할 가능성이 있는 은하계 내 외계 지성체의 수를 계산하는 '드레이크 방정식Drake equation'은 우리가 일상적으로 살아가는 데뿐만 아니라 인간의 문명에 아주 유용한 예측을 제시하지는 않는다. 불확실성이 너무 크기 때문이다. 우리가 상상하는 수학적 자릿수를 초월하는 매개변수가 너무도 많다. 또 결과는 어떤 값을 대입하느냐에 따라, 우주에 존재하는 지성체는 지구 외에는 없다는 결론부터 지구 바깥에 수십억 종의 지성체가 존재한다는 결론까지 다양하게 나온다. 그럼에도 드레이크 방정식은 천문학자들에게는 인생과 우주, 그리고 모든 것에 대해 생각하는 매우 유용한 렌즈다.

90. George E. P. Box and Norman R. Draper, *Empirical Model-Building and Response Surfaces* (New York: Wiley, 1987), p. 424.

91. "Norbert Wiener," Wikiquote.org. http://en.wikiquote.org/wiki/Norbert_Wiener.

III. 예측의 질을 높여 미래를 포착하는 법

8. 베이즈 정리 | 조금씩 조금씩 덜 틀리는 법

1. Roland Lazenby, *The Show: The Inside Story of the Spectacular Los Angeles Lakers in the Words of Those Who Lived It* (New York: McGraw-Hill Professional, 2006).

2. Mark Heisler, "The Times' Rankings: Top to Bottom/NBA," *Los Angeles Times*, November 7, 1999.

3. Tom Spousta, "Pro Basketball: Trail Blazers Have Had Some Success Containing O'Neal," *New York Times*, May 20, 2000. http://www.nytimes.com/2000/05/20/sports/pro-basketball-trail-blazers-have-had-some-success-containing-o-neal.html?scp=2&sq=lakers

+portland&st=nyt.

4. "Blazer Blowout Shows Need for 'Sheed," Associated Press; May 22, 2000. http://web. archive.org/web/20041226093339/http://sportsmed.starwave.com/nba/2000/20000522/ recap/porlal.html.

5. Tom Spousta, "Pro Basketball: Game 2 Was a Blur as Lakers Lost Focus," *New York Times*, May 24, 2000. http://www.nytimes.com/2000/05/24/sports/pro-basketball-game-2-was-a-blur-as-lakers-lost-focus.html?scp=3&sq=lakers+portland&st=nyt.

6. Tom Spousta, "Pro Basketball: Lakers Rally and Get Back on Track," *New York Times*, May 27, 2012. http://www.nytimes.com/2000/05/27/sports/pro-basketball-lakers-rally-and-get-back-on-track.html?scp=14&sq=lakers+portland&st=nyt.

7. Tom Spousta, "Pro Basketball: Everything Comes Up Roses for the Lakers," *New York Times*, May 29, 2000. http://www.nytimes.com/2000/05/29/sports/pro-basketball-everything-comes-up-roses-for-the-lakers.html?scp=16&sq=lakers+portland&st=nyt.

8. "Seventh Heaven: Blazers Send Series Back to L.A. for Game 7," Associated Press via *Sports Illustrated*, June 3, 2000. http://sportsillustrated.cnn.com/basketball/nba/2000/playoffs/news/2000/06/02/lakers_blazers_gm6_ap/.

9. 블레이저스가 이긴다면 불가리스는 30만 달러를 번다. 그러므로 30만 달러-8만 달러=22만 달러.

10. Tom Spousta, "Pro Basketball: Trail Blazers Follow Plan to the Bitter End," *New York Times*, June 7, 2000. http://www.nytimes.com/2000/06/05/sports/pro-basketball-trail-blazers-follow-plan-to-the-bitter-end.html?scp=28&sq=lakers+portland&st=nyt.

11. Basketballvalue.com에서 내려받은 실황중계 자료에 따랐다. http://basketballvalue.com/downloads.php.

12. 2009~2010 NBA 정규 시즌의 모든 경기에서 내가 로지스틱 회귀분석을 통해 얻은 값이다. 여기에서 독립변수는 경기 시간이 총 14분밖에 남지 않은 상태에서 홈팀과 원정팀의 점수 차이이고, 종속변수는 홈팀의 승패 여부다. 이 회귀 모델은 점수 차이가 16점일 때 0.056이라는 값을 산출한다. 홈팀이 16점 차이로 뒤진 상황에서 역전승을 할 확률은 5.6퍼센트라는 뜻이다. 1 대 17로 불리하다는 뜻이기도 하다. 그런데 이를 내가 1 대 15로 조금 낮춰서 말한 것은, 홈경기임에도 16점씩이나 벌어진다는 것은 두 팀의 기량이 현저하게 차이가 난다는 말이지만, 레이커스와 블레이저스 두 팀은 기량이 이보다는 훨씬 대등하기 때문이다.

13. 불가리스가 돈을 딸 승산은 그날 경기 시작 전에 50퍼센트였다. 이 수치는 레이커스가 마지막 경기에서 블레이저스를 이길 확률 60퍼센트에 레이커스가 결승전에 진출해 페이서스를 이길 확률 83퍼센트를 곱해서 나온 것이다. 하지만 그 시점에서 레이커스가 NBA 우승팀이 될 확률은 약 5퍼센트로 낮아졌다. 레이커스가 힘으로 되찾아 블레이저스를 꺾을 확률 6퍼센트에

레이커스가 페이서스를 이길 확률 83퍼센트를 곱해서 나온 값이다.

14. Miranda Hitti, "Testosterone Ups Home Field Advantage," *WebMD Health News*, June 21, 2006. http://www.webmd.com/fitness-exercise/news/20060621/testosterone-ups-home-field-advantage.

15. 대부분의 스포츠 리그에서 드래프트는 지난 시즌에서 성적이 가장 낮은 팀부터 우선권을 행사한다. NBA에서는 슈퍼스타 한 명이 여러 사람 몫을 하는데, NBA의 드래프트 제도에서는 추첨으로 지명권 순서를 결정하며, 이 추첨은 지난 시즌 꼴찌 팀부터 우승팀까지 성적 역순으로 진행된다. 이렇게 해서 각 팀이 드래프트에서 유리한 지위를 보장받으려고 시즌 마지막에 일부러 져주는 행위를 못하게끔 하는 규정을 두고 있다. 그럼에도 지난 시즌에서 성적이 나쁜 팀일수록 추첨에서 선순위 지명권을 따낼 가능성이 높게 설정되어 있어서, 각 팀은 시즌 막판에는 경기에 최선을 다하지 않는 경향이 있다.

16. 두 팀의 선수들이 개인별 수비 통계에 좀 더 초점을 맞추고 집중한다면 이런 불균형은 존재할 수도 없다. 그러나 통계 산입을 위한 측정이라는 점에서 보면 상대적으로 공격은 쉽고 수비는 어렵다. 개인 수비 기록은 아예 통계를 내지 않는 팀도 있다. 그래서 점수를 내는 선수는 수비에 치중하느라 공격권을 동료 선수에게 양보하는 선수에 비해 트레이드 시장에서 가치를 더 인정받는다.

17. "2001-02 Cleveland Cavaliers Schedule and Results," Basketball-Reference.com. http://www.basketball-reference.com/teams/CLE/2002_games.html.

18. 어떤 팀이 펼친 경기에서 합산 점수가 예상 기준선 아래나 위로 다섯 경기 연속해 나타나는 횟수는 한 시즌에 평균 다섯 번이다. NBA에 30개 팀이 있으므로 한 시즌에 모두 150번이다.

19. D. R. Bellhouse, "The Reverend Thomas Bayes FRS: A Biography to Celebrate the Tercentenary of His Birth," *Statistical Science*, 19, 1, pp. 3-43; 2004. http://www2.isye.gatech.edu/~brani/isyebayes/bank/bayesbiog.pdf.

20. 베이즈는 또한 아리우스 교도, 초기 기독교 지도자였던 아리우스Arius를 추종하며 예수를 (당시와 현재 기독교인 대부분이 믿는 것처럼) 신의 직접적 현현보다는 신의 성스러운 아들로 여겼을 수도 있다는 말이다.

21. Thomas Bayes, "Divine Benevolence: Or an Attempt to Prove That the Principal End of the Divine Providence and Government Is the Happiness of His Creatures." http://archive.org/details/DivineBenevolenceOrAnAttemptToProveThatThe.

22. 같은 글.

23. 같은 글.

24. The Late Rev. Mr. Bayes, Communicated by Mr. Price, in a Letter to John Canton, M. A. and F. R. S., "An Essay Towards Solving a Problem in the Doctrine of Chances," *Philosophical Transactions of the Royal Society of London*, 53, pp. 370-418; 1763. http://www.stat.ucla.edu/

history/essay.pdf.

25. Donald A. Gillies, "Was Bayes a Bayesian?," *Historia Mathematica*, 14, no. 4, pp. 325 – 346, November 1987. http://www.sciencedirect.com/science/article/pii/0315086087900656.

26. David Hume, "Cause and Effect" in *An Enquiry Concerning Human Understanding* (1772) (Hackett Publishing Company, 1993). http://www.marxists.org/reference/subject/ philosophy/works/en/hume.htm.

27. 일부 기독교인들은 베이즈의 확률 이론이 자기들이 가지고 있는 세계관과 얼마든지 양립할 수 있다고 여긴다. 베이즈 정리를 전제로 해서 기독교적인 어떤 신이 존재한다는 가설에 100 퍼센트의 사전확률prior probability(선험적 확률)을 설정할 경우, 어떤 증거도 이 신념을 깨뜨릴 수 없다는 말이다. 베이즈가 자기 논리의 이런 특성을 알고 있었을 개연성이 존재한다. 리처드 프라이스가 베이즈의 소논문을 소개하면서, 베이즈 정리가 '성스러운 존재'를 확인하는 데 도움이 되었다고 언급했기 때문이다. 더 심도 깊은 논의는 다음을 참조. Steve Bishop, "Christian Mathematicians,Bayes, God & Math: Thinking Christianly About Mathematics," *Education*, March 22, 2012. http://godandmath.com/2012/03/22/christian-mathematicians-bayes/.

28. "Fundamental Atheism;" Free Atheist Church. https://sites.google.com/site/freeatheistchurch/ fundamental-atheism.

29. Sharon Bertsch McGrayne, *The Theory That Would Not Die: How Bayes' Rule Cracked the Enigma Code, Hunted Down Russian Submarines, and Emerged Triumphant from Two Centuries of Controversy* (New Haven, CT: Yale University Press, Kindle edition), pp. 427-436

30. E. O. Lovett, "The Great Inequality of Jupiter and Saturn," *Astronomical Journal*, 15, 351 (1895), pp. 113 – 127.

31. McGrayne, *The Theory That Would Not Die*, Kindle location 19.

32. Pierre Simon Leplace, "A Philosophical Essay on Probabilities" (1902), pp. 6-8.

33. Bret Schulte, "How Common Are Cheating Spouses?" *U.S. News & World Report*, March 27, 2008. http://www.usnews.com/news/national/articles/2008/03/27/how-common-are-cheating-spouses.

34. "Breast Cancer Risk by Age," Breast Cancer, Centers for Disease Control and Prevention, last updated August 13, 2010. http://www.cdc.gov/cancer/breast/statistics/age.htm.

35. "Understanding Breast Exam Results—False Negative – False Positive Results," RealAge.com. http://www.realage.com/womens-health/breast-exam-results.

36. S. Eva Singletary, Geoffrey L. Robb, and Gabriel N. Hortobagyi, "Advanced Therapy of Breast Disease," B. C. Decker, May 30, 2004.

37. Gina Kolata, "Panel Urges Mammograms at 50, Not 40," *New York Times*, November 16, 2009. http://www.nytimes.com/2009/11/17/health/17cancer.html.

38. Dan M. Kahan, et al., "The Polarizing Impact of Science Literacy and Numeracy on Perceived Climate Change Risks," *Nature Climate Change*, May 27, 2012. See Supplementary Information: http://www.nature.com/nclimate/journal/vaop/ncurrent/extref/nclimate1547-s1.pdf.

39. 2001년 9월 11일로부터 2만 5천 일 이전은 1942년이다.

40. John P. A. Ioannidis "Why Most Published Research Findings Are False," *PLOS Medicine*, 2, e124, August 2005. http://www.plosmedicine.org/article/info:doi/10.1371/journal.pmed.0020124.

41. Brian Owens, "Reliability of 'New Drug Target' Claims Called into Question," *NewsBlog*, *Nature*, September 5, 2011. http://blogs.nature.com/news/2011/09/reliability_of_new_drug_target.html.

42. McGrayne, *The Theory That Would Not Die*, Kindle location 46.

43. Paul D. Stolley, "When Genius Errs: R. A. Fisher and the Lung Cancer Controversy," *American Journal of Epidemiology*, 133, 5, 1991. http://www.epidemiology.ch/history/PDF%20bg/Stolley%20PD%201991%20when%20genius%20errs%20-%20RA%20fisher%20and%20the%20lung%20cancer.pdf.

44. Alan Agresti and David B. Hitchcock, "Bayesian Inference for Categorical Data Analysis," *Statistical Methods & Applications*, 14 (2005), pp. 297–330. http://www.stat.ufl.edu/~aa/articles/agresti_hitchcock_2005.pdf.

45. John Aldrich, "R. A. Fisher on Bayes and Bayes' Theorem," *Bayesian Analysis*, 3, no. 1 (2008), pp. 161–170. http://ba.stat.cmu.edu/journal/2008/vol03/issue01/aldrich.pdf.

46. McGrayne, *The Theory That Would Not Die*, Kindle location 48.

47. Tore Schweder, "Fisherian or Bayesian Methods of Integrating Diverse Statistical Information?" *Fisheries Research*, 37, 1–3 (August 1998), pp. 61–75. http://www.sciencedirect.com/science/article/pii/S0165783698001271.

48. 2008년 뉴햄프셔의 민주당 예비선거(프라이머리) 여론조사. 출처는 RealClearPolitics.com. http://www.realclearpolitics.com/epolls/2008/president/nh/new_hampshire_democratic_primary-194.html.

49. Nate Silver, "Rasmussen Polls Were Biased and Inaccurate; Quinnipiac, SurveyUSA Performed Strongly," *FiveThirtyEight*, *New York Times*, November 4, 2010. http://fivethirtyeight.blogs.nytimes.com/2010/11/04/rasmussen-polls-were-biased-and-inaccurate-quinnipiac-surveyusa-performed-strongly/.

50. R. A. Grant and T. Halliday, "Predicting the Unpredictable; Evidence of Pre-Seismic Anticipatory Behaviour in the Common Toad," *Journal of Zoology*, 700, January 25, 2010.

http://image.guardian.co.uk/sys-files/Environment/documents/2010/03/30/toads.pdf.

51. "Hate Group Formation Associated with Big-Box Stores," ScienceNewsline.com, April 11, 2012. http://www.sciencenewsline.com/psychology/2012041121000031.html.

52. Aldrich, "R. A. Fisher on Bayes and Bayes' Theorem."

53. McGrayne, *The Theory That Would Not Die*, Kindle location 111.

54. Sir Ronald A. Fisher, "Smoking: The Cancer Controversy," Oliver and Boyd. http://www.york.ac.uk/depts/maths/histstat/smoking.htm.

55. Jean Marston, "Smoking Gun," *NewScientist*, no. 2646, March 8, 2008. http://www.newscientist.com/article/mg19726460.900-smoking-gun.html.

56. McGrayne, *The Theory That Would Not Die*, Kindle location 113.

57. Stolley, "When Genius Errs."

58. 같은 글.

59. Jo Tuckman and Robert Booth, "Four-Year-Old Could Hold Key in Search for Source of Swine Flu Outbreak," *The Guardian*, April 27, 2009. http://www.guardian.co.uk/world/2009/qpr/27/swine-flu-search-outbreak-source..

60. McGrayne, *The Theory That Would Not Die*, Kindle location 7.

61. Raymond S. Nickerson, "Null Hypothesis Signifcance Testing: A Review of an Old and Continuing Controversy," *Psychological Methods*, 5, 2 (2000), pp. 241–301. http://203.64.159.11/richman/plogxx/gallery/17/%E9%AB%98%E7%B5%B1%E5%A0%B1%E5%91%8A.pdf.

62. Andrew Gelman and Cosma Tohilla Shalizi, "Philosophy and the Practice of Bayesian Statistics," *British Journal of Mathematical and Statistical Psychology*, pp. 1–31, January 11, 2012.http://www.stat.columbia.edu/~gelman/research/published/philosophy.pdf.

63. 과학적 방법론의 단계에 대해서는 여러 다른 공식이 있다. 여기에서는 다음을 참고했다. "APPENDIX E: Introduction to the Scientific Method," University of Rochester. http://teacher.pas.rochester.edu/phy_labs/appendixe/appendixe.html.

64. Thomas S. Kuhn, *The Structure of Scientific Revolutions* (Chicago: University of Chicago Press, Kindle edition, October 22, 2010).

65. Jacob Cohen, "The Earth Is Round (p<.05)," *American Psychologist*, 49, 12 (December 1994), pp. 997–1003. http://ist-socrates.berkeley.edu/~maccoun/PP279_Cohen1.pdf.

66. Jeff Gill, "The Insignificance of Null Hypothesis Significance Testing," *Political Research Quarterly*, 52, 3 (September 1999), pp. 647–674. http://www.artsci.wustl.edu/~jgill/papers/hypo.pdf.

67. David R. Anderson, Kenneth P. Burnham, and William L. Thompson, "Null Hypothesis

Testing: Problems, Prevalence, and an Alternative," *Journal of Wildlife Management*, 64, 4 (2000), pp. 912–923. http://cat.inist.fr/%3FaModele%3Daffi cheN%26cpsidt%3D792848.

68. William M. Briggs, "It Is Time to Stop Teaching Frequentism to Non-Statisticians," arXiv. org, January 13, 2012. http://arxiv.org/pdf/1201.2590.pdf.

69. David H. Krantz, "The Null Hypothesis Testing Controversy in Psychology," *Journal of the American Statistical Association*, 44, no. 448 (December 1999). http://www.jstor.org/discover/10.2307/2669949?uid=3739832&uid=2&uid=4&uid=3739256&sid=47698905120317.

9. 체스 | 컴퓨터가 인간처럼 미래를 내다볼 수 있을까

1. "Poe Invents the Modern Detective Story," National Historic Site Philadelphia, National Park Service, U.S. Department of the Interior. http://www.nps.gov/edal/forteachers/upload/detective.pdf.

2. Nick Eaton, "Gallup: Bill Gates Is America's Fifth-Most Admired Man," *Seattle Post-Intelligencer*, December 27, 2010. http://blog.seattlepi.com/microsoft/2010/12/27/gallup-bill-gates-is-americas-fifth-most-admired-man/.

3. Joann Pan, "Apple Tops Fortune's 'Most Admired' List for Fifth Year in a Row," *Mashable*, March 2, 2012. http://mashable.com/2012/03/02/apple-tops-fortunes-most-admired-list-five-years-straight-video/.

4. David Kravets, "Stock-Picking Robot 'Marl' Is a Fraud, SEC Says," Threat Level, *Wired*, April 23, 2012. http://www.wired.com/threatlevel/2012/04/stock-picking-robot/.

5. "What Is the Stock Trading Robot 'MARL'?," Squidoo.com. http://www.squidoo.com/StockTradingRobotMARL.

6. *Philadelphia Inquirer*, "Computer Predicts Odds of Life, Death," *Orlando Sentinel*, July 9, 1992. http://articles.orlandosentinel.com/1992-07-09/news/9207090066_1_apache-system-critical-care-critical-care.

7. Nick Montfort, *Twisty Little Passages: An Approach to Interactive Fiction* (Boston: MIT Press, 2005), p. 76.

8. Claude E. Shannon, "Programming a Computer for Playing Chess," *Philosophical Magazine*, Series 7, 41, 314, March 1950. http://archive.computerhistory.org/projects/chess/related_materials/software/2-0%20and%202-1.Programming_a_computer_for_playing_chess.shannon/2-0%20and%202-1.Programming_a_computer_for_playing_chess.shannon.062303002.pdf.

9. William G. Chase and Herbert A. Simon, "The Mind's Eye in Chess" in *Visual Information Processing* (New York: Academic Press, 1973).

10. Douglas Harper, *Online Etymology Dictionary*. http://www.etymonline.com/index.php?term=eureka.

11. Amos Tversky and Daniel Kahneman, "Judgement Under Uncertainty: Heuristics and Biases," *Science*, 185 (September 27, 1974), pp. 1124–1131. http://www.econ.yale.edu/~nordhaus/homepage/documents/tversky_kahn_science.pdf.

12. Lauren Himiak, "Bear Safety Tips," National & States Parks, About.com. http://usparks.about.com/od/backcountry/a/Bear-Safety.htm.

13. billwall, "Who Is the Strongest Chess Player?" Chess.com, Octobbber 27, 2008. http://www.chess.com/article/view/who-is-the-strongest-chess-player.

14. Feng-hsiung Hsu, Thomas Anantharaman, Murray Campbell, and Andreas Nowatzyk, "A Grandmaster Chess Machine," *Scientific American*, October 1990. http://www.disi.unige.it/person/DelzannoG/AI2/hsu.html.

15. 같은 글.

16. "The Chip vs. the Chessmaster," Nova (documentary), March 26, 1991.

17. Garry Kasparov, "The Chess Master and the Computer," *New York Review of Books*, February 11, 2010. http://www.nybooks.com/articles/archives/2010/feb/11/the-chess-master-and-the-computer/.

18. "Frequently Asked Questions: Deep Blue," IBM Research via Internet Archive WayBack Machine beta. http://web.archive.org/web/20071028124110/http://www.research.ibm.com/deepblue/meet/html/d.3.3a.shtml#difficult.

19. Chess Opening Explorer; chessgames.com. http://www.chessgames.com/perl/explorer.

20. Murray Campbell, A. Joseph Hoane Jr., and Feng-hsiung Hsu, "Deep Blue," sjeng.org, August 1, 2001. http://sjeng.org/ftp/deepblue.pdf.

21. IBM Research, "Frequently Asked Questions: Deep Blue."

22. "1, Nf3 d5, 2. g3 Bg4" Chess Opening Explorer; chessgames.com. http://www.chessgames.com/perl/explorer?node=1959282&move=3&moves=Nf3.d5.g3.Bg4&nodes=74.77705.124843.1959282.

23. 딥블루가 위협하는 것처럼 게임 초반에 자기 비숍을 내주고 상대의 나이트를 취하는 수는 좋은 맞교환이 되지 못할 수도 있다. 왜냐하면 비숍 두 개가 모두 살아 있을 때 비숍의 기능이 극대화하기 때문이다. 이 비숍 하나만으로는 판 전체를 감당할 수 없어서 상대방은 상대적으로 쉽게 적진을 유린할 수 있게 된다. 다시 말해 나이트 둘과 비숍 하나보다는 나이트 하나와 비숍 둘을 가지고 체스를 하는 게 낫다는 말이다.

24. Position Search; chessgames.com. http://www.chessgames.com/perl/chess.pl?node=1967201.

25. Adriaan D. de Groot, *Thought and Choice in Chess* (Amsterdam, Holland: Amsterdam

University Press, Amsterdam Academic Archive, 2008).

26. 같은 책.

27. Shannon, "Programming a Computer for Playing Chess."

28. Uly, January 23, 2010 (2:52 P.M.), comment on "computer eval - winning chances" by ppipper; on Rybka Chess Community Forum. http://rybkaforum.net/cgi-bin/rybkaforum/topic_show.pl?tid=15144.

29. "Kasparov vs. Deep Blue, Game 1, May 3, 1997;" Chess Corner. http://www.chesscorner.com/games/deepblue/dblue1.htm.

30. Robert Byrne, "In Late Flourish, a Human Outcalculates a Calculator," *New York Times*, May 4, 1997. http://www.nytimes.com/1997/05/04/nyregion/in-late-flourish-a-human-outcalculates-a-calculator.html?scp=3&sq=kasparov&st=nyt.

31. deka, "Analysis by Rybka 3 14ply," February 26, 2010. http://web.zone.ee/chessanalysis/study%20on%20chess%20strength.pdf.

32. Frederic Friedel, "Garry Kasparov vs. Deep Blue," ChessBase.com, May 1997. http://www.chessbase.com/columns/column.asp?pid=146.

33. 같은 글.

34. 같은 글.

35. "Deep Blue: Overview;" IBM100 Icons of Progress; IBM. http://www.research.ibm.com/deepblue/games/game2/html/move34b.shtml.

36. 어느 것이 올바른 수인지를 놓고 벌이는 논쟁은 아직도 끝이 나지 않은 상태다. 딥블루보다 성능이 떨어지던 당시의 다른 컴퓨터들은 퀸의 b6 이동이 훨씬 더 유리한 수라고 판단했다. 그러나 딥블루는 컴퓨터의 일반적 정석에서 벗어나는 수를 한다는 점에서 특별했다. 나는 오늘날 세계 최강의 체스 프로그램이라 일컬어지는 '리브카Rybka'에 이 상황을 제시하고 그의 선택을 물었다. 리브카도 퀸의 b6 수를 선택했다. 그러나 리브카는 두 수 사이의 차이를 폰 하나가 가지고 있는 힘의 약 10분의 3밖에 되지 않을 정도로 작게 바라보았다. 이 차이는 카스파로프와 대적하도록 특수하게 고안된 특이한 엔진인 딥블루가 퀸의 b6 수가 아닌 또 다른 대안을 선택하리라고 쉽게 상상할 수 있을 정도로 대수롭지 않다.

37. Maurice Ashley, Patrick Wolff, and Yasser Seirawan, "Game 2, black 36 … axb5," IBM Research real-time text commentary, May 11, 2007. http://web.archive.org/web/20080614011112/http://www.research.ibm.com/deepblue/games/game2/html/move36b.html.

38. 카스파로프와 딥블루의 대국은 에퀴터블센터 35층에 마련된 특별 스튜디오에서 진행되었고, 이 대국장에는 단 한 명의 관전자도 입장하지 않았다. 관전장은 다른 곳에 마련되어 있었다.

39. Bruce Weber, "Computer Defeats Kasparov, Stunning the Chess Experts," *New York Times*,

May 5, 1997. http://www.nytimes.com/1997/05/05/nyregion/computer-defeats-kasparov-stunning-the-chess-experts.html?scp=3&sq=kasparov&st=nyt.

40. Bruce Weber, "Wary Kasparov and Deep Blue Draw Game 3," *New York Times*, May 7, 1997. http://www.nytimes.com/1997/05/07/nyregion/wary-kasparov-and-deep-blue-draw-game-3.html?scp=1&sq=kasparov+hand+of+god&st=nyt.

41. Frederic Friedel, "Garry Kasparov vs. Deep Blue," *Multimedia Report*, ChessBase Magazine 58. http://www.chessbase.com/columns/column.asp?pid=146.

42. Bruce Weber, "Swift and Slashing, Computer Topples Kasparov," *New York Times*, May 12, 1997. http://www.nytimes.com/1997/05/12/nyregion/swift-and-slashing-computer-topples-kas parov.html?scp=3&sq=kasparov&st=nyt.

43. 이 비유는 《시카고리더Chicago Reader》의 음악비평가 빌 와이먼Bill Wyman이 처음 쓴 것인데, 와이먼은 그 순간을 록의 역사에서 가장 위대한 순간이라 평가했다. Bill Wyman, "The 100 Greatest Moments in Rock History," *Chicago Reader*, September 28, 1995. http://www.chicagoreader.com/chicago/the-100-greatest-moments-in-rock-history/Content?oid=888578.

44. Campbell, Hoane Jr., and Feng-hsiung, "Deep Blue."

45. Larry Page, "PageRank: Bringing Order to the Web," Stanford Digital Library Project, August 18, 1997. http://web.archive.org/web/20020506051802/www-diglib.stanford.edu/cgi-bin/WP/get/SIDL-WP-1997-0072?1.

46. "How Search Works," by Google via YouTube, March 4, 2010. http://www.youtube.com/watch?v=BNHR6IQJGZs.

47. 바식 라일릭Vasik Rajlich과의 인터뷰.

48. "Amateurs beat GMs in PAL / CSS Freestyle," ChessBase News. http://www.chessbase.com/newsdetail.asp?newsid=2467.

49. Kasparov, "The Chess Master and the Computer."

10. 포커 | 상대의 허풍을 간파하는 법

1. "Chris Moneymaker Ranking History" in The Mob Poker Database; thehendonmob.com. http://pokerdb.thehendonmob.com/player_graphs/chris_moneymaker_18826.

2. 처음에 나는 2005년 월드시리즈 오브 포커에서 상대적으로 규모가 작은 이벤트 하나에 참가했다. 1만 달러 규모의 메인 토너먼트 대회에 참가한 건 2009년부터다.

3. 거기에서 딴 돈을 현금으로 바꾸려면 일정한 회수만큼 게임을 해야만 한다는 조건이 바로 함정이었다.

4. 이어지는 예시는 테이블에 앉은 포커 선수의 관점을 좀 더 전체적인 인상 중심으로 보여줌과

더불어, 비교적 공식적이고 엄격한 수학적 과정을 적용하여 상당히 전형적인 포커 패를 다루 겠다는 의미에서 이상적으로 설정한 것이다.

실제 포커 게임에서 선수들은 훨씬 더 빠르게 결정을 내려야 하는데, 이는 에티켓 때문이기도 하고 또 너무 오래 생각하다 보면 상대에게 자기 패를 읽힐 수 있어서이기도 하다. 그러나 여 기서 묘사하는 사고 과정은 모든 포커 선수가 인식하든 못하든 간에 절박하게 추구하는 것이 다. 문제는 실제 게임이 주는 중압감 속에서 누가 그 사고 과정에 가장 가까이 도달할 수 있을 것이냐 하는 것이다.

5. 만일 상대방이 리버에서 9 원 페어 같은 중간 수준의 패로 레이즈를 한다면, 이 선수는 기본적 으로 우리가 자기보다 약한 패로는 감히 콜을 하지 못할 것이라 예상하고 블러핑을 했다고 볼 수 있다.

6. Nate Silver, "Sanity Check: 88 Hand" twoplustwo.com; May 14, 2012. http://forumserver. twoplustwo.com/56/medium-stakes-pl-nl/sanity-check-88-hand-1199549/.

7. G4mblers, "Biggest Pot in TV Poker History—Tom Dwan vs Phil Ivey Over 1.1 Million," YouTube; January 28, 2010. http://www.youtube.com/watch?v=GnxFohpljqM.

8. "About Tom Dwan," PokerListings.com. http://www.pokerlistings.com/poker-player_tom-dwan.

9. locke, "Isildur1 & the Poker Economy," PokerTableRatings.com, December 11, 2009. http:// www.pokertableratings.com/blog/2009/12/isildur1-the-poker-economy/.

10. "Player Profile: durrrr," Highstakes DataBase. http://www.highstakesdb.com/profiles/durrrr. aspx.

11. PokerListings.com, "About Tom Dwan."

12. 이 책에서 소개하는 인용들은 드완과의 전화 인터뷰 내용을 바탕으로 했다. 인터뷰는 2012년 3월에 이루어졌다. 하지만 나는 그전에 몇 차례 드완을 직접 만난 적이 있다.

13. Darse Billings, "Algorithms and Assessment in Computer Poker," thesis submitted to Department of Computing Science, University of Alberta; 2006. http://www.cs.virginia. edu/~evans/poker/readings/billings-ch1.pdf.

14. Bill Chen and Jerrod Ankenman, "The Mathematics of Poker," Conjelco, November 30, 2006.

15. Tommy Angelo, "Elements of Poker," Tommy Angelo Operations, Kindle edition, p. 209, December 13, 2007.

16. Robert Koch, *Living Life the 80/20 Way* (Boston: Nicholas Brealey Publishing, 2004).

17. 내가 분석한 데이터는 빅 블라인드 베팅이 2달러 이상인 판들이다. 이런 설정을 한 까닭은 프 로 선수들이 참가할 수 있는 최소한의 가능성을 남겨놓기 위해서였다. 빅 블라인드 베팅이 2 달러 미만인 판에는 프로 선수들이 참가할 가능성이 거의 없기 때문이다.

18. 특히 나는 이 표본 데이터를 짝수 달과 홀수 달로 나누었다. 어떤 선수가 정말 숙련된 기술이 있다면 짝수 달과 홀수 달 모두 돈을 딸 것이다. 그런 다음에 나는 회귀분석 방법으로 (두 개의 표본 데이터를 각각 대상으로 해서) 어떤 선수의 승률을 추정했는데(빅 블라인드 베팅으로 추정했으며, 100판당으로 계산했다), 회귀분석 결과는 그 선수의 장기 성공률에 해당된다. 이 회귀분석에서 내가 설정한 변수는 선수의 승률을 진행된 판 수의 자연로그로 곱한 수, 그리고 그가 얼마나 많은 판을 했는지 가리키는 수다. 지나치게 빡빡하거나 느슨하게 게임을 운영한 선수들은 특정 기간에서 다음 기간에 걸쳐 계속해 돈을 딸 가능성이, 다른 요인은 모두 동일하다고 설정할 때, 상당한 수준으로 낮았다. (사실 이것은 그 선수가 매우 많은 판에 참가하지 않은 한 과거 승률보다도 표본 외 승률을 더 잘 나타내는 지표이기도 했다.) 이 지표는, 예를 들어 어떤 선수가 겨루는 상대가 몇 명인가 하는 점도 선수가 참가하는 판의 선택에 영향을 끼치는데, 이와 같은 것들을 고려하지 않아 조잡하긴 하지만, 그럼에도 선수의 장기적 기술 숙련도를 측정하는 데 유용한 지표가 된다.

19. 온라인 포커판은 보통 열 명까지 경기하게 자리가 마련되어 있다. 하지만 실제 카지노에서는 아홉 명까지 참석하는 경우가 많다.

20. 온라인 포커 데이터에서 내가 추정한 바로는 레이크는 100판당 약 57달러다. 예를 들어 '벨라지오'는 보통 선수들에게 수수료를 30분에 6달러 부과한다. 카지노에서 무제한 베팅 텍사스 홀덤을 100판 하려면 보통 네 시간쯤 걸린다(매우 느린 편이다). 그러니까 벨라지오에서는 수수료로 6×8=48달러를 내야 한다. 또 어떤 판에서 이기면 통상적으로 딜러에게 1달러를 팁으로 주는데, 100판 가운데 아홉 판을 이긴다면 수수료에 팁을 합해 모두 57달러를 내야 한다. 여기에는 라스베이거스의 공짜 칵테일 같은 편익에 대한 (그리고 숨겨진 비용에 대한) 추가 계산은 제외되었다.

21. 맷 데이먼이 연기한 법대생 마이크 맥더모트는 이렇게 말한다. "잘 들어, 만일 게임판에서 네가 처음 30분 안에 누가 호구인지 찾아내지 못하면 네가 바로 호구가 되는 거야." http://www.monologuedb.com/dramatic-male-monologues/rounders-mike-mcdermott/.

22. "Guy Laliberte's Accounts on Full Tilt Poker Down Millions of Dollars in 2008," Poker-KingBlog.com, January 2, 2009. http://www.pokerkingblog.com/2009/01/02/guy-laliberte-the-engine-of-the-high-stakes-economy-on-full-tilt-poker/.

23. 사람들이 실내에 있으면서 인터넷에 접속하는 비율이 높은 겨울에는 호구들이 조금 많아지는 경향이 있다. 또 월드시리즈 오브 포커 대회가 열리는 여름에도 봄이나 가을에 비해 이런 경향이 나타난다.

24. James McManus, "Full Tilt Boogie: The UIGEA and You," Grantland.com, Decemmmber 8, 2011. http://www.grantland.com/story/_/id/7333093/uigea-you.

25. Rocco Havel, "Taking Stock of the UIGEA," *Tight Poker*, April 16, 2008. http://www.tightpoker.com/news/taking-stock-of-the-uigea-487/.

26. Branon Adams, "The Poker Economy," *Bluff Magazine*, November, 2006. http://www.bluffmagazine.com/magazine/The-Poker-Economy-Brandon-Adams-584.htm.

27. Nate Silver, "After 'Black Friday,' American Poker Faces Cloudy Future," *FiveThirtyEight*, *New York Times*, April 20, 2011. http://fivethirtyeight.blogs.nytimes.com/2011/04/20/after-black-friday-american-poker-faces-cloudy-future/.

28. 4월과 5월의 규정타석을 근거로 했다.

29. 이것을 테니스와 비교해보자. 테니스에서는 규칙의 구조상 아주 작은 실력 차이도 경기 결과에 빠르게 나타난다. 라파엘 나달Rafael Nadal이나 노박 조코비치Novak Djokovic 같은 세계 정상급 선수들이더라도 전체 포인트의 약 55퍼센트밖에 가져가지 못한다. 반 조금 넘는 수준이다. 이에 비해 야구에서 타자들은 한 경기를 치르는 동안 많아야 네 번이나 다섯 번 타석에 들어선다. 이를 두고서 나달의 테니스 실력이 조시 해밀턴Josh Hamilton의 야구 실력보다 낫다고 말을 할 수는 없다. 그러나 나달은 거의 대부분의 경기에 이기는 반면에 해밀턴은 4타수 무안타를 기록하는 날이 수도 없이 많다. 테니스에서는 (야구에 비해) 어떤 선수든 훨씬 빠르게 장기적 결과에 도달할 수 있다.

30. 이 추정은 나의 데이터베이스에 들어 있는 제한 베팅 텍사스홀덤 선수들의 통계와 나의 개인적 경험을 근거로 했다.

31. Chen and Ankenman, "The Mathematics of Poker," pp. 40-43.

32. 그런데 이 계산은 포커 선수 사이의 장기적 승률 분포가 종 모양의 정규분포를 따르지 않는 게 거의 확실하다는 사실 때문에 더욱 복잡해진다. 그러나 예측의 파레토법칙을 따른다면, 장기적 승률 분포 곡선은 돈을 잃는 선수들을 '뚱뚱한 꼬리'로 나타내면서 왼쪽으로 기운다(분포 곡선의 양 끝을 '꼬리tail'이라고 부른다 - 옮긴이).

33. Martin Harris, "Polaris 2.0 Defeats Stoxpoker Team in Man-Machine Poker Championship Rematch," PokerNews.com, July 10, 2008. http://www.pokernews.com/news/2008/07/man-machine-II-poker-championship-polaris-defeats-stoxpoker-.htm.

34. "Poker Services," Poker Royalty. http://pokerroyalty.com/poker-business.php.

35. "Annual per Capita Lottery Sales, by Educational Attainment," bp0.blogger.com. http://bp0.blogger.com/_bYktpmgngXA/RclJid4kTxI/AAAAAAAAAHU/PnDE3-Orpqc/s1600-h/Compound_Charts3.JPG.

36. Angelo, "Elements of Poker," Kindle location 2.

37. 같은 글, Kindle location 55.

IV. 보이지 않는 손이 세상을 움직인다

11. 주식 | 개인이 결코 시장을 이길 수 없다면

1. "Stocks Traded, Total Value (% of GDP)," World Bank World Development Indicators. http://data.worldbank.org/indicator/CM.MKT.TRAD.GD.ZS.

2. "Fortune 500," CNN Money. http://money.cnn.com/magazines/fortune/fortune500/2009/full_list/101_200.html.

3. "Stocks Traded, Turnover Ratio (%)," World Bank World Development Indicators. http://data.worldbank.org/indicator/CM.MKT.TRNR/countries.

4. Adrianne Jeffries, "High-Frequency Trading Approaches the Speed of Light," BetaBeat. com, February 17, 2012. http://www.betabeat.com/2012/02/17/high-frequency-trading-approaches-the-speed-of-light/.

5. Terrance Odean, "Do Investors Trade Too Much?" *American Economic Review*, 89, no. 5 (December 1999), pp. 1279 – 1298. http://web.ku.edu/~finpko/myssi/FIN938/Odean_Do%20Investors%20Trade%20Too%20Much_AER_1999.pdf.

6. Bruno de Finetti, "La Prévision: Ses Lois Logiques, Ses Sources Subjectives," *Annales de l'Institut Henri Poincaré*, 7 (1937).

7. 우리가 시장에 직접적으로 참여하든 그러지 않든, 시장은 우리에게 소중한 정보를 제공한다. 바나나를 무척 싫어하는 경제학자가 있을 수 있다. 이 경제학자는 바나나가 아무리 싸다고 해도 슈퍼마켓에서 바나나를 사지 않는다. 하지만 바나나 가격에는 관심을 갖는다. 바나나 가격은 인플레이션율 계산에 도움이 되기 때문이다. 또 과일 재배 농민도 바나나 가격을 알아야 바나나나무를 더 심어야 할지 말아야 할지 판단할 수 있다.

  경제학자들은 이런 속성을 '가격 발견price discovery'(가격 예시) 기능이라고 부르는데, 자유시장경제의 핵심 강점 가운데 하나다. 어떤 제품이나 용역에 대해 동일한 시장가격은 그 상품의 수요와 공급에 관해 소중한 정보를 제공하며, 그 가격은 시장의 반응 속에서 오를 수도 있고 내릴 수도 있기 때문이다. 만일 시장에 나와 있는 상품의 가격을 중앙정부가 일방적으로 매긴다면, 어떤 상품을 더 또는 덜 생산할지 판단하기가 매우 어려워질 것이다.

8. William F. Sharpe, *Investments* (Englewood Cliffs, NJ: Prentice-Hall, 1978).

9. Caren Chesler, "A Bettor World," *The American*, American Enterprise Institute, May/June 2007. http://www.american.com/archive/2007/may-june-magazine-contents/a-bettor-world.

10. Iowa Electronic Markets. http://iemweb.biz.uiowa.edu/pricehistory/pricehistory_SelectContract.cfm?market_ID=214.

11. 저스틴 울퍼스, 데이비드 로스차일드와의 인터뷰.

12. David Rothschild, "Forecasting Elections: Comparing Prediction Markets, Polls and Their Biases," *Public Opinion Quarterly*, 73, no. 5 (2009), pp. 895–916. http://assets.wharton. upenn.edu/~rothscdm/RothschildPOQ2009.pdf.

13. 인트레이드는 몇 가지 구조적 (그리고 어쩌면 충분히 예측할 수 있는) 편향을 고질적으로 가지고 있다. 특히 울퍼스를 비롯한 학자들이 진행한 연구 결과를 보면, 인트레이드는 유권자들이 자기가 선호하는 후보를 저평가하고 가능성이 낮은 일을 지나치게 높이 평가하는 편향favorite-longshot bias에 시달리고 있음을 지적해왔다. 이를테면 인트레이드가 10분의 1의 가능성이 있다고 주장한 사건들이 실제로는 장기적으로 볼 때 20분의 1의 가능성밖에 없었고, 30분의 1의 가능성이 있다고 한 사건들은 실제 현실에서 100분의 1로밖에 실현되지 않았다. 이런 편향을 보정할 때 로스차일드의 논문이 주장하는 대로 2008년에 이루어진 예측들에 대해 인트레이드가 파이브서티에이트보다 낫다고 할 수 있겠지만, 보정이 없을 경우에는 파이브서티에이트가 훨씬 정확했다.

14. 이때의 예측 오차는 보통 평균제곱근오차RMSE로 측정한다.

15. Andy Bauer, Robert A. Eisenbeis, Daniel F. Waggoner, and Tao Zha, "Forecast Evaluation with Cross-Sectional Data: The Blue Chip Surveys," *Economic Review*, Federal Reserve Bank of Atlanta, 2003. http://www.frbatlanta.org/filelegacydocs/bauer_q203.pdf.

16. Emile Servan-Schreiber, Justin Wolfers, David M. Pennock, and Brian Galebach, "Prediction Markets: Does Money Matter?" *Electronic Markets*, 14, no. 3l (September 2004). http://hcs. ucla.edu/lake-arrowhead-2007/Paper6_Watkins.pdf.

17. 예를 들어 2010년 미국 하원 선거 예측에 동원된 여러 모델은 갤럽 여론조사에만 의존했다. 갤럽이 매우 훌륭한 여론조사 기관이긴 하지만, 당시에는 상당한 수준으로 빗나간 예측을 했다. 공화당이 실제 얻은 의석수는 63석이었지만 갤럽은 80~90석을 확보할 것이라고 예측한 것이다. 하지만 당시 전체 여론조사의 평균을 구하면 실제 결과에 한층 정확하게 접근한다.

18. "Super Tuesday 2012 on Intrade," Intrade.com, March 8, 2012. http://www.intrade.com/v4/ reports/historic/2012-03-07-super-tuesday-2012/.

19. Nate Silver, "Intrade Betting Is Suspicious," *FiveThirtyEight*, September 24, 2008. http:// www.fivethirtyeight.com/2008/09/intrade-betting-is-suspcious.html.

20. Nate Silver, "Evidence of Irrationality at Intrade," "Live Coverage: Alabama and Mississippi Primaries," *FiveThirtyEight*, *New York Times*, March 13, 2012. http://fivethirtyeight.blogs. nytimes.com/2012/03/13/live-coverage-alabama-and-mississippi-primaries/#evidence- of-irrationality-at-intrade.

21. 나는 한 번도 인트레이드에 돈을 걸고 주식을 산 적이 없다. 나로서는 그런 행위가 사적 이익과 공적 책무가 부딪치는 이익충돌conflict of interest 상황이라고 보기 때문이다.

22. 더 구체적으로 말하자면, 평균적으로 볼 때 나의 주관적 확률 예측이(나의 베이즈주의적인 선

험적 확률들이) 인트레이드의 예측보다 나을 수 있다는 게 나의 생각이자 희망사항이다. 그런데 우리가 운용하는 예측 모델은 상대적으로 덜 그러리라고 생각한다. 그 모델들은 특정한 단순화 가정들을 설정하기 때문이며, 예측상의 차이가 있을 때 자기가 운용하는 모델에 흠이 있는지 또는 도출된 의견 일치에 흠이 있는지 주의를 기울여 살피는 게 중요하기 때문이다(이 경우 모델에 흠이 있는 경우가 많다). 파이브서티에이트 블로그를 자주 찾는 사람이라면, 이런 이유로 해서 때로는 내가 파이브서티에이트 예측모델과 반대되는 예측을 따르는 게 옳다는 글을 이따금씩 올린다는 사실을 잘 알고 있을 것이다.

23. Eugene F. Fama, "My Life in Finance," *Annual Review of Financial Economics*, 3 (2011), pp. 1 - 15. http://faculty.chicagobooth.edu/brian.barry/igm/fama_mylifeinfinance.pdf.

24. Eugene F. Fama, "The Behavior of Stock-Market Prices," *Journal of Business*, 38, no. 1 (January 1965), pp. 34 - 105. http://stevereads.com/papers_to_read/the_behavior_of_stock_market_prices.pdf.

25. 같은 글. p. 40.

26. 구글 학술검색. http://scholar.google.com/scholar?q=BEHAVIOR++OF+STOCKMARKET++PRICES&hl=en&btnG=Search&as_sdt=1%2C33&as_sdtp=on.

27. 구글 뉴스검색에 따르면, 1971년 《뉴욕타임스》에서 어떤 기사가 파마의 이름을 언급하기 전까지는 주류 언론에서 파마의 이름을 언급하지 않았다. Marylin Bender, "Chicago School Foes to the Head of the Class," *New York Times*, May 23, 1971. http://query.nytimes.com/mem/archive/pdf?res=F00614F8355F127A93C1AB178ED85F458785F9.

28. William F. Sharpe, "Mutual Fund Performance," *Journal of Business*, 39, 1 (January 1966), part 2: Supplement on Security Prices, pp. 119 - 138. http://finance.martinsewell.com/fund-performance/Sharpe1966.pdf.

29. 이 도표는 이트레이드의 뮤추얼펀드 담당자가 2012년 5월 1일을 기준으로 삼아서 안정적 대규모 자본의 미국 주식형펀드로 분류한 모든 뮤추얼펀드를 표본으로 한다. 인덱스펀드(지수 펀드)들은 제외했다. 펀드들은 2002~2011년의 연간수익률을 해마다 보고해야 했다. 그런데 2002~2011년 수익률이 저조했던 몇몇 펀드는 2012년 5월 1일 시점에는 금융상품으로 판매되지 않았을 수도 있다는 점에서 이 도표에 약간의 편향은 개재될 수 있음을 참고하기 바란다.

30. 도표 A, B, C, E가 가짜다. D와 F가 각각 1970년대와 1980년대의 첫 천 일 동안의 주가 움직임을 묘사한 도표다. 당신이 정답을 맞혔다면, CNBC의 증권투자 프로그램 〈매드 머니Mad Money〉 담당자에게 이력서를 보내보기 바란다. 충분히 환영받을 것이다. 주소는 다음과 같다. 900 Sylvan Ave., Englewood Cliffs, NJ 07632.

31. Eugene F. Fama, "Efficient Capital Markets: A Review of Theory and Empirical Work," *Journal of Finance*, 25, 2 (1970), pp. 383 - 417.

32. 유진 파마와의 인터뷰.

33. Alan J. Ziobrowski, Ping Cheng, James W. Boyd, and Brigitte J. Ziobrowski, "Abnormal Returns from the Common Stock Investments of the U.S. Senate," *Journal of Financial and Quantiative Analysis*, 39, no. 4 (December 2004). http://www.walkerd.people.cofc.edu/400/Sobel/P-04.%20Ziobrowski%20-%20Abnormal%20Returns%20US%20Senate.pdf.

34. 구글 학술검색. http://scholar.google.com/scholar?hl=en&q=%22efficient+markets%22&as_sdt=0%2C33&as_ylo=1992&as_vis=0.

35. 구글 학술검색. http://scholar.google.com/scholar?hl=en&q=%22efficient+markets+hypothesis%22&btnG=Search&as_sdt=1%2C33&as_ylo=2000&as_vis=0.

36. 구글 학술검색. http://scholar.google.com/scholar?as_q=&num=10&as_epq=theory+of+evolution&as_oq=&as_eq=&as_occt=any&as_sauthors=&as_publication=&as_ylo=1992&as_yhi=&as_sdt=1&as_subj=bio&as_sdtf=&as_sdts=33&btnG=Search+Scholar&hl=en.

37. John Aidan Byrne, "Elkins/McSherry—Global Transaction Costs Decline Despite High Frequency Trading," *Institutional Investor*, November 1, 2010. http://www.institutionalinvestor.com/Popups/PrintArticle.aspx?ArticleID=2705777.

38. 특히 그 전날 주가에 대한 당일 주가의 선형회귀linear regression, 곧 긍정적 방향으로 움직이면 '1', 부정적 방향이면 '-1'로 각각 매긴다. 또 전날 주가 변화의 백분율에 대한 당일 주가 변화의 백분율 회귀를 취할 경우, 이 추세가 갖는 통계적 유의미성은 매우 크다. 하지만 회귀분석의 표준적 형태들은 주식시장이 정규분포를 따르지 않는데도 오차는 정규적으로 분포한다고 설정한다는 사실을 명심해야 한다. 파마와 같은 경제 전문가들은 이런 설정이 표준적인 통계적 검증 방식들을 적용해서 주가의 특정 패턴들을 분석하고자 할 때에 발생하는 문제라고 생각한다.

39. 1976년에는 인덱스펀드가 아직 널리 이용되지 않았다. 그 분석은 투자자의 수익률이 다우존스 산업평균지수를 따를 것이라고 추정한다.

40. 이는 시장의 평균수익률에 비하면 훨씬 낮은 수익률이다. 비록 2000년대의 10년 기간이 주식 투자자들에게는 상대적으로 힘든 시기이긴 했지만, 그래도 주식을 사서 계속 보유한 투자자라면 2009년 1월 말에는 4천 달러가 아니라 약 9천 달러를 가지고 있었을 것이다.

41. Carlota Perez, "The Double Bubble at the Turn of the Century: Technological Roots and Structural Implications," *Cambridge Journal of Economics*, 33 (2009), pp. 779‒805. http://www.relooney.info/Cambridge-GFC_14.pdf.

42. 2010년 기준《포춘》선정 500대 기업 가운데 기술 관련 회사들의 수익과 나머지 회사들의 수익을 비교한 것을 토대로 했다. 기술 관련 기업이라고 한 회사들은 다음과 같다. 아마존닷컴, 애플, 어바이어, 부즈 앨런 앤드 해밀턴, 시스코 시스템스, 코그니전트 테크놀러지 솔루션스, 컴퓨터 사이언시스, 코닝, 델, 이베이, EMC, 구글, 해리스, HP, IBM, 리버티 미디어, 마이크로

소프트, 모토롤라 솔루션스, NCR, 오라클, 피트니 보우스, 퀄컴, SAIC, 시만텍, 웨스턴 디지털, 제록스, 야후!.

43. 더 정확하게 말하면 배당과 인플레이션을 보정한 상태에서 5년 동안 주가의 90퍼센트가 증가했다. 이는 연간 14퍼센트 증가인 셈인데, 장기적 증가율 7퍼센트의 두 배에 해당한다.

44. | **5년간 S&P 500 지수가 90퍼센트 증가했을 때의 후유증 사례** |

연도	주가 폭락	설명
1881~ 1883	무	주가가 1881년 6월과 1885년 1월 사이에 액면가격의 36퍼센트나 빠졌지만, 이런 상황이 빚어진 가장 큰 이유는 당시 경제를 뒤흔든 심각한 디플레이션이었다. 그러므로 수익이 인플레이션을 고려한 상태에서도 평균보다 낮기는 하지만 이것을 주가 폭락이라고 봐서는 안 될 것 같다.
1901	유	**1901년 공황**. 주가의 하락세가 처음에는 상대적으로 협소한 산업인 철도 분야 주식에 국한되었지만(이들 주식은 우연하게도 소규모 투자자들에게 매우 인기가 높았다), 결국 이 하락세는 전체 산업 분야로 확대되었고, 1901~1903년 S&P 500 지수는 4분의 1 이상 빠졌다.
1925~ 1930	유	**대공황**. 역사상 최악의 금융위기 속에서, 특히 1929~1932년 3년 동안 주가는 80퍼센트 가까이 빠졌다.
1937	유	**1937~1938년의 경기후퇴**. 경제가 심각한 더블딥에 빠져들면서 14개월 동안 주가는 40퍼센트 이상 빠졌다.

45. 《다우 100,000》의 원래 제목은 이보다 한결 수수한 '다우 30,000'이었다. 하지만 출판사는 주가가 훨씬 더 올라가리라고 예상했다. 내가 이런 이야기를 하는 것은, 아마존닷컴에서 이 책을 처음 소개할 때 "이 책이 다우지수가 2010년까지 30,000으로 오를 것이라고 예측한다'는 사실을 강조하면서 '다우 30,000'이라고 지칭했기 때문이다. 그런데 이 책은 또한 다우지수가 2020년까지 10만까지 오를 것이라고 예측했고, 그래서 책 제목이 '다우 100,000'이 되었다. 다음을 참조. http://www.amazon.com/Dow-100-000-Fact-Fiction/dp/0735201374 retrieved November 25, 2011.

46. 여기서 '실질수익'이라고 한 것은 주가에 배당금은 합치고 인플레이션으로 부풀려진 부분은 제외했음을 뜻한다. 배당금은 투자자가 현금으로 보유하지 않고 자동으로 주식에 재투자되는 것으로 설정했다.

47. Alan Greenspan, "The Challenge of Central Banking in a Democratic Society," Remarks at the Annual Dinner and Francis Boyern Lecture of The American Enterprise Institute for Public Policy Research, Washington, DC, December 5, 1996. http://www.federalreserve.gov/boarddocs/speeches/1996/19961205.htm.

48. 〈도표 11-7〉 같은 도표들은 굉장히 많은 데이터를 바탕으로 만들어진 듯 보인다. 하지만 그렇

지 않다. 눈속임으로 작용하는 요소가 있어서 그렇게 보일 뿐이다. 이 도표들은 연두별 주식 시장 수익률을 나타내는 측정점을 포함하고 있다. 예를 들어 도표에 있는 점들 가운데 하나는 1960~1980년 20년 동안의 주가 움직임을 나타낸다. 또 다른 점은 1961~1981년 20년 동안의 주가 움직임을 나타낸다. 그런데 문제는 그 기간들이 서로 겹치며, 따라서 동일한 데이터를 이중으로 계산한 셈이 된다는 점이다. 만일 우리가 어떤 시점에서 주가들이 20년 동안에 어떻게 움직였는지 살핀다면 그다지 많은 데이터를 다루지 않아도 된다. 실러의 주가수익률은 맨 처음 1881년을 기준으로 계산할 수 있다. 1881년에 시작해서 한 번에 20년 단위로 끊어서 1901년, 1921년, 1941년, 1961년, 1981년, 2001년까지 여섯 개 측정점만 계산하면 된다.

49. 당신이 그 주식의 주가가 계속 오를 것이라고 확신한다면 당신은 그 주식을 되도록 많이 사는 게 옳다.

50. "Henry Blodget's Risky Bet on the Future of News," *Bloomberg Businessweek*, July 8, 2010. http://www.businessweek.com/print/magazine/content/10_29/b4187058885002.htm.

51. Dan Mitchell and Scott Martin, "Amazon Up 46 Points; Report 'Clarified,'" CNET News, December 16, 1998. http://news.cnet.com/2100-1017-219176.html.

52. Amazon.com Inc. (AMZN) Historical Prices; Yahoo! Finance. http://finance.yahoo.com/q/hp?s=AMZN&a=00&b=1&c=1997&d=11&e=25&f=2011&g=d.

53. 아마존닷컴의 주가는 1988년 12월 16일에 최고 302달러까지 올라갔다. 이날 이 주식의 시작가는 243달러, 종가는 289달러였다.

54. 이 책을 쓰기 위해 나는 100명 넘게 만났는데, 인터뷰 내용을 단어 하나 바꾸지 않고 그대로 원고로 옮기고 싶은 사람이 두세 명 있었다. 그중 한 명이 바로 블로젯이다.

55. *Denver Post*, April 16, 1998.

56. 아마존닷컴의 현재 주가는 표면적으로는 1998년 주가의 6분의 1이다. 주식분할stock splits을 했기 때문이다(주식분할이란 자본 증가 없이, 즉 시가총액의 변화 없이 발행 주식의 총수를 늘리고, 늘어난 주식을 주주들이 보유한 주식 수에 따라 나누어주는 것을 말한다. 지나치게 오른 주가를 투자자가 매입하기 쉬운 수준으로까지 인하해 거래가 쉽게 이루어지도록 하는 게 목적이다 – 옮긴이).

57. Zinta Lundborg, "Report Card: Henry Blodget," *The Street*, June 27, 2000. http://www.thestreet.com/markets/analystrankings/977502.html.

58. "Vested Interest;" PBS Now; May 31, 2002. http://www.pbs.org/now/politics/wallstreet.html.

59. "*Securities and Exchange Commission*, 450 Fifth Street, N.W. Washington, D.C. 20549, *Plaintiff,—against—Henry Mckelvey Blodget, Defendant*," United States District Court, Southern District of New York, April 28, 2003. http://www.sec.gov/litigation/complaints/comp18115b.htm.

60. "The Securities and Exchange Commission, NASD and the New York Stock Exchange Permanently Bar Henry Blodget from the Securities Industry and Require $4 Million Payment," U.S. Securities and Exchange Commission, April 28, 2003. http://www.sec.gov/news/press/2003-56.htm.

61. David Carr, "Not Need to Know but Nice to Know," *MediaTalk, New York Times*, November 24, 2003. http://www.nytimes.com/2003/11/24/business/mediatalk-not-need-to-know-but-nice-to-know.html?ref=henryblodget.

62. 여기에서 주가 폭락은 주가가 배당금과 인플레이션을 고려해 20퍼센트 이상 떨어지는 것으로 규정한다.

63. "Securities Industry Employment 2Q 2010;" *Securities Industry and Financial Markets Association Research Report*, 5, no. 13. http://www.cdfa.net/cdfa/cdfaweb.nsf/fbaad5956b292 8b086256efa005c5f78/7b5325c9447d35518625777b004cfb5f/$FILE/SecuritiesIndustry_Employment_20100810_SIFMA.pdf.

64. 또한 애널리스트들은 어떤 주식을 살 경우 손해를 본다는 사실을 알고도 한참 뒤에야 그런 사실을 공표한다거나, 사실을 일반에 알리기 전에 자기 고객들에게 먼저 이 정보를 제공한다는 증거도 있다. 예를 들어 다음을 참조. Jeffrey A. Buss, T. Clifton Green, and Narasimhan Jegadeesh, "Buy-Side Trades and Sell-Side Recommendations: Interactions and Information Content," Emory University, January 2010. http://www.bus.emory.edu/cgreen/docs/busse.green.jegadeesh_wp2010.pdf.

65. Sorin Sorescu and Avanidhar Subrahmanyam, "The Cross-Section of Analyst Recommendations," *Recent Work*, Anderson Graduate School of Management, UC Los Angeles, January 9, 2004. http://escholarship.org/uc/item/76x8k0cc;jsessionid=5ACA605CE 152E3724AB2754A1E35FC6A#page-3.

66. Floyd Norris, "Another Technology Victim; Top Soros Fund Manager Says He 'Overplayed' Hand," *New York Times*, April 29, 2000. http://www.nytimes.com/2000/04/29/business/another-technology-victim-top-soros-fund-manager-says-he-overplayed-hand. html?pagewanted=2&src=pm.

67. John C. Bogle, "Individual Investor, R.I.P.," *Wall Street Journal*, October 3, 2005.

68. Jonathan Lewellen, "Institutional Investors and the Limits of Arbitrage," *Journal of Financial Economics*, 102 (2011), pp. 62 – 80. http://mba.tuck.dartmouth.edu/pages/faculty/jon.lewellen/docs/Institutions.pdf.

69. 개인 투자자들은 상대적으로 작은 규모의 돈을 운용하므로 전체 발생 거래 가운데서 아주 작은 부분에만 관계한다. 최근에 발표된 한 연구논문(Alicia Davis Evans, "A Requiem for the Retail Investor?" *Virginia Law Review*, May 14, 2009. http://www.virginialawreview.org/

content/pdfs/95/1105.pdf)은 개인 투자자들의 거래량은 뉴욕증권거래소 전체 거래량의 2퍼센트밖에 되지 않는다고 추상한다.

70. 2007년 자료는 세계은행 데이터로 추정했다. (http://databank.worldbank.org/ddp/html-jsp/QuickViewReport.jsp?RowAxis=WDI_Series~&ColAxis=WDI_Time~&PageAxis=WDI_Ctry~&PageAxisCaption=Country~&RowAxisCaption=Series~&ColA x isCapt ion=Time~&NEW_REPORT_SCALE=1&NEW_REPORT_PRECISION=0&newReport=yes&ROW_COUNT=1&COLUMN_COUNT=51&PAGE_COUNT=1&COMMA_SEP=true). 1980년 자료는 뉴욕증권거래소 시가총액 데이터에서 뽑았으며("Annual reported volume, turnover rate, reported trades [mils. of shares]," http://www.nyxdata.com/nysedata/asp/factbook/viewer_edition.asp?mode=table&key=2206&category=4), 여기에 1988년 뉴욕증권거래소 시가총액(세계은행 자료)에 대한 미국의 주식 보유액 비율을 곱했다. 모든 수치는 2007년 미 달러화를 기준으로 해서 보정했다.

71. 예를 들어 어떤 트레이더가 회사 자금 100만 달러를 쇼트포지션에 투자할 기회를 가지고 있다고 치자. 그는 이듬해 주가가 폭락할 가능성이 55퍼센트이고 주가가 오를 가능성이 45퍼센트라고 바라본다. 그렇다면 쇼트포지션 투자는 상당히 괜찮은 베팅이다. 트레이더가 확률을 정확하게 계산했다면 예상 수익은 10만 달러가 되기 때문이다.

그러나 트레이더 본인에게는 동기가 완전히 달라질 수 있다. 베팅이 잘못된 것으로 판명될 경우, 이 트레이더는 해고될 가능성이 높다. 그런데 월스트리트에서 이런 공매도를 하는 사람들은 많지 않다. 특히 이들이 자기 동료에 비해 실적을 내지 못했을 경우에는 더욱 그렇다. 베팅이 옳은 것으로 판명되면 혜택을 누리겠지만, 그 혜택도 해고의 위험을 감당할 만큼 크지는 않다. 그러느니 차라리 주가 폭락을 피할 수 없게 되는 시점까지 기다렸다가 다른 모든 트레이더들과 함께 죽을 쑤는 게 본인의 직업 안정을 위해서는 더 바람직한 선택이다.

72. Russ Wermers, "Mutual Fund Herding and the Impact on Stock Prices," *Journal of Finance*, 7, 2 (April 1999), pp. 581-622. http://www.rhsmith.umd.edu/faculty/rwermers/herding.pdf.

73. David S. Scharfstein and Jeremy C. Stein, "Herd Behavior and Investment," *American Economic Review*, 80, no. 3 (June 1990), pp. 465-479. http://ws1.ad.economics.harvard.edu/faculty/stein/files/AER-1990.pdf.

74. James Surowiecki, *The Wisdom of Crowds* (New York: Random House, 2004).

75. Silver, "Intrade Betting Is Suspicious."

76. Marko Kolanovic, Davide Silvestrini, Tony SK Lee, and Michiro Naito, "Rise of Cross-Asset Correlations," *Global Equity Derivatives and Delta One Strategy*, J.P. Morgan, May 16, 2011. http://www.cboe.com/Institutional/JPMCrossAssetCorrelations.pdf.

77. Richard H. Thaler, "Anomalies: The Winner's Curse," *Journal of Economic Perspectives*, 2, no. 1 (1998), pp. 191-202. http://econ.ucdenver.edu/Beckman/Econ%204001/thaler-

winner's%20curse.pdf.

78. Daniel Kahneman, *Thinking, Fast and Slow* (New York: Farrar, Straus and Giroux, 2011), pp. 261–262.

79. Odean, "Do Investors Trade Too Much?"

80. Owen A. Lamont and Richard H. Thaler, "Can the Market Add and Subtract? Mispricing in Tech Stock Carve-outs," *Journal of Political Economy*, 111, 2 (2003), pp. 227–268. http://faculty.chicagobooth.edu/john.cochrane/teaching/Empirical_Asset_Pricing/lamont%20and%20thaler%20add%20and%20subtract%20jpe.pdf.

81. 사실상 위험이 없긴 했지만 그렇다고 완전히 없었던 건 아니다. 미국 국세청이 회사분할을 승인하지 않을 수도 있다는 점에서 위험은 여전히 남아 있었다.

82. Lamont and Thaler, "Can the Market Add and Subtract? Mispricing in Tech Stock Carve-outs."

83. José Scheinkman and Wei Xiong, "Overconfidence and Speculative Bubbles," *Journal of Political Economy*, 111, 6 (2003), pp. 1183–1220. http://web.ku.edu/~finpko/myssi/FIN938/Schienkman%20%26%20Xiong.volume-return.JPE_2003.pdf.

84. Fisher Black, "Noise," *Journal of Finance*, 41, 3 (1986).

85. Sanford J. Grossman and Joseph E. Stiglitz, "On the Impossibility of Informationally Efficient Markets," *American Economic Review*, 70, 3 (June 1980), pp. 393–408. http://www.math.ku.dk/kurser/2003-1/invfin/GrossmanStiglitz.pdf.

86. Edgar Ortega, "NYSE Loses Market Share and Nasdaq Isn't the Winner (Update3)," Bloomberg, June 24, 2009. http://www.bloomberg.com/apps/news?pid=newsarchive&sid=amB3bwJD1mLM.

87. Kent Daniel, Mark Grinblatt, Sheridan Titman, and Russ Wermers, "Measuring Mutual Fund Performance with Characteristic-Based Benchmarks," *Journal of Finance*, 52 (1997), pp. 1035–1058.

88. Franklin R. Edwards and Mustafa Onur Caglaya, "Hedge Fund Performance and Manager Skill," *Journal of Futures Markets*, 21, 11 (November 2001), pp. 1003–1028.

89. Ardian Harri and B. Wade Brorsen, "Performance Persistence and the Source of Returns for Hedge Funds," Oklahoma State University, Agricultural Economics Working Paper, July 5, 2002. http://www.hedgefundprofiler.com/Documents/166.pdf.

90. Rob Bauer, Mathijs Cosemans, and Piet Eichholtz, "Option Trading and Individual Investor Performance," *Journal of Banking & Finance*, 33 (2009), pp. 731–746. http://arno.unimaas.nl/show.cgi?fid=15657.

91. Joshua D. Coval, David A. Hirshleifer, and Tyler Shumway, "Can Individual Investors

Beat the Market?" School of Finance, Harvard University, Working Paper No. 04-025/ Negotiation Organization and Markets, Harvard University, Working Paper No. 02-45; Sept. 2005. http://my.psychologytoday.com/files/attachments/5123/sept-2005-distributed-version.pdf.

92. Benjamin Graham and Jason Zweig, *The Intelligent Investor* (New York: Harper Collins, rev. ed., Kindle edition, 2009).

93. 이런 목적에서라면 S&P 500 지수가 다우존스 산업평균지수 같은 다른 지수들보다 거의 확실히 유리하다. 왜냐하면 S&P 500 지수는 좀 더 폭넓고 다양한 종목을 아우르고 있으며, 각 주식의 단순한 주가만이 아니라 시가총액에 따라 가중치를 설정하기 때문이다. 다시 말해 S&P 500 지수를 동원할 경우 평균적 투자자의 투자 포트폴리오를 좀 더 정확하게 복제할 수 있다.

94. "Investing," PollingReport.com. http://www.pollingreport.com/invest.htm.

95. 로버트 실러의 주식시장 데이터를 바탕으로 해서 배당금을 재투자하는 것으로 설정해 계산했으며, 이때 거래비용은 무시했다.

96. 이는 최상의 결과를 낸 경우를 가려서 든 예시가 아니다. 이 전략을 구사하는 투자자의 연평균 수익률은 1990년 이후로 2.8퍼센트가 된다.

97. Black, "Noise."

98. Didier Sornette, *Why Stock Markets Crash: Critical Events in Complex Financial Systems* (Princeton, NJ: Princeton University Press, Kindle edition, 2005), location 3045.

99. 같은 책.

100. "Quotation #24926 from Classic Quotes," Quotations Page. http://www.quotationspage.com/quote/24926.html.

12. 지구온난화 | 건강한 회의론의 풍토가 필요하다

1. "History for Washington, DC: Wednesday, June 22, 1988," Wunderground.com. http://www.wunderground.com/history/airport/KDCA/1988/6/22/DailyHistory.html?req_city=Ronald+Reagan+Washington+National&req_state=DC&req_statename=District+of+Columbia.

2. Kerry A. Emanuel, "Advance Written Testimony," Hearing on Climate Change: Examining the Processes Used to Create Science and Policy, House Committee on Science, Space and Technology, U.S. House of Representatives, March 31, 2011. http://science.house.gov/sites/republicans.science.house.gov/files/documents/hearings/Emanuel%20testimony.pdf.

3. James E. Hansen, "The Greenhouse Effect: Impacts on Current Global Temperature and Regional Heat Waves," statement made before the United States Senate Committee on Energy and Natural Resources, June 23, 1988. http://image.guardian.co.uk/sys-files/Environment/documents/2008/06/23/ClimateChangeHearing1988.pdf.

4. Philip Shabecoff, "Global Warming Has Begun, Expert Tells Senate," *New York Times*, June 24, 1988. http://www.nytimes.com/1988/06/24/us/global-warming-has-begun-expert-tells-senate.html?pagewanted=all&src=pm.

5. 비만 통계 출처는 대부분 세계보건기구WHO의 '체질량지수BMI 글로벌 데이터베이스Global Database on Body Mass Index'다(http://apps.who.int/bmi/index.jsp). 칼로리 소비 데이터의 출처는 유엔 식량농업기구FAO다(http://www.fao.org/fileadmin/templates/ees/documents/food_security_statictics/FoodConsumptioNutrients_en.xls.).

6. "Nauru: General Data of the Country," Populstat.info. http://www.populstat.info/Oceania/naurug.htm.

7. 한 가지 일반적인 기법은 성인이 여러 주에 걸쳐 자기가 먹은 모든 것을 성실하게 기록하는 것으로, 과식에 대해 부정적인 시선이 있을 경우(어떤 나라는 다른 나라보다 특히 더 그렇다) 이들이 정직하게 기록할 것이라는 신뢰를 전제로 한다.

8. J. T. Houghton, G. J. Jenkins, and J. J. Ephraums, "Report Prepared for Intergovernmental Panel on Climate Change by Working Group I," *Climate Change: The IPCC Scientific Assessment* (Cambridge: Cambridge University Press, 1990), p. XI.

9. David R. Williams, "Earth Fact Sheet," NASA Goddard Space Flight Center, last updated November 17, 2010. http://nssdc.gsfc.nasa.gov/planetary/factsheet/earthfact.html.

10. Yochanan Kushnir, "The Climate System," Columbia University. http://eesc.columbia.edu/courses/ees/climate/lectures/radiation/.

11. "What Is the Typical Temperature on Mars?" Astronomy Cafe. http://www.astronomycafe.net/qadir/q2681.html.

12. Jerry Coffey, "Temperature of Venus," *Universe Today*, May 15, 2008. http://www.universetoday.com/14306/temperature-of-venus/.

13. 평균적으로 볼 때 금성의 기온은 수성의 기온보다 훨씬 높다. 수성에는 대기가 거의 없으며, 기온은 하루에 보통 최저 섭씨 영하 200도에서 최고 영상 400도까지 오르내린다.

14. Matt Rosenberg, "Coldest Capital Cities: Is Ottawa the Coldest Capital City?" About.com. http://geography.about.com/od/physicalgeography/a/coldcapital.htm.

15. "Kuwait City Climate," World-Climates.com. http://www.world-climates.com/city-climate-kuwait-city-kuwait-asia/.

16. 평균 최고기온이 가장 높은 곳은 8월의 쿠웨이트로 섭씨 46.67도이고, 평균 최저기온이 가장 낮은 곳은 1월의 울란바토르로 섭씨 영하 27.22도다.

17. "Mercury Statistics," Windows to the Universe. http://www.windows2universe.org/mercury/statistics.html.

18. "Human-Related Sources and Sinks of Carbon Dioxide" in *Climate Change —Greenhouse*

Gas Emissions, Environmental Protection Agency. http://www.epa.gov/climatechange/ emissions/co2_human.html.

19. "Full Mauna Loa CO2 Record" in *Trends in Atmospheric Carbon Dioxide*, Earth System Research Laboratory, National Oceanic & Atmospheric Administration Research, U.S. Department of Commerce. http://www.esrl.noaa.gov/gmd/ccgg/trends/#mlo_full.

20. Isaac M. Held and Brian J. Soden, "Water Vapor Feedback and Global Warming," *Annual Review of Energy and the Environment*, 25 (November 2000), pp. 441 – 475. http://www. annualreviews.org/doi/abs/10.1146%2Fannurev.energy.25.1.441.

21. Gavin Schmidt, "Water Vapor: Feedback or Forcing?" RealClimate.com, April 6, 2005. http://www.realclimate.org/index.php?p=142.

22. Kerry A. Emanuel, "Advance Written Testimony."

23. J. H. Mercer, "West Antarctic Ice Sheet and CO2 Greenhouse Effect: A Threat of Disaster," *Nature*, 271 (January 1978), pp. 321 – 325. http://stuff.mit.edu/~heimbach/papers_ glaciology/nature_mercer_1978_wais.pdf.

24. Google Books' Ngram Viewer. http://books.google.com/ngrams/graph?content= greenhouse+ef fect%2Cglobal+warming%2Cclimate+change&year_star t=1960&year_ end=2010&corpus=0&smoothing=3.

25. 폭넓게 보자면 동일한 추세가 학술지들에서 나타나고 있다.

26. Erik Conway, "What's in a Name? Global Warming vs. Climate Change," NASA.gov. http:// www.nasa.gov/topics/earth/features/climate_by_any_other_name.html.

27. "No Need to Panic About Global Warming," *Wall Street Journal*, January 26, 2012. http://online.wsj.com/article/SB10001424052970204301404577171531838421366. html?mod=WSJ_Opinion_LEADTop.

28. "Denmark Energy Use (kt of oil equivalent)," World Bank data via Google Public Data, last updated March 30, 2012. http://www.google.com/publicdata/explore?ds= d5bncppjof8f9_&met_y=eg_use_pcap_kg_oe&idim=country:DNK&dl=en&hl=en&q=denma rk+energy+consumption#!ctype=l&strail=false&bcs=d&nselm=h&met_y=eg_use_comm_kt_ oe&scale_y=lin&ind_y=false&rdim=region&idim=country:DNK&ifdim=region&hl=en&dl= en.

29. "United States Energy Use (kt of oil equivalent)," World Bank data via Google Public Data, last updated March 30, 2012. http://www.google.com/publicdata/ explore?ds=d5bncppjof8f9_&met_y=eg_use_pcap_kg_oe&idim=country:USA&dl=en&hl=en &q=denmark+energy+consumption#!ctype=l&strail=false&bcs=d&nselm=h&met_y=eg_use_ comm_kt_oe&scale_y=lin&ind_y=false&rdim=region&idim=country:DNK:USA&ifdim=regi

on&hl=en&dl=en.

30. "FAQ: Copenhagen Conference 2009," CBCNews.ca, December 8, 2009. http://www.cbc.ca/news/world/story/2009/12/01/f-copenhagen-summit.html.

31. Nate Silver, "Despite Protests, Some Reason for Optimism in Copenhagen," *FiveThirtyEight.com*, December 9, 2009. http://www.fivethirtyeight.com/2009/12/despite-protests-some-reasons-for.html.

32. "Energy/Natural Resources: Lobbying, 2011," OpenSecrets.org. http://www.opensecrets.org/industries/lobbying.php?ind=E.

33. "The Climate Bet," theclimatebet.com. http://www.theclimatebet.com/gore.png.

34. Kesten C. Green and J. Scott Armstrong, "Global Warming: Forecasts by Scientists Verses Scientific Forecasts," *Energy & Environment*, 18, 7+8 (2007). http://www.forecastingprinciples.com/files/WarmAudit31.pdf.

35. 암스트롱은 자기 웹사이트에서 (89개가 아니라) 139개 원칙을 제시한다. 비록 이 가운데 어떤 것도 IPCC의 예측에 적용되지는 않았지만 말이다. J. Scott Armstrong, "Standards and Practices for Forecasting," in *Principles of Forecasting: A Handbook for Researchers and Practitioners* (New York: Kluwer Academic Publishers, June 17, 2001). http://forecastingprinciples.com/files/standardshort.pdf.

36. 여기에 따른 한 가지 문제는 원칙들 가운데 일부가 거의 자기모순적이라는 데 있다. 예를 들면 암스트롱의 원칙 가운데 하나는 예측은 '중요한 모든 변수들을 사용해야 한다'고 규정하지만, 또 다른 원칙은 예측 방법론에서 단순성의 미덕을 칭송하는 식이다. 사실 예측을 할 때 절제와 포용 사이에서 적정한 균형을 유지해야 한다는 것은 매우 중요한 딜레마다. 나 자신은 문제를 전체론적으로 생각하지 않고 그 문제를 압축하는 과정을 통해 일련의 모순되는 항목으로 축약할 때 더 많은 것을 이룰 수 있다고는 생각하지 않는다. 또 암스트롱이 제시하는 그 많은 원칙들을 전제할 경우, 어떤 종류의 예측이든 간에 그가 수행하는 감사 아래에서 높은 점수를 받을 것 같지는 않다는 게 내 느낌이다.

37. Nicholas Dawidoff, "The Civil Heretic," *New York Times Magazine*, March 25, 2009. http://www.nytimes.com/2009/03/29/magazine/29Dyson-t.html?pagewanted=all.

38. J. Scott Armstrong, "Combining Forecasts," in *Principles of Forecasting: A Handbook for Researchers and Practitioners* (New York: Kluwer Academic Publishers, June 17, 2001). http://repository.upenn.edu/cgi/viewcontent.cgi?article=1005&context=marketing_papers.

39. 펜실베이니아주립대학교 크리스 포레스트Chris Forest와의 인터뷰.

40. Neela Banerjee, "Scientist Proves Conservatism and Belief in Climate Change Aren't Incompatible," *Los Angeles Times*, January 5, 2011. http://articles.latimes.com/2011/jan/05/nation/la-na-scientist-climate-20110105.

41. Kerry Emanuel, *What We Know About Climate Change* (Boston: MIT Press, 2007) http://
    www.amazon.com/About-Climate-Change-Boston-Review/dp/0262050897.

42. Dennis Bray and Hans von Storch, "CliSci2008: A Survey of the Perspectives of Climate
    Scientists Concerning Climate Science and Climate Change," Institute for Coastal Research,
    2008. http://coast.gkss.de/staff/storch/pdf/CliSci2008.pdf.

43. 그리고 이런 의심들은 익명으로 발표되지 않는다. IPCC는 과학자들이 자신이 한 발견에 대해
    어느 정도의 자신감과 확신을 가질지, 어느 발견이 더 불확실할지 정확하게 나타내기 위해 예
    외적일 정도로 조심스러워한다고 보고한다.

44. Ronarld Bailey, "An Inconvenient Truth: Gore as Climate Exaggerator," Reason.com, June
    16, 2006. http://reason.com/archives/2006/06/16/an-inconvenient-truth.

45. Leslie Kaufman, "Among Weathercasters, Doubt on Warming," *New York Times*,
    March 29, 2010. http://www.nytimes.com/2010/03/30/science/earth/30warming.
    html?pagewanted=all.

46. "What's the Difference Between Weather and Climate?," NASA, February 1, 2005. http://
    www.nasa.gov/mission_pages/noaa_n/climate/climate_weather.html.

47. Anthony Del Genio, "Clouds and Climate Change: The Thick and Thin of It," Goddard
    Institute for Space Studies, NASA, December 2000. http://www.giss.nasa.gov/research/briefs/
    delgenio_03/.

48. "KATRINA Graphics Archive," National Hurricane Center, National Weather Service.
    http://www.nhc.noaa.gov/archive/2005/KATRINA_graphics.shtml.

49. Gavin Schmidt, "Green and Armstrong's Scientific Forecast," RealClimate.org, July 20, 2007.
    http://www.realclimate.org/index.php/archives/2007/07/green-and-armstrongs-scientific-
    forecast/.

50. "Occam's Razor," Wikipedia.org. http://en.wikipedia.org/wiki/Occam's_razor.

51. John Theodore Houghton, G. J. Jenkins, J. J. Ephraums, eds. *Climate Change: The
    IPCCScientific Assessment* (Cambridge: Cambridge University Press, 1990). http://www.ipcc.
    ch/ipccreports/far/wg_I/ipcc_far_wg_I_full_report.pdf.

52. "1.6: The IPCC Assessments of Climate Change and Uncertainties" in *Contribution of
    Working Group I to the Fourth Assessment Report of the Intergovernmental Panel on Climate
    Change*, 2007. http://www.ipcc.ch/publications_and_data/ar4/wg1/en/ch1s1-6.html.

53. "New York Snow: Central Park Sets the October Record from Noreaster," Associated Press via
    Huffington Post, October 29, 2011. http://www.huffingtonpost.com/2011/10/29/new-york-
    snow-noreaster_n_1065378.html.

54. Anne Barnard and Sarah Maslin Nir, "Cleaning Up After Natures Plays a Trick," *New*

York Times, October 30, 2011. http://www.nytimes.com/2011/10/31/nyregion/october-snowstorm-sows-havoc-on-northeastern-states.html?pagewanted=all.

55. 센트럴파크의 기온은 미국에서 가장 높은 축에 속한다. 지금까지 세계에서 가장 기온이 높았던 곳은 아마도 1659년 영국의 미들랜드일 것이다.

56. "Average Monthly & Annual Temperatures at Central Park," Eastern Regional Headquarters, National Weather Service. http://www.erh.noaa.gov/okx/climate/records/monthannualtemp.html.

57. 하나의 마루에서 다음 마루까지, 또는 골에서 골까지.

58. Mark C. Bove, et al., "Effect of El Niño on U.S. Landfalling Hurricanes, Revisited," *Bulletin of the American Meteorological Society*, 79, 11 (1998). http://www.aoml.noaa.gov/hrd/Landsea/elnino/.

59. Victoria Jaggard, "Sun Headed into Hibernation, Solar Studies Predict," *National Geographic News*, June 14, 2011. http://news.nationalgeographic.com/news/2011/06/110614-sun-hibernation-solar-cycle-sunspots-space-science/.

60. Sarah Ineson, et al., "Solar Forcing of Winter Climate Variability in the Northern Hemisphere," *Nature Geoscience* 4 (October 9, 2011), pp. 753–757. http://www.nature.com/ngeo/journal/vaop/ncurrent/full/ngeo1282.html.

61. Berrien Moore II and B. H. Braswell, "The Lifetime of Excess Atmospheric Carbon Dioxide," *Global Biogeochemical Cycles*, 8, 1 (1994), pp. 23–38. http://www.agu.org/pubs/crossref/1994/93GB03392.shtml.

62. GISS는 고다드우주연구소Goddard Institute for Space Studies의 약자다. 몇몇 과학자는 NASA/GISS 기록을 선호하는데, 북극 그리고 기온관측소가 드문드문 있는 지역들에 대해 더 정확하게 측정하기 때문이다. 그런데 북극 지방이 지구의 다른 지역보다 온난화 정도가 심해서 이런 조건은 잠재적으로 중요하다.

63. "Global Land-Ocean Temperature Index in 0.01 Degrees Celsius Base period: 1951–1980," Goddard Institute of Space Studies, NASA. http://data.giss.nasa.gov/gistemp/tabledata_v3/GLB.Ts+dSST.txt.

64. Global Temperature Anomalies, National Atmospheric and Oceanic Association. ftp://ftp.ncdc.noaa.gov/pub/data/anomalies/annual.land_ocean.90S.90N.df_1901-2000mean.dat.

65. Climatic Research Unit, School of Environmental Sciences, University of East Anglia. http://www.cru.uea.ac.uk/cru/data/temperature/hadcrut3gl.txt.

66. Japan Meteorological Agency. http://www.data.kishou.go.jp/climate/cpdinfo/temp/list/an_wld.html.

67. 이 두 개의 위성 기록은 동일한 데이터 가운데 일부를 토대로 한다는 점을 참고할 것.

68. 몇몇 분석은 위성으로 얻은 기온 기록 가운데서도 대기 하층부가 아닌 대기 상층부의 기온을 잘못 선택했다. 대기 상층부의 기온은 온실효과 아래에서도 반드시 상승하지는 않으며, 실제로는 오히려 낮아질 수도 있다.

69. 위성 기법satellite technique은 추정에 의존하기 때문에 조금 덜 정확하긴 해도 전통적 방식인 온도계 측정에 비해 몇 가지 장점이 있다. 특히 위성 기법은 '열섬 효과heat island effect'의 영향을 받지 않는다. 열섬 효과란 도시의 중심부가 변두리 지역보다 기온이 높게 나타나서 열섬이 형성되는 것을 말하는데, 열섬의 형성은 도심 지역의 인공 열이나 대기오염이 원인이다. 그런데 여러 연구논문은 열섬 효과의 충격은 크지 않고, 기지국의 기온 관측 기록은 보정 작업을 거친다고 주장한다. 그럼에도 지상 기지국의 관측 기록 외에 위성 관측 기록을 추가로 확보할 경우 어느 정도 여분 데이터를 확보할 수 있다는 이점이 있다.

70. 예컨대 서로 겹치는 연도를 살펴봄으로써 기온 기록을 조정할 수 있다.

71. 정확하게 일치하는 경우를 1이라 하고 전혀 관계가 없을 때를 0이라 할 때, 이들 사이의 상관관계는 모두 0.90 이상이다.

72. J. Hansen, et al., "Climate Impact of Increasing Atmospheric Carbon Dioxide," *Science*, 213, 4511(August 28, 1981). http://thedgw.org/definitionsOut/..%5Cdocs%5CHansen_climate_impact_of_increasing_co2.pdf.

73. Geert Jan van Oldenborgh and Rein Haarsma, "Evaluating a 1981 Temperature Projection," RealClimate.org, April 2, 2012. http://www.realclimate.org/index.php/archives/2012/04/evaluating-a-1981-temperature-projection/.

74. J. Hansen, et al., "Global Climate Changes as Forecast by Goddard Institute for Space Studies Three-Dimensional Model," *Journal of Geophysical Research*, 93, D8 (August 20, 1988), pp. 9341 – 9364. http://pubs.giss.nasa.gov/abs/ha02700w.html.

75. 나는 여름의 기상학적 정의를 여름이 정확하게 6월 1일부터 시작하지 않는다는 천문학적 정의가 아니라 달력상의 6월과 7월과 8월로 규정해서 사용한다.

76. 이런 판단은 주로 핸슨의 예측들에 대한 나 자신의 평가에서 나온 것이다. 하지만 다음 글도 참조하기 바란다. Steve McIntyre, "Thoughts on Hansen et al. 1988," *Climate Audit*, January 16, 2008. http://climateaudit.org/2008/01/16/thoughts-on-hansen-et-al-1988/.

77. IPCC 보고서에 따라붙은 이 도표들은 기온이 일정한 비율로 증가함을 암시했다. 그래서 우리는 비록 기온은 기본적으로 연도별로 오르기도 하고 내리기도 한다고 알고 있지만, IPCC 예측은 기온이 연평균 섭씨 0.02~0.05도 사이에서 증가한다고 주장한다.

78. Roger Pielke Jr., "Verification of IPCC Sea Level Rise Forecasts 1990, 1995, 2001," *Prometheus*, January 15, 2008. http://cstpr.colorado.edu/prometheus/archives/climate_change/001323verification_of_ipcc.html.

79. "Policymakers' Summary," in *Climate Change: The IPCC Scientific Assessment*

(Cambridge:Cambridge University Press, 1990), p. XVIII.

80. 같은 글, 〈도표 5〉, p. XIX.

81. "EU Greenhouse Gas Emissions: More Than Half Way to the 20 % Target by 2020," European Environment Agency, April 13, 2011. http://www.eea.europa.eu/pressroom/ newsreleases/eu-greenhouse-gas-emissions-more.

82. 지구시스템연구소Earth System Research Laboratory, "Full Mauna Loa CO2 Record."

83. IPCC의 1995년 보고서 2.7절을 참조하라("IPCC Second Assessment: Climate Changes 1995," Intergovernmental Panel on Climate Change, p. 5.). 이 보고서는 1990~2100년 110 년간의 세계 지표면 온도가 섭씨 2도 상승하는 것을 '최상의 예측'이라고 판단한다. 그런데 이 는 100년에 약 1.8도 상승과 얼추 비슷하다. 보고서는 또한 향후 100년 동안의 온난화 정도를 섭씨 0.9~2.7도 범위로 추정했다. 다시 말해 IPCC의 1995년 보고서에서 설정한 가장 높은 범위의 기온 변화 예측은 1990년 보고서 최상의 예측치보다 (아주 조금) 낮게 설정되어 있다. http://www.ipcc.ch/pdf/climate-changes-1995/ipcc-2nd-assessment/2nd-assessment-en. pdf.

84. Pielke, Jr., "Verification of IPCC Temperature Forecasts 1990, 1995, 2001, and 2007." http:// cstpr.colorado.edu/prometheus/archives/climate_change/001319verification_of_ipcc.html.

85. Julienne Stroeve, Marika M. Holland, Walt Meier, Ted Scambos, and Mark Serreze, "Arctic Sea Ice Decline: Faster Than Forecast," *Geophysical Research Letters*, 34, 2007. http://www. ualberta.ca/~eec/Stroeve2007.pdf.

86. William Nordhaus, "The Challenge of Global Warming: Economic Models and Environmental Policy," 2007. http://nordhaus.econ.yale.edu/dice_mss_072407_all.pdf.

87. Richard B. Rood, Maria Carmen Lemos, and Donald E. Anderson, "Climate Projections: From Useful to Usability," University of Michigan, December 15, 2010. http://www.google. com/url?sa=t&rct=j&q=&esrc=s&source=web&cd=2&cts=1330695376711&ved=0CCsQFj AB&url=http%3A%2F%2Fclimateknowledge.org%2Fopenclimate%2Fdoclink%2F2010121 1Projections_Usability_AGU_2010.ppt&ei=xcxQT7HYNoPg0QHNoMDqDQ&usg=AFQj CNH0X_mGc24M3bWTlVusJeItaZm_bA&sig2=bfPJPgcKUTj6czOP-WnegQ.

88. Thomas C. Peterson, William M. Connolley, and John Fleck, "The Myth of the 1970s Global Cooling Scientific Consensus," *Bulletin of the American Meteorological Society*, September 2008. http://scienceblogs.com/stoat/Myth-1970-Global-Cooling-BAMS-2008.pdf.

89. Peter Gwynne, "The Cooling World," *Newsweek*, April 28, 1975. http://denisdutton.com/ newsweek_coolingworld.pdf.

90. Brian J. Soden, Richard T. Wetherald, Georgiy L. Stenchikov, and Alan Robock, "Global Cooling After the Eruption of Mount Pinatubo: A Test of Climate Feedback by Water

Vapor," *Science*, 296; April 26, 2002. http://climate.envsci.rutgers.edu/pdf/SodenPinatubo.pdf

91. S. J. Smith, et al., "Anthropogenic Sulfur Dioxide Emissions: 1850.2005," *Atmospheric Chemistry and Physics*, 11 (February 9, 2011), pp. 1101－1116. http://www.atmos-chem-phys.net/11/1101/2011/acp-11-1101-2011.pdf.

92. sfalke, "Country SO2 Emissions," Community Initiative for Emissions Research and Applications, October 5, 2010. http://ciera-air.org/wiki/country-so2-emissions.

93. 남극 얼음핵의 이산화탄소 측정치에 대해서는 다음을 참조. J.-M. Barnola, D. Raynaud, and C. Lorius, "Historical Carbon Dioxide Record from the Vostok Ice Core," Carbon Dioxide Information Analysis Center. http://cdiac.ornl.gov/trends/co2/vostok.html.

94. 1980~1995년에 이산화탄소의 측정치가 두 배로 뛴 것에 대한 연구 결과 리뷰는 다음을 참조. Kavita Kacholia and Ruth A. Reck, "Comparison of Global Climate Change Simulations for CO2-Induced Warming: An Intercomparison of 108 Temperature Change Projections Published Between 1980 and 1995," *Climactic Change*, 35, 1 (1997), pp. 53－69. http://www.springerlink.com/content/g65v456v8621247m/.
    1980년 이전의 여러 연구에 대한 비슷한 리뷰로는 다음을 참조. Ruth A. Reck, "Introduction to the Proceedings of the Workshop on the Responsible Interpretation of Atmospheric Models and Related Data," General Motors Research Publication GMR-3800, 1981.

95. G. S. Callendar, "The Artificial Production of Carbon Dioxide and Its Influence on Climate," *Quarterly Journal of the Royal Meteorological Society*, 64 (1938), pp. 223－240.

96. Kacholia and Reck, "Comparison of Global Climate Change Simulations for CO2-Induced Warming."

97. "How Reliable Are Climate Models?," *Skeptical Science*. http://www.skepticalscience.com/climate-models-intermediate.htm.

98. "Climate Change: Examining the Processes Used to Create Science and Policy," hearing before the Committee on Science, Space and Technology, U.S. House of Representatives, March 31, 2011. http://www.gpo.gov/fdsys/pkg/CHRG-112hhrg65306/pdf/CHRG-112hhrg65306.pdf.

99. 1990년대까지 거슬러 올라가는 예측 기법들은 1990년대에 대규모로 발생한 온난화 현상으로 특별히 성공할 수 있었다.

100. Voros McCracken, "13 for His Last 24: Tomfoolery with Multiple Endpoints," *Primate Studies*, Baseball Think Factory, March 20, 2001. http://www.baseballthinkfactory.org/primate_studies/discussion/mccracken_2001-03-20_0/.

101. 암스트롱은 자기가 제시한 '무변화' 예측이 단기적으로 많이 빗나갈 수도 있음을 기꺼이 인정

했다. 암스트롱은 나에게 향후 100년이 아니라 향후 10년에 걸친 기온 상승 예측을 놓고 벌이는 자신과 앨 고어의 내기에서 자기가 이길 확률이 약 70퍼센트라고 생각했다고 말했다.

102. 이 추정은 회귀 모델에서의 기온 상승과 연관이 있는 계수에 대한 오차항誤差項을 바탕으로 한다. 이 계산은 이산화탄소의 정확한 양이 알려져 있고 이산화탄소는 2002~2011년에 평균 비율과 동일한 비율로 계속해서 증가할 것이라고 가정한다. 그런데 실제 현실에서 이 모델은 그 오차를 조금 낮게 평가한다(다시 말하면 기온이 내려갈 확률을 좀 더 낮게 평가한다). 왜냐하면 이산화탄소의 정확한 양은 알려져 있지 않으며, 게다가 모델에는 어떤 것이든 간에 구체화 불확실성specification uncertainty이 존재하기 때문이다.

103. "Climatic Research Unit E-Mail Controversy," Wikipedia.org. http://en.wikipedia.org/wiki/Climatic_Research_Unit_email_controversy.

104. Henry Chu, "Panel Clears Researchers in 'Climategate' Controversy," *Los Angeles Times*, April 15, 2010. http://articles.latimes.com/2010/apr/15/world/la-fg-climate-data15-2010apr15.

105. 민간 기업이 보유하고 있는 위성 기록을 포함한 것이다.

106. "Climate of Fear," editorial in *Nature*, 464, 141 (March 11, 2010). http://www.nature.com/nature/journal/v464/n7286/full/464141a.html.

107. 이 사이트는 기상학자인 앤서니 왓츠Anthony Watts가 운영하는데, 그는 이 사이트 이름에 자기 이름을 넣었다.

108. 만일 우리가 현재의 방식을 좋아한다면 특히 이런 주장은 유효하다. 보수주의는 여러 방식으로 (보수주의를 현상 유지를 원하는 것이라고 규정한다면) 기후변화를 완화하기 위한 행동을 자유주의보다 더 강력하게 주장한다.

109. Lydia Saad, "In U.S. Global Warming Views Steady Despite Warm Winter," Gallup.com, March 30, 2012. http://www.gallup.com/poll/153608/global-warming-views-steady-despite-warm-winter.aspx.

110. 미국과 서구 여러 국가에서 급증하는 국가부채 문제를 두 팔 걷고 나서려 하지 않는 태도는 우리가 가진 단기적인 사고의 또 다른 결과다.

111. Voteview, "An Update on Political Polarization (Through 2011)—Part II," VoteView.com. http://voteview.com/blog/?p=309.

112. Thomas E. Mann and Norman J. Ornstein, "Let's Just Say It: The Republicans Are the Problem," *Washington Post*, April 27, 2012. http://www.washingtonpost.com/opinions/lets-just-say-it-the-republicans-are-the-problem/2012/04/27/gIQAxCVUlT_story.html.

113. Michael Kinsley, "The Gaffer Speaks," *The Times of London*, April 23, 1988.

114. "Patents by Country, State, and Year: Utility Patents (December 2011)" Patent Technology Monitoring Team, U.S. Patent and Trademark Office. http://www.uspto.gov/web/of ces/ac/ido/oeip/taf/cst_utl.htm.

13. 테러 | 진주만 공습과 9·11테러의 공통점

1. 1812년 전쟁(미영전쟁) 이후를 가리킨다. "A Sunday in December, Chapter 5: Fighting the Good Fight," *Los Angeles Times*, December 3, 1991. http://articles.latimes.com/1991-12-03/news/wr-753_1_pearl-harbor/3.

2. Mark R. Peattie and David C. Evans, *Kaigun: Strategy, Tactics, and Technology in the Imperial Japanese Navy 1887-1941* (Bethesda, MD: Naval Institute Press, 1997.

3. "Roberta Wohlstetter, *Pearl Harbor: Warning and Decision*," by; (Stanford, CA: Stanford University Press, 1962), p. 385.

4. Wohlstetter, *Pearl Harbor*, p. 173.

5. 같은 책, pp. 12-13.

6. 같은 책, p. 385.

7. 몇몇 분석가는 그 항공모함들이 훨씬 남쪽 경로로 마셜제도를 향해 기동한다고 생각했다.

8. 투표 결과는 상원 82 대 0, 하원 388 대 1이었다. Frank L. Kluckhorn, "U.S. Declares War, Pacific Battle Widens," *New York Times*, December 9, 1941.

9. Donald Rumsfeld, *Known and Unknown: A Memoir* (New York: Sentinel, 2011), Kindle edition, locations 6147-6148.

10. 같은 책, Kindle locations 814-816.

11. 어번은 2011년 5월에 오사마 빈 라덴의 죽음을 최초로 언론에 발표한 인물이기도 하다. "Osama bin Laden Death First Revealed on Twitter," *Daily Mirror*, May 2, 2011. http://www.mirror.co.uk/news/uk-news/osama-bin-laden-death-first-179280.

12. Associated Press, September 10, 1940. (As printed in *Tuscaloosa News*, September 11, 1941.)

13. Wohlstetter, *Pearl Harbor*, p. 291.

14. Saburō Kurusu, "Historical Inevitability of the War of Greater East Asia," Foreign Broadcast Intelligence Service, Tokyo, November 26, 1942. http://www.ibiblio.org/pha/policy/1942/421126a.html.

15. Wohlstetter, *Pearl Harbor*, pp. 1-2.

16. 같은 책, p. 3.

17. 같은 책, p. 387. 강조는 원저자가 한 것이다.

18. 윌리엄 셰익스피어, 〈율리우스 카이사르〉(1599) 제1막 3장.

19. 1846년 미국-멕시코전쟁 당시 리오그란데강을 가로지른 멕시코군의 극히 짧은 동안의 급습과, 1916년 판초 비야Pancho Villa가 미국 뉴멕시코주 콜럼버스 공격은 여기서 제외한다.

20. Errol Morris, "The Anosognosic's Dilemma: Something's Wrong but You'll Never Know What It Is (Part 1)," *Opinionator*, *New York Times*, June 20, 2010. http://opinionator.blogs.nytimes.com/2010/06/20/the-anosognosics-dilemma-1/.

21. "DoD News Briefing-Secretary Rumsfeld and Gen. Myers," News Transcript, U.S. Department of Defense; February 12, 2002. http://www.defense.gov/transcripts/transcript. aspx?transcriptid=2636.

22. Rumsfeld, *Known and Unknown*, Kindle location 196.

23. Harlan Ullman, "Known and Unknown Dangers (Terrorism)," *National Interest*, March 22, 2006.

24. "Report of the Joint Inquiry into the Terrorist Attacks of September 11, 2001," U.S. House Permanent Select Committee on Intelligence and the Senate Select Committee on Intelligence; 107th Congress, 2nd Session; December 2002, pp. 209-214.

25. "Statement by J. Gilmore Childers, Esq. Orrick, Herrington & Sutcliffe LLP New York City, New York, and Henry J. DePippo, Esq. Nixon Hargrave Devans & Doyle Rochester, New York," before the Senate Judiciary Committee Subcommittee on Technology, Terrorism, and Government Information, Foreign Terrorists in America: Five Years After the World Trade Center, February 24, 1998. http://web.archive.org/web/20071227065444/http://judiciary. senate.gov/oldsite/childers.htm.

26. "Major Terrorist Acts Suspected of or Inspired by al-Qaeda;" InfoPlease.com. http://www. infoplease.com/ipa/A0884893.html.

27. "Two Months Before 9/11, an Urgent Warning to Rice;" *Washington Post*, October 1, 2006. http://www.washingtonpost.com/wp-dyn/content/article/2006/09/30/ AR2006093000282.html.

28. 같은 글.

29. 무사위는 기간이 만료된 비자를 가지고 있었으며 이민국의 영장으로 체포되었다.

30. National Commission on Terrorist Attacks, *The 9/11 Commission Report: Final Report of the National Commission on Terrorist Attacks upon the United States* (New York: Norton Trade E-Books, 2011), Kindle edition), location 6914.

31. 같은 글, Kindle location 9243.

32. 같은 글, Kindle location 9092.

33. 상상력의 실패 가운데 일부는 국가안보 시스템의 문제 때문에 일어났다. 관료제도는 기본적으로 상상력 발휘를 가로막는다. 진주만 공습 때 일본의 공격이 임박했다는 신호가 여럿 있었고, 육군과 해군에서 이 가운데 몇몇 신호를 탐지했다. 또 워싱턴과 하와이에서도 몇몇 신호를 탐지했다. 하지만 이들 정보는 적절하게 공유되지 않았다. 그 결과 정책 결정자 어느 누구도 진주만 공습에 대해 통찰을 가질 수 없었다. 셸링은 이와 관련해서 다음과 같이 쓰고 있다.

정부의 경우에 놀라움은 복잡하고 산만하고 관료적인 것이다. 정부의 놀라움에서는 책임이

방기된다. 이뿐만이 아니다. 사실 책임이 너무 허술하게 규정되어 있어서 (…) 대응은 흐지부
지되고 만다. 또한 정부 내에서는 정보 격차 현상이 존재한다. 너무 비싸서 목에 걸고 나갈 수
가 없는 진주목걸이처럼 정보는 너무 민감한 나머지 그 정보가 필요한 사람에게 전달되지 않
는다. 정부에서는 경보가 제대로 작동하지도 않는다. 경보가 너무 자주 울리는 바람에 경보 통
신선을 아예 끊어놓았다. (…) 예기치 못한 사건들은 아무에게도 일어나지 않는 것이 되고, 모
든 사람은 자기가 아닌 다른 사람이 그 사건들을 맡아서 처리할 것이라고 생각한다.

9·11테러 이전에 FBI, CIA, 국무부, 국방부 등이 각기 다른 핵심 정보를 확보했다. 하지만 이
들 정보는 공유되지 않았다. 이를테면 럼즈펠드는 나에게 조지 테닛이 밝혔던 많은 사실을 그
의 책을 읽고서야 비로소 알았다고 말했다. 한편 당시는 부시 정부가 클린턴 정부로부터 업무
를 인계받은 직후였고, 해결해야 할 정치 현안이 산적해 있었다. 럼즈펠드만 해도 국방장관 취
임 후 처음 아홉 달 동안은 국방부 예산 삭감 시도에 맞서 싸우느라 다른 데 신경 쓸 여유가 없
었다.

34. *The 9/11 Commission Report*, Kindle location 9253.
35. 같은 책, Kindle locations 2907 – 910.
36. Bruce Schneier, *Beyond Fear: Thinking Sensibly About Security in an Uncertain World* (New
    York: Springer, 2003), Kindle locations 951 – 952.
37. 하지만 가미카제 전술은 일본이 궁지에 몰리기 시작하면서 선택한 전술임을 기억해야 한다.
    진주만 공습 때는 이 전술이 동원되지 않았다.
38. Global Terrorism Database, National Consortium for the Study of Terrorism and Responses
    to Terrorism, U.S. Department of Homeland Security, University of Maryland. http://www.
    start.umd.edu/gtd/search/Results.aspx?page=2&casualties_type=b&casualties_max=&start_
    yearonly=1979&end_yearonly=2000&dtp2=all&sAttack=1&count=100&expanded=no&cha
    rttype=line&chart=overtime&ob=GTDID&od=desc#results-table.
39. Amos Tversky and Daniel Kahneman, "Availability: A Heuristic for Judging Frequency and
    Probability," *Cognitive Psychology*, 5, 2 (Setepmber 1973), pp. 207 – 232. http://www.science
    direct.com/science/article/pii/0010028573900339.
40. "테러리스트 열아홉 명이 민간 항공기들을 유도미사일 삼아 3천 명이나 되는 남성, 여성, 어
    린이를 불길 속의 재로 만들어버린 행위는 아마도 미국이 경험한 것으로는 가장 끔찍한 '알
    려지지 않은 미지' 사건이 아닐까 싶다." Rumsfeld, *Known and Unknown*, Kindle locations
    196 – 198.
41. *The 9/11 Commission Report*, Kindlelocations 9198 – 9199.
42. Aaron Clauset, "Macroevolution of Whales and the Dynamics of Morphological Disparities,"
    2010 GSA Denver Annual Meeting, October 31, 2010. http://scholar.google.com/

citations?view_op=view_citation&hl=en&user=e7VI_HcAAAAJ&sortby=pubdate&citation_for_view=e7VI_HcAAAAJ:qxL8FJ1GzNcC.

43. Winter Mason and Aaron Clauset, "Friends FTW! Friendship and Competition in Halo: Reach," *Arxiv*, March 3, 2012. http://scholar.google.com/citations?view_op=view_citation&hl=en&user=e7VI_HcAAAAJ&sortby=pubdate&citation_for_view=e7VI_HcAAAAJ:e5wmG9Sq2KIC.

44. Brig. S. S. Chandel, "Philosophy of Terrorism in Kashmir," Institute of Peace and Conflict Studies, Terrorism Articles, Number 480, March 2001. http://www.ipcs.org/article/terrorism/philosophy-of-terrorism-in-kashmir-480.html.

45. Global Terrorism Database. 다음을 참조. http://www.start.umd.edu/gtd/downloads/Codebook.pdf.

46. David C. Rapoport, "The Four Waves of Modern Terrorism," *Anthropoetics*, 8, 1 (June 5, 2006). http://www.international.ucla.edu/media/files/Rapoport-Four-Waves-of-Modern-Terrorism.pdf.

47. 나는 여기에서 작은 '트릭'을 사용했다. 클로젯 또한 자기 논문에서 동원한 바로 그 트릭이다. 아주 적은 수의 사망자(이 경우에는 다섯 명 미만)를 낸 테러는 이 데이터와 정확하게 맞아떨어지지 않아서 이 분석에서는 제외했다. 일반적으로 이런 일은 결코 바람직하지 않다. 그렇게 해야 할 매우 정당한 이유가 있지 않는 한 주어진 데이터를 버리는 일은 옳지 않은 행동이다. 하지만 이 경우에는 이렇게 한다고 해도 실질적으로 크게 달라지는 건 없다. 소규모 테러는 수없이 많고 전체 사망자 수에서 차지하는 비중은 매우 작기 때문이다. 게다가 그 데이터베이스의 적용 범위에서도 약간의 편향이 있을 수 있다. 이를테면 규모가 큰 사건들은 거의 확실하게 데이터베이스에 포함되지만 사망자가 1~2명인 사건들은 누락될 수 있기 때문이다. 그리고 자살 테러는 테러리스트도 사망자 수로 산정해야 할 것인가 하는 문제도 논쟁의 대상이다(미국의 민간 연구기관인 랜드연구소는 자살 테러리스트도 테러 사망자 수에 포함시킨다). 이 경우, 전체 사망자 수가 많지 않을 시에는 상대적으로 큰 효과를 미치게 된다.

48. 여기에서 '9·11 같은 규모'의 테러는 최소 (세계무역센터에서 사망한 사람들의 수인) 2,749명의 사망자를 낸 사건을 의미한다. 하지만 9·11테러의 실제 총 사망자 수는 이보다 조금 더 많아서 약 3천 명이다. 그러나 랜드 및 대부분 다른 기관들의 데이터베이스는 세계무역센터, 펜타곤, 유나이티드 93편에 대한 공격을 (비록 서로 연관이 있음에도) 각각 따로 분류한다. 그렇다고 해도 큰 차이는 나지 않는다. 적어도 3천 명의 사망자를 내는 테러는 41년이 아닌 44년마다 발생할 것으로 추정된다.

49. Peter M. Shearer and Phillip B. Stark, "Global Risk of Big Earthquakes Has Not Recently Increased," *PNAS*, December 19, 2011. http://www.pnas.org/content/early/2011/12/12/1118525109.abstract.

50. 클로젯이 나에게 〈응용통계학 연표Annals of Applied Statistics〉라는 2012년 논문을 보냈는데, 그는 논문에서 좀 더 세련된 기법을 동원해 비슷한 계산을 했으며, 9·11 규모의 테러 위험을 1968~2001년까지 33년 동안 11~35퍼센트라고 규정했다. 이는 상대적으로 낮은 수치지만, 그럼에도 9·11 규모의 공격 위험이 130년에 한 번으로 매우 뚜렷하게 존재함을 뜻한다.

51. "How Many People Died as a Result of Atomic Bombings?," Frequently Asked Questions, Radiation Effects Research Foundation. http://www.rerf.or.jp/general/qa_e/qa1.html.

52. Ira Helfand, Lachlan Forrow, and Jaya Tiwari, "Nuclear Terrorism," *British Medical Journal*, 324, 7333 (February 9, 2002), pp. 356–359. https://www.ncbi.nlm.nih.gov/pmc/articles/PMC1122278/.

53. James Hoge, "'Nuclear Terrorism': Counting Down to the New Armageddon," *New York Times*, September 5, 2004. http://www.nuclearterror.org/nyt.htm.

54. Stewart Stogel, "Bin Laden's Goal: Kill 4 Million Americans," NewsMax.com, July 14, 2004. http://archive.newsmax.com/archives/articles/2004/7/14/215350.shtml.

55. 구글 학술검색. http://www.scholar.com/scholar?hl=en&q=graham+allison&btnG=&as_sdt=1%2C33&as_sdtp=.

56. Graham Allison, *Nuclear Terrorism: The Ultimate Preventable Catastrophe* (New York: Times Books, 2004), Kindle edition, location 300.

57. '타임스스퀘어Times Square'라는 이름은 바로 이 신문사의 이름을 따서 명명되었다. 이 신문사에서 일하는 사람은 누구나 이 사실을 자랑스럽게 말한다.

58. Allison, *Nuclear Terrorism*, Kindle location 112.

59. J. F. Frittelli, et al., *Port and Maritime Security: Background and Issues* (New York: Novinka Books, 2003).

60. "Status of World Nuclear Forces," Federation of American Scientists. http://www.fas.org/programs/ssp/nukes/nuclearweapons/nukestatus.html.

61. Allison, *Nuclear Terrorism*, Kindle location 3258.

62. Suzanne Goldenberg, "Bush Threatened to Bomb Pakistan, Says Musharraf," *The Guardian*, September 21, 2006. http://www.guardian.co.uk/world/2006/sep/22/pakistan.usa.

63. Jay Newton-Small, "Bin Laden May Have Lived at Abbottabad Compound for Six Years," *Swampland, Time*, May 3, 2011. http://swampland.time.com/2011/05/03/bin-laden-may-have-lived-at-abbottabad-compound-for-six-years/.

64. David Albright and Paul Brannan, "Pakistan Doubling Rate of Making Nuclear Weapons: Time for Pakistan to Reverse Course," Institute for Science and International Security, May 16, 2011. http://www.isis-online.org/isis-reports/detail/pakistan-doubling-rate-of-making-nuclear-weapons-time-for-pakistan-to-rever/.

65. "The Political Instability Index," ViewsWire, Economist Intelligence Unit, *The Economist*. http://viewswire.eiu.com/site_info.asp?info_name=social_unrest_table&page=noads&rf=0.

66. Randy Borum, "Psychology of Terrorism," *Encyclopedia of Peace Psychology* (New York: Springer Science, 2010), p. 62. http://worlddefensereview.com/docs/Psychologyof Terrorism0707.pdf.

67. 예를 들어 다음을 참조. Mohammed M. Hafez, "Suicide Terrorism in Iraq: A Preliminary Assessment of the Quantitative Data and Documentary Evidence," *Studies in Conflict & Terrorism*, 29, 6 (September 2006), pp. 531 – 559. https://www.ncjrs.gov/app/publications/ Abstract.aspx?id=237341.

68. 핵과학자들을 상대로 하는 회유나 협박이 또 다른 걱정거리다. 미국은 '원자력 도시 계획 Nuclear Cities Initiative' 프로그램에 자금을 지원하는데, 이는 과거 소련에 몸담고 있던 핵과학자들이 '악당' 진영에 들어가지 않고 괜찮은 다른 일자리를 찾을 수 있도록 지원하는 프로그램이다.

69. "Dark Winter Exercise Overview," Center for Biosecurity, University of Pittsburg Medical Center, June 22 – 23, 2001. http://www.upmc-biosecurity.org/website/events/2001_ darkwinter/index.html.

70. 나는 '피해damage'라는 용어를 조금 느슨하게 사용하는데, 지진이 인간에게 끼치는 피해와 지진의 에너지 방출 사이의 관계가 반드시 일대일 관계는 아니기 때문이다.

71. James Q. Wilson and George L. Kelling, "Broken Windows," *The Atlantic*, March 1982. http://www.manhattan-institute.org/pdf/_atlantic_monthly-broken_windows.pdf.

72. Bernard E. Harcourt and Jens Ludwig, "Reefer Madness: Broken Windows Policing and Misdemeanor Marijuana Arrests in New York City, 1989 – 2000," Criminology and Public Policy, University of Chicago Law & Economics, Olin Working Paper No. 317/University of Chicago, Public Law Working Paper No. 142; 2007. http://papers.ssrn.com/sol3/papers. cfm?abstract_id=948753.

73. Kees Keizer, Siegwart Lindenberg, and Linda Steg, "The Spreading of Disorder," *Science*, 322, 5908 (December 2008), pp. 1681 – 1685. http://www.sciencemag.org/content/322/ 5908/1681.abstract.

74. Bernard E. Harcourt and Jens Ludwig, "Broken Windows: New Evidence from New York City and a Five-City Social Experiment," *University of Chicago Law Review*, 73 (2006). http://lawreview.uchicago.edu/sites/lawreview.uchicago.edu/files/uploads/73.1/73_1_ Harcourt_Ludwig.pdf.

75. Bruce Schneier, "Beyond Security Theater," Schneier on Security, November 13, 2009. http:// www.schneier.com/blog/archives/2009/11/beyond_security.html.

76. 같은 글, Kindle location 1035.

77. Nate Silver, "Crunching the Risk Numbers," *Wall Street Journal*, January 8, 2010. http://online.wsj.com/article/SB10001424052748703481004574646963713065116.html.

78. Russian Authorities: Terrorist Bombing at Moscow Airport Kills 35;" CNN Wire; January 24, 2011. http://articles.cnn.com/2011-01-24/world/russia.airport.explosion_1_suicide-bomber-moscow-police-moscow-during-rush-hour?_s=PM:WORLD.

79. Ken Silverstein, "The Al Qaeda Clubhouse: Members Lacking," *Harper's magazine*, July 5, 2006. http://www.harpers.org/archive/2006/07/sb-al-qaeda-new-members-badly-needed-1151963690.

80. Aaron Clauset, Maxwell Young, and Kristian Skrede Gleditsch, "On the Frequency of Severe Terrorist Events," *Journal of Conflict Resolution*, 51, 1 (February 2007), pp. 58–87. http://www.cabdyn.ox.ac.uk/complexity_PDFs/CABDyN%20Seminars%202007_2008/Frequency%20Events_Gleditsch.pdf.

81. *Jerusalem Post* poll by TNS/Teleseker of 500 Jewish Israelis, January 23–24, 2012. http://thejerusalemreport.files.wordpress.com/2012/02/poll-new.jpg.

82. David Weisburd, Tal Jonathan, and Simon Perry, "The Israeli Model for Policing Terrorism: Goals, Strategies, and Open Questions," *Criminal Justice and Behavior*, 36, 12 (December 2009), pp. 1259–1278. http://scholar.googleusercontent.com/scholar?q=cache:ydYnY99dbqwJ:scholar.google.com/&hl=en&as_sdt=0,33.

83. "Iraq: What Did Congress Know, and When?," FactCheck.org, November 19, 2005. http://www.factcheck.org/iraq_what_did_congress_know_and_when.html.

84. "Report of the Select Committee on Intelligence on Postwar Findings About Iraq's WMD Programs and Links to Terrorism and How They Compare with Prewar Assessments;" U.S. Senate, 109th Congress, 2nd Session; September 8, 2006. http://intelligence.senate.gov/phaseiiaccuracy.pdf.

85. Martin Chulov and Helen Pidd, "Defector Admits to WMD Lies That Triggered Iraq War," *The Guardian*, February 15, 2011. http://www.guardian.co.uk/world/2011/feb/15/defector-admits-wmd-lies-iraq-war.

86. Schneier, "Beyond Security Theater," Kindle locations 1321,1322.

87. Harvey E. Lapan and Todd Sandler, "Terrorism and Signalling," *European Journal of Political Economy*, 9, 3 (August 1993), pp. 383–397.

88. *The 9/11 Commission Report*, Kindle locations 9286–9287.

89. Michael A. Babyak, "What You See May Not Be What You Get: A Brief, Nontechnical Introduction to Overfitting in Regression-Type Models," *Psychosomatic Medicine*, 66 (2004),

pp. 411 – 421, 2004. http://os1.amc.nl/mediawiki/images/Babyak_-_overfitting.pdf.

나가며 | 예측은 어떻게 가능한가

1. Brian Cartwright, "That Great Derek Jeter Conspiracy," *FanGraphs*, January 17, 2009. http://www.fangraphs.com/blogs/index.php/the-great-derek-jeter-conspiracy/.

2. 핼리 혜성은 1758년 크리스마스 때 처음 확인되었다. 다음을 참조. Peter Lancaster Brown, *Halley and His Comet* (Suffolk, England: Blandford Press, 1985).

3. Mary Frances Williams, "The Sidus Iulium, the Divinity of Men, and the Golden Age in Virgil's Aeneid," *Leeds International Classical Studies*, vol. 2, issue 1, 2003. http://lics.leeds.ac.uk/2003/200301.pdf.

4. 월드와이드웹이 정확하게 언제 발명되었는지 논란이 있긴 하지만, 1990년에 버너스리가 HTTP 클라이언트와 인터넷 사이의 연결에 처음으로 성공했다. 월드와이드웹World Wide Web 이라 불리는 일련의 하이퍼텍스트 문서와 월드와이드웹이 연결되는 네트워크 수단인 인터넷 을 혼동해서는 안 된다. 그런데 많은 사람들이 인터넷을 앨 고어가 발명한 것으로 알고 있다.

5. Glenn Gunzelmann and Kevin A. Gluck, "Knowledge Tracing for Complex Training Applications: Beyond Bayesian Mastery Estimates," Air Force Research Laboratory,; Proceedings of the Thirteenth Conference on Behavior Representation in Modeling and Simulation, 2004, pp. 383 – 84. http://act-r.psy.cmu.edu/papers/710/gunzelmann_gluck-2004.pdf.

6. Sarah Lichtenstein and Baruch Fischhoff, "Training for Calibration," by; prepared for U.S. Army Research Institute for the Behavioral and Social Sciences, ARI Technical Report TR-78-A32; November 1978. http://www.dtic.mil/cgi-bin/GetTRDoc?AD=ADA069703.

7. Christopher J. Gill, Lora Sabin and Christopher H. Schmidt, "Why Clinicians Are Natural Bayesians," *British Medical Journal*, vol. 330, May 7, 2005. http://www.ncbi.nlm.nih.gov/pmc/articles/PMC557240/.

8. Tomasso Poggio and Federico Girosi, "A Theory of Networks for Approximation and Learning," Massachusetts Institute of Technology Artificial Intelligence Laboratory and Center for Biological Information Processing, Whitaker College, A.I. Memo 1140, C.B.I.P. Paper 31, July 1989. http://www.dtic.mil/cgi-bin/GetTRDoc?AD=ADA212359.

9. Amanda Ripley, *The Unthinkable* (New York: Random House, Kindle edition), location 337 – 360.

10. 같은 책. Kindle location 3688 – 98.

11. Joel Mokyr, *The Gifts of Athena: Historical Origins of the Knowledge Economy* (Princeton: Princeton University Press, Kindle Edition), location 160 – 162.

12. Jay Rosen, "The View from Nowhere: Questions and Answers," *Jay Rosen's Press Think*, November 10, 2010, http://pressthink.org/2010/11/the-view-from-nowhere-questions-and-answers/.

13. 이는 경험적 관찰 내용이 아니라 순전히 개인적 생각, 문자 그대로 개인적 성찰에 가깝다. 이 책을 쓰면서 도저히 해결할 수 없는 어려운 문제에 맞닥뜨렸을 때 나는 컴퓨터 모니터를 뚫어져라 바라보거나 커피숍에 앉아 커피를 홀짝이기보다는 머리를 텅 비운 채 편안한 마음으로 산책하는 게 작업에 매우 큰 도움이 된다는 사실을 깨달았다. 뉴욕에 살아서 좋은 점 하나는, 내 정신이나 기억을 언제든 자극해줄 수 있는 800만 명이나 되는 사람들의 자연스러운 행동에 하루 스물네 시간 일주일 내내 접속할 수 있다는 점이다.

14. 라인홀드 니부어Reinhold Niebuhr의 〈평온을 비는 기도Serenity Prayer〉에서 인용. http://www.cptryon.org/prayer/special/serenity.html.

15. 〈도표 14-2〉의 수치는 학술지 전문 데이터베이스인 JSTOR의 논문들을 토대로 했는데, 최근 10년 동안에 '예측 가능한'이나 '예측 불가능한'이라는 단어가 적어도 한 번 이상 나오는 논문을 모두 대상으로 해서 결과를 정리했다. 도표에서 백분율은 '예측 가능한'과 '예측 불가능한'이라는 두 단어가 사용된 전체 횟수에 대해 각각이 사용된 횟수의 백분율이다.

16. Michel Foucault, *The Order of Things* (New York: Vintage, 1994).

17. 세계 1인당 GDP 성장률이 1950년대에는 연평균 3.4퍼센트였고 1970년대는 연평균 2.6퍼센트였다. 다음을 참조. J. Bradford DeLong, *Estimating World GDP, One Million B.C..Present*; (Berkeley: University of California, 1988). http://econ161.berkeley.edu/TCEH/1998_Draft/World_GDP/Estimating_World_GDP.html.

18. 미국 특허청에 출원된 특허 수는 1950년대의 10년 동안 18퍼센트 증가했지만 1970년대는 1퍼센트밖에 늘지 않았다. 다음을 참조, U.S. Patent and Trade Office. http://www.uspto.gov/web/offices/ac/ido/oeip/taf/h_counts.htm.

19. Google Books' Ngram Viewer. http://books.google.com/ngrams/graph?content=predictable%2Cunpredictable&year_start=1800&year_end=2000&corpus=4&smoothing=3.